C0-AOS-095

Martin Hallaschka
Haggai und Sacharja 1−8

Beihefte zur Zeitschrift für die alttestamentliche Wissenschaft

Herausgegeben von
John Barton · Reinhard G. Kratz
Choon-Leong Seow · Markus Witte

Band 411

De Gruyter

Martin Hallaschka

Haggai und Sacharja 1–8

Eine redaktionsgeschichtliche Untersuchung

De Gruyter

ISBN 978-3-11-022486-3

e-ISBN 978-3-11-022487-0

ISSN 0934-2575

Library of Congress Cataloging-in-Publication Data

Hallaschka, Martin.
    Haggai und Sacharja 1–8 : eine redaktionsgeschichtliche Untersu-
chung / Martin Hallaschka.
      p. cm. – (Beihefte zur Zeitschrift für die alttestamentliche Wissen-
schaft ; Bd. 411)
    Includes bibliographical references and index.
    ISBN 978-3-11-022486-3 (hardcover 23 × 15,5 : alk. paper)
    1. Bible. O.T. Haggai – Criticism, interpretation, etc.   2. Bible. O.T.
Zechariah I–VIII – Criticism, interpretation, etc.   I. Title.
    BS1655.52.H35   2010
    224'.9706–dc22

                                      2010021329

Bibliografische Information der Deutschen Nationalbibliothek

Die Deutsche Nationalbibliothek verzeichnet diese Publikation in der Deutschen
Nationalbibliografie; detaillierte bibliografische Daten sind im Internet
über http://dnb.d-nb.de abrufbar.

© 2011 Walter de Gruyter GmbH & Co. KG, Berlin/New York

Druck: Hubert & Co. GmbH & Co. KG, Göttingen
∞ Gedruckt auf säurefreiem Papier

Printed in Germany

www.degruyter.com

Für Christine und Julius

Vorwort

Bei diesem Buch handelt es sich um die leicht überarbeitete Druckfassung meiner Dissertation, die im Sommersemester 2009 von der Theologischen Fakultät der Georg-August-Universität Göttingen angenommen wurde (Rigorosum am 22.04.2009, Erstreferent: Prof. Dr. Reinhard Gregor Kratz, Zweitreferent: Prof. Dr. Dr. h.c. Hermann Spieckermann).

Vielen habe ich zu danken, daß diese Arbeit entstehen konnte. Zuallererst natürlich meinem Doktorvater, Herrn Prof. Dr. Reinhard Gregor Kratz. Er hat mein Interesse am Alten Testament maßgeblich gefördert, und den ersten Anstoß zu dieser Untersuchung gab eine bei ihm geschriebene Seminararbeit. Die Anfertigung der Dissertation hat er wohlwollend und kritisch beratend betreut und seinem Mitarbeiter die nötige Freiheit für die eigenen Forschungen gewährt.

Mein Dank gilt ebenfalls Herrn Prof. Dr. Dr. h.c. Hermann Spieckermann für die Übernahme des Korreferats und für die gute Zusammenarbeit in meiner Zeit als Koordinator des Graduiertenkollegs „Götterbilder – Gottesbilder – Weltbilder".

Sehr profitiert hat der Fortgang dieser Arbeit von den Sitzungen des Göttinger Doktorandenkolloquiums und des Göttinger Graduiertenkollegs 896 „Götterbilder – Gottesbilder – Weltbilder", dem ich zunächst als Kollegiat im Gaststatus angehört habe und das mir seit Mai 2009 ein Postdoktoranden-Stipendium gewährt.

Teile der Arbeit konnte ich ebenso bei den Tagungen des „Nordic-German Network OTSEM" diskutieren. Stellvertretend möchte ich dem Koordinator, Herrn Prof. Dr. Terje Stordalen (Universität Oslo), dafür danken, daß OTSEM mir einen kurzen Forschungsaufenthalt an der MF – Norwegian School of Theology (Oslo) ermöglichte. Den Angehörigen der MF, besonders aber Frau Prof. Dr. Corinna Körting und Herrn Prof. Dr. Karl William Weyde, die mit mir Teile der Arbeit besprachen, sei für ihre Gastfreundschaft gedankt.

Wertvolle Hinweise zur Abfassung der Arbeit habe ich weiterhin von Frau Prof. Dr. Angelika Berlejung (Leipzig), Herrn Prof. Dr. Christoph Levin (München) und Herrn Prof. Dr. Jacob L. Wright (Atlanta) erhalten, denen ich ebenfalls herzlich danke.

Den deutschsprachigen Herausgebern, Prof. Dr. Reinhard Gregor Kratz und Prof. Dr. Markus Witte, danke ich für die Aufnahme in die Reihe der BZAW sowie Herrn Dr. Albrecht Döhnert, Frau Dr. Sabine Krämer und Frau Sabina Dabrowski für die gute und freundliche verlegerische Betreuung.

Schließlich danke ich meinen Eltern, Frau Inge und Herrn Manfred Hallaschka. Sie haben mich und meinen Werdegang stets liebevoll begleitet und nach allen Kräften gefördert und unterstützt. Mein Interesse an der wissenschaftlichen Theologie und an antiken Kulturen haben sie geweckt. Ihnen möchte ich auch für das Korrekturlesen danken.

Vor allen anderen danke ich aber meiner Frau Christine für alle Liebe, (Un-)Geduld und Ermutigung, ohne die es dieses Buch nicht gäbe. Ihr möchte ich ebenfalls für das Korrekturlesen danken.

Im Januar dieses Jahres wurde unser Sohn Julius geboren. Ich bin dankbar und froh über das Wunder seiner Geburt und daß er unser Leben in so unvorstellbarer Weise bereichert. Meiner Frau Christine und unserem Sohn Julius ist dieses Buch gewidmet.

Göttingen, im September 2010   Martin Hallaschka

Inhaltsverzeichnis

1 Einleitung

„Stärkt eure Hände, die ihr in diesen Tagen diese Worte aus dem Munde der Propheten hört, die an dem Tag waren, als das Haus Jahwe Zebaots gegründet wurde, damit der Tempel erbaut werde!" (Sach 8,9)

Mit diesem Wort fordert das Sacharja-Buch auf, aus der Gegenwart (בימים האלה) in die Vergangenheit, in die Zeit des Tempelbaus, zurückzublicken und die Botschaften Haggais und Sacharjas zu reflektieren.[1] Der Prozeß der Reflexion der Worte Haggais und Sacharjas, ihre jeweilige Aktualisierung und Auslegung innerhalb der Bücher Hag und Sach 1–8, und damit deren literarische Genese, soll im folgenden untersucht werden.

Im Esra-Buch werden die Propheten Haggai und Sacharja in enger Verbindung miteinander gesehen. So werden Haggai und Sacharja in Esr 5,1; 6,14 als Propheten des Tempelbaus betrachtet, durch deren Wirken der Bau des (zweiten) Tempels initiiert, unterstützt und schließlich gemäß ihrer Prophetien zum Abschluß gebracht wird.

Dem entspricht der Befund in den Prophetenschriften Haggai und Proto-Sacharja[2] selbst: In beiden Büchern wird der Tempelbau thematisiert. Übereinstimmend werden der Statthalter Serubbabel und der Hohepriester Josua hervorgehoben. Darüber hinaus enthalten Hag und Sach 1–8 jeweils ein im zweiten Jahr des Königs Dareios beginnendes, chronologisch angeordnetes Datierungssystem (Hag 1,1.15a; 1,15b–2,1;[3] 2,10.18.20; Sach 1,1.7; 7,1).[4] Die Datierungen sind mit der Wortereignisformel verbunden und rahmen bzw. gliedern beide Schriften. Des weiteren können die Datierungen und die damit

---

1 Vgl. z.B. Ackroyd, Book, 154; Beuken, Haggai, 156ff; Lux, Zweiprophetenbuch, 211; Wöhrle, Sammlungen, 382. Daß Haggai und Sacharja mit den nicht namentlich genannten Propheten in Sach 8,9 gemeint sind, geht aus den zahlreichen Stichwortverbindungen von Sach 8,9–13 zu Hag und Sach 1–8 hervor, s.u. S. 283ff. Vgl. außer den bereits genannten Autoren noch etwa Rudolph, KAT 13/4, 63.148f; Petersen, OTL, 305; Reventlow, ATD 25/2, 81.

2 Wo nicht anders vermerkt, meinen die Bezeichnungen Sacharja-Buch bzw. Sach das Proto-Sacharja-Buch. Der Forschungskonsens, daß Sach 1–8 und 9–14 nicht von derselben Hand stammen, wird in dieser Arbeit vorausgesetzt, vgl. z.B. Smend, Entstehung, 183ff; Zenger, Einleitung, 580f; Schmid, Propheten, 408f. Anders jüngst etwa Curtis, Road, 231ff, der Sach 1–14 auf einen Autor bzw. eine Tradentengruppe zurückführen will.

3 Die Jahresangabe Hag 1,15b ist von der Datumsangabe 1,15a zu trennen und statt dessen zu 2,1 zu ziehen, s.u. S. 15f.

4 S.a. die Übersicht zum Datierungssystem in Hag und Sach auf S. 323.

verbunden Prophetenworte als bücherübergreifende Abfolge gelesen werden, die vom zweiten bis in das vierte Jahr des Dareios reicht.

Aufgrund der engen Verbindungen nahm Klostermann an, daß Hag und
Sach 1–8 eine Tempelbauchronik darstellen, die die Sprüche beider Propheten
zunächst in streng chronologischer Anordnung präsentierte und vermutlich auf
den Propheten Sacharja zurückging.[5] Im Zuge der Buchabtrennung wurden die
Worte jedoch nachträglich ihren Verfassern entsprechend sortiert. Das Indiz
für diese Umstellung sieht Klostermann in der Datierung Hag 1,15, nach der
ein Orakel folgen müßte. Dieses findet Klostermann in dem undatierten Spruch
zur Grundsteinlegung Sach 8,9–13.[6]

Die Frage nach dem theologiegeschichtlichen Ort der Hag und Sach über-
greifenden Bearbeitung wird besonders von Ackroyd aufgeworfen.[7] Dabei geht
Ackroyd zunächst vom Haggai-Buch aus, in dem er zwei Rahmungen von den
überlieferten Prophetenworten abhebt.[8] Er unterscheidet eine frühe Gruppe von
Rahmenteilen (Hag 1,12–14; 2,3–5; 2,11–14a), die eng mit den eigentlichen
Prophetenworten und deren Sammlung in Verbindung steht, von einer späteren
(Hag 1,1.3.15; 2,1–2.10.18*.20–21a), die aus Einleitungs- und Datierungsformeln besteht. Mit diesen späteren Rahmenstücken kann die eigentliche Redaktion des Haggai-Buchs identifiziert werden, wobei der Redaktor das vorgefundene Material wahrscheinlich neu angeordnet und in sein chronologisches
Schema eingepaßt hat.[9] Da der Redaktor dasselbe Datum für den Tempelbau
wie Esr–Neh voraussetzt und Esr 5,1f Traditionen der Bücher Hag und Sach zu
kennen scheinen, ist er vermutlich entweder im Umkreis der chr Schule zu
suchen oder ist ihr Vorläufer.[10] Zudem teilt er mit dem Chronisten das Interesse am Wiederaufbau des Tempels auf Veranlassung der das Gotteswort vermit-
telnden Propheten. Auch der antisamaritanische Zug ist der chr Schule und
dem Redaktor von Hag gemeinsam.[11] Da die Datierungsformeln bei Sach dem
redaktionellen Rahmen von Hag entsprechen, ist dessen Verfasser, auf den bei
Sach neben den Datierungen vor allem die Überarbeitung und Anordnung von

---

5   S. Klostermann, Geschichte, 213.
6   Der These Klostermanns einer nicht auf den Propheten selbst zurückgehenden Redaktion des
      Haggai-Buchs und einer mit Sacharja zusammengehörenden (Tempelbau-)Chronik, nicht
      aber der Annahme, Sacharja sei der Redaktor, sind in der Folgezeit die meisten Forscher ge-
      folgt, vgl. etwa die u. S. 4 Anm. 27 genannten Autoren.
      Zum Stand der Forschung an Haggai und Sacharja s. den ausführlichen Forschungsbericht
      von Boda, Research, 3ff, ferner Willi-Plein, Zwölfprophetenbuch, 383ff.
7   S. Ackroyd, Studies (Teil 1 und 2); ders., Book.
8   S. Ackroyd, Studies (Teil 1), 166ff.
9   S. Ackroyd, Studies (Teil 1), 173ff.
10   S. Ackroyd, Studies (Teil 1), 173; ders., Studies (Teil 2), 1; ders., Book, 152.155f. Bloom-
      hardt, Poems, 156, hatte bereits die Überarbeitung von Hag–Sach für chr gehalten.
11   S. Ackroyd, Studies (Teil 2), 2f.

Einleitung und Schluß (Sach 1,1–6; 7–8) zurückgehen,[12] für die übergreifende Redaktion beider Bücher verantwortlich.[13] Diese Redaktion setzt Ackroyd in zeitlicher Nähe des Chronisten an, etwa ein oder zwei Jahrhunderte nach der Zeit des Tempelbaus.[14]

Wie Ackroyd geht auch Beuken in seiner grundlegenden Studie zu Hag und Sach 1–8 von einer buchübergreifenden Redaktion aus, die dem „chronistischen Milieu" zuzuordnen ist.[15] Beuken rechnet mit verschiedenen Tradentengruppen innerhalb der chr Schule und weist die Redaktion von Hag–Sach aufgrund einiger unterschiedlicher Akzente und Formulierungen einem anderen Zweig als 1–2 Chr und Esr–Neh zu.[16] Der „chronistischen Überlieferung" von Hag–Sach lagen datierte Prophetenworte Haggais und Sacharjas vor.[17] Deren Datumsangaben werden vom redaktionellen Rahmen mit Wortereignisformeln und darüber hinaus gelegentlich mit der Nennung der Adressaten verbunden (vgl. Hag 1,1; 1,15b–2,2; 2,10–11a; 2,20). Gelegentlich tritt eine Notiz über die Wirkung der Prophetenworte hinzu (vgl. Hag 1,12a.13f; Sach 1,6b; 7,14b), so daß die Prophetenworte als „Episoden" gestaltet werden und damit das Interesse der Redaktion an der Geschichte offenlegen, die als Paradigma für die Zukunft gelten soll. Dies wird besonders an der Heilsperspektive der Verheißungen Sach 8,9–13 deutlich, mit denen die Endredaktion einen Abschluß für Hag und Sach schafft. Dabei stehen bei Hag die Geschichte des Tempelneubaus, bei Sach 1,1–6; 7f dagegen die Geschichte Israels insgesamt im Zentrum des Interesses.[18] Gemeinsamkeiten der Endredaktion von Hag–Sach mit dem Chronisten findet Beuken etwa in der Charakterisierung des Tempelbaus als Bundeserneuerung, im Interesse an der Wirkung und Vermittlung des Gottesworts durch die Propheten, die ihre Botschaft an die Anführer des Volks ausrichten, in der Aufnahme des Amtseinsetzungsschemas in Hag 2,4f, in der Ablehnung des samaritanischen Kults (vgl. Hag 2,14b) oder auch in der Hoffnung auf die Erwählung der Davidsdynastie.[19]

---

12 S. Ackroyd, Book, 152ff.

13 S. Ackroyd, Book, 152, ferner Studies (Teil 1, 173); Studies (Teil 2), 1.

14 S. Ackroyd, Studies (Teil 1), 174; ders., Book, 155.

15 S. Beuken, Haggai, bes. 27ff.84ff.331ff.

16 S. Beuken, Haggai, 35f.334. Ein Unterschied ist etwa die Verwendung der Formel שמע בקול יהוה (vgl. Hag 1,12, ferner Sach 1,4), für die Beuken, a.a.O., 33ff, rein dtr Hintergrund anerkennt, während sie in chr Texten nicht weiter zu finden ist. Sach 6,15b, wo die Formel ebenfalls begegnet, ist nach Beuken, a.a.O., 116ff, ein nachredaktioneller Zusatz.

17 S. Beuken, Haggai, 113.331.

18 S. Beuken, Haggai, 331ff. Der chr Anteil beschränkt sich nach Beuken, passim, bei Sach im wesentlichen auf die Einleitung 1,1–6 und Erweiterungen der Schlußkapitel 7–8 (vgl. 7,7–14; 8,9–13). Die auf den Propheten selbst zurückgehende, kunstvolle Komposition der Nachtgesichte (1,7–6,15) wurde dagegen nur im Hinblick auf eine Aufwertung des Hohenpriesters Josua ergänzt (vgl. 3,6f; 4,11–14; 6,13), s. Beuken, Haggai, 237ff.270ff.290ff.303ff.333.

19 S. bes. Beuken, Haggai, 42ff.53ff.64ff.80ff.332ff.

Der These Ackroyds und besonders Beukens, daß die Redaktion von Hag und Sach im Umfeld der chr Theologie zu suchen sei, ist maßgeblich von Mason widersprochen worden, der für seine Argumentation das Haggai-Buch zugrundelegt.[20] Den Umfang des redaktionellen Rahmens („editorial framework") von Hag grenzt Mason mit Hag 1,1.3.12.13a.14.15; 2,1.2.10.20 ab, möglicherweise wäre auch 2,4 hinzuzurechnen.[21] Mason zeigt anhand einiger von Beuken als typisch chr genannter Wendungen wie שמע בקול יהוה oder der mit ביד verbundenen Wortereignisformel, daß diese eher dtr oder gar priesterlichem Gebrauch entsprechen und keineswegs exklusiv chr sind. Dasselbe gilt nach Mason auch für das von Beuken genannte Gedankengut, das nach Beuken für das chr Milieu charakteristisch ist:[22] Neben dtr Texten und P nennt Mason etwa noch Ez, DtJes oder Mal.[23] Obwohl die Vorstellung des redaktionellen Rahmens theokratisch geprägt und die Vollendung des Tempels, in dem Gott in der Mitte seines Volks präsent ist, als Anbruch der Heilszeit vorausgesetzt sei, müßte der Verfasser des Rahmens weder zeitlich noch gedanklich in allzu großer Nähe zum chr Werk gesehen werden.[24] Nach Mason sind die Redaktionen des Haggai- und auch des Sacharja-Buchs nicht einem chr, sondern allgemeiner einem Tempel-Milieu zuzuordnen.[25]

Mit Boda kann einerseits festgehalten werden, daß es in der neueren Forschung eine Tendenz gibt, die Redaktion von Hag und Sach 1–8 in der frühen Perserzeit anzusetzen und, damit verbunden, mit einer nicht allzu komplexen Entstehungsgeschichte beider Bücher zu rechnen.[26] Als Beispiel sei hier der Kommentar von Meyers/Meyers genannt.[27] Um ihre These zu stärken, Haggai

---

20 S. bes. Mason, Purpose, ferner ders., Tradition, 185ff.197ff, vgl. z.B. Rudolph, KAT 13/4, 38f; Petersen, OTL, 32ff. In der Zuordnung zur chr Theologie folgen Beuken aber z.B. Steck, Haggai, 355f; Nogalski, Precursors, 236.

21 S. Mason, Purpose, 414.

22 Mason, Purpose, 414, faßt Beuken folgendermaßen zusammen: "concern for the temple and its ritual, concern for the continuance of the Davidic line, the view of the prophets as 'messengers', the concept of God 'stirring up' the spirit of leaders and people, the association of the 'spirit' of God with prophecy and the setting of the rebuilding of the temple in a covenant context".

23 Mason, Purpose, 418, vergleicht z.B. die Geisterweckung Hag 1,14 mit Ez 36f oder die Vorstellung des Prophetenamts als Boten Jahwes neben der Chronik mit DtJes und Mal.

24 S. Mason, Purpose, 420f.

25 S. Mason, Tradition, 195.234.

26 Vgl. Boda, Research, 4: "First of all, there has been a general trend among recent scholars to move the date of the composition of Haggai and Zechariah 1–8 closer to the dates offered in the superscriptions [...] Secondly, recent work on the redaction of Haggai and Zechariah reveals a trend toward simplicity."

27 Vgl. neben Meyers/Meyers, AncB 25B, xlivff, z.B. noch Elliger, ATD 25, 84.99; Reventlow, ATD 25/2, 5f.33.36; Tollington, Tradition, 47.180.247 (anders dies., Readings, bes. 205ff, wonach die exakten Daten des Haggai-Buchs erst im Zusammenhang mit der makkabäischen Wiedereinweihung des Tempels im Jahr 164 v. Chr. eingefügt wurden); Redditt, NCBC,

und Sacharja 1–8 gehörten als „composite work"[28] oder als „single compendious work"[29] zusammen, betonen Meyers/Meyers besonders die Gemeinsamkeiten beider Schriften. Hier ist vor allem der übergreifende chronologische Rahmen zu nennen, der das Gesamtwerk stukturiert.[30] Auch die bekannten thematischen Übereinstimmungen im Zusammenhang mit der Tempelgründung und die auftretenden Figuren sprechen für die Annahme einer übergreifenden Redaktion.[31] Diese Redaktion dürfte auf den Propheten Sacharja selbst zurückgehen, und die in Hag–Sach enthaltenen Prophetien möchten Meyers/Meyers nahezu vollständig auf die namengebenden Propheten zurückführen.[32] Den Anlaß der Abfassung finden Meyers/Meyers in der Tempelweihe und datieren das Werk dementsprechend in die Zeit zwischen dem letzten genannten Datum (Sach 7,1, Dezember 518) und der nicht mehr erwähnten Wiedereinweihung im Jahr 515.[33]

Betonen diejenigen, die die These einer einheitlichen buchübergreifenden Redaktion von Hag und Sach vertreten, besonders die Gemeinsamkeiten, so mehren sich andererseits in der neueren Forschung die Stimmen, die neben den Gemeinsamkeiten stärker die Unterschiede zwischen beiden Büchern berücksichtigen. Dabei wird von einem Teil der Forschung jeglicher redaktioneller Zusammenhang von Hag–Sach bestritten, während vom anderen Teil dagegen mehrstufige Redaktionsmodelle vertreten werden, um die Genese der Verbindung beider Bücher zu erklären.

Ein wesentlicher Ausgangspunkt sind auch hierbei wieder die mit Datierungen versehenen Rahmenverse und ihre voneinander abweichenden Formulierungen, die hier zusammengestellt werden sollen.[34] Die Differenzen bestehen nicht nur zwischen den beiden Büchern, sondern sind auch innerhalb dieser festzustellen: Die mit den Datierungen verbundene Wortereignisformel ist nicht einheitlich formuliert, sondern zweimal mit בְּיַד (Hag 1,1; 2,1)[35] und ansonsten mit אֶל (Hag 2,10.20; Sach 1,1.7; 7,1)[36] gebildet. Im Unterschied zu den übrigen Datumsangaben nennen Sach 1,7; 7,1 nicht nur die Zahl, sondern auch den Namen des Monats. In Sach 7,1 fehlt, anders als in Sach 1,1.7, das

---

11f.42f; Floyd, FOTL XXII, 258ff.262ff.312ff; Pola, Priestertum, 41f; Curtis, Road, 81ff; Willi-Plein, ZBK.AT 24.4, 18ff.51ff.

28   Meyers/Meyers, AncB 25B, xliv.
29   Meyers/Meyers, AncB 25B, xlvii.
30   S. Meyers/Meyers, AncB 25B, xlvff.
31   S. Meyers/Meyers, AncB 25B, xlivf.
32   S. Meyers/Meyers, AncB 25B, xlvii.433. Daß der Prophet Sacharja der Redaktor von Hag–Sach ist, wird auch von Tollington, Tradition, 47.180; Curtis, Road, 91f.112f; Willi-Plein, ZBK.AT 24.4, 20.51, angenommen.
33   S. Meyers/Meyers, AncB 25B, xl.xliii.xlvff.
34   Vgl. die Übersicht u. S. 323.
35   Vgl. ferner (ohne Datum) Hag 1,3.
36   Vgl. ferner (ohne Datum) Sach 4,8; 6,9; 7,4.8; 8,18.

Patronym Sacharjas.[37] In Hag 2,10; Sach 1,1.7 wird Dareios, anders als in Hag
1,1; 1,15b–2,1; Sach 7,1, nicht als הַמֶּלֶךְ tituliert.[38] Nur in Sach 1,1 fehlt eine
Angabe des genauen Tags, während sonst die Reihenfolge von Tages-, Mo-
nats- und Jahresangabe wechselt. Nur bei Hag werden im Zusammenhang mit
dem Rahmen die Adressaten der prophetischen Botschaft mitgeteilt (Hag 1,1;
2,2.11.21).[39] Schließlich läuft die chronologische Reihenfolge nicht ungestört
durch, denn die erste Datierung des Sacharja-Buchs, Sach 1,1, unterbricht die
chronologische Abfolge und fällt hinter die letzte Datierung des Haggai-Buchs
(2,10.18.20) zurück.

Da Kessler neben formalen[40] auch noch die inhaltlichen Differenzen feststellt, daß Hag im Gegensatz zu Sach das genaue Datum der Grundsteinlegung
betont und bei Hag jeder visionäre Bezug oder die Deutung durch Engel fehlt,
schließt er eine buchübergreifende Redaktion von Hag–Sach aus.[41] Die ähnliche Formulierung der Datierungen erklärt Kessler mit den Gepflogenheiten der
frühnachexilischen Zeit, in die er das Haggai-Buch und seine Redaktion datiert.[42]

Ähnlich argumentiert Boda, der neben formalen[43] folgende inhaltliche Unterschiede aufführt:[44] Beide Schriften zeigen eine unterschiedliche Haltung
gegenüber den Völkern, die sich bei Sach, anders als bei Hag (vgl. Hag 2,6–
9.21f) nicht auf die Perspektive des Völkergerichts (vgl. Sach 1,15; 2,4.10–17)
beschränkt, sondern auch die Völkerwallfahrt kennt (vgl. 2,15; 8,20–23). Bei
Hag ist zudem alles auf den Tempelbau ausgerichtet und diesem Leitgedanken
untergeordnet, während bei Sach das Thema der Restauration viel breiter entfaltet ist und Sach vor allem durch Sach 1,1–6; 7f eine aus den exilischen Buß-
traditionen gewonnene deutliche ethische Prägung besitzt. Somit resümiert
Boda: "The content of Zech 1–8 cannot be explained solely by reference to the

---

37   Bezieht man das Haggai-Buch mit ein, könnte man auch formulieren: Nur in Sach 1,1.7 wird
     der Prophetenname mit der Filiation versehen.

38   Die Einleitung Hag 2,20 wiederholt die Datierung von 2,10 ohne Jahresangabe.

39   Vgl. ferner (ohne Datum) Sach 4,6; 7,5.

40   Kessler, Haggai, 56f, nennt das Fehlen der Monatsnamen bei Hag und das Fehlen des Statt-
     haltertitels bei Sach sowie die Überschneidung der Daten Hag 2,10.20; Sach 1,1.

41   Kessler hält jedoch für möglich „that Zechariah 1–8 was written to complement the text of
     Haggai which was *already in existence*" (Kessler, Haggai, 57, Hervorhebung original). Diese
     Möglichkeit wird auch von Mason, Purpose, 421, erwogen.

42   S. Kessler, Haggai, 56f, der mit einer Abfassung von Hag zwischen 520 und 515 rechnet. Zur
     Untersuchung der zeitgenössischen Datierungsformeln und der Datierung der Haggai-
     Redaktion ins späte 6. Jh. s. a.a.O., 41ff. Daß Hag und Sach nicht gemeinsam redigiert wur-
     den, fand bereits Vertreter in der älteren Forschung, s. z.B. Mitchell, ICC, 27f.

43   Boda, Zechariah, 51f, nennt die nur bei Sach 1,7; 7,1 vorkommenden Monatsnamen, die
     unterschiedlichen mit der Wortereignisformel verwendeten Präpositionen sowie das in Sach
     7,1 im Unterschied zu Sach 1,1.7 fehlende Patronym Sacharjas.

44   S. Boda, Zechariah, 52ff.

rebuilding of the Second Temple and thus should not be fused together with Hag 1–2 to form a unified collection."[45]

Mit der Betonung der Unterschiede werden von Kessler und Boda jedoch die Gemeinsamkeiten heruntergespielt. Hier sind noch einmal die Datierungen zu nennen, die als Sprucheinleitungen stets mit der Wortereignisformel verbunden sind (vgl. Hag 1,1; 1,15b–2,1; 2,10.20; Sach 1,1.7; 7,1) und – mit Ausnahme von Sach 1,1 – alle Daten in chronologischer Abfolge präsentieren. Wöhrle macht zudem darauf aufmerksam, daß die beiden bucheinleitenden Datierungen Hag 1,1 und Sach 1,1 gemeinsam eine Sonderstellung innerhalb des *corpus propheticum* innehaben: Zwar weichen die Datierungsformeln und die Verwendung von ביד (Hag 1,1) bzw. אל (Sach 1,1) voneinander ab, dennoch ist „die prinzipielle Übereinstimmung der beiden Einleitungen auffällig, die eben darin besteht, daß beide Male überhaupt zunächst eine Datierung gefolgt von einer Wortereignisformel angegeben wird, was sich so bei keinem anderen Prophetenbuch des Alten Testaments findet".[46] Es sei auch noch einmal an die bereits genannten inhaltlichen Überschneidungen erinnert, die Rolle Serubbabels und Josuas (vgl. Hag 1,1.12.14; 2,2.4.21.23; Sach 3; 4,6–10; 6,9–15) sowie des Volks (vgl. Hag 1,2.12–14; 2,2.4.14; Sach 7,5; 8,6.11f). Auch wenn das Sacharja-Buch über dieses Thema hinausgeht, ist dennoch wie bei Hag der Tempelbau als Teil der Heilserwartung ausdrücklich genannt (vgl. Sach 1,16; 3,7; 4,6–10; 6,12–15; 8,9). In beiden Schriften werden der Tempelbau als Wende vom Fluch zum Segen betrachtet (vgl. Hag 1,5–11; 2,15–19; Sach 8,9–13) sowie die Grundsteinlegung (vgl. Hag 2,15–19; Sach 4,6–10; 8,9) und die nicht gerechtfertigte Geringschätzung des neuen Bauwerks thematisiert (vgl. Hag 2,3–9; Sach 4,10; 8,6).

Sowohl die Annahme einer einheitlichen, buchübergreifenden Redaktion als auch die Bestreitung einer Verknüpfung beider Bücher greifen zu kurz. Eine Lösung bieten komplexere Entstehungsmodelle, die die Gemeinsamkeiten und Unterschiede zwischen Hag und Sach berücksichtigen.

Lux identifiziert zwei Redaktionsstufen, die Hag und Sach 1–8 zu einem „Zweiprophetenbuch" verknüpft haben.[47] Die spätere Redaktion ist für die

---

45 Boda, Zechariah, 54.

46 Wöhrle, Sammlungen, 369, vgl. a.a.O., 46ff.

47 S. Lux, Zweiprophetenbuch; ders., Konditionierung, 573ff. Wie Lux rechnet bereits Albertz, Religionsgeschichte, 484, mit zwei buchübergreifenden Redaktionen, die Hag und Sach miteinander verbinden. Da Albertz sein Modell nur knapp entfaltet und die Abgrenzungen der redaktionellen Textbestände bei beiden Entwürfen ähnlich sind, soll der Ansatz von Lux ausführlicher dargestellt werden. Albertz ordnet der ersten Redaktionsstufe als Textbestand Hag 1,1–3*.13–15; 2,1f.4*.10.20 sowie Sach 8,9–13 zu. Diese Redaktion, „die eine eigenartige Mischung von dtr. und priesterlicher Sprache spricht" (ebd.) und das Haggai-Buch zu einer Tempelbauchronik gestaltet, betont, daß sich die Worte Haggais zum Tempelbau und zur Besserung der wirtschaftlichen Lage erfüllt haben, „und schiebt die nicht erfüllte Königsdesignation ganz an den Rand als mögliche Perspektive für eine ferne Zukunft" (ebd.). Der

Einfügung des Sacharjaprologs Sach 1,1–6 und die damit korrespondierende Fastenpredigt Sach 7,7–14 verantwortlich.[48] Um Sach 1,1–6; 7,7–14 als spätere Redaktion ausgrenzen zu können, geht Lux von der Datierung Sach 1,1 aus, die er aus folgenden Gründen als sekundäre Zutat innerhalb des chronologischen Rahmens identifiziert: Während Hag 2,15–19.20–23 bereits die Zukunft vor Augen hat, wendet sich die Perspektive mit Sach 1,1–6 wieder in die Vergangenheit. Hinzu kommt, daß sich die Datierung Sach 1,1 auf zweierlei Art von allen übrigen unterscheidet, nämlich indem sie hinter das letzte Datum bei Hag zurückgeht und die genaue Tagesangabe fehlt. Demgegenüber markiert die vollständigere Datierungsformel in Sach 1,7 den älteren Buchanfang von Sach. Nötig wurde die neue Einleitung Sach 1,1, um den Prolog Sach 1,1–6 als Beginn der Sacharja-Worte vorschalten zu können. Damit fällt der Umkehrruf des Sacharjaprologs in die Zeit vor der Grundsteinlegung, die sich durch die dreimalige Wiederholung der Zeitangabe (Hag 2,10.18.20) als das Zentraldatum der Haggai-Sacharja-Komposition zu erkennen gibt.[49] Es geht dieser Redaktion nicht mehr um die begrenzte Zeitspanne rund um den Tempelbau wie bei der älteren Redaktion des „Haggai-Sacharja-Chronisten", sondern um die Geschichte der Väter und der früheren Propheten, d.h. die Geschichte Israels insgesamt.[50] Wegen der Aufnahme zahlreicher Deuteronomismen wird der Verfasser von Sach 1,1–6; 7,7–14 als spätdtr Redaktor eingeordnet.[51] Sacharja wird zum dtr Umkehrprediger, dessen Mahnung den Tempelbau initiiert. Die dem Prolog korrespondierende Fastenpredigt 7,7–14 dient nicht nur der Rahmung der Nachtgesichte, sondern fordert „eine bleibende ethische Umkehr des Volkes" ein.[52] Unter dieser Perspektive sind nun Hag und Sach zu lesen. Mit der Einfügung des Prologs Sach 1,1–6 wird zudem der nahtlose Übergang von Hag zu den Nachtgesichten unterbrochen und der Weg für die Buchtrennung von Hag und Sach bereitet.[53]

Bereits vor dieser spätdtr Redaktion nimmt Lux ein früheres buchübergreifendes Stratum an und weist die Datierungen in Hag und Sach 1,7; 7,1 sowie die Heilsworte Sach 8,9–13 dem „Haggai-Sacharja-Chronisten" zu, der Hag

---

zweiten, dtr Redaktionsstufe weist Albertz Hag 2,5a; Sach 1,1–6; 6,15b sowie die Komposition von Sach 7,1–8,19 zu, wobei er Sach 7,4–14; 8,14–17.19b als Eigenformulierungen der zweiten Redaktionsschicht bestimmt. Beide Redaktionen datiert Albertz in „die Jahre nach 515" (a.a.O., 484f Anm. 17).

48   Nach Lux, Konditionierung, 586 Anm. 51, ist auch noch 8,14–17 zu Sach 1,1–6; 7,7–14 zu zählen.

49   S. Lux, Zweiprophetenbuch, 193.195f.

50   S. Lux, Zweiprophetenbuch, 212.

51   Lux, Konditionierung, 587 Anm. 52, erwägt eine Ansetzung dieser auf die Umkehr bedachten Redaktion in die von sozialen Spannungen geprägte Zeit Esras und Nehemias.

52   Lux, Zweiprophetenbuch, 213.

53   Lux, Zweiprophetenbuch, 213.

und Sach 1–8 zu einer Komposition zusammenschließt.[54] Dabei verbindet der „Haggai-Sacharja-Chronist" das Haggai-Buch mit den Nachtgesichten Sach 1,7–6,15, so daß die Nachtgesichte des Sacharja, dem redaktionellen Datierungssystem entsprechend, als Fortführung der Haggai-Worte zu verstehen sind: Die Nachtgesichte fügen nach der irdischen Perspektive Hag 2,6.20–23 die himmlische hinzu[55] und fungieren „als Beginn der Einlösung der Weissagungen Haggais".[56] Als Ziel der Komposition bestimmt Lux die Zeichenhandlung und Ankündigung des Sprosses Sach 6,9–15, die als Erfüllung von Hag 2,20–23 gelesen werden soll.[57] Zudem wird die aus der Fastenfrage sowie weiteren Heilsworten Sacharjas bestehende „Teilkomposition" Sach 7,2–6; 8,1–8.18f über die Datierung 7,1 und die redaktionelle Eigenformulierung Sach 8,9–13 an die Komposition Hag 1,1–Sach 6,15 angeschlossen.[58] Die Intention des „Haggai-Sacharja-Chronisten", die beiden Propheten Haggai und Sacharja miteinander zu verbinden, wird an Sach 8,9–13 noch einmal deutlich, denn der Text lehnt sich sprachlich und inhaltlich eng an Hag an und verweist in 8,9 auf den Tempelbau sowie mit den dort genannten „Worten aus dem Mund der Propheten" auf Haggai und Sacharja selbst zurück.

Auch Kratz unterscheidet die sekundäre redaktionelle Rahmenerzählung von der Wortüberlieferung. Der Rahmen enthält neben den chronologischen Daten (vgl. Hag 1,1.15a.b; 2,1.10.20; Sach 1,1.7; 7,1) Berichte über die Wirkung der prophetischen Verkündigung (vgl. Hag 1,12–15).[59] Innerhalb der Wortüberlieferung rechnet Kratz mit mehreren sukzessiven Fortschreibungen, die ihren Ausgangspunkt bei Haggai in den mit Datumsangaben versehenen Orakeln Hag 1,1*(ohne Nennung der Adressaten).4.8; 1,15b–2,1.3.9a und bei Sacharja im Grundbestand der Nachtgesichte „Reiter" (1,8a.9a.10b.11b) und „Meßschnur" 2,5–6 haben. Hag 1,1–2,9* wurde sukzessive aufgefüllt und um die Zusätze 2,10–14.15–19.20–22.23 erweitert. Bei Sach werden nach und nach die weiteren Nachtgesichte mit ihren epexegetischen Passagen fortgeschrieben sowie Prolog 1,1–6 und Epilog Kap. 7f in einem mehrstufigen Prozeß hinzugefügt.[60] Der Prolog 1,1–6 und die Bußpredigt 7,4–6.7–14 bilden dabei „einen neuen Rahmen um das sich verselbständigende Sacharjabuch".[61] Mit dem Wachstum von Hag und Sach einhergehend, nimmt Kratz auch beim Rahmen mehrere Phasen der Entstehung an.[62] Das wesentliche Kriterium ist

---

54 S. Lux, Zweiprophetenbuch, 192ff.
55 S. Lux, Zweiprophetenbuch, 197f.
56 Lux, Zweiprophetenbuch, 204.
57 S. Lux, Zweiprophetenbuch, 200ff.
58 S. Lux, Zweiprophetenbuch, 210f.
59 S. Kratz, Judentum, 69.
60 S. die Analyse von Hag–Sach 1–8 bei Kratz, Judentum, 79ff.
61 Kratz, Judentum, 84.
62 S. Kratz, Judentum, 68.83f.

hierbei die Beobachtung, daß „Sach 1,1 hinter das letzte Datum in Hag
2,10.18.20 zurückgreift", woraus Kratz folgert: „Sach 1,1 dürfte ursprünglich
an Hag 1,1–2,9 angeschlossen haben oder seinerseits sekundär gebildet worden
sein".[63] Ziel der Datumsüberschneidung ist in jedem Fall, die Wirkungsphasen
beider Propheten miteinander und mit dem Beginn des Tempelbaus zu verbinden. Die Datierung Sach 7,1 weitet die Verkündigungszeit Sacharjas noch
einmal um zwei Jahre aus.

Wöhrle rechnet im Rahmen seiner Analyse des Dodekapropheton ebenfalls mit einem buchübergreifenden Zusammenhang von Hag und Sach 1–8,
den er allerdings nicht auf eine sich über beide Prophetenschriften erstrecken-
de Redaktionsschicht zurückführt. Vielmehr nimmt Wöhrle an, eine im Bereich von Sach 1–8 tätige Redaktion, die „Wort–Redaktion", habe beide Bücher durch eine Angleichung der von ihr formulierten Datierungen Sach 1,1.7;
7,1 an die Haggai-Datierungen sowie die chronologische Verschränkung der
Wirkungszeit beider Propheten miteinander verbunden.[64] Nach Wöhrle ist
„Wort-Redaktion" nur im Sacharja-Buch tätig, wo sie zusätzlich noch die
Umkehrpredigt 1,1–6 den bereits redaktionell mehrfach erweiterten Nachtgesichten 1,8–6,15* vorschaltet, die Fastenfrage Sach 7,2–6; 8,18–19a fort-
schreibt sowie weitere Mahnungen und Verheißungen ins Sacharja-Buch ein-
bringt, so daß der Umfang der „Wort-Redaktion" mit Sach 1,1–7.14aβ–17aα;
2,10–14; 4,9b; 6,15; 7,1.7.9–14; 8,1–5.7f.14–17.19b bestimmt wird.[65] Die
Datierungen bei Hag gehen dagegen auf die redaktionelle Arbeit der „Haggai-
Chronik" zurück, die neben dem chronologischen Rahmen auch narrative
Stücke in den Text eingebracht hat und Hag 1,1.3.12a.14f; 2,1f.4*.10.20.21a
umfaßt hat.[66] Das Ziel der „Haggai-Chronik" ist einerseits, die vorliegende
Grundschicht, die zum Tempelbau aufrief (Hag 1,2.4–11.12b.13;
2,3.4*.5aβb.9.15f.18abβ.19.23),[67] zu einem Bericht umzugestalten, der das
Wirken Haggais von der Zeit vor dem Tempelbau bis zur Grundsteinlegung
ausdehnt. Andererseits erkennt Wöhrle im Stratum der „Haggai-Chronik"
„eine gewisse antidavidische oder zumindest antimonarchische Tendenz",[68] da
im Rahmen nun der Hohepriester Josua neben Serubbabel genannt und dieser
auf die Rolle des Statthalters beschränkt wird. Ausgangspunkt für Wöhrles
Argumentation sind die Unterschiede in den Formulierungen der Datierungen,
die teilweise auch innerhalb der beiden Bücher vorkommen, zum Teil aber auf

---

63 Kratz, Judentum, 68.
64 S. Wöhrle, Sammlungen, 367ff. Eine Angleichung von Sach an Hag wurde bereits von
    Mason und Kessler für möglich gehalten, s.o. S. 6 Anm. 41.
65 S. Wöhrle, Sammlungen, 362ff.
66 S. Wöhrle, Sammlungen, 317ff.
67 S. Wöhrle, Sammlungen, 313ff.
68 Wöhrle, Sammlungen, 319.

Abweichungen zwischen beiden Büchern begrenzt sind.[69] Wegen dieser Differenzen schließt Wöhrle aus, daß es sich um ein einheitliches, buchübergreifendes Datierungssystem handelt,[70] bringt jedoch zugleich in Anschlag, daß die Übereinstimmungen der Datierungen[71] und besonders der Bucheinleitungen Hag 1,1; Sach 1,1[72] trotz der Unterschiede zu groß sind, als daß kein buchübergreifender Zusammenhang intendiert sein könnte. Da Wöhrle die Datierungen zwei unterschiedlichen Bearbeitungen zuweist, folgert er, daß sich die eine Redaktion an der Vorgabe der anderen orientiert hat. Ergaben sich bei Wöhrle aus der jeweiligen buchinternen Redaktionsgeschichte als Abfassungsdaten für die „Haggai-Chronik" die Zeit des Tempelbaus und für die spätdtr „Wort-Redaktion" bei Sach die erste Hälfte des 5. Jh.s,[73] so führt Wöhrle, ähnlich Lux,[74] Sach 1,1 als Indiz dafür an, daß die „Haggai-Chronik" der „Wort-Redaktion" bereits vorlag und die Sacharjadatierungen sekundär mit Hag verschränkt wurden: Die Datierung von Sach 1,1 plaziert die Umkehrpredigt 1,1–6 vor die Worte zur Grundsteinlegung (Hag 2,10), so daß nach der Konzeption der „Wort-Redaktion" die durch die Bußpredigt erfolgte Umkehr des Volks (Sach 1,1–6) zur Vorbedingung der Tempelgründung (Hag 2,10–19*) und der Verheißungen der Nachtgesichte (Sach 1,8–6,8) wird.[75] Die „Wort-Redaktion" fordert umfassende Umkehr, d.h. nach Sach 7,7.9–14; 8,1–5.7f.14–17.19b soziale Gerechtigkeit. Daß diese Umkehrforderung nicht auf die Zeit des Tempelbaus beschränkt ist, ist nach Wöhrle der Datierung Sach 7,1 zu entnehmen, die einen zweijährigen Abstand zur Tempelgründung konstruiert.[76] Als Ziel der Wortredaktion bestimmt Wöhrle die Aktualisierung und

---

69 Hier nennt Wöhrle, Sammlungen, 368, als Besonderheiten des Haggai-Buchs die Datumsreihenfolge Jahr–Monat–Tag (Hag 1,1), Datierungen ohne Jahresangabe (Hag 2,1.20) und die Verwendung der Wortereignisformel mit der Wendung ביד (Hag 1,1; 2,1) Nur im Sacharja-Buch findet sich die Datumsreihenfolge Jahr–Tag–Monat (Sach 7,1), eine Datierung ohne Tagesangabe (Sach 1,1) und die Nennung der Monatsnamen (Sach 1,1; 7,1).

70 Hinzu kommen unterschiedliche inhaltliche Akzentsetzungen der für die jeweilige Einschreibung der Rahmenstücke verantwortlichen Redaktionen: Der „Haggai-Chronist", macht den Bau des Tempels zur Bedingung der Präsenz Jahwes und der Erfüllung des Heils, während es für die „Wort-Redaktion" des Sacharja-Buchs eine Erfüllung der Verheißungen Sacharjas ohne die sozialethisch verstandene Umkehr des Volks über die Zeit des Tempelbaus hinaus nicht geben kann, s. Wöhrle, Sammlungen, 317ff.362ff.

71 Wöhrle, Sammlungen, 368, weist auf die gemeinsame Datumsreihenfolge Tag–Monat–Jahr in Hag 1,15; 2,10; Sach 1,7, die Verwendung des Titels המלך für Dareios in Hag 1,1.15; Sach 7,1 sowie die Wortereignisformel in Verbindung mit der Präposition אל hin.

72 S.o. S. 7.

73 S. Wöhrle, Sammlungen, 317ff.362ff.372f.

74 Der Unterschied zwischen beiden ist freilich, daß Lux ein älteres, umfangreiches Datierungssystem voraussetzt, in das Sach 1,1 eingeschrieben wurde, während Wöhrle noch die Datierungen Sach 1,7; 7,1 zum selben Redaktionsgang wie Sach 1,1 rechnet.

75 S. Wöhrle, Sammlungen, 373f.375ff.

76 S. Wöhrle, Sammlungen, 362f.376f.

Bewahrung der vorgegebenen Heilsworte Haggais und Sacharjas angesichts
der Heilsverzögerung: Zwar ist der Tempel erbaut und Jahwe auf dem Zion
präsent, aber „der in Sach 2,8 angesagte Bevölkerungsreichtum und die von
der Redaktion schon in Sach 2,10–14 nachgetragene Erwartung der Rettung
aus der Hand der Völker, wie sie die Nachtgesichte in Sach 1,8–14aα.17aβb;
2,1–4; 6,1–8 verheißen, haben sich noch nicht realisiert."[77] Bedingung dafür ist
die dauerhafte, sozialethisch verstandene Umkehr. Als Datierung der spätdtr
„Wort-Redaktion" schlägt Wöhrle die erste Hälfte des 5. Jh.s vor, das durch
unruhige politische Verhältnisse im Perserreich und schwierige wirtschaftliche
und soziale Bedingungen in Juda gekennzeichnet sei.[78] Aufgrund der zahlreichen sprachlichen Bezüge zu Hag grenzt Wöhrle mit Sach 8,6.9–13 einen
ersten Nachtrag zum Haggai-Sacharja-Korpus aus, der auf das Wirken von
Haggai und Sacharja zurückblickt.[79] Anders als in der „Wort-Redaktion" geht
es nicht um die „früheren Propheten" (vgl. Sach 1,1–6; 7,7.9–14), sondern um
die aus der Zeit des Tempelbaus.[80] Der Umkehrforderung der „Wort-
Redaktion" werden wieder unbedingte Verheißungen zur Seite gestellt, deren
Zielpunkt in Sach 8,13 nach Wöhrle die Rettung vor den Völkern ist:[81] Auch
für die Ergänzer von Sach 8,6.9–13 haben sich die Heilsankündigungen noch
nicht erfüllt, ihren Zeitgenossen wird „ohne weitere Ermahnungen Mut gemacht, auf die Verheißungen der Propheten zu vertrauen".[82]

Den redaktionsgeschichtlichen Modellen von Lux, Kratz und Wöhrle ist
bei allen Unterschieden gemeinsam, daß sie der Datumsüberschneidung der
letzten Orakel des Haggai-Buchs (vgl. Hag 2,10.18.20) und der ersten Worte
des Sacharja-Buchs (vgl. Sach 1,1) eine zentrale Bedeutung für die Rekonstruktion der Verknüpfung beider Bücher beimessen. Da an dieser Schnittstelle
zwischen beiden Schriften die sonst feststellbare lineare chronologische Abfolge durchkreuzt wird, muß einer der beiden Datierungen die Priorität zu-
kommen, sei es, daß man sich für Hag 2,10.18.20 (so Lux und Wöhrle), sei es
daß man sich für Sach 1,1 (so Kratz) entscheidet. Wie sich Hag 2,10.18.20 und
Sach 1,1 zueinander verhalten, muß in dieser Untersuchung erneut geprüft
werden.

Bei den Lösungsansätzen von Lux und Wöhrle ist auffällig, daß beide einerseits Unterschiede in den Datums- und Einleitungsformeln als literarkritische Indizien werten, andererseits weitere Abweichungen nicht genauer beachten. So weist Lux auf das Fehlen der Tagesangabe in Sach 1,1 als Besonderheit

---

77 Wöhrle, Sammlungen, 378.
78 S. Wöhrle, Sammlungen, 364.379f.
79 Auch Wöhrle, Sammlungen, 382, identifiziert die Propheten aus 8,9 mit Haggai und Sachar-
    ja.
80 S. Wöhrle, Sammlungen, 353.
81 S. Wöhrle, Sammlungen, 382.
82 Wöhrle, Sammlungen, 383.

hin, und Wöhrle betont die Unterschiede zwischen beiden Büchern. Selbstverständlich argumentieren Lux und Wöhrle nicht allein auf der Basis der Formulierungen des Rahmens, sondern verbinden ihre Beobachtungen mit inhaltlichen Profilierungen, um den Umfang der jeweiligen Redaktionen zu
bestimmen.

Über Lux und Wöhrle hinausgehend, sollen hier schon einmal einige Beobachtungen zu den Formulierungen der Rahmenverse aufgeführt werden, die
der weiteren Klärung bedürfen:[83] Im Haggai-Buch ist auffällig, daß nur die
ersten beiden Einleitungen (Hag 1,1; 1,15b–2,1, vgl. 1,3) die Wortereignisformel in Verbindung mit ביד gebrauchen, während Hag 2,10.20 wie die Einleitungen des Sacharja-Buchs (Sach 1,1.7; 7,1, vgl. 4,8; 6,9; 7,4.8; 8,18) אל
verwenden. Hinzu kommt, daß Hag 1,1; 1,15b–2,1 in der Reihenfolge Jahr–
Monat–Tag übereinstimmen, während Hag 2,10 wie Sach 1,7 die Reihenfolge
Tag–Monat–Jahr mitteilt. Mit Sach 1,1.7 hat Hag 2,10 gegenüber Hag 1,1;
1,15b–2,1 gemeinsam, daß Dareios nicht den Titel המלך trägt. Hag 2,20 hat
wiederum die Besonderheit, daß berichtet wird, daß das Wort Jahwes zum
zweiten Mal an einem Tag an den Propheten ergeht. Beim Sacharja-Buch ist
festzuhalten, daß keine der Formulierungen innerhalb von Sach der anderen
entspricht: In Sach 1,1 fehlen die Tagesangabe und der Monatsname, in Sach
1,7; 7,1 weicht die Reihenfolge der Angaben voneinander ab. Bei Sach 7,1
fehlt bei der Nennung des Propheten das Patronym, dafür wird hier der König
Dareios mit dem Titel המלך versehen. Beide Merkmale unterscheiden Sach
7,1 von Sach 1,7; 7,1, stimmen aber mit Hag insofern überein, als dort nie das
Patronym des Propheten und in Hag 1,1; 1,15b–2,1 auch der Titel המלך vorkommt. Die Reihenfolge Jahr–Tag–Monat und auch die Stellung der Wortereignisformel sind dagegen bei Sach 7,1 singulär.

Ob diese Beobachtungen – zumindest in einigen Fällen – Hinweise auf li-
terarisches Wachstum in Hag und Sach sind, wird zu untersuchen sein.

Die Entwürfe von Lux, Kratz und Wöhrle zeigen deutlich, daß die Erklärung der Verknüpfung von Hag und Sach 1–8 mit redaktionsgeschichtlichen
Modellen einhergeht, die in weit größerem Umfang, als meist angenommen,
mit verschiedenen Fortschreibungsprozessen innerhalb der Bücher rechnen.
Die Entstehung des chronologischen Rahmens, das Wachstum der Einzelbücher und ihre Verknüpfung bedingen sich gegenseitig.

Dementsprechend soll in dieser Arbeit zunächst ausführlich die literarische
Genese der Einzelbücher Haggai und Proto-Sacharja rekonstruiert werden, um
nachzuzeichnen, wie die Rahmenteile in das Wachstum der jeweiligen Schrift
eingebunden werden.[84] Die Untersuchung orientiert sich dabei an der von den

---

83   Vgl. die Übersicht u. S. 323.
84   Vgl. die methodischen Überlegungen von Wöhrle, Sammlungen, 24ff und bes. 287, der
     ebenfalls die Untersuchung eines buchübergreifenden Zusammenhangs erst im Anschluß an
     die redaktionsgeschichtliche Analyse der Einzelbücher für möglich hält.

die Sprüche einleitenden Datierungen vorgegebenen Gliederung (Hag 1,1–
1,15a; 1,15b–2,9; 2,10–2,19; 2,20–23; Sach 1,1–6; 1,7–6,15; 7,1–8,23). In den
Nachtgesichten des Sacharja (Sach 1,7–6,15) ist zudem aus Gründen der Übersichtlichkeit jeder einzelnen Vision ein eigener Abschnitt gewidmet. Die Untersuchungen zu den einzelnen Stücken folgen dabei jeweils derselben Anlage.
Auf eine erste Beschreibung der Texte folgt eine diachrone, literarhistorische
Analyse, die bei den jüngsten Stücken einsetzend die verschiedenen Text-
schichten abhebt. Dabei werden, wo möglich und sinnvoll, bereits erste Überlegungen zur theologiegeschichtlichen Einordnung und Positionierung im
Buch angestellt. Ein Fazit faßt jeweils die Ergebnisse, bei den ältesten Stücken
beginnend und zu den jüngern vorwärts gehend, zusammen. Für beide Bücher
wird zum Schluß jeweils die redaktionsgeschichtliche Rekonstruktion dargestellt, wobei, falls geboten, immer auch der Seitenblick zu der zweiten Schrift
unternommen wird. Nach der Analyse beider Bücher soll in einer Zusammenschau schließlich die Frage nach der Verknüpfung beider Schriften zu einem
Haggai-Sacharja-Korpus gestellt werden.

Die weiterführende Frage, wie sich die literarische Genese von Hag und Sach 1–8 zur
Entstehung der Buchabfolge Hag–Mal und zum Werden des Dodekapropheton verhält,
kann im Rahmen dieser Untersuchung nicht mehr beantwortet werden. Im Anschluß an
Bosshard/Kratz u.a. rechne ich damit, daß Hag und Sach 1–8 zunächst um Mal* fortgeschrieben und später sukzessive Sach 9–14 sowie Erweiterungen in Mal eingeschrieben
wurden.[85] In bezug auf das Dodekapropheton soll schon einmal vorwegnehmend festgehalten werden, daß die Analysen die Beobachtungen etwa von Nogalski, Schart oder
Wöhrle bestätigen werden, daß das Haggai-Sacharja-Korpus für die Übernahme in die
werdende Zwölfpropheten-Rolle kaum überarbeitet wurde.[86]

---

85 S. Bosshard/Kratz, Maleachi; Bosshard-Nepustil, Rezeptionen, 420ff; Kratz, Judentum, 84f;
    Steck, Abschluß, bes. 30ff.73ff.99ff; Steck/Schmid, Heilserwartungen, 13.28.33; Nogalski,
    Processes, 210ff.245f; Schmid, Propheten, 411f.
86 S. Nogalski, Precursors, 234ff.255ff.272ff.278ff; Schart, Entstehung, 252ff; Wöhrle, Samm-
    lungen, 321.365; ders., Abschluss, 19f.23ff.335ff. Zum Stand der Erforschung der Entste-
    hung des Dodekapropheton und seiner Teilcorpora s. den jüngsten Forschungsbericht von
    Schart, Zwölfprophetenbuch, vgl. Willi-Plein, Zwölfprophetenbuch; Redditt, Research; ders.,
    Formation.

2   Das Haggai-Buch

2.1   Aufruf zum Tempelbau (Hag 1,1–15a)

2.1.1   Erste Beobachtungen am Text

Das Haggai-Buch hat keine Gesamtüberschrift. Statt dessen findet sich ein chronologisch geordnetes System von Datierungen, die mit der Wortereignisformel verbunden und jeweils auf die unmittelbar darauf folgenden Prophetenworte bezogen sind.[1] Dadurch wird das Haggai-Buch in vier Verkündigungseinheiten gegliedert: 1,1–15a: Aufruf zum Tempelbau angesichts einer landwirtschaftlichen Mangelsituation; 1,15b–2,9: Worte über die Herrlichkeit des künftigen Tempels; 2,10–19: Einholung einer Priestertora wegen der Unreinheit des Volks sowie Wende vom Fluch zum Segen; 2,20–23: Heilsverheißung für Serubbabel.

Die Abgrenzung der ersten Wortverkündigungseinheit von der zweiten ist umstritten. Fraglich ist, ob die Wendung בשנת שתים לדריוש המלך (V 15b) noch zu 15a zu rechnen oder aber vielmehr zu 2,1 zu ziehen ist, wo der Datierung andernfalls eine Jahresangabe fehlen würde.[2] Gemessen am übrigen Haggai-Buch ist die zweite Möglichkeit die wahrscheinlichere;[3] denn in 1,1 und

---

1   S. Hag 1,1(.15a); 1,15b–2,1; 2,10; 2,20. Vgl. ebenso Sach 1,1.7; 7,1. Ohne eigene Gesamtüberschrift und lediglich mit der Wortereignisformel setzt im Dodekapropheton auch das Jona-Buch ein.

2   Gegen z.B. Assis, To Build, 519ff, der 1,15 als Abschluß von Hag 1 versteht, der die Struktur der Datierung 1,1 in chiastischer Reihenfolge wiederholt. Einen Mittelweg beschreitet Kessler, Book, 108, im Anschluß an Meyers/Meyers, AncB 25B, 34ff: "[I]f a choice needs to be made, it would seem judicious to place the regnal year with the date in 2:1 and deem the year in the date in 1:15a to be implied from the context. It is however possible that the year designation does double duty and serves both formulae". Vgl. hierzu auch Verhoef, NIC, 89. Eine Abtrennung von 1,15b wird von Wöhrle, Sammlungen, 292ff, mit dem Argument abgelehnt, es sei „höchst unwahrscheinlich, daß in 1,15a ursprünglich ein Datum ohne Jahresangabe stand", ebenso sei bei direktem Anschluß „die fehlende Jahresangabe in 2,1 verständlich, da dann das Jahr gerade wegen des direkten Anschlusses an 1,15b nicht mehr eigens angegeben wurde" (a.a.O., 293). Doch läßt sich die Mitteilung des Jahres, das ja bereits in 1,1 genannt war (vgl. auch 2,10.20), eher am Ende als am Beginn einer Einheit entbehren.

3   Vgl. etwa Wolf, BK XIV/6, 40f; Rudolph, KAT XIII, 30 Anm. 15a; Beuken, Haggai, 48f; Willi-Plein, ZBK.AT 24.4, 29; Floyd, FOTL XXII, 255; Sweeney, Berit Olam, 529.533 u.ö. Zu einer möglichen Verbindung von Hag 1,15a mit 2,15–19 s.u S. 96f.

2,10 ist jeweils das Jahr mitgenannt.[4] Wird 1,15b mit 2,1 verbunden, entspricht die Abfolge der Datierung (Jahr/Monat/Tag) genau derjenigen in Hag 1,1. Hinzu kommt, daß das zum Datum 1,15a gehörige Jahr am Ende der Perikope ohne Schwierigkeiten aus der Jahresangabe der Einleitung 1,1 erschlossen werden kann,[5] während ohne 1,15b dem Abschnitt 2,1–9 eine Jahresangabe fehlen würde.

Die eigentlichen Prophetensprüche (V 4–11) der ersten Wortverkündigungseinheit sind von einem Fremdbericht gerahmt (V 1–3.12–15a), der den Anlaß schildert (V 1–3) sowie die Wirkung der Worte Haggais (12–15a) beschreibt.[6]

Vers 1 setzt mit einer Datierung des Wortes auf den ersten Tag des sechsten Monats im zweiten Jahr des Königs Dareios ein,[7] woran eine Wortereignisformel anschließt. Es wird verzeichnet, daß das Wort durch die Vermittlung (ביד) des Propheten Haggai[8] an den Statthalter Serubbabel[9] sowie den Hohenpriester Josua[10] ergangen ist.

Diesen beiden wird in V 2 eine als Gotteswort[11] qualifizierte Anklage, das Volk betreffend, mitgeteilt: העם הזה אמרו לא עת־בא עת־בית יהוה להבנות.[12]

---

4   Hag 2,20 kann hier außer Acht bleiben, da sich die Angabe ויהי דבר־יהוה שנית אל־חגי בעשרים וארבעה לחדש לאמר auf das Datum in 2,10 zurückbezieht.

5   S. z.B. Rudolph, KAT XIII/4, 30 Anm. 15 a). Vgl. auch oben S. 15 Anm. 2 das Zitat von Kessler.

6   Vgl. Kessler, Book, 108.

7   In 1,1.15b (vgl. Sach 7,1) wird Dareios המלך genannt. „Das heißt aber, Darius wird hier als König schlechthin anerkannt, wird er doch nicht nur, wie in Esra 4,5, als מלך־פרס bezeichnet" (Wöhrle, Sammlungen, 319). Vgl. auch Kessler, Tradition, 10f.

8   חגי הנביא vgl. Hag 1,3.12; 2,1.10. Die Bezeichnung הנביא fehlt in 1,13 (dort wird Haggai statt dessen מלאך יהוה genannt) sowie in 2,13f.20.

9   Mit Filiation und Statthaltertitel wird Serubbabel in 1,1.14; 2,2 genannt, nur mit der Filiation in 1,12; 2,23, nur mit dem Titel in 2,21. Beides fehlt in Hag 2,4, ebenso in Sach 4,6f.9f. Bis auf die Verheißung an Serubbabel in Hag 2,20–23 wird Serubbabel im Haggai-Buch sonst immer zusammen mit Josua erwähnt. Im Sacharja-Buch werden Serubbabel (Sach 4,6f.9f) und Josua (Sach 3,1.3.6.8f; 6,11) dagegen stets getrennt aufgeführt.

10   Josua wird in Hag stets mit Filiation und Titel הכהן הגדול genannt (Hag 1,1.12.14; 2,2.4), ebenso in Sach 6,11. In Sach 3 (V 1.3.6.8f) fehlt dagegen das Patronym, darüber hinaus in V 3.6.9 der Titel.

11   S. die Botenformel V 2a.

12   Das doppelte עת des MT, das die Versionen nicht wiedergeben (s. LXX: οὐχ ἥκει ὁ καιρὸς τοῦ οἰκοδομῆσαι τὸν οἶκον κυρίου, vgl. Vulgata und Peschitta), ist beizubehalten, da es die lectio difficilior darstellt, so mit Beuken, Haggai, 29 Anm. 2; Kessler, Book, 103f Anm. 7; Petersen, OTL, 41.42 Anm. a; Ackroyd, Exile, 155 Anm. 8; Reventlow, ATD 25/2, 8; Meyers/Meyers, AncB 25B, 3; Verhoef, NIC.OT, 54f; Amsler, CAT XIc, 19 Anm. 3, und gegen Mitchell, ICC, 51; Steck, Haggai, 361f Anm. 21; Wolff, BK XIV/6, 14 Anm. 2a. Dem Vorschlag Hitzigs folgend, konjizieren z.B. Wellhausen, Propheten, 173; Marti, KHC XIII, 382; Horst, HAT I/14, 204 Anm. 1 אָב עַתָּה, doch ist dies angesichts der Tatsache unwahrschein-

Vers 2 nennt dabei die Leitworte der ab V 4 an das Volk selbst gerichteten Anklage Haggais, daß der Tempelbau noch nicht in Angriff genommen wurde: עת (bis, vgl. V 4), בית יהוה (vgl. הבית הזה, V 4, bzw. הבית, V 8, und ביתי, V9; kontrastierend dazu die Häuser des Volks, V 4.9), בנה (V 8).[13] Die Bezeichnung für das Volk in V 2, העם הזה, soll offenbar, wie häufig im AT, mißbilligend auf das Fehlverhalten des Volks hinweisen.[14] Damit hat V 2 eine doppelte Funktion, nämlich zum einen das Volk einzuführen, das hier Serubbabel und Josua gegenübergestellt wird,[15] sowie zum anderen das Grundproblem zu benennen, das V 4ff bestimmt.[16]

Während V 1 die Einleitung für das als Situationsangabe fungierende Jahwe-Wort V 2 bietet, folgt in V 3 sogleich eine neue Einleitung, diesmal für die Anklage V 4–11.[17] Dabei wiederholt V 3 die Wortereignisformel aus V 1, diesmal aber ohne Datum oder Mitteilung der Adressaten, die im folgenden nicht mehr Serubbabel und Josua sind, sondern offenbar „das Volk im allgemeinen".[18]

Zwischen V 2 und 4 findet ein Personenwechsel statt. Es wird nicht mehr wie in V 2 über das Volk geredet,[19] sondern das Volk wird selbst angesprochen, wobei die Anklage durch Pronomen und Pronominalsuffixe (לכם אתם

---

lich, daß Hag sonst stets die gebräuchlichere Form עתה bietet (so mit Steck, Haggai, 361 Anm. 21; Kessler, Book, 103f Anm. 7). Das doppelte עת läßt sich vielmehr aus der Bedeutung dieses Stichworts für Hag 1 erklären: "The threefold repetition of עת (v.2, 2x, v. 4, 1x) fits well with the passage's rhetorical emphasis on the critical question of the opposing opinions of the appropriate use of time held by Yahweh and the people" (Kessler, Book, 104 Anm. 7, vgl. Meyers/Meyers, AncB 25B, 19f; Amsler, CAT XIc, 21f). עת ist maskulin aufzufassen (vgl. etwa Esr 10,14), בא als Inf. abs. (בּא) anstelle des finiten Verbs (vgl. G-K[28] § 113 ff) oder als 3. m. Perf. Qal (בָּא) zu lesen, vgl. Petersen, OTL, 41.42 Anm. a; Reventlow, ATD 25/2, 8 Anm. 6; Meyers/Meyers, AncB 25B, 3 Anm. a; Verhoef, NIC.OT, 54f.

13 Vgl. Verhoef, NIC.OT, 21; Kessler, Book, 109. Zur Deutung von עת s.u.

14 S. z.B. Hag 2,14; Jes 6,9f; 8,6.11f; 9,15; Jer 4,11; 5,14.23; 6,19.21; 14,10f. Vgl. z.B. Beuken, Haggai, 29f; Boda, NIV AC, 89; Kessler, Book, 123; May, People, 193. Der Gebrauch von העם הזה in Hag 1,2 ist weder neutral (etwa gegen Cody, People) noch bezieht er sich auf einen bestimmten Teil des Volks (gegen Rudolph, KAT 13/4, 32f, der an die zurückgekehrten Exulanten, und Steck, Haggai, 372ff, der an die im Land verbliebenen Judäer denkt).

15 Vgl. z.B. Wolff, BK XIV/6, 23f; Kessler, Temple, 252; ders., Tradition, 13f.

16 Vgl. etwa Beuken, Haggai, 29; Kessler, Book, 109; ders., Tradition, 13f; Meyers/Meyers, AncB 25B, 40; Petersen, OTL, 47; Verhoef, NIC.OT, 20f, ferner a.a.O., 53: "The subject matter in both v. 2b and vv. 4–11 is admittedly the same, because both concern the rebuilding of the temple".

17 Vgl. Wolff, BK XIV/6, 16: „Die Verse 2–3 zeigen einen merkwürdigen Übergangscharakter."

18 Beuken, Haggai, 30.

19 העם הזה אמרו (V 2).

sowie בבתיכם) besonders betont wird.[20] Die rhetorische Frage V 4 entspricht der Sache nach V 2,[21] beide Male gilt die Frage dem rechten Zeitpunkt (עת) für den Tempelbau. Im ersten Fall wird das Volk zitiert, es sei noch nicht die Zeit, den Tempel zu bauen, im zweiten Fall wird der rechte Zeitpunkt mit den Häusern des Volkes verknüpft, nämlich in der Frage, ob es Zeit sei, in getäfelten Häusern zu wohnen,[22] während der Tempel verödet daliegt.

Das Wort עת in Hag 1,2.4 läßt sich auf zweierlei Weise verstehen. Die erste Position mißt עת eine theologisch qualifizierte Bedeutung bei, und zwar meist dergestalt, daß der Zeitpunkt das Ende des göttlichen Zorns anzeigt, d.h. die göttliche Willenskundgabe zum Wiederaufbau noch abgewartet werden muß.[23] Nach dieser Auffassung werden die Nichtigkeitsflüche, die Dürre bzw. das Ausbleiben des Segens vom Volk als Zeichen verstanden, daß der Tempel noch nicht wieder aufgebaut werden soll, während Haggai diese Meinung zu entkräften sucht und den noch nicht wieder errichteten Tempel als die wahre

---

20   Vgl. Joüon § 146 c–d; G-K[28] § 135 d.g; Meyers/Meyers, AncB 25B, 23; Boda, NIV AC, 89, Wolff, BK XIV/6, 25. Dabei ist das Suffix in בבתיכם in MT und LXX als erneute Hervorhebung gegenüber zahlreichen Mss der LXX (vgl. Ziegler, prophetae, 285) sowie den Targumen und der Vulgata beizubehalten: "The versions most likely omitted the possessive due to its proximity to the personal pronoun אתם, ὑμῖν, vobis" (Kessler, Book, 104 Anm. 9). Vgl. Wolff, BK XIV/6, 14 Anm. 4b; Amsler, CAT IX c, 19 Anm. 4.

21   Vgl. z.B. Verhoef, NIC.OT, 21: „Verses 3 and 4 are an extended parallel to v. 2".

22   Die Bedeutung von בתים ספונים (V 4) kann entweder „getäfelte" oder „gedeckte Häuser" sein. Diejenigen, die letztere Wiedergabe bevorzugen, beziehen sich auf die Nominalform סִפֻּן, welche in 1 Kön 6,15, der einzigen gesicherten Stelle im AT für dieses Nomen, eindeutig für das Dach gebraucht wird. Die Bedeutung „gedeckt" kann auch für 1 Kön 7,3 angenommen werden. Der Gegensatz in der rhetorischen Frage Hag 1,4 wäre dann in etwa wiederzugeben: Das Volk hat wieder ein Dach über dem Kopf, während dies dem Tempel noch fehlt, weil dessen Wiedererrichtung noch aussteht, so z.B. Mitchell, ICC, 45; Steck, Haggai, 362; Meyers/Meyers, AncB 25B, 23f; Kessler, Book, 128; Wöhrle, Sammlungen, 295 Anm. 29. Allerdings ist es nach Hag 1,4 nicht so sehr das Problem, daß der Tempel noch nicht gedeckt oder fertiggestellt ist, sondern daß er wüst daliegt (חרב). Daher ist ספונים besser als „getäfelt" aufzufassen, so mit Ackroyd, Exile, 155; Rudolph, KAT 13/4, 29; Petersen, OTL, 48; Amsler, CAT XIc, 22; Reventlow, ATD 25/2, 12; Boda, NIV AC, 89 u.a. Diese Bedeutung von סֵפֶן wird von 1 Kön 6,9; 7,7; Jer 22,14 gestützt und stellt den Kontrast in Hag 1,4 in seiner ganzen Schärfe heraus: "While the temple lies in ruins, the people are living in nicely decorated homes" (Boda, NIV AC, 89).
      Darüber hinaus hat Hurowitz, Temple, 589f, darauf aufmerksam gemacht, daß "[t]he root סֵפֶן meaning 'panel,' is always associated in the Hebrew Bible with cedar (1 Kgs 6:9; 7:3, 7; Jer 22:14). The word itself might be taken as an allusion to the Temple, as it is used in its description. Moreover, if 'cedar' is substituted for 'paneled' in the prophet's diatribe, we find Haggai accusing the people dwelling in cedar houses while the Temple is destroyed" (Hurowitz, Temple, 589). Damit beschreibt Hag 1,4 in jedem Falle „the luxurious conditions of the people, in contrast to the humble divine dwelling" (Hurowitz, Temple, 590).

23   Gelegentlich wird עת sogar als messianische Zeit interpretiert, s. z.B. Wellhausen, Propheten, 173f.

Ursache der Not offenlegt.[24] Dabei wird immer wieder vermutet, daß bei den Bedenken des Volks die Vorstellung der 70 Jahre nach Jer 25,11f; 29,10 im Hintergrund steht, wie sie auch bei Haggais Zeitgenossen Sacharja zu finden sei; vgl. Sach 1,12; 7,5.[25] Gegen diese Deutung lassen sich allerdings gewichtige Argumente ins Feld führen.[26] So bezieht sich Haggais Argumentation nirgends auf das Problem, daß Jahwes Zorn gegen sein Volk noch anhalten könnte.[27] Wenn dieser Irrtum der Grund für die Weigerung gewesen wäre, den Tempel zu bauen, wäre zu erwarten, daß Haggai bemüht war, die frommen Bedenken zu entkräften.[28] Dies geschieht jedoch nicht. Auch eine Ermutigung, daß das Gericht vorüber und der rechte Zeitpunkt gekommen sei, sucht man vergebens.[29] Statt dessen wird eine Anklage formuliert, die zeigt, daß es dem Volk nicht um religiöse Bedenken geht, sondern, wie die ironische Frage V 4 zeigt, um den eigenen Nutzen. Das Wohnen in getäfelten Häusern (V 4, vgl. ebenso V 9) steht in scharfem Kontrast zu dem nach wie vor zerstörten Tempel.[30] Auch die Nichtigkeitsflüche (5–7) und die Erwähnung der Dürre (V 9–11) unterstreichen den Vorwurf, das Volk habe aus Eigensucht die Pflichten gegenüber Jahwe nicht eingehalten und sei deswegen in Not geraten. Diese Sicht wird auch vom Rahmen geteilt, bei dem die Aufnahme der Arbeiten am Tempel mit Wendungen verbunden wird, die für den Bundesgehorsam stehen. Somit hat die zweite Position die größere Wahrscheinlichkeit für sich, wonach

---

24 Vgl. Steck, Haggai, 373ff; Wöhrle, Sammlungen, 313ff; Bedford, Time; ders., Restoration, 168ff.270ff.302f; Tadmor, Time; Meyers/Meyers, AncB 25B, 19ff; Tollington, Readings, 197; Assis, Structure, 537ff; ders., Composition, bes. 2f; ders., To Build, bes. 515ff; ders., Temple, 9f; ders., Disputed Temple, 589ff; ders., Psalm, 267ff; Patrick, Time.

25 So etwa Bedford, Time, 78ff; ders., Restoration, 177; Tadmor, Time, 403ff; Meyers/Meyers, AncB 25B, 20. Sollte die in dieser Arbeit entwickelte Analyse zutreffen, scheiden Sach 1,12; 7,5 als Belege für die Zeit um 520 aus, da beide Stellen erst erheblich später in Sach eingeschrieben wurden, s.u 3.3.2, 3.13.2 und 3.14. Bedford führt zur Untermauerung seiner These neben zahlreichen biblischen auch altorientalische, d.h. v.a. mesopotamische, Parallelen an, s. ders., Time, 74ff; Restoration, 174ff. Nach Steck, Haggai, 373ff, interpretieren die im Lande verbliebenen Altjudäer die gegenwärtige Notlage als Zeichen des anhaltenden Gerichts im Sinne der dtr Theologie (s. Dtn 28).

26 Vgl. zum folgenden v.a. die ausführliche Auseinandersetzung mit dieser Position bei Kessler, Temple, s. bereits ders., Temps; ders., Book, 123ff.

27 Vgl. Kessler, Tradition, 6.14ff.

28 So neben Kessler (s. Anm. 26f) noch z.B. Wolff, BK XIV/6, 24f. Daß Haggai nirgends auf die Vorstellung eingeht, der richtige Zeitpunkt sei aufgrund des Zornes Gottes noch nicht gekommen, muß selbst von Bedford, Restoration, 286, konzediert werden.

29 "Haggai's words show no sign of being directed to a pious community, fearful of offending their deity by reconstructing his dwelling place at an inappropriate moment. Had this been the case the prophetic response would have been one of comfort and divine assurance that the time had indeed come" (Kessler, Book, 127).

30 Vgl. außer Kessler (s. Anm. 26f) z.B. Petersen, OTL, 48f; Chary, SB, 19; Amsler, CAT XIc, 22; Rudolph, KAT 13/4, 33; Wolff, BK XIV/6, 24f; Reventlow, ATD 25/2, 12.

עת in Hag 1,2.4 die „Konnotation ‚rechte Zeit für' oder ‚Gelegenheit für'"[31]
als Lageeinschätzung durch das Volk hat.[32] Kessler hat darauf hingewiesen,
daß עת in Hag 1,2.4 weisheitlichem Denken entspricht und gerade die Konstruktion עת + Inf. cstr. gebraucht wird, wenn die menschliche Einschätzung
der Lage, ob ein Zeitpunkt für die beabsichtigte Handlung angemessen bzw.
sinnvoll ist, beschrieben wird:[33] Das Volk hat momentan andere Prioritäten als
den Tempelbau. Nun hat Bedford im Hinblick auf die ao Parallelen unbestreit-
bar Recht, daß der Zeitpunkt eines Tempelbaus göttlich sanktioniert werden
muß,[34] doch Hurowitz bemerkt dazu lakonisch: "[H]ow did the people or Haggai and Zechariah know the awaited time had arrived? The obvious answer
would be that God told the prophets, who in turn announced it to the people."[35]
Hurowitz macht dabei auf 2 Sam 7,2 als Parallele zu Hag 1,4 aufmerksam:[36]
Natan gegenüber stellt David fest, daß er in einem Zedernhaus, die Lade aber
in einem Zelt wohnt, was von Natan als Beweggrund Davids verstanden wird,
einen Tempel zu bauen (s. 2 Sam 7,3). Auch hier wird der Gegensatz luxuriöse
menschliche Wohnung einerseits – armselige Wohnstatt Gottes andererseits als
Mißstand und damit als Zeichen aufgefaßt, einen Tempel zu bauen; dieser Bau
wird freilich auf Gottes Widerspruch hin (vgl. 2 Sam 7,4ff) auf die Zeit Salomos verschoben.

Der nächste Abschnitt (V 5–7) wird durch die beiden gleichlautenden, jeweils mit der Botenformel eingeführten Mahnworte שימו לבבכם על־דרכיכם
(5.7) abgegrenzt,[37] die damit einen Rahmen um eine Reihe von Nichtigkeitsflüchen (6) legen.[38] Thematisch ist der Verweis auf das bisherige Ergehen bzw.
die Situation der Adressaten (5–7) durch V 4 nicht vorbereitet,[39] so daß Wolff

---

31 Jenni, Art. עֵת, 377, s. die ebd. vorgeschlagene Übersetzung für Hag 1,2: „„Gelegenheit, den
    Tempel zu bauen"".
32 Vgl. z.B. Gen 29,7; 2 Kön 5,26; Hi 22,16; Spr 15,23; Koh 3,2–11; 7,17; 8,5–6; Est 4,14,
    weitere Beispiele s. Jenni, Art. עֵת, 375ff. Diese Deutung wird vertreten von Beyse,
    Serubbabel, 65; Wolff, BK XIV/6, 24f; Verhoef, NIC.OT, 55f; Reventlow, ATD 25/2, 12;
    Gerstenberger, Israel, 158; Petersen, OTL, 48f; Chary, SB, 19; Amsler, CAT XIc, 22;
    Rudolph, KAT 13/4, 33; Kessler, Temple; vgl. ders., Temps; ders. Book, 123ff.
33 S. Kessler, Temple; ders., Temps; ders., Book, 125ff. Vgl. Gen 29,7; 2 Kön 5,26; Koh 3,2–8.
    S. dazu G-K[28] § 114 b; Joüon § 124 d; Waltke/O'Connor, § 36.2.1 c. S. Hag 1,2bβ עת־בית
    יהוה als Konkretion des לא עת־בא sowie 4a: העת לכם אתם לשבת בבתיכם ספונים להבנות.
34 S. Bedford, Time, 74ff; Restoration, 174ff.
35 Hurowitz, Temple, 588.
36 S. Hurowitz, Temple, 589ff, dort auch zum Konnex ארז – ספן. Ein Hinweis auf 2 Sam 7,2
    findet sich jedoch bereits bei Marti, KHC XIII, 382.
37 Vers 5 unterscheidet sich von seiner Wiederholung in 7 nur durch das vorangestellte ועתה.
38 Zur Begründung der Verbindung von V 7 mit 5f s.u S. 25f.
39 Vgl. Boda, Haggai, 301: "In Haggai 1 the prophet begins by identifying two different issues
    relevant to his community. The first issue is expressed through two [...] rhetorical strategies:
    quotation and interrogative. Playing off the leitmotif of 'time', Haggai is told to express
    God's concern over the priorities of the people (1:2–4). Without a smooth transition, Haggai

und Reventlow V 5 als Neueinsatz ansprechen.[40] Die Verbindung von 5–7 mit der voraufgehenden Frage in 4 wird lediglich über den Ausdruck ועתה herge-stellt.[41] Auch in dem auf 5–7 folgenden Verheißungswort (V 8) wird der Ge-dankengang aus 5–7 nicht wieder aufgegriffen.[42]

Die Verbindung von V 5 mit der Schilderung der bisherigen Situation (V 6) zeigt, daß die Formulierung שִׂימוּ לְבַבְכֶם עַל־דַּרְכֵיכֶם auf das bisherige Ergehen weist.[43] Stilistisches Charakteristikum von V 6a ist die Fortsetzung des Perf. זְרַעְתֶּם durch sieben Infinitive,[44] während 6b mit Partizipien konstru-iert ist. Dieses bisherige Ergehen wird mit Hilfe der aus der ao Vertragstraditi-on stammenden und auch im AT verschiedentlich belegten Nichtigkeitsflüche als Mangellage gekennzeichnet.

---

　　then introduces a second issue by employing his unique reflection idiom: שִׂימוּ לְבַבְכֶם עַל. This issue focuses the people's attention on the hardships they have experienced in recent times (1:5–7). To this point these two issues are not related in any direct way."

40　S. Wolff, BK XIV/6, 17; Reventlow, ATD 25/2, 12. Vgl. Sweeney, Berit Olam, 537.

41　"This expression presupposes a conclusion drawn from the preceding statement, and intro-duces a new statement" (Verhoef, NIC.OT, 60). Vgl. K. Koch, Volk, 211f. Zum Gebrauch von ועתה im AT s. Brongers, Bemerkungen. Nach Brongers, a.a.O., 298, erscheint ועתה „niemals am Anfang einer Ansprache".

42　Vgl. Beuken, Haggai, 186, wonach der Übergang zwischen dem Mahnwort und der Heilsver-heißung V 8 „völlig abrupt" ist und „die Folgerung, die aus den schlechten Zeiten gezogen werden sollte und die den Übergang zum folgenden Gotteswort bilden könnte" (ebd.), fehlt.

43　Vgl. Wellhausen, Propheten, 173: „על דרכיכם = darauf wie es euch ergangen ist: auf die Vergangenheit". Dabei ist hier דרך am besten im Sinne von ‚Ergehen' zu verstehen: „Das Wort ‚Wege' entspricht also im Zusammenhang genau unserem ‚Er-gehen'. Haggais Volk soll sich jetzt auf den Zusammenhang seines bisherigen Tuns mit seiner gegenwärtigen Not-lage besinnen" (Wolff, BK XIV/6, 26). Vgl. ferner z.B. Elliger, ATD 25, 85; Reventlow, ATD 25/2, 12f; Verhoef, NIC.OT, 60; Meyers/Meyers, AncB 25B, 24f; Petersen, OTL, 49; Boda, Haggai, 300; ders., NIV AC, 90. Zu שִׂים + לֵב vgl. neben Hag 2,15.18 noch bes. Ex 9,21; Hi 1,8; 2,3; 34,14 (+אֶל/עַל); Dtn 32,46; Ez 40,4; 44,5b (+לְ); Jes 41,22; Ez 44,5a (ohne Präposition). S. auch Kessler, Book, 130f.

44　Der adverbial gebrauchte Inf. abs. הרבה bleibt hier unberücksichtigt. Zum Inf. abs. (vgl. הבא, אכול, שתו, לבוש) als Stellvertreter bzw. Fortsetzung des finiten Verbs vgl. G-K[28] § 113 y–z; Joüon § 123 x–y. Nach G-K[28] § 113 y kann der Inf. abs. anstelle des finiten Verbs ste-hen, um „den Verbalbegriff desto reiner und nachdrücklicher hervortreten zu lassen" (ebd.). Vgl. Verhoef, NIC.OT, 61, der die Syntax von Hag 1,6 als „excited style" beschreibt. Auch die Inf. cstr. schließen eng an das Vorangehende an, indem „der Infin. mit לְ virtuell von ei-nem Begriff des Wollens oder Trachtens, Imbegriffenseins abhängt, der dem Sinne nach in dem Vorhergehenden enthalten ist" (G-K[28] § 114 p, vgl. ואין־לחם, ואין־לשכרה, ואין־לשבעה, zu den fem. Inf. cstr. vgl. G-K[28] § 45 d; Joüon § 49 d).

Exkurs: Zum Ursprung der Nichtigkeitsflüche[45]

Altorientalische Belege für Nichtigkeitsflüche finden sich in den aramäischen Inschriften der Staatsverträge des Königs Bar-Ga'jah von *Ktk* mit Mati'-'Ilu von Arpad (Mitte 8. Jh., s. Sfire I A,21–24; II A, 2–3),[46] des Stelen-Fragments aus Bukān (8. Jh., s. Z. 5–8)[47] und der neuassyrisch-aramäischen Bilingue vom Tell Feḥerīje (9. Jh., s. Z 18–22 (aram.)//30–36 (akk.))[48] sowie in akkadischen Texten, s. das mittelbabylonische Kudurru B.1282.1 des Nazimaruttaš (1323–1298 v. Chr., Rs. Kol. II 44–47+x),[49] den Vertrag Assurniraris mit Mati'-'Ilu von Arpad (Mitte 8. Jh., s. VI,3f)[50] sowie den Gottesbrief Assurbanipals an Assur (Fragment VAT 5600 II,13–15)[51] und die Parallelversion in den Annalen Assurbanipals (Rassam-Zylinder IX,65–67).[52] Die Themen der oben angeführten Texte sind Feldarbeit, Ernährung, Nachkommenschaft, Wohnen.

Der Nichtigkeitsfluch stammt aller Wahrscheinlichkeit nach aus dem westsemitischen Sprachraum und dürfte seinen Ursprung in antithetischen Formulierungen in den Notzeitschilderungen der hethitischen Mythen von der verschwundenen Gottheit haben,[53] wo sich bereits u.a. das Motiv des Essens und Trinkens, ohne satt zu werden, findet.[54] Dabei dürften die Aramäer an das hethitische und luwische Erbe angeknüpft und die Nichtigkeitsflüche schließlich an Israel vermittelt haben.[55] Im Akkadischen ist der

---

45 Der Begriff ‚Nichtigkeitsfluch' geht auf Wolff, BK XIV/4, 162.169ff, zurück, daneben finden sich die Bezeichnungen ‚antithetisches Fluchwort' (vgl. Schottroff, Fluchspruch, 159), ‚Wirkungslosigkeitsfluch' (vgl. Beuken, Haggai, 190) oder auch ‚Vergeblichkeitsfluch'. Der entsprechende englische Begriff ‚futility curse' wurde von Hillers (ders., Treaty-Curses, 28f) geprägt. Zu den Nichtigkeitsflüchen im AO und AT s. Hillers, Treaty-Curses, 28f; Schottroff, Fluchspruch, 67f.153ff, bes. 159f; Beuken, Haggai, 190ff; McCarthy, D., Treaty; Wolff, BK XIV/4, 162.169ff; Podella, Notzeit-Mythologem; Steymans, Deuteronomium, 181ff; Grätz, Wettergott, 83ff; C. Koch, Hatti; ders., Vertrag, bes. 52ff; 234ff.

46 Text s. Schwiderski, Inschriften, 402ff.

47 Text s. Schwiderski, Inschriften, 83.

48 Text der aramäischen Fassung s. Schwiderski, Inschriften, 194; der Text der akkadischen Version ist wiedergegeben bei Greenfield/Shaffer, Statue, 112.

49 Text s. Arnaud, Kudurru, 164ff.

50 Text s. Parpola/Watanabe, Treaties, 8ff.

51 Text s. Streck, Assurbanipal, 376ff, zur Rekonstruktion des Gottesbriefs vgl. Weippert, Kämpfe, 74ff.

52 Text s. Streck, Assurbanipal, 76ff.

53 Zum hethitischen Notzeit-Mythologem s. von Schuler, Notzeit; zur Darstellung des für den Mythenkomplex vom Verschwinden und Wiederauffinden einer Gottheit prototypischen Telipinu-Mythos s. Haas, Geschichte, 707ff).

54 Vgl. Podella, Notzeit-Mythologem, 438ff; Grätz, Wettergott, 84ff; C. Koch, Hatti, 396ff, vgl. ders., Vertrag, 65ff.

55 Zum Kulturkontakt der Aramäer mit der hethischen und luwischen Tradition, die in Syrien offenbar noch bis in das 8. Jh. hinein gepflegt wurden, vgl. Podella, Notzeit-Mythologem, 437f.444ff; Niehr, Auswirkungen; Hutter, Widerspiegelungen, bes. 432ff; C. Koch, Hatti, 395ff.400ff; ders., Vertrag, 27ff.

Gebrauch von Nichtigkeitsflüchen „äußerst selten".[56] Statt dessen herrschen in vergleichbaren Fällen einfache Fluchformen vor. Dies wird an der Bilingue vom Tell Feḫerīje besonders deutlich, deren akkadischer Text eine Übersetzung des aramäischen Formulars darstellt.[57] Anders als im aramäischen Text sind in der akkadischen Version These und Antithese nicht miteinander verbunden, sondern als einfache, asyndetische, parallel angeordnete Wünsche (vgl. Z. 30–32, akk. Text, mit Z. 18f, aram. Text) neben aneinandergereihten verneinten Wünschen (vgl. Z. 32–36, akk. Text, mit Z. 20–22, aram. Text) formuliert. Die Rückführung der Nichtigkeitsflüche auf das hethitische Notzeit-Mythologem hat Steymans mit dem Verweis auf das mittelbabylonische Kudurru B.1282.1 abgelehnt, in dem die Form des Nichtigkeitsfluches syntaktisch abgebildet ist, indem die Protasis und die mit der Negation *lā* gebildete Apodosis durch die enklitische Partikel *-ma* verbunden sind.[58] Gegen Steymans hat C. Koch jedoch zurecht festgestellt: „Zwar begegnet das Aufbauschema der Nichtigkeitsflüche singulär schon in einem mittelbabylonischen Kudurru; doch fehlt in den dort verzeichneten Flüchen das für die aramäischen Nichtigkeitsflüche konstitutive Motiv des Essens, ohne satt zu werden."[59] Daß die oben genannten Assurbanipal-Texte ebenfalls die aus B.1282.1 bekannte syndetische, antithetische Konstruktion aufweisen, könnte der Tatsache geschuldet sein, daß sich die betreffenden Passagen auf Flüche eines Vertrags mit dem Stamm Qedar zurückbeziehen:[60] „Bedenkt man, daß in den Flüchen assyrischer Verträge lokale Traditionen der Vertragspartner aufgegriffen wurden, so scheint es möglich, daß auch der Frustrationsfluch als Teil des syrisch-arabischen Lokalkolorits in den Vertrag mit den Arabern geraten war und so in die Königsinschriften gelangte".[61]

Im AT liegen Nichtigkeitsflüche vor in Lev 26,16.26; Dtn 28,30–32.38–41; Jes 9,19; Hos 4,10; 8,7; 9,12.16; Am 4,8; 5,11; Mi 6,14f; Zef 1,13; Hag 1,6.9; 2,16; Mal 1,4; Hi 31,8, ferner Hos 5,6; Am 8,12; Mi 3,4. Einige Verheißungen lehnen sich an die Form der Nichtigkeitsflüche an, die hier aber ins Positive gewendet sind, da das Erwartete eintreffen soll, vgl. Dtn 6,11; 8,10.12; 11,15; Jes 37,30 (= 2 Kön 19,29); 62,8–9; Jes 65,21–23; Jer 29,5f; 31,5; Am 9,14.[62]

In ihrer typischen Form[63] bestehen die Nichtigkeitsflüche aus einer Protasis, die sinnvolles bzw. lebenswichtiges menschliches Handeln aufführt, des-

---

56   Steymans, Deuteronomium, 184.
57   Vgl. Dohmen, Statue, 92 Anm. 6; Greenfield/Shaffer, Curse Formulae, 49; Steymans, Deuteronomium, 181ff; C. Koch, Hatti, 393f.
58   Steymans, Deuteronmium, 183f.
59   C. Koch, Hatti, 396. Zur Kritik an Steymans s. auch Grätz, Wettergott, 87 m. Anm. 370.
60   So Weippert, Kämpfe, 47 Anm. 33.
61   Steymans, Deuteronomium, 183, vgl. C. Koch, Hatti, 394f.
62   Vgl. die Aufstellungen bei Hillers, Treaty-Curses, 28f, sowie Beuken, Haggai, 192 Anm. 1.
63   Vgl. die grundlegenden formgeschichtlichen Beobachtungen bei Hillers, Treaty-Curses, 28f, und Wolff, BK XIV/4, 162, ferner Podella, Notzeit-Mythologem.

sen zu erwartende Früchte in der Apodosis mit ולא[64] + Imperf.[65] aufgehoben und damit als vergeblich gekennzeichnet werden.[66]

Hag 1,6 wandelt jedoch die im AT vorherrschende Form der Nichtigkeitsflüche in zweierlei Weise charakteristisch ab. Zum einen findet sich in den Fällen, in denen die Apodosis vermittels einer Negation eingeleitet wird, nur bei Hag 1,6 die Konstruktion ואין + Inf. cstr. mit ל,[67] zum anderen handelt es sich bei 1,6 nicht um Androhungen bzw. Ankündigungen für die Zukunft, sondern um Beschreibungen einer bereits eingetroffenen Notzeit.[68] Die angeführten Beispiele Säen,[69] Essen,[70] Trinken,[71] Kleiden[72] und Lohnerwerb[73] nennen Grundbedürfnisse des menschlichen Lebens.

---

64 Vgl. w'l in den aramäischen Texten.

65 Vgl. Lev 26,26; Dtn 28,30f.39–41; Jes 65,22; Hos 4,10; 5,6; Am 5,11; 8,12; Mi 3,4; 6,14f; Zef 1,13. Mit ולא + Perf. formuliert dagegen Jes 9,19.

66 Gelegentlich werden Nichtigkeitsflüche auch ohne Negation formuliert, s. z.B. Lev 26,16b; Hag 1,9a; 2,16.

67 Wenn auch nicht in den Nichtigkeitsflüchen selbst, so begegnet ואין doch in Dtn 28,31f in Erweiterungen zu Nichtigkeitsflüchen (allerdings ואין in 28,31b + Partizip, in 32b + לאל ידך), die damit mit den Flüchen in 28,26.28 verbunden werden (vgl. Steymans, Deuteronomium, 269f; C. Koch, Vertrag, 185ff, alle angegebenen Stellen sind zum Grundbestand von Dtn 28 zu rechnen, vgl. Steymans, Deuteronomium, 256ff; C. Koch, Vertrag, 172ff). Zu ואין + Part. in Fluch- und Segensformulierungen vgl. ferner Dtn 28,68; Lev 26,6.17.36.

68 Vgl. Hag 1,9; 2,16 sowie Am 4,8, wo ebenfalls die Form der Nichtigkeitsflüche zur Schilderung bereits ergangener Strafen herangezogen wird, wobei in Am 4,6ff „nicht historisch belegbare Einzelereignisse, sondern vielmehr typische Plagen genannt sind" (J. Jeremias, ATD 24/2, 50). Daneben ist auch die von Nichtigkeitsflüchen abgeleitete Notzeitschilderung des Qedar-Stammes in den Assurbanipal-Inschriften zu nennen. Das aus den hethitischen Notzeitschilderungen entlehnte Motiv des Essens und Nicht-Satt-Werdens etc. hat so über die Vermittlung der Nichtigkeitsflüche wieder den Weg zurück zu Notzeitschilderungen gefunden.

69 Zu זרעתם הרבה והבא מעט vgl. bes. Dtn 28,38 (זרע רב תוציא השדה ומעט תאסף) sowie Mi 6,15; Lev 26,16, ferner Hos 8,7. Der Nichtigkeitsfluch des Säens, ohne zu ernten, findet sich auch in der Inschrift vom Tell Feḥerīje, Z 18f (aram.)//30f (akk.) und sogleich noch einmal in konkreten Zahlenverhältnissen ausgedrückt Z 19 (aram.)//31f (akk.), vgl. hierzu Hag 2,16!

70 Zu אכול ואין־לשבעה vgl. Lev 26,26; Mi 6,14; Hos 4,10; Jes 9,19, in Form einer Verheißung vgl. noch z.B. Lev 26,5; Dtn 6,11; 8,10.12; 11,15. Die Verbindung von Essen und Sattwerden findet sich im AT häufig (vgl. z.B. Ex 16,3; Lev 25,5; Neh 9,25; Ps 22,27; Spr 13,25; Jes 23,18; Ez 39,19) und bildet v.a. im Dtn „ein feststehendes Paar" (Veijola, ATD 8/1, 187 Anm. 392), vgl. Dtn 6,11; 8,10.12; 11,15; 14,29; 23,25; 26,12; 31,20. Zum Motiv des Essens, ohne satt zu werden, vgl. in den ao Nichtigkeitsflüchen Sfire I A, 21–24; II A, 1–3; Bukān Z. 5f; Tell Feḥerīje, Z 20f (aram.)//32–34 (akk.); Gottesbrief Assurbanipals II,13–15//Annalen IX,65–67.

71 Zu שתו ואין־לשכרה vgl. Am 4,8 (ונעו שתים שלש ערים אל־עיר אחת לשתות מים ולא ישבעו). Wolff, BK XIV/6, 27, verweist noch auf Am 5,11; Mi 6,15; Dtn 28,39 als weitere Parallelen (in diesem Sinne wäre freilich etwa noch Zef 1,13 zu nennen), doch anders als in Hag 1,6 ist das Trinken hier stets Teil der Apodosis (nämlich daß man keinen Wein trinken kann), die sich auf den Weinanbau bzw. die Mostproduktion der Protasis zurückbezieht. Im Kontext der übrigen Nichtigkeitsflüche von Hag 1,6 „hat שכר nicht eigentlich die Bedeutung des Trun-

Die Wiederholung von V 5 durch V 7 (ohne das einleitende וְעַתָּה) legt einen Rahmen um die Nichtigkeitsflüche V 6 und schärft noch einmal den Blick auf das bisherige Ergehen.[74] Somit ist V 7 eher als Abschluß von V 5f denn als auf V 8 vorausweisender Neueinsatz aufzufassen.[75] Die Zuordnung von 7 zu 5f kann durch weitere Beobachtungen untermauert werden. Die Aufforderung 7b שִׂימוּ לְבַבְכֶם עַל־דַּרְכֵיכֶם sollte wie ihr Pendant 5b als Verweis auf das bisherige Ergehen interpretiert werden.[76]

Um den Blick vom bisherigen Ergehen in die Zukunft zu lenken, bedient sich das Haggai-Buch dementsprechend in 2,15–19 einer von 1,5.7 abgewandelten Formel: שִׂימוּ־נָא לְבַבְכֶם מִן־הַיּוֹם הַזֶּה וָמָעְלָה (2,15.18).[77] Zudem ist der

---

kenseins (nach übermäßigem Genuß); es geht im Zusammenhang eindeutig um das nicht ausreichende Trinken" (Wolff, BK XIV/6, 14 Anm. 6b, vgl. Petersen, OTL, 50 Anm. 16; Boda, NIV AC, 90f). Zum Wortpaar שׁתה – √שׁכר vgl. weiter Gen 9,21; 43,34; 2 Sam 11,13; 1 Kön 16,9; 20,16; Hld 5,1; Jer 25,27; Ez 39,19.

72 Zu לִבְושׁ וְאֵין־לְחֹם findet sich in den Nichtigkeitsflüchen kein Gegenstück, vgl. aber etwa Dtn 28,48. Kessler, Book, 132, verweist zudem noch auf Am 2,16; Jes 20,4; Ez 16,39. Kleiderflüche sind auch sonst aus dem AO bekannt, vgl. z.B. den Vertrag Assurniraris mit Mati'-'Ilu, IV,15f (Papyrus als Kleidung) oder EST (= Sukzessionsvertrag Asarhaddons („VTE"), zur Diskussion s. C: Koch, Vertrag, 78ff, Text s. Parpola/Watanabe, Treaties, 28ff) § 56, Z. 492 (Flußgras/Alge als Bedeckung/Umhang).

73 Auch Hag 1,6b ist ohne Parallele in den Nichtigkeitsflüchen. "In Hag. 1:6 the verb is in the Hithpael and has a reflexive meaning: 'to hire oneself out.' The assumption is that at least some people were obliged to do it. The semantic field of this word is defined by the noun śākîr, meaning 'a day-laborer,' 'a wage-earner' (Exod. 12:45). The situation was in itself humiliating (cf. Mal. 3:5; Lev. 19:13; 25:6), but the people's experience was that the wages they earned in such a manner were of no avail" (Verhoef, NIC.OT, 62).

74 Vgl. Boda, Haggai, 300: "1:5 and 7 creates an envelope around the exposure of past experience". S. auch Verhoef, NIC.OT, 64: "[W]e may regard this section [sc. V 5–7] as a literary unit, commencing and closing with the same statement. The repetition of the injunction to the people to 'consider your ways' has the effect of stressing the divine appeal of their repentance and conversion." Vgl. ebenfalls Whedbee, Question-Answer Schema, 188ff.

75 Als Einleitung zu V 8 wird V 7 jedoch gerechnet z.B. von Reventlow, ATD 25/2, 13; Willi-Plein, ZBK.AT 24.4, 25f; Wolff, BK XIV/6, 28; Redditt, NCBC, 20 (Redditt, ebd., hält V 7 aber am ehesten für Dittographie von V 5); Petersen, OTL, 50f; Mitchell, ICC, 47f. Als Argument für einen Zusammenhang von V 7 und 8 wird die erneute Botenformel in 7a genannt, die eher ein Wort einleitet als beschließt. Hierzu bemerkt aber Boda, Haggai, 300 Anm. 12, mit Recht, "this view fails to take into account that 1:7a is introducing a declaration: 'Give careful thought to your ways.'" Ergänzend zu Boda kann man in Anschlag bringen, daß der Hinweis auf das eigene Ergehen 7b in Verbindung mit der Botenformel ganz in Analogie zu V 5a.b gestaltet ist. Den Mittelweg wählt Kessler, Book, 111.133, der V 7 als „transitional" (ebd.) charakterisiert, der sowohl auf 5f zurück- als auch auf 8 vorausblickt.

76 So stellt Budde, Text, 11, im Anschluß an Wellhausen fest, „daß die Wendung שִׂימוּ לְבַבְכֶם עַל־דַּרְכֵיכֶם, nachdem sie in 5ᵇ auf das Ergehn und die Vergangenheit bezogen war, hier nicht auf einmal das Verhalten und die Zukunft meinen kann". Vgl. Beuken, Haggai, 185 Anm.1; Whedbee, Question-Answer Schema, 188; Boda, Haggai, 300f; ders., NIV AC, 90f.

77 Vgl. Boda, Haggai, 300f. Boda versteht "the word 'ways' in 1:5, 7 as referring to past activity not future activity. This view is bolstered by noticing that when the phrase 'consider'

inhaltliche Zusammenhang mit dem nach vorn blickenden V 8 doch recht lose:
V 7 „apparently does not link with v. 8".[78] So ist V 7 am ehesten als die Einheit 5–7 abrundende Inklusion zu betrachten.

Mit V 8 erreicht Hag 1 seine Klimax.[79] Mit der Aufnahme der Tempelbau-
Thematik greift V 8 direkt auf V 4 zurück und bietet mit dem Aufruf (V 8a)
und der damit verknüpften Verheißung (V 8b) die Antwort auf die in V 4 aufgeworfene Problemstellung.[80] Thematisch ist damit eine Zäsur erreicht, die
formal noch durch die Abschlußformel יהוה אמר unterstrichen wird.[81] Die
erste Vershälfte (V 8a) fordert auf, ins Gebirge zu steigen, um Holz zu holen
und den Tempel (הבית, vgl. הזה הבית, 1,4, ferner 2,3.7.9) zu bauen. ההר
meint hier nicht einen speziellen Berg, etwa den Tempelberg, sondern das
judäische Bergland, woher Holz für den Tempelbau geholt werden soll.[82] Die

---

(שִׂימוּ לְבַבְכֶם עַל) is used in Haggai (2:15–19) and takes into account past and future, the
word 'ways' is dropped" (Boda, Haggai, 300 Anm. 12).

78 Verhoef, NIC.OT, 63. Da V 7b mit seinem Blick zurück nicht recht zu einem möglichen,
    nach vorn weisenden Neueinsatz 7–8 passen will, ist er in der älteren Literatur im Gefolge
    von Wellhausen, Propheten, 173, immer wieder, als den Zusammenhang von 7a und 8 unter-
    brechend, gestrichen worden (vgl. Marti, KHC XIII, 383; Sellin, KAT XII/2, 450.452; Beu-
    ken, Haggai, 186 Anm. 3; Elliger, ATD 25, 85 Anm. 1; ders., Vorschlag z.St. im krit. App.
    der BHS). Dasselbe Problem versucht Horst, HAT I/14, 204, zu umgehen, indem er V 7 vor 9
    umstellen möchte, Budde, Text, 11, dagegen, indem er V 8 hinter 4 versetzt.

79 Vgl. z.B. Steck, Haggai, 357.366; Beuken, Haggai, 185f; Elliger, ATD 25, 87; Reventlow,
    ATD 25/2; Verhoef, NIC.OT, 21.64; Assis, Composition, 6. Nach Whedbee, Schema, 188f,
    bildet V 8 mit dem Aufruf zum Tempelbau das Zentrum von Kap. 1, das von den Parallelab-
    schnitten 2–7 und 9–11 gerahmt wird; ähnlich Kessler, Book, 110ff.133. Jedoch entsprechen
    die V 8 vorangehenden Verse nicht einfach den auf 8 folgenden, sondern 9–11 bieten viel-
    mehr eine Weiterführung und Neuakzentuierung des Gedankens von 4–7 (s. dazu gleich), so
    daß der Aufbau von Hag 1 nicht als konzentrisch beschrieben werden kann. Zur Kritik an
    Whedbee vgl. z.B. Assis, Composition, 6. Ebenso problematisch ist der Vorschlag von Prins-
    loo, Cohesion, 339, wonach die klimaktische Steigerung von Hag 1 auf V 11 zuläuft (ähnlich
    Floyd, FOTL XXII, 269ff, der einen Gedankenfortschritt von 4–6 nach 7–11 feststellt), da
    vielmehr V 8 die Lösung der Eingangsfrage V 4 nach dem zerstörten Tempel und mit dem
    Ausblick in die Zukunft einen gewissen Abschluß der Argumentation bietet, während 9–11
    mit der erneuten Schilderung der gegenwärtigen Lage wieder dahinter zurückgreift. Zur Kri-
    tik an Prinsloo vgl. Kessler, Book, 110.

80 Vgl. Beuken, Haggai, 185f; Kessler, Book, 111; Kratz, Judentum, 90. Wie in V 4a ist in 8a
    das Volk mit der 2. Pers. Pl. direkt angesprochen, während der thematisch verwandte V 2
    über das Volk (3. Pers. Pl.) spricht.

81 Vgl. Rudolph, KAT 13/4, 35: „Mit V. 8 ist der Gedankengang abgeschlossen: Das lahme und
    scheinheilige ‚es ist noch nicht an der Zeit, Jahwes Haus zu bauen' ist durch das fordernde
    ‚bauet das Haus' ersetzt, und auch die Hinzufügung von ‚Jahwe hat es gesagt' ist eine deutli-
    che Fermate." Vgl. Petersen, OTL, 51.

82 Vgl. etwa Wellhausen, Propheten, 173; Marti, KHC XIII, 383; Horst, HAT I/14, 205; Wolff,
    BK XIV/6, 28; Reventlow, ATD 25/2, 13; Verhoef, NIC.OT, 65; Meyers/Meyers, AncB 25B,
    27f. Gegen z.B. Sweeney, Berit Olam, 538, der ההר mit der Begründung, es handele sich
    hier um den Singular, als den Tempelberg versteht, auf den man Holz zum Tempelbau brin-
    gen soll. Daß ההר Sg. ist, ist als Argument für den Tempelberg nicht hinreichend, da ההר

Beschaffung von Holz als Baumaterial im Zuge der Bauvorbereitungen für die Heiligtümer wird in den ao Quellen häufig erwähnt.[83] Wahrscheinlich greift Hag 1,8 dieses gängige ao Motiv auf, so daß mit עץ weniger das Gerüst- als das Baumaterial für den Tempel selbst gemeint sein dürfte – auch wenn im Umland Jerusalems keine Zedern zu finden sind.[84] Aufgrund der gemeinsamen Elemente *Aufforderung zur Beschaffung von Baumaterial – Befehl zum Bau des Tempels – Einwohnung der Gottheit* macht Hurowitz auf Nabonids Sippar-Zylinder als Parallele zu Hag 1,8 aufmerksam.[85] Dort befiehlt Marduk dem Nabonid im Traum, er solle den Sîn-Tempel Eḫulḫul in Harran wieder aufbauen. Dafür soll Nabonid mit seinen Pferden Ziegel herbringen (našû), Eḫulḫul bauen (epēšu) und Sîn darin seine Wohnung nehmen lassen.[86]

In der mit dem Aufruf (Hag 1,8a) verbundenen Verheißung (1,8b) wird nun Jahwe in der 1. Sg. selbst als Sprecher erkennbar. Das Verbum רצה I ist in kultischem Sinn zu verstehen, als wohlgefällige Annahme und Anerkennung des Dargebrachten durch Jahwe.[87] Gemeint ist vermutlich neben der Annahme des Tempels auch die des dann dort geltenden Kults.[88]

Der zweite Teil und Abschluß der Verheißung 8b sagt darüber hinaus an, daß Jahwe sich in seiner Herrlichkeit zeigen werde.[89] Der Tempel soll aufge-

---

Sg. ebensogut für das Gebirge bzw. Bergland gebraucht wird, vgl. z.B. Dtn 1,7.24; 3,25; Jos 10,40; 11,16. Ein Argument gegen den Tempelberg ist die LXX, die frei mit κόψατε ξύλα wiedergibt, wonach ההר als der Ort des Holzholens bzw. -schlagens zu verstehen ist.

83 S. Hurowitz, House, 205ff; Boda, Dystopia, 226 m. Anm. 54.

84 Gegen Meyers/Meyers, AncB 25B, 27f; Wolff, BK XIV/6, 28; Willi-Plein, ZBK.AT 24.4, 27f, und mit z.B. Boda, Dystopia, 232. Zur Verwendung von Zedern im Jerusalemer Tempel vgl. 1 Kön 5f; Esr 3,7. Reventlow, ATD 25/2, 13, sieht in der Nennung von עץ und nicht von Zedern einen Hinweis auf die bescheidene Ausführung des Zweiten Tempels. Der Verweis auf das Holz kann mit Kessler, Book, 134, als pars pro toto verstanden werden: "[T]he bringing of wood, perhaps a first step, represents the totality of work still needing to be done."

85 S. Hurowitz, House, 146. Zum Text des Sippar-Zylinders s. Langdon, Königsinschriften, 218ff (Nbn Nr. 1); Schaudig, Inschriften, 409ff.

86 Nbn 1, I,16–22, nach Zählung Schaudig, Inschriften: I,15–20.

87 Vgl. z.B. Lev 7,18; 19,7; 22,23; Ez 20,40f; Hos 8,13; Am 5,22; Mi 6,7; Mal 1,10.13.

88 Vgl. Ackroyd, Exile, 159f.

89 Übersetzung des Nif. hier nach HALAT, 434, vgl. Westermann, Art. כבד, 801, jeweils mit Hinweis auf Ex 14,4.17f (P); Lev 10,3 (P); Jes 26,15; 66,5 (cj. nach LXX); Ez 28,22; 39,13. Die Vokalisierung des MT entspricht dem Qere' des Koh. Nif.: וְאֶכָּבְדָה. Demgegenüber sollte eher das Ketib beibehalten und als Imperf. Nif. verstanden werden: וְאֶכָּבֵד. S. dazu Wolff, BK XIV/6, 14 Anm. 8b sowie S. 29; Petersen, OTL, 51; Meyers/Meyers, AncB 25B, 28; Boda, NIV AC, 92, bes. Anm. 25; Kessler, Book, 105 Anm. 19. Die oben genannten Belegstellen legen für Hag 1,8 ein reflexives Verständnis des Nif. nahe, d.h. Jahwe schafft sich selbst כבוד in seinem Tempel. Ebenso ist hier für die Interpretation des ואכבד das vorangegangene וארצה־בו zu berücksichtigen, das Gottes aktive Annahme des Tempels beschreibt (vgl. Verhoef, NIC.OT, 68). „Hier bei Haggai sagt das Wort denen, die sich zum Tempelbau anschicken, neben der Anerkennung als Jahwes Haus den Erweis der

baut werden, „damit Jahwe einziehen und zum Heil des Volkes erscheinen kann".[90]

Ebenso wie mit dem vorangehenden, ist V 8 auch nicht mit dem folgenden Nahkontext verbunden.[91] Der nächste Abschnitt, V 9–11, setzt recht unvermittelt ein.[92] Der Inf. abs. פנה am Beginn von V 9 ist nicht mit V 8 verbunden, sondern greift auf die Infinitiv-Struktur von 6a zurück, der Gegensatz הרבה – מעט ist ebenfalls dort zu finden. Vers 9a bedient sich wie 6 der Form der Nichtigkeitsflüche, ist inhaltlich aber viel umfassender als 6 gefaßt: "That which is specifically related to the sowing of seed in v. 6 is stated in the most general terms here: where much would normally be expected, little is received."[93] In V 9aβ redet Jahwe wieder wie in 8b in der 1. Sg. (ונפחתי בו),[94] so daß er nun explizit als der eigentliche Verursacher der Flüche erscheint. Auch die Stichwörter והבאתם und הבית sind aus 8a entlehnt, nun aber anders als in 8 nicht auf den Tempel, sondern, wie der Kontext von 9 zeigt, im Sinne von 4.6 auf das eigene Haus bezogen.[95] Obwohl sich V 9 deutlich auf 4–7 zurückbezieht, sind ebenso deutliche inhaltliche und formale Verschiebungen gegen-

---

Anwesenheit, der Mächtigkeit und Barmherzigkeit Gottes zu" (Wolff, BK XIV/6, 29). Vgl. Ackroyd, Exile, 160; Meyers/Meyers, AncB 25B, 28; Verhoef, NIC.OT, 67f; Sweeney, Berit Olam, 538f; Kessler, Book, 136. Gegen Petersen, OTL, 51; Reventlow, ATD 25/2, 14; Hurowitz, Temple, 586; Boda, NIV AC, 92, die mit dem כבד Nif. hier nicht Gottes Präsenz verknüpft sehen wollen, sondern lediglich die Steigerung seines Ruhms durch den zu errichtenden Tempel.

90   Beyse, Serubbabel, 65.

91   Vgl. Verhoef, NIC.OT, 64: "Structurally this verse [sc. V 8] seems to be without any direct link to the preceding or following verses."

92   Vgl. Steck, Haggai, 357; Rudolph, KAT 13/4, 35; Petersen, OTL, 51; Wolff, BK XIV/6, 17; Wöhrle, Sammlungen, 295.

93   Kessler, Book, 137. Vgl. Petersen, OTL, 51f; Wolff, BK XIV/6, 29f.

94   נפח ב meint hier den machtvollen Odem Jahwes (vgl. Gen 2,7; Ez 22,20f; 37,9), der das Heimgebrachte wegbläst. Nach Wellhausen, Propheten, 174, beutet נפח ב hier gar „eigentlich = durch Zauber verderben", ihm folgen etwa Marti, KHC XIII, 383, und Horst, HAT I/14, 205.

95   Mit Beuken, Haggai, 187f; Rudolph, KAT 13/4, 29f; Wolff, BK XIV/6, 30; Reventlow, ATD 25/2, 14; Petersen, OTL, 52; Tollington, Tradition, 193; Kessler, Book, 137, und gegen Peter, Haggai; Ackroyd, Exile, 158; Steck, Haggai, 370 Anm. 46; Meyers/Meyers, AncB 25B, 29; Sweeney, Berit Olam, 539; Willi-Plein, ZBK.AT 24.4, 26, ist הבית in 9a anders als in 8a als das eigene Haus zu verstehen und nicht als der Tempel. Wie 9aα.bβ zeigen, bezieht sich 9 auf den in 4.6 geschilderten Sachverhalt zurück, daß das Streben der Menschen für die eigene Sache vergeblich ist, solange der Tempel zerstört bleibt. In diesem Sinne ist mit הבית das eigene Haus gemeint, vgl. Kessler, Book, 137. Der Tempel wird dagegen in 9bβ eindeutig als ביתי bezeichnet und dem Laufen nach dem eigenen Haus (ביתו) gegenübergestellt. 9aβ ist daher als Fortführung und Steigerung von 9aα zu verstehen: „selbst dieses wenige wird man nicht ungestört nach Hause bringen können" (Reventlow, ATD 25/2, 14). Weniger triftig ist das Argument, הבית sei nicht auf den Tempel zu beziehen, da er ja noch gar nicht existiere (so Wolff, BK XIV/6, 30, vgl. Petersen, OTL, 52). Hiergegen könnte man etwa auf Esr 3 hinweisen.

über 4–7 festzustellen.[96] Während 9aα zunächst noch wie 6 den Nichtigkeitsfluch unpersönlich formuliert, wird die Mangelsituation durch die Fortführung des Nichtigkeitsfluchs in 9aβ erstmals ausdrücklich auf Jahwes Handeln zurückgeführt.[97] Ebenso wird in 9 durch die Begründung (יען ביתי אשר־הוא חרב) und die bereits darauf zielende rhetorische Frage (יען ואתם רצים איש לביתו) erstmals ein direkter Zusammenhang zwischen den (מה נאם יהוה צבאות) Nichtigkeitsflüchen und ihrer Ursache hergestellt, dem aufgrund des Eigennutzes des Volkes immer noch verwüsteten Tempel. Formgeschichtlich gesprochen, macht V 9 nicht mehr nur Anleihen bei den Nichtigkeitsflüchen, sondern beim begründeten Gerichtswort.[98]

Nicht nur mit seiner rhetorischen Frage, sondern auch inhaltlich, knüpft V 9b an 4 an. So nimmt 9b das Stichwort חרב aus 4b ebenso auf wie mit dem Stichwort בית die Gegenüberstellung des wüst daliegenden Tempels mit den Häusern des Volkes in 4.[99] Dieser Kontrast zwischen der Tempelruine und dem sich an seinen Häusern zeigenden Eigennutz des Volkes wird in 9b gegenüber 4 noch verschärft.[100] Das Volk wohnt nicht nur in seinen Häusern, es rennt sogar geschäftig dafür (רוץ). Der verwüstete Tempel heißt nun auch nicht mehr wie in 4 הבית הזה, sondern ביתי. Das Suffix 1. Sg. betont noch stärker die Verbindung Jahwes mit seinem Tempel und damit das Skandalon des gegenwärtigen Zustands.[101]

Auch V 10 mit seinem einleitenden על־כן knüpft an die Form des begründeten Gerichtsworts an,[102] freilich wird auch hier das Unheil wie in 6.9 als bereits ergangen verstanden: Das „neu[e] ‚Darum' (על־כן 10) beantwortet aufs neue die Frage nach der Folge der Schuld."[103] Die Schuld des Volks wird durch das an על־כן angeschlossene עליכם besonders betont, die Hervorhebung der 2. Pl. עליכם entspricht dem לכם אתם in V 4 (vgl. אתם 9bβ).[104] Während V

---

96 S. hierzu bes. Steck, Haggai, 369ff.

97 Vgl. z.B. Steck, Haggai, 369 Anm. 43; Reventlow, ATD 25/2, 14f; Kessler, Book, 112.

98 S. bes. die Gegenüberstellung יען מה – יען. Vgl. Steck, Haggai, 369 Anm. 43 u. S. 371. Nach Dietrich, Prophetie, 67, ist הנה in 9a als Ankündigungspartikel zu verstehen und יען (9b) als Begründungspartikel, wonach Hag 1,9 dann die Form Drohwort (Unheilsankündigung) – Scheltwort (Lagehinweis) hätte.

99 Vgl. ביתי – ביתי (V 9) mit בבתיכם – הבית הזה (V 4).

100 Vgl. zum folgenden Assis, Composition, 10f.

101 Vgl. Petersen, OTL, 52f: "In v.4 we hear about 'the house,' whereas in v. 9 the language has become personalized."

102 Vgl. Beuken, Haggai, 188; Steck, Haggai, 369 Anm. 43 u. S. 371; Whedbee, Question-Answer Schema, 188; Wolff, BK XIV/6, 31; Reventlow, ATD 25/2, 15.

103 Wolff, BK XIV/6, 31.

104 Vgl. Verhoef, NIC.OT, 73: "The emphasis is on the suffix: therefore, because of *you*. This is a very important element of the argument. God's action concerns what the people have done. His judgment is because of their sins". עליכם fehlt in der LXX und wird seit Wellhausen, Propheten, 174, häufig als Dittographie von על־כן gestrichen (vgl. Marti, KHC, 384; Duhm, Anmerkungen, 70; Elliger, ATD 25, 85; Beuken, Haggai, 188 Anm. 1; Wolff, BK XIV/6, 15

9 die Mangellage noch einmal schildert (9a, vgl. 6) und dann (9b) deren Grund und Ursache mitteilt, beschreiben V 10f die Art und Weise ihres Eintretens.[105] Anders als in 9, damit aber an 6 erinnernd, wird in 10 Jahwe nicht als der Urheber genannt, sondern Himmel und Erde sind selbst die Subjekte (jeweils mit Verbum כלא 3. Pers. Perf. Qal). Die Notzeit ist durch mangelnden Niederschlag und Ernteertrag hervorgerufen, wobei sich das Zweite unweigerlich aus dem Ersten ergibt.[106] Mit der Nennung von Himmel und Erde nimmt die Notzeitschilderung in V 10 kosmische Dimensionen an,[107] die eingetretenen Flüche aus 6.9 werden auf kosmische Ereignisse zurückgeführt.[108]

Anm. 10a; Mitchell, ICC, 53). In der Peschitta fehlt dagegen על־כן, während die Vulgata mit dem MT geht, die Targume geben עליכם mit „wegen eurer Sünden" wieder. Der MT wird zudem durch das Manuskript aus Murabba'at bestätigt. Das betonte עליכם des MT ist somit nicht als Dittographie aufzufassen, sondern LXX und Peschitta sind jeweils Haplographie (so mit Rudolph, KAT 13/4, 30 Anm. 10a; Verhoef, NIC.OT, 44 Anm. 5 u. S. 72f; Kessler, Book, 106, Anm. 24).

105 Vgl. Kessler, Book, 112: "Verses 10–11 are a fuller explanation of the preceding themes. They make explicit that which is intimated in v. 6 and v. 9."

106 Vgl. Petersen, OTL, 53; Verhoef, NIC.OT, 74. Die Themen Wassermangel und Erntemangel sind traditionsgeschichtlich miteinander verbunden, vgl. für das AT z.B. Lev 26,19f; Dtn 11,17; 28,22–24.38–42; 1 Kön 8,35f; 17,1ff; Am 4,7, für den AO z.B. den Vertrag Assurniraris mit Mati'-'Ilu, IV,8ff; EST §§ 47; 63f. Vgl. Cholewiński, Heiligkeitsgesetz, 315; Grätz, Wettergott, 124f. Positiv gewendet, findet sich die Gabe des Regens als Voraussetzung für Ernteertrag in den Verheißungen Lev 26,4f; Dtn 11,14f; Ez 34,26f; Joel 2,23f, vgl. auch Ps 85,13.

107 Vgl. Petersen, OTL, 54, zu V 10f: "Rarely has the temple been so clearly linked to cosmic notions, though completion of a temple and the resultant fertility is a standard motif in the ancient Near East."

108 על־כן עליכם כלאו שמים מטל והארץ כלאה יבולה (10). Himmel und Erde sind hier als Merismus für den Kosmos zu verstehen, vgl. Gen 1,1 u.ö. Das Verbum כלא im Zusammenhang des Zurückhaltens von Niederschlag findet sich im AT nur noch in Gen 8,2 (dort allerdings Nif.): ויסכרו מעינת תהום וארבת השמים ויכלא הגשם מן־השמים (כלא + גשם), das Zurückhalten von Wasserströmen durch Jahwe wird noch Ez 31,15 erwähnt. S. dazu u. S. 50. Nach Dtn 11,17 verschließt Jahwe (עצר) den Himmel, auf daß kein Regen (מטר) ist und der Erdboden seinen Ertrag nicht gibt (והאדמה לא תתן את־יבולה), nach 1 Kön 8,35 ist der Himmel im Fall der Verfehlung des Volkes verschlossen (עצר Nif.), so daß kein Regen (מטר) ist.

Mit יבול ist der Ernteertrag gemeint. Bis auf Hi 20,28; Ps 78,46; Hab 3,17 ist יבול stets in Verbindung mit ארץ (Lev 26,4.20; Dtn 11,17; 32,22; Ri 6,4; Ps 67,7; 85,13; Ez 34,27; Hag 1,10; Sach 8,12) bzw. אדמה (Dtn 11,17) genannt, der agrarische Zusammenhang ist jedoch auch in Ps 78,46; Hab 3,17 deutlich. In bundestheologischem Zusammenhang, in der Wahl zwischen Segen und Fluch, ist ארץ + יבול bzw. אדמה dabei in Lev 26,4.20 (s. dazu Gerstenberger, ATD 6, 371ff.374ff.395f); Dtn 11,17 (s. dazu Veijola, ATD 8/1, 244ff.249ff) genannt; vgl. hierzu auch die Verbindung von Regen- und Erntemangel in den Flüchen Dtn 28,22–24.38–42. Zeichen des Segens ist der Ertrag der Erde ebenfalls in Ps 67,7; 85,13; Ez 34,27; Sach 8,12, des Zorns dagegen noch in Dtn 32,22; Ri 6,4.

Vers 11 schließt mit Imperf. cons. an V 10 an und nennt wie 9b mit der 1. Sg. (וָאֶקְרָא) Jahwe als den Urheber der Not,[109] die im Anschluß an die versiegten Himmel und Erde als Dürre (חֹרֶב) bezeichnet wird.[110] Indem V 11 als letzte Ursache für die Notzeit eine von Jahwe als Zeichen seines Gerichts herbeigerufene Dürre nennt, bedient er sich des Wortspiels חֹרֶב (11) – חָרֵב (4.9), wodurch der zerstörte Tempel und das Gericht über das Volk noch einmal in einen ursächlichen Zusammenhang gebracht werden: Weil der Tempel verödet daliegt (4.9), hat Jahwe eine Ödnis gerufen.[111]

Die „weitläufige und prosaische Aufzählung"[112] dessen, was von der Dürre betroffen ist,[113] will die Totalität der Notlage vor Augen führen: הָאָרֶץ und הֶהָרִים bezeichnen offenbar das fruchtbare, bebaubare Land,[114] die Trias דָּגָן – תִּירוֹשׁ – יִצְהָר ist im AT 19mal und der Verteilung nach besonders prominent im Dtn vertreten und bezeichnet die noch unverarbeiteten agrarischen Grundprodukte und -nahrungsmittel Palästinas.[115] Die Wendung עַל אֲשֶׁר תּוֹצִיא הָאֲדָמָה faßt noch einmal die schon von der vorangehenden Wortgruppe דָּגָן – יִצְהָר – תִּירוֹשׁ bezeichneten Bodenerzeugnisse zusammen,[116] 11aβ entspricht damit 10b. Doch nicht nur die Vegetation ist betroffen: Die die Zusammengehörigkeit von Mensch und Tier betonende Wortverbindung בְּהֵמָה – אָדָם ist als

---

109 Zu קרא als Herbeirufen von Unheil bzw. Gerichtswerkzeugen durch Jahwe vgl. Jes 13,3; Jer 1,15; 25,29; 34,17; Ez 38,21; Am 7,4; in 2 Kön 8,1 ruft Jahwe eine Hungersnot (רעב), in Ps 105,16a eine Hungersnot über das Land herbei: וַיִּקְרָא רָעָב עַל־הָאָרֶץ.

110 Es verwundert nicht, daß die Dürre auch in Dtn 28,22 (lies dort mit der Vulgata חֹרֶב, vgl. z.B. Nielsen, HAT I/6, 253 Anm. 22d; Nelson, OTL, 325 Anm. e) als Folge des Bundesbruches angedroht wird, vgl. Petersen, OTL, 53; Tollington, Tradition, 196.

111 Vgl. z.B. Wolff, BK XIV/6, 32: „Wenn חֹרֶב als Jahwes Werkzeug berufen wird, so ist der Anklang an חָרֵב (4b.9b) sicher nicht zufällig. חֹרֶב entspricht חָרֵב, insofern der Schutthaufen, den das lässige Volk liegen läßt, die Dürre herbeiführt. Die Trockenöde des Trümmerhaufens ist das Urbild und die Ursache eines ausgetrockneten Landes."

112 Wellhausen, Propheten, 174.

113 Jeweils eingeführt mit עַל.

114 Vgl. Meyers/Meyers, AncB 25B, 32f, die auf den bei Ez gebrauchten Ausdruck הָרֵי יִשְׂרָאֵל (Ez 6,2f; 19,9; 33,28 usw.) als Bezeichnung für das (Kern-)Land hinweisen. Vgl. aber etwa auch Dtn 32,22; Ps 18,8; 46,3; 72,16; 95,4; 104,13.32; 147,8; Jes 14,25; 18, 6; 49,13; Ez 33,28; 34,6; 37,22; 38,8; Jon 2,7; Nah 1,5; Hab 3,6, wo der Zusammenhang von אֶרֶץ und הרים den Gegensatz von Flach- und Bergland oder gar die unterschiedlichen kosmischen Topographien bezeichnen kann.

115 S. Dtn 7,13; 11,14; 12,17; 14,23; 18,4; 28,51. Die übrigen Belege sind: Num 18,12; 2 Chr 31,5; 32,28; Neh 5,11; 10,40; 13,5.12; Jer 31,12; Hos 2,10.24; Joel 1,10; 2,19; Hag 1,11. Dabei wird die Trias in Dtn 7,13; 11,14; 28,51 wiederum in bundestheologischem Zusammenhang in der Verheißung von Segen bzw. Androhung von Fluch verwendet. Die Abfolge דָּגָן – יִצְהָר – תִּירוֹשׁ liegt offenbar auch der Reihenfolge der Nichtigkeitsflüche in Dtn 28,38–40 zugrunde, vgl. Nielsen, HAT I/6, 259.

116 Vgl. Meyers/Meyers, AncB 25B, 33; Tollington, Tradition, 197.

stereotype Wendung aus dem AT sattsam bekannt.[117] Der letzte Ausdruck der
Reihung, כל־יגיע כפים,[118] stellt nun nicht mehr die Gabe des Erdbodens (11aβ,
vgl. 10b), sondern den mühevollen Arbeitserwerb der Menschen in den Vordergrund und bezieht sich damit am ehesten auf das in 6.9a in den Nichtigkeitsflüchen genannte menschliche Tun zurück.[119]

Ist mit V 11 die Wiedergabe der eigentlichen Prophetenworte abgeschlossen, folgt nun in 12–15a ein als Erzählung gehaltener Fremdbericht über die
Wirkung der Worte Haggais, der der Form nach an V 1.3 anschließt.[120] Kessler
weist mit Recht darauf hin, daß in V 12a und 12b–13 zwei strukturell und
inhaltlich aufgebaute Untereinheiten zu finden sind, die jeweils zunächst die
Reaktion der Aktanten auf Jahwes Botschaft mitteilen und daran anschließend
die Rolle und Funktion Haggais beschreiben, wobei die zweite Untereinheit,
über die erste hinausgehend, in 13b noch die durch Haggai mitgeteilte Beistandsformel אני אתכם נאם־יהוה als Reaktion auf die Furcht des Volks enthält.[121]

In 12a werden noch einmal alle aus V 1f bekannten Handlungsträger genannt: Serubbabel, der Sohn Schealtiels,[122] Josua, der Sohn Jozadaks, der Ho-

---

117 Vgl. nur Gen 6,7; 7,23; Ex 8,13f; 9,9f.19.22.25; 12,12; Ps 36,7; 135,8; Koh 3,18f.21; Jer 7,20
     und bes. Sach 2,8; 8,10. Zum gesamten Befund s. die Aufstellungen bei Westermann, Art.
     אָדָם, 43.52f.

118 יגיע + כף findet sich im AT außer in Hag 1,11 noch Gen 31,42; Hi 10,3; Ps 128,2, „mit immer
     einer anderen Bedeutungsnuance“ (Beuken, Haggai, 102 Anm. 3). Zu diesem Ausdruck s.a.
     Thiel, Werk, 206.

119 Nach Marti, KHC XIII, 384, und Sellin, KAT XII/2, 453, bezieht sich יגיע כפים auf den
     Ertrag des Feldes bzw. die Feldarbeit zurück, wobei Marti auf die Gruppe „Getreide, Most
     und Öl“ und Sellin auf Ps 78,46; 128,2; Dtn 28,33 sowie Jes 45,15 [sic! sc. Jes 45,14] hin-
     weist. Daß יגיע כפים „always refers to agricultural work and its produce“ (Tollington, Tradi-
     tion, 198), wird man mit Blick auf den at Befund (s. z.B. Gen 31,42; Hi 10,3 oder auch den
     von Tollington, ebd., angegebenen Vers Ez 23,39 [sic! sc. 23,29]) nicht behaupten können.

120 "The wcs. in v. 12 indicates the resumption of the narration begun in v. 1 and continued in v.
     3. Thus the events described in vv. 12–14 are linked to the narrative framework introduced
     by the formula היה דבר־יהוה ביד־חגי הנביא [sic!] in v. 1" (Kessler, Book, 112 Anm. 70).

121 S. Kessler, Book, 113. So hatte schon Duhm, Anmerkungen, 70, festgestellt: „V. 12ᵃ sollte
     einen Vers für sich ausmachen und v. 12ᵇ mit v. 13 vereinigt sein.“

122 In 12a fehlt der Statthaltertitel (vgl. dagegen 1,1.14; 2,2.21, s. aber 2,4.23) bei der Nennung
     Serubbabels (die LXX gleicht allerdings mit ihrer Wiedergabe von פחת יהודה mit ἐκ φυλῆς
     Ιουδα an 1,1.14; 2,2.21 an), ohne daß man hier irgendwelche größeren Schlußfolgerungen
     daraus ziehen sollte (so mit Verhoef, NIC.OT, 81; Kessler, Book, 141). Nach Wolff, BK
     XIV/6, 34, ist das Fehlen des Titels damit zu erklären, daß er zu sehr an persische Bevoll-
     mächtigung erinnere und – anders als der Hohepriestertitel Josuas – in Spannung zum Tem-
     pelbau stehe. Diese Deutung wird durch V. 14 widerlegt, der in engem Zusammenhang mit
     12a steht (s. dazu gleich) und Serubbabel in Verbindung mit dem Tempelbau פחת יהודה
     nennt. Meyers/Meyers, AncB 25B, 50, verstehen die Auslassung des Titels als Zeichen des
     Aufstiegs des Hohenpriesters innerhalb der Dyarchie. Hier gilt ebenfalls das gegen Wolff
     Gesagte. Zudem ließe sich gegen Meyers/Meyers fragen, ob nicht gerade das Fehlen des Ti-
     tels die besondere Rolle Serubbabels herausstreichen soll (vgl. 2,4.23 sowie Sach 4,6–10, bei

hepriester, das Volk und Haggai, der Prophet. Anders als in 1,1f werden die Anführer Serubbabel und Josua nun aber zusammen mit dem Volk genannt, das nun nicht mehr mit הזה העם, sondern als העם שארית כל bezeichnet wird. Der Rest-Begriff kann hier nicht in seiner Bedeutungsbreite dargestellt werden,[123] er kann im wörtlichen Sinn einfach die bezeichnen, die übrig sind,[124] bekommt jedoch im Licht der Katastrophen von 597 und 587 eine neue Qualität;[125] und er meint dann im weiteren Sinn die dem Exilsgericht Entronnenen, „those God would deliver, purified, beyond the judgment of the exile",[126] im engeren Sinn die ins Exil Geführten sowie die Heimkehrer aus der Gola.[127] Ob mit dem Rest die Gola gemeint ist oder ob es eher allgemein die der Katastrophe Entronnenen sind, ist m.E. anhand der spärlichen Angaben in Hag 1,12a.14; 2,2 nicht zu entscheiden, man darf in Hag auch nicht einfach das Bild von Esr eintragen, wie Wolff dies tut.[128] Die einzigen anderen Belege im AT außer Hag 1,12a.14, in denen der Ausdruck העם שארית כל zu finden ist, nämlich Jer 41,10.16, stehen nicht für die Gola, sondern für im Land Zurück-

---

der Nennung Josuas fehlt der Titel הגדול הכהן innerhalb von Hag dagegen nie, vgl. Hag 1,1.12.14; 2,2.4, ferner Sach 3,1.8; 6,11, anders aber Sach 3,3.6.9). In diesem Sinne will Floyd, FOTL XXII, 482, die Nichterwähnung des Statthaltertitels als Stilmittel deuten, um „a growing contrast between Zerubbabel and Joshua" (ebd.) im Verlauf des Buches auszudrücken, der die Einsetzung Serubbabels als Jahwes Siegel in 2,23 vorbereitet. Angesichts der Tatsache, daß sich die Nennung des Statthaltertitels (1,1.14; 2,2.21) und dessen Auslassung (2,4.23) immer wieder abwechseln, wäre eine solche bewußte Entwicklung für den Leser nur schwer nachvollziehbar. Vor allem aufgrund der Nennung des Statthaltertitels in V 14, der Ergänzung und Gegenstück zu 12a ist, sollte man das Fehlen der Bezeichnung יהודה פחת nicht überbewerten.

123 S. aber etwa die Übersichten bei Clements, Art. שָׁאַר, 934ff, bes. 940ff, sowie Hasel, Remnant.

124 Vgl. Clements, Art. שָׁאַר, 934f.935ff. in diesem Sinne wollen Reventlow, ATD 25/2, 17; Redditt, NCBC, 22; Mitchell, ICC, 54; Willi-Plein, ZBK.AT 24.4, 28f, שארית in Hag 1,12a.14 verstanden wissen, nämlich einfach zur Bezeichnung des übrigen Volks neben den namentlich genannten Serubbabel und Josua, wobei שארית bewußt auf die gegenüber der Königszeit zahlenmäßig dezimierte Bevölkerung im nachexilischen Jerusalem und in Juda hinweisen will.

125 S. Clements, Art. שָׁאַר, 940ff, vgl. Wolff, BK XIV/6, 34f; Kessler, Book, 141f. In diesem Zusammenhang שארית „had evidently acquired a special theological overtone" (Mason, Framework, 417).

126 Mason, Tradition, 192. Vgl. z.B. Jes 46,3; Jer 23,3; Mi 2,12; 4,7; Zef 3,13.

127 Vgl. z.B. 2 Kön 19,31; 2 Chr 36,20; Esr 9,14; Neh 7,71; Ez 5,10; Mi 7,18. Die Gola im Sinn hat Hag 1,12a.14 nach Meinung von Marti, KHC XIII, 384; Sellin, KAT XII/2, 453; Budde, Text, 13; Beuken, Haggai, 30; Wolff, BK XIV/6, 34f; Galling, Studien, 75.136; Mason, Purpose, 418.

128 Nach Wolff, BK XIV/6, 35, ist שארית bei Hag „von den alteingesessenen, nicht-deportierten Judäern zu unterscheiden" und „kann nicht als eine andere Bezeichnung für die nachexilische Bewohnerschaft Jerusalems und Judas angesehen werden, weil in Esr 3,8; 4,1; 6,16 ausdrücklich die Söhne der Gola als die Erbauer des neuen Tempels bezeugt werden". Daß Hag 1,12a.14; 2,2 aber bereits die Sicht des Esra-Buchs teilt, kann nicht vorausgesetzt werden.

gebliebene. Wie dem auch sei, der entscheidende Aspekt für den Gebrauch von
שארית in Hag 1,12a.14 ergibt sich aus der Gegenüberstellung mit V 2. Während das Volk dort aufgrund seines Fehlverhaltens anklagend העם הזה genannt
wurde, hört es hier auf Jahwes Worte und heißt nun כל שארית העם. Die Bezeichnung entspricht also dem Verhalten des Volks, die Annahme des Gotteswortes rechtfertigt die Bezeichnung als Rest.[129] Der Bundesthematik aus 1,5–
7.9–11 entsprechend, wird die Reaktion des Volks in 12a mit Hilfe der Wendung שמע בקול יהוה wiedergegeben,[130] die in der dtr Literatur zum festen
bundestheologischen Ausdruck für den Gesetzesgehorsam geworden ist.[131] Im
Hinblick auf Hag 1 ist vor allem die Verwendung von שמע בקול יהוה im Dtn
bedeutsam:[132] „שמע בקול יהוה im Deuteronomium bezeichnet den Gesetzesgehorsam unter der Bedingung von Segen und Fluch".[133] Auch die Gottesbezeichnung יהוה אלהיהם verweist auf die dtr Bundestheologie.[134] Der Kontext
von Hag 1 zeigt dabei große Nähe zu Dtn 28, wo Segen und Fluch für Israel
vom Hören bzw. Nichthören auf Jahwes Stimme (שמע + בקול + suffigiertes
יהוה אלהים) abhängig gemacht werden (28,1f.15). In diesem Zusammenhang
ist noch einmal auf die Verbindung mit der Androhung der Dürre und des

---

129 Vgl. Kessler, Book, 141f; Mason, Purpose, 417f; ders., Tradition, 192; Assis, To Build, 523f
    Anm. 38, ähnlich bereits Beuken, Haggai, 29f. S. auch Verhoef, NIC.OT, 81: "We may as-
    sume that the covenantal aspect of the 'remnant' theme, which was characteristic of the
    prophecies of Isaiah, Jeremiah, and Amos, is also implied in Haggai's prophecy. In this con-
    nection the listening of the people acquires a deeper meaning: those who obeyed the word of
    the Lord were the 'remnant' as the representatives of God's own people, the people of the
    covenant." Zur Umkehr des Rests zu Jahwe s. z.B. noch Jes 10,20; 28,5; Jer 31,7–9; Mi 7,18;
    Zef 3,12f.

130 Eine Übersicht über alle Belege von שמע בקול יהוה bieten Fenz, Stimme, 38f, und Rüters-
    wörden, Art. שָׁמַע, 267f.

131 Vgl. Fenz, Stimme, bes. 49.116f: שמע בקול יהוה ist „Zentralforderung der Bundesverpflich-
    tungen" (Fenz, Stimme, 116). Nach Veijola, Königtum, 88f, gibt es für die Wendung שמע
    בקול יהוה keine eindeutig vordtr Belege (so aber etwa noch Thiel, Redaktion, 86f – für Ex
    5,2; 1 Sam 15,19f.22; 28,18; 1 Kön 20,36; Jer 3,25; 22,21; 38,20, zum dtr Kolorit dieser Stel-
    len s. Veijola, ebd. – der aber dennoch zu dem Ergebnis kommt: „Die Wendung darf [...] als
    ein Spezifikum der dtr. Sprache beurteilt werden" (Thiel, Redaktion, 86). Dabei findet sich
    שמע בקול יהוה vor allem im Dtn (vgl. Dtn 4,30; 8,20; 9,23; 13,5.19; 15,5; 26,14.17; 27,10;
    28,1f.15.45.62; 30,2.8.10.20) und in Jer (Jer 3,13.25; 7,23.28; 9,12; 11,4.7; 18,10; 22,21;
    26,13; 32,23; 35,8; 38,20; 40,3; 42,6.13.21; 43,4.7; 44,23).

132 Nach Levin, Verheißung, 105ff, ist der Begriff שמע בקול יהוה zuerst in der bundestheologi-
    schen Paränese Dtn 26,17f eingegangen, und zwar als Übernahme aus
    Jer 7,22f, wobei Dtn 26,17f neben Jer 7 noch Dtn 6,4–6; 26,16 voraussetzt und diese Texte
    sich in 26,17f „zu einigen der charakteristischen Wendungen der deuteronomischen Geset-
    zesparänese verbinden: שמר מצות יהוה; שמע בקול יהוה; הלך בדרכי יהוה. [...] Wo immer im
    Deuteronomium diese Wendungen gebraucht sind – später treten vor allem in Dtn 6; 8 und
    10 weitere ähnliche hinzu –, klingt der bundestheologische Grundton des Gesetzes an."

133 Levin, Verheißung, 108 Anm. 136. Vgl. Lohfink, Hauptgebot, 65f.

134 Vgl. z.B. Dtn 8,20; 13,19; 15,5; 26,14; 27,10; 28,1f.15.45.62; 30,10.

Ausbleibens von Niederschlag sowie mit den Nichtigkeitsflüchen hinzuweisen.[135] Nach Hag 1,12a ist das Hören auf Gottes Wort also als Annahme der Bundesverpflichtung im Anschluß an die dtr Terminologie zu verstehen.[136] Die Formulierung ועל־דברי חגי הנביא כאשר שלחו יהוה אלהיהם 12aβ ist parallel zu שמע בקול יהוה 12aα,[137] das ו zu Beginn von 12aβ ist waw explicativum:[138] Auf Haggais Worte zu hören, bedeutet nach 12aβ, Jahwe zu gehorchen, שלח ist Ausdruck für prophetische Sendung.[139] Mit 12aβ werden also Haggais Rolle und Autorität unterstrichen.

In 12b wird die Reaktion des Volks als Furcht vor Jahwe beschrieben, wobei das Volk nun nicht mehr כל שארית העם, sondern nur העם heißt.[140] Anders als bei der Wendung שמע בקול יהוה entspricht die Schilderung der Furcht nicht dem dtr Gebrauch, wo ירא als typische Antwort auf die Bundesverpflichtung bzw. als Ausdruck des Bundesgehorsams benutzt wird.[141]

Nach dem alttestamentlichen Befund[142] bezeichnet die Wendung ירא + מפני nicht in erster Linie Furcht als Ausdruck des Gehorsams gegenüber Gott, sondern das angstvolle Erschrecken vor einer als *tremendum* erfahrenen Person oder Sache, in Hag 1,12b also die numinose Furcht vor Jahwe,[143] wobei aber,

---

135 Vgl. Hag 1,5–7.9–11 mit Dtn 28,22–24.30–32.38–42. Vgl. auch Achtemeier, Int., 98f.

136 Vgl. in der Nachfolge von Beuken, Haggai, 33ff, z.B. Mason, Purpose, 418; Wolff, BK XIV/6, 33f; Boda, NIV AC, 107; Kessler, Book, 142ff, s. bes. a.a.O., 143: "The fact that the expression [sc. שמע בקול] is Deuteronomistic, and it is used in conjunction with the 'futility curse' form in 1:4–11, as well as the designation of the people as a 'remnant' (v. 12) indicates that, for the author of this section, the reconstruction of the temple was a covenantal duty [...]. This understanding is reinforced by the inclusion of יהוה אלהיהם [...] a quintessentially Deuteronomistic expression of the covenantal relationship between Yahweh and his people." Gegen Rudolph, KAT 13/4, 37 Anm. 27: „Die Formulierung ‚hören auf die Stimme Jahwes' ergibt sich aus der Situation und bedarf keiner literarischen Vorbilder".

137 Vgl. Beuken, Haggai, 32; Wolff, BK XIV/6, 15 Anm. 12c sowie S. 34; Verhoef, NIC.OT, 82; Kessler, Book, 145.

138 S. G-K[28] § 154 Anm.1b.

139 S. z.B. Ri 6,8; 2 Kön 17,13; 2 Chr 24,19; 25,15; vgl. 36,15f; Jes 6,8; Jer 1,7; 7,25; Ez 2,3f; Sach 7,12; Mal 3,23.

140 Bloßes העם findet sich in Hag nur in 1,12b.13.

141 In der Furcht Jahwes drückt sich in der dtr Theologie, und besonders im Dtn, die „grundsätzliche und ausschließliche Treue Israels zu seinem Gott" (Veijola, ATD 8/1, 100) aus. S. Dtn 4,10; 5,29; 6,2.13.24; 8,6; 10,12.20; 13,5; 14,23; 17,19; 28,58; 31,12.13; Jos 4,24; 24,14; Ri 6,10; 1 Sam 12,14.24; 1 Kön 8,40.43(// 2 Chr 6,31.33); 2 Kön 17,7.25.28.32–39.41, s. dazu Derousseaux, Crainte, 205ff, bes. 221.255f; J. Becker, Gottesfurcht, 85ff; Weinfeld, Deuteronomy, 332f; Veijola, ATD 8/1, 100. Ganz in diesem Sinn will allerdings Beuken, Haggai, 36f, Hag 1,12b verstehen.

142 Vgl. Ex 9,30; Dtn 5,5; 7,19; 20,3; 31,6; Jos 9,24; 11,6; 1 Sam 7,7; 18,29; 21,13; 1 Kön 1,50; 3,28; 2 Kön 1,15; 19,6; 25,26; 2 Chr 20,15; 32,7; Neh 4,8; Jes 37,6; Jer 1,8; 5,22; 41,18; 42,11.

143 Vgl. Ex 9,30; Jer 5,5. Dtn 5,5 beschreibt die Furcht der Israeliten vor dem die Theophanie begleitenden Feuer. Vgl. ebenso Lev 19,32; Ps 33,8 (מן + ירא); Koh 3,14. Vgl. Derousseaux,

wenn man den Kontext von 12–14 berücksichtigt, der Gedanke des Gehorsams mitschwingen dürfte.[144] Vers 13 ist eng auf 12b bezogen, indem er Haggai die Beistandsformel אֲנִי אִתְּכֶם נְאֻם־יְהוָה (13b) als Antwort auf die Furcht des Volks mitteilen läßt.[145] Ähnlich wie V 12aβ bietet auch 13a eine Reflexion über Haggais Prophetenamt mit Hilfe des Terminus מַלְאָךְ. Nur hier wird Haggai innerhalb von Hag als מַלְאָךְ יְהוָה bezeichnet,[146] dessen Rolle noch durch die Wendung בְּמַלְאֲכוּת יְהוָה bestimmt wird.[147]

Vers 14 knüpft mit der Bezeichnung der Personen an 12a an. Die Anführer des Volkes werden wieder mit Namen genannt,[148] und zwar, wie in 12a, zusammen mit dem Volk, das ebenfalls wieder כֹּל שְׁאֵרִית הָעָם heißt.

Crainte, 296, wonach die wenigen Belege, in denen ירא + מִפְּנֵי bzw. ירא + מִן auf Gott bezogen ist, denen mit Bezug auf sonstige Personen entsprechen, z.B. 1 Sam 7,7. Diese Interpretation von Hag 1,12 favorisieren Rudolph, KAT 13/4, 37; Petersen, OTL, 56; Verhoef, NIC.OT, 83; Reventlow, ATD 25/2, 16.

144 Diese Mittelposition nehmen etwa Elliger, ATD 25, 88; Wolff, BK XIV/6, 32; Kessler, Book, 147; Boda, NIV AC, 107f, ein.

145 Vgl. z.B. Wolff, BK XIV/6, 33; Kessler, Book, 113.147; Assis, To Build, 525ff. Zur Beistandsformel in der prophetischen Literatur s. Jes 41,10; 43,5; Jer 1,8; 42,11; 46,28. Für den AO vgl. z.B. die Inschrift Zakkurs, des Königs von Hamat und Luʿasch, (Text s. Schwiderski, Inschriften, 422), 1.14 oder der Sache nach z.B. die Sammeltafel K. 4310 aus Ninive (Text s. Parpola, Prophecies, 4ff), I,22–24; II,22–26. Man vermißt angesichts Hag 1,12b geradezu die zum Heilsorakel gehörende Formel אַל־תִּירָא (vgl. Beuken, Haggai, 39ff; Petersen, OTL, 57), s. dagegen aber Hag 2,4f. In allen anderen oben genannten Beispielen (vgl. Jes 41,10; 43,5; Jer 1,8; 42,11; 46,28, s. für die Zakkur-Inschrift 1.12f; für die Sammeltafel K. 4310 I,5.24.30; II,16.33; III,30; V,21; vgl. nur Jes 7,4; 10,24; 35,4; 37,6; 40,9; 41,10.13–14; 43,1.5; 44,2; 51,7; 54,4) ist sie mit der Beistandsformel verbunden. Zur Beistandsformel im AT, s. Preuß, „…ich will mit dir sein", auch wenn die Ableitung aus der nomadischen Herkunft Israels nicht haltbar ist – diese hat es so nicht gegeben, s. z.B. Lemche, Vorgeschichte, 83ff; Fritz, Entstehung 63ff –, sowie Begrich, Heilsorakel und ders., Tora, wenngleich die Rückführung der Heilsorakel (allein) auf priesterliche Herkunft angesichts der zahlreichen Belege in der ao Prophetie keine hohe Wahrscheinlichkeit beanspruchen kann, s. dazu Weippert, Prophetien; ders., Aspekte; ders., Herkunft; ders., „Ich bin Jahwe"; ders., König.

146 Abgesehen von 2,20, wo Haggai nur mit seinem Namen erwähnt wird (so auch in 2,13f), ist dieser in den Datierungen mit dem Titel הַנָּבִיא benannt. Zur Bezeichnung des Propheten als menschlicher Jahwebote vgl. noch Jes 44,26 und 2 Chr 36,15f. In Mal 2,7 wird ein Priester, in Sach 12,8 eine königliche Gestalt (vgl. dazu auch die Bezeichnung Davids als Gottesbote in 1 Sam 29,9; 2 Sam 14,17.20; 19,28) מַלְאָךְ יְהוָה genannt.

147 Zum Spiel mit dem Begriff מַלְאָךְ vgl. noch die Bezeichnung der Arbeiten am Tempel als מְלָאכָה in Hag 1,14. Der Ausdruck מַלְאֲכוּת ist im AT hapax legomenon und dürfte aus diesem Grund in den meisten LXX-Manuskripten fehlen, während einige (u.a. B, S*,V, C-68, L, zu den Belegen und unterschiedlichen Übersetzungen s. Ziegler, prophetae, z.St.) und die Vulgata den Ausdruck wiederzugeben versuchen. So mit Rudolph, KAT 13/4, 30 Anm. 13b) und Kessler, Book, 107 Anm. 37, und gegen Schenker, veritas, 66, der den Mehrheitstext der LXX für den ursprünglichen hält.

148 Wobei Serubbabel diesmal auch wieder der Statthaltertitel beigegeben ist, s. dazu oben S. 32 Anm. 122.

Grammatikalisch ergibt sich dabei eine Verschränkung zwischen 12a und 14: Waren in 12a Serubbabel, Josua und das Volk auf Jahwes Stimme hörendes Subjekt, sind sie in 14a nun Objekt und Jahwe Subjekt.[149] Auch darin erweist sich V 14 als Gegenstück zu 12a, auf das Handeln des Volks, das Hören (12a), folgt das Handeln Jahwes, die Geisterweckung, die schließlich den Baubeginn initiiert.[150]

Die Formulierung עור II Hif. + רוח meint das Aufwecken des Willens, das Anspornen zur Tat.[151] In 14b ist nun wieder das Volk mit seinen Anführern Subjekt.[152] Der Beginn der Arbeiten wird in 14 mit עשה מלאכה beschrieben. מלאכה wird im AT sehr häufig in kultischem Zusammenhang verwendet und ist vor allem in priesterlichen,[153] dtr[154] und chr[155] Kontexten oft mit den Arbeiten rund um den Tempel bzw. die Stiftshütte, in Esr 2,69; 3,8f; 6,22 mit dem Bau des Zweiten Tempels verbunden. Der Tempel heißt wie in Hag 1,2 בית־יהוה, genauer diesmal בית־יהוה צבאות אלהיהם. Dies schafft wiederum eine Inklusion zu יהוה אלהיהם in 12a.

Die Datierung 15a rundet den Bericht von der Aufnahme der Bauarbeiten ab und will festhalten, daß die Arbeiten am Tempel zügig aufgenommen wurden.[156]

Im Anschluß an diesen ersten Durchgang durch Hag 1 ergeben sich bereits einige Fragestellungen, die in der literarhistorischen Betrachtung zu berücksichtigen sind. So ist das Verhältnis des erzählenden Rahmens zu den eigentlichen Orakeln zu untersuchen, wobei zu prüfen ist, ob V 2 aufgrund seiner Stellung zwischen 1 und 3 und seiner inhaltlichen Nähe zu 4 zum Erzählrahmen oder zum Spruchgut zu rechnen ist.

Im Abschlußteil des Fremdberichts (V 12–14) ist das Verhältnis von 12b–13 zu 12a zu klären, da beide Stücke terminologisch von einander abweichen, dem Inhalt nach (Reaktion des Volkes und Reflexion über Haggais Wirken) aber Dubletten sind.

149　So mit Recht festgestellt von Kessler, Book, 114, vgl. Assis, To Build, 523.

150　Vgl. Reventlow, ATD 25/2, 17; vgl. Wolff, BK XIV/6, 35f; Verhoef, NIC.OT, 79f; Assis, To Build, 524ff; Willi-Plein, ZBK.AT 24.4, 28, ferner Steck, Haggai, 356 Anm. 5. Rudolph, KAT 13/4, 38; Kessler, Book, 150f, wollen V 14 dagegen als Zusammenfassung des zuvor in 12–13 Gesagten verstanden wissen.

151　Vgl. z.B. Wolff, BK XIV/6, 35f; Reventlow, ATD 25/2, 17; Kessler, Book, 151. עור II Hif. + רוח ist im AT außer in Hag 1,14 nur noch in 1 Chr 5,26; 2 Chr 21,16; 36,22//Esr 1,1; Esr 1,5; Jer 51,1.11 belegt, in 2 Chr 36,22//Esr 1,1; Esr 1,5 ebenfalls im Zusammenhang mit dem Bau des Zweiten Tempels.

152　Zweimal Imperf. cons.: ויבאו ויעשׂו.

153　Z.B. 28mal in Ex 31; 35–40.

154　Z.B. 1 Kön 5,30; 7,14.22.40.51; 2 Kön 12,12.15f.

155　Z.B. 15mal in 1 Chr 22–29.

156　"The dating formula in 15a serves to indicate the rapidity with which the resumption of the work was undertaken" (Kessler, Book, 153). So auch etwa Meyers/Meyers, AncB 25B, 36.

Dabei ist im Auge zu behalten, daß V 14 in enger Beziehung zu 12a steht. Innerhalb des Spruchguts selbst muß geprüft werden, wie sich V 4–8 zu 9–11 verhalten, da V 8 einen Einschnitt markiert und V 9–11 eine Wiederholung der Themen von 4–8 bietet, wobei für 4–8 selbst zu berücksichtigen ist, daß das Thema des Tempelbaus (4.8) das Motiv des Ergehens des Volks (5–7) rahmt.

Wie ist die eigentümliche Gestalt von Hag 1 zu deuten? Die Frage form- und überlieferungsgeschichtlich zu beantworten, versucht die klassisch gewordene Theorie der „Auftrittsskizzen", die für das Haggai-Buch von Beuken ausführlich begründet wurde.[157] Daß „Haggais Rede einen zusammengesetzten Charakter zeigt",[158] der durch Brüche, plötzliche, übergangslose Themenwechsel, -wiederholungen und -variationen bei gleichzeitig „unverkennbar [...] thematische[m] Zusammenhang und Einheit im Stil"[159] gekennzeichnet ist, führt Beuken darauf zurück, „daß man hier den Ohren- und Augenzeugenbericht eines Streitgesprächs annimmt, in dem die wesentlichen und auffallenden Aussagen unmittelbar festgelegt werden, ohne viel auf den Zusammenhang und die Bemerkungen der Zuhörer [...] zu achten".[160] Vermittels einer aus der Diskussion des Propheten mit seinen Zuhörern zu rekonstruierenden Verumständung der uns im Prophetenbuch selbst lediglich als Exzerpt vorliegenden *viva vox prophetae* kann Beuken daher die plötzlichen Themenwechsel und Wiederholungen als unmittelbare Reaktion auf Nachfragen und Zwischenrufe der Zuhörer deuten.[161] Die Entstehung einer solchen Auftrittsskizze führt Beuken auf den Kreis der Schüler Haggais zurück.[162]

Zugegebenermaßen können mit der Annahme einer nur unvollständig überlieferten Disputation und der daraus resultierenden Rekonstruktion eines Sitzes im Leben die Lücken gefüllt und so die offenen Fragen des Textes ge-

---

157 S. Beuken, Haggai, 184ff, bes. 202ff. Die Auftrittsskizzen-Hypothese wurde zuerst von Wolff am Hosea-Buch entwickelt, vgl. Wolff, BK XIV/1, bes. XXV.92f.121.139f. Mit einer ersten Sammlung der Sprüche Haggais in Form von Auftrittsskizzen rechnen neben Beuken noch Petersen, OTL, 38f; Wolff, BK XIV/6, 3ff.15ff, vgl. ders., Haggai; Deissler, NEB.AT 21, 254; Reventlow, ATD 25/2, 5f.11f.

158 Beuken, Haggai, 202.

159 Beuken, Haggai, 204.

160 Beuken, Haggai, 205.

161 „In der Situation des gesprochenen Wortes ist derartiges keineswegs ungewöhnlich. Bei schriftlicher Niederlegung ohne literarische Überarbeitung macht ein solcher Anschluß den Eindruck einer Nahtstelle. Es gibt noch mehr Hinweise dafür, hier gesprochenes Wort vor uns zu haben. Die Rede ist hastig, abrupt, man möchte sagen ‚brühwarm'. Einleitungen und Übergänge fehlen. [...] Man denkt [...] an einen Augenzeugenbericht, an eine rasche Skizze, die während oder unmittelbar nach dem Auftritt des Propheten hergestellt wurde" (Beuken, Haggai, 204).

162 „Dort, wo man an seine [sc. Haggais] Sendung glaubte und denselben Idealen offenstand, wo man an seinem Wirken teilnahm (es ist ein Zeugenbericht!), erschien es als wichtig, das Prophetenwort aufzuzeichnen [...]. Die Schlußfolgerung [...] lautet somit, daß es einen Kreis Gleichgesinnter gab, die Haggai auf Schritt und Tritt folgten." (Beuken, Haggai, 205).

schickt erklärt werden, doch kann eine solche These weder verifiziert noch falsifiziert werden. Mit der Betonung der der Situation geschuldeten Bruchstückhaftigkeit und damit auch der wahrgenommenen bzw. behaupteten Zusammenhanglosigkeit der einzelnen Worte gerät zudem die Frage eines planvollen Aufbaus oder sinnvollen Leseablaufs der Texte aus dem Blick.[163] Zudem ist die Vorstellung eines die Worte der prophetischen Persönlichkeit bewahrenden Schülerkreises nicht zu halten. Nissinen hat anhand der alttestamentlichen und altorientalischen Quellen gezeigt, daß die Überlieferung von Prophetenworten nicht durch um einen Propheten gescharte Schüler erfolgt sein dürfte,[164] sondern durch professionelle Schreiber. Er kommt zu folgendem Fazit: „Gibt es also einen Beweis für Schülerkreise der Propheten, die die Worte ihres prophetischen Meisters entweder mündlich oder schriftlich bewahrt und überliefert haben? Angesichts des biblischen und altorientalischen Befunds muß die Antwort ein qualifiziertes ‚Nein‘ sein".[165]

Den planvollen Aufbau und die Textkohärenz betonen dagegen diejenigen, die Hag 1 als einheitlichen Text lesen wollen. Daß der Text eine redaktionelle Vorgeschichte hatte, wird nicht bestritten, jedoch für die Interpretation als irrelevant oder gar hinderlich erachtet, so daß der Endtext als maßgeblich für die Auslegung bestimmt und dementsprechend eine Synchronlesung favorisiert wird. Floyd und Kessler etwa gehen von einer ähnlichen Intention von redaktionellem Rahmen und Spruchgut aus, die daher untrennbar miteinander verwoben sind.[166] Dies wird nicht zuletzt damit begründet, daß die Redaktion des Haggai-Buchs in unmittelbarer zeitlicher Nähe zu Haggais Verkündigung stattgefunden habe.[167]

Jedoch ist bei dieser Annahme zu fragen, ob z.B. die unterschiedlichen Akzente zwischen dem redaktionellen Rahmen und dem Spruchkern des Buchs

---

163 Zum Problem, daß mit der Auftrittsskizzen-Theorie die Frage der Komposition der Prophetensprüche vernachlässigt wird, vgl. die Kritik von Wöhrle, Sammlungen, 316f. Jedoch rechnet auch Wöhrle, a.a.O., 297f Anm. 36 sowie S. 317, für die Komposition seiner Grundschicht mit harten Übergängen, die der Zusammenstellung der überlieferten Einzelworte geschuldet sind. Zwar scheidet Wöhrle innerhalb des Spruchguts Hag 2,6–8.11–14.21b–22 mit Recht aus (s. a.a.O., 298ff.309ff), doch ist verwunderlich, daß er ansonsten für seine Grundschicht (Hag 1,2.4–11.12b.13; 2,3.4*.5aββb.9.15f.18abβ.19.23) fast denselben Maximalbestand an Haggai-Buch annimmt wie die Vertreter des Auftrittsskizzen-Modells, vgl. z.B. Wolff, BK XIV/6, 3f, für den Bestand der Auftrittsskizze: Hag 1,2.4–11.12b–13; 2,3.4*.5aββ.6–9.11–13.14.15*.16.18a.19*.21b–23*.

164 S. Nissinen, Literature, 162ff, bes. 166ff; ders., Problem.

165 Nissinen, Problem, 351. Zur Kritik an Beukens Modell eines Schülerkreises der Propheten vgl. Floyd, Traces, 211f.219ff, zur Rolle der Schreiber bei der Verschriftung von Prophetenworten und der Entstehung der Prophetenbücher vgl. a.a.O., 223ff.

166 S. Floyd, Nature, bes. 473; ders., FOTL XXII, 259f; Kessler, Book, 51ff; ders., Tradition, 8 Anm. 28; ders., Temple Building, 358f Anm. 6.

167 S. Floyd, FOTL XXII, 263f; Kessler, Book, 41ff; ders., Tradition, 8 Anm. 27.

zu schnell übergangen werden.[168] Der Rahmen (Hag 1,1–3.12–15) legt fest, an welche Personen Haggai seine Botschaft ausrichtet. Nur hier werden Serubbabel und Josua genannt, während der Spruchkern 1,4–11 das Volk im allgemeinen anredet (vgl. V 2). Statthalter und Hohepriester werden so im Rahmen an die Spitze der Tempelbauer gesetzt, während ihre Betonung im Spruchgut keine Rolle spielt. Ein ähnlicher Vorgang ist in Esr 5–6 festzustellen. Auch dort werden Serubbabel und Josua in Esr 5,1f sekundär nachgetragen, während im Kern nur die Ältesten der Juden den Bau verantworten.[169] Bedeutet die Erwähnung des Statthalters und des Hohenpriesters als Tempelbauherren in Hag 1,1.12.14 keine Neuakzentuierung gegenüber dem Spruchkern Hag 1,4–11?[170] Des weiteren schafft der redaktionelle Rahmen eine neue Situierung der prophetischen Botschaft: Wöhrle hat darauf hingewiesen, daß die Einzelworte des Spruchguts im Haggai-Buch ohne den Rahmen als Aufrufe zum Tempelbau gelesen werden können.[171] Indem der Rahmen die Orakel in eine chronologische Abfolge bringt und mit narrativen Elementen verbindet, gibt er dagegen den Worten mit der Anordnung vom ersten Bauaufruf und dem Bericht über die Aufnahme der Bauarbeiten bis hin zur Verheißung der Wende zum Segen am Tag der Grundsteinlegung eine neue Ausrichtung. Nun wird das Wirken Haggais auf die Zeit vor dem Baubeginn bis zur Grundsteinlegung festgelegt und herausgestellt, daß die Worte Haggais Erfolg haben und der Tempelbau daraufhin tatsächlich initiiert wird.[172] Auch in der Analyse von Hag 1,4–11 werden die unterschiedlichen Akzentsetzungen der Komposition nivelliert, wenn Kessler eine konzentrische Struktur annimmt, in der die Klimax 1,8 von zwei parallelen Teilen (3–7; 9–11) gerahmt wird. Hierbei wird die deutliche Zäsur übersehen, die V 8 und der V 4–8 aufgreifende und neu akzentuierende Neueinsatz V 9–11 bieten, so daß die Annahme eines einheitlichen Texts schwierig ist.[173] Eine solche Synchronlesung, die das historische Wachstum der Texte übergeht, nimmt ihnen ihre Tiefendimension, in der sich der Diskurs unterschiedlicher Stimmen wahrnehmen läßt, und die vielfältigen Akzentsetzungen des Texts werden zugunsten einer Gesamtaussage eingeeb-

---

168 Vgl. die Kritik an Kessler von Beuken, Review, 303f.

169 Zur Redaktionsgeschichte von Esr 5f vgl. Kratz, Komposition, 59ff; Grätz, Chronik.

170 Vgl. dazu z.B. auch Tollington, Readings, 199f, zur Kritik an Floyd, Nature, s. Tollington, a.a.O. 196 Anm. 8.

171 Wöhrle, Sammlungen, 313ff, datiert die Grundschicht von Hag (zu Wöhrles Textbestand s.o. Anm. 163) sogar in die Zeit vor dem Tempelbau. Vgl. bereits etwa Tollington, Readings, 202f.207, die bei den Sprüchen Hag 1,2–11 und 2,3–9 für möglich hält, daß beide vor Baubeginn und bei derselben Gelegenheit verkündet wurden, während sie Hag 1,13b; 2,11–19; 2,21–23 dem Tag der Tempelgründung zuordnet (s. a.a.O., 204ff.207).

172 So mit Recht Wöhrle, Sammlungen, 317ff, der alle Teile des Rahmens (1,1.3.12a.14–15; 2,1–2.4*.10.20.21a) einem „Haggai-Chronisten" zuordnet. Zur Kritik an Floyd und Kessler vgl. Wöhrle, a.a.O., 289 Anm. 5.

173 Vgl. die Kritik von Wöhrle, Sammlungen, 297 Anm. 34.

net.[174] Zudem ist angesichts der Fülle der Textzeugen zu fragen, welche Textfassung bzw. warum ausgerechnet die textkritisch korrigierte masoretische Textfassung als Ausgangspunkt der Analyse gewählt wird.[175] Auch bietet die einheitliche Lesung von Hag 1 ein ähnlich breites Spektrum an Lösungsmöglichkeiten wie die literarhistorischen Ansätze. So finden Whedbee[176] und Kessler in 1,(2.)3–11 die bereits beschriebene konzentrische Struktur. Prinsloo hingegen rechnet damit, daß der Text auf V 11 als Klimax zuläuft.[177] Assis nimmt eine dreiteilige Struktur des Texts an. Dabei führen V 4–6.7–9 die Perspektive des Volks vor Augen, das den Tempel nicht bauen will, da es von Gott zurückgewiesen wurde (V 4–6) und daraufhin von Haggai den rechten Weg gewiesen bekommt (V 7–9), während V 10–11 die bundestheologische Interpretation des Verhältnisses Gottes mit seinem Volk ins Spiel bringt. Floyd schließlich gliedert Hag 1 in die zwei Einheiten 1,1–12.13–15, und rät von einer gesonderten Betrachtung von V 2–11 ab.[178] Für die Untereinheit V 4–11 schlägt er gleichwohl vor, V 7–11 sei ein „explanatory restatement"[179] des in V 4–6 vorgestellten Problems.

Die redaktionsgeschichtliche Methode versucht, die Frage nach den Brüchen und Kohärenzstörungen des Texts mit der Frage nach der Verbindung zwischen diesen Nahtstellen und verschiedenen Textstücken zu kombinieren. Sie hat also neben den Unterschieden immer auch die Einheit der Texte und die sich im Anwachsen von der Grundschicht bis zum Endtext neu konstituierenden Textstufen und -zusammenhänge im Blick. Ziel der redaktionsgeschichtlichen Methode ist damit gewissermaßen eine diachrone Endtexlesung. Dabei werden die inhaltlichen und formalen Spannungen zwischen den verschiedenen Textteilen als Indizien für eine literarkritische Abgrenzung der einzelnen Stücke begriffen. Gleichzeitig wird der Zusammenhang der Textteile berücksichtigt, deren Verbindung zu Schichten und deren Neuaktualisierung durch Fortschreibungen, die auf den vorgefundenen Text Bezug nehmen, um diesen vor dem Hintergrund der eigenen Zeit und der eigenen Fragestellungen immer wieder neu zu interpretieren und ihn gegebenenfalls mit anderen Texten

---

174 Vgl. die Kritik von Sollamo, Panegyric, die gegen eine einseitig synchronisch ausgerichtete Exegese polemisch zuspitzt: "Without the historical perspective we read the Bible as flat as a pancake" (a.a.O., 695).

175 Vgl. zum Problem z.B. Nissinen, Literatur, 157: "It should not be forgotten, however, that the prophetic books hardly ever reached a textual form that could be called 'final.' As demonstrated by the oldest text-critical evidence we have at our disposal, i.e., the Dead Sea Scrolls and the Septuagint, different versions of prophetic books [...] coexisted and were used in Jewish communities until the canonization of the proto-Masoretic text, which is increasingly seen as one text among others, not 'the original text' superior to everything else."

176 S. Whedbee, Schema, 188f.

177 S. Prinsloo, Cohesion, 339.

178 S. Floyd, FOTL XXII, 269ff.

179 Floyd, FOTL XXII, 272.

ins Gespräch zu bringen.[180] Ziel der Methode ist dabei nicht die Gewinnung
der *viva vox prophetae*, die durch Verschriftung, Auswahl und Zusammenstellung immer nur in redaktioneller Brechung zu vernehmen ist, sondern den Sitz
der verschiedenen Texte im Buch zu bestimmen, ihre kontextuelle Vernetzung
innerhalb und außerhalb der jeweiligen Schrift sowie ihren zeit- und theologiegeschichtlichen Hintergrund zu beschreiben. Nach Vorgängern wie Steck,
der in Hag 1 mit der planvollen redaktionellen Zusammenstellung von einzelnen Prophetenworten und -fragmenten rechnete,[181] sind für v.a. die redaktions-
geschichtlich orientierten Arbeiten von Kratz und Wöhrle zu nennen.[182] Auch
die vorliegende Untersuchung ist dem redaktionsgeschichtlichen Ansatz verpflichtet. Auf die unterschiedlichen Erklärungsmodelle und Methoden wird
während der Analyse immer wieder zurückzukommen sein.

2.1.2   Literarhistorische Analyse

Es besteht ein Konsens darüber, daß sich vom Spruchgut des Haggai-Buches
ein redaktioneller Rahmen abheben läßt, der sich durch folgende charakteristi-
sche Elemente identifizieren läßt:[183]

Der Buchkern redet mit der 2. Pers. Pl. eine nicht näher bestimmte Gruppe
an (1,4–11; 2,3–9*.15–19).[184] Hingegen weiß der Rahmen, wer damit gemeint
ist: der Statthalter Serubbabel, der Hohepriester Josua und der Rest des
Volks.[185] Zudem gibt der Rahmen den Sprüchen ein narratives und zeitlich
durchlaufendes Gerüst mit Datierungs- und Wortereignisformeln. Er berichtet
von der Reaktion des Volks unter der Führung Serubbabels und Josuas. Haggai

---

180 S. hierzu Zimmerli, Phänomen; Steck, Exegese, 75ff; J. Jeremias, Amos; ders., Propheten-
     wort; Schmid, Deutungen; Kratz, Redaktion; ders., Art. Redaktionsgeschichte; Becker, Wie-
     derentdeckung; ders., Exegese, 76ff.
181 S. Steck, Haggai.
182 S. Kratz, Judentum, 60ff.79ff; Wöhrle, Sammlungen, 285ff.
183 Vgl. hierzu z.B. Ackroyd, Studies; ders., Book; Beuken, Haggai, 27ff; Mason, Purpose;
     Wolff, BK XIV/6, 3ff; Reventlow, ATD 25/2, 5f; Tollington, Tradition, 19ff; Wöhrle,
     Sammlungen, 288ff.317ff. Gegen Floyd, Nature; ders., FOTL XXII, 259f; Kessler, Book,
     51ff, die eine literarkritische Differenzierung zwischen Rahmen und Sprüchen ablehnen und
     damit über die Unterschiede zwischen beidem hinweggehen.
184 Vgl. Floyd, FOTL XXII, 270, zu Hag 1: "The perspective that is reflected in the prophet's
     own speech, however, focuses on the community as a whole, without drawing any distinction
     between leaders and people, or any distinction between 'the remnant' and the people as a
     whole. None of the ways in which the prophet describes his addressees in 1:4–11 pertains
     particularly to Zerubbabel and Joshua, as opposed to the people, or to one segment of the
     population rather than another."
185 Vgl. Hag 1,1f; 1,12–14; 2,2(.4).21.

wird als הנביא bezeichnet.[186] Zu diesem Rahmen gehören die Stücke 1,1–3.12–15; 2,1–2(.4).10.20–21a. Sie gliedern das Buch in vier Verkündigungseinheiten, das dadurch als Fremdbericht gestaltet wird.[187]

Für die Analyse des 1. Kapitels sind also zunächst V 1–3 und 12–15a zu untersuchen, die den Spruchkern 4–11 rahmen.[188]

In der Einleitung (1,1–3) werden Serubbabel und Josua nicht wie sonst im Rahmen mit dem Volk in einem Atemzug genannt,[189] sondern von ihm abgesetzt. Zudem ist die Struktur der ersten vier Verse von Hag 1 auffällig:

Auf die Wortereignisformel in V 1 folgt ein Wort über „dieses Volk" (העם הזה) in V2, dann in V 3 sogleich wieder eine Wortereignisformel und in V 4 eine Anrede an eine 2. Pers. Pl., die von V 2 her mit dem Volk zu identifizieren ist. Ist V 4 mit der 2. Pl. (vgl. V 5–10) mit Sicherheit zum Spruchkern von Hag 1 zu zählen, so ist die Zuweisung von V 2 umstritten. Zum Überlieferungskern zählen Hag 1,2 etwa Wolff, Reventlow, Kessler und jüngst Wöhrle.[190] Mit Elliger und Beuken ist V 2 jedoch zum redaktionellen Rahmen zu rechnen.[191] Der gern ins Feld geführte Terminus העם הזה spricht nicht für eine Zuweisung zum authentischen Spruchgut:[192] Der Terminus begegnet innerhalb des Haggai-Buchs nur noch in 2,14, d.h. innerhalb des Abschnitts zur Einholung der Priestertora bezüglich der Reinheit und Unreinheit des Volkes. Dieser Abschnitt ist allerdings nach der in dieser Arbeit vertretenen Analyse innerhalb von Hag sekundär.[193]

Für eine Zurechnung von V 2 zum redaktionellen Rahmen werden von Beuken im Anschluß an Elliger folgende Gründe geltend gemacht: Die erneute Wortereignisformel in V 3 markiert eine deutliche Trennung zwischen V 2 und V 4, die innerhalb eines zusammenhängenden, fortlaufenden Texts keinen Sinn hat, so daß V 3 eine literarische Nahtstelle anzeigt. Nach Elliger und Beuken

---

186　S. Hag 1,1.3.12; 2,1.10, die Ausnahme bildet 2,20, wo הנביא fehlt (vgl. 2,13f, in 1,13 wird Haggai als מלאך יהוה bezeichnet).

187　Die vier Verkündigungseinheiten sind: 1,1–15a: Aufruf zum Tempelbau angesichts einer landwirtschaftlichen Mangelsituation; 1,15b–2,9: Worte über die Herrlichkeit des künftigen Tempels; 2,10–19: Einholung einer Priestertora wegen der Unreinheit des Volks sowie Wende vom Fluch zum Segen; 2,20–23: Heilsverheißung für Serubbabel.

188　Zur Abtrennung von 1,15b s.o. S. 15f.

189　Vgl. Hag 1,12a.14; 2,2.4. Josua wird in Hag immer mit Serubbabel aufgeführt (in Sach dagegen nie, vgl. Sach 3,1.3.6.8f; 6,11), in Hag 2,20–23, der Abschlußverheißung des Haggai-Buchs, ist Serubbabel dagegen nur allein zu finden (Hag 2,21.23, vgl. Sach 4,6f.9f). Von den Belegen, bei denen beide Anführer zusammen erscheinen (1,1.12a.14; 2,2.4), sind sie nur in 1,1 nicht in direkter Verbindung mit dem Volk genannt. Das Volk wird innerhalb von Hag in 1,2; 2,14 (העם הזה bzw. in 2,14 + הגוי הזה); 1,12b.13 (העם) ohne die Anführer erwähnt.

190　Vgl. Wolff, BK XIV/6, 23f; Reventlow, ATD 25/2, 12; Kessler, Book, 109f; Wöhrle, Sammlungen, 294ff.313ff.

191　Vgl. Elliger, ATD 25, 86; Beuken, Haggai, 29ff.

192　Vgl. z.B. Wolff, BK XIV/6, 5.16.23f.; Wöhrle, Sammlungen, 288ff.

193　S.u. 2.3.2.

ist die Wortereignisformel V 3 die ursprüngliche Einleitung zu 4ff, während die Wortereignisformel V 1 zusammen mit V 2 im Zuge der redaktionellen Überarbeitung nachträglich davorgesetzt wurde.[194]

Für den sekundären Charakter von V 2 spricht weiter der Personenwechsel von der 3. Pl. in V 2[195] zur 2. Pl. in V 4,[196] wodurch auch die Funktion der erneuten Wortereignisformel in 3 verständlich wird, nämlich den Personenwechsel zu überbrücken.[197]

Ist V 2 als Wort über das Volk gestaltet – mit Beuken gesprochen, handelt es sich um „eine Art Anklage, die zugleich als Kennzeichnung der Situation [...] dient"[198]– so ist deutlich, daß V 2 der Adressaten bedarf, zu denen über das Volk geredet werden kann. Mit anderen Worten: V 2 kommt nicht gut ohne die redaktionelle Nennung von Serubbabel und Josua aus, an die Haggai laut V 1 seine Botschaft ausrichtet.

Die Einsichten Beukens können noch vertieft werden: V 2 faßt das zentrale Thema von Hag 1,4–11 zusammen, indem er die zentralen Stichworte miteinander verbindet: עת (V 4), בנה (V 8), בית (V 4.8f). Dabei wird die rhetorische Frage V 4 an das Volk in V 2 in ein Zitat des Volkes selbst umgewandelt. Zudem nimmt V 2 zwei wesentliche Identifikationen vor, die nahe liegen: Durch V 2 wird die bisher nicht näher bezeichnete 2. Pl. auf das Volk bezogen und das Haus (הבית[199] bzw. הבית הזה,[200] später ביתי[201]) von vornherein als das Haus Jahwes angesprochen. בית יהוה findet sich zudem in Hag sonst nur noch in dem Vers 1,14, der eindeutig zum redaktionellen Rahmen zu rechnen ist, aber nie im Spruchkern. Somit zielt V 2 bereits terminologisch auf den hinteren, narrativen Teil des Rahmens, ebenso wie auch inhaltlich in 12–15a die Auflösung der in 1–3 geschilderten Problemstellung zu suchen ist, nämlich daß Haggais Worte Erfolg haben und das Volk mit seinen Anführern den Bau in Angriff nimmt.

Vers 2 dient also als neue Schilderung der Ausgangslage, die, wie die Stichworte zeigen, aus der dann folgenden Rede Haggais entwickelt ist und die

---

194 S. Elliger, ATD 25, 86; Beuken, Haggai, 30f.

195 ‏כה אמר יהוה צבאות לאמר העם הזה אמרו לא עת־בא עת־בית יהוה להבנות‎.

196 ‏העת לכם אתם לשבת בבתיכם ספונים והבית הזה חרב‎.

197 Vgl. Beuken, Haggai, 31. Wer dagegen V 3 für einen sekundären Einschub zwischen einem ursprünglichen Zusammenhang 2.4 hält, sei es als Teil der Endredaktion (so z.B. Steck, Haggai, 359ff; Mason, CNEB, 15f; Wolff, BK XIV/6, 16; Wöhrle, Sammlungen, 290) oder als Glosse bzw. Dublette zu 1b (so z.B. Mitchell, ICC, 45; Sellin, KAT XII/2, 452; Horst, HAT I/14, 204f; K. Koch, Volk, 211 Anm. 14), muß den durch den Personenwechsel angezeigten literarischen Bruch zwischen V 2 und V 4 in Kauf nehmen, zumal da es sich bei 2 und 4 auch inhaltlich und funktional um Dubletten handelt, s.u.

198 Beuken, Haggai, 29.

199 Hag 1,8.

200 Hag 1,4; 2,3.7.9.

201 Hag 1,9.

das Thema für diese Rede angibt. Damit erweist sich V 2 als Dublette zu V 4, der als „Themafrage, ob bzw. wofür ‚es Zeit ist‘“[202] charakterisiert werden kann, also selbst noch einmal die Ausgangslage für die anschließende Argumentation vorgibt. Zudem kommt V 2 nicht ohne eine Fortsetzung aus, ist also vom Spruchkern 4–11 abhängig, während V 4(ff) auf 2 nicht angewiesen ist und ohne 2 verständlich bleibt.[203] Vers 2 setzt also V 4(ff) voraus.

Durch V 1f werden Serubbabel und Josua vom Volk abgesetzt, wobei der Ausdruck הזה העם mißbilligend auf das Fehlverhalten des Volkes hinweisen soll. Serubbabel und Josua muß offensichtlich von diesem Fehlverhalten berichtet werden,[204] damit – angestoßen durch die von Haggai vermittelte Gottesbotschaft – unter ihrer Führerschaft das Volk den Tempelbau beginnt. Hiervon berichtet das V 1–3 komplementäre Stück, V 12–15a.

Innerhalb von V 12–15a fallen V 12b–13 aufgrund abweichender Formulierungen heraus:[205] Haggai wird nicht als הנביא bezeichnet,[206] sondern מלאך יהוה genannt, das Volk wird nur mit העם tituliert, Serubbabel und Josua sind gar nicht erwähnt, in 12a.14 dagegen in Verbindung mit כל שארית העם zu finden.[207] Umstritten ist, ob 12b–13 älter[208] oder jünger als 12a.14 ist, doch kann 12b–13 nur eine jüngere Ergänzung sein, wie bereits Böhme richtig erkannt hat.[209]

Zum einen unterbricht 12b–13 den Erzählzusammenhang, denn 12a und 14 sind terminologisch und inhaltlich eng aufeinander bezogen; 12a beschreibt die Reaktion des Volks auf die prophetische Botschaft als Gehorsam, woraufhin Jahwe an seinem Volk handelt (14).[210] Das Stück 12b–13 schiebt nun zwischen das Handeln des Volkes 12a und das korrespondierende Handeln Jahwes eine weitere Beschreibung der Reaktion des Volkes.

---

202 Willi-Plein, ZBK.AT 24.4, 25.
203 So stellt schon Duhm, Anmerkungen, 69 fest: „[E]s ist klar [sic!] daß v. 2 keine selbständige Offenbarung sein kann".
204 Vgl. Kessler, Book, 122.
205 Der Halbvers 15a ist für die Beurteilung des Verhältnisses von 12a.14 zu 12b–13 unerheblich. Zudem könnte 15a durchaus eine Glosse sein, da 15a nicht gut an 14 anschließt, vgl. z.B. Marti, KHC XIII, 385.
206 הנביא findet sich in 1,3.12a; 2,1.10, fehlt aber in 1,13; 2,13f.20.
207 Vgl. neben כל שארית העם in Hag 1,12a.14 noch שארית העם in Hag 2,2; Sach 8,6.11f.
208 So z.B. Wolff, BK XIV/6, 4f.17ff; Reventlow, ATD 25/2, 16f; Wöhrle, Sammlungen, 290f.291ff.313ff.
209 S. Böhme, Maleachi, 215f. Böhme bezieht sich dabei allein auf Hag 1,13, der aber mit 12b eine Einheit bildet. Böhme folgen z.B. Wellhausen, Propheten, 174; Marti, KHC XIII, 384; Budde, Text, 13 (der aber in 13b ein ursprünglich nach 11 gehöriges Haggai-Wort sieht, das zusammen mit der Einleitung 13a als Randglosse nachgetragen wurde); Horst, HAT I/14, 206; Mitchell, ICC, 54f, Amsler, CAT XIc, 24f.
210 S.o. S. 32ff.

Zum anderen weist die Bezeichnung Haggais als מלאך יהוה auf späte Reflexion über das Prophetenamt hin, die offenbar Haggais in 12aβ schon betonte
Rolle noch weiter verstärken will. Dabei ließ sich gut an das Verb שלח anschließen, das im AT etwa 70mal in Kombination mit מלאך gebraucht ist.[211]
Die Bezeichnung eines Propheten als eines menschlichen Jahweboten
kommt sonst im AT nur noch in Jes 44,26 und 2 Chr 36,15f vor,[212] vgl.
daneben noch die Bezeichnung des Priesters in Mal 2,7[213] und einer königlichen Gestalt nach David in Sach 12,8[214] als מלאך יהוה. Beuken hat auf die
Nähe von Hag 1,13 zur Boten-Vorstellung in 2 Chr 36,15–17 hingewiesen,
und mit Beuken ist in Hag 1,13 ein Rückbezug auf 2 Chr 36,15–17 zu vermuten, wo Jahwe seine Boten zu seinem Volk sendet.[215]

Während in 2 Chr 36,15–17 die Propheten als Gottes Boten und damit das
Gotteswort abgelehnt wurden und sich daraufhin Gottes Mitleid in Zorn wandelt, bietet Hag 1,13 dazu das Gegenmodell: „Mit der Annahme von Haggais
Worten beginnt das Volk eine neue Phase seiner Existenz: es erkennt den Propheten als Gottes Gesandten an."[216] Ein ähnlich spätes Verständnis von מלאך
יהוה dürfte auch in Mal 2,7 und Sach 12,8 vorliegen.

Wie Weyde zeigt, ist auch Mal 2,7 in seiner Auffassung des Priesters als
מלאך יהוה chronistisch beeinflußt.[217] Nach Meinung zahlreicher Kommenta-
toren ist כמלאך יהוה in Sach 12,8 eine Glosse,[218] wobei V 7f bereits selbst
einen sekundären Einschub innerhalb von Sach 12,1–13,6 darstellt.[219]

Boda vermutet sogar,[220] daß Hag 1,13; Sach 12,8; Mal 2,7 auf eine möglicherweise mit der Endredaktion des Dodekapropheton zusammenhängende
„messenger redaction" zurückzuführen sind, die die Bücher Haggai–Maleachi
unter dem Leitmotiv des מלאך יהוה vereinen will:

> "In the wake of the exile and failed restoration, those responsible for the redaction
> of the Haggai–Malachi corpus do not lose hope in the promised renewal of

---

211 Es sei hier besonders auf Jes 42,19; Mal 3,1; 2 Chr 36,15f verwiesen.
212 Dort benannt als מלאכיו (Jes 44,26; 2 Chr 36,15) bzw. מלאכי האלהים (2 Chr 36,16). Jes
     42,19 ist auf das Volk Israel zu deuten, vgl. Kratz, Kyros, 139f.141ff.206ff. Zur Bezeichnung
     von Menschen als Boten Gottes s. Hirth, Boten, bes. 48ff.; Röttger, Mal'ak Jahwe.
213 Vgl. dazu Weyde, Prophecy, 194f.209ff.
214 Vgl. dazu Boda, Messengers, 125f.
215 S. Beuken, Haggai, 34f.38f.
216 Beuken, Haggai, 38. Zu 2 Chr 36,15f s. auch Mason, Tradition, 120ff.
217 Vgl. Weyde, Prophecy, 194ff.209ff, zum Begriff מלאך s. 63f sowie Mason, Tradition, 237.
     Auch Mal 1,1 ist nach Weyde, Prophecy, 57ff, chr beeinflußt; zu Mal 3,1 s. Weyde, Prophe-
     cy, 284ff. Weyde, Prophecy, 63, findet mit Beuken schließlich auch in Hag 1,13 chr Einfluß.
218 Vgl. z.B. Mitchell, ICC, 326; Elliger, ATD 25, 166 Anm. 8 u. S. 174; Reventlow, ATD 25/2,
     116.
219 S. z.B. Elliger, ATD 25, 168; Willi-Plein, ZBK.AT 24.4, 198f.
220 S. Boda, Messengers, 123ff.

prophet, priest and king, but now look for these as 'messengers of hope' with heavenly origins."[221]

Daß Hag 1,12b–13 nur von העם und nicht von כל שארית העם spricht, orientiert sich wohl an dem העם הזה aus 1,2 und will vielleicht das Mißverständnis vermeiden, daß כל שארית העם nur einen Teil des Volks meinen könnte.[222]

Für den älteren redaktionellen Rahmen kommen demnach die Verse 1–3 und 12a.14(.15a) in Betracht.[223] Zwar wird das Volk in V 2 im Gegensatz zu 12a.14 nicht als כל שארית העם, sondern als העם הזה bezeichnet, dennoch müssen daraus keine weiteren literarkritischen Folgerungen gezogen werden.

Die verschiedenen Termini für das Volk sind am ehesten aus ihren unterschiedlichen Funktionen zu erklären: העם הזה unterstreicht den anklagenden Charakter von V 2, כל שארית העם kommt dem gehorsamen Volk zu, das den Tempelbau in Angriff nimmt und sich darin als der wahre Rest erweist.[224]

Die beiden Stücke 1–3 und 12–15a* sind eng aufeinander bezogen: V 1–3 mit der an Serubbabel und Josua gerichteten Klage über das Fehlverhalten des Volks ist auf die Auflösung der Situation in 1,12–15a* hin angelegt, und V 12–15a* fehlte ohne V 1–3 die Einführung der Personen und Umstände.

Überdies sind 1–3 und 12–15a* durch die im Haggai-Buch nur hier zu findende Bezeichnung des Tempels als בית יהוה miteinander verknüpft. Die Einleitung 1,1–3 kennt bereits das Ziel, daß das selbstsüchtige Volk aufgrund des von Haggai vermittelten Gotteswortes den Tempelbau aufgenommen hat.

Da V 12a.14 mit der Wendung שמע בקול יהוה sowie der Gottesbezeichnung יהוה אלהיהם dtr Bundesterminologie aufgreifen, kann bereits die

---

221 Boda, Messengers, 131.
222 Ein Beispiel für dieses Mißverständnis aus der modernen Auslegungsgeschichte wäre Floyd, FOTL XXII, 270.275ff, der die Meinung vertritt, כל שארית העם beziehe sich nur auf den Teil des Volks, der auf Haggais Botschaft hört und die Furcht überwindet, während das Volk die von Furcht Gelähmten sind. Ein Gegenüber des gehorsamen Rests und des die Botschaft nicht annehmenden, in Furcht verharrenden Teils des Volkes ist aus Hag 1,12–14 jedoch nicht herauszulesen. Zudem betont das כל, daß das ganze Volk gehorsam war, "the use of כל before שארית would be illogical if the שארית constituted the portion of the community in Yehud who responded in faith. If however the Judaean community as a whole is portrayed as a שארית [...], then כל insists on the fact that *all* of them were involved" (Kessler, Book, 141f Anm. 270, Hervorhebung original).
223 Hag 1,15a ist vermutlich eine sekundäre Glosse, vgl. o. S. 45 Anm. 205.
224 „[D]er Bericht will ausdrücklich ins Licht setzen, daß die areligiöse Haltung des *Volkes* sich geändert hat. So schließen sich VV.1–2 und VV.12–14 einander an und bilden zusammen den historischen Rahmen von Haggais Worten. Die zwei Ausdrücke für das Volk, die in diesem Rahmen gebraucht werden, haben somit eine andere Funktion" (Beuken, Haggai, 30, Hervorhebung original).

relative Chronologie der Einschreibung von 1,1–3.12–15a* in Hag 1 bestimmt werden. Wird hier der Tempelbau als Erfüllung des Bundesgehorsams aufgefaßt,[225] so reagiert dies mindestens auf die Nichtigkeitsflüche 1,6, die mit dem Tempelbau abgewendet werden können. Demnach setzt Hag 1,1–3.12–15a* die Vertragsflüche Hag 1,6 voraus. Möglicherweise ist zudem Hag 1,9–11 mit seinen Anspielungen auf bundestheologische Stücke des Dtn im Blick.[226]

Der vordere Teil des Rahmens (1–3) geht dabei in seiner jetzigen Gestalt auf eine zu V 12–15a* gehörende Überarbeitung zurück, hinter der eine ältere Einleitung der Prophetenworte zu erkennen ist. Innerhalb des *Datierungssystems* von Hag–Sach[227] werden Serubbabel und Josua nur in Hag 1,1 genannt.[228] Ansonsten, d.h. mit Ausnahme der Erwähnung Serubbabels und Josuas, entspricht 1,1 genau dem Formular von 1,15b–2,1. Darüber hinaus wirkt die etwas unelegante Erwähnung von Serubbabel, Josua und dem Rest des Volks zu Beginn der nächsten Wortverkündigungseinheit in Hag 2,2 nach der Einleitung 1,15b–2,1 wie ein Nachtrag, Hag 2,3 könnte sehr gut an 2,1 anschließen.[229] Dies legt die Vermutung nahe, daß der Statthalter Serubbabel und der Hohepriester Josua erst nachträglich in Hag 1,1 – und auch in 2,2 – ergänzt wurden.

Wenn Hag 1,1, der Einleitung 1,15b–2,1 entsprechend, ursprünglich nur die Datierung, die Wortereignisformel sowie die Nennung des Propheten Haggai enthielt, läßt sich die auffällige Abfolge der Wortereignisformeln in V 1 und 3 folgendermaßen erklären: Der Redaktor fand die Wortereignisformel in 1,1* vor, ergänzte in 1,1 Serubbabel und Josua als Adressaten sowie die Anklage gegen das Volk in V 2 und schlug mit der Wiederholung der Wortereignisformel in 1,3 den Bogen zurück zum Spruchgut; mit anderen Worten, mit 1bα und 3 liegt eine Wiederaufnahme vor.[230] Die ursprüngliche Einleitung zu Hag 1 könnte demnach gelautet haben: בשנת שתים לדריוש המלך בחדש הששי ביום אחד לחדש היה דבר־יהוה ביד־חני הנביא לאמר (1,1*).[231]

Ist damit der Umfang des redaktionellen Rahmens bestimmt sowie dessen sukzessive Entstehung betrachtet worden, so soll im nächsten Schritt das Spruchgut (V 4–11) untersucht werden. Dieses erreicht mit V 8, dem Aufruf zum Tempelbau und der damit verbundenen Heilsverheißung, seine Klimax. Hier wird die in V 4 aufgeworfene Frage beantwortet und der Blick auf die

---

225 Vgl. o. S. 34ff.

226 Vgl. zu Hag 1,10f bes. Dtn 11,14–17; 28,20–24.

227 S. Hag 1,1.15a; 1,15b–2,1.10.18.20; Sach 1,1.7, 7,1.

228 Zwar sind Serubbabel und Josua auch an anderer Stelle zusammen genannt (1,12a.14; 2,2.4, vgl. o. S. 43 Anm. 189), aber nicht mehr innerhalb der Datierungen.

229 S.u. S. 62f.

230 S. Kuhl, Wiederaufnahme.

231 Vgl. 1,15b–2,1: בשנת שתים לדריוש המלך בשביעי בעשרים ואחד לחדש היה דבר־יהוה ביד־חני הנביא לאמר. So auch im Ergebnis Kratz, Judentum, 90f.

Zukunft, den Tempelbau, gerichtet.[232] V 9 kommt dagegen wieder auf das Thema von V 6 und damit auf die Vergangenheit zurück.[233] Nun ist V 9 jedoch nicht eine bloße Wiederholung oder Variation von V 6, sondern setzt einen ganz eigenen, neuen Akzent.[234] Während sich V 6 an die sog. „Nichtigkeitsflüche" anschließt, ist V 9 ein regelrechtes Gerichtswort aus dem Munde Jahwes. Ist zudem in Rechnung gestellt, daß mit V 8 bereits ein Abschluß erreicht ist, ist ein literarischer Bruch zwischen V 8 und V 9 zu vermuten, zumal 9 nach 8 übergangslos wieder neu einsetzt,[235] und zwar hinsichtlich des Themas sowie der Inf.-abs.-Konstruktion, die in 8 keine rechte Bezugsgröße hat.[236] So ist davon auszugehen, daß 9–11 nicht die ursprüngliche Fortsetzung von 4–8 darstellt.[237] Allerdings handelt es sich in V 9–11 kaum um eine Parallelüberlieferung zu 4–8[238] oder etwa um ein als Fragment desselben Autors überliefertes Disputationswort, dessen unterschiedliche Akzente lediglich aus einem anderen Adressatenkreis resultieren.[239] Es läßt sich anhand der Formulierung von V 9–11 vielmehr zeigen, daß dieses Stück bereits V 4–8 voraussetzt, was gegen eine ursprüngliche Selbständigkeit von 9–11 spricht. Daß V 9 bereits die ganze Passage V 4–8 im Blick hat, wird daran deutlich, daß dieser Vers Elemente aus V 4 und 6 chiastisch aufgreift: V 9a bedient sich im Hinblick auf den Sinn (aus den Erträgen wird nichts), die Konstruktion (Inf. abs.) sowie das Vokabular (רבה Inf. abs. Hif., מעט) des Repertoires von V 6. Indem 9aα die Inf.-abs.-Konstruktion aus V 6 übernimmt, knüpft das Stück geschickt bei den Nichtigkeitsflüchen von V 6 wieder an und dient als wiederholende Zusammenfassung von 6.[240] Die Zusammenfassung 9aα bereitet damit 9aβ vor, denn in 9aβ

---

232 Vgl. Wolff, BK XIV/6, 32.

233 S.o. S. 26ff.

234 Vgl. z.B. Horst, HAT I/14, 205; Steck, Haggai, 364ff.

235 Vgl. Wöhrle, Sammlungen, 295: „So verwundert insbesondere der unvermittelte Übergang zwischen Hag 1,8 und 1,9, da die Beschreibung der desolaten Situation des Volkes in 1,9 hinter den Aufruf zum Tempelbau in 1,7–8 zur vergleichbaren Beschreibung in 1,6 zurückfällt." Vgl. noch etwa Steck, Haggai, 357; Horst, HAT I/14, 205.

236 Vgl. Budde, Text, 11.

237 Gegen Whedbee, Question-Answer Schema, 188ff; Prinsloo, Cohesion; Kessler, Book, 110ff.133; Tollington, Tradition, 192ff; Boda, Haggai, 301; Assis, Composition, 6ff.

238 Vgl. Eißfeldt, Einleitung, 1. Aufl., 478 (= 3. Aufl., 578); Ackroyd, Studies (Teil 1), 167f; Horst, HAT I/14, 205; Wöhrle, Sammlungen, 297; ähnlich K. Koch, Volk, 212; Rudolph, KAT 13/4, 35.

239 So Steck, Haggai, 364ff, und im Anschluß daran Nogalski, Precursors, 217ff. Zur inhaltlichen Kritik an Stecks These, daß Hag 1,2.4–8 und 1,9–11 an jeweils unterschiedliche Hörer adressiert waren, im ersten Fall an die im Land verbliebenen Altjudäer, im zweiten Fall an die Heimkehrer aus der Gola, s. Rudolph, KAT 13/4, 36; Whedbee, Question-Answer Schema, 186f; Petersen, OTL, 50 Anm. 17; Wöhrle, Sammlungen, 296f.

240 Vgl. Reventlow, ATD 25/2, 14: „Die Gegenüberstellung der Begriffe ‚viel-',wenig' läßt diese sehr allgemein gehaltene Aussage wie eine Zusammenfassung des in V. 6 Aufgezählten erscheinen." Vgl. Wolff, BK XIV/6, 30.

findet gegenüber V 6 eine deutliche Akzentverschiebung statt: Hatten die
Nichtigkeitsflüche in V 6 lediglich das Volk zum Subjekt, werden sie nun in
9a explizit auf Jahwe als deren Verursacher zurückgeführt.[241] Dabei wird das
Ich Jahwes aus 8b aufgenommen. V 9b greift auf das Vokabular von V 4 zurück (vgl. ביתי + חרב mit הזה הבית + חרב, das beide Male betonte אתם und
schließlich איש לביתו mit בבתיכם). Indem sich V 9b an die Gestalt des begründeten Gerichtsworts anlehnt, macht dieser Versteil wiederum explizit, was
im Leseablauf V 4–8 implizit angelegt war, nämlich daß die Mangelsituation
ihre Ursache im Zustand des verwüsteten Tempels hat. Eine echte kausale
Verknüpfung der Themen Tempelbau und Fluch findet sich erst in V 9.[242]
Zugleich wird die aus der Frage V 4 zu erschließende Eigensucht des Volkes
in der Begründung 9b verschärft. Vers 9 setzt also nach dem Abschluß in 8 neu
ein und nimmt dabei eindeutig Formulierungen sowie Inhalte von 4–8 auf und
führt sie zu einer neuen Synthese mit anderem Akzent. V 9 ist somit als Fortschreibung zu verstehen, die 4–8 neu interpretieren will, indem die Notlage des
Volks ausdrücklich auf das Gerichtshandeln Jahwes selbst zurückgeführt und
die Vernachlässigung des Hauses Jahwes zugunsten der eigenen Häuser un-
mißverständlich als Grund dieser Notlage angesprochen wird.

An 9b haben sich zwei weitere Fortschreibungen angeschlossen. V 10
führt in einer neuerlichen Begründung (eingeleitet mit על־כן) die
Mangelsituation mit Hilfe topischer Formulierungen auf das Ausbleiben des
Ernteertrags infolge ausbleibenden Niederschlags zurück und macht dabei
wiederum im Anschluß an 9b von der Form des begründeten Gerichtsworts
Gebrauch. Zudem wird die Mangellage als eine Notsituation kosmischen
Ausmaßes geschildert, von der nun Himmel und Erde betroffen sind. Dabei
dürfte 10a (על־כן עליכם כלאו שמים מטל) bewußt auf Gen 8,2b (ויכלא הגשם
מן־השמים) anspielen,[243] den einzigen anderen Beleg im AT, in dem כלא +
שמים vorkommt. Daß es in beiden Stellen um die Begrenzung des Niederschlags geht, dürfte kein Zufall sein. In Gen 8,2 wird der Regen vom Himmel
her als Zeichen des Endes des Gerichts zurückgehalten, in Hag 1,10 wirkt das
Zurückhalten des Taus durch den Himmel im Dienst des Gerichts.

Das Gegenstück findet sich in Mal 3,10, dort werden die Fenster des
Himmels zum Segen, und damit wiederum wie in Hag 1,10 in Umkehrung zur
Fluterzählung Gen 7,11, wieder geöffnet.[244] Damit wird vom Ende des Dode-

---

241 S. נפח 1. Sg. Perf. cons. in 9aβ. Vgl. z.B. Horst, HAT I/14, 205; Steck, Haggai, 367ff;
     Whedbee, Question-Answer Schema, 189; Petersen, OTL, 52f; Wolff, BK XIV/6, 29ff;
     Verhoef, NIC.OT, 69.

242 Vgl. Boda, Haggai, 301.

243 Gen 8,2b ist den nichtpriesterlichen – und das heißt nachpriesterlichen, vgl. Kratz, Komposi-
     tion, 259f – Flutstücken zuzurechnen, vgl. Noth, Überlieferungsgeschichte, 29.

244 Auf den Zusammenhang von Mal 3,10 zur Fluterzählung (so z.B. auch Reventlow, ATD
     25/2, 155f) weist Scoralick, Quelle, 322 Anm. 17, hin: „Vielleicht knüpft die Rede vom Öff-

kapropheton, vom Ende des Schriftteils Nebi'im, eine Klammer zur Genesis, zum Anfang des Schriftteils Tora, gebildet.

Vers 11 nimmt das Thema von V 10 auf, indem er das Ganze als von Jahwe herbeigerufene Dürre interpretiert und allerlei auch sonst gut bekannte Merismen zur Kennzeichnung der Totalität dieser Dürre anschließt.[245] Die Dürre in V 11 dürfte demnach eher dem Wortspiel חֹרֶב (V 4.9) – חֹרֶב (V 11) als den in der Literatur gern beschworenen klimatischen Verhältnissen des Sommers des Jahres 520 geschuldet sein.[246]

Können innerhalb des Spruchguts die Verse 9.10.11 als sukzessive Fortschreibungen bestimmt werden, müssen nun noch die Verse 4–8 betrachtet und auf ihre literarische Integrität überprüft werden. Die rhetorische Frage V schlägt über V 5–7 einen Bogen hinweg zu V 8,[247] und so ist Kratz zuzustimmen, daß hierin die eigentliche und ursprüngliche Fortsetzung von V 4 zu suchen ist:[248] Die redaktionelle Verknüpfung ועתה (vgl. 2,4.15) in Verbindung mit der Botenformel sowie der Rahmung durch die paränetische Formel שִׂימוּ לבבכם על־דרכיכם (1,5.7)[249] lassen die literarischen Nahtstellen des Einschubs 5–7 gut erkennen. Nach Kratz tritt für die Identifizierung von V 5–7 als spätere Ergänzung folgendes inhaltliches Argument hinzu:

„Während die beiden Notschilderungen in V. 6 und V. 9–11 wie auch die beiden Einleitungsformeln in V. 5.7 lediglich die bösen Folgen der in V. 4 und erneut in V. 9b angemahnten Vernachlässigung des Tempels ausmalen und dem Volk ins Gewissen reden, ruft allein V. 8 dazu auf, Abhilfe zu schaffen. Doch die Abhilfe

---

nen der Himmelsfenster in Mal 2,10 [sic! sc. 3,10] kontrastiv an Gen 7,11; 8,2 an (nur an diesen Stellen אֲרֻבֹּת הַשָּׁמַיִם und פתח)." Der Zusammenhang mit Hag 1,10 wird allerdings nicht gesehen. Bosshard/Kratz, Maleachi, bes. 32, weisen auf die Verbindung von Mal 3,10 mit Hag 1,10 hin, notieren jedoch nicht den Bezug zu Gen 7f.

245 Vgl. o. S. 31 zum Vokabular von V 11.

246 So z.B. Galling, Studien, 57; Wolff, BK XIV/6, 18. S. dagegen auch mit Recht Tollington, Tradition, 196f, die auf den topischen Charakter von V 11 hinweist.

247 S.o. 26ff.

248 S. Kratz, Judentum, 90ff. Vgl. bereits Beuken, Haggai, 186: „Das Scheltwort (4) paßt ausgezeichnet als Begründung zum Bauauftrag (8) […]. Zwischen diesen beiden Elementen steht eine Mahnung, sich die Zeichen der Zeit zu Herzen zu nehmen (5–6). Formal paßt sie wohl zwischen eine Beschuldigung und einen Befehl, die Nachlässigkeit aufzugeben, inhaltlich aber fehlt dem Stück die Folgerung, die aus den schlechten Zeiten gezogen werden sollte und die den Übergang zum folgenden Gotteswort bilden könnte. Auf diese Weise bleibt der Übergang völlig abrupt." Schon Budde, Text, 11, bemerkt zu V 8: „Er gehört unbedingt hinter v. 4, unmittelbar hinter den Vergleich zwischen den behaglichen Häusern der Bewohner Jerusalems und der öden Stätte des Hauses Jahwes." Allerdings führt bei Budde, ebd., diese Beobachtung nicht zu einer literarkritischen Entscheidung, sondern zur Umstellung von 8 hinter 4.

249 Vgl. die vergleichbare Formulierung שִׂימוּ־נָא לבבכם מן־היום הזה ומעלה in 2,15.18.

bezieht sich nicht auf die in V. 6 und V. 9–11 beklagte Not, das Ausbleiben des Segens, sondern auf den Zustand des Tempels."[250]

Somit ist zu unterstreichen, daß nicht nur V 5–7 keinerlei unmittelbaren Bezug zum Tempelbau zeigen, sondern daß umgekehrt V 4.8 für sich genommen ebenso keinen Bezug zu den Themen Fluch oder Bund herstellen. Die Frage V 4 verweist dagegen eher auf einen gewissen Wohlstand der Adressaten, die bedingte Verheißung in 8 nennt nicht eine Aufhebung des Fluchs, sondern die kultische Annahme und Inbesitznahme des Tempels durch Jahwe als Ziel des Wiederaufbaus. Der Zusammenhang bleibt auch im vorliegenden Text lose und ist allein durch die Überleitungsformel ועתה sowie die Positionierung des Verweises auf das Ergehen (5–7) zwischen der Frage nach dem Zeitpunkt und dem Aufruf zum Tempelbau (4.8) gegeben. Diese Beobachtungen widerraten der Annahme, daß beide Worte auf ein und dieselbe Rede Haggais zurückgehen.[251] Zuerst ist die Inkohärenz von 4.8 und 5–7 festzustellen. Je für sich betrachtet, führt V 5–7 weder zu 4.8 noch 4.8 zu 5–7. Die Verbindung von 5–7 mit der Frage des Tempelbaus 4.8 wird erst durch die Positionierung von 5–7, durch die Verschränkung der Themen Fluch und Tempelbau, sprich: die Einschreibung von 5–7 zwischen 4.8, erreicht.[252]

Nach Abzug aller Erweiterungen bleibt der Spruch Hag 1,4.8 übrig, zu dem die Datierung 1,1* gehört haben dürfte.[253] Das am Anfang der literarischen Genese von Hag 1 stehende Wort setzt mit einer rhetorischen Frage an eine nicht näher bestimmte 2. Pl.-Gruppe ein. Die Frage wird von der Antithese *eure getäfelten Häuser* (ספן + בית) – *dieses verwüstete Haus* (חרב + בית)

---

250 Kratz, Judentum, 90.

251 So etwa Wöhrle, Sammlungen, 294f.313ff, bes. 315ff, der mit einer planvollen kompositionellen Anlage der Grundschicht des Haggai-Buchs als einer schriftlichen Sammlung von Worten „der mündlichen Verkündigung des Propheten" (a.a.O., 317) rechnet. Auf die Zusammenstellung der ursprünglichen „Einzelworte des Buches ohne weitere Überleitung" (a.a.O., 297 Anm. 36) sind nach Wöhrle schließlich auch „die zum Teil recht harten Übergänge und die kleineren Differenzen zwischen den einzelnen Einheiten, die sich literarkritisch nicht mehr auflösen lassen" (a.a.O., 317), zurückzuführen. Vgl. auch die Verfechter der Auftrittsskizzen-Theorie, s. v.a. Beuken, Haggai, 184ff.202ff; Wolff, BK XIV/6, 3ff.15ff; Reventlow, ATD 25/2, 5f.11f, die die offensichtlichen Neueinsätze, Wiederholungen, Brüche und Widersprüche dadurch erklären wollen, daß in den „Auftrittsskizzen" (vgl. dazu grundlegend Wolff, BK XIV/1, bes. XXV.92ff.121.139f) nur die wichtigsten Stichpunkte und Kernworte des Propheten durch seine Schüler als eine Art Augenzeugenbericht festgehalten wurden, während die plötzlichen Themenwechsel und Wiederholungen als unmittelbare Reaktion auf Nachfragen und Zwischenrufe der Zuhörer gedeutet werden, die innerhalb der Auftrittsskizzen nicht mehr überliefert wurden. Eine solche mit Hilfe des Auftrittsskizzenmodells aus argumenta e silentio gewonnene Verumständung des Textes kann jedoch weder verifiziert noch falsifiziert werden, vgl. o. S. 38f.

252 Dabei ist Hag 1,5–7 nach der in dieser Arbeit vorgelegten Analyse zusammen mit 2,15–19* ins Buch eingeschrieben worden, s.u. S. 98 sowie 2.5.2.

253 So mit Kratz, Judentum, 90f.

bestimmt und zielt auf die Trägheit und Eigensucht der Adressaten ab: Die getäfelten Häuser (V 4) weisen auf einen gewissen Wohlstand hin, angesichts dessen der wüst daliegende Tempel (V 8) ein Skandal ist.[254] Es ist natürlich nicht an der Zeit, daß dieses Haus verwüstet daliegt. Dementsprechend folgt in V 8 der Aufruf, das Haus (הבית) – offenbar ist damit der Tempel gemeint – zu bauen, damit Jahwe es wohlgefällig annimmt und sich in seiner Herrlichkeit zeigen wird.

2.1.3   Fazit

Den Grundbestand von Hag 1 bildet ein Wort zum Tempelbau (V 4.8), das aus einer rhetorischen Frage (4) und deren Auflösung (8) besteht. Zu diesem Wort ist die Datierung 1,1* zu rechnen.[255] Die rhetorische Frage V 4 beklagt die Eigensucht des Volks, das in getäfelten Häusern wohnt, während der Tempel wüst daliegt. Entsprechend ruft die Antwort V 8 dazu auf, den Tempel aufzubauen, damit Jahwe ihn kultisch annehmen und sich dort in seiner Herrlichkeit zeigen wird. Dieses Grundwort ist sukzessive fortgeschrieben worden.

Zunächst werden V 5–7 zwischen Frage und Antwort 4.8 eingeschrieben und vermittels der Verknüpfung ועתה[256] an 4 angeschlossen. Hier wird eine Reihe von Nichtigkeitsflüchen (6) von einer Paränese gerahmt, auf das eigene Ergehen zu achten (5.7). Daß der Tempel noch nicht aufgebaut wurde, hat nach 5–7 zu einer Notzeit geführt, die mithilfe typischer Vertragsflüche geschildert wird. Abhilfe aus dieser Situation soll der Wiederaufbau des Tempels schaffen. Diese Logik ergibt sich aus der Abfolge 4.5–7.8, die Beschreibung des Fluchs wird nun durch die bedingte Verheißung V 8 abgeschlossen. Die Themen bleiben ansonsten unverbunden nebeneinander stehen.

Dies ändert sich mit der nächsten Fortschreibung. V 9 nimmt Themen und Formulierungen aus 4–8 auf und gibt diesen einen neuen Akzent, indem die Nichtigkeitsflüche explizit auf den noch nicht erfolgten Tempelbau und die Notsituation ausdrücklich auf Jahwes Gericht zurückgeführt werden. Die Beschreibung des Laufens für das eigene Haus (9bβ) verstärkt noch einmal den Vorwurf der Eigensucht aus V 4.

An V 9 schließen sich zwei weitere Fortschreibungen an, zunächst V 10, der die Mangellage mit dem Ausbleiben des Niederschlags und der Ernte in Verbindung bringt und mit der Erwähnung von Himmel und Erde die kosmische Dimension dieser Not interpretiert und in 10a auf Gen 8,2 anspielt.

---

254 Vgl. Rudolph, KAT 13/4, 29; Amsler, CAT XIc, 22; Reventlow, ATD 25/2, 12; Hurowitz, Temple, 589f, ähnlich Ackroyd, Studies (Teil 2), 12; Chary, SB, 19.

255 Nur: בשנת שתים לדריוש המלך בחדש הששי ביום אחד לחדש היה דבר־יהוה ביד־חגי הנביא לאמר.

256 Vgl. Hag 2,4.15.

Im Anschluß an V 10 unterstreicht V 11 die Totalität des Gerichts und benennt mit dem Wortspiel חֹרֶב – חָרֵב eine von Jahwe herbeigerufene Dürre als Ursache der Notzeit.

Hag 1,1*.4–11 wird durch V 1–3.12a.14.15a neu gerahmt. Mit Hilfe einer Wiederaufnahme werden in 1–3 Serubbabel und Josua als die Anführer des Volks eingeführt und wird mit V 2 noch einmal das Generalthema von Hag 1 benannt, nämlich in der gegenüber Serubbabel und Josua formulierten Anklage, daß das Volk die Zeit noch nicht für günstig hält, den Tempel wieder aufzubauen. Der hintere Teil des Rahmens, 12–15a*, berichtet schließlich von der Aufnahme der Arbeiten, wobei dtr Bundesterminologie aufgenommen wird. Der Tempelbau wird als Bundesgehorsam verstanden. Damit läßt sich innerhalb der relativen Chronologie von Hag 1 der Ort für die Einfügung von V 1–3.12a.14.15a bestimmen. Wird der Beginn der Bauarbeiten in V 12.14a in Anlehnung an die dtr Bundestheologie formuliert, wird auf diese Weise die Vertrags- und Bundesthematik des Spruchguts wieder aufgegriffen, mit deren Hilfe in V 4–11 die Notsituation des Volks beschrieben und mit der Vernachlässigung des Tempels in Verbindung gebracht wurde. Mithin setzt der narrative Rahmen mindestens die Nichtigkeitsflüche in V 6, und damit die Einschreibung von V 5–7, möglicherweise aber auch schon ganz oder teilweise die Erweiterungen der Gerichtsperspektive in V 9–11 voraus. In V 10 und besonders V 11 scheint das Dtn anzuklingen, vgl. dazu bes. Dtn 11,14–17; 28,20–24. Von Hag 1,10f her liest sich Hag 1,6 wie eine Parallele zu Dtn 28,30–32.38–42.[257]

Nach der Einschreibung von Hag 1–3.12a.14.15a wird der hintere Teil des narrativen Rahmens erweitert, indem nach der Schilderung der Reaktion des Volks und der Sendung Haggais (12a) und vor der den Tempelbau initiierenden Geisterweckung (14) eine erneute Beschreibung der Reaktion des Volks und des Botenauftrags Haggais eingeschrieben wird (12b–13), letzteres anscheinend in Anlehnung an das Stichwort מלאכה (V 14) und die häufige Verbindung von מלאך mit שלח (12a). Dabei zeigt 12b–13 eine große Nähe zur Gottesboten-Vorstellung in 2 Chr 36,15f sowie zu dem priesterlichen מלאך יהוה in Mal 2,7 und dem königlichen in Sach 12,8.

---

257 Vgl. Achtemeier, Int., 98f, bes. 99: "Haggai 1:6 echoes Deuteronomy 28:38–40; 1:10 recalls Deuteronomy 28:23–24 (cf. Deut. 11:13–17); 1:11 is similar to Deuteronomy 28:22"; Boda, NIV AC, 94: "1:10–11 may be drawn from a list of curses outlined in Deuteronomy 28 (esp. 28:22–24)." Nach Assis, Composition, 12ff, beziehen sich Hag 1,10f, die er als eine thematische Einheit ansieht (vgl. a.a.O., 7) auf Dtn 11,14f.17 zurück (vgl. die Übersicht a.a.O., 12, mit Wort- und Sachparallelen).

2.2   Die künftige Herrlichkeit des Tempels (Hag 1,15b–2,9)

2.2.1   Erste Beobachtungen am Text

Die Datierung der zweiten Wortverkündigungseinheit, Hag 1,15b–2,1,[258] unterscheidet sich von der des vorangehenden Kapitels, 1,1, lediglich dadurch, daß die Adressaten der Botschaft Haggais nicht genannt werden.[259]

Die Erwähnung der Adressaten wird erst in V 2 nachgeholt, in einem Befehl an Haggai, zu Serubbabel, Josua und dem Rest des Volks zu reden: אמר־נא אל־זרבבל בן־שלתיאל פחת יהודה ואל־יהושע בן־יהוצדק הכהן הגדול ואל־שארית העם לאמר.[260] Wie in 1,12a.14, und anders als in 1,1–2, sind der Statthalter und der Hohepriester wieder zusammen mit dem Volk genannt,[261] das im Unterschied zu 1,12a.14 lediglich שארית העם heißt.[262]

Wie in Hag 1,4 wird nun in 2,3 eine rhetorische Frage an eine 2. Pl. gestellt, die von 2,2.4 her mit dem Volk und seinen Anführern identifiziert werden soll. Genau genommen, werden in 2,3 nicht nur eine, sondern gleich drei rhetorische Fragen gestellt, wobei die zweite aus der ersten und die dritte aus der zweiten hervorgeht: מי בכם הנשאר אשר ראה את־הבית הזה בכבודו הראשון (3a), ומה אתם ראים אתו עתה (3bα), הלוא כמהו כאין בעיניכם (3bβ). Dabei bezieht sich die erste Frage auf die Vergangenheit zurück,[263] während die zweite[264] und die dritte Frage auf die Gegenwart verweisen.[265] In der Frage V 3 werden die Stichworte genannt, die für die folgenden Verse zentral sind: הבית הזה und כבוד, die beide in 7b und 9a wieder aufgenommen werden, sowie ראשון, das in 9a in der Gegenüberstellung ראשון – אחרון aufgegriffen wird und die Frage nach der früheren Herrlichkeit des Tempels (3a) angesichts der erbärmlichen gegenwärtigen Verhältnisse (3b) auf die Zukunft hin entfaltet. Die Stichworte הבית הזה und כבוד verbinden Hag 2,3 zugleich mit Hag

---

258 Zur Abgrenzung von 1,15b s.o. S. 15f.

259 Damit entspricht sie aber der vermuteten ursprünglichen Gestalt der Einleitung zum Grundbestand von Hag 1, s.o. S. 48.

260 Zur Aufforderung an Haggai, אמר־נא, vgl. 2,11b (שאל־נא) und 2,21a (אמר).

261 So auch in 2,4, allerdings wird Serubbabel hier im Gegensatz zu Josua ohne Titel und Filiation genannt, und das Volk heißt, in Hag singulär, כל־עם הארץ, s. dazu gleich. Zu den unterschiedlichen Formulierungen in den Rahmenversen s.o. S. 56f.

262 Der Text des MT dürfte der ursprüngliche sein. LXX bietet πάντας τοὺς καταλοίπους τοῦ λαοῦ, vgl. die Peschitta, und bedeutet eine Angleichung an 1,12a.14. Die Auslassung von כל wird durch die Vulgata und die Targume gestützt, ebenso durch Sach 8,6.11. So z.B. mit Wolff, BK XIV/6, 51 Anm. 2 c; Verhoef, NIC.OT, 95; Kessler, Book, 159 Anm. 2, und gegen z.B. Marti, KHC XIII, 385; Chary, SB, 26 Anm. 2a; Meyers/Meyers, AncB 25B, 47 Anm. a u. S. 49.

263 Vgl. הבית הזה בכבודו הראשון sowie מי בכם הנשאר.

264 Vgl. עתה.

265 Vgl. Kessler, Book, 162, ähnlich Wolff, BK XIV/6, 57.

1,4.8; zu הבית הזה vgl. 1,4 und zu כבוד vgl. 1,8 (כבד Nif.). Die Zeugen, die
die jetzige Lage anhand des früheren כבוד beurteilen können, sind die
„Übriggebliebenen", שאר Part. Nif. meint hier einfach die, die den ersten
Tempel noch erlebt haben.[266]

Auf die Fragen V 3 folgt in 4f ein Spruch, der mit ועתה an 3 angeschlossen ist,[267] das hier wohl adversativ zu verstehen ist.[268] Zwischen 4 und 5aβb
hat sich eine Glosse geschoben, die der LXX noch nicht vorgelegen hat und
die die Tempelbauer mit dem Sinai-Bund in Verbindung bringt.[269] Die Ermutigung der Bauleute V 4.5aβb nimmt augenscheinlich keinerlei Bezug auf das
Thema der rhetorischen Fragen in 3,[270] und so verwundert es nicht, daß V 4f
keines der sonst den Abschnitt 3–9 bestimmenden Stichworte aufnimmt. Weder ist von der Herrlichkeit noch von „diesem Haus" noch von der Entgegensetzung Vergangenheit – Zukunft die Rede. Im Anschluß an Lohfink[271] hat
Beuken Hag 2,4f dem „Redeschema für Amtseinsetzungen" zugeordnet, dessen Struktur (Ermutigungsformel, Nennung einer Aufgabe, Beistandsformel)
er in 2,4f abgebildet findet.[272] Da das Schema in verschiedenen Kontexten
vorkommt,[273] sollte mit Mason statt von „Amtseinsetzung" allgemeiner von

---

266 Vgl. z.B. Gen 14,10; Dtn 7,20; 19,20; 1 Sam 11,11. Für die Überlebenden im Exil s. z.B. Esr
     1,4, für die im Land s. z.B. Jer 40,6; Neh 1,3. Zu שאר in seiner Grundbedeutung als
     Überzähliges aus einer Menge s. Clements, Art. שָׁאַר, 934f.935ff, mit weiteren Belegen. Zur
     Deutung von הנשאר in Hag 2,3 im einfachen, wörtlichen Sinn vgl. z.B. Wolff, BK XIV/6, 57;
     Petersen, OTL, 64; Meyers/Meyers, AncB 25B, 49; Reventlow, ATD 25/2, 19f; Kessler,
     Book, 165.
267 Vgl. Hag 1,5; 2,15, ferner Sach 8,11.
268 Vgl. Brongers, Bemerkungen, 295.
269 S. z.B. Wellhausen, Propheten, 175; Ackroyd, Glosses, 163f; Rudolph, KAT 13/4, 40 Anm.
     5a; Wolff, BK XIV/6, 51 Anm. 5a, gegen Kessler, Book, 160 Anm. 8 u. S. 162.169ff;
     Rogland, Text. Der Viertelvers 5aα fehlt auch in der Vetus Latina und der Syrohexaplaris,
     nicht aber bei Vulgata und Targumim, s. den Befund bei Ziegler, prophetae, z.St. Nach Duhm
     soll sich 5aα „auf solche Pentateuchstellen beziehen, die das Gleiche besagen wie hier die
     Sätze: ich bin mit euch, mein Geist bleibt unter euch" (Duhm, Anmerkungen, 71). Schenker,
     veritas, 61f, denkt an Num 11: „Die einzige Stelle in den erzählenden Teilen des Pentateuch,
     die vom Geiste JHWHs nach dem Auszug aus Ägypten handelt, ist Num 11,14–17.24–30"
     (Schenker, veritas, 61). Laut Marti wurde 5aα ad vocem רוח eingefügt, „um nach Jes 59,21
     neben dem *Geist* auch an das *Wort Gottes* als Bindemittel zwischen Israel und Gott zu erin-
     nern" (Marti, KHC XIII, 285, vgl. Sellin, KAT XII/2, 460f).
270 So mit Recht Ackroyd, Studies (Teil 1), 168; Beuken, Haggai, 51f; Mason, Tradition, 193;
     Kratz, Judentum, 88.
271 S. Lohfink, Darstellung, zur Struktur des Schemas bes. 38f. Zu diesem Schema in den An-
     sprachen der Chr vgl. Williamson, Accession.
272 S. Beuken, Haggai, 53ff. Vgl. Dtn 31,7f.23; Jos 1,5–7.9.18; 2 Sam 10,11f; 1 Chr 22,11–16;
     28,10.20; 2 Chr 19,11; Esr 10,4. Nach Beuken, Haggai, 53ff, und Mason, Tradition, 193f,
     steht Hag 2,4f den chr Texten am nächsten.
273 Z.B. die Beauftragung Josuas, Dtn 31,7f.23; Jos 1,5.7.9.18, aber auch im Zusammenhang mit
     dem Krieg, vgl. 2 Sam 10,12.

„Ermutigung zu einer Aufgabe" gesprochen werden.[274] Der Spruch 4.5aβb beginnt mit einer Ermutigungsformel, wobei חזק Imp. Qal vor jedem Adressaten neu genannt wird.[275]

Die Nennung Serubbabels ohne Filiation und ohne Statthaltertitel weicht nicht nur vom Rahmen,[276] sondern auch vom übrigen Haggai-Buch ab,[277] die bloße Erwähnung des Namens begegnet innerhalb von Hag nur hier, ist aber zugleich die einzige Form, in der Serubbabel im Sacharja-Buch in Erscheinung tritt.[278] Josua ist dagegen wie immer mit Titel und Filiation genannt.[279]

Die Bezeichnung des Volkes als כל־עם הארץ findet sich dagegen in Hag nur wieder hier, im Sacharja-Buch aber noch einmal in 7,5. Die Bezeichnung עם הארץ dürfte in Hag die Gesamtheit des Volkes bezeichnen, darauf weist das betonte כל, das damit dem כל שארית העם aus 1,12a.14 entspricht.[280] Der Imperativ עשו erinnert an 1,14,[281] ist aber in 2,4 absolut gebraucht.[282] Hieran schließt sich eine Mitseinsformel an.[283]

Diese wird fortgesetzt durch die Zusage: ורוחי עמדת בתוככם (5aβb). Die Verbindung von רוח und עמד ist im AT singulär. Einige Ausleger[284] sehen in dem Partizip עמדת eine Anspielung auf die Präsenz Jahwes in der Wolkensäule, עמוד הענן, die auch öfter in Verbindung mit עמד genannt ist,[285] andere sehen darin eine Anspielung auf die späte Vorstellung der Geistbegabung der

---

274 S. Mason, Tradition, 20.25: "Encouragement for a Task". Zur Begründung s. Mason, Tradition, 24f.

275 Zu חזק vgl. noch Sach 8,9.13. Zur Ermutigungsformel mit Imp. חזק vgl. z.B. Dtn 31,6f.23; Jos 1,6f.9.18; 10,25; 2 Sam 10,12; 1 Kön 20,22; 1 Chr 19,13; 22,13; 28,10.20; 2 Chr 15,7; 19,11; 25,8; 32,7; Esr 10,4.

276 Mit Filiation und Titel in 1,1.14; 2,2, nur mit Filiation in 1,12.

277 Erwähnung nur mit Titel in 2,21 und nur mit Filiation in 2,23.

278 S. Sach 4,6.7.9.10.

279 S. Hag 1,1.12.14; 2,2. In Sach 6,11 wird Josua ebenfalls mit Filiation und Hohepriestertitel aufgeführt, in Sach 3,1.8 nur mit dem Titel, in Sach 3,3.6.9 dagegen ohne Filiation und Titel.

280 So mit Ackroyd, Exile, 162; Wolff, BK XIV/6, 52.58f; Kessler, Book, 168f. In Esr 4,4 bezeichnet עם הארץ dagegen die Feinde des עם־יהודה, die den Tempelbau unterbinden wollen. Dies ist übrigens die einzige Stelle in Esr (und Neh), wo עם הארץ im Singular für die Nichtjudäer gebraucht wird, sonst findet sich stets der Pl. (עמי הארץ oder עמי הארצות).

281 Die Aufnahme der Arbeiten wird dort mit ויבאו ויעשו מלאכה בבית־יהוה צבאות אלהיהם beschrieben. Vgl. Verhoef, NIC.OT, 98 der מלאכה sogar für das implizite Objekt von עשה in 2,4 hält.

282 Die Kombination Imp. חזק + Imp. עשה findet sich außer Hag 2,4 nur noch 1 Chr 28,10.20; 2 Chr 19,11; 25,8; Esr 10,4, vgl. ferner 1 Chr 22,11–16; 2 Chr 25,8. עשה ist dabei ebenfalls absolut gebraucht.

283 Vgl. Hag 1,13. Zur Mitseinsformel s.o. S. 36 Anm. 145.

284 S. z.B. Elliger, ATD 25, 92; Ackroyd, Glosses, 163 m. Anm. 2; Verhoef, NIC.OT, 100f; Mason, Tradition, 193; Reventlow, ATD 25/2, 21.

285 Vgl. Ex 14,9; 33,9f; Num 12,5; Dtn 31,15. In Ex 33,10 wird dabei ebenfalls עמד Part. gebraucht.

Propheten,[286] doch läßt sich m.E. hier auch eine Verknüpfung mit Hag 1,14 herstellen.[287]

Dort wird geschildert, daß Jahwe den Geist Serubbabels, Josuas und des Überrests des Volks erweckt, רוח wird mit jedem Aktanten neu erwähnt, also insgesamt drei Mal, vgl. die dreimalige Ermutigung חזק Imp. in 2,4. Die Geisterweckung führt in 1,14 zum Beginn der Bauarbeiten, עשה מלאכה, vgl. die Aufforderung עשה Imp. in 2,4. Wurde in 1,14 erwähnt, daß Gott den menschlichen Geist erweckt hat, um den Bau zu initiieren, wird in 2,5 versichert, daß Gottes Geist selbst in der Mitte seines Volkes ist, um ihm bei seinem Tun beizustehen. Auf den Fremdbericht am Ende von Hag 1 weist auch die Mitseinsformel אני אתכם נאם יהוה צבאות, vgl. 1,13b. In 2,5b wird nun auch die in 1,13 vermißte Formel אל־תיראו verwendet,[288] vgl. aber die Erwähnung der Furcht des Volkes in 1,12b. Beim Stichwort רוחי wäre auch an Sach 4,6b zu denken, wo es zu Beginn der Tempelbauworte für Serubbabel heißt: לא בחיל ולא בכח כי אם־ברוחי. Es sei noch einmal darauf hingewiesen, daß Serubbabel in Sach 4,6–10* wie in Hag 2,4 ohne Filiation und Titel erscheint.[289] Auch daß der Geist Jahwes inmitten seines Volks ist, erinnert an die Aussagen bei Sacharja, daß Jahwe in der Mitte seines Volks wohnt[290] bzw. zum כבוד inmitten Jerusalems wird.[291]

Die Beantwortung der Fragen aus Hag 2,3 ist in V 6–9 zu finden,[292] hier finden sich Verheißungen bezüglich der Zukunft des Tempels und seines כבוד. Diese Verse lassen sich nochmals unterteilen.

Als eine erste Verheißung läßt sich V 6f aufgrund der mit כי an 4f angeschlossenen Botenformel כה אמר יהוה צבאות (6aα) und der dieser entsprechenden Abschlußformel אמר יהוה צבאות (7bβ) abgrenzen.[293] Nach V 6f steht die Wende zum Besseren kurz bevor: עוד אחת מעט היא,[294] wobei diese Wendung in Hag 2,6 eschatologisch konnotiert ist.[295]

---

286 Vgl. Beuken; 57f; Chary, SB, 27; Wolff, 59f. Vgl. Jes 42,1; 48,16; 59,21; Ez 11,5; 2 Chr 15,1; 20,14; 24,20; Neh 9,30.

287 Vgl. Petersen, OTL, 65.

288 Zu אל־תירא s.o. S. 36 Anm. 145.

289 Zu Sach 4,6–10* s.u. 3.8. Zu רוחי bei Sach vgl. noch 6,8, s. dazu u. 3.11.

290 Vgl. Sach 2,14.15; 8,3.

291 S. Sach 2,9.

292 Vgl. Ackroyd, Studies (Teil 1), 168; Beuken, Haggai, 51f; Mason, Tradition, 193; Kratz, Judentum, 88.

293 So mit u.a. Wolff, BK XIV/6, 60; Lux, Völkertheologie, 110; Kratz, Judentum, 88.

294 Vgl. die Formel עוד מעט (Ex 17,4; Ps 37,10; Jes 10,25; 29,17; Jer 51,33; Hos 1,4).

295 Vgl. die ausführliche Diskussion bei Kessler, Shaking; ders., Book, 173ff, vgl. z.B. Meyers/Meyers, AncB 25B, 52ff. Nach Lux, Silber, 97, schwingt so in 2,6f auch die „Vorstellung von einem letzten, alles entscheidenden JHWH-Krieg zugunsten Israels" mit.

Erwartet werden Erschütterungen mit universalen Dimensionen,[296] die den ganzen Kosmos (6b), die Völker (7a) und schließlich den Jerusalemer Tempel betreffen (7b); die Perspektive verdichtet sich von 6b über 7a zu „diesem Haus", hier findet die Erschütterung der Welt ihr Ziel. Dies läßt sich an der consecutio temporum von 6f veranschaulichen. Die Erschütterung von Himmel, Erde, Meer und Trockenem, die Aufreihung der Objekte veranschaulicht noch einmal die allumfassenden Ausmaße der Ereignisse,[297] wird mit dem Part. Hif. von רעש ausgedrückt, das hier als futurum instans aufzufassen ist.[298] Daran angeschlossen sind drei Perf. cons. (ומלאתי 7aα, ובאו 7aβ, והרעשתי 7bα), die in zeitliche und logische Beziehung zu dem jeweils vorangehenden Verb gesetzt werden sollen.[299]

Das Thema der Erschütterungen von Kosmos und Völkerwelt wird weder durch V3 noch 4f vorbereitet und kommt hier etwas überraschend.[300] Vers 6b lehnt sich an die klassischen Theophanieschilderungen an,[301] nur daß Himmel und Erde hier nicht die Subjekte (רעש Qal), sondern die Objekte sind (רעש Hif.), die von Jahwe als dem Subjekt zur Erschütterung gebracht werden: אני מרעיש.[302] Die Folge ist die Erschütterung der Völker, die Bezeichnung כל־הגוים greift wieder den Gedanken der Totalität der Ereignisse auf. Wolff macht darauf aufmerksam, daß das seltene רעש Hif.,[303] „fast immer die geschichtlichen Größen und nicht die natürlichen zum Objekt" hat.[304] Die nächste Konsequenz ist, daß die Schätze der Völker (חמדת כל־הגוים)[305] kommen; ob als Völkerwallfahrt[306] oder etwa infolge eines Krieges,[307] gar des Jahwe-

---

296 Vgl. Wolff, BK XIV/6, 60f; Petersen, OTL, 67; Lux, Völkertheologie, 118.124f; ders., Silber, 96f.

297 את־השמים ואת־הארץ ואת־הים ואת־החרבה. Vgl. dagegen die kosmischen Ereignisse in Hag 1,10 und die ebenfalls Totalität ausdrückenden Reihen in 1,11, die die Dürre als Gericht gegen das eigene Volk zum Thema haben, weil dieses den Tempel nicht wieder aufgebaut hat.

298 Vgl. Verhoef, NIC.OT, 102; Kessler, Book, 175. S. G-K[28] § 116 p; Joüon § 121 e.

299 S. G-K[28] § 112 a.p; Joüon § 119 c.n. Vgl. Kessler, Book, 160 Anm. 12 sowie S. 178ff.

300 Vgl. Wöhrle, Sammlungen, 301.

301 Zu רעש mit Auswirkungen auf Himmel und Erde als Folge der Theophanie s. Ri 5,4; 2 Sam 22,8 = Ps 18,8; Ps 68,9; Jes 13,13; Joel 2,10; 4,16; vgl. ferner Ps 77,19; Nah 1,2. Zu den Theophanieschilderungen s. J. Jeremias, Theophanie; Scriba, Geschichte; Pfeiffer, Kommen.

302 Vgl. Wolff, BK XIV/6, 60f.

303 Neben Hag 2,6f.21 nur noch Hi 39,20; Ps 60,4; Jes 14,16; Ez 31,16.

304 Wolff, BK XIV/6, 61. So sind z.B. in Ez 31,16 wie in Hag 2,7 die גוים die Objekte der Erschütterung.

305 Da חמדת hier als Kollektivum aufgefaßt werden kann, kann gegen die LXX der Singular des MT beibehalten werden, vgl. G-K[28] 145 b–e; Joüon § 150 e; Rudolph, KAT 13/4, 41 Anm. 7a; Lux, Silber, 96 Anm. 40, Kessler, Book, 179f, anders z.B. Wolff, BK XIV/6, 51 Anm. 7a; Meyers/Meyers, AncB 25B, 47 Anm. b.

306 Vgl. v.a. Jes 60, bes. V 13, vgl. hierzu Steck, Studien, 101ff. Vgl. ferner Ps 68,29f, sodann Jes 2,2–5; Mi 4,1–7; Jes 66; Sach 2,14f; 8.20–23; 14.16–20.

Krieges,[308] ist nicht gesagt. In 7aβ findet ein Subjektwechsel statt, nicht mehr
Jahwe, sondern חמדת כל־הגוים ist nun Subjekt. In 7bα ist ein erneuter Subjektwechsel zu verzeichnen: nun ist, wie in 6b.7aα, wieder Jahwe Subjekt. Mit
dem letzten Perf. cons. wird nun das Ziel des kosmischen Aufruhrs vor Augen
geführt: וּמִלֵּאתִי אֶת־הַבַּיִת הַזֶּה כָּבוֹד. Mit den Stichwörtern הבית הזה und
כבוד wird auf V 3 zurückverwiesen und 9 vorbereitet. V 7 beschreibt die Art
und Weise, wie der neue Tempel einen größeren כבוד als der alte haben soll.
Der כבוד des Tempels ist nach 7 auf die Schätze der Völker zurückzuführen,
כבוד ist hier im Sinne von „Pracht" und „Schönheit" zu verstehen.[309] Der
Gebrauch von מלא + כבוד erinnert an P und die davon abhängigen Stellen;[310]
die Verwendung von מלא Pi. ist in diesem Zusammenhang singulär. Wenn der
Tempel aber nach V 6f mit כבוד gefüllt wird, dann nicht mit Jahwes Gegenwart, sondern mit den Schätzen der גוים.[311]

An V 6f schließt ein mit der Gottesspruchformel abgeschlossener, sen-
tenzartiger „Lehrsatz"[312] an, der sich wie ein Kommentar zum vorangehenden
Spruch liest.[313] Vers 8 sagt an, daß Jahwe der Herr über alle Schätze und Be-
sitztümer ist,[314] die nun zu ihrem rechtmäßigen Besitzer zurückkehren.[315]

---

307 Vgl. bes. Sach 14,14. Nach Lux, Silber, 98 Anm. 47, ist Sach 14,14 eine „unübersehbare
     Wiederaufnahme von Hag 2,8".

308 So im Zusammenhang mit dem Spruch Hag 2,6f verstanden, der die Jahwe-Kriegs-Tradition
     bemüht, vgl. z.B. Reventlow, ATD 25/2, 21f; Lux, Silber, 96f. Bedford, Restoration, 237ff,
     verweist dagegen für Hag 2,6–9 v.a. auf Ps 24; 29; 46; 47; 48; 76; 93; 96–99 und sieht Hag
     2,6–9 als Fortsetzung der vorexilischen Zionstheologie an, insbesondere des Motivs des Cha-
     oskampfes, in dem Jahwe sein Königtum erhält und bestätigt.

309 Vgl. z.B. Wolff, BK XIV/6, 61; Kessler, Book, 181; Boda, NIV AC, 125f. Vgl. z.B. Ps
     49,17f; Ez 31,18; Jes 10,18, bes. Jes 60,13. כבוד kann sich auch auf Reichtum beziehen, vgl.
     Jes 10,3; Nah 2,10 und hier bes. Jes 66,12.

310 Vgl. Ex 40,34–35; Num 14,21; 1 Kön 8,11; Ez 10,4; 43,5; 44,4 etc.

311 Vgl. Boda, NIV AC, 125: "Haggai uses a wordplay to allude to the filling of the temple with
     God's glory, but he identifies this glory with the material beautification of the temple caused
     by God's shaking of the nations."

312 Wolff, BK XIV/6, 62.

313 Vgl. Lux, Völkertheologie, 110.

314 Dafür steht הכסף והזהב, vgl. z.B. Gen 13,2; Spr 22,1; Koh 2,8; Ez 7,19; Hos 2,10. Von
     Silber und Gold ist auch im Zusammenhang der Ausstattung der Stiftshütte (vgl. z.B. Ex
     26,32; 31,4), des Ersten (vgl. z.B. 2 Kön 16,8; 25,15) und Zweiten Tempels (Esr 1,4.6–11;
     2,69; 5,14; 6,5, s.a. die Krone für Josua Sach 6,11) die Rede. Auch in Nah 2,10; Sach 14,14
     verlieren die Nationen ihr Silber und Gold durch Jahwes Eingreifen. Traditionsgeschichtliche
     Erwägungen zu Hag 2,8 stellt Lux, Silber, an. Nach Petersen, OTL, 69 geht es in Hag 2,8
     nicht nur darum, wer der wahre Herr über Silber und Gold ist, sondern vor allem um eine
     Ermahnung der Judäer, daß die Schätze für den Tempel und nicht für ihren Wohlstand ge-
     dacht sind. Eine solche Interpretation läßt sich jedoch schwerlich aus dem Kontext herausle-
     sen, V 8 ist Rückverweis auf 6f und nicht Vorbedingung für 9.

315 Vgl. Wolff, BK XIV/6, 62; Lux, Silber, 97; Kessler, Book, 182.

V 9 enthält zwei Schlußverheißungen (9a.b), die im ersten Fall in der Abschlußformel אמר יהוה צבאות und im zweiten in der Gottesspruchformel נאם
יהוה צבאות enden.[316]

In der Ankündigung 9a, daß die künftige Herrlichkeit „dieses Hauses"
größer sein wird als die vorherige, kommt die Argumentation V 3–9 zu ihrem
Höhe- und Schlußpunkt.[317] Mit den Stichworten הבית הזה, כבוד und dem
Vergleich ראשון – אחרון nimmt erst 9a das Anliegen von 3 wieder direkt
auf,[318] um nun die Lösung des in V 3 aufgeworfenen Problems zu verheißen:
Der künftige כבוד des Tempels wird den früheren überbieten.[319] Eine
syntaktische oder kausale Verbindung von V 9a zu den vorangehenden Versen
ist nicht zu finden, die Reichtümer der Völker finden im Zusammenhang mit
der Verheißung des künftigen, größeren כבוד keine Erwähnung mehr.[320]

„Das letzte Wort in der Reihe der Verheißungen (9b) hebt sich von den
voraufgehenden deutlich ab."[321] Dies gilt in zweierlei Hinsicht. Inhaltlich gibt
9b der Verheißung bezüglich des neuen Tempels insofern eine neue Wendung,
als hier von dessen כבוד nicht mehr die Rede ist.[322] Auch in bezug auf das
Vokabular gibt es in Hag keine weitere Parallele zu 9b, die Stichworte מקום
und שלום (נתן +) begegnen nur hier.[323] Die Formulierung המקום הזה lehnt
sich an הבית הזה (2.3.7.9a; vgl. 1,4) an. Die Verwendung von מקום in 9b
verweist auf dtr Sprachgebrauch, bei dem damit der Kultort Jerusalem,[324] aber
auch der Tempel gemeint sein kann, wie besonders die Parallelisierung von

---

316 Die LXX schließt am Ende noch eine Glosse an, die שלום auf den Seelenfrieden, d.h. den
    persönlichen Frieden (vgl. Schenker, veritas, 66) und die Heilszusage auf die Tempelbauer
    eingrenzt: καὶ εἰρήνην ψυχῆς εἰς περιποίησιν παντὶ τῷ κτίζοντι τοῦ ἀναστῆσαι τὸν ναὸν
    τοῦτον. Vgl. z.B. Ackroyd, Glosses, 164f; Petersen, OTL, 62 Anm. f u. S. 70; Verhoef,
    NIC.OT, 108; Wolff, BK XIV/6, 52 Anm. 9a; Kessler, Book, 161, Anm. 17. Gegen Schen-
    ker, veritas, 69, der hier nicht mit einer sekundären Glosse rechnet.

317 Vgl. z.B. Reventlow, ATD 25/2, 22; Boda, NIV AC, 120.126.

318 Vgl. Verhoef, NIC.OT, 93; Reventlow, ATD 25/2, 22; Kessler, Book, 163; Boda, NIV AC,
    120.126; Kratz, Judentum, 88; Wöhrle, Sammlungen, 300f.

319 הראשון kann sich sowohl auf כבוד (so LXX: ἡ δόξα τοῦ οἴκου τούτου ἡ ἐσχάτη) als auch auf
    הבית הזה (so die Vulgata: gloria domus istius novissimae) beziehen, von V 3 her legt sich
    jedoch erstere Lösung nahe, vgl. u.a. Wellhausen, Propheten, 38; Sellin, KAT XII/2, 462;
    Joüon §§ 139 a.143 h; Wolff, BK XIV/6, 52 Anm. 9a; Kessler, Book, 161 Anm. 15. Nach
    Rudolph macht der Unterschied zwischen beiden Lösungen aber „sachlich nicht viel aus"
    (Rudolph, KAT 13/4, 41 Anm. 9a).

320 Vgl. Wöhrle, Sammlungen, 301. Allerdings dürfte nach dem Leseablauf des vorliegenden
    Texts intendiert sein, daß der Tempel wegen der Schätze der Völker größeren כבוד erhalten
    wird.

321 Wolff, BK XIV/6, 63.

322 Vgl. z.B. Beuken, Haggai, 60f; Petersen, OTL, 69; Wolff, BK XIV/6, 63; Reventlow, ATD
    25/2, 22.

323 Der Tempel wird sonst bei Hag mit בית (vgl. Hag 1,2.4.8.9.14; 2,3.7.9a) und in 2,15.18 mit
    היכל bezeichnet.

324 Vgl. nur Dtn 12,5.11.14.18.21.26; 2 Kön 22,16–20; Jer 7,3.6f.14.20.

המקום הזה mit הבית הזה in 1 Kön 8,29f//2 Chr 6,20f zeigt. Zu שלום אתן sind
Lev 26,6; 1 Chr 22,9 und v.a. Jer 14,13 zu vergleichen, wo die Falschpropheten das Volk in trügerischer Sicherheit wiegen: שלום אמת אתן לכם במקום
הזה.[325]

Im Hinblick auf die literarhistorische Analyse können folgende Beobachtungen der Textbeschreibung festgehalten werden: Für die Abgrenzung des
redaktionellen Rahmens kommt zunächst nur V 1f in Betracht, wobei anders
als in 1,1 die Adressaten nicht innerhalb der Datierung, sondern erst in V 2
genannt werden. In V 2 entspricht die Bezeichnung der dramatis personae dem
Rahmen von Hag 1 (vgl. 1,12a.14). In 2,4f jedoch weicht die Bezeichnung der
Angeredeten nicht nur vom Rahmen, sondern auch von den übrigen Stücken
des Haggai-Buches ab. Zugleich trennt V 4f die Frage V 3 von ihrer Beantwortung in 6–9. Für V 4f ist daher das Verhältnis zum Rahmen (1f), aber auch zu
3.6–9 zu klären. Hinsichtlich der Beantwortung der Frage V 3 war aufgefallen,
daß die eigentliche Auflösung der Bedenken gegenüber dem nichtswürdigen
gegenwärtigen Zustand des Tempels angesichts seiner früheren Herrlichkeit
erst in der Verheißung 9a zu finden ist, die künftige Herrlichkeit des Tempels
werde größer sein als die frühere. Zudem wird auf die Völker bzw. ihre Schätze weder in 3 noch in 9a Bezug genommen. Demnach ist das Verhältnis von V
6–8 zu V 3.9a zu untersuchen. Schließlich muß berücksichtigt werden, daß mit
der Auflösung der Frage V 3 in der Verheißung 9a das Problem der Herrlichkeit „dieses Hauses" aufgeklärt und zu einem Abschluß gekommen ist. Wie
steht also 9a zu V 9b, der die Verheißung ausweitet und sich auch durch sein
Vokabular vom Kontext abhebt?

2.2.2   Literarhistorische Analyse

Zu Anfang soll wieder der Blick auf den redaktionellen Rahmen gerichtet
werden. Vers 2 ist aufgrund der Nennung Serubbabels, Josuas und des Überrests des Volks dem redaktionellen Rahmen zuzuweisen, zu dem auch 1,1–
3.12a.14 gehört.[326] Im Vergleich mit der Datierung 1,1 fällt auf, daß in Kap. 2
die Adressaten nicht innerhalb der Datierung (1,15b–2,1) genannt werden,
sondern erst nachholend am Beginn der Jahwerede (2,2). Trifft die in der Analyse von Hag 1,1–3 gemachte Beobachtung zu, daß die Adressaten dort erst
sekundär in die Datierung 1,1* eingetragen wurden, so ist die Möglichkeit in
Betracht zu ziehen, daß auch die Datierung 1,15b–2,1 älter ist als 2,2 und die
Adressaten erst im Zuge der Einschreibung des redaktionellen Rahmens zur

---

325 "The parallel [sc. von Jer 14,13] with Hag 2,9 is striking" (Kessler, Book, 183). Vgl. Beuken,
     Haggai, 61f; Verhoef, NIC.OT, 106.
326 Vgl. z.B. Wolff, BK XIV/6, 4f.52.56f; Reventlow, ATD 25/2, 5f.18f; Tollington, Tradition,
     21f; Kratz, Judentum, 87; Wöhrle, Sammlungen, 291.

Datierung hinzugesetzt wurden. Hag 2,1 könnte dann die ursprüngliche Einleitung des Spruchkerns von Hag 2 gewesen sein.[327]

Die wieder mit einer nicht näher bestimmten 2. Pl. formulierte[328] rhetorische Frage V 3 bestimmt den gesamten Aufriß der folgenden Verse 4–9,[329] so daß zu untersuchen ist, wie sich diese zu V 3 verhalten.

Als erstes kann V 4.5aβb als Erweiterung des Spruchkerns V 3–9 abgehoben werden. Die Beweisführung muß hier kumulativ erfolgen. Für die Ausgrenzung von 4f* spricht das Indiz, daß das Ermutigungswort den Zusammenhang von Frage (3) und Antwort (6–9) unterbricht und keines der sonst den Abschnitt beherrschenden zentralen Stichwörter aufnimmt,[330] in Kombination mit dem terminologischen Argument, daß die Bezeichnung der Adressaten (כל־עם הארץ, יהושע בן־יהוצדק הכהן הגדול, זרבבל) im Spruchgut sonst nicht zu finden ist. Über diese Tatsache hilft auch nicht die Behauptung hinweg, daß die Anrede וחזק יהושע בן־יהוצדק הכהן הגדול gestrichen werden müsse,[331] ein Vorschlag, der weder durch die Textkritik noch durch Indizien am Text selbst gestützt ist. Der Name Serubbabel wird sonst nie ohne Filiation oder Statthaltertitel gebraucht,[332] der Begriff כל־עם הארץ hat ebenfalls keine Entsprechung.[333] Dieser Befund wird wiederum durch die Beobachtung gestärkt, daß die Art der detaillierten Aufzählung der Adressaten nicht dem sonstigen Spruchkern entspricht, sondern eher dem Rahmen und mit diesem in Beziehung stehen muß.[334] Berücksichtigt man aber, daß die Formulierungen auch nicht denen des Rahmens entsprechen, ist es ebenso unwahrscheinlich, daß 2,4f dort hinzuzurechnen ist.[335] Die Art der Formulierung läßt vermuten,

---

327 Vgl. Kratz, Judentum, 89.

328 Vgl. Hag 1,4–10. Erst die sekundäre Einschreibung der Adressaten durch 2,2 stellt von vornherein fest, wer in 2,3 angesprochen ist.

329 S.o. S. 55f.

330 S.o. S. 56ff.

331 So aber Wolff, BK XIV/6, 53; Tollington, Tradition, 22f; Reventlow, ATD 25/2, 20; Wöhrle, Sammlungen, 291f.

332 Außerhalb des Rahmens wird Serubbabel zudem nur noch in Hag 2,23 allein genannt: זרבבל בן־שאלתיאל. In vorliegender Arbeit wird die These vertreten, daß es sich bei 2,20–23 um eine einheitliche späte Fortschreibung von Hag handelt, s.u. 2.4.2.

333 Hag 1,2 (העם הזה); 1,12b.13 (העם); 2,14 (העם־הזה והגוי הזה), die gern zusammen mit 2,4 als Beleg für das einfache עם der Worte Haggais bzw. der Grundschicht angeführt werden (s. Wolff, BK XIV/6, 5.17f.52f.58f; Reventlow, ATD 25/2, 6.20f), sind zudem nach den Ergebnissen dieser Arbeit sekundär.

334 Vgl. Mason, Tradition, 193f: "In the direct oracles of Haggai it is always the community as a whole who are addressed."

335 Vgl. Kratz, Judentum, 88f. Gegen Beuken, Haggai, 53ff; Mason, Tradition, 193ff. Beuken, Haggai, 54f, will den Ausdruck כל־עם הארץ, der nicht nur durch die abweichende Formulierung in Diskrepanz zu dem von ihm angenommenen Rahmen, sondern auch im Hinblick auf Esr zum von Beuken angenommenen chr Milieu des Hag-Redaktors steht, als Fragment und Kernstück eines älteren Wortes bestimmen, das ansonsten von der chr Redaktion des Haggai-

daß 2,4.5aβb bereits die Erweiterung des Rahmens um 1,12b–13 voraussetzt.[336] Die Beistandsformel 2,4b ist von 1,13b aufgenommen und diesmal
ordnungsgemäß durch den Zuspruch אל־תיראו (2,5b) ergänzt worden, womit
2,5b zugleich auf 1,12b reagiert (וייראו העם מפני יהוה). כל־עם הארץ
übernimmt כל von כל שארית העם (1,12a.14), hat daneben aber offenbar auch
das einfache העם (1,12b–13) im Blick und will vermutlich betonen, daß
wirklich das ganze Volk angeredet ist und nicht nur ein Teil, zumal in 2,2 auch
nur, falls das כל nicht im Laufe der Textüberlieferung abhanden gekommen
ist, von שארית העם und nicht wie in 1,12a.14 von כל שארית העם die Rede ist.
Das Stichwort עשה findet sich in 1,14, wo es den Beginn der Bauarbeiten
markiert, so daß man von 1,14 her weiß, was man in 2,4 tut. Ebenso kommt
das Stichwort רוח aus 1,14, womit 2,4f ergänzt, daß Jahwe nicht nur den Geist
der Bauleute erweckt hat,[337] sondern daß Jahwes Geist selbst in ihrer Mitte ist.
Dabei dürfte ורוחי עמדת בתוככם bereits im Blick auf Sacharja formuliert
sein, vgl. neben Sach 6,8 besonders 4,6b, wo es zu Beginn der Worte für den
nur mit seinem Namen genannten Serubbabel heißt: לא בחיל ולא בכח כי
אם־ברוחי אמר יהוה צבאות. Anlaß mag die Hag 2,3 entsprechende Zurückweisung der Verachtung des יום קטנות (Sach 4,10) gewesen sein. Auch
בתוככם verweist auf die entsprechenden Formulierungen bei Sach.[338] Ebenfalls von Sach abhängig scheint die Nennung Serubbabels nur mit dem Namen
in Kombination der Bezeichnung des Hohenpriesters Josua mit Titel und Filiation zu sein,[339] der Imp. חזק erinnert an Sach 8,9.13. So ist wahrscheinlich, daß
Hag 2,4f nicht nur vom Hag-Rahmen und seiner Erweiterung in 1,12b–13,
sondern auch von Sach abhängig ist und die Verbindung von Hag mit Sach
voraussetzt, da Querverweise zu verschiedenen Abschnitten des Sacharja-
Buchs bestehen, die hier in Hag 2,4f zusammengeführt werden.

Nachdem Hag 2,4f* ausgegrenzt und das Verhältnis zum Rahmen (und zu
Sach) untersucht worden ist, soll versucht werden, die theologiegeschichtliche
Position von 2,4f* genauer zu bestimmen, die in Richtung der Chronik weist:
Die Kombination Imp. חזק + Imp. עשה findet sich außer bei Hag 2,4 nur noch
1 Chr 28,10.20; 2 Chr 19,11; 25,8; Esr 10,4, vgl. ferner 1 Chr 22,11–16; 2 Chr

---

Buchs in 2,4f übermalt wurde. Es stellt sich natürlich die Frage, warum der Redaktor ein
solch nichtssagendes Fragment übriggelassen hat, und dazu noch eines, das einen im Hinblick auf Esr so verdächtigen Begriff enthielt. Zu כל־עם הארץ und Esr s. gleich.

336 Bereits Ackroyd, Studies (Teil 1), 168f, hatte angenommen, daß 2,4f eine Dublette von 1,13
    ist.

337 Der vor den Adressaten Serubbabel, Josua und Volk jeweils wiederholte Imperativ חזק (2,4)
    nimmt dabei strukturell das dreimal in Verbindung mit den Bauleuten Serubbabel, Josua und
    Volk gebrauchte Objekt את־רוח (1,14) auf.

338 Vgl. Sach 2,9.14.15; 8,3.

339 Vgl. Kratz, Judentum, 89. S. Sach 4,6–10*; Sach 3; 6,11. Zu כל־עם הארץ vgl. Sach 7,5.
    Keiner der genannten Texte gehört zum Grundbestand von Sach, s.u. 3.8.2, 3.7.2, 3.12.2,
    3.13.2.

32,7. Dieser Befund wird von Beukens Beobachtung verstärkt, daß absoluter Gebrauch von עשה innerhalb der Ermutigungen zu einer Aufgabe außerhalb von chr Texten nur in Hag 2,4 zu finden ist.[340] Dieses formale Kriterium mag für sich genommen nicht allzu beweiskräftig sein,[341] doch hat Mason darauf hingewiesen, daß Hag 2,4f auch inhaltlich den Ansprachen in der Chronik entspricht, in denen David seinen Sohn und die Anführer Israels ermutigt und auffordert, den Tempel zu bauen:[342] Sowohl in 1 Chr 22,13.16; 28,10.20 als auch in Hag 2,4f findet sich die Ermutigung (חזק Imp.),[343] verbunden mit der Aufforderung zum Handeln (עשה Imp.), der Mitseinsformel und אל־תירא. So kommt Mason zu dem Ergebnis: "Vv. 4f. stand fair and square with the outlook and methods of the addresses in Chronicles."[344] Sucht man also nach einem Bezugspunkt für das sekundäre Ermutigungswort Hag 2,4.5aβb, so ist auf die genannten Texte der Chronik als nächste Parallelen zu verweisen. Gegen die Vermutung, Hag 2,4f* bewege sich im Horizont der Chronik oder sei in ihrem Vorfeld einzuordnen, spricht m.E. auch nicht der Gebrauch des Begriffes עם הארץ in Hag 2,4. Daß 2,4 עם הארץ für die Bauleute benutzt, wird in Aufnahme von Würthweins Untersuchung zum עם הארץ[345] gern als Beleg dafür angesehen, daß 2,4f auf Haggai zurückzuführen ist, da die Verwendung von עם הארץ hier noch ganz dem vorexilischen Gebrauch[346] und noch nicht Esr 4,4, dem locus classicus für die nachexilische Zeit,[347] entspricht.[348] Für Hag 2,4 ist jedoch zunächst lediglich festzuhalten, daß עם הארץ hier nicht dem Sprachgebrauch von Esr 4,4, wohl aber dem von Sach 7,5 entspricht. Esr 4,4 spricht nun nicht gegen eine relativ junge Einfügung von Hag 2,4, auch Sach 7,5 ist Teil einer späten Fortschreibung.[349] In diesem Zusammenhang soll auf den Tempelbauentwurf Ez 40–48 hingewiesen werden, wo der עם הארץ in

---

340 S. Beuken, Haggai, 53f. Zu nennen sind wiederum 1 Chr 22,11–16; 28,10.20; 2 Chr 19,11; 25,7f; Esr 10,4. Vgl. dagegen Jos 1,7; 1 Kön 20,22.

341 S. dazu auch die Kritik an Beuken z.B. bei Petersen, OTL, 65f; Reventlow, ATD 25/2, 20.

342 S. Mason, Tradition, 193f.

343 Auch wenn etwa der Imperativ חזק in 1–2 Chr z.B. im Zusammenhang mit Kriegen erscheint, s. z.B. 1 Chr 19,13, so stellt Mason heraus, daß er in den Ansprachen der Chronikbücher in besonders engem Zusammenhang mit dem Tempelbau zu finden ist, s. 1 Chr 22,13; 28,10.20. Zu 1 Chr 22,6–16; 28,2–10.20f s. Mason, Tradition, 19ff.27ff.31f., vgl. Williamson, Accession.

344 Mason, Tradition, 193.

345 Würthwein, 'amm ha'arez.

346 S. Würthwein, 'amm ha'arez, 18ff.70f.

347 S. Würthwein, 'amm ha'arez, 51ff.70f. Für עם הארץ in Hag 2,4 nimmt Würthwein, a.a.O., 53, dagegen Textverderbnis an.

348 S. dazu bes. Wolff, BK XIV/6, 58f; Reventlow, ATD 25/2, 20f, und sogar Beuken, Haggai, 54f, der in dem Begriff das Rudiment eines älteren Spruches findet, s. zu Beuken o. Anm. 335.

349 Zu Sach 7,5 s.u. 3.13.2.

den נשׂיא-Abschnitten genannt wird:[350] „עם הארץ ist hier schlicht der
Terminus für die (Laien-)Kultgemeinde, wie er auch in Lev 4,27; 20,2.4; II
Reg 16,15MT begegnet."[351] Die Einarbeitung von Ez 45,22 ist nach Rudnig
der golaorientierten Schicht zuzuweisen,[352] die aus der ersten Hälfte des 5. Jh.s
datiert.[353] Ez 46,3.9 gehören sogar zu noch späteren, priesterlichen Bearbeitungen,[354] die die diasporaorientierte Redaktion[355] des Ezechielbuches bereits
voraussetzen und im Verlauf des 4. Jh.s ins Buch gelangt sind. עם הארץ wird
also noch in recht später Zeit für das eigene Volk und ohne die negativen Konnotationen von Esr gebraucht. Trotzdem ist auffällig, daß die Ermutigung zum
Auftrag in Hag 2,4 ganz den diesbezüglichen Ansprachen der Chronik, עם
הארץ aber nicht Esr (und Neh) korreliert. Dabei bleiben zweierlei Optionen
offen. Will man nicht einfach vermuten, daß sich Hag 2,4f* zwar an der Chronik, nicht aber an Esr orientiert,[356] gehört Hag 2,4f* ins Vorfeld von Chronik
und Esr 4,1–5, muß deswegen aber längst noch nicht alt sein.[357]

Die Antwort (V 6–9) auf die in V 3 formulierten Bedenken ist in sich nicht
einheitlich, sondern muß noch einmal literarkritisch differenziert werden; V 6–
8 können dabei als sekundäre Ergänzung ausgeschieden werden.[358] Entscheidend ist dabei die Beobachtung, daß in V 6f zwar die Stichworte הבית הזה
und כבוד aus V 3 übernommen werden, daß aber die eigentliche Beantwortung des in V 3 gestellten Problems nicht in der Verheißung 6–8, sondern erst
in der Verheißung 9a, und nur in 9a, zu finden ist.[359] Erst in 9a wird der Ver-

---

350 S. Ez 45,22; 46,3.9. In 45,16 ist הארץ harmonisierende Glosse, vgl. Rudnig, Heilig, 142
     Anm. 28; ders., ATD 22/2, 598.
351 Rudnig, Heilig, 151.
352 Vgl. Rudnig, Heilig, 137ff, bes. 145f.151ff.
353 Vgl. Rudnig, Heilig, 190ff, bes.196f.345ff.
354 Vgl. Rudnig, Heilig, 146ff.161ff.321f, zur relativen Einordnung von Ez 46,1–3.8–11 in die
     priesterlichen Fortschreibungen s. a.a.O., 318ff.356f.363.
355 S. dazu Rudnig, Heilig, 201ff, zur Datierung in die zweite Hälfte des 5. Jh.s a.a.O.,
     232ff.351ff.
356 Etwa unter der Voraussetzung, daß bereits die Grundschrift von 1–2 Chr und Esr 5–6, aber
     noch nicht ihre Verbindung durch Esr 1,1–4,5 existieren, so im Anschluß an die Rekonstruk-
     tion der Entstehung von 1–2 Chr; Esr von Kratz, Komposition, 18ff.56ff.92ff.
357 Der Kern des Esra-Buches, Esr 5–6, dürfte in die Mitte des 5. Jh.s, die Grundschrift von 1–2
     Chr etwa in die Mitte des 4. Jh.s zu datieren sein, vgl. Kratz, Komposition, 51f.97, Esr 1,1–
     4,5* als redaktionelle Brücke zwischen beidem in die spätpersische oder hellenistische Zeit,
     vgl. Kratz, Komposition, 97. Erwogen wird immer wieder auch, 1–2 Chr und Esr 1–6 erst
     ganz in hellenistischer Zeit anzusetzen, s. z.B. Steins, Chronik; ders., Bücher, 275f; Schwi-
     derski, Handbuch; Grätz, Chronik. Auch die Verwendung von עם הארץ für das Volk in Ez
     40–48 reicht bis in 4. Jh., s.o.
358 Vgl. Kratz, Judentum, 88; Wöhrle, Sammlungen, 300ff. Nicht zutreffend ist allerdings die
     Angabe Wöhrles (s. a.a.O., 300), er selbst habe 2,6–8 zuerst als Nachtrag erkannt, s. bereits
     Kratz, a.a.O.
359 Vgl. Kratz, Judentum, 88.

gleich mit der früheren Herrlichkeit des Tempels wieder aufgegriffen und so die in 3 formulierte Frage zu einem Abschluß gebracht. Dieses Argument wird durch die Feststellung unterstützt, daß das Thema der Völker mit V 3 und 9a nicht ursächlich verbunden ist und dort keine Rolle spielt, weder von 3 vorbereitet noch von V 9a aufgenommen wird, der im jetzigen Leseablauf asyndetisch hinter V 6–8 steht.[360] Vers 8, der sich wie ein Kommentar zu V 6f liest und hinzusetzt, daß der, der den ganzen Kosmos erschüttern kann, selbstverständlich Herr über alle Schätze ist, dürfte dabei noch einmal ein von 6f abhängiger, das Thema der Völkerschätze voraussetzender Nachtrag sein,[361] da V 6f sich durch seine Rahmung zu Beginn und Ende als eigenständiger Spruch zu erkennen gibt. Der Kern der Fortschreibung V 6f.8, V 6f, will erklären, warum der künftige כבוד des Tempels größer sein wird, nämlich durch den Gabenstrom der Völker. Von V 6f her beruht der כבוד des Tempels auf den Schätzen der Völker, כבוד wird hier als auf der materiellen Ausstattung des Tempels gründende Pracht verstanden.[362] Deutlich anders ist noch die Vorstellung der Verherrlichung in 1,8, das zum Grundbestand von Kap. 1 zu rechnen ist.[363] Wahrscheinlich ist die Erweiterung 2,6f.8 älter als der Zusatz 2,4f*, da dieser den Zusammenhang zwischen Frage (3) und Antwort unterbricht (6–8). Daß die Zusätze in umgekehrter Reihenfolge in den Text gekommen sind, ist jedoch auch nicht ausgeschlossen. Im ersten Fall wäre das כי am Beginn von V 6 zusammen mit V 4f, im zweiten zusammen mit V 6f in den Text gelangt. Ist deutlich, daß Hag 2,6f ein sekundärer Zusatz ist, soll auch hier eine theologiegeschichtliche Zuordnung versucht werden. In 2,6f werden Erschütterungen beschrieben, die den ganzen Kosmos betreffen (vgl. die auf Vollständigkeit bedachte Aufzählung את־השמים ואת־הארץ ואת־הים ואת־החרבה, 6b), die Auswirkungen auf die gesamte Völkerwelt haben (vgl. כל־הגוים bis, 7a). Infolgedessen kommen die Kostbarkeiten aller Völker nach Jerusalem, ohne daß genauer beschrieben wird, wie. Als Möglichkeit kommen die Völkerwallfahrt,[364] ein Völkergericht[365] oder die Kombination aus beidem[366] in Betracht.

---

360 Vgl. Wöhrle, Sammlungen, 300f. Vgl. – mit anderen Voraussetzungen – die Feststellung von Lux, Völkertheologie, 109, die Völkerthematik sei in 2,3–9 dem zentralen Thema des Tempelbaus nur untergeordnet.

361 Vgl. Kratz, Judentum, 88.

362 Insofern trifft die Beobachtung von Hurowitz, Temple, 586f zu: Die Bedeutung von כבוד in 2,6–9 „has been demythologized". Zu כבוד in der Bedeutung Wohlstand oder Reichtum, s. Gen 31,1; Jes 10,3; 61,6; 66.12. Vgl. weiter den parallelen Gebrauch von כבוד und עשר vgl. 1 Kön 3,13; 1 Chr 29,12.28; Spr 3,16; Koh 6,2 etc.

363 S.o. 2.1.2.

364 Vgl. bes. Jes 60, s. dazu gleich.

365 So Wöhrle, Sammlungen, 300ff.310, bes. m. Anm. 78, sowie S. 321; ders., Abschluss, 19.139ff. Ein weiteres Beispiel neben Hag 2,6–8 wäre nach Wöhrle, Abschluss, 112ff.133f, Sach 14,3.11*.12.14b.15.20f.

366 Vgl. Jes 66; Sach 14.

Welche Lösung auch zutreffen mag, alle haben gemeinsam, daß es sich bei
Hag 2,6f um keinen ganz alten Text handeln wird.[367] Am ehesten ist in V 6f
der Gedanke der Völkerwallfahrt enthalten,[368] dagegen spricht auch nicht, daß
die Schätze selbst Subjekt sind,[369] vgl. nur Jes 60,5.13. Hag 2,6 schildert in
erster Linie theophane Begleiterscheinungen, wodurch auch die Völker erschüttert werden. Vielleicht soll auch das Gericht an den Völkern der Wallfahrt vorausgehen.[370] Eine richtige Darstellung des Völkergerichts zeigt dagegen Hag 2,21b.22, und zwar gerade in den über Hag 2,6f hinausgehenden
Schilderungen.[371] Als Parallele zu Hag 2,6f bietet sich besonders Jes 60f an,
zum einen aufgrund der sprachlichen Berührungen von Hag 2,7b mit Jes
60,5.13, zum anderen, weil Jes 60f eher zu den älteren Völkerwallfahrtstexten
zu rechnen ist und somit ungefähr einen *terminus post quem* angibt. Der
Grundtext von Jes 60f (60,1–9.13–16; 61) ist nach Steck als Fortschreibung
von DtJes (40–55*) entstanden[372] und dürfte am ehesten in die erste Hälfte
oder die Mitte des 5. Jh.s zu datieren sein, da Jes 60–61* aller Wahrscheinlichkeit nach ein Teil der Ebed-Israel-Schicht[373] ist oder in großer Nähe zu ihr
steht.[374] Wenn Hag 2,6f mit Jes 60f die Vorstellung einer Völkerwallfahrt teilt,
ist der Text ähnlich, d.h. jedenfalls nicht wesentlich früher, zu datieren. In
mindestens diesen Zeitraum, wenn nicht sogar in noch jüngere Zeit, kommt

---

367 Immer wieder wird erwogen, daß Hag 2,6f und auch 2,21ff als Reflex auf die Unruhen zu
     Beginn der Herrschaft des Dareios infolge des Gaumata-Aufstands (s. dazu DB §§ 10ff; Wiese-
     höfer, Aufstand; Borger, Chronologie) zu verstehen seien, vgl. z.B. Lux, Völkertheologie,
     111ff, wonach Hag 2,6–8 die persische Großreichskonzeption umkehrt, so daß nun Jerusalem
     zum Zentrum wird, in das die Völker ihre Gaben bringen – nicht zum persischen König, son-
     dern zum Jerusalemer Tempel. Vgl. Lux, Silber, 97, ferner z.B. Wolff, BK XIV/6, 62; Swee-
     ney, Berit Olam, 531. Diese Interpretation hat natürlich zur Voraussetzung, daß Hag 2,6–
     8.21–23 zum Grundbestand des Buchs gehören. Gegen diese Deutung ist aber einzuwenden,
     daß der Gaumata-Aufstand und die aufsässigen Lügenkönige bereits niedergeschlagen sind,
     auch wenn es noch vereinzelte Nachwehen gibt (vgl. DB §§ 71ff). Ebenso ist die Mitteilung
     Sach 1,11 zu berücksichtigen, die ganze Erde liege still und ruhig da, vgl. z.B. Uehlinger, Po-
     licy, 340. Vgl. auch die Kritik z.B. bei Pola, Priestertum, 1ff.163.274f; Curtis, Road, 86.90ff.
     S. auch u. S. 117 Anm. 695.
368 Vgl. Rudolph, KAT 13/4, 43; Nogalski, Precursors, 231; Steck/Schmid, Heilserwartungen,
     10.
369 So aber z.B. Reventlow, ATD 25/2, 21f; Wöhrle, Sammlungen, 310 Anm. 78.
370 Ist dies der Fall, befände sich Hag 2,6f im Horizont von Texten wie Jes 66 und Sach 14 und
     wäre mit diesen am ehesten in der hellenistischen Zeit anzusetzen, vgl. Steck, Abschluß,
     29f.30ff.91ff.99ff.
371 Vgl. bereits Nogalski, Precursors, 231. Zur unterschiedlichen Ansetzung von Hag 2,6f und
     2,21–23 s.u. 2.4.2 und 2.5.
372 S. Steck, Heimkehr, 65ff.72ff; Studien, 14ff.49ff.82ff.101ff.105ff.119ff.
373 S. dazu Kratz, Kyros, 135ff.144ff.206ff, dort allerdings 208f die Erwägung, daß die Ebed-
     Israel-Bearbeitung Jes 60* voraussetzt, zur Begründung der Datierung 212ff, zu den Alterna-
     tiven in der Verhältnisbestimmung zu Jes 60f s. a.a.O., 215.
374 S. Steck, Studien, bes. 130ff.

man auch dann, wenn man Hag 2,6f als reines Völkergericht auffassen will. Hierfür hat sich jüngst Wöhrle ausgesprochen. Danach gehören Hag 2,6–8 und auch 2,21b.22, die Wöhrle als Nachtrag innerhalb von 2,20–23 ansieht, zu einer „Fremdvölkerschicht I", die das werdende Dodekapropheton überarbeitet und diesem eine völkerfeindliche Ausrichtung gibt:[375] „Dabei besteht auf noch recht allgemeiner Ebene schon darin eine bedeutende Übereinstimmung, dass bei nahezu allen diesen Nachträgen das Geschick der gesamten Völkerwelt in den Blick genommen wird."[376] Nach Wöhrle ist die Fremdvölkerschicht I in die Wende vom 5. zum 4. Jh. zu datieren,[377] was sich vor allem aus der Relation zu den übrigen Bearbeitungen des Zwölfprophetenbuches ergibt.[378] Berücksichtigt man, daß in Hag 2,6f ein kosmische Dimensionen umfassendes Geschehen beschrieben wird, das die gesamte Völkerwelt umfaßt,[379] so wird man Hag 2,6f nach dem alternativen Verständnis von 2,6f als Gericht, d.h. als universales Völkergericht, sogar erst in der hellenistischen Zeit ansetzen können.[380] Steck hat in seinen Arbeiten einsichtig gemacht,[381] daß die Dimension eines universalen Gerichts in der frühen hellenistischen Zeit nach dem Ende der rund zweihundert Jahre währenden *pax persica* akut wird:

---

375 S. Wöhrle, Abschluss, 23ff, bes. 139ff. Eine Übersicht der der „Fremdvölkerschicht I" zugeordneten Texte findet sich a.a.O., 140.

376 Wöhrle, Abschluss, 141, dort auch (mit Anm. 7) folgende Stellenbelege: Bezug auf alle Völker: Joel 4,2.11.12; Hag 2,7; Sach 12,6.9; 14,12.14, Völker an sich: Joel 2,19; 4,9; Mi 5,14; 7,16; Zef 3,8b; Hag 2,22, viele Völker Mi 4,13; 5,7, die gesamte Erde: Mi 1,2; 7,13; Zef 3,8b, eine nicht näher bestimmte Schar äußerer Feinde: Nah 1,12; Zef 3,18; Sach 9,14–16; 10,3b–5. Dabei geht es der Fremdvölkerschicht I „also nicht wie etwa in den Fremdvölkerworten Jes 13–23; Jer 46–51; Ez 25–32; Am 1–2 um die konkreten Verschuldungen und das Ergehen einzelner Völker" (a.a.O., 141), auch wenn gelegentlich solche genannt werden, laut Wöhrle s. Mi 7,12; Sach 10,11; Zef 2,13–15. Sie stehen aber stellvertretend für die Völkerwelt insgesamt, deren Schuld und das durch Jahwe ergehende Gericht (vgl. a.a.O., 141ff). Nach Wöhrle ergeht das Gericht über die Völker in der Fremdvölkerschicht I unter der Perspektive, daß die Völker selbst zuvor Gerichtswerkzeug gegen Israel waren (vgl. a.a.O., 143ff).

377 Wöhrle, Abschluss, 161ff.

378 So sind nach Wöhrle das der Fremdvölkerschicht I vorausgehende Joel-Korpus (s. Wöhrle, Sammlungen, 453ff), das Haggai-Sacharja-Korpus (s. Wöhrle, Sammlungen, 364) sowie die Völkerangriffsschicht (s. Wöhrle, Abschluss, 132f) in der ersten Hälfte des 5. Jh.s und die der Fremdvölkerschicht I nachfolgende Fremdvölkerschicht II (s. Wöhrle, Abschluss, 279ff) in der Wende vom 4. zum 3. Jh. anzusetzen.

379 S.o. S. 59f. Vgl. Wöhrles Charakterisierung der Intention der Fremdvölkerschicht I, s.o. Anm. 376.

380 In dieser Hinsicht wäre dann auch Wöhrles Ansetzung der Fremdvölkerschicht I insgesamt noch einmal zu überprüfen, vgl. z.B. nur die unterschiedlichen Beurteilungen und Datierungen von Sach 9; 14 (freilich mit anderen literarkritischen Entscheidungen als bei Wöhrle) bei Steck, Abschluß 35f.43ff.73ff.99ff.

381 S. z.B. Steck, Heimkehr, bes. 80ff.101ff; Abschluß, 73ff; Prophetenbücher, 52ff. 62f.70ff.98.119; Steck/Schmid, 9f.33f; vgl. Schmid, Buchgestalten, 181ff; ders, Literaturgeschichte, 192ff.

„Der Weiterschritt vom summativen Völkergericht in der Reihung der Fremdvöl-
kerorakel zum totalen Weltgericht mit kosmischen Ausmaßen ist am ehesten Reflex auf den bedrohlichen Zusammenbruch der Welt-Ordo-Erfahrungen der Perser-
und noch der Alexanderzeit."[382]

War Syrien-Palästina seit dem Alexanderzug wieder zur Bühne kriegerischer
Auseinandersetzung geworden, verschärft sich der Eindruck universaler Bedrohung im Ringen der unterschiedlichen Diadochenparteiungen – mit ihren
verschiedenen geographischen Zentren – um Palästina noch einmal.[383] So ist
Stecks Erkenntnis zu folgen, daß das Thema eines universalen Völkergerichts
mit kosmischen Dimensionen erst mit dem Ende der – durchaus von einzelnen,
lokalen Konflikten beeinträchtigten – *pax persica* virulent ist. Mit dem Feld-
zug Alexanders nimmt das persische Weltreich sein kriegerisches Ende, während das Weltreich Alexanders wiederum im Machtchaos der Diadochenreiche
versinkt. Je nach Interpretation wird man Hag 2,6f also mindestens etwa in der
ersten Hälfte des 5. Jh.s ansetzen, möglicherweise aber bis in die hellenistische
Zeit gehen müssen.

Die zweite Abschlußverheißung, V 9b, ist ebenfalls als Zusatz anzuse-
hen.[384] Hierauf weisen die Thematik und auch die anders geartete Sprache von
9b hin, die in Hag ganz ohne Parallele ist. Hinsichtlich des Themas überbietet
V 9b noch einmal den von V 3.9a abgesteckten Rahmen. Dort ging es um die
Bedenken des Volkes, den כבוד des Tempels betreffend. Der in V 3 eröffnete
Spannungsbogen kommt bereits in 9a zum Ziel, wo die Bedenken von 3 durch
die Verheißung des künftigen, größeren כבוד ausgeräumt werden. Der
Gedankengang ist in 9a abgeschlossen, die Frage nach der Herrlichkeit des
Tempels spielt in 9b keine Rolle mehr.[385]

Vers 9b ergänzt vielmehr 9a durch einen die Verheißung des größeren
כבוד ergänzenden und deutlich erweiternden Ausblick auf den שלום, der vom
Tempel ausgehen wird.[386] Der Halbvers 9b ist wahrscheinlich schon im Hinblick auf die Erschütterung der Völkerwelt verfaßt, auf die die friedvolle Zeit
des Heils folgt.[387] Hinsichtlich der Sprache ist offensichtlich, daß die Formu-

---

382 Steck, Prophetenbücher, 119. Auch wenn die Ausmaße bescheidener sind als z.B. bei Jes 24–
27*, erscheint es sinnvoll, Sach 2,6f in zeitlicher Nähe zu ersten buchredaktionellen Fort-
schreibungsschüben im Jesajabuch und innerhalb des Dodekapropheton in der frühen Dia-
dochenzeit zu vermuten. Eine Übersicht zur möglichen zeitlichen Einordnung dieser Redaktionen s. bei Steck, Abschluß, 73ff.

383 Einen kurzen Abriß der Ereignisse s. bei Donner, Geschichte, 477ff, u. Schäfer, Geschichte,
24ff.

384 So mit Beuken, Haggai, 60ff, und Kratz, Judentum, 88.

385 Vgl. bes. Beuken, Haggai, 60f.

386 So ist המקום הזה in 9b dem Kontext entsprechend am ehesten zu verstehen, vgl. o. S. 61 m.
Anm. 324, vgl. z.B. Wolff, BK XIV/6, 63.

387 So mit Marti, KHC XIII, 302; Sellin, KAT XII/2, 462; Elliger, ATD 25, 93; Reventlow, ATD
25/2, 22f; Verhoef, NIC.OT, 107f; Kratz, Judentum, 88. Da Wöhrle Hag 2,6–8 für einen spä-

lierung וּבַמָּקוֹם הַזֶּה אֶתֵּן שָׁלוֹם, V 9b, aus dem übrigen Haggai-Buch heraus-
sticht, was auf eine andere Herkunft hinweist. Mit dem Aufgreifen des dtr
Begriffs הַמָּקוֹם הַזֶּה ist ebenso deutlich, daß sich der Ergänzer auf den
vorfindlichen Kontext, d.h. auf die Bezeichnung des Tempels als הַבַּיִת הַזֶּה
(vgl. Hag 1,4; 2,3.7.9a) zurückbezieht. Auch im Blick auf das Vokabular ist 9b
also als Fortschreibung zu werten. In der Forschungsliteratur ist mal mehr, mal
weniger ausdrücklich auf Jer 14,13 als Parallele zu Hag 2,9b hingewiesen
worden, allerdings muß das Verhältnis der beiden zueinander genauer
bestimmt werden:[388]

Angesichts der Tatsache, daß Hag 2,9b (בַּמָּקוֹם הַזֶּה אֶתֵּן שָׁלוֹם) und Jer
14,13b (שָׁלוֹם אֱמֶת אֶתֵּן לָכֶם בַּמָּקוֹם הַזֶּה) fast wortwörtlich übereinstimmen,
sollte man m.E. von einem direkten literarischen Bezug ausgehen. In welche
Richtung die Abhängigkeit geht, ist anhand der Einbindung von Jer 14,13b und
Hag 2,9b in ihren jeweiligen Kontext zu entscheiden.

Jer 14,13b gehört zum Abschnitt über die Dürre Jer 14,1–15,4(.5–9)[389] und
ist fest mit dem Beziehungsgeflecht von Jer 14,1–15,4(.5–9) verwoben. Während die Jahwerede Jer 14,(10.)11f die Schuld des Volks vor Augen führt,
nimmt Jeremia in V 13 die Position des Fürbitters ein, der einwendet, das Volk
sei von den Versprechungen der falschen Heilspropheten irregeführt worden.
Dieser Einwand wird von Jahwe in V 14–16 abgelehnt und das Gericht über
die falschen Jahwepropheten angesagt. Um die Verankerung von Jer 14,13 im
Abschnitt über die Dürre aufzuzeigen, ist dabei nachrangig, welche Entste-
hungshypothese von Jer 14,1–15,4 man vertritt:

Nach Bezzel etwa gehört Jer 14,13 zu einem Fortschreibungsschub,[390] „der
beide Fürbittverbote und die ihnen folgenden Gerichtsaussagen, also 14,11–
17a.18b* sowie 15,1–2a.3a.9b* umfaßt haben dürfte".[391] Danach ist die Einschreibung der (vergeblichen) Fürbitte 14,13 vom Wort gegen die Falschpropheten 14,14–16 abhängig, das seinerseits das Stichwort שֶׁקֶר aus 13,25b aufnimmt, der Anklage, Jerusalem habe sich auf Lüge verlassen. Dabei dürfte die
Fürbitte 14,13, die „von vornherein zum Scheitern verurteilt ist",[392] zusammen
mit dem Fürbittverbot 14,11f ergänzt worden sein.

---

teren Zusatz hält, 9b aber zur Grundschicht rechnet (vgl. ders., Sammlungen, 300ff), will er
שָׁלוֹם hier im Hinblick auf Hag 1; 2,15–19 allein vom Aspekt des agrarischen Erfolgs her
verstehen, s. a.a.O., 302 mit Anm. 51. Diese Konnotation schwingt in 2,9b zweifellos mit,
vgl. Wolff, BK XIV/6,63.

388 Beuken, Haggai, hält אֶתֵּן שָׁלוֹם im Hinblick auf Lev 26,6; Jer 14,13; Hag 2,9; 1 Chr 22,9f für
einen Segensspruch aus der Jerusalemer Kulttradition.

389 Aufgrund der Querverbindungen zu Jer 14,2–6 wird von einigen Forschern Jer 15,5–9 als
Abschluß des mit 14,1 beginnenden Kompositionsbogens angesehen, vgl. Beuken/van Grol,
Jeremiah, 322; Hollady, Jeremiah, 422.

390 Vgl. zum Folgenden Bezzel, Konfessionen, 97ff, bes. 106ff.

391 Bezzel, Konfessionen, 106.

392 Bezzel, Konfessionen, 107.

Wollte man dagegen mit einer dtr Überarbeitung von Jer 14,1–15,4 rechnen, so gehörte Jer 14,13 zu dieser innerhalb des dtr geprägten Stücks 14,10–16.[393] Auch wenn die Annahme einer dtr Redaktion des Jeremia-Buchs problematisch ist,[394] ist festzuhalten, daß sich Jer 14,13 an dtr Sprache orientiert.[395] Jer 14,13a lehnt sich an die Plagentrias חרב – רעב – דבר an.[396] Die Formulierung שלום אמת אתן (13b) nimmt nach Fischer wahrscheinlich einerseits 2 Kön 20,19//Jes 39,8[397] und andererseits Lev 26,6 auf,[398] המקום הזה (13b) greift auf Jer 7 zurück,[399] meint aber, wie V 15 zeigt, hier das Land.

Diese knappen Ausführungen mögen genügen, um zu verdeutlichen, daß Jer 14,13b fest mit dem näheren und weiteren Kontext des Jeremia-Buchs verbunden ist und sich homogen in Jer 14,10–16 einfügt. Dagegen ist die Heterogenität von Hag 2,9b im Nahkontext 2,3–9 sowie im gesamten Haggai-Buch augenfällig.[400] Dies legt den Schluß nahe, daß die Formulierung שלום אמת אתן לכם במקום הזה in Jer 14,13b ihren Sitz im Buch hat und von dort in Hag 2,9b (במקום הזה אתן שלום) übernommen wurde. Hag 2,9b liest sich geradezu als Gegenstück zu Jer 14,13: Jer 14,1–6 schildert eine Dürre (vgl. Hag 1), doch Jahwe nimmt die Buße nicht an und weist die Klage des Volks wegen seiner Verfehlungen zurück (Jer 14,7ff), die Heilsverheißungen sind lediglich faule Versprechungen der falschen Propheten. Nach Hag 1 soll die Dürre durch den Tempelbau überwunden werden. Das Volk ist gehorsam (Hag 1,12), und Jahwe erweckt den Geist der Bauleute (1,14). Der Tempelbau wird als die Wende zum Heil angesehen, so daß Haggai verkünden kann: במקום הזה אתן שלום (Hag 2,9). An der Legitimität von Haggais Sendung kann jedoch nach Hag 1,12–14 kein Zweifel bestehen.[401]

---

393 So Thiel, Redaktion, 178ff; Werner, NSK.AT 19, 142f. Nach Wanke, ZBK.AT 20, 140, gehört Jer 14,1–15,4 möglicherweise zu einer anderen, dtr Theologie aufnehmenden Bearbeitung von Jer.

394 Zur Kritik an einer dtr Redaktion von Jer s. z.B. Pohlmann, Studien, 16ff; Levin, Verheißung, 63ff; Schmid, Buchgestalten, 346ff.

395 Dies gilt ebenso für den Nahkontext, vgl. Jer 14,10.11–16. Zur notwendigen Differenzierung zwischen von einer dtr Konzeption und (lediglich) von dtr Sprache geprägten Texten bei Jer s. Schmid, Buchgestalten, 346ff.

396 Vgl. Jer 21,7.9; 24,10; 27,8.13; 29,17f usw. Wie in 14,13a werden in V 15(bis).16.18 ebenfalls nur die beiden ersten Glieder genannt, vgl. auch 5,12.

397 Die Formulierung שלום אמת ist im AT singulär.

398 Vgl. Fischer, HThKAT, 481f.

399 Vgl. Fischer, HThKAT, 482. S. Jer 7,3.6f.20.

400 S.o. S. 61f.

401 Nach Fischer, Relativierung, vgl. ders., HThKAT, 69, setzen sich die tempelkritischen Aussagen des Jeremia-Buchs (Fischer bezieht sich v.a. auf Jer 7; 26) u.a. mit den Aufrufen zum Tempelbau in Hag auseinander. Sollte dies zutreffen, dann wäre Hag 2,9b auch hierzu als Gegenreaktion zu begreifen, so daß das Abhängigkeitsverhältnis zwischen Hag und Jer mehrmals wechselt.

Sind nun alle Zusätze innerhalb von Hag 1,15b–2,9 identifiziert, so bleibt als Grundwort 2,3.9a übrig, wozu die Datierung 1,15b–2,1 als Einleitung gedient haben kann.[402] Die Stichworte הזה הבית, כבוד und die nicht weiter bestimmte 2. Pl.[403] weisen auf das Grundwort in Kap. 1 (V 4.8)[404] zurück und dürften mit diesem auf einer Ebene liegen.

Ähnlich dem Grundwort in Hag 1 (1,4.8), besteht 2,3.9a aus einer ein aktuelles Problem darstellenden Frage, auf die eine auf die Zukunft ausgerichtete Verheißung als Lösung folgt. So setzt 2,3.9a in der ersten Frage (3a) zunächst mit der Schilderung der glorreichen Vergangenheit ein, um dann in den nächsten beiden Fragen (3bαβ) auf die Gegenwart zu sprechen zu kommen, die in krassem Gegensatz zur Vergangenheit steht. Die Antwort 9a richtet dann den Blick auf die Zukunft, die selbst noch die Vergangenheit überbieten wird.

In der Regel wird כבוד in 2,3.9 als die äußerliche Pracht des Tempels verstanden,[405] eine Interpretation, die maßgeblich von V 6f her beeinflußt ist. Die literarhistorische Analyse hat jedoch wahrscheinlich gemacht, daß es sich hierbei um eine Nachinterpretation handelt, so daß dieses Verständnis für 3.9a nicht zwingend vorauszusetzen ist. Die Rede vom כבוד des Tempels erinnert viel mehr an die entsprechende mesopotamische Konzeption von *melammu*,[406] dem von Göttern, Dämonen oder Königen und mit diesen verbundenen Objekten, Symbolen oder Bauwerken ausgehenden, ehrfurchtgebietenden „Schreckensglanz". So haben auch Tempel *melammu*.[407] In diesem Sinne läßt sich der כבוד des Tempels in Hag 2,3.9a verstehen, als aus dem כבוד des im Tempel präsenten Gottes (vgl. ואכבד 1,8) herrührende Herrlichkeit.

2.2.3   Fazit

Den Grundbestand von Hag 1,15b–2,9 bildet mit 2,3.9a ein kurzer Spruch, der sich an eine nicht näher bestimmte 2. Pl. wendet. Mit diesem Wort kann die Einleitung 1,15b–2,1 verbunden werden. Der Spruch selbst beginnt mit einer rhetorischen Frage (3), die mit einer Verheißung (9a) beantwortet wird, und ist antithetisch gestaltet. Die frühere Herrlichkeit des Tempels wird zunächst der

---

402 Vgl. Kratz, Judentum, 88f.

403 Vgl. בכם אתם, בעיניכם, V 3.

404 Zu הבית הזה vgl. Hag 1,4, zu כבוד vgl. ואכבד 1,8.

405 S. z.B. Kessler, Book, 165f.182f; Wolff, BK XIV/6, 57f.62; Boda, NIV AC, 121; Verhoef, NIC.OT, 105, zurückhaltender Meyers/Meyers, AncB 25B, 50.53f, die annehmen, daß כבוד hier „Pracht" bezeichnet, aber vielleicht auch auf Gottes Präsenz im Tempel zu beziehen ist.

406 Zu *melammu* s. AHw 2, s.v. melemmu; CAD 10, s.v. melammu, bes. 1.d), Oppenheim, melammu; Cassin, splendeur; Podella, Lichtkleid.

407 S. Kodex Hammurabi (Text s. Borger, Lesestücke, 5ff), II,60–62, sowie aus den Inschriften Nebukadnezars, s. Langdon, Königsinschriften, Nbk. Nr. 15 (Text s. a.a.O., 120ff), III,6; Nr. 20 (Text s. a.a.O., 176ff), III, 40.77). Weitere Belege s. AHw 2, 643; CAD 10, 12.

Nichtswürdigkeit des Momentanzustandes (V 3), dann der Verheißung der künftigen noch größeren Herrlichkeit des Tempels (V 9a) gegenübergestellt.

Die den Spruch beherrschenden Stichworte sind הבית הזה und, damit verbunden, כבוד; daneben bestimmt der Gegensatz Vergangenheit (3a) – Gegenwart (3b) – Zukunft (9a), d.h. vor allem die Überbietung der Vergangenheit durch die Zukunft (ראשון, V 3, אחרון – ראשון, V 9a), den Aufbau des Orakels. Der Zusammenhang von Problemstellung (V 3) und Problemlösung (V 9a) wird nun in zweifacher Weise unterbrochen. Zum einen durch die Erweiterung und Interpretation der Antwort 9a durch die Rückführung des künftigen כבוד des Tempels auf die Kostbarkeiten der Völker (V 6–8), zum anderen durch das Ermutigungswort V 4f.

Wahrscheinlich ist zunächst V 6f als Ergänzung hinzugekommen, die die ursprüngliche Antwort 9a nach vorn hin erweitert und durch diese Vorschaltung neu interpretiert, um die Art und Weise zu erklären, wie der künftige כבוד des Tempels den bisherigen überbieten wird, nämlich dadurch, daß die Kostbarkeiten der גוים infolge eines kosmischen Aufruhrs zum Tempel kommen werden. Entweder ist Hag 2,6f im Horizont der Völkerwallfahrtstexte oder aber der Vorstellung eines universalen Weltgerichts einzuordnen, so daß mit einer Abfassung nicht vor der ersten Hälfte des 5. Jh.s, möglicherweise sogar erst in hellenistischer Zeit zu rechnen ist.

Das Wort über die Schätze der Völker wurde später noch einmal selbst um V 8 erweitert, der festhält, daß die Schätze zum Tempel ihres rechtmäßigen Besitzers zurückkehren.

Ein weiterer Zusatz, der wahrscheinlich ebenfalls bereits die Erschütterung der Völkerwelt im Blick hat, ist V 9b. Dieser Halbvers weitet die Perspektive der Verheißung des größeren כבוד (9a) dahingehend aus, daß der Tempel der Ort des שלום sein wird. Dabei ist 9b wahrscheinlich als innerbiblische Auslegung von Jer 14,13 anzusehen: Das Heil wird mit dem Bau des neuen Tempels wahrhaft eintreffen.

Das Ermutigungswort 2,4.5aβb orientiert sich mit der detaillierten Nennung der Adressaten am redaktionellen Rahmen (vgl. 1,1–3.12a.14; 2,2), gehört, wie die abweichende Formulierung erkennen läßt,[408] aber nicht mehr zu diesem, sondern setzt diesen bereits mit der Erweiterung in 1,12b.13, ebenso wie verschiedene Teile von Sach, voraus.[409] Das Ermutigungswort will die Bauleute angesichts der nach 2,2.3 von ihnen herrührenden Bedenken des erneuten Beistandes Jahwes versichern und im Hinblick auf die Verheißung der glorreichen Zukunft des Tempels erneut zum Tun aufrufen. Die Verwendung des Imp. חזק in Verbindung mit dem absolut gebrauchten Imp. עשה zeigt eine deutliche Nähe zu den entsprechenden chr Ansprachen, besonders zu

---

408 זרבבל בן־שלתיאל פחת יהודה statt כל־עם הארץ, יהושע בן־יהוצדק הכהן הגדול, זרבבל בן־יהוצדק הכהן הגדול, יהושע בן־יהוצדק הכהן הגדול, כל שארית העם (vgl. 1,12–14; 2,2).

409 Vgl. Sach 2,9.14f; 4,6–10; 6,8; 7,5; 8,3.9.13.

1 Chr 22,6–16; 28,2–10.20f, die von der Beauftragung Salomos als Tempelbauer handeln.

Die ursprüngliche Einleitung des Spruchkerns wurde in 2,2 erweitert. Die-
ser Vers ist aufgrund seiner Formulierung mit Sicherheit dem redaktionellen
Rahmen zuzuweisen[410] und wurde in jedem Fall vor 2,4f* hinzugefügt, wo der
Rahmen bereits vorausgesetzt ist.

2.3   Priestertora und Wende zum Segen (Hag 2,10–19)

2.3.1   Erste Beobachtungen am Text

Die Formulierungen der Datierung und der Wortereignisformel am Beginn der
dritten Wortverkündigungseinheit des Haggai-Buchs (2,10–19) weichen von
den vorangehenden ab. Anders als in 1,1; 1,15b–2,1 trägt Dareios in 2,10 nicht
den Titel הַמֶּלֶךְ,[411] und der Wortempfang geschieht diesmal auch nicht wie in
1,1.3; 2,1 בְּיַד, sondern אֶל־חַגַּי הַנָּבִיא, vgl. 2,20.[412] Der von 2,10 eingeleitete
Abschnitt besteht aus zwei Teilen, die, abgesehen von der Überleitung[413] וְעַתָּה
(V 15), kaum miteinander verbunden sind.[414] So spielt die Thematik des ersten
Teils (V 11–14) im zweiten (15–19) keine Rolle und umgekehrt.[415]

Während es in V 11–14 um Heiligkeit und Unreinheit, des Näheren die
Unreinheit des Volks, geht, konzentriert sich 15–19 auf das Thema des Tem-

---

410 Zu שְׁאֵרִית הָעָם ,יְהוֹשֻׁעַ בֶּן־יְהוֹצָדָק הַכֹּהֵן הַגָּדוֹל ,זְרֻבָּבֶל בֶּן־שְׁלְתִּיאֵל פַּחַת יְהוּדָה vgl. 1,12a.14,
     ferner 1,1f.

411 Zu דָּרְיָוֶשׁ הַמֶּלֶךְ vgl. noch Sach 7,1. In Sach 1,1.7 wird der Königstitel für Dareios wie in Hag
     2,10 ebenfalls nicht erwähnt. In Hag 2,20 fehlt die Erwähnung Dareios' ganz, was aber ganz
     einfach mit der Wiederholung des Datums und der damit verbundenen Auslassung der Jah-
     resangabe zusammenhängt.

412 In 2,20 wird Haggai allerdings nur mit dem bloßen Namen (vgl. 2,13.14) und ohne den Titel
     הַנָּבִיא genannt. Daß innerhalb des Berichts von der Toraeinholung (Hag 2,13.14) der Titel
     הַנָּבִיא im Gegensatz zum Rahmenvers 2,10 fehlt, dürfte nichts zu bedeuten haben: „Das Feh-
     len der Apposition in 2, 13 f. hat seinen Grund darin, daß in beiden Versen der Eigenname in
     der Mitte einer Erzählung auftritt, an deren Anfang V. 10 schon der volle Ausdruck ge-
     braucht ist" (Böhme, Maleachi, 215).

413 Vgl. dazu bes. Brongers, Bemerkungen.

414 Vgl. z.B. Rothstein, Juden, 53ff; Sellin, KAT XII/2, 455; Horst, HAT I/14, 207; Ackroyd,
     Studies (Teil 1), 170; ders., Exile, 158.167ff; Amsler, CAT XIc, 34; Wolff, BK XIV/6,
     41f.68f; Kratz, Judentum, 91; Wöhrle, Sammlungen, 304f.320f; Tiemeyer, Rites, 27ff.232;
     dies, Question, 72; Meadowcroft, Readings, 197.

415 Ackroyd, Studies (Teil 1), 170, bemerkt mit Recht, „there is no continuity of thought"
     zwischen V 11–14 und 15–19.

pelbaus, ohne daß das Thema heilig-unrein noch eine Rolle spielt.[416] Der Bescheid über das Volk in 2,14 findet keinen Nachhall in 2,15–19.[417] Die mit dem Baubeginn verheißene Wende zum Segen setzt nur schlecht die negative Antwort an die Priester fort. In V 15–19 gibt es nicht die geringste wörtliche Anspielung auf die Fragestellung von 2,10–14. Aber nicht nur in inhaltlicher, sondern auch in stilistischer und formaler Hinsicht unterscheiden sich V 11–14 und 15–19 beträchtlich. 2,11–14 ist als Erzählung, d.h. als Bericht einer Zeichenhandlung gestaltet,[418] während V 15–19 dem Dialogstil von 1,4–11; 2,3–9 entspricht. Ebenso richten sich 11–14 und 15–19 an unterschiedliche Adressaten, der erste Teil an die Priester, der zweite an das Volk im allgemeinen. Damit ist ein Personenwechsel von der 3. zur 2. Pers. verbunden, die Rede *über* das Volk (V 14) wird zur Rede *an* das Volk (V 15–19). Die Zeichenhandlung 11–14 kommt mit der Deutung der Fragen V 12f durch V 14 zum Ziel und zur formalen Abrundung, während die Aufnahme des Stichworts מן־היום הזה den Bogen von V 15 über V 18 zu V 19 spannt.[419] Die Frage des Verhältnisses von V 11–14 zu V 15–19 wird in der literarhistorischen Analyse weiter zu bedenken sein. Zunächst jedoch soll der Aufbau der beiden Teile (11–14.15–19) skizziert werden.

2.3.1.1   Einholung einer Priestertora (Hag 2,10–14)

Wie bereits erwähnt, liegt in der kurzen Erzählung 2,11–14 die Schilderung einer prophetischen Zeichenhandlung vor. Wie es häufig im AT bei Zeichenhandlungen der Fall ist,[420] fallen auch in Hag 2,11–14 der Auftrag zu einer bestimmten Handlung (vgl. 11b–12a) und der Bericht über deren Durchführung (vgl. 12b–13) ineinander.[421] Das Urteil Haggais in V 14 schließt die Zeichenhandlung mit der entsprechenden Deutung ab.

---

416 "As the prophet signs off this oracle, it is noticeable that he makes no attempt to connect the promises of vv. 18–19 with the opening reflections on the nature of purity" (Meadowcroft, Readings, 197).

417 Infrage käme hier allenfalls V 17 (vgl. auch die Aufnahme der Phrase 17aβ כל־מעשה ידיכם aus14bα), der jedoch als spätere Glosse nach Am 4,9 erst sekundär in den Text eingeschrieben worden ist. Auch die Wiederholung des Datums aus 2,10 in 2,18bα ist als Glosse einzustufen, s.u.

418 Vgl. Kessler, Book, 213; Wolff, BK XIV/6, 68f; Willi-Plein, ZBK.AT 24.4, 42; Reventlow, ATD 25/2, 25; Floyd, FOTL XXII, 290.294; Tiemeyer, Question, 72.

419 Vgl. Tiemeyer, Rites, 28, die darauf hinweist, daß die Inklusion ועתה שׂימו־נא לבבכם מן־היום הזה ומעלה (V 15a) – מן־היום הזה אברך (19b) den Rahmen des Spruches anzeigt, der damit als eigene Einheit abzugrenzen ist.

420 Vgl. Fohrer, Handlungen, passim.

421 So fehlt zu V 12a ein Bericht über die Durchführung und vor V 13 die Mitteilung einer erneuten Auftragserteilung (vgl. z.B. Wolff, BK XIV/6, 68f; Willi-Plein, ZBK.AT 24.4, 42).

Die Beauftragung setzt nach der Wortereignisformel 2,10 mit einer Botenformel ein,[422] als Adressaten der Anfragen Haggais werden die כהנים genannt,
die im Haggai-Buch nur hier Erwähnung finden.[423] Haggai soll bei den Priestern einen Toraentscheid einholen (V 11b–13).[424] Der Ausdruck שאל תורה
findet sich im AT nur bei Hag 2,11, vgl. dazu noch בקש תורה (Mal 2,7a) als
nächste Parallele.[425] Die Priester übernehmen dabei die in Lev 10,10f beschriebene Aufgabe, nämlich zwischen dem Heiligen und dem Profanen (בין
הקדש ובין החל, Lev 10,10a), zwischen dem Reinen und dem Unreinen (בין
הטמא ובין הטהור, Lev 10,10b), zu unterscheiden und die Israeliten zu unterweisen (להורת, 11a). Wie nicht zuletzt das Beispiel Lev 10,10 zeigt, weicht
Hag 2,12f mit der Nennung des Gegensatzes קדוש – טמא von den üblichen
Gegensatzpaaren קדוש – חל bzw. טהור – טמא ab. Petersen hat die
ansprechende Vermutung geäußert, die Auswahl in Hag 2,12f liege darin
begründet, daß קדוש und טמא anders als טהור und חל die eigentlichen
Zustände sind, die ansteckende Wirkung haben.[426]

Die beiden Fallbeispiele Hag 2,12.13 beschäftigen sich jeweils mit der
Frage, ob etwas Drittes durch indirekten bzw. mittelbaren Kontakt mit etwas
Heiligem oder Unreinem entsprechend heilig oder unrein wird.[427] Da in V 12
„irgend jemand" als Subjekt angeführt wird,[428] bezieht sich das erste Beispiel
offenbar auf das Lev 7,11–21 geschilderte Schelamim-Opfer, das einzige Opfer, bei dem Laien am Genuß des Opfers beteiligt waren und wo der Verzehr
von geheiligten Nahrungsmitteln auch außerhalb des Tempels möglich war.[429]
Wenn auch Heiligkeit prinzipiell durch direkten Kontakt weitergegeben werden kann,[430] wird etwas bei bloß indirektem Kontakt (hier nur durch den Ge-

---

422 Zum Beginn einer Zeichenhandlung mit Botenformel vgl. z.B. Jer 13,1; 19,1; 27,2. In Jer
27,1f geht der Botenformel ebenfalls eine Wortereignisformel voraus. Die Abfolge Datierung
+ Wortereignisformel (Hag 2,10) + Redeauftrag (2,11b) entspricht zudem Hag 1,15b–2,2;
2,20–21a.

423 S. Hag 2,11.12.13. Vgl. aber noch Sach 7,3.5, ferner Sach 3,7f.

424 Zum Vorgang s. Begrich, Tora.

425 Nach Meyers, Use; Meyers/Meyers, AncB 25B, 55, ist שאל תורה ein neuer Ausdruck, der in
nur wenig anderer Form in Mal 2,7 mit בקש תורה begegnet. Wegen seiner Ähnlichkeit mit
späterer Midrasch Halacha hält Meyers, Use, שאל תורה für eine protorabbinische Wendung,
die dem jüngeren פסק דין entspricht.

426 S. Petersen, OTL, 74ff. Petersen nimmt dabei mit Verweis auf Dtn 14,2f.10f.21 an, daß
zwischen den Begriffen folgendes Kontinuum besteht: קדוש – טהור – חל – טמא. Einen
Überblick über die Konzeption dieser Begriffe gibt Jenson, Holiness.

427 Vgl. Fishbane, Interpretation, 297; Hildebrand, Temple Ritual, 161; Boda, NIV AC, 144;
Tiemeyer, Rites, 220ff; dies., Question.

428 הן ישא־איש.

429 Vgl. Meyers/Meyers, AncB 25B, 55; Verhoef, NIC.OT, 117; Kessler, Book, 204; Boda, NIV
AC, 144.

430 Vgl. z.B. Ex 29,37; 30,29; Lev 6,11. Heiliges Fleisch macht nach Lev 6,20 alles heilig, was
es berührt (כל אשר־יגע בבשרה). Laut Milgrom, AncB 3, 450f, kann nach Lev 6,20 eine hei-

wandsaum) dagegen nicht mehr heilig.[431] Anders liegt der Sachverhalt im zweiten Beispiel: Unreinheit kann an Dritte weitergegeben werden, wie z.B. Lev 7,19; 22,1–9; Num 19,22 zeigen.[432] Hag 2,13 bezieht sich auf die Verunreinigung mit einem Leichnam, vgl. z.B. Lev 21,1; 22,4 und bes. Num 19,11–13. In Hag 2,13 ist נֶפֶשׁ als verkürzende Redeweise oder Euphemismus zu נֶפֶשׁ מֵת zu verstehen.[433] Aus den beiden geschilderten Fällen ist dann offenbar der Schluß zu ziehen, daß Unreinheit ansteckender ist als Heiligkeit.[434]

Die Anfragen V 12f verfolgen dabei im Rahmen der Zeichenhandlung von vornherein den rhetorischen Zweck, Haggais Argumentation zu unterstützen.[435] Dementsprechend kommen die Fragen 2,12–13 in V 14 in der Antwort Haggais zum Ziel, womit die Zeichenhandlung in der Deutung V 14 gattungsgemäß ihre Klimax und ihren Abschluß erreicht.[436] Die Aufnahme des Themas der Unreinheit sowie die Partikel כֵּן, die den Vergleich mit dem Vorangegangenen zum Ausdruck bringt, stellen den Rückbezug von V 14 zu 12f her. Wie Haggais Antwort in V 14 zeigt, ist die entscheidende Frage Haggais die zweite (V 13); die erste (V 12) dient dagegen hauptsächlich als Auslöser für die zweite.[437] In V 14 hebt nun Haggai an,[438] um die Schlußfolgerung zu ziehen: כֵּן

---

lige Speise jedoch nur andere Speisen heilig machen. Zur Frage der Kleidung vgl. Ez 44,19: Die Priester sollen ihre Kleidung nach dem Dienst austauschen, um damit nicht das Volk heilig zu machen.

431 Vgl. Fishbane, Interpretation, 297; Hildebrand, Temple Ritual, 161.

432 Tiemeyer, Question, 67ff, weist auf Klgl 4,14 als ein Beispiel für indirekte Verunreinigung hin, die hier durch das Berühren von mit Blut verunreinigten Kleidern (vgl. dagegen Hag 2,12) übertragen wird.

433 S. Lev 21,11; Num 6,6, vgl. zur Redeweise in Hag 2,13 noch Num 5,2; 9,6f.10; 19,11.13. Vgl. z.B. Wolff, BK XIV/6, 70f; Boda, NIV AC, 144 m. Anm. 14.

434 Vgl. z.B. K. Koch, Volk, 215; Fishbane, Interpretation, 297; Hildebrand, Temple Ritual, 161; Tiemeyer, Rites, 224f. Gegen Rudolph, KAT 13/4, 48.

435 Vgl. Sellin, KAT XII/2, 469; Elliger, ATD 25, 95; K. Koch, Volk, 214f; Rudolph, KAT 13/4, 48f; Redditt, NCBC, 26f; Kessler, Book, 213; Tiemeyer, Rites, 221f; Willi-Plein, ZBK.AT 24.4, 42f. Für die von Haggai aufgeworfenen Fragen wäre wohl keine Toraeinholung nötig gewesen. Es handelt sich vielmehr um ein Problem, das „von jedem Laien beantwortet werden konnte" (Sellin, KAT XII/2, 469). Darüber hinaus wäre die rhetorische Funktion von 2,12f im Sinne einer prophetischen Zeichenhandlung mißverstanden, würde man meinen, Haggai habe mit seinen Fragen eine Wissenslücke zu schließen; gegen Marti, KHC XIII, 387; Wellhausen, Propheten, 175; Mitchell, ICC, 66f; Beuken, Haggai, 65; Wolff, BK XIV/6, 70; Meyers, Use; Meyers/Meyers, AncB 25B, 76ff; Verhoef, NIC.OT, 116; Reventlow, ATD 25/2, 25.

436 Vgl. z.B. Wolff, BK XIV/6, 69; Kessler, Book, 201ff; Tiemeyer, Rites, 221f; dies, Question, 72.

437 "In effect, the prophet is only really concerned with the second of these two questions. He depends on a negative reply to the first question in order to set up a positive answer to the second – which he then uses rhetorically to establish an analogy between the hypothetical ritual case and the actual situation of Israelites" (Fishbane, Interpretation, 297). Vgl. Boda, NIV AC, 145.

העם־הזה וכן־הגוי הזה לפני נאם־יהוה וכן כל־מעשה ידיהם ואשר יקריבו שם
טמא הוא.[439] Im Gefolge Rothsteins wurde die Formulierung כן העם־הזה
וכן־הגוי הזה gern auf die Samaritaner bezogen.[440]

Mit kleineren Variationen werden folgende Argumente angeführt: Die im
Demonstrativum הזה und dem Vorwurf der Unreinheit sichtbar werdende
radikale Verurteilung des Volks kann sich nicht auf die vorher so positiv angeredeten und zum Bau ermunterten Heimkehrer aus der Gola beziehen. הגוי הזה
trägt den Unterton des Heidnischen.[441] Hag 2,10–14 sei von Esr 4,1–5a her zu
verstehen, wobei Esr 4,1–5a die Verhältnisse von 520 und nicht von 537 wi-
derspiegelt. Das kritisierte Volk sei daher die Mischbevölkerung des ehemaligen Nordreichs, deren Ansinnen, beim Tempelbau mitzuwirken, scharf abgelehnt wurde, weil sie von Haggai für unrein und zur Teilnahme am Jahwekult
für unwürdig befunden wurde.

Vor allem seit K. Koch steht diese Deutung jedoch völlig zu Recht stark in
der Kritik und ist zurückzuweisen,[442] so daß man mit den älteren Auslegern
wieder an Haggais eigenes Volk zu denken hat.[443]

Dabei ist die wichtigste Beobachtung,[444] daß עם sonst im Haggai-Buch nie
etwas anderes als das eigene Volk bezeichnet[445] und die Wendung כן העם־הזה

---

438 Meyers/Meyers, AncB 25B, 57, stellen mit Recht fest, daß die Einleitung von V 14 (ויען חגי
ויאמר, vgl. auch ויענו הכהנים ויאמרו, V 12b) dem Dialogstil der Nachtgesichte des Sacharja
entspricht, vgl. Sach 1,10–12; 3,4; 4,4–6.11–12; 6,4–5.

439 Nach V 14 MT hat die LXX einen als nachträglichen Zusatz zu wertenden Textüberschuß,
vgl. Ackroyd, Glosses, 165f, Rudolph, KAT 13/4, Anm. 14b; Wolff, BK XIV/6, 67f Anm.
14a-c; Kessler, Book, 197 Anm. 4, gegen Schenker, veritas, 62ff.69f. Die LXX versteht Unreinheit als moralisches Fehlverhalten, wobei der Schluß aus Am 5,10 stammt: ἕνεκεν τῶν
λημμάτων αὐτῶν τῶν ὀρθρινῶν ὀδυνηθήσονται ἀπὸ προσώπου πόνων αὐτῶν καὶ ἐμισεῖτε ἐν
πύλαις ἐλέγχοντας.

440 S. Rothstein, Juden, 7ff, vgl. Sellin, KAT XII/2, 462ff; Horst, HAT I/14, 208f; Elliger, ATD
25, 94ff; Beuken, Haggai, 67ff; Rudolph, KAT 13/4, 49f; Wolff, BK XIV/6, 71ff. Eine Son-
derposition dieser Deutung vertritt Unger, Volk, 217ff. Danach können in 2,14 nur die Samaritaner und nicht das eigene, bauwillige Volk gemeint sein. Aber 2,10–14 stammen nicht vom
eschatologisch ausgerichteten Propheten Haggai selbst, sondern von der theokratisch orientierten chr Redaktion, die bereits Esr 4,1–5 im Blick hat, s. dazu u. zur literarhistorischen
Analyse.

441 Besonders drastisch ist Rothsteins Wiedergabe mit „,dies Heidenpack da'" (Rothstein, Juden,
32).

442 Vgl. neben K. Koch, Volk, 207.215ff, noch z.B. Petersen, OTL, 80f; Kratz, Judentum, 91;
Wöhrle, Sammlungen, 303, sowie die in den folgenden Anmerkungen genannte Literatur.

443 Vgl. z.B. Wellhausen, Propheten, 175f; Marti, KHC XIII, 388.

444 Vgl. neben K. Koch, Volk, etwa noch Cody, People; May, People; Ackroyd, Studies (Teil 2),
5; ders., Exile, 167ff; Meyers/Meyers, AncB 25B, 57; Verhoef, NIC.OT, 113f.119f; Amsler,
CAT XIc, 37; Hildebrand, Temple Ritual; Reventlow, ATD 25/2, 26; Kessler, Book, 205;
Boda, NIV AC, 145; Tiemeyer, Rites, 227f.

445 Vgl. Hag 1,2.12(bis).13f; 2,2.4.

וכן־הגוי הזה als synonymer Parallelismus aufzufassen ist.[446] Das
Demonstrativum הזה wird in 2,14 durchaus einen negativen Unterton haben,
genau so ist es aber auch für das eigene Volk in 1,2 (העם הזה) gebraucht.[447]
Da die Samaritaner auch sonst nicht im Haggai-Buch erwähnt werden, ist
es höchst unwahrscheinlich, daß הזה anstelle einer expliziten Benennung auf
sie verweist. Darüber hinaus kann Esr 4,1–5 nicht für die Situation des Jahres
520 historisch ausgewertet werden. Es handelt sich vielmehr um eine spätere
Rückprojektion, die erklären will, warum der Tempel nicht schon unter Kyros
gebaut wurde.[448] Nach den neuesten archäologischen Untersuchungen wurde
der Jahwe-Tempel auf dem Garizim in der Mitte des 5. Jh.s gebaut.[449] Doch
auch für die Zeit danach zeichnen die Elephantine-Dokumente ein anderes
Bild (s. A4.7–9):[450] Noch Ende des 5. Jh.s (ca. 407/6 v. Chr.) wenden sich die
Elephantiner Juden wegen des Wiederaufbaus des von den Chnum-Anhängern
zerstörten Tempels an die Behörden in Jerusalem und Samaria,[451] die in Ab-
stimmung miteinander darauf antworten. Von einem Dissens in Sachen Kult
zwischen Jerusalem und Samaria ist hier zumindest nichts festzustellen. Die
Fortsetzung des Vergleichs וכן כל־מעשה ידיהם ist am ehesten als Anspielung
auf die landwirtschaftlichen Erzeugnisse zu verstehen.[452] Dies wird durch die
Verwendung desselben Ausdrucks in Hag 2,17[453] sowie im Dtn nahegelegt.[454]
Schließlich kann man noch auf den parallelen Ausdruck כל־יגיע כפים in 1,11
verweisen, der dort für den agrarischen Arbeitsertrag gebraucht ist.[455] קרב Hif.

---

446 Die Bezeichnung גוי kann selbstverständlich auch für Israel stehen, vgl. nur Gen 12,2; Ex
     19,6. עם und גוי werden außer in Hag 2,14 noch in Ex 33,12f; Jes 1,4; 10,6; Zef 2,9; Ps 33,12
     parallel für Israel gebraucht.
447 So mit Kessler, Book, 213f; Boda, NIV AC, 145; Tiemeyer, Rites, 228, und gegen K. Koch,
     Volk, 215; Cody, People; Petersen, OTL, 81f; Amsler, CAT XIc, 37, wonach הזה in 2,14
     wertneutral zu verstehen ist.
448 Vgl. Reventlow, ATD 25/2, 26; Gunneweg, KAT XIX/1, 78f; Bedford, Temple Restoration,
     886ff; Trotter, Temple, 278ff; Kratz, Judentum, 67ff; Kratz, Komposition, 56ff.94ff.97f.
449 S. Magen, Temple City; Magen/Tsfania/Misgav, Inscriptions; Stern/Magen, Evidence; Ma-
     gen/Misgav/Tsfania, Excavations I, 3ff; Magen, Excavations II, 167ff; ders. Dating; ders.,
     Temple. Zur Frage des Ursprungs der Samaritaner und zum Tempelbau auf dem Garizim s.
     auch Knoppers, Question; Kartveit, Origin, bes. 351ff.
450 Texte s. Porten/Yardeni, Textbook I, 68ff; 71ff; 76f; Schwiderski, Inschriften, 8f.9f.10.
451 Vgl. hierzu Kottsieper, Religionspolitik, 161ff ; Knauf, Elephantine, 186f; Kratz, Judentum,
     60ff.
452 Vgl. Mitchell, ICC, 68; Petersen, OTL, 82f; Redditt, NCBC, 28; Kessler, Book, 205.
453 Nach dem Inhalt von 2,17 ist כל־מעשה ידיכם eindeutig agrarisch konnotiert, vgl. z.B. Tol-
     lington, Tradition, 201. Auch wenn 2,17 jünger als 2,14 sein dürfte, zeigt dies doch, daß be-
     reits 2,17 כל־מעשה ידיהם in 2,14 als Bodenerzeugnisse verstanden hat.
454 Vgl. Dtn 2,7; 14,29; 16,15; 24,19; 28,12; 30,9. Dabei ist כל־מעשה יד- fest mit der Segens-
     thematik verknüpft. Außer im Dtn und Hag 2 begegnet die Wendung כל־מעשה יד- nur noch
     in 2 Kön 22,17//2 Chr 34,25, bezeichnet dort aber den Götzendienst.
455 Zu 1,11 s.o. S. 32.

ist kultischer *terminus technicus* für das Darbringen der Opfer.[456] Die Ortsangabe שָׁם dürfte nach dem Kontext des Haggai-Buchs am ehesten auf den in 2,9 genannten Tempel verweisen und nicht auf den nicht eigens genannten Altar.[457] Die Deutung Haggais läuft nun auf ihre Pointe hinaus, die Belehrung, daß das Tun des Volks und die Opfer unrein sind. Die reine „deklaratorische Formel" טָמֵא הוּא findet sich außer in Hag 2,14 nur noch bei P.[458]

Was nun aber das *tertium comparationis* ist, d.h wie die Zeichenhandlung und Haggais Urteil genau zu interpretieren sind, hat in der Forschung zu unterschiedlichsten Interpretationen geführt.[459] Neben der Samaritaner-Hypothese lassen sich dabei grundsätzlich zwei Hauptlinien unterscheiden, nämlich eine moralische und eine kultische Deutung. Nach der ersten liegt die Ursache der

---

456 Vgl. z.B. Lev 1,2; 2,8; 7,16.18; Num 7,2.18; 29,13; 31,50. So mit z.B. Wolff, BK XIV/6, 73; Reventlow, ATD 25/2, 26; Petersen, OTL, 83; Kessler, Book, 206; Boda, NIV AC, 146, und gegen Tiemeyer, Rites, 233ff.

457 Vgl. Meadowcroft, Readings, 184, der darauf hinweist, daß der Altar im Text selbst nicht nur nicht erwähnt wird, sondern daß das Haggai-Buch vom Tempelbauprojekt insgesamt handelt. Dabei könnte sich שָׁם entweder auf הַבַּיִת הַזֶּה (2,9a) oder bereits auf den später hinzugefügten Halbvers 9b beziehen, so Kratz, Judentum, 91: „Das *šm* ‚dort' hat in dem ‚Ort' von 2,9b seinen nächsten Bezugspunkt."
Diejenigen, die in dem שָׁם eine Referenz zum Altar sehen (vgl. z.B. Reventlow, ATD 25/2, 26; Kessler, Book, 206; Boda, NIV AC, 146), verweisen dabei auf Esr 3, wonach der Altar bereits vor dem Tempel wiedererrichtet und auch der Opferbetrieb bereits aufgenommen war. Wie auch sonst im AO üblich, ist in der Tat davon auszugehen, daß auch in der Zwischenzeit der Zerstörung und Wiedereinweihung des Tempels der Kult nicht völlig zum Erliegen kam, vgl. Berlejung, Notlösungen, bes. 207ff.220ff, vgl. dies., „Götter", 112ff. Zu ao Analogien vgl. auch Hurowitz, Temples; zum AT s. neben Esr 3 noch etwa Jer 41,4f. Einen Mittelweg beschreiten z.B. Petersen, OTL, 83f; Tiemeyer, Rites, 236f. Danach ist שָׁם auf den Tempel oder den Altar zu beziehen. Eine Sondermeinung zur Ortsangabe שָׁם hat Beuken, Haggai, 70ff, bes. 72, vertreten. Beuken hält dabei die Worte וְאֲשֶׁר יַקְרִיבוּ שָׁם für eine spätere Interpolation des chr Endredaktors, weil diese Auskunft zum kultischen Bereich zurückkehre und somit von den Priestern und nicht von Haggai zu erwarten wäre. Die Zurückweisung der Kultgebräuche wäre zudem ein Schlag ins Gesicht der Priester. Der chr Endredaktor hat, wie schon Haggai, die Samaritaner im Blick; שָׁם meint jedoch nicht den Jerusalemer Altar, sondern samaritanische Kultstätten. Beukens These ist aus mehreren Gründen höchst fraglich. Wie oben erwähnt, ist dem Haggai-Buch kein Hinweis auf die Samaritaner zu entnehmen, weder explizit noch implizit. Um so weniger ist in וְאֲשֶׁר יַקְרִיבוּ שָׁם ein Bezug auf samaritanische Altäre anzunehmen. Die Opferthematik in 2,14b verweist zudem auf 2,12 zurück. Daß Hag 2,10–14 eine Kritik der Priester enthalten könne, ist petitio principii. Das Gegenteil dürfte vielmehr richtig sein, s. dazu gleich. Der kultische Bereich wird in Hag 2,14 nie verlassen, wie der entscheidende Satz zeigt, auf den 2,14 zuläuft: טָמֵא הוּא. Diese Formel wird ja auch von Beuken mit Recht für den ursprünglichen Text reklamiert, der andernfalls seine Pointe verlöre. Mit der deklaratorischen Formel (s. dazu gleich) טָמֵא הוּא bedient sich Haggai nun eindeutig der Form der priesterlichen Auskunft.

458 S. Lev 11,35; 13,11.15.36.44.46.51.55; 14,44; 15,2.25; Num 19,15.20. Vgl. dazu Rendtorff, Gesetze, 74ff; Elliger, HAT I/4, 150f, bes. 150 Anm. 1; Wolff, BK XIV/6, 73. Zu טָמֵא הוּא mit לָכֶם s. Lev 11,4–8.26–28.38 (vgl. V 29.31); Dtn 14,7f.10.19.

459 S. die Übersichten bei Verhoef, NIC.OT, 119f; Amsler, 36f; Tiemeyer, Rites, 228ff.

Unreinheit entweder in der Gleichgültigkeit des Volkes gegenüber dem Voran-
kommen des Tempelbaus oder in allgemeinem Fehlverhalten des Volks begründet,[460] nach der zweiten geht der Grund für Unreinheit des Volks von der
Unreinheit des Altars oder des Tempels aus, weil dieser noch nicht wieder
eingeweiht wurde bzw. weil noch keine Reinigungsopfer *rite* vollzogen werden können.[461] Allerdings sind beide Lösungen falsche Alternativen, da Reinheit und Unreinheit nach der Auffassung des AT den kultischen und auch
moralischen Bereich umfassen, so daß hier eine Trennung zu vermeiden ist.[462]
Wie auch immer V 14 genau zu verstehen ist, nach dem Kontext des Haggai-
Buchs und der Ortsangabe שָׁם ist die Frage der Unreinheit und das Ausbleiben
des Segens in jedem Fall mit dem Tempelbau verbunden. Sollte sich כָּל־מַעֲשֵׂה
יְדֵיהֶם tatsächlich in erster Linie auf die Agrarerzeugnisse beziehen,[463] so steht
deren Produktion nicht nur unter dem Fluch (vgl. 1,6.9–11), sondern ist nun
auch für unrein befunden, und zwar weil das Volk selbst unrein ist. Entsprechend sind auch die Opfer unrein. Zugleich dient 2,10–14 mit dem Vorwurf
der Unreinheit ebenso als Überleitung zum erneuten Aufruf 2,15–19, der noch
einmal wie 1,5–11 die Notlage vor Augen führt und schließlich die Wende
zum Segen verheißt.

Meist begnügt sich die Exegese von V 14 mit der Beantwortung der Frage,
was „dieses Volk" und „diese Nation" und was das *tertium comparationis* für
die Fallbeispiele V 12f ist. M.E. sollte dabei aber nicht übersehen werden, daß
nicht nur das Volk kritisiert wird, sondern daß V 14 zugleich eine Polemik
gegen die Priester zum Ziel hat,[464] die schließlich die Adressaten der Zeichenhandlung sind.[465] Da es bei Haggais Fragen nicht um bloße Wissensvermitt-
lung geht, sollte eine rhetorische Absicht der Fallbeispiele und der Deutung
durch Haggai auch im Hinblick auf die Adressaten angenommen werden.[466]
Dies zeigt V 14b auch ganz deutlich: Nicht nur das Tun der Hände des Volks,
sondern auch deren Opfer fallen unter das ganz in der priesterlichen Terminologie formulierte Verdikt טָמֵא הוּא. Die Priester, die es besser wissen müß-

---

460 Dies ist schon die Interpretation der LXX, s.o. S. 79 Anm. 439. Vgl. z.B. Mitchell, ICC, 68f;
     Ackroyd, Studies (Teil 2), 5f; ders., Exile, 168ff; May, People; Townsend, Comments;
     Hildebrand, Temple Ritual.

461 Vgl. z.B. K. Koch, Volk, 217ff; Petersen, OTL, 84f; Kessler, Book, 215ff.

462 So mit Meyers/Meyers, AncB 25B, 79; Reventlow, ATD 25/2, 25. Zur dahinter stehenden
     Vorstellung vgl. Neusner, Idea, 1ff.

463 S.o. S. 80.

464 Daß dies der Fall ist, wird z.B. von Verhoef, NIC.OT, 116, abgelehnt.

465 Vgl. Petersen, OTL, 84f; Tiemeyer, Question, 71f; dies, Rites, 222f.226.237ff.

466 Vgl. Tiemeyer, Question, 71f, vgl. dies, Rites, 222: "Haggai, by turning to the religious
     authorities, emphasises this very point: he uses the inquiry as a means to condemn the
     priests". Allerdings folge ich nicht Tiemeyers Interpration von 2,14b, s. Anm. 467.

ten,[467] lassen demnach unreine Opfer eines unreinen Volks zu. Sie sind damit ebenfalls von Haggais Antwort betroffen. Mit der Kritik an Volk und Priestern, die unreinen Opfer betreffend, behandelt Hag 2,10–14 ein Thema, das der Problematik des Maleachi-Buchs entspricht.[468]

2.3.1.2   Wende zum Segen (Hag 2,15–19)

Der auf 2,11–14 folgende Abschnitt V 15–19 ist wieder wie 1,4–11 und 2,3–9 ganz von der Anrede an eine 2. Pers. Pl. bestimmt. V 15 setzt mit ועתה neu ein. Durch diese Verknüpfung wird wie in 1,5; 2,4 eine Verbindung zum vorangehenden Kontext hergestellt.[469] Genauer besehen, entspricht der Aufruf 2,15a ועתה שימו־נא לבבכם מן־היום הזה ומעלה in Struktur und Funktion Hag 1,5, ebenso wie 2,18 Hag 1,7 entspricht.[470] Wie in Hag 1,5–7 rahmen die Aufrufe, sein Herz auf etwas zu richten (jeweils לבבכם + שימו), eine Schilderung von Nichtigkeitsflüchen. Anders als 1,5.7 richten 2,15a.18 nun aber den Blick vom gegenwärtigen Ergehen in die Zukunft,[471] wie die Formulierung מן־היום הזה ומעלה anzeigt.[472]

---

467 Tiemeyer, Rites, 221f.238, betont, daß die Fragen zur Heiligkeit bzw. Unreinheit (2,12f) an die Priester gestellt werden, um vor Augen zu führen, daß sie ihre Aufgabe, das Volk zu unterweisen und die Einhaltung der Reinheitsvorschriften zu gewährleisten, nicht erfüllt haben. Tiemeyers Deutung von V 14b ist dagegen problematisch, vgl. a.a.O., 237ff. Hiernach sind die Priester in 14b Subjekt von ואשר יקריבו שם טמא הוא. Dabei will Tiemeyer, Rites, 233ff, קרב mit der LXX singularisch lesen und intransitiv verstehen. Diese Erklärung wirkt aber äußerst gezwungen, da es vom Kontext von V 14 her überhaupt nicht ersichtlich wird, daß in 14b jemand anderes als das Volk als Subjekt gemeint ist. Warum werden die Priester nicht noch einmal genannt und in diesem Fall auch nicht möglicherweise in der 2. Pers. angeredet, wo sich doch Haggais Fragen (vgl. V 11–13) an sie gerichtet haben?

468 Vgl. bes. Mal 1,6–14; 2,1–9; 3,6–12.

469 Verhoef, NIC.OT, 113; Kessler, Book, 198 Anm. 5 sowie S. 206 m. Anm. 65; Boda, NIV AC, 142.

470 Vgl. K. Koch, Volk, 213 m. Anm. 22; Petersen, OTL, 87; Kratz, Judentum, 91; Boda, Haggai, 300f; ders., NIV AC, 146f. Zu Hag 1,5.7 s.o. S. 25f.

471 Vgl. Boda, Haggai, 300f; ders., NIV AC, 146f.

472 Vgl. 1 Sam 16,13; 30,25. So u.a. mit Marti, KHC XIII, 388; Rudolph, KAT 13/4, 51; Beuken, Haggai, 209; Verhoef, NIC.OT, 121f (dort auch mit Übersicht über die abweichenden Wiedergabeversuche). מעלה in 2,15a als „weiter rückwärts" zu verstehen, so zuletzt wieder Meyers/Meyers, AncB 25B, 59, gibt מעלה eine „unmögliche Bedeutung" (Marti, KHC XIII, 388). Zum Sinn von 2,15a hat sich bereits Wellhausen in aller Klarheit geäußert: „Der Sinn von מעלה, der natürlich in v. 15 der gleiche sein muss wie in v. 18, ist *nach vorwärts*, nicht *nach rückwärts*; dies steht durch 1 Sam. 16, 13. 30, 25 vollkommen fest, und wer es leugnet, verwirkt den Anspruch auf Beachtung seiner Exegese" (Wellhausen, Propheten, 176, Hervorhebung im Original gesperrt).

Mit dem Ausblick auf die Zukunft weist 2,15a bereits auf V 19 voraus, wo das Stichwort מן־היום הזה in der Verheißung kommenden Segens aufgenommen wird: מן־היום הזה אברך. Vers 19 bildet somit die Klimax und den Abschluß des Orakels.[473]

Auch in bezug auf 2,19 läßt sich eine strukturelle Parallele zu Kap. 1 feststellen. Hier wie dort werden die von den Ermahnungen שימו לבבכם gerahmten Nichtigkeitsflüche von einer Heilsankündigung in der 1. Sg. Imperf. abgeschlossen, vgl. אברך (2,19b) mit וארצה־בו ואכבד (1,8b).

Bevor allerdings die heilvolle Zukunft vor Augen gemalt werden kann, blicken 2,15b–17 als Kontrast zu dieser noch einmal auf die Vergangenheit zurück,[474] und zwar auf das Ergehen zu der Zeit, bevor man Stein auf Stein legte.[475] Der im AT einmalige Ausdruck שׂים־אבן אל־אבן ist vermutlich auf die Aufnahme der Arbeiten am Fundament zu beziehen[476] – möglicherweise ist hier an das *kalû*-Ritual gedacht, bei dem ein Stein des alten Tempels in das Fundament des neuen gelegt wurde.[477] Die Bezeichnung des Tempels lautet in 2,15 היכל statt des sonst üblichen בית.[478]

---

473 Vgl. Verhoef, NIC.OT, 131; Boda, NIV AC, 150; Tiemeyer, Rites, 28.

474 Vgl. Kessler, Book, 207. Wellhausen charakterisiert V 15b–17 als „parenthetische Vorbereitung des Hauptgedankens durch eine notwendige Antithese" (Wellhausen, Propheten, 176). Das erste Wort von 2,16 (מהיותם) ist gegen die Verseinteilung zu 2,15b zu ziehen, vgl. Marti, KHC XIII, 389. Da allerdings das מהיותם des MT schlecht zu verstehen ist, ist der Text mit der LXX zu ändern: מי הייתם oder מה הייתם, vgl. z.B. Marti, KHC XIII, 389; Rudolph, KAT 13/4, 45 Anm. 16a; Meyers/Meyers, AncB 25B, 48 Anm. c sowie S. 60; Kessler, a.a.O., 198 Anm. 11, Wöhrle, 306 Anm. 65; Wolff, BK XIV/6, 40 Anm. 16a.

475 מטרם bildet den Gegensatz zu מעלה (15a, vgl. 18a) und hat die Bedeutung „ehe, bevor", vgl. z.B. Jos 3,1; Rut 3,14(Qere); Jes 65,24; Ps 90,2; 119,67; Spr 8,25, „weist also auf Vergangenes, Bisheriges; Überholtes zurück" (Wolff, BK XIV/6, 45). Vgl. Rudolph, KAT 13/4, 45 Anm. 15a; Reventlow, ATD 25/2, 27; Kessler, Book, 198 Anm. 8. Als logisches Subjekt des Inf. שום ist dem Kontext nach die 2. Pl. zu bestimmen, vgl. Wolff, BK XIV/6, 40 Anm. 15b; Kessler, Book, 198 Anm. 9.

476 So ist 2,15 schon von der Glosse 18bβ אשר־יסד היכל־יהוה למן־היום verstanden worden. Meadowcroft, Readings, 190, erkennt in אבן אל־אבן + שׂים ein Wortspiel mit ועתה שׂימו־נא לבבכם (15a.18a): "The poetics of the wordplay reinforce the link between the state of the people's heart and the state of the temple" (Meadowcroft, ebd.).

477 Vgl. Amsler, CAT XIc, 28; Petersen, Zerubbabel, 369; ders., OTL, 89f; Kessler, Book, 209.216ff. Zum *kalû*-Ritual s. Ellis, Foundation Deposits; Ambos, Baurituale, 10ff.171ff. Vgl. ferner Sach 4,6–10, s. dazu u. 3.8.2.

478 Die Bezeichnung des Tempels als היכל יהוה findet sich im gesamten Haggai-Buch nur innerhalb von 2,15–19, und zwar in V 15a.18bβ. Zu בית für den Tempel s. Hag 1,2.4b.8.9bα.14; 2,3.7.9.

Vers 16 nimmt das Thema der Nichtigkeitsflüche aus 1,6 auf.[479] Die Beispiele nehmen 1,6aα.11, den Ernteertrag von Korn und Wein, in den Blick,[480] der nicht den Erwartungen entspricht. Anders als in 1,6 (vgl. auch 1,9a) werden die Nichtigkeitsflüche aber nicht mit der Antithese viel – wenig oder mit einer Negation, sondern durch konkrete Zahlenverhältnisse ausgedrückt,[481] vgl. im AT dazu besonders Jes 5,10,[482] für den AO vor allem die Bilingue vom Tell Feḥerīje, wo allgemeine Aussage und konkrete Angaben unmittelbar aufeinanderfolgen:

> [18] Und er wird [19] säen, aber er soll[483] nicht ernten. Und tausend [sc. Maß] Gerste wird er säen, aber er soll nur ein halbes Maß davon einnehmen.[484]

Hag 2,17 zitiert Am 4,9,[485] erweitert das Zitat aber um die Nennung des Hagels (ברד) und die Aufnahme der Wendung כל־מעשׂה ידיכם aus Hag 2,14aβ. Während in 2,16 wie in 1,6 kein Urheber der Nichtigkeitsflüche genannt war, wird nun die Strafe wieder wie in 1,9–11 explizit auf Jahwe (1. Sg.) zurückgeführt. Mit den Kornkrankheiten שׁדפון und ירקון,[486] dem Hagel, der offenbar

---

479 Die beiden בא (2,16aα.bα) sind in Analogie zu 1,6.9a am ehesten als Inf. abs. zu lesen (so seit Marti, KHC 13, 389, vgl. u.a. Duhm, Anmerkungen, 72; Beuken, Haggai, 196 Anm. 1; Rudolph, KAT 13/4, 45 Anm. 16b; Wolff, BK XIV/6, 40 Anm. 16b; Kessler, Book, 198 Anm. 12); möglich ist aber auch die Deutung als Perf. mit unbestimmtem Subjekt, so Rudolph, KAT 13/4, 45 Anm. 16b.

480 Zu ערמה vgl. bes. Rut 3,7. יקב ist hier das Sammelbecken der Kelteranlage, vgl. bes. Jes 5,2. פורה ist im AT nur noch in Jes 63,3 belegt und meint ebenfalls die Kelter, ist also parallel zu יקב, ohne deswegen eine Glosse sein zu müssen, vgl. Rudolph, KAT 13/4, 45f Anm. 16f; Wolff, BK XIV/6, 40 Anm. 16c; Kessler, Book, 199 Anm. 16.

481 Maßangaben werden erst von den Versionen hinzugesetzt, s. LXX und Vulgata. Dem MT kommt es dagegen allein auf die Zahlenrelation an.

482 Vgl. noch Lev 26,26.

483 Zu dieser Übersetzung vgl. Podella, Notzeit-Mythologem, 435 Anm. 27.

484 Tell Feḥerīje, Z. 18f (aram. Text), vgl. Z. 30–32 (akk. Text). Der erste Teil entspricht dabei Hag 1,6, der zweite Hag 2,16, so auch Meyers/Meyers, AncB 25B, 25. Weitere Nichtigkeitsflüche, die durch Zahlminderung ausgedrückt werden, finden sich Tell Feḥerīje, Z. 20–22 (aram.)//32–36; Sfire I A,21–24; Bukān, Z. 5–8; Vertrag Assurniraris mit Mati'-'Ilu von Arpad, VI, 3f (Textausgaben s.o. den Exkurs zu den Nichtigkeitsflüchen, S. 22f).

485 Hag 2,17b MT ist schwer verständlich, aber offenbar ein Reflex auf den Kehrvers ולא־שׁבתם עדי נאם־יהוה (Am 4,9b, vgl. 4,6.8.10.11). Die LXX hält sich enger an Am 4,9b: καὶ οὐκ ἐπεστρέψατε πρός με λέγει κύριος, vgl. auch die Vulgata. Wie auch immer der ursprüngliche Text gelautet hat, "with or without the correction the sense is clear: the people did not return to God" (Kessler, Book, 200 Anm. 20). Zur Diskussion vgl. bes. Wolff, BK XIV/6, 40 Anm. 17b; Kessler, Book, 199f Anm. 20.

486 שׁדפון ist im AT nur zusammen mit ירקון zu finden (s. Dtn 28,22; 1 Kön 8,37//2 Chr 6,28; Am 4,9; Hag 2,17), ירקון kommt sonst noch Jer 30,6 als Gesichtsblässe vor. Zur Identifikation dieser Getreidekrankheiten s. Dalman, AuS I 158.326f und II 333f; Rudolph, KAT XIII/2, 179; Wolff, BK XIV/2, 261. In Dtn 28,22 findet sich die Verbindung von שׁדפון

auf die Exodusplagen anspielen soll,[487] und כל־מעשׂה ידיכם, was dem Kontext nach für die landwirtschaftliche Produktion insgesamt steht,[488] werden die Flüche aus 2,16 noch einmal verschärft.

Wie bereits erwähnt, bildet V 18a den rückwärtigen Rahmen um 15b–17. In 18b schließen sich zwei Erklärungen an, welcher Tag mit היום הזה gemeint ist: die erste wiederholt das Datum von 2,10a, die zweite nennt den Tag der Tempelgründung.[489] Die letzten beiden Worte von V 18 (שׂימו לבבכם) greifen auf den Beginn des Verses zurück und leiten damit zu V 19 über.

Was „dieser Tag" und die Zukunft, worauf V 15a.18 die Aufmerksamkeit lenken, bringen werden, berichtet V 19. Die rhetorischen Fragen V 19a[490] dienen dabei der Vorbereitung des Schluß- und Höhepunktes 19b, sei es, daß sie zum Ausdruck bringen, daß noch alles beim Alten ist,[491] sei es, daß sie auf die bereits erfolgte Aussaat[492] und das Tragen der Bäume[493] hinweisen,[494] sei es, daß eine Mischung aus beidem intendiert ist.[495] Welche Lösung auch zutreffen mag,[496] entscheidend ist, daß mit V 19 der Wendepunkt angezeigt werden soll.[497] Die Verheißung der heilvollen Zukunft V 19b ist in Jahwes Segen begründet: מן־היום הזה אברך. Der Tag des Baubeginns (V 15) markiert den Beginn des Segens, d.h. nach V. 15b–17.19a das Ende des Mangels und der Notzeit. Die Flüche (vgl. 1,6.9–11; 2,15b–17) sind mit dem Stein-auf-Stein-Legen aufgehoben, die Zeit des Segens ist angebrochen.[498]

---

und ירקון mit נכה; die Dürre (חרב, vgl. Hag 1,11) ist unmittelbar vor שׁדפון und ירקון noch als Strafe genannt. Vielleicht soll bei der Anspielung auf Am 4,9 in Hag 2,17 ja auch das Fluchkapitel Dtn 28 mit bedacht werden.

487 S. Ex 9,13ff, bes. 9,25; Ps 78,47f; 105,32. Vgl. Petersen, OTL, 91f; Tollington, Tradition, 201f, sowie Meadowcroft, 192, der darauf hinweist, daß auch Am 4,10 auf die Exodusplagen, nämlich die Pest, verweist. Zu Am 4,6–13 s. J. Jeremias, ATD 24/2, 52ff.

488 Vgl. Dtn 2,7; 14,29; 16,15; 24,19; 28,12; 30,9. So u.a. mit Tollington, Tradition, 201.

489 Der Tempel heißt, wie in 2,15b, wieder היכל־יהוה. יסד + היכל ist im AT sonst nur noch Esr 3,6.10; Jes 44,28; Sach 8,9 belegt, vgl. aber auch Sach 4,9 (הבית הזה + יסד).

490 Für וְעַד V 19aβ ist mit der LXX (καὶ εἰ ἔτι) und in Analogie zu העוד 19aα וְעַד zu punktieren, vgl. z.B. Rudolph, KAT 13/4, 46 Anm. 19c; Wolff, BK XIV/6, 40 Anm. 19a.

491 So z.B. Wolff, BK XIV/6, 47.

492 מגורה meint in Hag 2,19aα den Kornbehälter oder Vorratsspeicher, vgl. Joel 1,17, s. dazu Rudolph, KAT 13/2, 40; Wolff, BK XIV/2, 40.

493 Die Aufzählung הגפן והתאנה והרמון ועץ הזית 19aβ wirkt überfüllt.

494 So z.B. Rudolph, KAT 13/4, 51f.

495 So z.B. Reventlow, ATD 25/2, 28: Die Saat ist zwar nicht mehr im Vorratsspeicher, aber die Bäume tragen noch nicht.

496 Vgl. zur Diskussion und zur Übersicht über die verschiedenen Möglichkeiten Rudolph, KAT 13/4, 51f; bes. Clark, Problems; Verhoef, NIC.OT, 131ff.

497 Vgl. Kessler, Book, 210 Anm. 88: "Even if the meaning and responses are understood differently, the outcome remains clear: from now on Yahweh will bless."

498 Vgl. z.B. Wolff, BK XIV/6, 48; Kratz, Judentum, 91.

2.3.2   Literarhistorische Analyse

Die literarhistorische Analyse muß bei der Beobachtung einsetzen, daß die beiden Teileinheiten 2,11–14.15–19 bezüglich Thema, Form und Stil keine Verbindung aufweisen.[499] Der erste Teil, 2,11–14, ist an kultisch-rituellen Fragen interessiert, und das Problem der Unreinheit des Volkes steht im Mittelpunkt. Der Abschnitt präsentiert sich als Erzählung, genauer als Bericht einer Zeichenhandlung. Die Adressaten sind die Priester, dementsprechend wird in der Deutung Haggais über das Volk in der 3. Pers. geredet. In V 15–19 wird dagegen wie in 1,4–11; 2,3–9 das Volk direkt angesprochen, es herrscht wieder die 2. Pers. vor (15a.18a sowie als logisches Subjekt der Infinitive in 15b.16). Das Problem der Unreinheit findet keine Beachtung mehr, statt dessen ist der Beginn des Tempelbaus als Wende zum Segen das Thema. Aus diesen Beobachtungen kann nur der Schluß gezogen werden, daß 2,10–19 keine ursprüngliche literarische Einheit darstellt.[500]

In kritischer Reaktion auf die Hypothese, 2,15–19 sei hinter 1,15a umzustellen, hat K. Koch vor allem aufgrund von formgeschichtlichen Argumenten versucht, die Einheitlichkeit von 2,10–19 nachzuweisen.[501] Danach benutzt Haggai die Gattung der Heilsankündigung und verwendet dabei ein festes dreiteiliges Schema, so daß in 1,2–8; 2,3–7; 2,10–19 der gleiche Aufbau festzustellen ist:[502] 1. Hinweis auf die bisherige Lage (1,2.4; 2,3; 2,11–14), 2. Schilderung der Gegenwart als Wendepunkt, mit ועתה eingeleitet (1,5f; 2,4f; 2,15f), 3. Verheißung zukünftigen Heils (1,7f; 2,6f; 2,18f). Da Hag 2,10–19 nach Koch formal also genau 1,2–8; 2,3–7 entspricht, ist an der literarischen Integrität von 2,10–19 nicht zu zweifeln.

Die Argumente Kochs vermögen indes nicht zu überzeugen.[503] Für den Nachweis des dreiteiligen Schemas wirkt die Abgrenzung der Texteinheiten (ohne 1,9–11 und bes. 2,8f) und ebenso die Aussparung von 2,20–23 willkürlich. Auch innerhalb der Reden erscheint die Gliederung des Schemas ge-

---

499   S. dazu o. S. 75ff.

500   So mit Kratz, Judentum, 90f; Wöhrle, Sammlungen, 304f.320f. Diese Feststellung ist auch das partielle Recht der von Rothstein, Juden, bes. 53ff, begründeten Umstellungshypothese. S. dazu u. 96f.

501   S. K. Koch, Volk, 210ff. Die Einheitlichkeit von 2,10–19 wird, meist in Aufnahme von Kochs Argumentation, ebenfalls vorausgesetzt von: Baldwin, TOTC, 49; Petersen, OTL, 87f; Rudolph, KAT 13/4, 47ff; Meyers/Meyers, AncB 25B, 57; Verhoef, NIC.OT, 112ff; Hildebrand, Temple Ritual, 159f; Reventlow, ATD 25/2, 24; Floyd, FOTL XXII, 288f.293f; Kessler, Book, 201f.206ff; Boda, NIV AC, 142f.

502   Nicht berücksichtigt werden 1,9–11; 2,8f, die Koch als Fragmente paralleler Sprüche bzw. als „abschließende Charakteristik" (K. Koch, Volk, 212 Anm. 17 sowie S. 213 Anm. 21) einstuft. Hag 2,20–23 findet keinerlei Erwähnung.

503   Vgl. zum Folgenden die Kritik von Amsler, CAT XIc, 34; Tiemeyer, Rites, 28ff, und bes. Unger, Volk, 213ff.

zwungen. So gehört die Aufforderung zum Tempelbau 1,8 zur Verheißung zukünftigen Heils, in 2,4 dagegen zum Hinweis auf die bisherige Lage: Das narrative Stück 2,11–14 paßt zudem in formgeschichtlicher Hinsicht schlecht zu den Ansprachen 1,2–8; 2,3–7; 2,15–19.

Ein gewichtiges Argument allerdings ist, daß ועתה zu Beginn von 2,15 als Verbindung zu vorangehendem Material dient und nicht am Beginn einer Einheit steht,[504] wie die Analogien Hag 1,5; 2,4 zeigen.[505] Das Argument gewinnt noch an Bedeutung durch die Beobachtung, daß 2,15a in Struktur und Funktion genau 1,5 entspricht.[506] Beide Male wird damit die Ermahnung eingeleitet, sein Herz auf etwas zu richten, worauf jeweils die Schilderung der Notzeit mit Hilfe von Nichtigkeitsflüchen folgt (1,6; 2,15b.16). Schließlich wird jeweils am Ende die Ermahnung als Inklusion wiederholt (1,7; 2,18a). Ist also davon auszugehen, daß mit ועתה keine neue Einheit eröffnet wird, sondern ein bestehender Kontext fortgesetzt werden soll, so ist aber noch lange nicht gesagt, daß damit ursprünglich V 11–14 gemeint sein mußten.

Spricht also wenig für die These einer ursprünglichen Einheitlichkeit von 2,10–19, aber vieles dagegen, so muß für die Bestimmung der relativen Chronologie zunächst die Beobachtung in Anschlag gebracht werden, daß 2,15–19 das Problem in 2,11–14 nicht wieder aufgreift, mithin noch nicht zu kennen scheint.[507] Umgekehrt läßt sich V 15–19 von V 11–14 her als Fortsetzung lesen, indem nun aus 15–19 zu folgern ist, daß der Segen nur eintreten kann, wenn die Unreinheit des Volkes beseitigt wird.[508] Wie gesagt, von V 15–19

---

504 So schon Brongers, Bemerkungen, bes. 298.

505 Vgl. Koch, 211ff; Verhoef, NIC.OT, 113; Kessler, Book, 198 Anm. 5 sowie S. 206 m. Anm. 65; Boda, NIV AC, 142.

506 Vgl. Koch, Volk, 213 m. Anm. 22; Petersen, OTL, 87.

507 Verbindungen von 2,10–14 zu 2,15–19 ergeben sich allenfalls durch die Wendung כל־מעשה ־יד in 2,14aβ.17aβ, doch läßt sich hierdurch nicht die Frage des Abhängigkeitsverhältnisses entscheiden, denn die spätere Ergänzung hat in jedem Fall die Wendung aus der bereits vorliegenden Stelle übernommen. Hinzu kommt, daß 2,17 eine von Am 4,9 abhängige Glosse ist und wahrscheinlich bereits die Einschreibung von 2,10–14 voraussetzt, s.u.

508 Dies ist das partielle Recht derjenigen (s.o. Anm. 501), die 2,10–19 als Einheit auffassen wollen. Nur ist dieser Zusammenhang nicht ursprünglich, sondern ergibt sich erst durch den mit der Einschreibung von 2,11–14 hergestellten Leseablauf.

Damit ist aber auch die häufig von den Vertretern der Umstellungs-Hypothese gemachte und jüngst wieder von Tiemeyer, Rites, 30.232, sowie Wöhrle, Sammlungen, 303ff.320f, aufgestellte Behauptung abzulehnen, 2,15–19 hätten keinerlei Bedeutung für die Interpretation von V 11–14. Wöhrle hält zwar 2,11–14 mit Recht für sekundär, kommt aber zu dem Schluß, 2,11–14 habe nichts mit dem Tempelbau zu tun, weil „der Tempel noch nicht einmal direkt genannt wird, sondern allenfalls in 2,14 bei der Rede von dem, was ‚dort' dargebracht wird, im Blick ist" (304). Zudem kann 2,11–14 nach Wöhrle, a.a.O., 303, mit dem Tempelbau nicht verbunden werden, da das Urteil, daß alles Werk ihrer Hände unrein ist, auch die Bauarbeiten des Volks am Tempel unmöglich macht. So ist gegen Tiemeyer und Wöhrle einzuwenden, daß 2,11–14 wohl nicht wahl- oder sinnlos ins Buch eingestellt worden ist. Aufgrund der Positionierung im Buch zwischen 2,1–9.15–19 ist doch offenbar ein Zusammen-

selbst liegt die Folgerung nicht im geringsten nahe, daß die Unreinheit des Volkes ein Problem ist, das abgewendet werden muß. Diese auch im vorliegenden Text nicht ausgesprochene Konsequenz ergibt sich erst durch die Vorschaltung von V 11–14 vor 15–19.

Das bedeutet aber, daß V 11–14 bereits V 15–19 voraussetzen und als literarisch jünger zu bestimmen sind.[509] Weitere Beobachtungen stützen diesen Befund: 2,11–14 hebt sich nicht nur von 2,15–19, sondern vom gesamten Haggai-Buch ab.[510] Die כהנים finden sich im Haggai-Buch nur hier,[511] ebenso das Interesse an kultisch-rituellen Fragen. Der Gedanke der Unreinheit des Volkes will offenbar einen neuen Begründungszusammenhang für die in 1,6.9–11; 2,15b.16 geschilderte Notlage herstellen, der so bei Hag sonst nicht formuliert ist.

Im übrigen Haggai-Buch wird das eigene Volk nie als גוי bezeichnet,[512] sondern stets als עם.[513] Dabei nimmt 2,14a offenbar das anklagende העם הזה aus 1,2 auf und erweitert es zum Parallelismus mit הגוי הזה. Also dürfte 2,11–14 Hag 1,2 voraussetzen und damit den narrativen Rahmen, dem 1,2 nach der zu Kap. 1 vorgelegten Analyse zuzuordnen ist. In diese Richtung weist auch

---

hang mit dem Tempelbau intendiert, so mit Recht auch Fishbane, Interpretation, 298 m. Anm. 19; vgl. Kratz, Judentum, 90f. Daß der Tempelbau durch die Judäer ausgeschlossen ist, wenn das Volk unrein ist (so Wöhrle, a.a.O., 303, ähnlich schon Unger, Volk, s. dazu unten Anm. 509), ist eine Überinterpretation und verkennt den gleichnishaften, metaphorischen Charakter von 2,11–14, vgl. Fishbane, Interpretation, 298: "The truth value of Haggai's exegetical analogy does not, therefore, solely depend on the technical applicability of priestly minutiae to the people's ritual status; it is also a function of the capacity of these concrete ritual regulations to serve as action-begetting metaphors of the nation's own hazardous spiritual condition."

509 So mit Kratz, Judentum, 91, und Wöhrle, Sammlungen, 304f.320f. Aufgrund ganz anderer Voraussetzungen hatte bereits Unger, Volk, bes. 220ff, Hag 2,10–14 für sekundär erklärt. Nach Unger kann mit dem unreinen Volk 2,14 nicht das eigene, bauunwillige Volk gemeint sein (vgl. Unger, Volk, 217.220.225). Wie sollte dieses Volk noch den Tempel bauen können, wenn alles Werk seiner Hände unrein ist? Es bleiben also nur die Samaritaner übrig, die in 2,14 gemeint sind. Allerdings stammen 2,10–14 nach Unger nicht vom eschatologisch ausgerichteten Propheten Haggai selbst, sondern von der theokratisch orientierten chr Redaktion in Hag, die Esr 4,1–5 im Blick hat. Auch wenn Ungers Ansatz gegenüber der älteren Samaritaner-Hypothese den Vorteil hat, daß er für die Verhältnisse von 520 nicht auf historische Spekulationen über Esr 4,1–5 angewiesen ist, so gilt auch gegen seinen Vorschlag das wesentliche Argument gegen die Samaritaner-Hypothese, daß nämlich im Haggai-Buch keinerlei Anspielungen auf die Bewohner des ehemaligen Nordreichs zu erkennen sind und daß mit „diesem Volk" wie in 1,2 das eigene gemeint ist.

510 Vgl. zum folgenden Kratz, Judentum, 90f; Wöhrle, Sammlungen, 303ff.320f.

511 Die negative Zeichnung der Priester (s.o.) widerspricht darüber hinaus der sonst durchweg positiven Rolle des Hohenpriesters Josua.

512 In den ebenfalls sekundären Stücken 2,6f; 2,20–23 werden die fremden Völker als גוים (s. Hag 2,7.22) angeführt.

513 S. Hag 1,2.12a.b.13.14; 2,2.4.14.

die Gestaltung von 2,10–14 als Erzählung,[514] die den narrativen Elementen des Rahmens (vgl. bes. Hag 1,12a.12b–13.14) entspricht, nicht aber den allgemeinen Anreden in der 2. Pl. an das Volk (vgl. 1,4–11; 2,3–9.15–19).

Aufgrund der unterschiedlichen Adressaten,[515] der neuen inhaltlichen Zielsetzung[516] sowie der Aufnahme und Erweiterung des Begriffs הזה העם[517] gehört 2,11–14 wohl nicht mehr zum narrativen Rahmen selbst, sondern ist jünger als dieser.[518] Die Datierung 2,10 dürfte als Einleitung ebenfalls erst zusammen mit 2,11–14 in den Text gekommen sein.[519] Dafür spricht vor allem die Beobachtung, daß V 15–19 mit ועתה an einen bereits bestehenden Kontext anknüpft und diesen fortsetzen will.[520] Mit ועתה verweist 2,15 wie 1,5; 2,4 auf einen vorangehenden Text zurück und ist auf diesen Zusammenhang angewiesen. Somit ist es unwahrscheinlich, daß die Datierung 2,10 einmal V 15–19 eingeleitet hat, sei es ursprünglich oder aber erst sekundär.[521] Für die Vermu-

---

514 Vgl. Wöhrle, Sammlungen, 304, der 2,11–14 als Erzählung „geradezu im Stil einer Prophetenbiographie" einstuft.

515 Der Statthalter Serubbabel, der Hohepriester Josua und der Rest des Volks im Rahmen (vgl. 1,1f.12a.14.2,2), die Priester in 2,11–14.

516 Die Notzeit wird nicht mehr nur, wie im Rahmen (vgl. 1,1–3.12–14), mit der Frage des Gehorsams, sondern mit dem Topos Unreinheit verbunden. Die Formulierung כל־מעשה ידיהם (2,14) dürfte von dem (nicht zum Rahmen gehörenden) כל־יגיע כפים in 1,11 angestoßen worden sein, vgl. Kratz, Judentum, 91.

517 Vgl. 1,2 mit 2,14a.

518 Vgl. Wöhrle, Sammlungen, 304f.

519 Vgl. auch die Abgrenzung bei Kratz, Judentum, 90f.

520 Der vorangehende Text ist in 2,1–9 zu suchen, s. dazu gleich. Da 2,15.18 ein Pendant zu 1,5.7 darstellen, ist zu vermuten, daß ועתה hier wie dort zur ursprünglichen Einleitung der Reflexionen über das Ergehen gehört. Dies spricht gegen eine Streichung von ועתה in 2,15, wie sie z.B. Horst, HAT I/14, 206f; Wolff, BK XIV/6, 42f, vornehmen. Diese Streichung ergibt sich aber lediglich aus der auch von Horst und Wolff vertretenen These, daß 2,15–19 hinter 1,15a umzustellen sei, s. dazu gleich. Vgl. auch die Kritik von Kessler, Book, 198 Anm. 5: "If the transition [sc. von 2,15–19 nach 1,15] is rejected, the discussion of the authenticity of ועתה becomes superfluous."

521 Gegen Wöhrle, Sammlungen, 304f. Dabei stellt Wöhrle zutreffend fest, daß 2,11–14 erst sekundär zwischen 2,3–9*.15–19* eingefügt wurde, und zwar erst nach der Einschreibung des redaktionellen Rahmens der Datierungen der „Haggai-Chronik" (s. dazu auch a.a.O. 317ff). Diesem Rahmen schreibt Wöhrle jedoch auch die Datierung 2,10 zu, die nun den ehemaligen Zusammenhang 2,3–9*.15–19* unterbricht. Damit wird aber die Einleitung ועתה V 15 völlig sinnlos. Darüber hinaus ist Wöhrles Beweisführung für die relative Einordnung von 2,10 alles andere als plausibel: Der ebenfalls von Wöhrle zur „Haggai-Chronik" gerechnete Rahmenvers 2,20 weist auf ein zweites Wort Haggais am selben wie an dem in 2,10 genannten Tag hin. Mit Hag 2,11–14 + 15–19 wäre Hag 2,20 aber „genau genommen bereits das dritte Wort an diesem Tag" (Wöhrle, Sammlungen, 305). Also muß nach dieser Logik das sekundäre Stück 2,11–14 jünger als die Datierungen 2,10.20 sein! Dabei verkennt Wöhrle, daß 2,11–19 nach der Hinzufügung von V 11–14 offenbar als ein Wort gelesen werden soll, vgl. das verknüpfende ועתה in V 15, das auch Wöhrle, 307ff.316, a.a.O., mit Recht für ursprünglich hält.

tung, daß die Einleitung 2,10 jünger als die entsprechenden Stücke 1,1–3; 1,15b–2,2 ist und erst mit 2,11–14 dem Haggai-Buch hinzugefügt wurde, spricht m.E. ganz deutlich, daß die Formulierung der Datierung (Dareios ohne Königstitel, Reihenfolge Tag/Monat/Jahr) und der Wortereignisformel (mit אל[522]) in 2,10 von den beiden vorangehenden Einleitungen 1,1; 1,15b–2,1 (Dareios ohne Königstitel, Reihenfolge Tag, Monat, Jahr sowie Wortereignisformel mit ביד[523]) abweicht. Der Rahmenvers 2,10 scheint also nicht von derselben Hand wie 1,1–3; 1,15b–2,2 zu stammen.

Exkurs: ביד und אל in den Wortereignisformeln des Haggai-Buchs

Meist werden die Datierungen in Hag alle derselben Hand zugewiesen. Wolff zieht zumindest die Möglichkeit in Betracht, daß die Datierungen in 2,10.20 jünger als 1,1; 1,15b–2,1 sind.[524] Die unterschiedlichen Formulierungen der Wortereignisformeln mit ביד und אל werden entweder als zu vernachlässigende Variante eingestuft[525] oder aber auf unterschiedliche Funktionen im Text zurückgeführt.[526] Danach wird ביד verwendet, wenn Haggai als Wortvermittler auftritt und die Adressaten mit im Blick sind (vgl. 1,1 mit dem Muster ביד־חגי הנביא אל־זרבבל usw.), אל dagegen, wenn das Wort an Haggai selbst gerichtet ist und keine weiteren Adressaten genannt werden.

Doch das Schema geht vorn und hinten nicht auf, danach müßte nämlich in 1,3; 2,1 ebenfalls אל stehen. Wollte man das אל 2,2 mit der Nennung der Adressaten als Ergänzung zu ביד 2,1 hinzuziehen,[527] so verschiebt man nur das Problem, denn dann wäre auch in 2,20.21a ביד statt אל zu erwarten. Budde löst das Problem dagegen einfach mit Konjekturen, die den Text dem Schema anpassen.[528] Daß ביד und אל schlicht und einfach Varianten sein können, ebenso die Nennung oder Auslassung des Königstitels sowie die Reihenfolge der Datumsangaben, ist selbstverständlich. Da aber in Hag 2,10 alle drei Faktoren zusammenkommen, dürfte dies mehr als ein bloßer Zufall sein, vor allem da Hag 1,1; 1,15b–2,1 in diesen Punkten übereinstimmen. Hinzu kommt, daß Hag 2,10 in dieser Hinsicht wiederum Sach 1,7 entspricht (vgl. ferner 1,1) und mit den Datierungen im Sacharja-Buch in Verbindung zu stehen scheint.

Die Einleitung 2,10 kann demnach nur mit 2,11–14 zusammengehören, das ganze Stück ist gegenüber den Anreden 1,4–8(.9–11); 2,3–9.15–19 und dem

---

522 Vgl. noch Hag 2,20.
523 S.a. Hag 1,3.
524 So Wolff, BK XIV/6, 19, s. aber a.a.O., 68.
525 So z.B. Verhoef, NIC.OT, 115; Wöhrle, Sammlungen, 368 m. Anm. 3.
526 Vgl. ausführlich Budde, Text, 7ff, ferner z.B. Sellin, KAT XII/2, 451; Beuken, Haggai, 28; Kessler, Book, 117.
527 So Verhoef, NIC.OT, 94f; Kessler, Book, 164.
528 S. Budde, Text, 7ff.

narrativen Rahmen 1,1–3.12–15a; 1,15b–2,2 sekundär.[529] Die Fortschreibung
Hag 2,10–14 selbst scheint in sich einheitlich zu sein.[530]

Zeigt bereits die relative Chronologie, daß Hag 2,10–14 nicht zu den ältesten Stücken des Buches gehört, so soll im Anschluß versucht werden, den
theologiegeschichtlichen Ort von 2,10–14 genauer zu bestimmen. Es ist auffällig, daß sich Hag 2,10–14 sehr gut mit den priesterschriftlichen Opfer- und
Reinheitsvorschriften auszukennen scheint. So stellen Meyers/Meyers im Hinblick auf die in 2,12f gestellten Fragen fest, "the pentateuchal texts seem to
provide straightforward answers. The authoritative status of pentateuchal law
can hence be presupposed."[531] In Frage kommen vor allem Lev 7,11–21 für
das Schelamim-Opfer; Lev 21f; Num 19, bes. V. 11–13 für die Verunreinigung
mit Leichen;[532] Lev 11–15; Num 19 für die Deklarationsformel טמא הוא.[533]
Alle Bezugstexte gehören zu P^S oder sind noch jünger,[534] d.h. aber, man befindet sich auf jeden Fall in der Zeit nach dem Tempelbau.[535] Nun könnte man
dagegen das traditionsgeschichtliche Argument einwenden, Haggai beziehe
sich auf Vorformen dieser Texte,[536] was allerdings angesichts der verschiede-

---

529 Hag 2,20–23 ist dagegen noch einmal jünger als 2,10–14, s.u. 2.4.2 und 2.5.

530 Die Abfolge Wortereignisformel-Botenformel (V 10b.11a) sollte m.E. nicht literarkritisch
     ausgewertet werden. Die Botenformel könnte ein Nachtrag sein, um die Legitimation Hag-
     gais noch einmal zu bekräftigen, ein Phänomen, das seit der Perserzeit häufiger zu beobach-
     ten ist, vgl. z.B. Boda, Haggai, 298f. Genauso gut könnte die Botenformel deswegen aber
     auch ursprünglich sein und sich dabei etwa an Texten wie Jer 13,1; 19,1; 27,2 orientieren.

531 Meyers/Meyers, AncB 25B, 56f. Vgl. insgesamt Meyers/Meyers, AncB 25B, 55ff.77ff;
     Meadowcroft, Readings, 181ff. Nach Wolff, BK XIV/6, 70f setzt die Formulierung טמא־נפש
     „die ungewöhnliche, aber in der Kultgesetzgebung bekannte Bedeutung ,Leiche' für נֶפֶשׁ
     voraus (Num 5,2; 6,11; 19,11.13), die verkürzend für נֶפֶשׁ מֵת (Lev 21,11; Num 6,6) eintreten
     kann". Es ist aber m.E. durchaus zu fragen, ob nicht nur die Bedeutung, sondern vielmehr
     auch schon die Kenntnis der genannten Texte vorausgesetzt ist; die von Wolff genannten
     Stellen sind allesamt P^S oder noch jünger (vgl. schon Noth, Überlieferungsgeschichte, 7ff,
     bes. 8.19).

532 Num 19,11–13 sind ein späterer Zusatz zu Num 19, vgl. Schmidt, ATD 7/2, 84f.88.

533 Die reine Deklarationsformel, d.h. טמא הוא ohne לכם, findet sich außer in Hag 2,14 nur bei
     P, genauer P^S: Lev 11,35; 13,11.15.36.44.46.51.55; 14,44; 15,2.25; Num 19,15.20. Vgl.
     Rendtorff, Gesetze, 74ff; Elliger, HAT I/4, 150f, bes. 150 Anm. 1; Wolff, BK XIV/6, 73.

534 Zu Lev 7 vgl. Noth, Überlieferungsgeschichte, 7; Kratz, Komposition, 106f.114, zu Lev 11–
     15 als bereits das Heiligkeitsgesetz voraussetzenden Einschub vgl. Noth, Überlieferungsge-
     schichte, 7; Kratz, Komposition, 107f.114, zum Heiligkeitsgesetz als Fortschreibung von P
     (und zwar als Abschluß von P^S, vgl. Kratz, Komposition, 114f; Zenger, Einleitung, 172ff)
     vgl. Elliger, HAT I/4, 14ff; Cholewiński, Heiligkeitsgesetz; Ruwe, „Heiligkeitsgesetz";
     Kratz, Komposition, 114; Zenger, Einleitung, 172ff, zu Num 19 vgl. Schmidt, ATD 7/2, 8f;
     für noch jünger halten Num 19 Noth, Überlieferungsgeschichte, 8; Kratz, Komposition,
     106.110.

535 Zu dieser Datierung von P^S vgl. z.B. Zenger, Einleitung, 172, für P insgesamt Kratz, Kompo-
     sition, 329; Schmidt, Studien, bes. 259.

536 Dies scheint letztlich die Lösung von Meyers/Meyers, AncB 25B, 55ff.77ff, zu sein, die zu
     dem Schluß kommen: "To summarize this point, the priestly ruling gives evidence that an

nen Texte und der relativen Chronologie nach verschiedenen Textstufen von P an Wahrscheinlichkeit verliert. Besonders für die Formel טמא הוא muß man m.E. die Kenntnis von P[S] voraussetzen, denn die deklaratorische Formel ohne לכם kommt nur hier vor, während die Variante mit לכם auch in Dtn 14 begegnet und älter zu sein scheint.[537]

Auf eine Abfassung von Hag 2,10–14 erst einige Zeit nach dem Tempel-bau weist noch eine weitere Beobachtung hin. So sind große thematische Übereinstimmungen mit der Grundschicht des Maleachi-Buchs festzustellen, für die Bosshard/Kratz Mal 1,2–5; 1,6–2,9* (ohne 1,14a); 3,6–12 als Textbe-stand wahrscheinlich machen konnten.[538] Wie bei Hag 2,11–14 findet sich bei Mal die direkte Ansprache an die Priester (הכהנים Mal 1,6; 2,1, ferner שׂפתי כהן, vgl. Hag 2,11–13) sowie die Kritik an ihnen, d.h. an ihren unreinen Op-fern (1,6–14, bes. 1,7f.10.12f, hier allerdings גאל Mal 1,7.12 und nicht טמא wie in Hag 2,14), und an ihrer falschen Tora-Erteilung (Mal 2,1–9, תורה 2,6–9, vgl. bes. בקשׁ תורה Mal 2,7 als nächste Parallele im AT zu שׁאל תורה Hag 2,11). Schließlich folgt die Kritik am Volk wegen der Vernachlässigung des Kultbetriebs, weil das Volk die Abgaben für den Tempel nicht leistet (Mal 3,6–12, הגוי כלו vgl. Hag 2,14). Die Bedrohung mit dem Fluch richtet sich in Mal zunächst an die Priester, die ihr Amt nicht richtig versehen (Mal 2,1–3), dann an das ganze Volk (Mal 3,6–12, הגוי כלו vgl. Hag 2,14), um in eine be-dingte Segensverheißung zu münden. Fluch und Segen sind wie in Hag auf die Landwirtschaft bezogen. Zu Mal 2,2f; 3,9–11 vgl. daher Hag 1,7–11; 2,15–19, besonders die mit dem Tempelbau verknüpfte Wende zum Segen, die nun als Fortsetzung von 2,10–14 zu lesen ist und nach dem neuen Leseablauf die Auf-hebung der dort angeprangerten Zustände zur Vorbedingung für den Segen macht. Bosshard/Kratz kommen mit Blick auf Mal 3,6–12 zu folgendem Ur-teil: „Offenbar hat der Tempelbau allein nicht halten können, was (Hg) Sach 1–8 versprachen, so daß sich der Blick jetzt auf die Handhabung des Kultus richtet." Dasselbe dürfte auch für Hag 2,10–14 gelten, vgl. 2,14b.

Hag 2,10–14 und Mal 1,2–5; 1,6–2,9; 3,6–12 scheinen auf eine ähnliche Situation zu reagieren: Der Tempelbau hat offenbar nicht die erhoffte Wende zum Segen gebracht. Die Bedingung für den Segen wird bei Hag 2,10–14 nun nicht mehr allein mit dem Gehorsam des Volks verknüpft (vgl. Hag 1,5–11.12–14; 2,15–19), sondern wie bei Mal mit der Kritik an kultisch-rituellen

---

authoritative legal system, probably some form of the Pentateuch, existed" (a.a.O., 78). Ähn-lich Meadowcroft, Readings, 182.

537 Zu טמא הוא „mit dem charakteristischen Zusatz" (Elliger, HAT I/4, 150 Anm. 1) לכם s. Lev 11,4–8.26–28.38 (vgl. V 29.31); Dtn 14,7f.10.19. Zum wechselseitigen Abhängigkeitsver-hältnis von Dtn 14 und Lev 11 s. Veijola, ATD 8/1, 296ff.

538 S. Bosshard/Kratz, Maleachi, 28ff. Dabei wurde Mal 1,2–5; 1,6–2,9* (ohne 1,14a); 3,6–12 von vornherein als Fortschreibung von Hag–Sach 1–8 verfaßt, die besonders an Sach 1; 7f anknüpft, aber z.B. auch Bezüge zu Hos und Ez aufweist. Vgl. Steck, Abschluß, 33ff; Steck/Schmid, Heilserwartungen, 13.28.33.

Mißständen, die Volk und Priester betreffen.[539] Beide Texte setzen sich offenbar mit den Mangelerfahrungen der Perserzeit und dem damit verbundenen Problem der Heilsverzögerung auseinander, da die mit dem Tempelbau verheißene endgültige Wende zum Segen noch ausgeblieben ist.[540] Damit dürften sie in zeitlicher und theologiegeschichtlicher Nähe zueinander entstanden sein.[541] Die Grundschicht von Mal ist wohl in die Perserzeit zu datieren,[542] frühestens in die erste Hälfte des 5. Jh.s.,[543] eine Ansetzung in der späten Perserzeit ist aber mindestens ebenso gut möglich.[544] Wahrscheinlich ist Hag 2,10–14 dabei etwas älter als Mal 1,2–5; 1,6–2,9; 3,6–12, da in Mal 3,7f bereits Sach 1,1–6 vorausgesetzt ist. Sach 1,1–6 ist aber wohl jünger als Hag 2,10–14, da die Datierung Sach 1,1 vor dem letzten Datum von Haggai-Worten ansetzt, um so das Wirken beider Propheten zu verschränken.[545]

---

539 In Hag 2,10–14 stehen die Priester als Adressaten der Zeichenhandlung mit dem Volk in der Kritik. Sie, die über heilig und unrein entscheiden, lassen die unreinen Opfer des Volkes zu.

540 Zur theologiegeschichtlichen Situierung der Grundschicht von Mal s. Bosshard/Kratz, Maleachi, 36f; vgl. Steck, Abschluß, 33ff.42; Bosshard-Nepustil, Rezeptionen, 420–428; Kratz, Judentum, 84f. Zu den politischen, ökonomischen und sozialen Verhältnissen in Jehud s.den Exkurs u S. 124ff.

541 Vgl. auch Kratz, Judentum, 91, zu Hag 2,10–14: „Das Stück gibt der Aufhebung des Fluchs durch den Segen einen neuen, kultisch geprägten Anlaß, der an die Fortschreibung von Sach 1–8 in Maleachi erinnert."

542 Vgl. Bosshard/Kratz, Maleachi, 36: „wohl noch zur Perserzeit".

543 So die Ansetzung bei Steck, Abschluß, 33ff, vgl. Steck/Schmid, Heilserwartungen, 28 m. Anm. 92. Für das 5. Jh., ohne nähere Differenzierung, votiert auch Zenger, Einleitung, 583f: „Die Nachlässigkeiten im Opferwesen (1,6–2,9) setzen nicht nur den Wiederaufbau des Tempels [...] voraus, sondern auch eine gewisse zeitliche Distanz von der Wiederaufnahme des Kultbetriebs, wodurch diese offensichtlich breiter um sich greifende Nachlässigkeit leichter erklärbar ist" (Zenger, a.a.O., 583). Ein Vertreter der Ansetzung in die Mitte des 5. Jh.s, in die Zeit Nehemias, ist Wöhrle, der von einer Grundschicht ausgeht (Mal 1,2f.6*.7b.8a.9b.10b.11b.12*.13f; 2,10.14f.16*.17; 3,1a.2.4f.8–15.19), die ausschließlich Kritik an der Vernachlässigung der kultischen (sowohl Opferpraxis, 1,6–14*, als auch Zehntabgaben, 3,6–12*) und sozialen Verpflichtungen der Laien übt, vgl. Wöhrle, Abschluss, 219ff, bes. 255ff. Bald danach, wohl ebenfalls noch im 5. Jh., wird die Grundschicht von einer kultkritischen Redaktion erweitert, die sich nun gegen die Priester richtet, vgl. a.a.O., 222ff, bes. 259ff.

544 Nach Bosshard ist am ehesten an eine Einschreibung von Mal 1,2–5; 1,6–2,9*; 3,6–12 in der späten Perserzeit, d.h. zur Zeit Artaxerxes' III., zu denken, vgl. Bosshard-Nepustil, Rezeptionen, 421f.426ff. Dabei rechnet Bosshard den Grundbestand des Maleachi-Buches zu einer ebenfalls Jon*; Zef 2,11; 3,1–7 umfassenden Theokratie-Bearbeitung (vgl. Bosshard-Nepustil, Rezeptionen, 420ff, bes. 426ff), die die Völker-Ergänzungen[XII] (Mi 4,1–4; Obd 1–14.15b; Sach 8,20–22, vgl. Bosshard-Nepustil, Rezeptionen, 415ff) voraussetzt und neu akzentuiert. Zum Verhältnis von Mal zu Sach 7f s. bereits Bosshard/Kratz, Maleachi, 32ff. Eine Datierung von Mal im 4. Jh. nimmt Kaiser, Einleitung, 295, an.

545 S. dazu u. 3.2.2, 4.3. Sollte sich der Rückbezug zu Sach 1,1–6 aus Mal 3 herauslösen lassen (etwa, indem man Mal 3,7 als Nachtrag bestimmen könnte, so jetzt Wöhrle, Abschluss, 244ff), dann wäre folgendes Gedankenspiel erlaubt: Die in Mal 1,6–2,9; 3,6–12 geschilderte Situation verweist in die Zeit nach dem Tempelbau und setzt den funktionierenden Tempel

Nachdem Hag 2,10–14 als Zusatz ausgegrenzt werden kann, soll im folgenden 2,15–19 in den Blick genommen werden.

Bezüglich der literarischen Integrität von 2,15–19 können einige Glossen ausgeschieden werden. Hag 2,17 ist längst als Nachtrag erkannt:[546] Der Vers geht völlig unvermittelt in die 1. Sg. Jahwes über, will die Flüche aus 2,16 ergänzen und verschärfen und ist im übrigen ein Zitat aus Am 4,9. Wahrscheinlich setzt Hag 2,17 bereits 2,10–14 voraus und betont daher die Halsstarrigkeit des umkehrunwilligen Volks; כל־מעשה ידיכם zitiert dann V 14aβ.

Zweifach glossiert ist V 18,[547] die Glossen setzen bereits die Verbindung von V 15–19 mit V 10–14 voraus. Zum ersten wird מן־היום הזה in 18b mit dem Datum von 2,10, danach 2,15 entsprechend mit dem Tag der Tempelgründung identifiziert.[548] Die letzten beiden Wörter, שימו לבבכם, waren nötig, um den Bogen von 18a wieder nach 19 zu schlagen.

Es wäre zu überlegen, ob die ersten drei Bäume in 2,19 in Aufnahme von Joel 1,12 nachgetragen wurden, wo sie in derselben Reihenfolge genannt sind.[549] Doch zwingend ist dies nicht. Alle vier in Hag 2,19 genannten Bäume begegnen übrigens auch in Dtn 8,8, und zwar in der auch von Hag 2,19 gebotenen Anordnung.[550]

Abgesehen von diesen Glossen, ist der Text (Hag 2,15f.18a.19[(*)]) einheitlich. Die Verse 15f.18a entsprechen 1,5–7. Hag 2,19 – mit oder ohne Weinstock, Feigen- und Granatapfelbaum – führt als Klimax der Einheit die von 2,15.18a angemerkte Zukunft vor Augen.

---

voraus. Die in Hag–Sach mit dem Tempelbau verheißene Wende zum Segen ist noch nicht eingetroffen. In der sekundären Ergänzung Hag 2,10–14 erscheinen dieselben Mißstände bereits im Vorfeld des Tempelbaus, was wie eine nachträgliche Vorwegnahme und Rückprojektion der in Mal beschriebenen Verhältnisse aufgefaßt werden könnte, vor allem, wenn man berücksichtigt, daß das Problem die gesamte Mal-Grundschicht beherrscht, in Hag aber ein Fremdkörper ist. Hag 2,10–14 ist als Vorgabe für Mal unbedingt nötig, so daß es zumindest möglich wäre, daß Hag 2,10–14 Mal bereits voraussetzt. Da die Mal-Grundschicht sich bes. an Sach 7f orientiert und diese direkt fortsetzt, könnte die Kritik an den Priestern auch von Sach 7 (הכהנים Sach 7,3.5) ausgelöst sein. Aber wie gesagt, die Frage ist am Rückbezug von Mal 3,7 auf Sach 1,1–6 bzw. in der Verhältnisbestimmung der relativen Chronologie von Hag 2,10–14 und Sach 1,1–6 zu entscheiden.

546 Vgl. etwa Wellhausen, Propheten, 176; Marti, KHC XIII, 389; Ackroyd, Glosses, 166; Elliger, ATD 25, 89 Anm. 4; Wolff, BK XIV/6, 40 Anm. 17a sowie S. 43; Reventlow, ATD 25/2, 27; Kratz, Judentum, 91; Wöhrle, Sammlungen, 306. Anders z.B. Rudolph, KAT 13/4, 51 m. Anm. 18; Tollington, Tradition, 199ff.

547 Vgl. z.B. Wolff, BK XIV/6, 40 Anm. 18a–d sowie S. 43; Kratz, Judentum, 91.

548 Die Formulierung יסד היכל ist wohl aus Sach 8,9 übernommen, der seinerseits wahrscheinlich Hag 1,2; 2,15 und Sach 4,9 kombiniert.

549 So Wolff, BK XIV/6, 40 Anm. b sowie 43; Nogalski, 228f.

550 Auch der Singular von נשא ist kein zwingendes Argument für eine Glossierung in 2,19, vgl. Joüon § 150 p.

Nachdem nun Hag 2,10–14 als spätere Einschreibung eingestuft und die vermutlich ursprüngliche Gestalt von 2,15–19* ermittelt wurde, ist jetzt noch nach der ursprünglichen Stellung von 2,15–19* innerhalb des werdenden Haggai-Buchs zu fragen.

Bis in die jüngere Vergangenheit erfreute sich Rothsteins Hypothese großer Beliebtheit, wonach 2,15–19 hinter die Datierung 1,15a umzustellen sind,[551] die bei der zutreffenden Beobachtung ihren Ausgangspunkt nimmt, daß 2,10–14 keine ursprüngliche literarische Einheit darstellen. Hinzu kommt nach der Umstellungshypothese, daß in 1,15a eine Datierung vorliegt, hinter der offenbar ein Spruch ausgefallen ist. Da alle anderen Datierungen im Haggai-Buch einen Spruch einleiten, kann 1,15a nicht als Abschluß zu 1,12–14 gehört haben. Des weiteren werden bereits in 1,12–14 die Umkehr des Volks und der Beginn der Arbeiten am Tempel im sechsten Monat mitgeteilt. Somit ist es unwahrscheinlich, daß im neunten Monat noch einmal zu Umkehr und Baubeginn aufgerufen werden muß, obwohl das Volk sogar in 2,4f, also im siebten Monat, noch einmal des Beistands Jahwes versichert wurde. Mit anderen Worten: der Spruch 2,15–19 käme viel zu spät, wenn er zur Datierung 2,10 gehörte. Da 2,15–19 jedoch nach Inhalt und Struktur gut zu 1,1–11 paßt, muß 2,15–19 bald darauf ergangen sein, und zwar unter dem „herrenlosen" Datum 1,15a.

Die Umstellungs-Hypothese ist jedoch mit Recht nach und nach aufgegeben worden,[552] denn sie ist mit mehreren Problemen behaftet. Zunächst hat sie keinen Anhalt an der Textgeschichte.[553] Die Überleitung ועתה ist im Hinblick auf die Translozierung hinter die Datierung 1,15a problematisch. ועתה verweist auf einen bestehenden Kontext zurück und dürfte nicht am Beginn einer neuen Einheit gestanden haben. Da 2,15.18 strukturell genau 1,5.7 entsprechen, kann ועתה auch nicht einfach gestrichen werden.[554] Der Anschluß an 1,15a ist jedoch auch in anderer Hinsicht nicht geboten. So läßt sich 1,15a statt

---

551   Vgl. Rothstein, Juden, bes. 53ff. Dabei knüpft Rothstein an Sellin, Studien, 50, an, der vermutet hatte, daß hinter der Datierung 1,15 ein Bericht über die Grundsteinlegung des Tempels durch Serubbabel weggefallen ist, weil dieser Bericht später als Widerspruch zur chr Darstellung in Esr 3,8ff empfunden wurde. Rothstein vermutet allerdings, daß nicht ein völlig ausgefallenes Stück, sondern eben 2,15–19 als Wort zum Beginn des Tempelbaus zur „herrenlosen" Datierung 1,15 gehören muß. Rothsteins Hypothese wird z.B. von Sellin, KAT XII/2, 445.455f; Horst, HAT I/14, 206f; Elliger, ATD 25, 89f; Beuken, Haggai, 13.48f; Amsler, CAT XIc, 26ff; Wolff, BK XIV/6, 41f, aufgegriffen. Die Umstellungs-Hypothese wird dabei stets mit der ebenfalls von Rothstein begründeten Vermutung verbunden, daß „dieses Volk und diese Nation" (2,14) die Samaritaner meint.

552   Zur Kritik an Rothstein vgl. z.B. Wöhrle, Sammlungen, 292ff.

553   So mit Recht Kessler, Book, 108 Anm. 40: "The transposition lacks any MS evidence." Selbst die Fragmente aus Murabba'at sprechen für MT, vgl. Verhoef, NIC.OT, 113.

554   Dies ist meist die Lösung der Anhänger der Umstellungshypothese, um dem Problem der Überleitung durch ועתה aus dem Weg zu gehen, vgl. z.B. Horst, HAT I/14, 206f; Wolff, BK XIV/6, 42f.

als Überschrift sehr wohl als Unterschrift lesen, da sie hier auf den Bericht über die Aufnahme der Bauarbeiten folgt. Ebenso wie der Bericht V 12–14 ist auch die Notiz 1,15a innerhalb des Rahmens singulär. Sie schließt hier die Erzählung ab und dient nicht – wie sonst bei den Datierungen – als Worteinleitung.[555] Die Datierung 1,15a hat darüber hinaus die rhetorische Funktion anzugeben, daß die Bauarbeiten nach der ersten Botschaft Haggais zügig aufgenommen wurden, und stellt in ihrer abschließenden Position eine Inklusion zu 1,1 dar.[556] Vor allem aber fehlt der Datierung 1,15 eine Worteinleitungsformel, und so müssen die Vertreter der Umstellungshypothese behaupten, diese sei im Zuge der Versetzung von 2,15–19 hinter 2,10–14 verloren gegangen.[557] Die ganze Hypothese ist folglich mit zu vielen Zusatzannahmen behaftet, um plausibel zu sein.

Ist die von der Textüberlieferung bezeugte Position von 2,15–19* beizubehalten, so muß dieses Stück nach der Ausscheidung von 2,10–14 einmal an 2,3–9* angeschlossen haben.[558] Es fügt sich thematisch gut an die Fragen nach dem Tempelbau in 1,4–2,9* an und verheißt im Anschluß daran, daß mit dem Beginn des Tempelbaus die Flüche (Kap. 1) aufgehoben sind. Den krönenden Abschluß des gesamten Textes bildet schließlich die Verheißung des Segens Jahwes, die diejenigen aus 1,8; 2,9 aufnimmt und überbietet. Dabei ist 2,15f.18a.19⁽*⁾ jedoch nicht als die ursprüngliche Fortsetzung von 1,4–2,9* anzusehen, sondern dürfte erst sekundär hinzugewachsen sein.[559] Dafür sprechen verschiedene Indizien. Zunächst heißt der Tempel in 2,15 nicht wie sonst בית, sondern היכל.[560] Diese Beobachtung besagt allein noch nicht viel, gewinnt aber an Bedeutung, wenn man das Thema von 2,15–19* hinzunimmt. Bei genauer Betrachtung ist 2,15–19 mit dem Tempelbau-Thema nur mittelbar befaßt, indem der Baubeginn als Wendepunkt zum Segen hin benannt wird. Für Hag 1,1–2,9 wurden in dieser Arbeit zwei Grundworte ermittelt (1,1*.4.8; 1,15b–2,1.3.9a), die jeweils den Tempel selbst zum Inhalt haben. Über diese Perspektive geht 2,15–19 nun aber hinaus, indem nicht mehr nur die Zukunft des Tempels thematisiert, sondern der mit dem Tempelbau einsetzende Segen verheißen wird, und zwar als Aufhebung der in 1,5–7 geschilderten und in 2,16 wiederholten Nichtigkeitsflüche. Damit generalisiert, überbietet und deutet 2,15–19 zum einen die Verheißungen von 1,8; 2,9a, indem die Konsequenzen des Tempelbaus in den Mittelpunkt gestellt werden. Zum anderen greift 2,15–

---

555 Vgl. Wöhrle, Sammlungen, 293f.
556 S. Kessler, Book, 108 Anm. 40.
557 Vgl. z.B. Rothstein, Juden, 64; Horst, HAT I/14, 204; Wolff, BK XIV/6, 40 Anm. 2,15a, die alle neue Einleitungen für die Lücke zwischen 1,15a; 2,15–19 rekonstruieren, ohne daß der Text dafür einen Anhalt böte.
558 So mit Kratz, Judentum, 91; Wöhrle, Sammlungen, 305ff.315f.
559 So mit Kratz, Judentum, 91, und gegen Wöhrle, Sammlungen, 305ff.315f.
560 Vgl. Kratz, Judentum, 91.

19 aber auch eindeutig auf die paränetisch gerahmten Nichtigkeitsflüche 1,5–7 zurück, die hier in abgewandelter Form wiederholt werden. Hag 1,5–7 wurde jedoch als erste Ergänzung von 1,4.8 identifiziert. Damit setzt 2,15–19 also mehr als nur den Grundbestand in 1,4.8; 2,3.9a voraus,[561] wie die Reinterpretation der Verheißungen 1,8; 2,9a und die Aufnahme von 1,5–7 als der ersten Ergänzung von 1,4.8 zeigen.

Dabei dürfte 2,15–19 zusammen mit 1,5–7 zu *einer* Bearbeitung gehören, da beide Stücke komplementär sind, sich gegenseitig bedingen und ergänzen.[562] Daß die Paränesen 1,5.7 bzw. 2,15a.18a unterschiedlich formuliert sind, spricht nicht dagegen, daß sie zur selben Bearbeitung gehören.[563] Die unterschiedliche Formulierung läßt sich vielmehr aus der jeweils unterschiedlichen Funktion für den Text erklären. Hag 1,5–7 verweist im Anschluß an 1,4 auf die gegenwärtige Situation, in der die Adressaten in getäfelten Häusern wohnen, obwohl der Tempel zerstört daliegt. Hag 2,15–18a öffnet dagegen den Blick von der Gegenwart her für die Zukunft und zielt damit auf die Verheißung: מן־היום הזה אברך (2,19b). Die in 1,5–7 mit Hilfe der Nichtigkeitsflüche geschilderte Notsituation ist bereits auf ihre Auflösung durch die Segensverheißung angelegt:[564] hier erst kommen die Flüche an ihr Ende, hier findet sich die Schlußfolgerung, daß mit dem Tempelbau der Segen einsetzt. Dementsprechend fordern 1,5.7 auf, die bisherige Situation zu reflektieren, während 2,15a.18a den Blick von der bisherigen Situation auf die Zukunft lenken. Die Paränesen 1,5.7; 2,15a.18a umrahmen jeweils Nichtigkeitsflüche, die gleich formuliert sind und dieselbe Perspektive einnehmen, d.h. nicht explizit auf Jahwe zurückgeführt werden. Dies tun jeweils erst die Ergänzungen durch 1,9–11 bzw. 2,17.

Im Hinblick auf die relative Chronologie läßt sich weiterhin feststellen, daß 2,15–19* älter ist als der narrative Rahmen 1,1–3.12–15a; 1,15b–2,1f.[565] Die Wende zum Segen wird in 2,15–19 mit dem Tag des Baubeginns verknüpft. 2,15–19 will damit als Wort zum Baubeginn verstanden werden, und zwar nach der Datierung in 1,15b–2,1. Dies steht nun aber im Widerspruch zu 1,12–14(.15a), wonach der Baubeginn schon etwa einen Monat früher stattgefunden hat.[566] Dieses Problem ist längst gesehen worden, und es wurden zwei

---

561 Hag 1,4.8; 2,3.9a dürften einmal zusammen mit den Datierungen 1,1*; 1,15b–2,1 den Grundbestand des Haggai-Buchs gebildet haben, s.u. 2.5.1.

562 Vgl. u. 2.5.2.

563 Anders Kratz, Judentum, 91, der 2,15–19 für jünger als 1,5–7 hält.

564 Nach Steck, Haggai, 363, ist der Fluch in 1,6 „mit positivem, geradezu werbendem Akzent" versehen, da er auf das hinweist, was fehlt, nämlich auf den in 2,15–19 verheißenen Segen.

565 Vom narrativen Rahmen 1,1–3.12–15a; 1,15b–2,1f sind noch einmal die Datierungen 1,1*; 1,15b–2,1 als älterer Bestand literarkritisch zu differenzieren, s.o. S. 48.62f.

566 Sollte 1,15a eine spätere Glosse sein, wäre 1,1 die maßgebliche Datierung für V 12–14, was an dem Grundproblem aber freilich nichts ändert, sondern es hinsichtlich des zeitlichen Abstands eher noch verschärft.

Lösungen angeboten,[567] die jedoch beide nicht überzeugen.[568] Die eine Lösung ist die Umstellungshypothese.[569] Die andere Lösung ist die, daß 1,12–15a nur erste, allgemeine (Vorbereitungs-)Arbeiten am Tempel meinen, während das „Stein-auf-Stein-Legen" (2,15) den eigentlichen Baubeginn markiert.[570] Diese Unterscheidung wirkt jedoch gezwungen und ist aus der Not geboren, die Angaben 1,12–15a; 2,15–19 harmonisieren zu wollen.[571] Das eigentliche Problem dürfte jedoch nicht mit 2,15–19, sondern mit 1,12–15a verbunden sein.[572] Ohne 1,12–15a markiert 2,15–19 ganz selbstverständlich den Baubeginn. Es läßt sich eher erklären, daß Hag 1,12–15a vor 2,15–19 eingeschoben wurde, um zu zeigen, daß die Worte Haggais sofort auf fruchtbaren Boden gefallen waren, als daß 2,15–19 bereits die Aufnahme der Tempelarbeiten aus 1,12–15a kennt. Der narrative Rahmen, zu dem auch 1,12–15a gehört, dürfte also jünger sein als die Hinzufügung von 2,15–19.

Diese Vermutung läßt sich noch von anderer Seite untermauern. Nicht nur 2,15–19 ist älter als der narrative Rahmen, sondern auch der zu 2,15–19 gehörige Text 1,5–7. Die dtr Gehorsamsformel שמע בקול יהוה 1,12a setzt bereits die Einführung der Vertragsthematik durch 1,5–7 voraus.

2.3.3   Fazit

Hag 2,10–19 besteht aus zwei Teilen (V 10–14 sowie 15–19), die in Inhalt und Form stark divergieren und ursprünglich keine literarische Einheit gebildet haben. Am Anfang steht Hag 2,15f.18a.19[(*)]. Dieser Text greift in V 16 die Nichtigkeitsflüche aus 1,6 auf und richtet den Blick auf die Zukunft (2,15a.18a), die als Zeit des Segens qualifiziert wird (V 19). Den Zeitpunkt der Wende zum Segen markiert der Tag des Baubeginns, wenn Stein auf Stein gelegt wird (V 15.19). Hag 2,15–19* löst die in 1,5–7 mit Hilfe der Nichtigkeitsflüche beschriebene Mangelsituation mit dem Baubeginn durch Jahwes Segen auf. Hag 2,15–19 dürfte mit Hag 1,5–7 zu einer Fluch-und-Segen-Bearbeitung zusammengehören, die die mit der Gegenwart und Zukunft des zu bauenden Tempels befaßten Grundworte 1,1*.4.8; 1,15b–2,1.3.9a noch vor der Einschreibung des narrativen Rahmens (1,1–3.12–15a; 1,15b–2,1f) erweitern, da dieser Rahmen einerseits mit der Mitteilung des Gehorsams des Volkes (1,12a) die Fluch- und Segensthematik voraussetzt und im Sinne der dtr Bun-

---

567 Für die Sache ist es unerheblich, ob man 2,15–19 nach dem jetzigen Text der Datierung 2,10 oder nach der hier vorgeschlagenen Textstufe 1,15b–2,1 zuordnet.

568 Vgl. Wöhrle, Sammlungen, 307.

569 S. dazu o. S. 96f.

570 Vgl. z.B. K. Koch, Volk, 217f; Reventlow, ATD 25/2, 27f.

571 Vgl. Wöhrle, Sammlungen, 307.

572 Ähnlich Wöhrle, Sammlungen, 307f, allerdings mit anderen Konsequenzen.

destheologie formuliert, andererseits mit 1,14 den ursprünglich zuerst in 2,15–19 berichteten Baubeginn vorwegnimmt. Damit hat 2,15–19 einmal unmittelbar an 1,1*.4.5–7.8; 1,15b–2,1.3.9a angeschlossen.

Der ursprüngliche Zusammenhang von 1,1–2,9*.15–19* wird mit der Einschreibung von 2,10–14 unterbrochen, so daß die in 2,15–19 angekündigte Wende zum Segen nun im Zusammenhang mit der Unreinheitsproblematik von 2,10–14 verstanden werden soll. Die Wende zum Segen kann nach V 10–14 nicht erfolgen, solange das Volk unrein ist. Dabei übt die Zeichenhandlung 2,10–14 nicht nur Kritik am Volk, sondern auch an den Adressaten der Worte Haggais, den Priestern, die unreine Opfer zulassen.

Hag 2,10–14 ist jünger als der narrative Rahmen 1,1–3.12–15a; 1,15b–2,1f. Die Einleitung 2,10 setzt 1,1; 2,1 voraus, weicht aber von deren Formulierungen deutlich ab und zeigt statt dessen eine Entsprechung mit Sach 1,7. Der Erzählstil der Zeichenhandlung entspricht 1,12–14, die Adressaten, die nur hier im Haggai-Buch genannten Priester (2,11–13), tun dies dagegen nicht. Die Phrase הזה הגוי־וכן העם־הזה כן (2,14) erweitert Hag 1,2. Zeigt bereits die Einordnung innerhalb der relativen Chronologie, daß Hag 2,10–14 nicht zu den ältesten Stücken des Buchs gehört, so läßt sich die verhältnismäßig späte Abfassung von 2,10–14 durch weitere Beobachtungen wahrscheinlich machen: Die Ausführungen der Fallbeispiele V 12f sowie der Deutung Haggais scheinen die Kenntnis der Opfer- und Reinheitsvorschriften von P^S vorauszusetzen, wie z.B. die deklaratorische Formel הוא טמא.[573] Zudem ist Hag 2,10–14 in theologiegeschichtlicher Nähe zu Mal 1,2–5; 1,6–2,9; 3,6–12 zu sehen, da beide Texte thematische Parallelen aufweisen: vom Propheten vorgetragene Kritik an den Priestern und ihren unreinen Opfern, Kritik am Volk und der Vernachlässigung der Kultpraxis, von diesen Mißständen und ihrer Beseitigung abhängige bedingte Verheißungen der Wende vom Fluch zum Segen. Beide Texte lassen die Situation der Verzögerung des mit dem Bau des Tempels erwarteten Heils durchscheinen. Wie die Grundschicht von Mal wäre dann auch Hag 2,10–14 in die mittlere oder späte Perserzeit zu datieren. Hag 2,10–14 ist dabei wahrscheinlich ein wenig älter als Mal 1,2–5; 1,6–2,9; 3,6–12.

Die Glossen 2,17.18b setzen wohl schon die Verbindung von V 10–14 und 15–19 voraus. Möglicherweise ist die Aufzählung והרמון והתאנה ועד־הגפן in V 19 eine Ergänzung nach Joel 1,12.

Mit der Analyse von Hag 2,10–19 können für das Haggai-Buch schon einmal vier Wachstumsstufen und ihre relative Chronologie bestimmt werden:[574] Den Ausgangspunkt bestimmen die beiden Grundworte Hag 1,1*.4.8; 1,15b–2,1.3.9a, die den Tempelbau und den כבוד des Tempels thematisieren. Diese werden von einer ersten Bearbeitung, die dazu ermahnt, das eigene Er-

---

573 Außer Hag 2,14 nur noch Lev 11,35; 13,11.15.36.44.46.51.55; 14,44; 15,2.25; Num 19,15.20.

574 S. dazu ausführlicher 2.5.

gehen zu bedenken, unter die Bedingung von Fluch und Segen gestellt (1,5–7; 2,15–19*). Dabei wird die Zeit, in der der Tempel wüst daliegt, durch Nichtigkeitsflüche als Mangelsituation geschildert (1,5–7, vgl. 2,15f), während mit dem Tag der Grundsteinlegung die Wende zum Segen verheißen wird (2,15–19). Die Fluch-und-Segen-Thematik wird auf der nächsten Stufe von der Redaktion des narrativen Rahmens in zweierlei Weise aufgenommen: Einerseits wird der Vertragstopos in die Sprache der dtr Bundestheologie eingefaßt (שמע בקול יהוה, 1,12a, יהוה אלהיהם, 1,12a.14), andererseits wird der in 2,15–19 thematisierte Baubeginn durch die Erzählung 1,12a.14 vorverlegt, so daß er nun als unmittelbare Reaktion auf die erste Ansprache Haggais erscheint. Die Kritik am unreinen Volk 2,10–14 ist die jüngste der bisher zu ermittelnden vier Wachstumsphasen. Sie setzt einerseits die Fluch-und-Segen-Bearbeitung 1,5–7; 2,15–19* voraus, da sie den Zusammenhang zwischen dem zweiten Wort zum Tempelbau (1,15b–2,1.3.9a) und der Verheißung des Segens (2,15–19*) unterbricht und die Beseitigung der Unreinheit des Volks zur Vorbedingung für die Wende zum Segen macht. Andererseits setzt 2,10–14 den narrativen Rahmen voraus, indem der Text den Erzählstil von 1,12a.14 sowie den Auftrag zur Anrede von 2,2 (vgl. 2,11b) aufgreift und mit 2,10 eine neue Datierung zu 1,1; 1,15b–2,1 hinzufügt.

Ergibt sich hiermit ein Überblick über die relative Chronologie von Hag 1,1–2,19, so muß im nächsten Abschnitt noch 2,20–23 mit einbezogen werden.

2.4 Eine Verheißung für Serubbabel (Hag 2,20–23)

2.4.1 Erste Beobachtungen am Text

Der letzte Abschnitt des Haggai-Buches, Hag 2,20–23, ist als Verheißung an Serubbabel gestaltet. Nachdem V 20 festhält, daß das Wort Jahwes zum zweiten Mal an demselben wie in 2,10 genannten Datum ergangen ist,[575] folgt in V 21a der Auftrag, die nachfolgende Botschaft an den Statthalter Serubbabel auszurichten.[576] Daß ein zweites Wort am selben Tag ergeht, findet sich bei Hag nur hier und soll die Bedeutung dieses Tages unterstreichen, der die Wende zum Segen bringen soll (vgl. 2,19). In V 20 ist auffällig, daß Haggai ohne

---

575 Die Formulierung ויהי דבר־יהוה שנית אל־חגי בעשרים וארבעה לחדש bezieht sich auf die davor zuletzt genannte Datumsangabe in 2,10 zurück (vgl. 2,18b). Ebenso wie in 2,10 wird die Wortereignisformel in 2,20 mit der Präposition אל verbunden, in 1,1.3; 2,1 dagegen mit ביד.

576 Auch in 2,1f und 2,10f folgt auf die Wortereignisformel ein Imperativ, mit dem der Prophet aufgefordert wird, seine Botschaft bestimmten Adressaten auszurichten bzw. eine Frage an diese zu richten.

Titel genannt wird.[577] In 2,21a fehlt die übliche Erwähnung des Patronyms.[578] Das eigentliche Orakel, V 21b–23, ist zweigeteilt: Während V 21b–22 an V 6f anknüpft und erneut kosmische Erschütterungen und Umsturz unter den Völkern ankündigt, wendet sich erst V 23 direkt an den in V 21a genannten Serubbabel. Diesem wird nun verheißen, daß er als Jahwes Siegel gesetzt wird; die Völker bleiben dagegen in V 23 unerwähnt. Das eigentliche Orakel setzt in V 21b mit einem verkürzten Zitat von 2,6aβb[579] ein und übernimmt von dort das Motiv der Theophanieschilderung.[580] Der Konstruktion von 2,6.7aα entspricht, daß auch in 2,21b.22aα auf das Part. Hif. רעש ein Perf. cons. in der 1. Sg. folgt,[581] woran sich in 22 noch 3 weitere Perf. cons.-Formen anschließen.[582] Somit ist wieder wie in 2,6f eine logische Folge intendiert,[583] wobei aber im Unterschied zu 2,7 die vier Verben dem Kontext nach eher eine Gleichzeitigkeit als ein Nacheinander beschreiben wollen.[584] Ziel der kosmischen Erschütterungen sind wie in 2,6f wieder die גוים, nur daß diesmal nicht ihre Schätze zum Tempel kommen, sondern sie selbst umgestürzt und vernichtet werden sollen. Anders als in 2,6f ist nun in 2,21b–22 deutlich ein allumfassendes Völkergericht geschildert; so ist auch die Wendung כסא ממלכות pluralisch aufzufassen.[585] Ist 2,21b–22 eine Variation von 2,6f,[586] so bietet erst 2,23 inhaltlich etwas Neues. V 21b–22 dienen damit der Vorbereitung von V 23,[587] der die Klimax des Orakels bildet.[588] Die besondere Bedeutung von V 23 wird

---

577 Dies findet sich nur noch in 2,13f, dem Bericht von der Einholung der Priestertora. In den Rahmenversen 1,1.3.12; 2,1.10 wird Haggai sonst immer mit der Apposition הנביא bedacht, in 1,13 sogar als מלאך יהוה bezeichnet.

578 Das Gegenstück zu 2,21a bildet V 23, wo das Patronym genannt ist, der in 21 erwähnte Statthaltertitel aber fehlt. Die Filiation ist sonst in 1,1.12.14; 2,2.23 erwähnt, fehlt aber ebenfalls in 2,4. Für die Amtsbezeichnung פחת יהודה vgl. noch 1,1.14; 2,2; in 1,12; 2,4.23 ist sie jedoch nicht belegt.

579 Die LXX (abgesehen vom Codex Venetus, zum Befund s. Ziegler, prophetae, z.St.) vervollständigt den Text von 2,21b mit καὶ τὴν θάλασσαν καὶ τὴν ξηράν gemäß 2,6bβ.

580 Vgl. u.a. Jeremias, Theophanie, bes. 66–69.135.161; Beuken, Haggai, 226; Petersen, OTL, 67.98; Wolff, BK XIV/6, 60.77.81; vgl. z.B. Ri 5,4; 2 Sam 22,8 = Ps 18,8; 1 Kön 19,11f; Ps 68,9; 77,19. Zu רעש s. Schmoldt, Art. רָעַשׁ.

581 Vgl. Petersen, OTL, 98.

582 וירדו, והפכתי, והשמדתי, והפכתי.

583 S. G-K[28] § 112 a.p; Joüon § 119 c.n. Vgl. Kessler, Book, 221.

584 Vgl. Kessler, Book, 221.

585 S. G-K[28] § 124r.g. Vgl. Rudolph, KAT 13/4, 53f m. Anm. 5; Wolff, BK XIV/6, 76 Anm. 22a; Reventlow, ATD 25/2, 28 Anm. 64. Auch die LXX gibt כסא ממלכות pluralisch wieder: καταστρέψω θρόνους βασιλέων.

586 Vgl. z.B. Kratz, Judentum, 88.

587 Vgl. Kessler, Book, 221: "[I]n the final analysis, v. 22 simply sets the stage for the oracle's centre of interest: the elevation of the Davidide Zerubbabel (v. 23)." Vgl. Petersen, OTL, 102; Boda, NIV AC, 163.

588 Vgl. z.B. Rudolph, KAT 13/4, 54; Reventlow, ATD 25/2, 30; Kessler, Book, 221.226.

auch von den drei Gottesspruchformeln angezeigt.[589] Die Schilderung des Aufruhrs der Völkerwelt zielt also auf die Aussage V 23, die mit der eschatologischen Formel[590] ביום ההוא an das Vorangegangene anschließt und die Erwählung und Einsetzung Serubbabels als Siegel verheißt. Serubbabel wird in 23a nun ohne den Statthaltertitel, aber mit Filiation genannt. Damit bildet V 23 das Gegenstück zu V 21a.

2.4.2 Literarhistorische Analyse

Fragt man nach dem literarhistorischen Verhältnis von Hag 2,20–23 zum übrigen Haggai-Buch, so liegt folgender Befund vor: Der gesamte Abschnitt 2,20–23 greift auf Formulierungen aus dem vorangehenden Haggai-Buch zurück, die ihrerseits nicht zur Grundschicht von Hag gehören. Die Formulierung ויהי דבר־יהוה שנית אל־חגי בעשרים וארבעה לחדש bezieht sich auf die davor zuletzt genannte Datumsangabe in 2,10 zurück (vgl. 2,18b) und ist von dieser abhängig.[591] Die Datierung 2,10 ist Teil des sekundären Einschubs 2,10–14, die Einholung der Priestertora durch Haggai. Hag 2,21a gehört zum Rahmen 2,20. Die Abfolge 2,20.21a Wortereignisformel + Datierung + Beauftragung Haggais, zu einer bestimmten Person bzw. Personengruppe zu sprechen oder diese zu fragen, entspricht 2,1.2; 2,10.11 und dürfte diese Vorlagen imitieren. Der Titel Serubbabels in 2,21a (פחת־יהודה)[592] wird wohl wie die Filiation in V 23 (בן־שאלתיאל)[593] dem redaktionellen Rahmen entnommen sein (זרבבל בן־שאלתיאל פחת יהודה, 1,1.14; 2,2). Ebenso ist V 21b–22 von einer Vorlage innerhalb des Haggai-Buches abhängig, nämlich Hag 2,6f.[594] V 21b übernimmt die Partizipialkonstruktion אני מרעיש את־השמים ואת־הארץ und verbindet diese wie 2,6f mit mehreren Perf. cons.-Formen. Auch die Völkerthematik stammt aus 2,6f. Hag 2,6f ist wiederum ein sekundärer Einschub, der den Zusammenhang von Frage und Antwort bezüglich der künftigen Herrlichkeit des Tempels (2,3.9a, vgl. 1,4.8) unterbricht.

---

589 Zweimal (23aα[1].bβ) נאם־יהוה צבאות und einmal (aα[2]) נאם־יהוה.

590 Vgl. z.B. Munch, Expression; Nogalski, Precursors, 234; Reventlow, ATD 25/2, 30. Vgl. z.B. Am 9,11; Hos 2,18; Mi 5,9; Sach 12–14.

591 Dies zeigt neben dem Rückbezug auf das vorangegangene Datum mit שנית und der Übernahme des Wochentags aus 2,10 (vgl. 2,18bα בעשרים וארבעה לחדש auch die Formulierung der Wortereignisformel mit אל, die so nur noch in 2,10 gebraucht ist, während 1,1.3; 2,1 ביד verwenden.

592 Vgl. Hag 1,1.14; 2,2.

593 Vgl. Hag 1,1.12.14; 2,2. Die Pleneschreibung des Patronyms findet sich nur am Anfang (1,1) und am Ende (2,23) von Hag.

594 Vgl. Kratz, Judentum, 88.

Mit der Beobachtung der thematisch-formalen Zweiteilung von Hag 2,21b–23[595] ist die Frage nach der literarischen Einheitlichkeit des Abschnitts verbunden. Alle möglichen literarkritischen Optionen sind dabei in der Forschung vertreten worden, d.h. das Orakel wird entweder als ursprünglich einheitlich oder aber einer der beiden Teile (V 21b–22 bzw. V 23) als sekundär betrachtet.[596] M.E. spricht nichts dagegen, V 21b–23 als ursprüngliche literarische Einheit anzusehen,[597] jedoch sollen zunächst die beiden Möglichkeiten gegeneinander abgewogen werden, die mit sukzessivem literarischem Wachstum rechnen.

2.4.2.1   V 23 als Nachtrag

Nach diesem Vorschlag[598] hat der letzte Abschnitt des Haggai-Buches ursprünglich nur 2,20–22 umfaßt. Dabei wird in Anschlag gebracht, daß V 23 mit der „für Zusätze kennzeichnenden Formel"[599] ביום ההוא an das vorangehende Orakel anschließt und somit als sekundärer Zuwachs zu 2,20–22 zu bestimmen ist. Als literarkritisches Indiz ist dann die in V 23 wie in den redaktionellen Rahmenstücken verwendete Filiation[600] anzusehen, hatte V 21 doch lediglich den in V 23 fehlenden Statthaltertitel gebraucht. V 23 ließe sich demnach als Zusatz interpretieren, der die nach V 21a zu erwartende direkte Ansprache an Serubbabel nachträgt; „Nachtragscharakter hat auch die Verhei-

---

595 S.o. 2.4.1.

596 Varianten zu diesen drei Möglichkeiten sind die Annahme Wolffs (BK XIV/6, 77ff), der zwei ursprünglich selbständige, „locker angefügte" (a.a.O., 86) Sprüche vermutet, die jedoch beide auf den Propheten zurückgehen, sowie die Erwägung Beukens (Haggai, 80ff), daß möglicherweise V 23b ein chr Nachtrag zu einem ansonsten einheitlichen Wort des Propheten ist, wobei V 23a nach Beuken, Haggai, 79f, den Kern des Heilswortes bildet.

597 Dies ist zugleich die am häufigsten vertretene Position, vgl. z.B. Reventlow, ATD 25/2, 29; Meyers/Meyers, AncB 25B, 82ff; Kessler, Book, 220ff; Petersen, OTL, 97ff; Boda, NIV AC, 161ff.

598 Vertreten von Kratz, Judentum, 88, und im Anschluß daran Klein, Schriftauslegung, 261.

599 Kratz, Judentum, 88. Zum Gebrauch von ביום ההוא als „an editorial connective formula" (Munch, Expression, 17, 56 u.ö.) s. die Untersuchung von Munch, a.a.O., 15ff. In diesem Zusammhang s. bes. folgendes Fazit: "In post-exilic times our expression [sc. ביום ההוא] simply has become a common editorial connective formula" (a.a.O., 56). Auch die Verbindung von ביום ההוא mit der Gottesspruchformel kann als „a more or less constant connective formula" bezeichnet werden; in etwa 1/5 der Belege innerhalb des *corpus propheticum* (insgesamt 109 von 208 im gesamten AT) wird ביום ההוא zusammen mit נאם יהוה (Jer 4,9; 39,17; 50,30; Hos 2,18.23; Am 2,16; Obd 1,8; Mi 4,6; 5,9; Zef 1,10; Sach 12,4; נאם אדני יהוה: Ez 38,18; Am 8,3.9) bzw. נאם יהוה צבאות (Jes 22,25; Jer 30,8; 49,26; Hag 2,23, Sach 3,10; 13,2) gebraucht.

600 Vgl. Hag 1,1.12.14; 2,2. Außer in 2,21 fehlt die Filiation in Hag nur noch in dem späten Vers 2,4. Zur Einordnung von Hag 2,4 s.o. 2.2.2.

ßung, die der Unterwerfung der Völker (2,21f) den Messias gegenüberstellt";
mithin ist der „Zusatz in 2,23 [...] der Anfang der messianischen Weissagung
in Hag–Sach".[601]

Die soeben skizzierte Position hat den Vorteil, daß sie die unbestreitbare
Zweiteilung von 2,21–23 mit dem auch sonst häufig im literarischen Wachs-
tumsprozeß der Prophetenbücher zu beobachtenden Phänomen erklären kann,
daß über die Formel ביום ההוא ein eigener Nachtrag an den bestehenden Text
angefügt wird. Die Motivation der Zuspitzung der zunächst allgemeinen Verheißung V 21b–22 auf eine Verheißung an bzw. über Serubbabel kann zudem
mit der bereits vorgegebenen Nennung Serubbabels in 2,21a plausibel gemacht
werden. Hätte das Haggai-Buch also einmal mit 2,22 geendet, wäre zudem ein
schöner Übergang zu den Nachtgesichten des Sacharja (Sach 1,7–6,8) gegeben:[602] Auf den Umsturz der Völker (Hag 2,21b–22) wäre dann einmal die
Mitteilung der Ruhe auf der Erde (Sach 1,11) gefolgt.

Indem die Einleitung des letzten Orakels betont, daß das Wort Jahwes zum
zweiten Mal an demselben Tag an Haggai erging (Hag 2,20) und Serubbabel
als den Empfänger des von Haggai auszurichtenden Wortes heraushebt (V
21a), wird eine besondere Aufmerksamkeit auf dieses Wort und damit auf den
Schluß des Haggai-Buches gelenkt. Was aber dann in V 21b–22 folgt, ist lediglich eine Variation und Neuinterpretation des Themas von 2,6f.[603] Daher ist
es m.E. mit Beuken fraglich, „daß V.22 Pointe und Schluß des Orakels bilden
sollte. Dieser Vers ist von zu allgemeiner Art. Er hat ausschließlich Themen
aus der traditionellen Unheilsverkündigung zum Inhalt".[604] Zudem wäre zu
überlegen, warum dieses eher allgemeine Wort speziell an den Statthalter
Serubbabel[605] gerichtet wird. Nach dem Leseablauf des Haggai-Buches war
2,6f noch bzw. bereits an Serubbabel, Josua und den Rest des Volkes ergangen.[606]

---

601 Kratz, Judentum, 88.

602 Zum Verhältnis von Hag 2,20–23 zu den Nachtgesichten des Sacharja s.u. S. 117.

603 So wird Hag 2,20–22 von Kratz, Judentum, 88, mit Recht als „Reformulierung von 2,6–9"
     bezeichnet.

604 Beuken, Haggai, 79f. Vgl. Petersen, OTL, 102: "[I]t is difficult to imagine that v. 23 com-
     prises a secondary addition to an original oracle of v. 22 by itself, since v. 22 is so general in
     its overall import."

605 Da 2,20–22 in jedem Fall eine sekundäre Zutat zum Haggai-Buch sind, dürfte auch der Titel
     פחת־יהודה in V 21a bereits dem redaktionellen Rahmen entnommen sein. Der Titel begegnet
     außer in 21 nur in den Rahmenversen (Hag 1,1.14; 2,2), fehlt in dem zum Rahmen gehöri-
     gen Vers 1,12, zudem in 2,4 und, wie bereits erwähnt, in 2,23. Daß 2,21a auf die Nennung
     des Patronyms verzichtet, erklärt sich aus dem Aufbau von 2,20–23.

606 Vgl. Hag 2,2.

2.4.2.2   V 21b–22 als Nachtrag

Die andere Möglichkeit, daß die Ankündigung der kosmischen Erschütterungen und die Niederwerfung der Völker (V 21b.22) gegenüber der Verheißung an Serubbabel (V 23) sekundär ist,[607] geht davon aus, „daß das Wort gegen die Völker und das Wort an Serubbabel inhaltlich kaum miteinander verbunden sind"[608] und der in V 21a genannte Serubbabel über 22 hinweg erst in 23 angesprochen wird.[609] Wichtig für die Analyse ist weiterhin die Beobachtung, daß 21b mit der Partizipialkonstruktion אני מרעיש את־השמים ואת־הארץ sowie mit der Völkerthematik an den Spruch 2,6–8 anknüpft,[610] der bereits innerhalb des Haggai-Buches sekundär ist.[611] Für eine späte Ergänzung sprechen schließlich die von Nogalski festgestellten Stichwortverknüpfungen mit Proto-Sacharja,

---

607 Diese Lösung wird von Nogalski, Precursors, 229ff, und Wöhrle, Sammlungen, 309ff, vertreten. Nogalski, Precursors, 231ff, rechnet jedoch den gesamten V 21 zum ursprünglichen Orakel und hält nur V 22 aus folgenden Gründen für einen späteren Nachtrag: Die hier gebrauchten militärischen Bilder kommen sonst in Hag nicht mehr vor; anders als in 2,6f ist hier nicht die Völkerwallfahrt, sondern die Vernichtung der Völker im Blick; ein Aufstand Serubbabels ist historisch nicht zu belegen; Hag 2,22 weist Stichwortverbindungen mit Sach 1,1ff und auch zu Joel 2,4–11 auf und muß daher spät sein; erst V 23 bezieht sich direkt auf die Anrede Serubbabels in 2,21 zurück. Schließlich erhielte man nach Nogalski, a.a.O., ohne V 22 einen glatteren Leseablauf als mit diesem Vers. Zudem bringt das Thema der finalen Schlacht V 22 eine neue eschatologische Note ein, weshalb die eschatologische Formel ביום ההוא wahrscheinlich ebenfalls zur Einschreibung von 22 gehört. Gegen Nogalski ist jedoch folgendes einzuwenden: Der Halbvers 21b ist ein verkürztes Zitat aus 2,6 und bezieht sich darauf zurück. Bereits 2,6f ist eindeutig eschatologisch konnotiert, so daß nicht erst 22, sondern bereits 21b eschatologisch zu verstehen ist. Serubbabel wird in 21b ebensowenig angesprochen wie in 22, so daß verwunderlich ist, daß 21b von Nogalski zum ursprünglichen Bestand des Orakels gerechnet wird, nicht aber 22. Nicht nur ist V 21b verkürztes Zitat aus 2,6, sondern die Fortsetzung in 2,22 mit dem Perf. cons. 1. Sg. (והפכתי) entspricht genau der Fortsetzung von 2,6 durch 2,7 (והרעשתי). Daher sind 2,21b–22 als Einheit aufzufassen, die 2,6f zu Beginn aufnehmen, um der dort geschilderten Erschütterung der Welt ein neues Verständnis zu geben, wozu diese dient, d.h. 2,21b–22 sind *relecture* von 2,6f.

608 Wöhrle, Sammlungen, 309.

609 "Syntactically Hag 2:23 relates directly to the introduction in 2:21, since the command given in 2:21 to address Zerubbabel directly is not exemplified until the direct address in 2:23" (Nogalski, Precursors, 233). Vgl. Wöhrle, Sammlungen, 310f.

610 S. Wöhrle, Sammlungen, 310. Darüber hinaus übernimmt V 21b–22 jedoch nicht nur die Partizipialkonstruktion, sondern schließt ebenso wie die Vorlage V 6f eine Reihe von Perf. cons.-Formen an den Partizipialsatz an. Daher scheint es mir sinnvoller, V 21b als zu 22 und nicht zu 21a gehörig zu betrachten (gegen Nogalski, Precursors, 231ff). Im Hinblick auf die Rolle der Völker betont Nogalski, Precursors, 231, die Unterschiede zwischen 2,22 und 2,7f, während Wöhrle, Sammlungen, 310, die Gemeinsamkeiten beider Stellen hervorhebt. Dementsprechend weist Nogalski 2,22 und 2,6f zwei unterschiedlichen Schichten (Nogalski, Precursors, 231; Hag 2,6f rechnet Nogalski, ebd., zur Grundschicht), Wöhrle dagegen einer einzigen „Fremdvölkerschicht I" zu (s. Wöhrle, Sammlungen, 310.321).

611 S. Wöhrle, Sammlungen, 300–302.310. So bereits Kratz, Judentum, 88f.

die auf einen über das Haggai-Buch hinausreichenden literarischen Zusammenhang hinweisen.[612]

Der Vorteil dieser Lösung ist, daß der Auftrag, ein Wort an Serubbabel auszurichten (V 21a), mit der direkten Ansprache an diesen (V 23) korrespondiert. Allerdings kann hier m.E. nicht hinreichend geklärt werden, was mit der Formel ההוא ביום verknüpft wird bzw. worauf sie sich bezieht. In einer möglichen Abschlußverheißung V 20.21a.23 fehlt zumindest die Nennung einer entsprechenden Gegebenheit.[613] So findet Wöhrle in V 23 die ursprüngliche direkte Fortsetzung von Hag 2,15–19*. Begründet wird dies mit dem zutreffenden Hinweis, daß die Rahmenverse 20.21 im Haggai-Buch sekundär sind. Nach Wöhrle bezieht sich ההוא ביום dann auf den Tag des Tempelbaubeginns, und vor allem auf die Verbindung dieses Tages mit der Verheißung des Segens Jahwes (2,19), womit die Tempelgründung nicht nur mit dem Segen für das Volk, sondern auch mit der Ankündigung der Wiedereinsetzung der davidischen Herrschaft verbunden wird.[614]

Mit 2,15–19* wäre in der Tat ein guter Anknüpfungspunkt für die Formel ההוא ביום (V 23) gegeben.[615] Angesichts dieser von Wöhrle beschriebenen guten und engen Verbindung von V 23 zum voraufgehenden Kontext erschiene es mir daher unwahrscheinlich, daß eine spätere Redaktion durch die Einführung eines neuen Rahmens den mit ההוא ביום beginnenden V 23 von seinem ursprünglichen Kontext so abgetrennt hätte, daß im neuen Textzusammenhang ein direkter Bezug für diese Formel fehlte. Berücksichtigt man zudem die eschatologischen Konnotationen der Formel ההוא ביום, so ist mit Nogalski der Anschluß von ההוא ביום am ehesten in der „final battle

---

612 S. Nogalski, Precursors, 232: "The presence of these catchwords in a verse which is literarily suspect raises the question whether one can determine if the desire to incorporate Haggai into a larger corpus motivated the addition of Hag 2:22."

613 Nach Nogalskis Abgrenzung des ursprünglichen Orakels mit V 21.23 wäre in 21b ein möglicher Anknüpfungspunkt gegeben, auf den ההוא ביום verweisen könnte, jedoch dürfte V 22 von vornherein zu V 21b gehört haben (s.o. S. 106 Anm. 607 u. S. 106 Anm. 610), so daß diese Variante ausfällt. Bemerkenswerterweise möchte Nogalski die Formel ההוא ביום aus dem von ihm als ursprünglich angenommenen Orakel V 21.23 ausscheiden: "In spite of this smooth transition, the first phrase in Hag 2:23 (בַּיּוֹם הַהוּא) probably entered the text with the addition of 2:22. The phrase appears only here in Haggai, and conjures eschatological images more in keeping with the final battle imagery of Hag 2:22 than with the theophanic imagery of Hag 2:21."

614 S. Wöhrle, Sammlungen, 311f.315f. Wöhrle rechnet 2,15–16.18abβ.19.23 zur Grundschicht von Hag, s. a.a.O., 313.

615 S. die häufige Verwendung des Stichworts יום in 2,15.18.19. Die Verbindung von 2,23 zu 2,15–19* ist hier nur über die Formel ההוא ביום gewährleistet, „[d]a allerdings ohne diese Formel Hag 2,23, zumal hier ein Adressatenwechsel vorgenommen wird, doch sehr unvermittelt an Hag 2,15–19* anschließen würde" (Wöhrle, Sammlungen, 311 Anm. 80).

imagery" von V 22 zu suchen.[616] Als gewichtige Argumente kommen hinzu, daß die Grundschicht des Haggai-Buchs ansonsten nur Anreden an eine nicht näher bezeichnete 2. Pl. kennt, während die genaue Angabe der Adressaten ein Spezifikum des redaktionellen Rahmens ist.[617] Ganz besonders die Filiation Serubbabels läßt vermuten, daß 2,23 vom Rahmen abhängig ist und nicht zur Grundschicht von Hag gerechnet werden kann.[618]

2.4.2.3   V 20–23 als ursprüngliche literarische Einheit

Angesichts der soeben vorgestellten literarkritischen Optionen und der jeweils daraus resultierenden offenen Fragen scheint es mir die nächstliegende und wahrscheinlichste Möglichkeit zu sein, den Abschnitt Hag 2,20–23 als literarisch einheitlich anzunehmen, trotz der inhaltlichen Unterschiede zwischen V 21b–22 und V 23 sowie des Vorkommens der Formel ביום ההוא, die eine literarische Nahtstelle markieren kann. Zwar wird über den Aufruhr der Völker nur in 21b–22 gesprochen, während in V 23 nur von der Erwählung des bereits in 21a genannten Serubbabel die Rede ist, dennoch sind diese Themen gar nicht so disparat – man denke etwa an Texte wie Ps 2 oder 110.[619] Zudem läßt sich in dem gesamten Orakel 2,21b–23 eine einheitliche Sinnlinie ausmachen, die sich vom großen Ganzen der kosmischen Erschütterung (21b) über den Umsturz der Völkerwelt und ihrer Streitkräfte (22) auf die Person Serubbabels (23) hin verdichtet.[620]

Es soll hier zumindest erwähnt werden, daß das gesamte Orakel 21b–23 – mit Ausnahme von 22bβγ, aber dieser Teilvers ist hier für die literarkrititsche Beurteilung irrelevant – als 1. Sg.-Rede gestaltet ist. Auf die mögliche ursprüngliche Einheitlichkeit des ohnehin innerhalb von Hag späten Textes deuten m.E. die Beobachtung, daß V 21b–22 in Struktur und Inhalt 2,6–8 reformuliert[621] sowie die Aufteilung der aus den Rahmenstücken stammenden Benennung Serubbabels als בן־שאלתיאל פחת יהודה[622] auf V 21a (זרבבל פחת־יהודה) und V 23 (זרבבל בן־שאלתיאל). Diese beiden dem Rahmen entnommenen Elemente, die zusammen genommen wieder das Ganze ergeben,

---

616 Vgl. Nogalski, Precursors, 234. Dies spricht noch einmal gegen Wöhrles Lösung, die unbedingt auf die Formel ביום ההוא angewiesen ist, da sich, wie Wöhrle, Sammlungen, 311 Anm. 80, selbst konzediert, 2,23 sonst nicht an 2,15–19 anschließen ließe.

617 Vgl. 1,1; 1,12.14a; 2,2, ferner das vom Rahmen abhängige Stück 2,4f.

618 So mit Kratz, Judentum, 88. Daß in 2,23 der Statthaltertitel fehlt, ergibt sich aus Aufbau und Intention von 2,20–23.

619 Vgl. z.B. Petersen, OTL, 100; Sauer, Serubbabel, 202f.

620 Vgl. Sauer, Serubbabel, 200, der in diesem Zusammenhang von einer Darstellung in „konzentrischen Kreisen" (ebd.) spricht.

621 Petersen, OTL, 98; Kessler, Book, 220f.224; Kratz, Judentum, 88. S.o. S. 102.

622 Hag 1,1.14; 2,2.

sind bewußt entsprechend der Funktion für den Kontext aufgeteilt: In V 21a wird Serubbabel פחת־יהודה genannt, da im Folgenden (V 21b–22) die Rolle der Völker der Erde sowie deren Herrscher angesprochen sind.[623] V 23 ist dagegen ganz auf die Erwählung des Davididen Serubbabel konzentriert, und dementsprechend wird dieser nun als בן־שאלתיאל bezeichnet.[624] Nimmt man an, daß 2,20–23 von einer Hand stammen und berücksichtigt man, daß 2,21b–22 auf 2,6f zurückgreift, wäre ביום ההוא dennoch als eine Art „editorial connective formula" gebraucht: Wie bereits erwähnt, greift der Verfasser von 2,20–23 in V 21b–23 auf vorgegebenes Material aus 2,6f zurück und reformuliert es. Damit gibt V 21b–22 an, wie V 6f zu verstehen seien.[625] Mit der Formulierung ביום ההוא נאם־יהוה צבאות wird nun der neue, eigentliche Gedanke angefügt, nämlich die Verheißung, den Davididen Serubbabel zum Siegel zu machen.[626] Die Formulierung ביום ההוא נאם־יהוה צבאות markiert damit zugleich die Klimax des Orakels,[627] das somit ein klares „Achtergewicht" hat. Strukturell entspricht V 21b–23 insgesamt dem Ablauf 2,6–9. Auf die Ankündigung der Erschütterungen des Kosmos und der Völker folgt jeweils eine Heilsverheißung.[628] Damit werden beide Stellen in Beziehung zueinander gesetzt: Die – offenbar durch Jahwes Theophanie bedingten – Umwälzungen betreffen nicht nur den Tempelbau, sondern auch den Davididen Serubba-

---

623 Auch Kessler, Book, 223, geht von dem bewußten Gebrauch des Statthaltertitels in 21a aus: "The inclusion of Zerubbabel's official title of governor, here as in 2:1 [sic! sc. 2,2], implies that Yahweh addresses the word to Zerubbabel in the context of the official mandate he holds from the Persian throne. This fact proves highly significant in the oracle that follows."

624 Es wäre zu überlegen, ob der Titel פחת־יהודה (ohne die Filiation) in 21a gebraucht, in V 23 aber nicht mehr verwendet wird (statt dessen jedoch die Filiation), um einen Wandel in der Rolle Serubbabels anzuzeigen, s. Boda, NIV AC, 164: "Once Haggai has described the overthrow of human power in 2:22, it is inappropriate to continue to refer to Zerubbabel by his title as a small political player in the bureaucracy of the Persian empire. By calling him 'son of Shealtiel' Haggai is alluding to his genealogical connection to the royal line of David."

625 Vgl. dazu Wolff, 82: „In 7aα wird nur kurz, wenn auch betont, angekündigt, daß Jahwe ,alle Völker erschüttert'. V. 22 läßt sich wie eine Erklärung dieser Erschütterung verstehen, indem hier vom Umsturz der staatlichen Gewaltherrschaft und von der Zerstörung des Militärpotentials die Rede ist."

626 Vgl. Petersen, OTL, 102: "In v. 23, *bayyôm hahû'* seems to mark a transition point; it represents the move from a general statement of weal to the more concrete promise addressed to Zerubbabel. Furthermore, the phrase 'on that day' itself reinforces the theme of specific future events contained in this verse."

627 Vgl. Rudolph, KAT 13/4, 54: „Und nun kommt mit V. 23 das Entscheidende", vgl. Reventlow, ATD 25/2, 30; Kessler, Book, 226. Die besondere Bedeutung von V 23 wird zudem von den drei Gottesspruchformeln angezeigt (zweimal (23aα¹ und bβ) נאם־יהוה צבאות und einmal (aα²) נאם יהוה), die allerdings nicht alle zum ursprünglichen Text gehört haben müssen.

628 Vgl. Beuken, Haggai, 226.

bel;[629] zur topischen Verbindung von Königtum und Niederwerfung der Völker sei noch einmal auf Ps 2; 110 verwiesen.

V 21b bietet ein verkürztes Zitat von 2,6aβb[630] und übernimmt von dort das Motiv der Theophanieschilderung.[631] In Hag 2,6 ist die Theophaniethematik eng mit der Frage nach der Herrlichkeit des Tempels (כבוד 2,3.7.9, vgl. 1,8) verbunden und damit gut mit dem Kontext verknüpft: Die Erschütterung der Erde ist die Vorbedingung, damit die Schätze der Völker zum Tempel kommen, auf daß Jahwe diesen dadurch mit כבוד erfüllt.[632] Die Nennung der kosmischen Erschütterungen dürfte daher zunächst in 2,6f ins Haggai-Buch eingeführt worden sein, bevor sie in 2,21 rezipiert wurde.

Indem Hag 2,22 verschiedene at Traditionen aufgreift, interpretiert dieser Vers die 2,7 beschriebene Erschütterung der Völker als Gerichtshandeln Jahwes mit kosmischen Dimensionen.[633]

Auch wenn die Verwendung von הפך im Sinne von „umstürzen" in Verbindung mit כסא ממלכות/כסא[634] bzw. מרכבה und/oder רכב im AT singulär ist, ist der von Jahwe verursachte Umsturz als Ausdruck für sein Gerichtshandeln in der Sodom-Gomorra-Tradition geradezu paradigmatisch geworden.[635] Dieser Unterton soll wahrscheinlich in Hag 2,22 mitklingen.[636]

---

629 Auch über den Rückverweis der Datierung 2,20 auf den Abschnitt 2,10–19 könnte ein Bezug zum Tempelbau hergestellt werden, s. v.a. 2,15–19.

630 Die LXX (abgesehen vom Codex Venetus, zum Befund s. Ziegler, prophetae, z.St.) vervollständigt den Text von 2,21b mit καὶ τὴν θάλασσαν καὶ τὴν ξηράν gemäß 2,6bβ.

631 Vgl. u.a. Jeremias, Theophanie, bes. 66–69.135.161; Beuken, Haggai, 226; Petersen, OTL, 67.98; Wolff, BK XIV/6, 60.77.81; vgl. z.B. Ri 5,4; 2 Sam 22,2 = Ps 18,8; 1 Kön 19,11f; Ps 68,9; 77,19. Zu רעש s. Schmoldt, Art. רָעַשׁ.

632 Dabei ist Hag 2,6f selbst ein sekundärer Zusatz, s.o. 2.2.2.

633 Vgl. Wöhrle, Sammlungen, 301.310f.321; ders., Abschluss, 139ff; Lux, Völkertheologie, 116ff; Kessler, Book, 221. Zu den aufgenommenen Traditionen vgl. die Kommentare z.St. sowie bes. Kessler, Book, 223ff. S. dessen Fazit, a.a.O., 226: "In conclusion then, the text employs a multiplicity of echoes drawn from diverse traditions." Vgl. Petersen, OTL, 101: "Hag. 2:22 seems to have the character of a mosaic. It appears to draw on language from various Israelite traditions".

634 Vgl. aber CTA 6 [I AB] VI 28; KAI 1,2; Sir 10,14. In Jes 13,19 wird allerdings Babel, als צבי ממלכות bezeichnet, mit dem Umsturz (מהפכה) von Sodom und Gomorra in Verbindung gebracht (vgl. Petersen, OTL, 99f), vgl. in diesem Zusammenhang auch die Erwähnung der ממלכות גוים in Jes 13,4.

635 Vgl. Seybold, Art. הָפַךְ, 458. Nach Seybold, ebd., scheint die Sodom-Gomorra-Tradition „im besonderen zum Sitz von hpk geworden zu sein". S. Gen 19,21.25.29; Dtn 29,22; Am 4,11; Jes 1,7–9; 13,19; Jer 20,16; 49,18; 50,40; Klgl 4,6.

636 So mit Beuken, Haggai, 80; Wolff, BK XIV/6, 81; Kessler, Book, 223; Boda, NIV AC, 162. S. bes. die Überlegungen bei Petersen bezüglich einer abstrahierenden Tendenz bei der Verwendung von הפך: "Jer. 20:16 uses this same verb [sc. הפך] and does not mention those cities [sc. Sodom and Gomorrah] by name [...] This development in Jer. 20:16 suggests something of a generalizing trend; it is not unlike the way in which this same verb is used in Hag. 2:22" (OTL, 99).

Die Wendung כסא ממלכות ist, wie bereits festgehalten, pluralisch aufzufassen und meint hier daher nicht den Thron des persischen Großkönigs.[637] Im
Blick auf Hag 2,23 ist interessant, daß sich die Constructus-Verbindung כסא +
ממלכה in der überwiegenden Zahl der Belege auf das davidische Königtum
bezieht, v.a. auf den Tempelbauer Salomo und die Natanverheißung.[638] Vielleicht gibt es hierauf eine bewußte Reminiszenz, wenn in 2,22 die Throne der
Königreiche vernichtet werden,[639] bevor sich der Blick auf den Davididen
Serubbabel wendet. In diesem Falle würde der ewige Bestand der davidischen
Dynastie mit dem Tempelbauer Serubbabel bestätigt (vgl. bes. 2 Sam 7,13),
während die Throne der anderen Völker untergehen.

Das Verb שמד wird nicht nur im Zusammenhang mit der Vernichtung der
Völker bei der Landnahme[640] und den Fluchandrohungen gegen Israel[641] verwendet, sondern häufig auch in den Fremdvölkerorakeln[642] und gelegentlich in
eschatologischen Passagen.[643] Die Constructus-Verbindung ממלכות (ה)גוים ist
noch in Jes 13,4;[644] 2 Chr 20,6 zu finden.

In Hag 2,22b wird weiterhin mit traditionellen Formulierungen beschrieben, wie die Vernichtung des חזק der Völker vorzustellen ist. Streitwagen und
ihre Besatzungen (מרכבה ורכביה) sowie Pferde und ihre Reiter (סוסים
ורכביהם) sind als die bedeutendsten und mächtigsten Militärwaffen im AT
zahlreich zu finden. Ihre Nennung „became a convenient way to describe the
military power of a nation"[645] und ist fester Bestandteil der Exodus-
Schilfmeer-Tradition,[646] in Ex 15,4f wie in Hag 2,22 mit ירד verbunden.[647]

---

637 Gegen Elliger, ATD 25, 97; Lux, Völkertheologie, 116f, mit Rudolph, KAT 13/4, 53f m.
     Anm. 5; Wolff, BK XIV/6, 76 Anm. 22a sowie S. 81; Reventlow, ATD 25/2, 28 Anm. 64
     sowie S. 30.

638 Die Chr verwendet, wo nicht anders angegeben, כסא + מלכות. S. 2 Sam 7,13–16//1 Chr
     17,12–14; 1 Kön 9,5//2 Chr 7,18; 1 Chr 22,10; 28,5 (כסא מלכות יהוה); 2 Chr 23,20 (כסא
     הממלכה); vgl. ferner 1 Kön 1,46 (כסא המלוכה); auch im dtn Königsgesetz sitzt der
     israelitische König auf dem כסא ממלכתו (Dtn 17,18).

639 In Dan 5,20 wird zwar nicht der Thron eines Königreiches umgestoßen, aber Nebukadnezar
     vom Thron seines Königtums gestürzt (הנחת מן־כרסא מלכותה).

640 S. z.B. Dtn 2,12; 7,23f; 9,3; 12,30; 31,3f; Jos 9,24; 11,14.20; 24,8; 2 Kön 21,9//2 Chr 33,9;
     Am 2,9.

641 S. z.B. Dtn 4,26; 6,15; 7,4; 28,20.24.45.48.51.61.63; Jos 23,15.

642 Jes 10,7; 13,9; 14,23; 23,11; Jer 48,8.42; Ez 25,7; 32,12.

643 S. hier v.a. Sach 12,9: והיה ביום ההוא אבקש להשמיד את־כל־הגוים הבאים על־ירושלם.

644 Wahrscheinlich sind die ממלכות גוים aus Jes 13,4 die „sachlichen Träger" (Lohfink, Art.
     שָׁמַד, 185) der in 13,9 mit dem Tag Jahwes beschriebenen Vernichtung (שמד Hif.).

645 Petersen, OTL, 101, mit Verweis auf Jer 51,21; Dtn 20,1. Seit der Perserzeit ist der Einfluß
     der Reiterei immer wichtiger geworden, s. Sach 1,7–14; 6,1–8 (zum Verhältnis von Hag 2,22
     zu Sach s.u.), vgl. die Behistun-Inschrift z.B. DB §§ 18.20.32.42. S. dazu Stronach, Riding.

646 Vgl. Ex 14,9.23–25; 15,1//V 21.

Hag 2,22bβ greift schließlich das Thema des panischen Gottesschreckens auf. Die nächste Parallele hierzu ist Ez 38,21 (חרב איש באחיו תהיה)[648] aus der Schilderung des Kampfes gegen Gog.

Auch V 23 rekurriert auf einen prominenten at Themenkomplex, nämlich den der davidischen Überlieferung.

Der erste zu untersuchende Begriff ist das Verbum לקח, hier sind vor allem die Belege von Interesse, in denen Jahwe das Subjekt ist.[649] לקח steht hier häufig für ein Erwählungshandeln, das Jahwes überraschendes Eingreifen ausdrücken will.[650] So heißt es auch von David in der Nathanweissagung, daß er von der Weide, hinter dem Kleinvieh weg, genommen wurde.[651] Diese Formulierung wird in Ps 78,70 aufgegriffen.[652] In Vorbereitung der Reichsteilung nimmt Jahwe Jerobeam, damit er zum König über Israel wird (1 Kön 11,37), und in Jer 33,26 verkündet Jahwe, daß er von den Nachkommen seines Knechtes David keine Herrscher mehr nehmen wird.

Der Titel עבד als Ausdruck für eine besondere Beziehung zu Jahwe wird im AT am häufigsten für David verwendet,[653] in den meisten Belegen davon wiederum nennt Jahwe David עבדי.[654] Vor allem in Zusammenhängen mit

---

647 Beuken, Haggai, 80 Anm. 1, nennt zu ירד Jes 32,19; Jer 13,18; 48,15; Klgl 1,9; Ez 26,16; 30,6, um zu zeigen, dies sei „der gebräuchliche Ausdruck für Hinabsteigen ins Totenreich, aber auch für stolze Herrlichkeit, die zu Fall kommt".

648 So mit Recht Petersen, OTL, 101, und im Anschluß daran Boda, NIV AC, 162. Vgl. neben Ez 38,21 noch Ri 7,22; 1 Sam 14,20; 2 Sam 2,16 (alle mit איש באחיו חרב). Boda, a.a.O., 162f Anm. 13, sieht weiterhin „surprising connections between this section [sc. Hag 2,20–23] and the end of Ezekiel", namentlich die Verbindung des עבד David (Ez 37,24) mit dem Tempel (37,26–28: מקדש, משכן) sowie des Kampfes gegen die Völker (Ez 38–39) mit dem neuen Tempel (40–48).

649 Dies ist im AT „etwas über 50 x" (H.H. Schmid, Art. לקח, 878) der Fall. Objekt von Jahwes Nehmen sind z.B. das Volk (vgl. Ex 6,7; Dtn 4,20; 30,4; Jer 3,14; 25,9; Ez 36,24; 37,21); die Leviten (Num 3,12.41.45; 8,16.18; 18,6); Abraham (Gen 24,7; Jos 24,3); Nebukadnezar (Jer 43,10, auch er wird als עבדי bezeichnet).

650 Vgl. die Berufung des Amos, Am 7,15. Zu diesem Gebrauch von לקח vgl. Wolff, BK XIV/6, 83.

651 ועתה כה־תאמר לעבדי לדוד כה אמר יהוה צבאות אני לקחתיך מן־הנוה מאחר הצאן להיות נגיד על־עמי על־ישראל (2 Sam 7,8 par. 1 Chr 17,7). Hier fällt neben לקח einer der anderen Schlüsselbegriffe von Hag 2,23, nämlich עבדי.

652 Zu Ps 78,70 s.u. S. 114.

653 S. die Untersuchung bei Rose, Zemah, 209ff, vgl. Tollington, Tradition, 139ff. Die Liste derer, die als „mein Knecht/meine Knechte" bezeichnet werden, ist zu lang, um hier vollständig aufgezählt zu werden (s. dafür Rose, Zemah, 210f), in Auswahl genannt seien Abraham (Gen 26,24); Mose (Num 12,7.8; Jos 1,2.7; 2 Kön 21,8; Mal 3,22); Nebukadnezar (Jer 25,9; 27,6; 43,10); צמח (Sach 3,8), Jakob-Israel (Jes 41,8–9; 44,1.2.21; (45,4;) 49,3; Jer 30,10; 46,27.28; Ez 28,25; 37,25).

654 2 Sam 3,18; 7,5.8//1 Chr 17,4.7; 1 Kön 11,13.32.34.36.38; 14,8; 2 Kön 19,34; 20,6; Ps 89,4.21; Jes 37,35; Jer 33,21.22.26; Ez 34,23.24; 37,24.25. Zu David als Jahwes עבד + Suff. 3. Sg. m. s. 1 Kön 8,66; 2 Kön 8,19; Ps 78,70; 144,10. In den Psalmüberschriften Ps 18,1;

Davids Erwählung,[655] der Dynastieverheißung,[656] aber auch z.B. mit der Erwählung und Errettung Jerusalems,[657] wird von David in der Funktion als Jahwes Knecht gesprochen. Abgesehen von Selbstbezeichnungen[658] wird unter den israelitischen bzw. judäischen Königen außer von David nur noch von Hiskia in 2 Chr 32,16 gesagt, er sei Jahwes Knecht.[659] In Ez 34,23f; 37,24f wird der kommende David als עבדי bezeichnet.

Neben dem Volk,[660] dem Ort Jerusalem[661] etc.[662] wird auch von den Königen Israels gesagt, daß sie erwählt werden (בחר).[663] Der Begriff בחר wird vor allem bei den Dynastiegründern gebraucht, nämlich bei Saul[664] und David,[665] vor dem Hintergrund der Usurpation ist auch das Wort Huschais an Absalom mit dem Gedanken des Dynastiewechsels verbunden.[666] Die Ausnahme von der Regel bildet 1 Chr 28f. Dort heißt es in den Reden Davids, daß Gott einst ihn und nun Salomo erwählt hat.[667] Beuken hat aufgrund des בחר vermutet, daß Hag 2,23b ein chr Nachtrag zu Hag 2,20ff ist, weil die besondere Auserwählung Serubbabels dem Interesse der Chr an speziellen Erwählungsakten ebenso entspricht wie die Verbindung von Tempel und Dynastie als Vermittler der Gunst Jahwes.[668] Da בחר aber in Verbindung mit der davidischen Dynastie auch außerhalb der Chr gut vertreten ist und der Versteil 23b in bezug auf

---

36,1 wird David als עבד יהוה bezeichnet. Über David als עבד + Suff. 2. Sg. m. wird geredet in: 1 Kön 3,6; 8, 24–26; 2 Chr 6,15–17.42; Ps 132,10.

655 1 Kön 11,13.34; Ps 78,70, jeweils mit בחר + עבד.

656 S. 2 Sam 7,5.8//1 Chr 17,4.7; 1 Kön 11,13.32.34.36 (wegen des Knechtes David soll Rehabeam einen Stamm behalten); 1 Kön 11,38 (Dynastieverheißung (בית־נאמן) für Jerobeam wie zuvor für David, wenn er wie der Knecht David die Satzungen und Gebote hält; vgl. 1 Kön 14,8); Jer 33,20–26; Ps 78,70; 89,4.21; vgl. 2 Chr; Ps 132,10. Zur „ewigen Dynastie" s. bes. Veijola, Dynastie; vgl. Schniedewind, Society; Pietsch, Sproß.

657 1 Kön 11,13.32.36; 2 Kön 19,34//Jes 37,35; 2 Kön 20,6. Die Bewahrung Judas wird in 2 Kön 8,19 genannt.

658 So bezeichnet sich z.B. Salomo in 1 Kön 3,7–9 als (עבדך).

659 עבד + Suff. 3. Sg. m.

660 עם: z.B. Dtn 7,6–8; 10,15; 14,2, Jakob-Israel: z.B. Jes 41,8; 44,1–2; Ez 20,5.

661 מקום: z.B. Dtn 12,5.11.14.18.21.26, Jerusalem: z.B. 1 Kön 11,13.32.36; 2 Chr 6,6; Sach 1,17; 2,16; 3,2, Zion: Ps 78,68; 132,13.

662 Z.B. die Priester und Leviten (Dtn 21,5; 1 Sam 2,28 (Eliden); 1 Chr 15,2; 2 Chr 29,11); den Knecht bei DtJes (Jes 41,9; 42,1; 43,10; 44,1f u.ö.); Abraham (Neh 9,7).

663 Vom König allgemein: Dtn 17,15; 1 Sam 8,18; vgl. 2 Chr 6,5 (נגיד).

664 S. 1 Sam 10,24; 12,13.

665 Vgl. 1 Sam 16,8–10 (hier wird berichtet, daß Davids Brüder nicht gewählt wurden); 2 Sam 6,21 (mit נגיד); 1 Kön 8,16; 11,13.34; 1 Chr 28,4; 2 Chr 6,6; Ps 78,70.

666 2 Sam 16,18.

667 S. 1 Chr 28,5.6.10; 29,1. In 28,6.10; 29,1 ist die Erwählungsaussage mit dem Tempelbau verbunden.

668 S. Beuken, Haggai, 80ff.

Vokabular und Aussage zudem keine Unterschiede zu 23a erkennen läßt, hat die Hypothese Beukens in der Forschung keinen Anklang gefunden.[669]

Rose hat in seiner Studie herauszustellen versucht, daß die Begriffe לקח, עבד und בחר aufgrund ihrer Bedeutungsbreite in Hag 2,23 nicht auf davidische Topik enggeführt werden sollten.[670] Natürlich umfaßt die Semantik jedes einzelnen dieser Begriffe weit mehr als die davidische Tradition, und sie mögen in anderen Kontexten weit häufiger vorkommen als hier, aber in dieser Kombination haben die drei Termini ihre klar bestimmbare Schnittmenge in der davidischen Überlieferung.[671] Dieser Befund wird nicht nur durch die noch zu untersuchenden Bezeichnungen בן־שאלתיאל und חותם, sondern auch durch den einzigen anderen Vers im AT erhärtet, in dem לקח, עבד und בחר miteinander verbunden sind, nämlich Ps 78,70,[672] im Rahmen eines Psalms, der eher an das Ende als an den Anfang der David-Rezeption gehört.[673]

Indem V 23a die Filiation (בן־שאלתיאל) gebraucht, wird die davidische Abkunft Serubbabels betont: Als Sohn des Schealtiel ist Serubbabel der Enkel des deportierten Königs Jojachin.[674]

Zurück auf Jojachin verweist auch die Formulierung V 23aβ ושמתיך כחותם. In Jer 22,24 wird auch er mit einem Siegel verglichen: Selbst wenn er ein Siegel an Jahwes rechter Hand wäre, würde dieser ihn von dort wegreißen.[675] Damit wird Jojachin dem Exilsgeschick preisgegeben und das Ende der Davididendynastie angesagt (vgl Jer 22,30).[676]

Das Wort חותם[677] kann – im Anschluß an den Gebrauch von חותם in Jer 22,24 – in grundsätzlich zwei Weisen verstanden werden, als eine Metapher für die Weitergabe königlicher Vollmacht an einen Repräsentanten oder aber als Bild für den besonderen Wert der als Siegel bezeichneten Person.

---

669 S. z.B. Petersen, OTL, 105 Anm. 24.

670 S. Rose, Zemah, 209ff.

671 Kritisch zu Rose auch Boda, NIV AC, 163 Anm. 17: "[I]t is the combination of these terms that restricts the allusion to the Davidic tradition." Vgl. Kessler, Book, 236.

672 ויבחר בדוד עבדו ויקחהו ממכלאת צאן.

673 Zu Ps 78 s. bes. Spieckermann, Heilsgegenwart, 133ff, und Hossfeld/Zenger, HThKAT, 421ff, mit Referat der Forschungsgeschichte.

674 Zu Schealtiel s. 1 Chr 3,17. In 1 Chr 3 wird Serubbabel allerdings nicht als Sohn Schealtiels, sondern als Sohn des Pedaja geführt.

675 חי־אני נאם־יהוה כי אם־יהיה כניהו בן־יהויקים מלך יהודה חותם על־יד ימיני כי משם אתקנך.

676 Zumindest der Kern von Jer 22,24–30 wird in der Regel auf Jeremia selbst zurückgeführt, vgl. z.B. die Kommentare von McKane, ICC, und Wanke, ZBK.AT 20, z.St. Zur Einordnung von Jer 22,24 im Verhältnis zu Hag 2,20–23 s. auch Schmid, Buchgestalten, 234f Anm. 161. M.E. wäre es aber auch denkbar, daß Jer 22,24ff z.B. auf 2 Kön 25,27–30, die Begnadigung Jojachins, reagiert bzw. nach Jojachins Tod abgefaßt wurde. Carroll, OTL, 441–443, hält Jer 22,30 für einen nachexilischen Zusatz, der gegen Serubbabel zielt.

677 Zu Siegel und Siegelung vgl. Rose, Zemah, 218ff.

Will man חותם als Metapher für die Übertragung von Autorität verstehen,[678] kann man sich etwa auf 1 Kön 21,8 berufen: Hier mißbraucht Isebel die mit Ahabs Siegel verbundene Autorität und Macht. In Gen 41,40–42; Est 3,10–12; 8,2.10–12 überträgt der König seine Vollmacht an einen Untergebenen, indem er seinen Siegelring an diesen überreicht.[679] Est 8,2 berichtet, daß Hamans Siegelring vom König wieder weggenommen wurde. Hiermit wird zum Ausdruck gebracht, das Haman seine Vollmacht und seinen vom König verliehenen Status wieder verloren hat.

Wie Rose m.E. überzeugend dargelegt hat,[680] trifft die Interpretation des Siegels als Übertragung königlicher Vollmacht weder das Bild in Jer 22,24 noch in Hag 2,23. Weder bei Jeremia noch bei Haggai wird das Siegel von Jahwe an eine andere Person weitergegeben, die dann dadurch als Jahwes Repräsentant ausgewiesen wäre. Vielmehr werden Jojachin und Serubbabel tatsächlich selbst mit Jahwes Siegel identifiziert, um so die besondere Beziehung des Siegels zu seinem Besitzer zu versinnbildlichen. Mithin ist חותם dahingehend zu interpretieren, daß der besondere Wert des Siegels angezeigt werden soll. Dies bringt die besondere Beziehung Jahwes zu der Person zum Ausdruck, die mit Jahwes Siegel identifiziert wird.[681] Ein Siegel war deshalb so wertvoll für seinen Besitzer, weil man damit – einer Unterschrift entsprechend – sein Eigentum kennzeichnen und Dokumente zertifizieren konnte. Daher wurde es am Körper getragen, um es vor Verlust zu schützen. In diesem Sinne ist das Siegel in Hld 8,6 verwendet[682] und ebenfalls in Sir 17,22, wo das Siegel im Parallelismus mit dem Augapfel genannt wird.[683] Auch in Ägypten und in Mesopotamien wird das Siegel in diesem Sinne als Bild benutzt, so etwa in einem Brief aus der Zeit Sargons II., in dem es von einem Würdenträger heißt, daß er emporgehoben und wie ein Siegel um den Hals (um das Herz/*ina li-ba-ni-ka*) gelegt worden sei.[684]

Die חותם-Metapher würde dann das besondere Verhältnis zu Jahwe zum Ausdruck bringen, welches von Jojachin verloren wurde und nun wieder

---

678 S. z.B. Beyse, Serubbabel, 56f; Petersen, OTL, 104. Für eine ausführliche Übersicht zu dieser Position s. Rose, Zemah, 222ff.230ff.

679 Freilich ist einzuräumen, daß der Ausdruck für den Siegelring in Gen 41; Est 3; 8 nicht חותם ist, sondern טבעת. Allerdings kann von einer semantischen Entsprechung von חותם und טבעת ausgegangen werden, vgl. Rose, Zemah, 218f.

680 S. Rose, Zemah, 222ff, bes. 235ff; ders, Expectations, 170ff. Vgl. Kessler, Book, 230.

681 So mit Rose, Zemah, 224ff.233ff; Kessler, Book, 230f; vgl. Rudolph, KAT 13/4, 54.

682 שימני כחותם על־לבך כחותם על־זרועך כי־עזה כמות אהבה קשה כשאול קנאה רשפיה רשפי אש שלהבתיה. Vgl. zu Hld 8,6 Fox, Song, 169: "To be as a seal on the heart and the arm implies belonging and special intimacy; see Jer. 22:24; Hag. 2:23 […] The seal was like a signature and as such would be kept on one's person continuously".

683 ἐλεημοσύνη ἀνδρὸς ὡς σφραγὶς μετ᾽ αὐτοῦ καὶ χάριν ἀνθρώπου ὡς κόρην συντηρήσει.

684 Text s. Parpola, Correspondence, 14f, Nr. 12. Auf diesen Brief weist Rose, Zemah, 228; ders., Expectations, 172f, hin.

Serubbabel verheißen wird. Da sich Hag 2,23 eindeutig auf Jer 22,24 zurückbezieht, sollte es auf diesem Hintergrund als Kontrastfolie zu Jer 22,24 interpretiert werden:[685] Die Verwerfung Jojachins und damit der davidischen Dynastie wird in Hag 2,23 zurückgenommen.[686] Mit Serubbabel, dem Erbauer des
neuen Tempels, dem erwählten Knecht Jahwes, wird es einen Neuanfang für
die Davididen geben können.

Fast ausnahmslos wird das Orakel Hag 2,20–23, wenn nicht *in toto*, so
doch zumindest in Teilen auf den Propheten Haggai zurückgeführt,[687] und als
Adressat gilt dementsprechend der historische Serubbabel. Daß das Orakel
authentisch sei, wird meist damit begründet, daß die Worte Haggais nicht in
Erfüllung gingen.[688] Doch dieser Rückschluß ist nicht zwingend. Kritisch dagegen haben sich Sauer und Kessler ausgesprochen: Das nicht erfüllte Wort
hätte später modifiziert werden[689] oder auf Serubbabels Nachfahren übertragen
werden können.[690] Auch hierfür kann eine ao Parallele angeführt werden: So
wird Asarhaddon der Sieg über Mugallu von Melid verheißen, den aber nicht
schon Asarhaddon bezwingen konnte, sondern erst sein Sohn Assurbanipal.
Dennoch blieben die Orakel auf der Sammeltafel 2 und der Einzeltafel 9 der
neuassyrischen Prophetien bewahrt.[691]

Wie ich zu Beginn des Kapitels zu skizzieren versucht habe, ist Hag 2,20–
23 in allen Teilen von Texten abhängig, die bereits selbst Nachträge im Haggai-Buch sind. Zudem blickt Hag 2,20–23 offenbar bereits auf einen breiten
Überlieferungsstrom zurück – etwa die David-Tradition in unterschiedlichen

---

685 Vgl. z.B. Sauer, Serubbabel, 204; Rudolph, KAT 13/4, 54, bes. Anm. 6; Kessler, Book, 230f.

686 Vgl. Kessler, Book, 236f: "The metaphor of the donning of the signet in 2:23 was chosen
     precisely because it served as a vehicle to contrast the diverse fates of two different
     Davidides. The implication is that Hag 2:23 views the promises to David as having ongoing
     validity." Vgl. z.B. noch Ackroyd, Exile, 164f; Schmid, Buchgestalten, 234f Anm. 161.

687 Soweit ich sehe, sind die einzigen Ausnahmen von der Regel Böhme, Maleachi, 215, Kratz,
     Judentum, 88, sowie Sérandour, récits, 16ff, der Hag 2,20–23 für einen redaktionellen Nach-
     trag aus der Zeit nach Dareios hält, dem auch Mal 2,4–7; 3,1–5 in Vokabular und Stil ent-
     sprechen.

688 S. z.B. Rudolph, KAT 13/4, 55.

689 S. Sauer, Serubbabel, 204.

690 Vgl. Kessler, Book, 239: "[I]t is critically important to note that the fact that Zerubbabel is
     mentioned by name need not preclude the possibility that the promises made to him could be
     passed on to his descendants, should they not be fulfilled in his lifetime."

691 Hierauf hat Millard, Prophétie, 140, hingewiesen, aufgenommen auch bei Kessler, Book,
     239. Die entsprechenden Orakel finden sich SAA 9 2,III,15; SAA 9 3,II,35. Die babylonische
     Chronik (Text s. Grayson, Chronicles, 69ff), IV,10, sowie die Asarhaddon-Chronik (Text s.
     Grayson, Chronicles, 125ff), 15, berichten zwar von Asarhaddons Feldzug gegen Melid, ver-
     schweigen aber den Ausgang. Erst Assurbanipal kann dann die schwere Niederlage Mugallus
     berichten, vgl. Prisma A (Text s. Streck, Inschriften, 2ff), II,68–74; Prisma B (Text s. Streck,
     a.a.O.), II,65–73; Prisma F (Text s. Aynard, Prisme), I,70–72. Zum Phänomen der Aktualisie-
     rung von Prophetensprüchen im AO s.a. Nissinen, Literatur, 165.

Textbereichen – und führt verschiedene Traditionen zusammen. Ebenso scheint Hag 2,20–23 bereits die Verbindung mit dem Sacharja-Buch im Blick zu haben. Darauf weisen, wie Nogalski überzeugend dargelegt hat, die Stichwortverbindungen zwischen Hag 2,20–23 und Sach 1–6:[692] Die Begriffe סוס, רכב und איש stehen in Hag 2,22 ebenso wie am Beginn des 1. Nachtgesichts (Sach 1,8), die גוים sind in 1,15 erwähnt. Die Begriffe סוס und מרכבה sind im letzten Nachtgesicht zu finden (6,1.2.3.6). Damit umschließen die in Hag 2,22 genannten Stichworte den Zyklus der Nachtgesichte. Nimmt man עבדי (Hag 2,23) und כסא (Hag 2,22) hinzu, könnte sogar bereits der Rahmen der Nachtgesichte (Sach 1,1–6: עֲבָדַי; 6,13: כסא) im Horizont von Hag 2,20–23 sein. Nogalski vermutet darüber hinaus, daß Hag 2,22 sogar einen Rückbezug zu Joel 2,4–11 darstellt und die Beschreibung des heranrückenden Feindes aus Joel 2 umkehrt.[693] Während das Heer, das u.a. ein Aussehen wie סוסים (Joel 2,4) hat und wie Lärm von מרכבות (Joel 2,5) klingt, unwiderstehlich und geordnet vorrückt (Joel 2,7), so daß keiner seinen Nächsten (איש אחיו, Joel 2,8) drängt, befinden sich in Hag 2,22 die feindlichen Völker „in utter chaos",[694] Streitwagen (מרכבה) und Pferde (סוסים) stürzen, und jeder fällt durch das Schwert seines Nächsten (איש בחרב אחיו). Ergänzend zu Nogalski könnte man noch auf die kosmischen Erschütterungen verweisen, die das Heer auslöst, vgl. Joel 2,10a (לפניו רגזה ארץ רעשו שמים) mit Hag 2,21b, wo die von Jahwe ausgelösten Beben (אני מרעיש את־השמים ואת־הארץ) dem Umsturz der Völkerwelt vorangehen. Alle diese Beobachtungen führen m.E. zu der Annahme, daß Hag 2,20–23 nach der Zeit des Tempelbaus und eines historischen Serubbabel entstanden ist, und zwar wahrscheinlich einige Zeit danach; denn das Werden fast des gesamten Haggai-Buches ist bereits vorausgesetzt. Da in Hag 2,21b–22 ein universales Völkergericht mit kosmischen Dimensionen geschildert ist, das zur Vorbedingung der Einsetzung Serubbabels als Siegel wird, ist eine Abfassung von Hag 2,20–23 in der hellenistischen Zeit zu erwägen, da mit dem Ende der *pax persica* durch Alexander und die anschließenden Machtkämpfe der Diadochen im AO eine neue Epoche umfassender kriegerischer Auseinandersetzungen angebrochen war.[695] Das Wort wäre dann in einer

---

692 S. Nogalski, Precursors, 51ff.232.

693 S. Nogalski, Precursors, 232f.

694 Nogalski, Precursors, 233.

695 Zu dieser von Steck begründeten Hypothese s. bereits die Erwägungen zur zeitlichen Einordnung von Hag 2,6f, s.o. S. 68ff. Auch die Völkerkampfszene 2,21b–22 wird wie 2,6f häufig vor dem Hintergrund des Gaumata-Aufstands interpretiert, vgl. Lux, Völkertheologie, 118; Rudolph, KAT 13/4, 53f; Wolff, BK XIV/6, 79; Boda, NIV AC, 160. Vgl. dazu das bereits zu 2,6f Gesagte, s.o. S. 68 Anm. 367. Vgl. auch die nüchterne Einschätzung des Historikers: „It has sometime been thought that troubles also arose in Judah in concert with the Babylonian revolts. But the prophetic texts adduced for support must be read with care. We might think it unlikely that the Jews, just fifteen or so years after their difficult and harsh return,

Linie mit den anderen nachexilischen Texten zu sehen, die ungeachtet des Scheiterns und Untergangs des davidischen Königtums ihre Hoffnung auf David und die Davididen setzen.[696] Daß diese Hoffnungen auf eine Fortsetzung der davidischen Herrschaft noch bis in die hellenistische Zeit aktuell waren, zeigt die Verheißung Jer 33,14–26, für die Schmid eine Datierung in die erste Hälfte des 3. Jh.s plausibel machen konnte.[697] In diesem Zusammenhang soll auch auf den späten Text Ez 17,22–24 hingewiesen werden.[698] Der Rückbezug auf das Bild von Ez 17,3f zeigt, daß 17,22–24 für das zukünftige Königtum die Anknüpfung an Jojachin erwartet.[699] War es in 17,3f der durch den Adler symbolisierte König Nebukadnezar, der die Spitze der Sprossen des

---

would have had the men and energy needed to contemplate seriously the restoration of the ancient monarchy for the benefit of Zerubbabel" (Briant, Cyrus, 116f).

696 Vgl. v.a. Jes 7,10–17; Jes 9,1–6; Jes 11,1–9 (vgl. Becker, Jesaja, 21ff, bes. 47ff, zur nachexilischen Ansetzung von Jes 7,14–16, das literarkritisch nicht aus 7,10–17 herausgelöst werden kann (gegen Kaiser, ATD 17, 158ff; Barthel, Prophetenwort, 140ff; Waschke, Wurzeln, 81ff), zum Verhältnis von Jes 9; 11 zu 7 s. Becker, Messias); Jer 23,1–8; Jer 33,14–26 (zu Jer 23,5f s. Levin, Verheißung, 187ff, bes. 189f.,253f, zu Jer 33,14–26 s. Schmid, Buchgestalten, 56ff.323ff); Ez 34,23f; Ez 37,24.25–28 (vgl. dazu Klein, Schriftauslegung, 25ff.169ff.211ff.232ff.350ff); Am 9,11f (vgl. dazu Wolff, BK XIV/2, 406f; J. Jeremias, ATD 24/2, 129ff, bes. 134f); Mi 5,1–5 (vgl. dazu J. Jeremias, ATD 24/3, 179ff); Sach 3,8; 6,9–15 (s. dazu u. 3.7.2, 3.12.2). Zu einem Überblick über die Herrschererwartungen im *corpus propheticum* s. jetzt Klein, Schriftauslegung, 232ff. Die Dynastieverheißung 2 Sam 7,1–17 wird von Levin, Verheißung, 251ff, nachexilisch, und schon in der Grundschicht nach P^G angesetzt, nach Rudnig, Thron, 16f, läßt sich in 2 Sam 7 bereits eine protochronistische Intention feststellen. Veijola, Dynastie, 68ff, rechnet mit einem vorexilischen Grundbestand, der später dtr überarbeitet wurde, eine ins 9. Jh. hinabreichende Grundschicht von 2 Sam 7 will jüngst wieder Pietsch, Sproß, 7ff, finden. Jedoch ist an Smends Feststellung kaum zu rütteln, daß sich in 2 Sam 7 „der vordtr Kern schwer ausmachen läßt" (Smend, Enstehung, 131). Eine Übersicht zu den verschiedenen Ansätzen zu 2 Sam 7 findet sich bei Dietrich/Naumann, Samuelbücher, 143ff. Rudnig, Thron, 337ff.344ff, identifiziert innerhalb der Thronnachfolgeerzählung 2 Sam 9–20; 1 Kön 1f zudem eine dynastiekritische Bearbeitung aus dem 5. Jh. sowie eine prodynastische David-Biographie-Schicht aus dem späten 5. bzw. aus der Wende zum 4. Jh. Die beiden Schichten setzen sich jeweils mit der nachexilischen Frage nach der Zukunft und dem Rang der davidischen Dynastie auseinander. Insgesamt rechnet Rudnig mit einer Fortschreibung der Davidererzählung bis ins 3. Jh., vgl. a.a.O., 347ff.

697 Vgl. Schmid, Buchgestalten, 56ff.323ff, bes. 326. S. dazu ausführlicher u. S. 267ff m. Anm. 690.

698 Nach Klein, Schriftauslegung, 234ff.244f.250.382, handelt es sich bei Ez 17,22–24 um die wahrscheinlich jüngste Herrscherverheißung, die die Herrschaftserwartungen in Ez 34; 37; 40–48 systematisiert und zum Ausgleich bringt. Ez 17,22–24 ist innerhalb von Ez 17 als Nachtrag anzusprechen, vgl. Rudnig, Heilig, 160. Zu Ez 17,22–24 s.a. Pohlmann, ATD 22/1, 254ff, der V 22–24 allerdings seiner golaorientierten Redaktion zurechnet (s. a.a.O., 256), der er ins ausgehende 5. Jh. datiert (vgl. a.a.O., 34). Aufgrund der von Klein, a.a.O., aufgezeigten Textverflechtungen (hierzu gehört z.B. auch die Aufnahme von Jes 10,33f; 11,1–5, vgl. Klein, a.a.O., 250) dürfte Ez 17,22–24 jedoch wesentlich jünger sein, als von Pohlmann angenommen.

699 Zu Ez 17 vgl. Pohlmann, ATD 22/1, 235ff.

Zedernwipfels abgepflückt und ins Krämerland, in die Händlerstadt, gebracht, d.h. Jojachin ins Exil geführt hat, nimmt in 17,22 nun Jahwe selbst von der Spitze der Sprossen und pflanzt sie auf einem hohen und aufragenden Berg,[700] d.h. Jerusalem, ein: „Wichtig ist ihm [sc. dem Verfasser von 17,22–24] neben dem reinen ‚Daß' einer künftigen Restitution des davidischen Königtums offensichtlich nur noch eines: Dieses Königtum ist Folge und Ergebnis des ersten Golageschehens. Der kommende Davidide ist ein Nachkomme Jojachins."[701]

Die Besonderheit in Hag 2,20–23 ist dann freilich die Konkretisierung auf Serubbabel mit der Nennung seines Namens. Warum ausgerechnet Serubbabel? Weil er – zumindest in der biblischen Überlieferung – tat, was ein guter Davidide zu Anfang tun sollte – er baute in Jerusalem einen Tempel für Jahwe. Die im AO übliche Verbindung von politischem Führer und Tempelbau war bereits mit der Einführung Serubbabels in den Hag-Rahmen angelegt, die aus dem AO bekannten royalen Konnotationen werden durch Hag 2,20–23 hervorgehoben.[702] Zudem war er offenbar der letzte Davidide, der in Juda ein politisches Führungsamt innehatte; denn nach ihm reißt offenbar die Linie der davidischen Statthalter in Jehud ab.[703] Der existierende Tempel wird damit zum Garanten der Hoffnung auf eine Restitution der davidischen Linie, der Jojachin-Enkel Serubbabel steht als Chiffre für die Wiederanknüpfung eines künftigen Herrschers an die vorexilischen Könige.[704]

Daß jedenfalls jüngere Texte als Hag ein Interesse an Serubbabel gehabt haben[705] und ein mögliches Scheitern keine Rolle spielte, zeigen Esr 1–6; 3 Esr 4,13; 5–6; Sir 49,11; Josephus, Antiquitates, Buch XI, und schließlich die Stammbäume Jesu im MtEv und LkEv, die beide den Davididen Serubbabel nennen (Mt 1,12.13; Lk 3,27). Terminus ad quem ist in jedem Fall Ben Sira: In

---

700 Vgl. Ez 40,2.

701 Pohlmann, ATD 22/1, 256.

702 Zur traditionellen Funktion des Königs als Tempelbauer im AO und AT s. Lux, König; ders., Tempel, 155ff; Hartenstein, Tempelgründung, 501ff; Laato, Ideology; Keel, Bildsymbolik, 248ff; Kapelrud, Temple Building; Ellis, Foundatation Deposits; Hurowitz, House.

703 Vgl. Meyers/Meyers, AncB 25B, 12f.370f; Meyers, Shelomith Seal; Lemaire, Juda, 215f. Falls die Schelomit des von Avigad, Bullae, 11ff, publizierten Siegels mit der Tochter Serubbabels (vgl. 1 Chr 3,19) identisch sein sollte, wäre zumindest durch ihre Nähe zum Statthalter Elnatan, ganz gleich, ob *'mt 'lntn pḥ[w']* hier die Ehefrau oder eine Frau besonderen Rangs bezeichnet (zur Diskussion vgl. Avigad, Bullae, 11ff.30ff; Lemaire, Juda, 215), versucht worden, etwas vom davidischen Glanz auf Elnatan weiterzugeben. Doch auch dies ist historisch alles andere als sicher, vgl. die Diskussion bei Kratz, Judentum, 101.

704 Vgl. Klein, Schriftauslegung, 267 m. Anm. 525, zum Gebrauch des Namens David als Chiffre für den zukünftigen Herrscher in Ez 34,23f; 37,24.25; Jer 30,8f; Hos 3,5. Zudem wäre zu überlegen, ob mit der Verheißung für Serubbabel nicht umgekehrt auch die Legitimation des Zweiten Tempels bekräftigt werden soll, da mit Serubbabel ein entsprechend göttlich sanktionierter Baumeister präsentiert werden kann.

705 S. Japhet, Sheshbazzar, bes. 218ff.

Sir 49,11 wird Serubbabel – in Kombination von Jer 22,24 und Hag 2,23 – als Siegelring an der rechten Hand gepriesen.[706]

2.4.3   Fazit

Hag 2,20–23 ist als einheitlicher Text aufzufassen. Die thematische Zweiteilung ergibt sich durch die Aufnahme der kosmischen Erschütterungen aus 2,6, die in 2,21b–22 nun als Vorspiel zum Umsturz der Völker verstanden werden. Der Umsturz der Völker hat die Erhöhung Serubbabels zum Ziel (V 23), der als Jahwes Knecht und Siegel die mit Jojachins Exilierung abgerissene Davidenlinie weiterführen soll. Dies zeigt der deutliche Rückbezug von V 23 auf Jer 22,24. Wie das eschatologische Gepräge von 2,21b–23 zeigt, ist dabei offenbar an eine künftige Restitution der davidischen Herrschaft gedacht, für die Serubbabel als Chiffre steht. Da Hag 2,20–23 bereits andere, sekundäre und teilweise junge Stücke wie die Rahmenverse und die kosmischen Unruhen in 2,6f voraussetzt und wahrscheinlich auch schon die Nachtgesichte des Sacharja im Blick hat, ist das letzte Orakel des Haggai-Buches als Spätling innerhalb von Hag einzuordnen. Neben der relativen Chronologie legt das Thema eines universalen, den ganzen Kosmos betreffenden Völkergerichts eine Datierung in die hellenistische Zeit nahe.[707]

2.5   Ertrag: Die Redaktionsgeschichte des Haggai-Buchs

2.5.1   Der Grundbestand des Haggai-Buchs: Sprüche zum Tempelbau (Hag 1,1abα*.4.8; 1,15b–2,1.3.9a)

Der Grundbestand des Haggai-Buchs ist in Hag 1,1–15a; 1,15b–2,9 zu suchen, da bereits die ältesten Stücke in Hag 2,10–19.20–23 von Fortschreibungen innerhalb von Hag 1,1–2,9 abhängig sind. Als Grundworte in Hag 1,1–15a; 2,1–9 wurden jeweils ermittelt: Hag 1,4.8; 2,3.9a. Setzt man diese zueinander ins Verhältnis, so fallen deutliche formale, stilistische und thematische Übereinstimmungen zwischen beiden Sprüchen auf: Sie sind parallel aufgebaut. Zunächst wird eine rhetorische Frage an eine nicht weiter bestimmte 2. Pers. Pl. gestellt (1,4; 2,3), worauf eine Entgegnung folgt, die in einer Verheißung bezüglich des Tempels gipfelt. Die zwei Sprüche bedienen sich des Stilmittels der Antithese (הבית הזה חרב – בתיכם ספונים, 1,4, bzw. הבית הזה בכבודו גדול יהיה כבוד הבית הזה האחרון – הלוא כמהו כאין בעיניכם – הראשון

---

706 πῶς μεγαλύνωμεν τὸν Ζοροβαβελ καὶ αὐτὸς ὡς σφραγὶς ἐπὶ δεξιᾶς χειρός.
707 S.o. S. 68ff.117ff.

מִן־הָרִאשׁוֹן, 2,3.9a). Beide Orakel haben den (neuen) Tempel zum Thema und sind durch zahlreiche Stichwortverknüpfungen miteinander verbunden: הַבַּיִת הַזֶּה (1,4; 2,3.9a, vgl. הַבַּיִת 1,8), כָּבֵד Nif. bzw. כָּבוֹד (1,8; 2,3.9a), Anrede der 2. Pers. Pl. mit betontem אַתֶּם (1,4; 2,3), עַתָּה/עֵת (1,4; 2,3). Adressaten werden nicht genannt, es muß sich also bei der 2. Pers. Pl. nicht um „das Volk" in Jerusalem gehandelt haben. Denkbar wäre z.b., daß die Führungselite im Blick ist (von der die Initiative zum Tempelbau wohl auszugehen hat), d.h. Personen, die sich getäfelte Häuser (1,4) leisten können.

Beide Worte könnten allerdings je für sich stehen, keines ist auf das andere angewiesen. Die Orakel sind also gewissermaßen gleichursprünglich,[708] was neben der inhaltlichen und stilistischen Kohärenz dafür spricht, daß diese zwei zusammen den Ausgangspunkt des Haggai-Buchs gebildet haben. In der Nebeneinanderstellung dieser beiden Worte ist ein bewußter Gestaltungswille erkennbar.

Der erste Spruch (1,4.8) ruft zum Bau des verwüsteten Tempels auf und verheißt mit dem Ich Jahwes, daß dieser den Bau wohlgefällig annehmen und sich dann dort in seiner Herrlichkeit zeigen werde.[709]

Das zweite Wort läßt sich nun als Fortsetzung des ersten lesen. Da Jahwe den Tempel annehmen und sich in seiner Herrlichkeit zeigen wird, wird sein Haus nicht mehr wie nichts sein, ja vielmehr wird der künftige כָּבוֹד den früheren, d.h. den des früheren Tempels, überstrahlen.[710]

Mit dem Themenkomplex כָּבוֹד/כָּבֵד knüpfen die Orakel an einen zentralen Topos der vorexilischen Jerusalemer Tempeltheologie an, wonach Jahwe, der מֶלֶךְ הַכָּבוֹד,[711] in seinem Tempel-Palast thront, wo er כָּבוֹד gewährt und wo ihm כָּבוֹד gebührt. Der Tempel bildet das Zentrum der irdischen Präsenz Jahwes, von wo aus dessen כָּבוֹד in alle Welt ausstrahlt.[712]

Es wäre zu überlegen, ob sich in dem אֶכָּבֵד (1,8) bereits eine Entwicklung andeutet, die P und noch später Ez dahingehend weiterführen, daß Jahwe (nur

---

708 Ob beide Sprüche auch tatsächlich von demselben Verfasser stammen, kann nicht mit letzter Sicherheit gesagt werden. Dazu mag jeder die Zuverlässigkeit der Überschriften Hag 1,1*; 1,15b–2,1 für sich selbst beurteilen. Streng genommen, könnten sogar die rhetorischen Fragen 1,4; 2,3, der Imperativ 1,8 sowie der Vergleich 2,9a einmal für sich gestanden haben.

709 Zu רצה sowie כבד Nif. s.o. S. 27 Anm. 89.

710 Zur Frage der Deutung des Begriffs כָּבוֹד in 2,3.9a s.o. S. 73.

711 Vgl. Ps 24,7–10, vgl. dazu Spieckermann, Heilsgegenwart, 196ff; R. Müller, Wettergott, 147ff.

712 Vgl. etwa Ps 29,1f.9; Jes 6,3. Zum gesamten Themenkomplex s. z.B. Spieckermann, Heilsgegenwart, bes. 165ff.196ff.220ff; ders., Erde; Hartenstein, Unzugänglichkeit; Kratz, Mythos; ders., Reste; ders., Gottesräume, 425ff; Janowski, Wohnung; Rudnig, „Jahwe", 268ff; zum Vergleich mit den Tempelkonzeptionen im AO s. Keel, Bildsymbolik, 100ff.157ff; Spieckermann, Stadtgott; Janowski, Himmel; Berlejung, „Götter", 109ff.

noch) in seinem hypostasierten כבוד im Tempel präsent ist, d.h. den Tempel mit seinem כבוד erfüllt.[713]

Im Zuge der literarhistorischen Analyse von Hag 1,1–15a; 1,15b–2,9 hat sich gezeigt, daß dem narrativen Rahmen 1,1–3.12–15a; 1,15b–2,2 zwei gleichlautende ältere Datierungen zugrunde liegen, nämlich 1,1abα* (nur bis היה דבר־יהוה ביד־חגי הנביא) sowie 1,15b–2,1. Die Datierungen enthielten lediglich die nach Dareios gerechnete Datumsangabe, die Wortereignisformel und die Nennung des Propheten Haggai. Dareios trägt den Titel המלך, d.h. er wird der persischen Reichs- und Herrscherideologie entsprechend als der legitime König (auch) von Juda genannt, dessen Königtum von Jahwe legitimiert ist.[714] Die Datierungen dürften als Einleitung zu den beiden Orakeln zum Grundbestand des Haggai-Buchs gehört haben, der somit 1,1abα*(nur bis היה דבר־יהוה ביד־חגי הנביא).4.8 sowie 1,15b–2,1.3.9a umfaßt hätte.[715] Möglicherweise waren die beiden Orakel jeweils von vornherein mit den jetzigen Einleitungen versehen. Es ist aber ebenso gut vorstellbar, daß 1,4.8; 2,3.9a erst durch die beiden gleichgestalteten Einleitungen miteinander verbunden und so in einen Sinnzusammenhang gebracht wurden. Die Zusammenstellung des Grundbestands erinnert sehr an die neoassyrischen Sammeltafeln, wo ebenfalls Prophetien nach den Namen der Propheten sowie inhaltlichen Kriterien angeordnet wurden.[716] Eine Datierung ist bei den assyrischen Sammeltafeln nicht zu finden, allerdings sind auf einer Einzeltafel die Worte einer Prophetin mit Nennung der Monats-, Tages- und Jahresangabe (Eponymat) überliefert.[717] Das Ziel der unter dem Namen Haggais überlieferten Prophetien dürfte gewe-

---

713 Vgl. bes. Ex 24,16f; 40,34–38; Ez 1–3; 10f; 40–44. Eine Nähe von Hag 1,8 zu P und Ez sehen z.B. Rudolph, KAT 13/4, 34; Pola, Priestertum, 57f. Zur כבוד-Vorstellung bei P s. Podella, Lichtkleid, 212. Den Nachweis, daß die כבוד-Konzeption bei Ez demgegenüber deutlich jünger ist, hat Rudnig, Heilig, 83ff.337ff erbracht, vgl. ders., ATD 22/2, 537f. Rudnig geht dabei von einer Ansetzung im 3. Jh. aus.

714 Wöhrle, Sammlungen, 319: „[B]edeutend ist zudem, daß der persische König Darius in den Rahmenversen nicht nur zur Datierung genannt, sondern auch als המלך (1,1.15) bezeichnet wird. Das heißt aber, Darius wird hier als König schlechthin anerkannt." Dareios selbst führt den Titel „Dareios, der Großkönig, König der Könige, König in Persien, König der Länder" (vgl. DB § 1). Zur persischen Reichsidee und ihrer Bedeutung für Jehud vgl. Frei/Koch, Reichsidee, bes. 133ff; Wiesehöfer, Persien, 53ff.89ff; Briant, Cyrus, 93ff.165ff.204ff; Grabbe, History, 132ff.209ff; Gerstenberger, Israel, 61ff; Keel, Geschichte, 963ff; Kratz, Translatio, bes. 161ff.201ff; ders., Art. Perserreich. Neben der positiven Zeichnung der persischen Könige bei Esr–Neh s. bes. das Kyros-Bild bei DtJes, vgl. Jes 41,2f.25; 44,28; 45,1–23, s. dazu Kratz, Kyros, bes. 148ff.175ff, zur positiven Rezeption der persischen Könige s.a. Kratz, Art. Perserreich.

715 Vgl. Kratz, Judentum, 87ff, bes. 91.

716 Vgl. Parpola, Prophecies, LXIIff.LXVIIIff.4ff.14ff.22ff.30; Nissinen, Prophets, 97ff; ders., Relevanz; ders., Literature, bes. 165f; Weippert, Prophetien; ders., Aspekte; ders., König. Zum Vergleich von at und ao Prophetie s. auch die Beiträge in Nissinen, Prophecy; Ben Zvi/Floyd, Writings; Köckert/Nissinen, Propheten.

717 S. SAA 9 9 (Parpola, Prophecies, 40f), r 4–6.

sen sein, zum Tempelbau zu motivieren und diesen durch seine Prophetien gleichzeitig zu legitimieren.[718]

Für eine zuverlässige Datierung bieten die beiden Sprüche selbst wenig Anhaltspunkte. Sie können im Grunde zu jeder Zeit verfaßt worden sein, in der die Forderung nach dem Aufbau des zerstörten Tempels im Bereich des Möglichen lag, d.h. irgendwann in der frühnachexilischen Zeit. *Terminus ante quem* ist freilich der Tempelbau, zumindest für den ersten Spruch.[719] Zurückhaltend formuliert, handelte es sich bei 1,4.8; 2,3.9a um Worte zum Tempelbau aus der Zeit des Tempelbaus.[720] Die im Haggai-Buch genannte Datierung in das 2. Jahr des Dareios mag durchaus zutreffen. Daß jedenfalls der Tempelbau in dieser Zeit in Angriff genommen wurde, ist historisch plausibel.[721] Nach der Niederschlagung der Aufstände bei Dareios' Herrschaftsantritt nimmt der Großkönig die Neuordnung des Reichs durch eine Steuer- und Verwaltungsreform mit einer Neueinteilung der Satrapien in Angriff, um das Reich zu befrieden sowie politisch und ökonomisch zu stabilisieren.[722] Im Zuge dessen ist der Bau des Tempels mit seiner Funktion als religiöses und administratives Zentrum gut vorstellbar. Ein weiterer Grund dürfte sein, daß Jehud als Rand- und Durchmarschgebiet an der Grenze zu Ägypten, das seit Kambyses' Eroberung

---

718 Vgl. Kratz, Judentum, 92.

719 Wöhrle, Sammlungen, 299.306ff.313ff, geht von einer Hag 1.2.4–11.12b.13; 2.3.4*.5αβb.9.15–16.18abβ.19.23 umfassenden Grundschicht aus, deren Worte alle noch aus der Zeit vor dem Baubeginn stammten. Liegt es für 1,2–11* auf der Hand, so ist dies doch für 2,3–9* keinesfalls ausgemacht. Daß der Tempel wie nichts in den Augen der Betrachter erscheint, ist für den zerstörten Tempel eine Selbstverständlichkeit. Man kann hier daher mindestens ebensogut an den im Bau begriffenen oder gar an den bereits fertigen Tempel denken, dessen Gestalt eher bescheiden gewesen sein dürfte. Auch Wöhrles Deutung, daß 2,15–19* die Situation vor dem Baubeginn reflektiert, ist schwierig (vgl. bes. a.a.O., 308). Danach ist היום הזה „ein noch in der Zukunft liegender Tag. Es ist der Tag an dem die Arbeiten allererst beginnen werden. Demnach werden die Angesprochenen in 2,15a.18* aufgefordert, darauf zu achten, wie sich die Verhältnisse ab dem Tag, da sie die Arbeiten in Angriff nehmen, ändern werden. Der von diesem Aufruf gerahmte Rückblick auf die Zeit vor dem Tempelbau ist dann ein in der Zukunft vorzunehmender Rückblick" (ebd.). Hag 2,15–19* in diesem Sinn zu verstehen, fordert den ersten Hörern des Spruchs und auch dem heutigen Leser einige Gedankenleistung ab. In Analogie zu 1,5–7 ist doch wohl eher davon auszugehen, daß 2,15–19 von der gegenwärtigen Lage her in die Zukunft blicken und nicht erst in der Zukunft in die Vergangenheit blicken wollen. So sind doch auch am ehesten das מטרב V 15b sowie das erste Wort von 16 zu verstehen, ganz gleich, ob man mit der LXX konjiziert oder nicht, doch geht Wöhrle darauf nicht näher ein. Hag 2,15–19 ist dagegen als am Tag des Tempelbaus gesprochenes Wort zu verstehen s.u. S. 131 Anm. 773. Daß 2,23 lediglich zum Tempelbau motivieren will, kann ich nicht sehen. Ohnehin dürfte der Vers nicht von 2,20–23 zu trennen sein und aus erheblich späterer Zeit stammen, s.o. 2.4.2.

720 D.h. für 2,3.9a: nicht zwingend vor dem Baubeginn.

721 Zu Dequeker und Edelman, die den Tempelbau erst unter Dareios II. bzw. Artaxerxes I. annehmen, s.u. S. 125f.

722 S. dazu Williamson, Art. Palestine; Wiesehöfer, Persien, 89ff; Briant, Cyrus, 357ff; Klinkott, Großkönig; Grabbe, History, 132ff; Donner, Geschichte, 422ff.

wenige Jahre zuvor (525 v. Chr.) Teil des persischen Reichs wurde, nun mit Dareios erst besonders ins Blickfeld des persischen Interesses rückte. Die Errichtung des Tempels sollte der Stabilisierung der Wirtschaft dienen und die Loyalität der Judäer gegenüber den Persern stärken.[723] Selbstverständlich muß ein solches Bauprojekt göttlich sanktioniert sein, etwa durch prophetische Botschaft.[724]

Exkurs: Juda in der Perserzeit

Für die politische Verfassung Judas in der Perserzeit ist davon auszugehen, daß Jehud von Anfang an eine eigene Provinz war.[725] Die Grenzen Jehuds dürften dabei kaum mehr als Jerusalem und das Umland umfaßt haben (in etwa: Bet-El im Norden, Bet-Zur im Süden, der Jordan und das Tote Meer im Osten und Geser im Westen).[726] Die sozio-ökonomische Situation in der Perserzeit I (ca. 539–450/400) ist als sehr ärmlich einzuschätzen: "the whole of Palestine, and in particular the regions of Juda and the coast, were in a difficult economic and social situation".[727] Die Bevölkerungszahl von Jehud zu dieser Zeit ist auf ungefähr 13.000 zu schätzen.[728] „Jerusalem war ein Land-städtchen von ca. 500 Einwohnern".[729] Im wesentlichen bestand Jehud aus einer Reihe

---

723 Vgl. Trotter, Temple, 289ff; Albertz, Exilszeit, 106; Sasse, Geschichte, 50; Berlejung, Geschichte, 163ff, ähnlich Berquist, Judaism, 62, der auf die logistische Bedeutung Jehuds für die Versorgung der persischen Armee auf dem Weg nach Ägypten hinweist. Vgl. auch Veenhof, Geschichte, 293, der in diesem Zusammenhang für 519/518 v. Chr. auf eine Durchquerung Judas durch das persische Heer auf dem Weg nach Ägypten verweist. Zu Dareios und Ägypten s. auch Briant, Cyrus, 472ff. Anders Lux, Tempel, der für den Tempelbau von einem nationalreligiösen Projekt „mit einer antipersischen Note" (a.a.O., 164) ausgeht. Zur Diskussion, ob der Zweite Tempel eine persische oder judäische, möglicherweise sogar eine antipersische Initiative war, s. Bedford, Temple Restoration, 183ff. Einen Vergleich zwischen den Aufbaubemühungen um den Zweiten Tempel und den Verhältnissen in Elephantine bietet Kratz, Judentum, 60ff.

724 Hurowitz, House, 131ff, zeigt, daß gemäß den altorientalischen Texten die Initiative zum Tempelbau sowohl von den Göttern als auch von Menschen (i.d.R. dem König) ausgehen kann. Im ersten Fall teilt die Gottheit dem erwählten Bauherrn die Entscheidung mit, die dann selbstverständlich umzusetzen ist, im zweiten Fall benötigt der Bauherr vor dem Baubeginn die göttliche Bestätigung seines Vorhabens.

725 Zur Diskussion vgl. Wolff, BK XIV/6, 22; Williamson, Art. Palestine; Briant, a.a.O., 487; Mittmann, Tobia, bes. 28ff; Meinhold, Serubbabel; Laperrousaz/Lemaire, Palestine, bes. 11ff; Lemaire, Juda; Kratz, Judentum, 93ff. Die These von Alt, Rolle, daß Juda erst zur Zeit Nehemias als eigene Provinz von Samaria abgetrennt wurde, ist inzwischen aufgegeben worden, so z.B. aber noch Donner, Geschichte, 444; Pola, Priestertum, 12f.129ff.

726 Vgl. Carter, Emergence, 75ff.285ff; Stern, Archaeology, 428ff; Keel, Geschichte, 981ff.

727 Stern, Archaeology, 580, vgl. Carter, Emergence, 249ff.

728 Vgl. Carter, Emergence, 173ff, s. bes. 211.

729 Berlejung, Geschichte, 160, zum archäologischen Befund für Jerusalem s. Carter, Emergence, 134ff; Stern, Archaeology, 434ff.576ff; Ussishkin, Borders; Finkelstein, Jerusalem.

kleiner und kleinster Ansiedlungen und war agrarisch verfaßt.[730] Entsprechende Besiedlungshorizonte lassen sich auch in der Nachbarschaft Jerusalems nachweisen und dienten wahrscheinlich u.a. der Versorgung der Jerusalemer Eliten und der persischen Truppen mit Produkten wie Getreide, Öl und Wein.[731] Die Verhältnisse änderten sich frühestens ab der Mitte des 5. Jh.s, möglicherweise erst um 400 (Perserzeit II, ca. 450/400–332),[732] als offenbar ein bescheidener wirtschaftlicher Aufschwung stattfand, der sich u.a. in einer Zunahme der Besiedlung niederschlug. Insgesamt aber blieben die Bedingungen ärmlich.[733] Die Bevölkerungszahl von Jehud wird in der Perserzeit II auf ca. 20.000[734] bis 30.000[735] Einwohner geschätzt, die von Jerusalem auf ca. 1.500 Bewohner.[736] Von deutlich geringeren Bevölkerungszahlen auch für die Perserzeit II geht jetzt Finkelstein aus: 400–500 Menschen in Jerusalem, ca. 15.000 in der ganzen Provinz.[737] Zum Problem der Historizität des Mauerbaus s. Kratz und Wright aus exegetischer sowie Finkelstein aus archäologischer Perspektive.[738]

Nachdem auch schon früher Zweifel am Tempelbau unter Dareios I. geäußert wurden,[739] hat Edelman jüngst die Vermutung geäußert, der Zweite Tempel sei erst in der Zeit Artaxerxes' I. gebaut worden.[740] Gegen ihre These erheben sich jedoch Bedenken. Ein wichtiger Baustein von Edelmans Argumentation ist die Auswertung der genealogischen Angaben im Nehemia-Buch, bes. Neh 7; 12, wonach Nehemia nur eine Generation jünger als Serubbabel ist.[741] Ob überhaupt und wenn ja, wieweit diesen genealogischen Angaben zuverlässige, historische Informationen entnommen werden können, ist jedoch mehr als fraglich.[742] Gegenüber diesem grundsätzlichen Einwand fällt es dann auch nicht mehr ins Gewicht, daß von Edelman die Differenzen zwischen Esr 2 und

---

730 Vgl. Carter, Emergence, 214ff.249ff.

731 Vgl. Carter, Emergence, 250ff.

732 Für 400 plädieren jetzt Fantalkin/Tal, Lachish, da in dieser Zeit, vermutlich im Zusammenhang mit dem Verlust der persischen Herrschaft über Ägypten in den Jahren 404–400, in Jehud eine Reihe von befestigten persischen Verwaltungszentren entsteht, womit eine politische Neuorganisation einhergeht.

733 Vgl. Carter, Emergence, bes. 285ff; Berlejung, Geschichte, 160.

734 S. Carter, Emergence, 199ff.

735 S. Lipschits, Changes, 364.

736 Vgl. Carter, Emergence, 201f; Lipschits, Changes, 330f; ders., Policy, 32; ders., Fall, 212, anders Fall, 271: 3.000 Einwohner.

737 S. Finkelstein, Jerusalem, 507.

738 S. Kratz, Komposition, 68ff.91f ; Wright, Rebuilding; Finkelstein, Jerusalem.

739 S. z.B. Dequeker, Darius, der entsprechend der in Esr 4,5–24 gebotenen Chronologie annimmt, der Tempel sei unter Darius II. gebaut worden. Jedoch dürfte die Identifizierung des in Esr 4,24 genannten Königs mit Darius II. überhaupt nur durch den sekundären Einschub Esr 4,6–23 (s. dazu Kratz, Komposition, 65ff) möglich sein. Zur Kritik an Dequeker s. Uehlinger, Policy, 337 Anm. 154; Kratz, Judentum, 68.

740 S. Edelman, Origins.

741 S. Edelman, Origins, 13ff.

742 Zur Kritik an Edelmans genealogischen Berechnungen, wonach Serubbabel nur eine Generation älter als Nehemia wäre, s. R.W. Klein, Joshua.

Neh 7 nicht wahrgenommen werden. Auch daß der Zusammenschluß von Hag–Sach über das Datierungssystem erst in hellenistischer Zeit (ca. 300 v. Chr.) erfolgte,[743] läßt sich nach der in dieser Arbeit zu entwickelnden relativen Chronologie nicht belegen. Daß die nachträgliche Datierung von Hag–Sach in die Regierungszeit des Dareios durch die 70 Jahre in Jer 25,11f; 29,10 sowie Jer 27,6f angeregt war, findet bei Hag keinen Anhalt. Die Erwähnung der 70 Jahre in Sach 1,12 gehört mit zum Jüngsten in Sach und ist später als die Datierungen ins Buch gekommen, s.u. 3.3.2.

2.5.2 Die Fluch-und-Segen-Bearbeitung (Hag 1,5–7; 2,15–16.18a.19[(*)])

Als erste Erweiterung des Grundbestands (Hag 1,1abα*.4.8; 1,15b–2,1.3.9a) wurde eine Bearbeitung eingeschrieben, die Hag 1,5–7; 2,15f.18a.19[(*)] (möglicherweise ohne die Wörter ועד־הגפן והתאנה והרמון[744] umfaßt hat. Sowohl Hag 1,5–7 als auch 2,15f.18a.19 sind älter als der narrative Rahmen (1,1–3.12a.14–15a; 1,15b–2,2), da dieser mit dem Rückgriff auf die Bundesthematik (1,12a) die Nichtigkeitsflüche in 1,6 (vgl. 2,16) und wohl auch den Segen (2,19) einerseits sowie mit der Vorverlegung des Baubeginns das „Stein-auf-Stein-Legen" (2,15) andererseits voraussetzt.

Beide Teile (1,5–7; 2,15f.18a.19) sind dabei als komplementäre Stücke zu betrachten, die zu einer einheitlichen Textschicht gehört haben.[745] So entsprechen die beiden Rahmenstücke 1.5.7; 2,15a.18a einander genau, indem sie jeweils Nichtigkeitsflüche umschließen, die die bisherige Lage der Adressaten vor Augen führen. Die Nichtigkeitsflüche (1,6; 2,16) sind insofern identisch, als daß die Adressaten selbst die Subjekte der Flüche sind. Daß Flüche einmal eher allgemein und dann wieder konkret formuliert sein können, findet sich ebenfalls in der Bilingue vom Tell Feḥerīje, wo beides sogar unmittelbar miteinander verbunden ist.[746] Weder in Hag 1,6 noch in 2,16 werden die Flüche explizit auf Jahwe zurückgeführt.[747] Das Ich Jahwes bleibt auf der hier erreichten Textstufe (1,1*.4–8; 1,15–2,1.3.9a.15f.18a.19) den Verheißungen 1,8b; 2,19b vorbehalten. Die Anknüpfung an den bestehenden Kontext, in den nun die Ermahnungen ergehen, sein Herz auf etwas zu richten, erfolgt in 1,5–7; 2,15–18a* jeweils über ועתה. Im Leseablauf von 1,1*.4–8; 1,15–2,1.3.9a.15f.18a.19 folgen auf die von den Paränesen gerahmten Nichtigkeitsflüche in 1,8 der Aufruf zum Tempelbau mit der Verheißung der Annahme und Verherrlichung durch Jahwe in der 1. Sg. Imperf. (וארצה־בו ואכבד) sowie in

---

743 S. Edelman, Origins, 80ff, bes. 146.

744 Da die mögliche Auslassung von ועד־הגפן והתאנה והרמון nicht viel an der Deutung ändert, wird sie aus Gründen der Übersichtlichkeit im folgenden nicht mehr eigens ausgewiesen.

745 Vgl. o. S. 98.

746 S.o. S. 85.

747 Dies erfolgt erst in den späteren Ergänzungen 1,9.11; 2,17.

2,19 der Hinweis auf Saat und Fruchtertrag als Zeichen des Wendepunktes mit der Verheißung des Segens Jahwes in der 1. Sg. Imperf. (אָבְרֵךְ). Beide Paränesen laufen somit auf eine Verheißung in der 1. Person Jahwes zu. Die Ankündigung des Segens (2,19b) setzt die Nichtigkeitsflüche bereits voraus. Ebenso dürften die Flüche von vornherein auf die Aussicht des Segens, d.h. nach 2,15–19 eben die Aufhebung der Flüche, zielen. Die Orakel des Haggai-Grundbestands (1,4.8; 2,3.9a) waren auf den Tempelbau konzentriert. Flüche und Segensverheißung (1,6; 2,16.19) fügen nun die Perspektive hinzu, welche Folgen das Nichtbauen bzw. Bauen, d.h. das eigene Handeln, für die Adressaten hat.

Mit der Aufnahme der Nichtigkeitsflüche greift die Fluch-und-Segen-Bearbeitung auf die ao und at Vertragstopik zurück, wobei die Nichtigkeitsflüche charakteristisch für die westsemitische Vertragstradition sind. In den ao Verträgen und den diese Thematik bundestheologisch adaptierenden at Texten wie Dtn 28; Lev 26 wird u.a. mit den Nichtigkeitsflüchen eine Notzeit für den Fall des Vertragsbruchs angedroht, da göttlich sanktioniertes Recht, und das heißt nach Dtn 28; Lev 26 das Treueverhältnis bzw. der Bund mit Jahwe selbst, verletzt wird.[748] Nach Hag 1,6 sind die Flüche bereits eingetroffen. Die Vernachlässigung des Tempelbaus wird als Vertragsbruch gegenüber Jahwe gedeutet,[749] dem der Tempel schließlich zu bauen ist. Mit der Einschreibung der Nichtigkeitsflüche schafft die Ergänzung zugleich einen Kontrast zum Wohnen in getäfelten Häusern (V 4), der relative Luxus ist nach 1,6 nur vordergründig.[750]

Auch im Hinblick auf die westsemitische Vertragstradition ist es wahrscheinlich, daß mit den Nichtigkeitsflüchen (Hag 1,6; 2,16) von vornherein der Segen (2,19) als Alternative zum Fluch vor Augen geführt wird. Im Westen, anders etwa als in Assyrien, enthielten die Verträge üblicherweise neben den längeren Fluchpassagen auch (kürzere) Segensabschnitte.[751] Bezüglich der

---

748 Vgl. Podella, Notzeit-Mythologem, 433; C. Koch, Hatti, 397.

749 Vgl. Beuken, Haggai, 196ff; Petersen, OTL, 50; Achtemeier, Int., 98f; Boda, NIV AC, 90f, gegen Tollington, Tradition, 190.

750 Vgl. Petersen, OTL, 50.

751 Nach Steymans, Vertragsrhetorik, 99, muß man in der Verbindung von Segen und Fluch „das Strukturmerkmal einer Tradition der Levante sehen [...]. In allen bekannten Vertragstexten dieser Region gibt es abweichend von den neuassyrischen Gepflogenheiten den Segen neben dem Fluch." Zur Gegenüberstellung von Segen und Fluch als festem Bestandteil der westsemitischen Vertragstradition vgl. Crawford, Blessing, bes. 157ff; Steymans, Deuteronomium, passim, bes. 368ff.380f; ders., Vertragsrhetorik, 99; C. Koch, Vertrag, 204ff; s. schon die hethitischen Staatsverträge, wo der Fluch meist vor dem Segen aufgeführt ist (s. z.B. den Vertrag zwischen Hattušili III. und Ramses II., zum Segen s. CTH 91 §§ 22–24 babylon., § 25 ägypt. Fassung, zu den hethitischen Verträgen s. McCarthy, Treaty, 2.29ff (bes. 48.52.54.66–68.76).148f; Steymans, Deuteronomium, 152ff; C. Koch, a.a.O., 27ff oder die Sfire-Stelen (zum Segen s. z.B. Sfire I C, 15–17), zu Sfire vgl. Puech, Traités, bes. 97.100.106; Crawford, Blessing, 181ff; Steymans, a.a.O., 164ff, bes. 174f; C. Koch, Vertrag, 52ff, bes. 58.

(früh-)nachexilischen Zeit ist besonders die Behistun-Inschrift zu nennen, die Dareios in Abschrift in seinem ganzen Reich verbreiten ließ, vgl. DB § 70 und v.a. das aramäische Fragment der Behistun-Inschrift aus Elephantine (C2.1).[752] In der Behistun-Inschrift findet sich gleich zweimal die Abfolge von Segen und Fluch, s. DB §§ 60f.66f.[753] Wie die westsemitische Vertragstradition und für die Dareios-Zeit auch die Behistun-Inschrift belegen, sind für die Kombination von Segen und Fluch als einer ersten Erweiterung des Haggai-Grundbestands (d.h. für den *terminus post quem*: selbst um die Zeit des Tempelbaus[754]) Vorbilder vorhanden.

Für das AT sind natürlich in erster Linie die großen Segens- und Fluch-Kapitel Dtn 28; Lev 26 zu nennen. Da Lev 26 bereits Dtn 28 voraussetzen dürfte,[755] werde ich mich für die anschließenden Überlegungen auf Dtn 28 konzentrieren.

Für die Verbindung von Segen und Fluch, die „so konstitutiv für die Alternativpredigt des Dtn (Dtn 6,14 f.17 f.; 7,12ff.; 8,19 f.; 11,13–15.16 f.26–28; 30,19)"[756] ist, ist es dabei für den frühnachexilischen Textbestand von Dtn 28 unerheblich, welche redaktionsgeschichtliche Rekonstruktion dieses Kapitels man zugrunde legt, da die Alternativen für eine ältere, nicht aber jüngere Ansetzung von Dtn 28 plädieren. Für die Zusammenstellung von Segen und Fluch in Dtn 28 ergeben sich, so weit ich sehe, aus der exegetischen Debatte um Dtn 28 und seine Redaktionsgeschichte grundsätzlich drei Optionen, die entweder eine vorexilische, exilische oder frühnachexilische Datierung favorisieren. Die

---

752 Text s. Porten/Yardeni, Textbook III, 59ff; Schwiderski, Inschriften, 90ff.

753 Im Fragment der aramäischen Version aus Elephantine (C2.1, Kol. 11,72, entweder DB §§ 60 oder 66, Zuordnung nicht sicher) kann für den Segen das Verbum *brk* rekonstruiert werden. Zu Segen und Fluch auf der Behistun-Inschrift vgl. Steymans, Deuteronomium, 185ff, mit Synopse der Segen- und Fluch- Passagen in den in ihren Formulierungen z.T. voneinander abweichenden Fassungen; ders., Vertragsrhetorik, 98; Veijola, Deuteronomismusforschung, 292, mit Verweis auf Dtn 28.

754 Die Fluch-und-Segen-Bearbeitung dürfte aber wahrscheinlich erst nach der Vollendung des Tempels anzusetzen sein, s. dazu gleich.

755 Da das Segen-und-Fluch-Kapitel Lev 26, das in seiner Position am Ende des Heiligkeitsgesetzes Dtn 28 entspricht (vgl. Smend, Entstehung, 59; Kaiser, Grundriß, Bd. 1, 82), von ebendiesem Segen-und-Fluch-Kapitel Dtn 28 abhängig ist, „das im ganzen für Lev 26 Modell gestanden hat" (Levin, Verheißung, 224, vgl. Cholewiński, Heiligkeitsgesetz, 310ff, bes. 318f; Kratz, Komposition, 114; Otto, Art. Heiligkeitsgesetz, 1570), reicht hier die knappe Erwähnung. Am ehesten ist das Heiligkeitsgesetz als von vornherein für den Kontext der Priesterschrift verfaßt anzusehen (vgl. Elliger, HAT I/4, 14ff.218ff, vgl. dazu Cholewiński, a.a.O.; Ruwe, „Heiligkeitsgesetz", s. Kratz, a.a.O., 114; Zenger, Einleitung, 172ff) und zwar als Abschluß von P[S] (vgl. Kratz, a.a.O., 114f; Zenger, a.a.O., 172ff). Als Datierung wäre anzunehmen „etwa um 500 v. Chr. und abwärts" (Kratz, a.a.O., 329, für P[G] und P[S], vgl. Zenger, a.a.O., 172f, für P[S]; eine frühnachexilische Datierung des Heiligkeitsgesetzes hat, unter anderen Voraussetzungen, Grünwaldt, Heiligkeitsgesetz, 351, vorgeschlagen). Zu Lev 26 s. auch Gerstenberger, ATD 6, 365ff.

756 Veijola, Deuteronomismusforschung, 291.

verschiedenen Möglichkeiten sollen hier knapp skizziert werden. Steymans hält es zumindest für eine Möglichkeit, daß neben 28,20–44* auch V 15, damit auch V 1.2a.3–6.16–19 zum ältesten Stadium von Dtn 28 gehört haben könnten, verfolgt diese Alternative aber nicht weiter.[757] Statt dessen rechnet Steymans damit, daß der aus den Jahren 672–622 v. Chr. stammende und vom EST literarisch abhängige Grundbestand Dtn 28,20–44* noch in vorexilischer Zeit zunächst zusammen mit 26,17–19; 27,1.9f um 28,7–13 und mit 28,1f.15.3–6.16–19 erweitert wurde.[758] Doch schon gegen die Annahme eines nur 28,20–44* umfassenden Grundbestands und die Datierung ins 7. Jh. erheben sich Bedenken. So ist für Dtn 28, und auch für 28,20–44*, die monokausale Rückführung auf den EST aus verschiedenen Gründen unwahrscheinlich. Damit ist auf die äußerst beschränkte Auswahl der erhaltenen Texte zu verweisen. Wie die Verweise in Inschriften und Briefen erkennen lassen, haben neben den bekannten, teilweise nur fragmentarisch erhaltenen, *adê*-Beispielen noch wesentlich mehr Texte existiert, so daß sich die Traditionsgeschichte der Gattung aufgrund der spärlichen Fundsituation nicht mehr rekonstruieren läßt.[759] Zudem hat C. Koch zeigen können, daß für Dtn 28 mit einem mehrstufigen Rezeptionsprozeß zu rechnen ist, in den assyrische, aramäische und judäische Vertragsrechtstraditionen eingegangen sind, die nach dem Untergang des judäischen Königtums von der dtr Bundestheologie zur Beschreibung des Verhältnisses Jahwes zu seinem Volk verarbeitet werden.[760] Weiterhin kann Koch zeigen, daß es sich bei Dtn 28,20–44* nicht um eine Übersetzung von einzelnen Paragraphen des EST handelt[761] und daß die Gemeinsamkeiten mit EST am ehesten aus einer allgemeinen Aufnahme des assyrischen Vertragswesens zu erklären sind.[762] Zudem lassen sich Segen und Fluch aus dem Kernbestand von Dtn 28 (28,1–44*)[763] und damit die Mosefiktion sowie der Bezug auf das 1. Gebot literarkritisch nicht herauslösen, so daß Dtn 28 auch erst als Abschluß bzw. Teil des Abschlusses für das bundestheologisch überarbeitete Dtn verfaßt

---

757 S. Steymans, Deuteronomium, 379f.

758 S. Steymans, Deuteronomium, 380f.

759 Vgl. Radner, *ṭuppi adê*, sowie ihr Fazit a.a.O., 375: „Wir kennen [...] nur die Spitze des Eisberges, [...] und jede Parallele zu Dtn 28,22–44 in den Nimruder Texten könnte sich auch in älteren oder jüngeren Vereidigungen (und nicht nur aus der assyrischen, sondern auch der nachfolgenden babylonischen Verwaltung!) wiederfinden, die uns aber nicht erhalten sind".

760 Vgl. C. Koch, Vertrag, 203ff.266ff.315ff.

761 S. C. Koch, Vertrag, 238ff, gegen Steymans, Deuteronomium, 299, vgl. Otto, Deuteronomium, 68f.

762 S. C. Koch, Vertrag, 203ff, bes. 242ff.

763 Dtn 28,45ff sind mehrfach gestufte Nachträge, vgl. z.B. Seitz, Studien, 262ff.308f; Levin, Verheißung, 108 Anm. 136; C. Koch, Vertrag, 173ff.242ff; Levin, Verheißung, 109f, rechnet lediglich 28,1a.2a.3–6.15–19 zum Grundbestand.

wurde.[764] Dabei ist mit Kratz davon auszugehen, daß Dtn 28 erst nach der Einschreibung von Dtn 6–26* in den Hexateuch ergänzt wurde.[765] C. Koch rechnet mit einer Entstehung der dtr Bundestheologie und auch von Dtn 28 in der Exilszeit.[766] Man wird aber für beides in den Beginn der Perserzeit heraufgehen müssen, vgl. Levin, Verheißung, 129f:[767]

> „Die Bundestheologie ist zu Beginn der nachexilischen Zeit entstanden als der Versuch einer bewußten Wiederherstellung des Verhältnisses zwischen Jahwe und seinem Volk. Anlaß war das Zerbrechen der ursprünglichen Gottesbeziehung [...] Die Folge der Niederlage [sc. von 587] war der Verlust der Monarchie als des Garanten der nationalen, aber auch der religiösen Eigenständigkeit. Er erwies sich als endgültig, sobald nach dem einsetzenden Niedergang des neubabylonischen Reiches, der vorübergehend Hoffnung auf eine Restauration des davidischen Königtums geweckt hatte, die Perser als neue Großmacht auf den Plan traten.“

Mit Dtn 28 liegt in frühnachexilischer Zeit ein Text vor, der die Adressaten ebenfalls mit der bundestheologischen Umprägung der ao Vertragstradition vor die Alternative zwischen Segen und Fluch stellt. Auch wenn es Berührungen v.a. mit Dtn 28,38 gibt, soll hier freilich nicht eine literarische Abhängigkeit von Dtn 28 behauptet werden, sie ist auch nicht zu beweisen.[768] Mit dem Verweis auf Dtn 28 soll nur bekräftigt werden, daß die Alternative Segen oder Fluch nicht nur in der Tradition vorgegeben, sondern (gerade) nach dem Exil aktuell war.

Bei der Verbindung von Segen und Fluch – oder besser: Fruchtbarkeit und Notzeit – mit dem Tempel nimmt die Fluch-und-Segen-Bearbeitung einen Zusammenhang auf, der im AT und im AO ohnehin mit dem Tempel hergestellt wird, vgl. für das AT etwa das Motiv des lebensspendenden Stroms, der vom Tempel ausgeht Ps 46,5; Ez 47,1–12; Joel 4,18; Sach 14,8–11.[769] Auch im AO wird der Bau des Tempels mit der Hoffnung auf Fruchtbarkeit verbun-

---

764 Vgl. Levin, Verheißung, 102.109f; C. Koch, Vertrag, 173ff.242ff; Kratz, Komposition 134. Zur Kritik an Steymans und Otto vgl. etwa noch Pakkala, Monolatry, 20ff; Loretz, Mari-Amurriter, 326ff; Veijola, Deuteronomismusforschung, 289ff; Levin, Entstehung, 94f.

765 S. Kratz, Komposition, 127ff.

766 S. C. Koch, Vertrag, 203.248ff.317.

767 Vgl. zur historischen Situierung noch Levin, Entstehung, 92ff u.ö.; Veijola, Redaktion, bes. 175; ders., Deuteronomismusforschung, 292; ders., ATD 8/1, 4f; Pakkala, Monolatry, 20ff; Kratz, Komposition, 133f.327ff.

768 Vgl. Tollington, Tradition, 188 Anm. 1. Eine literarische Abhängigkeit von Hag 1,6 von den anderen at Nichtigkeitsflüchen läßt sich insgesamt nicht feststellen, vgl. Tollington, a.a.O., 188ff. Die Formulierung der Nichtigkeitsflüche in Hag 1,6 mit וְאֵין ist im AT singulär. Vielleicht darf man darin einen Reflex auf das כְּאַיִן in 2,3 erkennen. Während die Adressaten den Tempel gegenwärtig für nichts erachten, wird seine künftige Herrlichkeit das Gegenteil erweisen. Umgekehrt gibt es bei den Erwartungen der Menschen an ihr eigenes Handeln keine Erfüllung.

769 Vgl. ferner etwa Ps 65; 128,5; 132,14f; 134,3. S. dazu Keel, Bildsymbolik, 100ff.157ff; Janowski, Tempel; Zwickel, Tempelquelle; Rudnig, Heilig, 37ff.

den.[770] Ebenso ist im AO das Motiv zu finden, daß eine Gottheit im Zorn den Tempel und ihre Stadt verläßt, worauf das verlassene Land der Zerstörung und einer sich daran anschließenden Notzeit preisgegeben ist, die z.b. mit Chaos, Hungersnot, Mord und Bedrückung beschrieben wird und die bis zum Wiederaufbau des Tempels und der Rückkehr der Gottheit anhält.[771]

Jedoch ist die Verknüpfung der Vertrags- und Bundesthematik mit dem Tempelbau durch Hag 1,5–7; 2,15–19 für das AT ungewöhnlich.[772] In Hag 1,6; 2,16 werden die Nichtigkeitsflüche als bereits wirksam beschrieben, die Wahl zwischen Segen und Fluch ist also bereits getroffen. Dennoch eröffnet 2,19 die Perspektive auf künftiges Heil, das mit dem Beginn der Bauarbeiten verbunden wird. Anders als in den ursprünglichen Orakeln (1,4.8; 2,3.9a) wird in der Fluch-und-Segen-Bearbeitung der Blick auf das Ergehen der Adressaten gerichtet, das sich am Verhalten gegenüber dem Tempelbau entscheidet. Die paränetischen Rahmungen (1,5.7) schärfen dies ein und betonen damit die Bedingtheit des kommenden Segens. Dies wird auch durch die Positionierung der Segensverheißung nach der Ansage der größeren Herrlichkeit des neuen Tempels deutlich. Hag 2,15–19 macht den Abschnitt 1,15b–2,1.3.9a durch die Anfügung von 2,15–19 zu einem Wort für den Beginn der Bauarbeiten, für das „Stein-auf-Stein-Legen" (2,15).[773] Hiermit wird nun die Ansage des Segens verknüpft, die sozusagen in natürlicher Fortsetzung von 1,8; 2,9a und als neuer Abschluß des gesamten Textes die Auswirkungen des Tempelbaus für die Menschen mit in den Blick nimmt und somit die bisherigen Verheißungen erweitert. Gleichzeitig wird dadurch aber auch die unbedingte Heilsankündi-

---

770 S. die Babylon-Inschrift Assurbanipals (Text s. Borger, Inschriften, 10ff), VIII,14–20; den Sippar-Zylinder Nabonids (Text s. Langdon, Königsinschriften, 218ff; Schaudig, 409ff), II,26–31 (Zählung Langdon bzw. II, 24–30 Zählung Schaudig). Vgl. Keel, Bildsymbolik, 100ff.157ff; Meyers/Meyers, AncB 25B, 65f; Janowski, Tempel, 39ff; Hurowitz, House, 322f; Lux, Tempel, 154ff.

771 Vgl. z.B. die sog. „Marduk-Prophetie" (2. Jt., Text s. Borger, Gott, 3ff), s. bes. II,1–11, oder das Erra-Epos (Mitte 7. Jh., Text s. Cagni, epopea, 58ff) oder die Adad-guppi-Inschrift, (Text s. Gadd, Harran Inscriptions, 46ff; Schaudig, Inschriften, 500ff), s. bes. I,6–9. Vgl. Hurowitz, Temples; Berlejung, Notlösungen; dies., „Götter", 112ff; Rudnig, „Jahwe", 274ff.

772 Vgl. Petersen, OTL, 50, "[R]econstruction of the temple is treated as a covenant duty that, because it has not been accomplished, has brought on the futility curses of an abrogated covenant. Such a view represents a significant reformulation of the covenant norms, a focusing on the cult center per se, something that is markedly absent from other covenant stipulations preserved in the Hebrew Bible." Vgl. Beuken, Haggai, 196.

773 Hag 2,15–19 will als am Tag des Baubeginns gesprochenes Wort verstanden werden, so mit der überwiegenden Mehrheit der Ausleger, vgl. etwa K. Koch, Volk, 217f; Beuken, Haggai, 210; Petersen, Temple, 369; ders. OTL, 87ff; Wolff, BK XIV/6, 44f; Verhoef, NIC.OT, 122; Reventlow, ATD 25/2, 27f; Boda, NIV AC, 147. Gegen Wöhrle, Sammlungen, 306ff, der 2,15–19 als erst in der Zukunft vorzunehmenden Rückblick verstehen will, und Rudolph, KAT 13/4, 44f.51f, der das Datum 2,18b für ursprünglich hält, aber in den sechsten Monat ändert, um 2,15 als Rückblick auf 1,12–15a zu verstehen.

gung 2,9a גדול יהיה כבוד הבית הזה האחרון מן־הראשון nachträglich zu einer
bedingten, die sich am Ergehen der Menschen und an ihrem Verhalten zum
Tempelbau orientiert.

Der Rückbezug auf die Mangelsituation, die aus dem Vertragsbruch mit
Jahwe resultiert, die Ankündigung des Segens als bedingte Heilsverheißung,
läßt auf eine Situation schließen, in der sich die Ankündigungen von 1,8 und
vor allem 2,9a nicht, wie erhofft, erfüllt haben. Der Zweite Tempel dürfte
diese Erwartungen in der Tat nicht erfüllt haben. Die Situation, die in 1,6; 2,16
beschrieben wird, läßt die eigene Mangellage durchscheinen, die vertragstheo-
logisch als Bruch des Treueverhältnisses mit Jahwe gedeutet wird. In diese
Richtung wiesen auch die rhetorischen Fragen in 2,19a, die bestenfalls einen
zaghaften Anbruch des Segens in Aussicht stellen.[774] Tatsächlich sind die
Verhältnisse in Jehud bis in die späte Perserzeit ärmlich geblieben.[775] Dennoch
wird daran festgehalten, daß mit dem Bau des Tempels die Wende zum Segen
eingetreten ist, mag sie auch erst kaum erkennbar sein. Der Tempel wird zum
Hoffnungszeichen dafür, daß der Mangel im Falle des Gehorsams gegenüber
Jahwe dem Segen weichen wird.

M.E. setzt die Fluch-und-Segen-Bearbeitung die Fertigstellung des Tempels bereits voraus. Der Tempelbau ist ärmlich, die eigene Situation ist es
ebenfalls. Dennoch eröffnet dieser Tempel die Möglichkeit kommenden Segens. Dieser ist aber an den Gehorsam gegenüber Jahwe gebunden.

Als Datierung schlage ich die Zeit bald nach der Fertigstellung des Tempels vor, also in etwa den Beginn des 5. Jh.s.

In der Einarbeitung der Fluch-und-Segen-Thematik läßt sich ein erster
Schritt zur Buchwerdung ausmachen. Das Thema der Vertragsloyalität gegenüber Jahwe wird in der nächsten Bearbeitung durch den narrativen Rahmen
(1,1–3.12a.14–15a; 1,15b–2,2) wieder aufgegriffen und nun mit der Sprache
der dtr Bundestheologie formuliert (1,12a). Die spätere Hinzufügung der Zeichenhandlung 2,10–14 wird die Bedingtheit des Heils noch stärker akzentuie-
ren. Sie wird mit dem Problem der Unreinheit des Volkes verbunden, das nun
vor der Ankündigung der Wende zum Segen (2,15–19) zu stehen kommt.

An die Fluch-und-Segen-Bearbeitung haben sich in Hag 1 drei Fortschreibungen angeschlossen, 1,9.10.11. Hierbei ist nicht sicher zu entscheiden, ob V
9.10.11 vor oder nach der Einschreibung des narrativen Rahmens in den Text
gelangt sind.

Vers 9 begründet noch einmal explizit, was im Leseablauf 1,4–8 und in
der das zweite Stratum abschließenden Segensverheißung (2,15–19) angelegt
war, nämlich, daß die Flüche in 1,6 ihre Ursache im verwüsteten Tempel ha-

---

774 Zu den unterschiedlichen Deutungsmöglichkeiten von 2,19a s.o. S. 86.
775 Vgl. den Exkurs zu Juda in der Perserzeit, o. S. 124ff.

ben. Dabei greift V 9 die Form des begründeten Gerichtswortes auf. Zugleich wird Jahwe als der Urheber des Gerichts benannt.

Vers 10 schließt an 9 an und weitet die in 1,6.9 beschriebene Notzeit in kosmische Dimensionen aus. Dabei wird ein Bezug zur Fluterzählung (Gen 8,2) sowie zu Mal 3,10 hergestellt.

Vers 11 schließlich betont die Totalität des Gerichts durch eine Aufreihung von Merismen und identifiziert die Notzeit in Aufnahme der Bilder von V 10 und dem חרב V 4.9 mit der Dürre.

2.5.3   Der narrative Rahmen (Hag 1,1–3.12a.14–15a; 1,15b–2,2)

Als nächste Redaktion ist die Einschreibung des narrativen Rahmens anzusehen. Er setzt die Fluch-und-Segen-Bearbeitung bereits voraus, da er mit 1,12a die Vertragsthematik aufnimmt und zugleich den Baubeginn (2,15–19) vorverlegt (1,14), so daß dieser nun bereits als Reaktion auf Haggais erste Botschaft (1,4–8) erfolgt. Andererseits ist der narrative Rahmen älter als 2,10–14, da die Zeichenhandlung die Form der Erzählung, die mit dem Bezug auf die Adressaten verbundenen Datierungen 1,1–3; 1,15b–2,2 und die Wendung 1,2 voraussetzt. Hag 2,20–23 ist wiederum von 1,1–3; 1,15b–2,2 und der Datierung 2,10 abhängig, also noch einmal jünger.

Der narrative Rahmen beeinflußt maßgeblich die heutige Gestalt des Buchs. Mit der Erweiterung der ursprünglichen Sprucheinleitungen 1,1abα[1]; 1,15b–2,1 durch 1b*–3 und 2,2 führt er zum ersten Mal den Statthalter Serubbabel, den Hohenpriester Josua und das Volk in das Buch ein.[776] Mit der Ein-

---

776 Inwieweit sich mit der Nennung Serubbabels und Josuas zuverlässige historische Informationen erhalten haben, ist nicht mehr festzustellen. Wie die in der Nennung der Propheten an Hag 1,1; Sach 1,1 angelehnten Formulierungen zeigen (Esr 5,1; 6,14), greift die Erwähnung von Serubbabel und Josua in Esr 5,1f, im Kern des Esr-Buches (Esr 5–6), bereits auf die Bücher Hag und Sach als Quellen zurück, so schon Noth, Studien, 145, vgl. Kratz, Komposition, 56ff, bes. 59f. Da aber Hag–Sach nach den Datierungen lediglich Worte aus der Zeit *vor* der Vollendung des Tempels enthalten, sollte es auch nicht verwundern, daß Serubbabel bei der Tempeleinweihung in Esr 6,14 nicht mehr erwähnt wird. Josua, was meist übersehen wird, übrigens auch nicht (vgl. z.B. aber Japhet, Sheshbazzar, 86). Man kann ihn bestenfalls unter die Priester und Leviten Esr 6,16ff subsumieren. Die Erwähnungen von Serubbabel und Josua in Sach 3; 4,6–10 sind ebenfalls sekundär und bereits von Hag abhängig, s.u. 3.7.2, 3.8.2. Beide Personen mögen tatsächlich Statthalter und Hoherpriester gewesen sein. Für Serubbabel entscheidet sich die Frage nicht zuletzt daran, wie man das Schelomit-Siegel und die damit verbundene Kombination mit 1 Chr 3,19 beurteilt. Sind also historische Erinnerung und spätere Übermalung nur schwer oder gar nicht mehr zu trennen, ist bei der historischen Rekonstruktion Zurückhaltung geboten. Gerade die divergierenden genealogischen Angaben zu Serubbabel, der nach Hag ein Sohn des Jojachin-Sohnes Schealtiel, aber nach 1 Chr 3,19 ein Sohn des Jojachin-Sohnes Pedaja ist, könnten für die Existenz eines Enkels Jojachins mit Namen Serubbabel sprechen. Ob dieser dann aber in irgendeiner Form am Tempelbau beteiligt war, läßt sich nicht mehr sagen. Ebenso verhält es sich mit Josua. Daß sich in den Anga-

führung dieser Adressaten wird die bisher anonyme 2. Pers. Pl. mit dem Volk
und seinen Anführern identifiziert, und dies wird der wesentliche Grund für
die Einschreibung des narrativen Rahmens sein, der somit die „Verumständung" der Orakel nachliefert. Denn durch die Nennung der Bauleute mit
Serubbabel und Josua an der Spitze wird über die Genealogie der beiden Anführer die Kontinuität mit dem vorexilischen Tempel betont und zugleich mit
dem Davididen Serubbabel ein Tempelbauherr königlicher Abkunft präsentiert, wodurch – der ao Tempelbauideologie entsprechend – die Legitimität des
Tempelbaus herausgestellt wird.[777] Im Anschluß an die Formulierungen der
ursprünglichen Orakeleinleitungen in der 3. Person gestaltet der narrative
Rahmen den bisherigen Text durch die Hinzufügung von 1,12a.14–15a zum
Fremdbericht aus. Die Einführung der Adressaten und die erzählenden Verse
1,12a.14–15a geben der ganzen Schrift nun einen historisierenden Zug.

Durch die Beschreibung der Aufnahme der Bauarbeiten mit der Formulierung שמע בקול יהוה אלהיהם (12aα) greift der narrative Rahmen die Sprache
der dtr Bundestheologie auf,[778] um in Reaktion auf die Vertragsthematik der
Fluch-und-Segen-Bearbeitung den Beginn der Arbeiten am Tempel als Gehorsam des Volks zu charakterisieren. Vers 12aβ betont die prophetische Sendung
Haggais. Die Antwort Jahwes auf den Gehorsam ist, daß er den Geist der Bauleute erweckt, damit diese zur Tat schreiten können. Es ist m.E. daher wahrscheinlich, daß so die Wendung עור Hif. + רוח hier erstmals mit dem Bau des

---

ben über die beiden jedoch historische Splitter erhalten haben, halte ich für wahrscheinlich,
für unwahrscheinlich allerdings, daß sich daraus historisch Zuverlässiges rekonstruieren läßt,
vgl. schon Kratz, Judentum, 79ff, bes. 91. Als analoges Beispiel sei hier die Gestalt Belsazars
genannt: Bis zur Entzifferung der keilschriftlichen Quellen mußte der Befund zu Belsazar
folgendermaßen aussehen: Ein im Danielbuch genannter, unbekannter Sohn Nebukadnezars,
der Nebukadnezar als König nachgefolgt sein soll, wahrscheinlich von Daniel erfunden. Aufgrund zahlreicher keilschriftlicher Inschriften und Urkunden konnte Belsazar mit Bēl-šarra-
uṣur, dem erstgeborenen Sohn Nabonids, identifiziert werden, der offenbar als Koregent in
Babylon seinen Vater Nabonid vertrat, während dieser in Teima weilte (Eine Zusammenstellung der Texte s. bei Beaulieu, Reign, 156f; Texte s. auch bei Schaudig, Inschriften, 708, s.v.
Bēl-šarra-uṣur, zu Belsazar selbst s. Beaulieu, a.a.O., 185ff). Somit ist zwar die Figur Belsazar historisch, die Rolle (und Abkunft!) in Dan aber nicht. Ähnlich mag es mit Serubbabel
und Josua sein: Vielleicht sind sie historische Figuren (möglicherweise gibt auch das Schelomit-Siegel einen Hinweis darauf), welche Rolle sie beim Tempelbau gespielt haben, wird
nicht mehr sicher zu rekonstruieren sein.

777 "In the ancient Near East, temple building has always been considered a royal task and
     prerogative, to which there are only few exceptions, mostly in times when kingship was weak
     or in trouble" (Schaudig, Restoration, 142). Vgl. zur ao Tempelideologie und zur Rolle des
     Königs beim Tempelbau z.B. Kapelrud, Temple Building; Ellis, Foundation Deposits; Huro-
     witz, House, 131ff; Lux, König; Ambos, Baurituale, sowie die Beiträge in Boda/Novotny,
     Foundations, und zur Adaption und Transformation dieser Ideologie bei Hag vgl. z.B. Boda,
     Dystopia; Lux, Tempel, 150ff; Berlejung, Innovation; Kessler, Temple Building; Laato, Za-
     chariah; ders., Temple Building.

778 Diese ist am ehesten in der frühnachexilischen Zeit anzusetzen.

Zweiten Tempels in Verbindung gebracht wurde (vgl. 2 Chr 36,22; Esr 1,1.5).[779]

In der Übernahme sprachlicher Elemente steht der narrative Rahmen der dtr Theologie nahe.[780] Der von Ackroyd formulierten These, der Redaktor des Rahmens stehe der chr Theologie nahe,[781] sind z.B. Beuken, Steck, und Nogalski gefolgt.[782] Besonders Beuken hat versucht, diese theologiegeschichtliche Verortung der Redaktion nachzuweisen. So bezieht er sich auf die Verwendung des präpositionalen ביד, das typisch für die chr Sicht der Propheten als Mittler des Gotteswortes sei.[783] Dagegen hat Mason Einspruch erhoben, da ביד in diesem Sinn in chr Texten nur selten vorkommt.[784] Wesentlich häufiger ist sie dagegen in dtr Texten zu finden, vgl. z.B. die üblicherweise dtrP zugeordneten Erfüllungsvermerke.[785] Auch die Wortereignisformel selbst ist als dtr Neubildung anzusehen, die ihren Ursprung im Jeremia-Buch hat.[786] Für die Formel שמע בקול יהוה muß Beuken selbst konzedieren, daß sie chr nie belegt ist.[787] Trotz (sprachlicher) Nähe zum Deuteronomismus geht der narrative Rahmen des Haggai-Buchs über die klassische dtr Theologie hinaus, in der die positive Anerkennung eines unter persischer Fremdherrschaft gebauten Tempels als Anfang des Heils wohl undenkbar gewesen wäre. Hier steht der narrative Rahmen in der Tat der positiven Sicht der persischen Könige in Esr–Neh oder auch DtJes näher.[788] Die von Beuken zum Rahmen gerechneten Verse 1,13; 2,4f weisen tatsächlich eine große Nähe zur Chronik auf,[789] sind aber nach der hier vorgelegten Analyse innerhalb des Rahmens sekundär.[790]

---

779 Gegen Beuken, Haggai, 31, und die rein chr Ableitung von עור Hif. + רוח.

780 Vgl. Mason, Purpose; ders., Tradition, 185ff; ähnlich Petersen, OTL, 31ff. Mason, a.a.O., 414f; Pola, Priestertum, 56, bemerken daneben in der Verwendung von ביד eine Nähe zu P.

781 Vgl. Ackroyd, Studies (Teil 1), 173f; Studies (Teil 2), 1f.4; Book, 155. S. auch schon Bloomhardt, Poems, 156.

782 Vgl. Beuken, Haggai, bes. 27ff.331ff; Steck, Haggai, 355f; Nogalski, Precursors, 236.

783 Beuken, Haggai, 28, mit Verweis auf 1 Chr 11,3; 2 Chr 10,15; 29,25; 36,15; Neh 9,30; Dan 9,10.

784 S. Mason, Purpose, 414ff.

785 S. dazu Dietrich, Prophetie, 22ff.58ff.88.110ff. Im übrigen ist die Vermittlung des Prophetenwortes durch präpositionales ביד auch schon auf der Zakkur-Stele zu finden, s. 1.12 (Text s. Schwiderski, Inschriften, 422).

786 Vgl. z.B. Dietrich, Prophetie, 71f; Werner, NSK.AT 19/1, 39; Levin, Verheißung, 151f; ders., Wort, 258.

787 S. Beuken, Haggai, 33ff.

788 Vgl. o. S. 121 Anm. 714. Auf eine Charakterisierung des Rahmens etwa als „spät-" oder „nach-dtr", als „proto-chr" oder zum „chr Milieu" gehörig soll hier aufgrund des nicht eindeutigen Befunds verzichtet werden.

789 S. Beuken, Haggai, 37ff.53ff.

790 S.o. 2.2.2.

Zeitlich spricht nichts gegen eine Ansetzung bald nach der Fluch-und-
Segen-Bearbeitung, also etwa im beginnenden 5. Jh.[791]
Der kurze Bericht in Hag 1,12a.14 ist später um 1,12b–13 erweitert worden. Vers 12b nimmt dabei V 12aα auf und fügt der Notiz über den Gehorsam
die Furcht des Volkes vor Gott hinzu. Vers 13 knüpft an 12aβ an und erweitert
die Reflexion über Haggais Prophetenamt, der nun nicht הנביא, sondern מלאך
יהוה heißt. Damit kommen neben Hag 1,13 mit Sach 12,8; Mal 2,7 Texte in
den Blick, die ein spätes Bild vom מלאך יהוה in den drei bedeutenden Funktionen Prophet, König, Priester repräsentieren. In Hag 1,13 läßt sich nun tatsächlich eine theologiegeschichtliche Nähe zur chr Theologie vermuten, zumal
Hag 1,13 Gegenbild zu 2 Chr 36,15–17 ist. Hier sendet Gott seine Boten vergeblich zum Volk, weshalb er das Gericht über es bringt. In Hag 1 dagegen
nimmt das Volk schließlich das vom Jahwe-Boten vermittelte Gotteswort an
und wird des Beistandes Jahwes versichert. Nach der Vorlage des narrativen
Rahmens folgt dann noch die Geisterweckung durch Jahwe.

2.5.4   Die Zeichenhandlung (Hag 2,10–14)

In der nächsten Textstufe wird der Bericht über die Einholung der Priestertora
(Hag 2,10–14) hinzugefügt. Wie oben bereits beschrieben, setzt die Zeichenhandlung mit ihrer Datierung in 2,10 und der Gestaltung der Zeichenhandlung
als Fremdbericht den narrativen Rahmen (1,1–3.12–15a; 1,15b–2,2) voraus.
Doch nun sind die Adressaten Haggais nicht mehr der Statthalter, der Hohepriester und der Rest des Volks, sondern die sonst nicht im Haggai-Buch genannten כהנים (2,11–13). Mit dem Thema der Unreinheit des Volks, seines
Tuns und seiner Opfer, wird dem Haggai-Buch ein neues Thema hinzugefügt.
Die Formulierungen der Fallbeispiele und der Deutung Haggais in V 12–14
setzen offenbar die Reinheitsvorschriften von P^S voraus. Des weiteren klingen
mit der Unreinheit des Volks und der Opfer sowie in der damit für die Priester
als die Adressaten der Zeichenhandlung verbundenen Kritik Themen an, die
auch für das Maleachi-Buch bestimmend sind (vgl. Mal 1,6–2,9*; 3,6–12). Die
Positionierung von 2,10–14 vor der Verheißung der Wende zum Segen (2,15–
19) zeigt an, daß die Unreinheit als Heilshindernis und Grund für die in 1,5–

---

791 In zeitlicher Nähe zum Tempelbau und im Umfeld der Tempeltheologie, möglicherweise
     sogar noch vor Abschluß der Bauarbeiten, wird der redaktionelle Rahmen als Ergänzung
     schriftlich vorliegender Sprüche bestimmt z.B. von Mason, Purpose; ders., Tradition, 185ff;
     Petersen, OTL, 31ff; Meyers/Meyers, AncB 25B, xlviii.38.44; Wolff, BK XIV/6, 3ff; Re-
     ventlow, ATD 25/2, 5f; Tollington, Tradition, 19ff; Kessler, Book, 41ff; ders., Tradition, 8
     Anm. 27; Wöhrle, Sammlungen, 317ff. Gegen eine Trennung von Rahmenversen und
     Spruchgut sprechen sich Floyd, Nature; ders., FOTL XXII, 259f; Kessler, Book, 51ff; ders.,
     Tradition, 8 Anm. 28; ders., Temple Building, 358f Anm. 6, aus, verwischen damit aber die
     Differenzen zwischen Rahmen und Spruchgut.

7.9–11; 2,16 beschriebene Mangellage begriffen ist (vgl. Mal 2,1–4; 3,6–12). Wie im Maleachi-Buch scheint hier auch in Hag 2,10–14 das Problem der Heilsverzögerung reflektiert zu werden, die ihre Ursache in der Unreinheit und im mißbräuchlichen Kultbetrieb hat. Im Hintergrund dürften sowohl bei Maleachi als auch bei Hag 2,10–14 die Mangelerfahrungen der Perserzeit stehen. Aufgrund der ähnlichen Thematik und historischen Situation ist Hag 2,10–14 in einen ähnlichen theologiegeschichtlichen und historischen Kontext wie die Grundschrift des Maleachi-Buches (Mal 1,2–2,9; 3,6–12) einzuordnen, wobei Hag 2,10–14 wahrscheinlich etwas älter als Mal sein dürfte. Als Datierung ist die mittlere bis späte Perserzeit anzusetzen.[792]

2.5.5 Weitere Ergänzungen in Hag 2 (2,4f*.6f.8.9b; 2,17.18b)

Als späte Ergänzung in Hag 2 ist zunächst V 6–7 zu nennen, womit die Völkerthematik ins Buch eingeschrieben wird, die später auch 2,20–23 übernimmt. Mit Anleihen an die Sprache der Theophanieschilderungen beschreibt 2,6–7 kosmische Erschütterungen, die die Völkerwelt und den Gabenstrom zum Tempel in Jerusalem zum Ziel haben. Hiermit dürfte eher das Motiv der Völkerwallfahrt als das des Völkergerichts im Blick sein. Der כבוד des Tempels (vgl. 1,8; 2,3.9a) wird nun als reiche Ausstattung mit den Völkerschätzen verstanden. Stellt Hag 2,6f die Völkerwallfahrt mit Jes 60f als nächster Parallele dar, ist an eine Datierung ab dem 5. Jh. zu denken. Ist jedoch der Hintergrund in der Vorstellung eines universalen Völkergerichts zu suchen, ist in jedem Fall eine Datierung erst in der hellenistischen Zeit anzusetzen.

Mit 2,8 schließt sich an 2,6f noch ein sentenzenhafter Zusatz an, der festhält, daß Jahwe der rechtmäßige Besitzer aller Schätze ist.

Die Ergänzung 2,9b ist als Replik auf Jer 14,13 in den Text gesetzt worden, um Haggai als wahren Heilspropheten zu legitimieren. Hag 2,9b erweitert mit der Verheißung des שלום die Heilsankündigung 2,9a und bezieht sich vermutlich bereits auf den Aufruhr der Völkerwelt in 2,6f.

Schließlich ist noch das Ermutigungswort 2,4f* zu nennen, das jünger als die Völkerergänzung 2,6f sein dürfte. Die Bezeichnung der Adressaten ist nicht mehr die des Rahmens, die Formulierung des Ermutigungsworts steht den Ansprachen in der Chronik nahe. Eine theologiegeschichtliche Einordnung im Vorfeld der Chronik bietet sich an. Die Stichwortverbindungen weisen darauf hin, daß Hag 2,4f nicht nur den bereits um 1,12b–13 erweiterten Bericht Hag 1,12–15a voraussetzt, sondern auch auf die Worte an Serubbabel Sach 4,6–10 sowie auf Sach 8,9–13 Bezug nimmt.

---

792 Zur theologiegeschichtlichen Nähe von Hag 2,10–14 und Mal s.o. S. 92ff.

Mit Hag 2,17.18b sind zwei kurze Glossen zu identifizieren, die bereits die Verbindung von 2,15–19* mit 2,10–14 voraussetzen.

2.5.6   Die Serubbabel-Verheißung (Hag 2,20–23)

Als letzte Bearbeitung des Haggai-Buchs ist Hag 2,20–23 anzusprechen. Der Text nimmt die Erschütterung der Völkerwelt in 2,6f auf und präsentiert sie als universales Gericht an den Völkern. Das Ziel der Verheißung, die Einsetzung des erwählten Knechts Serubbabel als Siegel, greift auf die Verwerfung Jojachins in Jer 22,24 zurück, um die Restitution der davidischen Linie in Aussicht zu stellen. Diese wird mit Serubbabel als dem legitimen Tempelbauer verknüpft. Hag 2,20–23 bildet nun den krönenden Abschluß des Haggai-Buchs. Der Tempelbauer Serubbabel wird in Aufnahme der ao und at Traditionen mit royalen Konnotationen geschildert, ohne daß der Titel מלך selbst fällt. Damit entspricht Hag 2,23 anderen späten Texten des AT, die die Restauration der davidischen Herrschaft verheißen, ohne den Königstitel zu verwenden.[793] All dies spricht dafür, Hag 2,20–23 in die hellenistische Zeit zu datieren, in der seit dem Alexanderzug nun tatsächlich nach der 200jährigen *pax persica* die Throne der Königreiche umstürzen.[794]

---

793 S. z.B. Jes 9,1–6; 11,1–9; Jer 23,5f; 33,14–26; Ez 34,23f. Wie Jer 33,14–26 zeigt, hat sich die Restaurationshoffnung bis in die hellenistische Zeit gehalten, vgl. Schmid, Buchgestalten, 56ff.323ff, bes. 326.
794 Zur Begründung der Datierung vgl. o. S. 68ff.117ff.

3 Das Sacharja-Buch

3.1 Zu Aufbau und Werden von Sach 1–8

Den Datierungsformeln Sach 1,1.7; 7,1 entsprechend, gliedert sich Sach 1–8 in
drei Teile. Der Prolog des Sacharja-Buchs (1,1–6) besteht aus einer Bußpredigt, die die Verfehlungen der Väter trotz der Mahnungen der „früheren Propheten" anprangert und zur Umkehr aufruft, damit auch Jahwe wieder zu seinem Volk umkehrt. Mit Sach 1,7 wird der Zyklus der acht Nachtgesichte (1,8–
6,8) eingeleitet, an den als Anhang die Zeichenhandlung von der Krönung des
Hohenpriesters Josua (6,9–15) anschließt. Die Nachtgesichte selbst sind gelegentlich von Epexegesen durchsetzt, die nicht zu den eigentlichen Visionen
gehören, sich aber thematisch an diese anschließen (s. 1,15–17; 2,10–17; 4,6–
10*). Abgesehen von Sach 3, tritt in allen übrigen Visionen ein Deuteengel
auf, der dem Propheten in einem Gespräch den Sinn des Geschauten enthüllt.

Der mit der Datierung 7,1 eröffnete Epilog enthält neben der Fastenfrage
7,2–6; 8,18f Heilsverheißungen, die den Zion und das Volk (8,1–8.9–13) sowie die anderen Nationen betreffen (8,20–23) und die an die Epexegesen der
Nachtgesichte erinnern. Daneben finden sich Mahnworte (7,7–14; 8,14-
17.19b), die thematisch dem Prolog entsprechen.

In der Sacharja-Forschung ist die Tendenz festzustellen, daß der Zyklus
der Nachtgesichte (1,7–6,8*) als Buchkern angesehen wird, zu dem die nicht
als Visionen gestalteten Texte, d.h. der Prolog 1,1–6, die Epexegesen (1,15–
17; 2,10–17; 4,6–10*), die Zeichenhandlung 6,9–15 und der Epilog 7,1–8,23,
später hinzugekommen sind, wobei teils mit der Übernahme vorgegebenen
Materials, teils mit redaktionellen Neuformulierungen gerechnet wird.[1]

Bei den Nachtgesichten hingegen besteht eher die Tendenz, den Zyklus als
ursprüngliche Einheit zu betrachten, bei der lediglich die Vision „Josua" (Sach

---

1 Vgl. die in Anm. 3 genannte Literatur, für Prolog und Epilog noch bes. Lux, Zweiprophetenbuch; ders., Konditionierung; Boda, Zechariah, 55ff; ders., Fasts. Mit rein redaktioneller Abfassung der über die Visionen hinausgehenden Texte rechnen Schöttler, Gott; Kratz, Kyros,
89f Anm. 332; ders., Judentum, 79ff, ähnlich Wöhrle, 323ff, bes. 359f.362ff, der Sach 1,1–
7.14aβ–17aα; 2,10–14; 4,9b; 6,15; 7,1.7.9–14; 8,1–5.7f.14–17.19b seiner „Wort-Redaktion"
zuweist, für 4,6aβ–9a.10a*; 6,9–13*; 7,2–6; 8,18a aber eine ältere Berichtssammlung aus der
Zeit des Tempelbaus annimmt: „Ob diese Berichte allerdings auf dieselbe Person wie die
Nachtgesichte zurückgehen, läßt sich nicht mit Sicherheit sagen" (Wöhrle, a.a.O., 359).

3) eine spätere Zutat darstellt.[2] Dabei wird der Zyklus der sieben Visionen „Reiter" (1,8–14), „Handwerker" (2,1–4), „Meßschnur" (2,5–9), „Leuchter" (Sach 4,1–6*.10–14*), „Schriftrolle" (5,1–4), „Efa" (5,5–11) und „Wagen" (6,1–8) als ursprüngliche, kunstvoll angelegte Komposition von großer formaler Geschlossenheit betrachtet.[3] Auf den konzentrischen Aufbau des Siebener-Zyklus hat erstmals Jepsen hingewiesen,[4] und die meisten sind ihm darin gefolgt. Danach repräsentieren die Außenvisionen „Reiter" und „Wagen" die weltweite Lage, während die beiden jeweils benachbarten Visionen „Handwerker" und „Meßschnur" bzw. „Schriftrolle" und „Efa" die Restitution Jerusalems und Judas sowie die Beseitigung äußerer und innerer Gefährdungen zum Thema haben. Im Zentrum steht die Vision „Leuchter" und mit ihr die Herrschaft Jahwes in der Welt und über die Welt.

Nicht zuletzt, weil Sach 3 diesen konzentrischen Aufbau stört, so daß der Zyklus nun „zweigipflig"[5] ist, sprechen gewichtige Gründe dafür, Sach 3 als

---

2 Daß Sach 3 ein späterer Zusatz zu den anderen sieben Visionen ist, wird von den meisten Forschern angenommen, vgl. z.B. Rothstein, Nachtgesichte, 87ff; Jepsen, Beiträge, 95ff; Elliger, ATD 25, 103.119ff; Galling, Studien, 110.123; Seybold, Bilder, 16f; C. Jeremias, Nachtgesichte, 201ff; Van der Woude, Serubbabel, 146f; Reventlow, ATD 25/2, 32; Redditt, NCBC, 62f; Delkurt, Nachtgesichte, 146f; Floyd, FOTL XXII, 373f; Boda, Oil, 383f; Pola, Priestertum, 64.221ff.261ff; Kratz, Judentum, 81; Wöhrle, Sammlungen, 332ff; Willi-Plein, ZBK.AT 24.4, 61.84; Lux, „Herrlichkeit", 193f; Laato, Temple Building, 381f. Für einen Nachtrag, aber nicht für die zuletzt hinzugekommene Vision wird Sach 3 von Schöttler gehalten. Schöttler, Gott, 165.169ff.223ff rechnet mit einem „Fünf-Visionen-Zyklus", der die Visionen „Pferde" (1,8*.9abα.10b.11b), „Meßschnur" (2,5–8), „Leuchter" (4,1.2*.3a.4–6aα.14*), „Efa" (5,5*.6a.8aα.9*.10.11*) und „Wagen" (6,1a.2.3*.4aββ.5aβ*.7aα*b) umfaßt hat. Die Vision Josua (3,1aαb.2aαb.3a.4.9bβ) bildet in der nächsten redaktionellen Stufe das Zentrum eines Siebener-Zyklus, zu dem noch die Vision „Werkleute" (Sach 2,3.4a) gehört, die wie Sach 3,1 mit ויראני eingeleitet wird (s. a.a.O., 60ff.86ff.192ff). Als letzte Vision ist nach Schöttler die Vision „Buchrolle" (5,1.3a.4*) hinzugekommen, während die Vision „Werkleute" um die Hörner (2,1.2*.4b*) und die Vision „Efa" um das Motiv der Frau (5,5b*.6b.7.8aββ.9a*.10.11*) ergänzt wurde (s. a.a.O., 60ff.126ff.320ff). Für ursprünglich halten Sach 3 dagegen z.B. Beuken, Haggai, 282f; Rudolph, KAT 13/4, 93f; Tollington, Tradition, 34f; Hanhart, BK XIV/7.1, 176ff; Rose, Zemah, 37ff; Stead, Intertextuality, 45ff.

3 S. z.B. Elliger, ATD 25, 102f; Beuken, Haggai, 230ff; Gese, Anfang, 217ff; Seybold, Bilder, 23.31ff; Rudolph, KAT 13/4, 62f; C. Jeremias, Nachtgesichte, 10ff; Petersen, OTL, 111ff.121ff; Meyers/Meyers, AncB 25B, livff; Reventlow, ATD 25/2, 32f.39f; Delkurt, Nachtgesichte, 12; Behrens, Visionsschilderungen, 272ff; Pola, Priestertum, 64f; Wöhrle, Sammlungen, 326ff.356ff; Willi-Plein, ZBK.AT 24.4, 61; Lux, „Herrlichkeit"; Laato, Temple Building, 381f. Eine Extremposition nehmen Rignell, Nachtgesichte, und Hanhart, BK XIV/7.1, ein, die sämtliche Texte auf den Propheten Haggai zurückführen wollen, vgl. Präckel, Beobachtungen, der davon ausgeht, daß Sach 7 ganz auf den Propheten zurückzuführen ist und auch sonst in Sach 1–8 „die Texte nahezu alle sacharjanischen Ursprungs sind" (a.a.O., 318 Anm. 51).

4 S. Jepsen, Beiträge, 96f.

5 C. Jeremias, Nachtgesichte, 202.

Nachtrag auszuscheiden:[6] So ist bereits die Visionseinleitung ungewöhnlich, die mit וָאֶרְאֶ֣ה einsetzt, wozu es nur noch in 2,3 eine Entsprechung gibt. Im Gegensatz zu 3,1 wird jedoch in 2,3 das Subjekt genannt: Jahwe, der den Propheten das Nachtgesicht schauen läßt. In 3,1 dagegen fehlt die Nennung des Subjekts, so daß nicht deutlich wird, wer der Urheber der Vision ist. Aus dem Kontext und im Anschluß an Sach 2,3 ist aber auch für Sach 3 zu schließen, daß dies Jahwe sein muß. In der Vision selbst fällt auf, daß sie im Unterschied zu allen anderen nicht aus einer Beschreibung von zunächst nicht verständlichen Szenen besteht, deren Sinn dem Propheten erst in dem sonst üblichen Deutegespräch mit dem Schema „Sehen–Fragen–Deuten"[7] enthüllt werden müßte. Der in der Vision auftretende Engel spricht den Propheten hier gar nicht an, auch der Visionär bleibt außen vor und ergreift nur einmal in V 5 selbst das Wort. Der Engel trägt auch nicht die sonst übliche Bezeichnung הַמַּלְאָךְ הַדֹּבֵר בִּי,[8] sondern heißt מַלְאַךְ יהוה (3,1.5f), am Ende von V 3 sogar nur הַמַּלְאָךְ. Die Bezeichnung מַלְאַךְ יהוה ist außerhalb von Sach 3 nur noch in 1,11f zu finden. Die Vision hebt sich nicht nur dadurch von den anderen ab, daß ihre Bedeutung nicht verschlüsselt ist, sondern daß mit dem Hohenpriester Josua auch eine konkrete Gestalt geschaut wird. Dem sind innerhalb der Nachtgesichte nur noch die Worte über Serubbabel (Sach 4,6–10) vergleichbar, die aber, als nicht eigentlicher Bestandteil der Vision, erst später eingefügt wurden. Der Jahwe-Engel redet zwar nicht mit dem Visionär, wendet sich aber im Laufe des Nachtgesichts an Josua. Aufgrund der Abweichungen wird die Vision „Josua" häufig nicht als Nachtgesicht gezählt.[9] Da die Vision jedoch bewußt für den Zyklus komponiert wurde und im Kontext der übrigen Visionen gelesen werden will bzw. die übrigen Visionen ihrerseits in neuem Licht erscheinen läßt,[10] ist sie unbedingt als ein Teil der Nachtgesichte zu interpretieren.[11]

Wird anerkannt, daß Prolog und Epilog sowie die Epexegesen nachträglich zu den Nachtgesichten hinzugefügt wurden und daß mit Sach 3 sogar eine Vision vorliegt, die erst sekundär in den Zyklus der Nachtgesichte eingetragen

---

6   S. die besonders ausführlichen Begründungen bei Jepsen, Beiträge, 95ff; C. Jeremias, Nachtgesichte, 201ff; Delkurt, Nachtgesichte, 147, vgl. ferner die in Anm. 2 genannte Literatur.

7   Willi-Plein, Art. Sacharja, 540.

8   Vgl. Sach 1,9.13f; 2,2.7; 4,1.4f; 5,5.10; 6,4.

9   S. z.B. Meyers/Meyers, AncB 25B, livff.178ff; Reventlow, ATD 25/2, 32f.51ff.

10   Sach 3 wird der um die Serubbabel-Worte erweiterten Leuchtervision vorangestellt, um den Hohenpriester dem Statthalter zu- bzw. vorzuordnen und um die Reinigung Josuas zur Vorbedingung für das mit Sach 4 anklingende Tempel-Thema zu machen. Das Stichwort עָוֹן (3,4) greift auf 5,6b zurück, s. dazu u. 3.7.

11   Die vorliegende Arbeit geht ohnehin davon aus, daß der gesamte Visionszyklus in mehreren Stufen gewachsen ist (s.u. 3.14.1), so daß sich ein Gegensatz zwischen sieben ursprünglichen, gar authentischen, und einer nachträglich eingefügten Vision nicht zeigt.

wurde, so muß auch der Siebener-Zyklus trotz des Eindrucks großer Geschlossenheit auf seine literarische Integrität hin überprüft werden.

Im Anschluß an Jepsen, der die Nachtgesichte bereits in der Zeit vor dem Tempelbau ansetzen wollte,[12] vertrat Galling die These, daß die ältesten Nachtgesichte des Sacharja (Sach 1,8–15; 2,1–4.5–9; 6,1–8, dazu noch 2,10–13) im Zuge der Wirren des Gaumata-Aufstands noch in Babylon entstanden.[13] Die übrigen Nachtgesichte situiert Galling in Jerusalem und vermutet für Sach 4,1–14*; 5,1–4.5–11 sowie Sach 2,14–16; 3,1–10*; 4,6–10* die Zeit des Tempelbaubeginns, für die Sprüche 1,16f; 6,15a dagegen die Zeit kurz davor. Mit dem in Sach 1,7 angegebenen Datum verbindet Galling die Zeichenhandlung 6,9–15. Eine Datierung einzelner Nachtgesichte in die Zeit vor dem Tempelbau, die Jepsen und Galling in erster Linie überlieferungsgeschichtlich begründet hatten, hat sich in der neueren Forschung „zurecht nicht durchgesetzt".[14]

Mit umfangreichen redaktionellen Bearbeitungen der Nachtgesichte rechnen in der neueren Forschung Schöttler, Uehlinger und Kratz.

Sowohl Schöttler als auch Uehlinger nehmen für ihre Grundschichten des Sacharja-Buches fünf Visionen an. Schöttler rekonstruiert einen „Fünf-Visionen-Zyklus", mit den Nachtgesichten „Pferde" (1,8*.9aba.10b.11b), „Meßschnur" (2,5–8), „Leuchter" (4,1.2*.3a.4–6aα.14*), „Efa" (5,5*.6a.8aα.9*.10.11*) und „Wagen" (6,1a.2.3*.4aβb.5aβ*.7aα*b), der im Jahr 519 abgefaßt wurde. Die Endgestalt der acht Nachtgesichte verdankt sich verschiedenen, mit der Ergänzung des Prologs 1,1–6 bis ins 3. Jh. reichenden Fortschreibungen.[15] Nach Uehlinger wird der ursprüngliche Zyklus von den Visionen „Reiter" (1,8.9a.10*.11*), „Hörner" (2,1.2*.4b) „Meßleine" (2,5–6), „Schriftrolle" (5,1–3a[.b?]) sowie „Wagen" (6,1–3* ... [sic!] 5*.7–8) gebildet.[16] Uehlinger rechnet damit, daß der Fünfer-Zyklus die Figur des Deuteengels vermutlich noch nicht kennt, daß der *angelus interpres* aber bald danach, d.h. ebenfalls noch zur Dareios-Zeit, zusammen mit den Visionen „Leuchter" (4,1f.4.10b.11.13f) und „Efa" (5,5f.8aα.9) in den Zyklus eingefügt wurde. Als letzte ist die Josua-Vision Sach 3 hinzugekommen.

Auch nach Kratz ist der Deuteengel erst sekundär in den Nachtgesichten ergänzt worden.[17] Er fehlt noch in den ältesten Visionen „Reiter"

---

12 S. Jepsen, Beiträge, 97ff. Mit Blick auf Sach 6,15a geht Jepsen davon aus, daß die Nachtgesichte zum Tempelbau erst noch aufrufen wollen, und datiert sie in den Beginn des Jahres 520.

13 S. Galling, Studien, 109ff, bes. 123ff.

14 Wöhrle, Sammlungen, 359 Anm. 134. Zur Datierung der Nachtgesichte s.u. 3.14.1.

15 S. Schöttler, Gott, 165.169ff.223ff.401ff.448. Zu den weiteren Stufen nach dem Fünfer-Zyklus s.o. Anm. 2.

16 S. Uehlinger, Policy, 338ff. Ihm folgt im wesentlichen Keel, Geschichte, 1010ff.

17 S. Kratz, Judentum, 81ff.85ff.

(1,8.9a.10b.11b) und „Meßschnur" (2,5–6), in denen ein Mann mit dem Visionär kommuniziert. Der Deuteengel wird danach mit den Visionen „Leuchter" (4,2b*.3f.14) und „Wagen" (6,1–5*.7*) eingeführt und in 1,8–11*; 2,5–9* ergänzt, bevor die übrigen Nachtgesichte „Hörner" (2,1–4), „Schriftrolle" (5,1–3a), „Efa" (5,5–6bα.8–11) und schließlich die Vision „Josua" (Sach 3*) sukzessive ergänzt werden.

3.2 Der Prolog: Aufruf zur Umkehr (Sach 1,1–6)

3.2.1 Erste Beobachtungen am Text

Wie das Haggai-Buch, beginnt auch die Sacharja-Schrift in Sach 1,1 ohne eigene Überschrift. Dem Haggai-Buch entsprechend, ist auch Sach 1–8 statt dessen von einem System chronologisch geordneter Worteinleitungen durchzogen (1,1.7; 7,1), die das Buch in drei Abschnitte untergliedern (Sach 1,1–6; 1,7–6,15; 7,1–8,23). Auch die Einleitungen des Sacharja-Buchs sind nach Dareios datiert, bilden aber mit denen von Hag keine fortlaufende Reihe, da Sach 1,1 mit der Angabe des 8. Monats hinter die letzte Datierung von Hag auf den 24. des 9. Monats (Hag 2,10, vgl. V 18b.20) zurückreicht.

Im Unterschied zu Hag 1,1; 1,15b–2,1 wird Dareios nicht המלך genannt.[18] Sacharja trägt wie Haggai den Titel הנביא.[19] Als Differenz zu Hag kann dagegen notiert werden, daß bei Sach 1,1.7 die Filiation mitgeteilt wird.[20] Im Unterschied zu allen Datierungen in Hag und Sach ist bei Sach 1,1 keine Tagesangabe überliefert.

Der Prolog des Sacharja-Buchs entfaltet in 1,2–5 mit den zentralen Stichwörtern אבותיכם (1,2.4–6)[21], שוב (1,3bis.4.6)[22] und הנביאים[23] das Thema der Umkehr anhand der Generation der Väter, die auf die früheren Propheten nicht hörten und daher dem Gericht anheimgegeben wurden. Die Adressaten von 1,2–6 sollen dagegen nicht wie ihre Väter sein und umkehren.

Vers 2 schildert nach der Wortereignisformel 1,1 die Voraussetzungen,[24] die den in V 3 folgenden Umkehrruf nötig gemacht haben, und bietet damit den Ausgangspunkt für die Argumentation V 3–6a: Jahwe hat gegen die Vätergeneration sehr gezürnt. Sach 1,2 bildet somit die Einleitung für 1,3–6 und

---

18 Vgl. zu Sach 1,1.7 noch Hag 2,10. In Sach 7,1 heißt Dareios dagegen wie in Hag 1,1; 1,15b–2,1 המלך.

19 הנביא fehlt jedoch in Sach 7,1, vgl. Hag 2,20.

20 Sie fehlt wiederum in Sach 7,1.

21 Vgl. noch 8,14.

22 Vgl. noch 7,14.

23 Vgl. הנביאים הראשנים 1,4 (vgl. 7,7.12), הנביאים 1,5 und את־עבדי הנביאים 1,6.

24 Vgl. Reventlow, ATD 25/2, 37.

kann als „eine Art Mottovers"[25] angesehen werden. Die Konstruktion קָצַף
קָצַף גדול אני קָצַף :1,15a hat ihr Gegenstück in (1,2) יהוה על־אבותיכם קָצַף
על־הגוים הַשַּׁאֲנַנִים.[26] Im Unterschied zu 1,2 sind in 1,15a allerdings nicht die
Väter, sondern die Völker Objekt des Zornes Jahwes.

Eine Botenformel und die Redebeschlußformel אמר יהוה צבאות rahmen
in V 3 den als bedingte Verheißung formulierten Umkehrruf ein und unterstreichen ebenso wie die Gottesspruchformel seine Bedeutung: שׁוּבוּ אֵלַי
נאם יהוה צבאות ואשוב אליכם. Der Umkehrruf von Sach 1,3 ist fast wörtlich in
Mal 3,7; 2 Chr 30,6 zu finden. שׁוּב wird im Bezug auf Jahwe sonst in Sach
gebraucht, wenn von seiner Rückkehr zum Zion die Rede ist, vgl. 1,16; 8,3,
daneben noch in 8,15, um Jahwes erneutes heilvolles Planen (שַׁבְתִּי זַמַּמְתִּי) für
Jerusalem und Juda anzusagen.

Vers 4 lenkt nun den Blick zurück auf die Zeit der Väter und der damals
wirkenden, früheren Propheten[27] und gibt den Grund für den in V 2 genannten
Gotteszorn an: Die Väter haben den Umkehrruf der früheren Propheten nicht
angenommen. Daß das Volk nicht auf die Worte der Propheten, die Jahwe zu
ihm gesagt hatte, gehört hat und nicht umgekehrt ist, ist ein gängiger Topos der
dtr Geschichtsdeutung und Theologie.[28] Dabei bedient sich Sach 1,4 nicht nur
typischer dtr Formulierungen, sondern führt sogar tatsächlich einen der früheren Propheten an, nämlich Jer 25,4–7,[29] bis hin zum direkten Zitat der Umkehrforderung Jer 25,5aα.[30] Dieses wird darum – auch seinem göttlichen Ursprung entsprechend – mit der Botenformel (Sach 1,4aα[1]) eingeleitet.[31] Der
Verweis auf die Väter (אבתיכם) stammt ebenfalls aus Jer 25,5.[32] Die Sendung
der Propheten, deren Botschaft nicht gehört wurde, findet sich Jer 25,4. Sach
1,4b hat wiederum seine Entsprechung in Jer 25,7. Der Hinweis auf die ver-

---

25 Lux, Konditionierung, 571. Vgl. z.B. van der Woude, Väter, 164; Schöttler, Gott, 43.48.

26 Beuken, Haggai, 86, und Schöttler, Gott, 415, weisen darauf hin, daß Sach 1,2.15a die beiden
einzigen Stellen im AT sind, an denen קָצַף mit innerem Objekt gebraucht wird.

27 Die Wendung הנביאים הראשנים begegnet im AT nur innerhalb des Prologs und Epilogs von
Protosacharja, s. neben Sach 1,4 noch 7,7.12.

28 Vgl. bes. 2 Kön 17,7–23; Jer 7; 25,1–3.

29 Vgl. z.B. Schöttler, Gott, 422ff; Nurmela, Prophets, 39ff; Hanhart, BK XIV/7.1, 14ff.24f.

30 שׁוּבוּ־נָא אִישׁ מדרכו הרעה ומרע מעלליכם (Jer 25,5aα), so mit Schöttler, Gott, 44; Reventlow,
ATD 25/2, 38; Nurmela, Prophets, 39ff; Hanhart, BK XIV/7.1, 14.24. Vgl. daneben noch Jer
18,11; 23,22; 35,15, ferner etwa 1 Kön 13,33; 2 Kön 17,13. Daß Sach 1,4 auf die dtr Passagen des Jeremia-Buchs rekurriert, ist Konsens, vgl. z.B. Beuken, Haggai, 97ff; Petersen,
OTL, 132; Achtemeier, Int., 112; Mason, Preaching, 201f; Tollington, Tradition, 205f; Boda,
Zechariah, 56. Zum dtr Charakter von Jer 25,1–14 vgl. z.B. Wanke, ZBK.AT 20, 224ff. Petersen, a.a.O., 132; Tollington, a.a.O., 205, verweisen darüber hinaus noch auf Ez 33,11. In V
4aγ ist mit dem Qere מעלליכם zu lesen, vgl. V 6bβ. Möglicherweise ist auch durch Haplographie noch ein מ für מן ausgefallen, vgl. מדרכיכם (so z.B. Rudolph, KAT 13/4, 66 Anm.
4a, vgl. App. BHS z. St.).

31 Vgl. Schöttler, Gott, 44.

32 Vgl. noch Jer 7,14; 23,39; 24,10; 35,15.

weigerte Umkehr und die Mißachtung des durch die Propheten vermittelten
Gottesworts diente in Jer 25 zur Begründung und Ankündigung des Strafge-
richts durch Babylon. Sach 1,1–6 blickt darauf bereits zurück und weist damit
die eigenen Adressaten darauf hin, die Fehler der Vätergeneration nicht zu
wiederholen. Daß die Propheten die Väter „riefen" (קרא), findet sich nicht in
Jer 25, קרא ist aber so außer in Sach 1,4 noch in Sach 1,14.17; 7,7 gebraucht.[33]

In V 5–6a werden im Stil eines Diskussionsworts drei rhetorische Fragen
gestellt, die für ihre Deutung im Zusammenhang zu sehen sind. Die erste Frage
(5a) hat den Untergang der Vätergeneration im Gericht im Blick,[34] die Mißachtung des prophetisch vermittelten Gotteswortes hat keinen Bestand. Bei der
nächsten Frage weist die Formulierung darauf hin, daß das Geschick der Propheten nicht mit dem der Vätergeneration identisch ist.[35] Die Frage הנבאים
הלעולם יחיו (5b) ist am ehesten so zu verstehen, daß das Leben der Propheten
wie das aller Menschen vom Tod begrenzt ist.[36] Auf diesen Sinn weist auch die
dritte Frage, daß das von den Propheten ausgerichtete Gotteswort über deren
Ende hinaus Bestand hat,[37] so daß die von ihnen ausgerichtete Gottesbotschaft
ihr Ziel findet. Die Bezeichnung der Propheten als עבדי הנביאים ist wiederum
dtr Sprachgebrauch entlehnt und verweist wie Sach 1,4 ebenfalls besonders auf
das Jeremia-Buch.[38]

In V 6b wechselt die Ebene zurück in die Zeit Sacharjas und seiner Hörer.[39] So wie ihnen die Mahnung vorgetragen wurde, nicht wie die Vätergene-

---

33   Zur Verwendung bei Jer in diesem Sinne vgl. aber Jer 2,2; 3,12; 7,2; 11,6; 19,2; 20,8; 49,29,
     vgl. ferner noch 1 Kön 13,23; 2 Kön 16f; Neh 6,7; Jes 40,2.6; 58,1; Joel 4,9; Jon 1,2; 3,2.4.

34   Vgl. die ganz ähnliche Formulierung in Klgl 5,7: אבתינו חטאו ואינם (Text nach dem Qere).

35   Gegen Beuken, Haggai, 100f, der in 5b die Bestrafung der Falschpropheten erkennen will.

36   So mit z.B. Petersen, OTL, 133f; Schöttler, Gott, 430f; Reventlow, ATD 25/2, 38; Willi-
     Plein, ZBK.AT 24.4, 58. Vgl. dazu etwa die Befürchtung Gen 3,22, der Mensch könne vom
     Baum des Lebens essen: ועתה פן־ישלח ידו ולקח גם מעץ החיים ואכל וחי לעלם.

37   Vgl. dazu auch Jes 40,8: יבש חציר נבל ציץ ודבר־אלהינו יקום לעולם.

38   Zu עבדי הנביאים s. Jer 7,25; 25,5; 26,5; 29,19; 35,15; 44,4; 2 Kön 9,7; 17,13.23; 21,10; Ez
     38,17, zur Bezeichnung עבד + נביא vgl. 1 Kön 14,18; 18,36; 2 Kön 14,25; 25,2; Esr 9,11; Jer
     25,4; Dan 9,6.10; Am 3,7. Die Wendung דברי וחקי kommt dagegen trotz des prominenten
     dtr Gebrauchs beider Begriffe im AT in dieser Form nur in Sach 1,6 vor; als parallele Rei-
     hung vgl. noch Dtn 17,19. Zur Ausrichtung des Prophetenworts, weil und wie Jahwe es be-
     fiehlt (צוה Pi.), s. Jer 1,7.17; 13,5f; 14,14; 23,32; 26,2.8; 29,23; Ez 12,7; 24,18, vgl. ferner Jer
     27,4.

39   Vgl. z.B. Beuken, Haggai, 86ff; Reventlow, ATD 25/2, 38; Tollington, Tradition, 203f;
     Nogalski, Precursors, 246f; Lux, Zweiprophetenbuch, 571f.574 Anm. 15; Boda, Zechariah,
     67; ders., NIV AC, 176. Gegen Van der Woude, Väter, 171; Petersen, OTL, 134; Hanhart,
     BK XIV/7.1, 31, die die in 1,6b beschriebene Umkehr auf die Väter beziehen wollen. Doch
     dies läßt sich angesichts von V 4 nur schlecht behaupten. Gegen die Annahme, in 6b seien
     die Väter umgekehrt, „spricht schon, daß die Väter nach 1,4b gerade nicht bereit waren, auf
     die Worte der früheren Propheten zu hören. Daß die Väter eben erst aufgrund des in 1,6 er-
     wähnten Gerichts umkehrten, wie die Vertreter dieser These meinen, ist doch eher an den
     Text herangetragen. [...] Und schließlich setzt der Vers Sach 8,14, der ebenfalls den Zorn ge-

ration zu sein, die sich dem durch die Propheten vermittelten Gotteswort ver-
schloß, kehren sie im Gegensatz zu den Vätern um. Verbunden damit ist die
Einsicht, daß Jahwes Planen und Handeln (זמם לעשׂות) den Wegen und Taten
seines Volks entspricht.[40] Sach 1,6b bringt damit das Resultat des Prologs 1,1–
6 zum Ausdruck: Die Umkehrbotschaft Sacharjas hatte Erfolg in der gegenwärtigen Generation, die im Gegensatz zu den Vätern auf die Botschaft des
Propheten gehört hat. Vers 3 entsprechend, ist Jahwe umgekehrt. Damit ist der
Weg für die nun anschließenden Verheißungen der Nachtgesichte bereitet.

3.2.2   Literarhistorische Analyse

Der Prolog Sach 1,1–6 ist als einheitlich zu betrachten. Er zeigt einen wohl
durchdachten Aufbau, der sich aus der Gestaltung der Argumentation ergibt,
und durch die thematischen und wörtlichen Rückbezüge sind die einzelnen
Verse fest miteinander verbunden.[41] Auch die Datierung 1,1 ist zum Prolog zu
rechnen und nicht sekundär hinzugekommen.[42] Sie ist zwingend notwendig, da
1,2–6 als Eröffnung des Sacharja-Buchs sonst keine Einleitung hätte und das
Buch völlig unvermittelt beginnen würde.[43]

In der ersten Textbeschreibung war kurz darauf hingewiesen worden, daß
die Stichwörter קצף (1,2.15; 7,12; 8,14), שׁוב (1,3f.6; 1,16; 7,14; 8,3.15[44]) und

---

gen die Väter nennt [...], gleichermaßen voraus, daß es erst in der gegenwärtigen Generation
und nicht schon zur Zeit der Väter zur Umkehr gekommen ist" (Wöhrle, Sammlungen, 325
Anm. 9). Der Verweis auf 8,14 fällt um so mehr ins Gewicht, da dieser Vers, wie auch Wöh-
le, ebd., feststellt, der gleichen Redaktion wie 1,1–6 zuzuordnen ist. S.u. 3.13.2 und 3.14.2.5.

40   So werden die Wege und Taten der „neuen" Generation (דרכינו ומעלֹלינו) auch nicht mehr
     wie in V 4 als הרעים bezeichnet. Daß Jahwe den Wegen und Taten gemäß zu tun plant (זמם
     לעשׂות), der Generation der Väter, die nicht umgekehrt sind, zum Gericht und der zu Jahwe
     umgekehrten Generation der Adressaten Sacharjas zum Heil, wird dann in 8,14f noch einmal
     ausführlich anhand der Aufnahme des Stichworts זמם reflektiert.

41   Vgl. z.B. Schöttler, 44; Nogalski, Precursors, 240ff; Lescow, Sacharja, 95ff; Lux, Konditio-
     nierung, 572f; Wöhrle, Sammlungen, 324f.

42   Gegen z.B. Sellin, KAT XII/2, 431; Rudolph, KAT 13/4, 74; Reventlow, ATD 25/2, 36.

43   Vgl. Lux, Zweiprophetenbuch, 195f: „Die plausibelste Antwort ist immer noch die, dass 1,1
     erst durch die Vorschaltung des Sacharjaprologes (1,2–6) vor den Zyklus der Nachtgesichte
     erforderlich wurde. Ohne 1,1 müsste man 1,2–6 als Fortsetzung der Botschaft Haggais lesen,
     wodurch sich ein Bruch in der strengen Zeitfolge des Haggaibuches ergäbe, das ja gerade in
     der Grundsteinlegung am 24.09. gipfelte. Die Aufforderung zur Umkehr käme in Sach 1,2 zu
     spät, da mit der Aufnahme der Arbeiten am Tempel diese ja bereits vollzogen und die Wende
     zum Besseren eingeläutet worden war." Vgl. z.B. noch Pola, Priestertum, 43, ferner etwa
     Wöhrle, Sammlungen, 324ff, der allerdings die Datierung 1,7 mit zu 1,1–6 rechnet.

44   Die Belege, in denen שׁוב in Sach nicht in bezug auf Jahwe oder sein Volk gebraucht werden,
     können hier außen vor bleiben. In 4,1; 5,1; 6,1 wird שׁוב als Formverbum im Rahmen der Vi-
     sionseinleitungen verwendet, in 7,14 hinsichtlich des veröderten Lands, in dem niemand mehr
     hin- und herzieht.

קרא (1,4.14.17; 7,7.13[45]) nicht nur in Prolog und Epilog verwendet werden, sondern auch in den Nachtgesichten und deren Epexegesen. Daher sollen die entsprechenden Stellen in 1,1–6 und 1,7–6,8 zueinander ins Verhältnis gesetzt werden.

Die Wendung קצף יהוה על־אבותיכם קצף (1,2) hat ihr Gegenstück in 1,15a: קצף גדול אני קצף על־הגוים השאננים.[46] Dabei dürfte die Beschreibung des Zorns über die Völker (1,15a) die gebende und der Zorn über die Väter (1,2) die nehmende Stelle sein, denn die auffällige Konstruktion läßt sich gut daraus erklären, daß 1,15a in Parallelismus zu 1,14b (קנאתי לירושלם ולציון קנאה גדולה) gestaltet ist und dann von 1,15 aus in 1,2 übernommen wurde. Als weiteres Argument für die Richtung der Abhängigkeit läßt sich Schöttlers Beobachtung hinzufügen,[47] daß in 1,2 bewußt ein mit dem Perfekt zur Angabe der Vergangenheit gebildeter Verbalsatz anstelle des Nominalsatzes 1,15a gebildet wurde, um 1,2 als Vorgeschichte gegenüber von 1,15 erscheinen zu lassen: „1,2 ist mit theologischer Absicht nach 1,15 gebildet. Gottes Zorn hat sich von seinem Volk auf die heidnischen Völker gewendet!"[48]

Da der Umkehrruf שובו אלי נאם יהוה צבאות ואשוב אליכם (Sach 1,3) seine Entsprechung in Mal 3,7; 2 Chr 30,6 hat, soll zunächst das Verhältnis von Sach 1,3 zu diesen Stellen untersucht werden. Beuken hat die ähnlichen Formulierungen mit einer gemeinsamen Tradition erklären wollen.[49] Doch dürfte der Befund nicht auf einen gemeinsamen traditionsgeschichtlichen Hintergrund zurückzuführen, sondern Sach 1,3 vielmehr als die Ursprungsstelle der Wendung anzusprechen sein.

Mal 3,7aβb ist ein klares Zitat des in Sach 1,1–6 fest in seinem Kontext verbundenen und dort verankerten Verses Sach 1,3.[50] Für 2 Chr 30,6f hat Nurmela gezeigt, daß diese Stelle ebenfalls von Sach 1,3f abhängig ist, da 2 Chr 30,6 die beiden Glieder der knappen Formel Sach 1,3 jeweils erweitert und somit der Formel in bezug auf das reziproke Handeln von Jahwe und sei-

---

45 Unbeachtet bleiben hier die Belege, in denen קרא nicht für die prophetische Verkündigung steht (3,10; 8,3).

46 Daß Sach 1.2.15a die beiden einzigen Stellen im AT sind, an denen קצף mit innerem Objekt gebraucht wird, unterstreicht noch einmal den Zusammenhang der beiden Stellen, vgl. o. 3.2.1.

47 S. Schöttler, Gott, 415.

48 Schöttler, Gott, 415.

49 So Beuken, Haggai, 92.

50 Vgl. dazu noch im Zusammenhang mit Mal 3,7 die Verse Sach 1,2.4. Vgl. Bosshard/Kratz, Maleachi, 32. Sach 1,3 steht damit in der Reihe der zahlreichen Sacharja-Zitate des Maleachi-Buchs, die Bosshard/Kratz, a.a.O., s. bes. 32ff, nachweisen konnten. Vgl. auch Wöhrle, Abschluss, 246f Anm. 86, der allerdings Mal 3,7aβb für einen den Sacharja-Prolog aufnehmenden Nachtrag hält. Gegen Schöttler, Gott, 439f, der Mal 3,6f als Vorlage für Sach 1,3 hält, und zwar vor allem deshalb, weil auch Sach 1,4–6 aus Zitaten (in diesem Fall von Jer) besteht.

nem Volk ihre Prägnanz nimmt.[51] Auch die Verwendung von שוב (Sach 1,3.4.6), besonders hinsichtlich der Umkehr Jahwes (1,3), dürfte wie bei קצף zu verstehen sein. Die auf die Umkehr der gegenwärtigen Generation von den bösen Wegen und Taten der Vätergeneration folgende Umkehr Jahwes wird nachträglich zur Vorbereitung und Vorbedingung für die Rückkehr Jahwes zum Zion, die in 1,16 und 8,13 noch einmal angesagt wird.[52] Daß beide Aspekte vom Prolog als verbunden verstanden werden wollen, zeigt auch die Datierung von Sach 1,1 im Verhältnis zu Hag 2,10, die das Datum der Grundsteinlegung als Wende zum Segen angibt.[53] Der Baubeginn des Tempels ist entsprechend die Folge der Annahme der Umkehrpredigt Sacharjas.

Die Aufnahme von קרא ist gegenüber den beiden anderen Beispielen weniger signifikant, läßt sich aber dann ebenfalls dahingehend verstehen, daß Sacharjas Botschaft (1,14.17) im Gegensatz zu der der früheren Propheten (1,4; vgl. 7,7.13) gehört werden wird.

Da Sach 1,1–6 die Umkehr der Adressaten zur Bedingung für die Umkehr Jahwes macht, ist deutlich, daß der Sach-Prolog eine andere Perspektive als die unbedingten Heilsverheißungen der Nachtgesichte selbst und ebenso der darin enthaltenen Epexegesen (vgl. Sach 1,15–17; 2,10–17) einnimmt.[54] Zwar werden mit קצף, שוב und קרא Vokabeln aus Sach 1,7–6,8 aufgenommen, aber in neuem Sinn entsprechend der Intention des Prologs und im Sinne von dtr Theologumena (vgl. besonders Jer 25) verwendet.

Ähnliches läßt sich im Epilog Sach 7–8 beobachten, wo in einem späten Textstratum wiederum die Verklammerung der ehemals unbedingten Heilsverheißungen durch Paränesen vollzogen wird (vgl. Sach 7,7–14; 8,14–17; 8,19b). Da sich die entsprechenden Passagen des Epilogs hinsichtlich ihrer theologischen Tendenz, ihres Rückverweises auf die früheren Propheten und die Vätergeneration sowie zahlreicher Stichwortverbindungen als Gegenstück zum Prolog zu erkennen geben, sind 1,1–6; 7,7–14; 8,14–17.19b zu *einer* Redaktionsschicht zu verbinden, die dem Buch einen neuen Rahmen geben.[55]

---

51 S. Nurmela, Prophets, 199f. Auch der Rückbezug auf die Väter und ihre Brüder 2 Chr 30,7 (אל־תהיו כאבותיכם וכאחיכם) ist mit Nurmela, a.a.O., 200, als Erweiterung von Sach 1,4 anzusehen. Für dasselbe Abhängigkeitsverhältnis hatte sich bereits Schöttler, Gott, 421f, ausgesprochen, dessen Argumentation sich mit der Nurmelas ergänzt: „Grundlegend ist die Beobachtung, daß die gesamte in 2Chr 30,6–9 vorkommende typisch chr Terminologie nur in den über Sach 1,3–6 hinausgehenden Teilen vorliegt, was Sach 1 die Priorität gibt" (Schöttler, a.a.O., 421).

52 Vgl. im Anschluß an Sach 8,13 dann auch שבתי זממתי בימים האלה להיטיב את־ירושלם ואת־בית יהודה (8,15).

53 So mit Lux, Konditionierung, 573ff, vgl. Hanhart, BK XIV/7.1, 35; Willi-Plein, Tempel, 59.

54 Vgl. Beuken, Haggai, 95; Schöttler, Gott, 443; Lux, Zweiprophetenbuch, 211f; ders., Konditionierung, 571ff; Wöhrle, Sammlungen, 324f.

55 Auf einige Stichwortverbindungen zwischen Sach 1,1–6 und 7–8 wurde bereits hingewiesen, der Vollständigkeit halber seien sie hier aber alle genannt: vgl. הנביאים הראשנים (1,4; 7,7.12,

Der Prolog 1,1–6 und die ihm im Epilog zuzuordnenden Stücke (7,7–14; 8,14–17.19b) setzen also den um die Epexegesen erweiterten Zyklus der Nachtgesichte voraus und stellen die ehemals unbedingten Verheißungen unter die Klammer der Ermahnung zur Umkehr und zur Befolgung des Ethos.[56] Damit bekommt das gesamte Sacharja-Buch eine völlig neue Ausrichtung, die nun gleich zu Beginn formuliert wird. Die Umkehr der Hörer Sacharjas ist jetzt die Voraussetzung für die Verheißungen der Nachtgesichte. Aus allen diesen Gründen ist Sach 1,1–6 als ein rein redaktioneller Text einzustufen,[57] der sich nicht in Teilen,[58] und schon gar nicht im Ganzen,[59] auf den Verfasser der Nachtgesichte zurückführen läßt.

Durch die mit dem Prolog vorangestellte Datierung 1,1 wird Serubbabel mit der Zeit Haggais verschränkt, und zwar an entscheidender Stelle, nämlich einen Monat vor der letzten Datierung des Haggai-Buchs 2,10 und damit vor der in 2,15–19 verheißenen Wende zum Segen. Damit wird die vom Sacharja-Prolog angemahnte Umkehr nicht nur zur Voraussetzung der Nachtgesichte, sondern für den Tempelbau insgesamt.[60] Die Umkehr des Volkes von den bösen Wegen und Taten der Vätergeneration, die Umkehr Jahwes zu seinem Volk, der Tempelbau und die Rückkehr Jahwes in seinen Tempel sind miteinander verbunden.[61] Indem Sach 1,1 nun aber die chronologische Abfolge Hag 1,1ff; Sach 1,7ff unterbricht,[62] wird damit die Selbständigkeit der Sacharja-Schrift betont, die nun nicht einfach mehr als reine Fortsetzung der im Haggai-Buch notierten Ereignisse gelesen werden kann. Man wird hierin wohl die

---

vgl. 1,5f), אבותיכם (1,2.4–6; 8,14), דבר (1,6; 7,7.12), קרא (1,4; 7,7.13bis), קשׁב (1,4; 7,11), שׁמע (1,4; 7,11–13), קצף (1,2; 7,12; 8,14), שׁוב (1,3f.6.16; 7,14; 8,15). Eine genauere Untersuchung der Verbindungen von Sach 1,1–6 zu 7,7–14; 8,14–17.19b wird in der literarhistorischen Analyse von Sach 7–8 vorgenommen, s.u. S. 277ff.

56 Vgl. Lux, Zweiprophetenbuch, 211ff; Kratz, Judentum, 84; Wöhrle, Sammlungen, 324ff.367ff.375ff.

57 So mit Beuken, Haggai, 84ff.110ff.136f; Schöttler, Gott, 401ff; Kratz, Kyros, 90 Anm. 332; ders., Judentum, 84; Nogalski, Precursors, 240ff.255ff; Lescow, Sacharja, 95ff; Lux, Zweiprophetenbuch, 195f.211ff; ders., Konditionierung.

58 So etwa Petitjean, Oracles, 1ff; Rudolph, KAT 13/4, 71; Pola, Priestertum, 43.

59 So z.B. Horst, HAT I/14, 210f; van der Woude, Väter, 173; Hanhart, BK XIV/7.1, ähnlich Reventlow, ATD 25/2, 36ff.

60 Vgl. Schöttler, Gott, 403; Lux, Zweiprophetenbuch, 195f; ders., Konditionierung, 573ff. Für den Redaktor des Prologs „war es demnach nicht allein und noch nicht einmal vorrangig die Tatsache der Grundsteinlegung zum Tempel, die die Wende von der Unheilsgeschichte zur Heilsgeschichte herbeiführte, sondern die erfolgreiche Umkehrpredigt Sacharjas" (Lux, Zweiprophetenbuch, 212).

61 Vgl. Lux, Konditionierung, 575ff.

62 Hag 1,1 = 01.06. 2. Jahr → 1,15a = 24.6. → 1,15b–2,1 = 21.07. → 2,10.18.20 = 24.09. → Sach 1,7 = 24.11. → Sach 7,1 = 04.09. 4. Jahr; Sach 1,1 = 8. Monat 2. Jahr. Vgl. die Übersicht über die Datierungen, u. S. 323.

Buchabtrennung des Sacharja-Buchs von Haggai erkennen können.[63] Die
Funktion der Datierung 1,1 als Buchöffnung, die den Zusammenhang der
ansonsten durchlaufenden chronologischen Daten in Hag–Sach aufbricht,
lassen in Verbindung mit der Tatsache, daß Sach 1,1 im Unterschied zu allen
anderen Daten in Hag–Sach nur den Monat und das Jahr bzw. nicht den Tag
nennt, darauf schließen, daß die Datierung Sach 1,1 zusammen mit dem Prolog
erst nach der Datierung 1,7 entstanden ist.[64]

3.2.3   Fazit

Der Prolog Sach 1,1–6 ist als Teil einer späten Redaktion des Sacharja-Buchs
anzusehen, die auch in Sach 7–8 eingegriffen hat (s. Sach 7,7–14; 8,14–
17.19b). Durch den Prolog (und auch den Epilog) werden die Heilsverheißungen Sach 1,7–6,15 unter die Prämisse der Umkehr von den bösen Wegen und
Taten der Väter gestellt und damit zu bedingten Heilsverheißungen. Dabei
nimmt der Prolog Stichwörter aus den Nachtgesichten auf (קצף, שוב und קרא)
und interpretiert sie unter Aufnahme der dtr Umkehrpredigt neu. Die gegenwärtige Generation soll aus dem Untergang der Vätergeneration lernen und
umkehren, dann wird Jahwe auch zu ihnen umkehren. Dabei wird mit Jer
25,4–7 tatsächlich einer der „früheren Propheten" zitiert, deren Umkehrruf die
Generation der Väter nicht angenommen hat.

Durch die Datierung des Prologs in den 8. Monat des zweiten Jahrs des
Dareios wird die chronologische Sequenz der Hag–Sach-Datierungen bewußt
durchbrochen. Das Wirken Sacharjas wird somit, zeitlich gesehen, nach vorn
verlängert und mit dem Auftreten Haggais verschränkt. Die erste Prophetie
Sacharjas ergeht nun unmittelbar vor der nach Hag 2,10 auf den 24.9. datierten
Verheißung Haggais, daß die Grundsteinlegung die Wende zum Segen bringen
wird. Damit setzt Sach 1,1–6 bereits die Erweiterung des Haggai-Buchs um
2,10–14 voraus, die den Anbruch des Segens (noch) an die Frage der Unreinheit geknüpft hatte.[65] Nach Sach 1,1–6 ist die Grundsteinlegung das Resultat

---

63   Zurückhaltender Lux, der zur Funktion der Rahmung der Nachtgesichte durch 1,1–6; 7,7–14
      fragt: „Wird damit eine Teilung der ursprünglich als Zwei-Propheten-Buch konzipierten
      Schrift Haggai–Protosacharja eingeleitet und deren Stilisierung als zwei Einzelbücher?"
      (Lux, Zweiprophetenbuch, 213).

64   Vgl. Pola, Priestertum, 43; Lux, Zweiprophetenbuch, 195. „Da Sach 1,1 in dem vorliegenden
      Zweiprophetenbuch den Sacharjateil eröffnet, hätte man die vollständigere Angabe wie be-
      reits bei Hag eher in der Spitzenstellung erwartet und nicht erst in 1,7. Statt dessen hat sich
      offensichtlich ein späterer Redaktor an 1,7, dem ursprünglichen ‚Buchanfang', orientiert, die
      ihm wichtigen Daten von dort übernommen und damit einen neuen Bucheingang fingiert"
      (Lux, a.a.O., 195 Anm. 15). Gegen z.B. Schöttler, Gott, 168; Wöhrle, Sammlungen, 325, die
      Sach 1,7 zu 1,1–6 rechnen wollen.

65   Zu Hag 2,10–14 s. 2.3.2 und 2.5.4.

der auf Sacharjas Predigt erfolgten Umkehr. Die Umkehr der gegenwärtigen Generation wird somit nicht nur zur Vorbedingung für die Heilsankündigungen der Nachtgesichte, sondern auch bereits für den Tempelbau und die damit verbundenen Verheißungen. Die Umkehr Jahwes bedeutet dann nicht nur Annahme derer, die von den bösen Wegen und Taten der Väter umgekehrt sind, sondern damit verbunden, nach Hag 1,8; 2,9; Sach 1,16; 8,3, auch Rückkehr zum Zion und zum Tempel.

Einerseits wird durch die Unterbrechung der chronologischen Reihenfolge der Datierungen das Eigengewicht der Sacharja-Schrift betont, andererseits wird durch die Verkoppelung der Daten mit der Verheißung Haggais zugleich am inneren Zusammenhang der beiden Propheten und ihrer Schriften festgehalten.

3.3   Das erste Nachtgesicht: Der Reiter (Sach 1,7–17)

3.3.1   Erste Beobachtungen am Text

Der Zyklus der Nachtgesichte wird in Sach 1,7 von einer Datierung in das zweite Jahr des Dareios eingeleitet,[66] die mit einer Wortereignisformel verbunden ist. Diese nennt den Propheten Sacharja als Empfänger des folgenden Wortes. Nach der Wortereignisformel 1,7, die Sacharja in der 3. Pers. anführt, folgt nun in 1,8–17 eine als Eigenbericht gestaltete Visionsschilderung.

Dabei schaut der Prophet einen auf einem roten Pferd sitzenden Mann (אִישׁ), der zwischen Myrten (בֵּין הַהֲדַסִּים) am Talgrund steht (Sach 1,8a). Hinter dem Reiter befinden sich rote, hellrote und weiße Pferde (1,8b). Auf die Frage nach der Bedeutung מָה־אֵלֶּה אֲדֹנִי (1,9a) antwortet nun aber nicht der Mann auf seinem Pferd, sondern ein bisher noch nicht genannter „Engel, der mit mir redete" (הַמַּלְאָךְ הַדֹּבֵר בִּי) tritt in Erscheinung und teilt dem Visionär mit, er wolle ihm zeigen, was diese seien (9b). Diese Mitteilung (אֲנִי אַרְאֶךָּ מָה־הֵמָּה אֵלֶּה) nimmt also die Worte der Prophetenfrage aus 1,9a wieder genau auf.

Die anschließende Deutung selbst (V 10) erfolgt nun aber nicht durch den Deuteengel, sondern durch den Mann zwischen den Myrten, der kund tut, daß diese, d.h. die übrigen Pferde, im Auftrag Jahwes die Erde erkundet haben. Diese Antwort ergeht in V 11 nun noch einmal, diesmal allerdings in der 1. Pers. Pl. gehalten und um die Information erweitert, daß die Erde still und ruhig daliege. Der Empfänger der Antwort ist der bisher noch nicht so bezeichnete מַלְאַךְ יהוה. Wie von dem Mann in V 8a.10a heißt es von diesem

---

66   Wie in Sach 1,1 wird Dareios nicht הַמֶּלֶךְ genannt, vgl. Hag 2,10. Siehe aber dagegen die Erwähnung des Königstitels in Sach 7,1; Hag 1,1; 1,15b–2,1.

Jahwe-Engel, daß er zwischen den Myrten stehe (עמד בין ההדסים). Daraufhin erhebt der Jahwe-Engel in V 12 klagend seine Stimme zu Jahwe, wie lange Jahwe sich Jerusalems und der Städte Judas nicht erbarmen wolle, denen er schon 70 Jahre zürne.[67]

Dem Inhalt der Antwort vorgreifend, berichtet der Text nun (1,13), Jahwe habe dem *Deuteengel* (המלאך הדבר בי) gute und tröstliche Worte geantwortet.[68] Anscheinend war diese Antwort für den Propheten selbst nicht zu verstehen, denn der Deuteengel gibt diesem in V 14–17 den Inhalt der Worte wieder. Dabei wird in V 14–15 antithetisch und jeweils mit der figura etymologica formuliert, daß Jahwe für Jerusalem und für Zion mit großem Eifer eifert, gegen die stolzen Völker aber mit großem Zorn zürnt.[69] Die Aussage gegen die Völker fällt dabei länger aus, weil in einem Relativsatz (V 15b) noch der Grund für Jahwes Zorn genannt wird: Die Völker halfen zum Bösen (רעה), als Jahwe zürnte (wiederum קצף), diesmal sind wohl Jerusalem und Zion (vgl. V 14) als Objekt von Jahwes Zorn zu ergänzen: die Völker haben „ihre Rolle als bloßes Gerichtswerkzeug Gottes verkannt".[70] V 16 setzt nun mit לכן und einer Botenformel neu ein und spricht nicht mehr vom Zorn über die Völker, sondern kehrt in Thema und Duktus zu V 14 zurück. Angesagt wird in V 16 zunächst, daß Jahwe sich Jerusalem wieder in Erbarmen zuwenden werde (16aα). Mit dem Stichwort רחם und Jerusalem als Objekt wird dabei der Anfang der Klage des Jahwe-Engels aus V 12 wieder aufgegriffen,[71] nachdem V 14 bereits eine ähnliche Antwort gegeben hatte. An die Verheißung für Jerusalem schließt nun asyndetisch die Ansage an, daß Jahwes Haus, d.h. der Tempel,[72] darin wieder gebaut werden solle. Nachdem V 16a von der Gottespruchformel abgeschlossen wurde, verheißt V 16b die Vermessung Jerusalems und verweist damit auf Sach 2,5–9. Im Unterschied zu 2,5 heißt die Meßschnur hier aber nicht חבל מדה, sondern קוה.[73] Das Stichwort קרא aus V 14 aufnehmend,[74] fügt V 17 noch eine Verheißung hinzu, die nach einer Botenformel dreifach gestaffelt ist. So folgen in V 17aβb aufeinander ein Wort über die Städte, das damit noch einmal auf die Klage des Jahwe-Engels zurückkehrt, der neben dem Schicksal Jerusalems auch das der ערי יהודה beklagt hatte. V 17b ver-

---

67 Vgl. Jer 25,11f; 29,10.

68 Im Hinblick auf die 70 Jahre wirken die דברים טובים (Sach 1,13) wie die Einlösung der Verheißung von Jer 29,10 (והקמתי עליכם את־דברי הטוב).

69 Vgl. וקצף גדול אני קצף על־הגוים השאננים (V 14b) mit קנאתי לירושלם ולציון קנאה גדולה (V 15a).

70 Reventlow, ATD 25/2, 43.

71 עד־מתי אתה לא־תרחם את־ירושלם ואת ערי יהודה (1,12).

72 Gegen Marinković, Tempel; ders., Stadt, der unter בית bei Sach das Gemeinwesen verstanden wissen will.

73 „Das Qerē קו will die häufigere Form statt des selteneren קוה des Ketib" (Rudolph, KAT 13/4, 73 Anm. 16a).

74 עוד קרא לאמר (1,17aα¹).

heißt noch einmal Trost für Zion (נחם)[75] und die erneute Erwählung Jerusalems.

Für die literarhistorische Analyse können als Fragen schon einmal festgehalten werden, wie sich die verschieden bezeichneten Gestalten zueinander verhalten, die der Prophet sieht, der Mann, „der Engel, der mit mir redete" und der Jahwe-Engel, und ob sich hinter den Engelwesen etwa mehrere verbergen oder ob es nur eine Figur ist. Dabei ist auffällig, daß der Mann und der Jahwe-Engel beide zwischen den Myrten lokalisiert werden. Zum anderen verwundert das unvermittelte Auftreten des Deuteengels in 9b, während vorher der Mann nach der Deutung gefragt worden war (V 9a) und diese auch in V 10 schließlich enthüllt. Bei der Antwort fällt auf, daß sie in V 11a von einer nicht näher bezeichneten 3. Pers. Pl. wiederholt wird, wobei die Wiederholung die Deutung des Mannes aus 10b in die 1. Pl. setzt. Erst V 11b bringt mit der Ruhe der Erde eine neue Information. Wie verhalten sich also die beiden Antworten V 10 und 11 zueinander? Die eigentliche Vision wird in V 14–17 von einer Reihe Verheißungen abgeschlossen, die alle bis auf V 15 um das Thema Jerusalem, Zion und die Städte Judas kreisen. So ist zu überlegen, in welchem Umfang, und ob überhaupt, diese Verheißungen zur Vision gehören.

3.3.2   Literarhistorische Analyse

An das 1. Nachtgesicht haben sich mit V 15–17 einige Einzelsprüche angelagert, die jedoch in engem Zusammenhang mit der Vision stehen und zudem an die Zion-Fortschreibungen und spätere Ergänzungen bei DtJes erinnern.[76] Formal hält sich die mit V 14 einsetzende Rede des Deuteengels bis zum Ende von Kap. 1 durch, doch die nach V 14 noch zweimal neu einsetzende Botenformel (16.17) sowie die Gottesspruchformel (16aβ) sind erste Hinweise auf Nachbearbeitungen.

Das jüngste Stück ist V 17bβ. Die Abtrennung der Verheißung der erneuten Erwählung Jerusalems vom restlichen V 17 empfiehlt sich durch den Ver-

---

75   Vgl. Jes 51,3.

76   Vgl. Kratz, Kyros, 89f Anm. 332; ders., Judentum, 83. Stead, Allusion, 156ff; ders., Intertextuality, 92ff, weist besonders auf die Anspielungen von Sach 1,15 auf Jes 54,7f, von Sach 1,16 auf Jes 52,8f; 54,7 und von Sach 1,17 auf Jes 54,2f.11f hin, teilt aber dagegen die von Steck, Gottesknecht, 92ff (zur Identifikation der Zion-Fortschreibungen s. Steck, Gottesknecht, 47ff.96ff.113ff.173ff; Kratz, Kyros, 216f) vorgenommene Schichtung von Jes 54 nicht und geht zudem davon aus, daß die Sprüche Sach 1,15–17 ursprünglicher Bestandteil von Sach 1 sind. Auch bei den Epexegesen Sach 2,10–17 und den Heilsworten 8,1–13, bes. 8,1–5 sind Fortschreibungen zu identifizieren, die Sach an Jes (49–54) angleichen, s. dazu ausführlicher u. S. 191.

gleich mit 2,16* und 3,2*.[77] An 3,2 ist am deutlichsten zu erkennen, daß sich der betreffende Zusatz nur auf den Gedanken der Erwählung Jerusalems beschränkt, auch in 2,16 liegt mit 16b eine Neuakzentuierung zugunsten Jerusalems vor, während 16a allgemeiner von Juda als Jahwes Erbteil sprach.[78] Will man in 2,16 die zweite Vershälfte von der ersten literarkritisch absetzen, so wäre in Analogie hierzu 1,17bβ von 17bα abzutrennen. Allerdings ist jeweils nicht auszuschließen, daß beide Versteile von einem Verfasser stammen. Über Vermutungen ist hier bei der Textrekonstruktion nicht hinauszukommen.[79]

Weiterhin kann V 15 als Zusatz ausgeschieden werden.[80] Er unterbricht den Zusammenhang der Jerusalem-Thematik von V 14 und V 16–17*. Der Eifer Jahwes für Jerusalem (V 14), der nach V 16 Jahwes erbarmungsvolle Zuwendung zu Jerusalem zur Folge hat, wird in 15 als Zorn gegen die Völker gedeutet.[81] Der Eifer Jahwes erhält damit eine Dimension, die das Heil für Jerusalem, aber das Unheil gegen die ehemaligen Gerichtswerkzeuge einschließt. Dabei ist 1,15 V 14 nachgestaltet[82] und bildet nun mit diesem eine chiastische Struktur. Mit der Ankündigung des Zorns gegen die Völker weist V 15 auf das 2. Nachtgesicht (2,1–4) voraus.[83]

Der nächste Zusatz ist 17bα, die Verheißung des Trostes für Zion. Der Wechsel der Perspektive (17a: meine Städte werden überfließen – 17bα: Jahwe wird Zion trösten), durch den nun Jahwe als Subjekt der Handlung ins Zentrum rückt sowie – damit verbunden – der Wechsel von der 1. in die 3. Person (17a: עֲרָי – 17bα: יהוה) lassen eine literarische Nahtstelle zwischen 17a und 17bα vermuten.[84] Mit der Wiederholung des Verkündigungsauftrags samt Botenformel aus V 14[85] ist in V 17a ein deutlicher Neueinsatz und damit ein weiterer Zusatz erkennbar. Mithin ist V 17a als Zusatz zu V 14–16* zu bestimmen, an den sich sukzessiv noch V 17bα und 17bβ angelagert haben.

Als Glosse kann darüber hinaus V 16aβb eingeordnet werden.[86] Der Spruch ist asyndetisch zu 16aα hinzugestellt worden. Jahwes Erbarmen über

---

77 Vgl. zu 2,16 unten S. 192 und zu 3,2 unten S. 201f u. 204. M.E. stammen alle drei Aussagen über die Erwählung Jerusalems von derselben Hand, wobei 1,17* und 2,16* zum Ziel haben, auf die Erfüllung der Verheißung in 3,2 bzw. im 4. Nachtgesicht hinzuweisen, s.u. S. 204.

78 S.u. S. 192.

79 Will man 1,17b lieber als Einheit lesen, dann nähme er die Parallelität von Jerusalem und Zion aus 1,14 auf, allerdings in umgekehrter Reihenfolge, vgl. Schöttler, Gott, 58. Dementsprechend wäre dann auch Sach 2,16 als Einheit zu lesen.

80 So mit Schöttler, Gott, 56.

81 Vgl. 8,2, der 1,14f aufnimmt und formal und strukturell vereinheitlicht.

82 Vgl. Schöttler, Gott, 56.

83 S.u. S. 175.

84 Vgl. Schöttler, Gott, 58.

85 Anders als in V 16 ist die Botenformel in V 17 wie in 14 mit יהוה צבאות formuliert.

86 S. Schöttler, Gott, 57.

Jerusalem wird als Tempel-[87] und Stadtbau ausgelegt. Zudem hat 16aβb vermutlich einmal direkt zum 3. Nachtgesicht übergeleitet,[88] da das 2. Nachtgesicht erst später in den Zyklus eingeschrieben wurde.[89]

Schließlich ist auch V 16aα kein ursprünglicher Bestandteil des 1. Nachtgesichts. Der Neueinsatz wird auch hier wieder durch die Botenformel markiert,[90] das einleitende לכן zeigt an, daß die erbarmungsvolle Zuwendung Jahwes in V 16aα (שבתי לירושלם ברחמים) als Folge seines Eifers für Jerusalem gelesen werden will.

Können zunächst V 15–17 als Nachträge ausgeschieden werden, so ist V 14b die ursprüngliche Mitteilung des Verkündigungsauftrags des Deuteengels (14a).

Bei der eigentlichen Vision (V 8–14) sind vor allem die verschiedenen Bezeichnungen der auftretenden Boten- und Mittlerfiguren verwirrend. Elliger hat das Problem in seinem Kommentar auf den Punkt gebracht:

„Im gegenwärtigen Text erscheinen der ‚Mann, der zwischen den Myrten stand‘, der ‚Engel des Herrn‘ und der ‚Engel, der mit mir redete‘ bald als identische Größen, bald wieder nicht."[91]

Im folgenden sollen verschiedene Lösungsversuche für dieses Problem vorgestellt und im Hinblick auf ihre Plausibilität diskutiert werden. Ich greife hier die wichtigsten heraus.

Der erste Lösungsversuch geht vom vorliegenden Text als ursprünglicher literarischer Einheit aus und erklärt die verschiedenen Titel als bewußtes kompositorisches Stilmittel, wobei den verschiedenen Titeln unterschiedliche Textebenen bzw. Funktions- und Zuständigkeitsbereiche entsprechen. Diesen Ansatz vertreten etwa Reventlow, Hanhart und Dörfel,[92] ebenso Lux,[93] auf den ich mich wegen seiner detaillierten und differenzierten Begründung hauptsächlich beziehe.

Nach dieser Interpretation sind der Mann, der Deuteengel und auch der Jahwe-Engel identisch, und die Titel werden aus den verschiedenen Textverflechtungen verständlich.

So unterscheidet Lux etwa innerhalb des Visionsberichtes V 8–11 eine Bild- und eine Deuteebene, die sich jedoch auch überlappen können. Zudem macht Lux im 1. Nachtgesicht die literarische Technik eines Wechselspiels von Verhüllung und Enthüllung aus, so daß – wie in anderen alttestamentli-

---

87 Dies will wohl auf Kap. 3 und 4 vorausweisen und setzt offensichtlich beide voraus.

88 Das Ausspannen der Meßschnur wird in 1,16b allerdings mit dem Terminus קוה (vgl. bes. Ez 47,3) bezeichnet, 2,5 verwendet dagegen חבל מדה.

89 S.u. 3.4.2 und 3.14.1.5.

90 Vgl. Schöttler, Gott, 56f.

91 Elliger, ATD 25, 109 Anm. 4.

92 S. Reventlow, ATD 25/2, 40ff; Hanhart, BK XIV/7.1, 78ff; Dörfel, Engel, 89ff.

93 Lux, Wer spricht.

chen Erzählungen (z.B. Gen 18f; Ri 13) auch – das Geheimnis des Engels erst nach und nach gelüftet wird.

Auf der Bildebene in V 8 wird zunächst einfach ein Mann auf einem Pferd beschrieben, in V 9 wechselt der Bericht dagegen auf die Deuteebene, das Deutegespräch zwischen dem nun als אדני angeredeten *angelus interpres* und dem Propheten entspinnt sich. „Von V 9b an," so Lux, „wird dieser ‚Herr‘ des Propheten dann aus der narrativen Rückschau konsequent als ‚Engel, der mit mir redete‘ bezeichnet."[94] In V 10 sind nun nach Lux Deute- und Bildebene miteinander verschränkt, gemäß der Ankündigung des Deuteengels, er wolle den Propheten die Antwort *sehen* lassen. Ergo wird der Deuteengel in V 10 wieder als Mann bezeichnet. V 11 bleibt zwar auf der Bildebene, jedoch wechseln die Kommunikationspartner. Die übrigen Reiterengel (die in V 8 genannten Pferde sind nach Lux allesamt beritten vorzustellen) finden sich zum Rapport vor ihrem Anführer ein. Dieser heißt nun מלאך יהוה, da er für die himmlische Streifschar nicht in der Funktion des Deuteengels auftritt.

Auch in V 12 ist der Engel weiterhin als Jahwe-Engel tituliert, da er nun stellvertretend vor Jahwe tritt, ab V 13 wird er schließlich wieder המלאך הדבר בי genannt, weil er Jahwes Antwort an den Propheten weiterzugeben hat.[95]

Auch wenn dieser Interpretation der Vorzug und das Verdienst zukommt, am vorgegebenen masoretischen Text festhalten zu können, kann die Erklärung der verschiedenen Bezeichnungen als Textstrategie m. E. nicht überzeugen und muß sich folgende Anfragen gefallen lassen:

Warum wird der Mann erst in V 9b nachholend und abrupt als Deuteengel bezeichnet und nicht bereits am Beginn des Wechsels zur Deuteebene in V 9a, wo ausdrücklich nach der Deutung gefragt wird? Zudem dürfte über die Identität des איש als eines himmlischen Wesens nach der Anrede mit אדני (ebenfalls 9a) kein Zweifel mehr bestehen; mit Hanhart verweise ich hier auf Gen 18,3; 19,18.[96]

Warum heißt der Deuteengel in V 10 wieder „Mann", zumal sich hier nach Lux Bild- und Deuteebene überlappen? Der Prophet fällt gleichsam hinter seinen Erkenntnisfortschritt zurück. Wie hat man sich zudem als Leser die Szene in V 10 konkret vorzustellen, wenn der Deuteengel nach V 9b dem Visionär die Deutung vor Augen führen will und zugleich Teil dieser Deutung ist? Darüber hinaus erfolgt die Deutung in V 10 in einer erklärenden Antwort, nicht in einem Fortgang der Vision.

Die Fortsetzung der Vision erfolgt erst in V 11, einem Vers, den Lux ganz der Bildebene zurechnet. Warum heißt der Mann jetzt מלאך יהוה? Zwar kann Lux wahrscheinlich machen, daß in der Kommunikationsschilderung zwischen

---

94 Lux, Wer spricht, 77.
95 Lux, Wer spricht, 79.
96 Vgl. Hanhart, BK XIV/7.1, 80.

dem Engel und den übrigen Reitern die Bezeichnung als Deuteengel unnötig oder gar unpassend wäre,[97] aber hier ist unbedingt darauf hinzuweisen, daß es sich bei V 11 immer noch um die Visionsschilderung des Propheten handelt, und hier wäre nach dem von Lux herausgearbeiteten Schema am ehesten in Analogie zu V 8 und 10 der Titel „Mann" zu erwarten. Daß der Engel aufgrund seiner Funktion als Fürbitter vor Jahwe in V 12 als מלאך יהוה bezeichnet wird, ist einsichtig, angesichts seiner Funktion in V 11 ist es dies dort jedoch nicht. Warum wird also der Jahwe-Engel schon in V 11 so bezeichnet und nicht erst in V 12, was doch in Analogie zu V 8 und 9 viel eher dem von Lux vorgeschlagenen Schema von Verhüllung und Offenbarung entsprechen dürfte?

Warum ist es indes folgerichtig, wenn V 13 „wieder vom *angelus interpres* spricht und ein Resümee der Botschaft JHWHs vorwegnimmt, die eben er, der Deuteengel, jetzt dem Propheten weiterzugeben hat"?[98] Immerhin war der Engel als Jahwe-Engel in V 12 stellvertretend vor Jahwe eingetreten, warum sollte er nicht ebenso als *Jahwe*-Engel Jahwes Antwort übermitteln? Dies würde auch dem Befund in Kap. 3 entsprechen, der einzigen weiteren Vision, in der der Jahwe-Engel vorkommt: Auch hier handelt er stellvertretend für Jahwe, und zwar gerade *zum Menschen hin*, indem er die Entsühnung Josuas vornimmt. Diese Funktion des Jahwe-Engels im Makrokontext des Sacharja-Buches müßte hier berücksichtigt werden.

Die aufgeworfenen Fragen zeigen, daß die Probleme, vor die der Text des ersten Nachtgesichts den Leser stellt, durch die Annahme einer ursprünglichen Einheitlichkeit nicht hinreichend gelöst werden können. Das abrupte Auftreten des Deuteengels in V 9b kann nicht geklärt werden, ebenso wenig der doppelte Redeeinsatz V 9b (hier setzt der Deuteengel ein) und V 10a (hier antwortet sofort darauf der Mann), gerade bei der behaupteten Identität beider Gestalten.

Die in diesem Modell vorgenommene Identifikation aller drei Figuren ist allein durch die Verse 11–13 veranlaßt und im Hinblick auf diese Verse auch berechtigt. In V 11 wird der ebenfalls plötzlich auftretende Jahwe-Engel durch die Näherbestimmung עמד Part. Qal + בין־ההדסים, die genau der Bezeichnung des Mannes in V 8 und 10 entspricht, mit eben diesem Mann identifiziert. Ebenso weist die Abfolge von V 12, mit der Frage des Jahwe-Engels an Jahwe, und V 13, mit der Antwort Jahwes an den Deuteengel, auf eine Identifikation der beiden miteinander hin. Das heißt, die Identifikation aller drei Figuren miteinander hängt letztlich an der Gestalt des Jahwe-Engels. Angesichts der Tatsache, daß der Jahwe-Engel außer in 1,11.12 nur noch in dem sekundären Kap. 3 vorkommt,[99] ist dieser Befund höchst problematisch: Ohne das sekundäre Kap. 3 begegnete der Jahwe-Engel im gesamten Sacharja-Buch nur in

---

97 Lux, Wer spricht, 79.
98 Lux, Wer spricht, 79.
99 Zum sekundären Charakter von Sach 3 vgl. 3.1, 3.7.2, 3.14.1.6.

diesen beiden Versen und befände sich gleichsam im luftleeren Raum. Der
Verdacht liegt also nahe, daß der Jahwe-Engel und damit die Identifikation mit
dem Mann und dem Deuteengel (V 11–13) in das 1. Nachtgesicht ebenfalls
sekundär eingeschrieben wurde. Damit ist der Weg in die Diachronie gewiesen.

Als erstes deutliches Indiz für den sekundären Charakter des מלאך יהוה
innerhalb des 1. Nachtgesichts ist noch einmal der Befund anzuführen, daß der
Jahwe-Engel sonst nur noch in der Vision von der Entsündigung Josuas (Sach
3) begegnet. Hinzu kommt, daß der מלאך יהוה in 1,11 recht unvermittelt auftritt und nach V 12 ebenso schnell wieder verschwindet.

Zunächst sollen die literarischen Nahtstellen ermittelt werden, mit Hilfe
derer der Jahwe-Engel in den vorliegenden Kontext eingeschrieben wurde:

Der Anfang der Ergänzung ist in V 11a zu suchen: Wie zuvor erwähnt,
identifiziert V 11a den Jahwe-Engel mit dem Reiter aus V 8.10, indem die
Formulierung בין־ההדסים + עמד aufgegriffen wird. V 11a bietet im Grunde
nichts weiter als eine Wiederholung der Antwort, die der איש in V 10 dem
Visionär gegeben hatte. Nur ergeht die diesmal in der 1. Pl. formulierte Antwort (התהלכנו בארץ) an den Jahwe-Engel, als Sprecher (ויענו, ויאמרו) sind
anscheinend Reiter auf den in V 8 genannten, in V 10 mit dem Demonstrativum אלה rekapitulierten, Pferden gedacht. Diese müssen also zum Rapport vor
dem Jahwe-Engel antreten. Genauer besehen, bietet der erste Teil der Antwort
der anderen Reiter, התהלכנו בארץ V 11aβ, eine Wiederaufnahme des Ant-
wortteils 10bβ (להתהלך בארץ): Der Textfluß wird nach V 10bβ unterbrochen, um den Jahwe-Engel einfügen zu können, sodann wird die Konstruktion
הלך (Hif.) + בארץ aus dem vorliegenden Text übernommen, um so einen
passenden Anschluß für den Fortgang des Textes herzustellen. Diese Wiederaufnahme dient also dem Zweck, den Jahwe-Engel mit dem איש gleichzuset-
zen und ihn so in die Szene einzubauen. Zugleich wird die deutende Antwort
V 10 in eine Rapportszene umgestaltet, die ihrerseits zum Auslöser für die
Klage des Jahwe-Engels in V 12 wird. Läßt sich V 11aβ als Wiederaufnahme
von 10bβ bestimmen, so folgt daraus, daß die ursprüngliche Antwort, die nun
durch die Einschreibung des Jahwe-Engels unterbrochen ist, neben V 10 auch
V 11b (והנה כל־הארץ ישבת ושקטת) umfaßte.[100] Die Aussage, daß die Erde
still und ruhig daliegt, wird mit Hilfe der Wiederaufnahme für den Rapport an
den Jahwe-Engel aufgespart. V 11a kann damit als der vordere Scharniervers,
der die Einfügung des Jahwe-Engels vorbereitet, bestimmt werden.

Der hintere Scharniervers ist in V 13 greifbar.[101] Dieser Vers setzt einerseits die Klage des Jahwe-Engels in V 12 voraus, indem er mitteilt, daß Jahwe
darauf antwortet, andererseits V 14 (bzw. V 14 und den späten, V 14 nachge-

---

100 Vgl. im Ergebnis Schöttler, Gott, 52ff; Kratz, Judentum, 85.
101 Vgl. Schöttler, Gott, 55.58.

stalteten V 15), da er wie in V 14 den Engel wieder als Deuteengel bezeichnet und zudem den Inhalt des dort mitgeteilten Verkündigungsauftrags zusammenfassend und vorwegnehmend als gute und tröstliche Antwort Jahwes charakterisiert. Die Heilsverheißung V 14 erscheint nun als Antwort auf die Klage von V 12.

V 13 hat demnach die Funktion, von der Erwähnung des Jahwe-Engels auf den Deuteengel zurückzuleiten und beide miteinander zu identifizieren, um so den Jahwe-Engel mit dem Kontext zu verknüpfen.

Das Kernstück der מלאך יהוה-Ergänzung ist V 12, in dem der מלאך יהוה Jahwe Zebaot eine Klage vorträgt. Er ist also als die Gestalt gedacht, die in direkten Kontakt mit Jahwe tritt.[102] Dies entspricht Sach 3, wo der Jahwe-Engel als eine besonders herausgehobene Engelsgestalt vorgestellt ist, die stellvertretend für Jahwe handelt und offensichtlich in ganz besonderer Nähe zu Jahwe steht. Nach dem at Befund (s. z.B. Gen 22,11ff; Num 22; Ri 2; 6; 13), zumindest in späten Textstufen, erscheint der Engel Jahwes häufig als kaum von Jahwe selbst zu unterscheidende Gestalt, die mit sonst nur Jahwe zukommender Autorität spricht und bisweilen mit Jahwe identisch scheint.[103] Folglich bringt der מלאך יהוה die fürbittende Klage in 1,12 vor Jahwe. Dabei nimmt die Klage die Stichwörter ירושלם + רחם aus V 16 sowie עיר aus V 17 auf. Die Klage (V 12) ist also nun der Auslöser für die Heilsansagen V 14–17. Wahrscheinlich ist der Jahwe-Engel bereits zusammen mit der Vision „Josua" (Sach 3) auch in Kap. 1 eingeschrieben worden, so daß der Jahwe-Engel gleich am Beginn der Nachtgesichte im Zyklus verankert werden konnte. V 12 bietet eine Interpretation und Zuspitzung der Antworten V 10.11. Die Ruhe, die auf der ganzen Erde eingekehrt ist (V 10.11), wird nun als beklagenswerter Zustand verstanden, die Leidenszeit Jerusalems und Judas dauert immer noch an bzw. es wird die Heilswende mit dem Tempelbau erwartet.[104] Ist Sach 1,11a.12–13 gleichzeitig mit Sach 3 in die Nachtgesichte gelangt, so wäre die Heilswende in besonderer Weise mit der Restitution des Hohenpriesters verbunden.[105] Die Formulierung זה שבעים שנה (sie wird in Sach 7,5 noch einmal

---

102 Vgl. Schöttler, Gott, 55: Der Jahwe-Engel ist „bewußt als direkter ‚Korrespondent' mit Jahwe gewählt unter Beachtung der speziellen, auf den Visionär ausgerichteten Funktion des Deuteengels".

103 S. Meier, Angel of Yahweh; Röttger, Art. Engel Jahwes.

104 Als Ursache für das Nichterfülltsein der 70 Jahre ist mit Hanhart, BK XIV/7.1, 61f, das Nichtvollendetsein des Heiligtums anzunehmen. Anders Delkurt, Sin, wonach die Heilszeit erst dann anbrechen kann, wenn die Sünder (vgl. Sach 5,1–4) und die Sünde (vgl. Sach 5,5–11) beseitigt sind. So interpretiert Delkurt etwa die rote Farbe des Pferdes des Mannes zwischen den Myrten (Sach 1,8) im Anschluß an Jes 1,18 als Symbol für die Sünde, die noch aus dem Land zu tilgen ist.

105 Gegen Delkurt, Sin, der für Sach 1,12 die Entsündigung des Hohenpriesters und die Rolle des Jahwe-Engels (nach Delkurts Textänderungen in 1,11.12 wohl folgerichtig, s.u. S. 161 Anm. 115!) gar nicht berücksichtigt.

aufgenommen) spielt auf die 70 Jahre von Jer 25,11f und 29,10 an,[106] die für
gewöhnlich dem dtr Jer oder noch späteren Ergänzungen zugewiesen werden.[107] In diesem Zusammenhang liest sich zudem Sach 1,13 wie eine Aufnahme von Jer 29,10: Wird in Jer 29,10 verheißen, daß Jahwe nach den 70
Jahren sein gutes Wort erfüllen wird (והקמתי עליכם את־דברי הטוב), so reagiert Sach 1,13 darauf und berichtet, daß Jahwe dem Deuteengel gute und
tröstliche Worte mitteilt (דברים טובים דברים נחמים): Die דברים טובים
zeigen das Ende der 70 Jahre an, wie die Verheißung 1,14ff, wie der ganze
Zyklus der Nachtgesichte bestätigen wird.[108] Wenn Sach 1,11a.12–13
tatsächlich Jer 29,10 in der Version des MT voraussetzt, in dem das Adjektiv
הטוב einen Überschuß zur LXX bietet, die καὶ ἐπιστήσω τοὺς λόγους μου ἐφ᾽
ὑμᾶς liest und das דברי der Vorlage offenbar noch pluralisch verstanden hat,
dann wäre für die Ergänzung Sach 1,11a.12–13 ein sehr spätes Abfassungsdatum anzunehmen. Schmid etwa rechnet mit dem 3. Jh.[109]

Da eine 70-jährige göttliche Strafzeit auch in der Babylon-Inschrift
Asarhaddons[110] belegt ist (hier ist Babylon betroffen), handelt es sich möglicherweise um einen gemeinaltorientalischen Topos. Die Datierung der Visionen in Sach 1,7 auf das Jahr 519[111] deutet darauf hin, daß die 70 Jahre anders
als im Jeremia-Buch nicht ab der Unterwerfung Israels durch Nebukadnezar
bzw. der ersten Deportation zu rechnen sind, sondern ab der 2. Deportation
und Zerstörung des Tempels 587/6, so daß das Ende der Strafzeit in etwa mit
dem Tempelneubau übereinstimmt, wie die Zeitspanne der 70 Jahre (ab der
Zerstörung Jerusalems gerechnet) zeigt.[112] Anders als V 14 hat V 12 nicht nur
Jerusalem-Zion, sondern Jerusalem und die Städte Judas im Blick.

---

106   Vgl. 2 Chr 36,21f; Dan 9.
107   Vgl. z.B. Wanke, ZBK.AT 20, 226; Schmid, Buchgestalten, 220ff.
108   Die דברים נחמים (Sach 1,13) dürften wiederum auf DtJes, s. bes. Jes 40,1–8, anspielen, vgl.
      Delkurt, Nachtgesichte, 56ff, bes. 82f; Stead, Intertextuality, 95ff. Eine Kombination aus An-
      spielungen auf die 70 Jahre von Jer 25,11f; 29,10 und DtJes ist bereits für Sach 1,12 anzu-
      nehmen, vgl. zu רחם Jes 49,10.13.15; 54,8.10, so mit Delkurt, Nachtgesichte, 82; Stead, In-
      tertextuality, 93 m. Anm. 67.
109   Zur Frage der Ergänzung von הטוב und zur Datierung s. Schmid, Buchgestalten, 64.323ff.
110   Text s. Borger, Inschriften, 15 (Episode 10, Fassung a und b).
111   Umrechnung der Daten nach Parker/Dubberstein, Chronology.
112   Kratz, Translatio, 261f, hat herausgearbeitet, daß die 70 Jahre im Alten Orient eine „offenbar
      feststehende Frist im Zusammenhang von Stadt- und Tempelzerstörungen" (a.a.O., 261) be-
      zeichnen, vgl. Borger, Remark. Zur Babylon-Inschrift und Jer 25,11f; 29,10 s. auch Albani,
      70-Jahr-Dauer. Nach Kratz, a.a.O., 261f, ist Sach 1,12 der erste at Beleg für die 70 Jahre und
      nicht, wie meist angenommen, Jer 25,11f; 29,10, die von Sach abhängig und innerhalb von
      Jer spät seien. Schon Wellhausen, Propheten, 179, hatte bezweifelt, „dass dieser Termin in
      der Tat schon von Jeremias gestellt war". Da allerdings die 70 Jahre bereits die Einschrei-
      bung des Jahwe-Engels voraussetzen, sind sie auch innerhalb von Sach sehr spät. Zudem
      scheinen die 70 Jahre mit dem demonstrativen Einsatz זה שבעים שנה auf etwas gut Vertrautes
      zurückzuverweisen, und diese dürften am ehesten die 70 Jahre Jeremias und die mit deren

Ohne die Jahwe-Engel-Ergänzung (V 11a.12–13)[113] sind auch nicht mehr der Mann und der Deuteengel als miteinander identisch zu betrachten. Beide scheinen nebeneinander zu stehen und auch nebeneinander mit dem Visionär zu kommunizieren: Der Mann (V 8, 10 und 11b) innerhalb des Bildes, der Deuteengel (V 9b und 14) eher außerhalb. Im hier erreichten Textstratum lassen sich wiederum einige Merkwürdigkeiten notieren. Zunächst ist erneut das plötzliche und unvermittelte Auftreten des Deuteengels festzuhalten, ebenso stellt sich wieder die Frage, wer mit den Worten מה־אלה אדני angeredet werden soll, der Mann oder der Deuteengel? Besondere Beachtung verdient die Abfolge der Redeeinsätze von V 9b und 10a. Nach V 9b will der Deuteengel den Propheten die Bedeutung schauen lassen, nach V 10a gibt der Mann die Deuteantwort V 10b und 11b. Wer gibt nun die Deutung, der Deuteengel oder der Mann?

Die Frage muß an der Beurteilung der beiden Redeeinleitungen V 9b und 10a entschieden werden, nur eine kann ursprünglich sein. Diese Meinung wird auch von Schöttler vertreten.[114] Nach seiner Analyse ist V 10a als Zusatz auszuscheiden,[115] da die Ortsbestimmung „zwischen den Myrten" gegenüber V 8 „zwischen den Myrten in der Tiefe" verkürzt ist. Da die Ortsbestimmungen in V 10a und 11a identisch sind, weist Schöttler auch V 10a der Jahwe-Engel-Ergänzung zu, so daß die Einführung des Jahwe-Engels bereits in V 10 vorbereitet wird. Nach Schöttlers Rekonstruktion erging die ursprüngliche Deuteantwort (V10b.11b) „Diese sind diejenigen, die Jahwe ausgesandt hat, um die Erde zu durchstreifen, und siehe, die ganze Erde liegt still und ruhig da!" aus dem Mund des Deuteengels.[116]

Die Analyse Schöttlers ist mit einem großen Problem behaftet: Sie kann nicht erklären, warum der Deuteengel nur nachholend und ohne richtige Einführung – man vergleiche dagegen die sorgfältige Beschreibung der Szenerie in V 8 – erst in V 9b genannt wird. Schöttler ist sich dieses Problems genau bewußt und versucht es dadurch zu beheben, daß er anstelle der nur brüchig

---

Ende verbundenen Hoffnungen sein, vgl. Meyers/Meyers, AncB 25B, 117; Nurmela, Prophets, 42ff; Stead, Intertextuality, 93f. Die 70 Jahre begegnen im sacharjanischen Horizont noch einmal in 7,5, einem sekundären Stück, das auf 1,12 zurückgreift.

113 Auch Schöttler, Gott, 49ff, bestimmt – mit etwas anderer Versabgrenzung – den Jahwe-Engel in Kap. 1 als späten Nachtrag, s. dazu gleich.

114 Vgl. Schöttler, Gott, 52ff.

115 Ähnlich Delkurt, Engelwesen, 33ff; ders. Nachtgesichte, 49, der in V 10a die Worte האיש העמד בין־ההדסים streicht. In Sach 1,11a konjiziert Delkurt allerdings und nimmt als ursprünglichen Text an „„da *reagierte der Mann*, der zwischen den Myrten stand, und *sagte...*'" (Delkurt, Engelwesen, 37f (Hervorhebung original), vgl. ders., Nachtgesichte, 50f). Ebenso ersetzt er in 1,12aα den Jahwe-Engel durch den Deuteengel (Delkurt, Engelwesen, 38ff; ders., Nachtgesichte, 65ff). Damit wird der Text jedoch ohne Anhalt an der Textgeschichte geglättet, anstatt die Spannungen literarkritisch auszuwerten.

116 S. Schöttler, Gott, 268.

mit der Vision verbundenen Datierung eine neue Visionseinleitung – man kann es nicht anders sagen – erfindet. Der von Schöttler postulierte Text orientiert sich an der Visionseinleitung des Nachtgesichts „Leuchter und Ölbäume" (Sach 4),[117] aber es gibt keinerlei Anhalt am Text, daß eine derartige Einleitung einmal zu dem 1. Nachtgesicht gehört haben muß. So ist die These Schöttlers schwer nachzuvollziehen und kann den abrupten Auftritt des Deuteengels nicht erklären.

Auch erscheint mir die Zuweisung von V 10a zur Jahwe-Engel-Ergänzung als wenig schlüssig.[118] Es ist zweifelhaft, daß nach der in der Einleitung (V 8) verwendeten detaillierten Beschreibung des אִישׁ dieselbe ausführliche Phrase noch einmal stereotyp wiederholt werden sollte, ist der Mann doch bereits hinreichend eingeführt.[119] Des weiteren stellt sich die Frage, warum – sollten 10a und 11a von derselben Hand stammen – nicht bereits in V 10a die Identifikation von אִישׁ und מַלְאַךְ יהוה erfolgt, ebenso wäre dann die Wiederholung von V 10 in 11a überflüssig. Daher ist nach meiner Ansicht der nächstliegende Schluß, daß V 8 und 10a zu einer Schicht gehören, V 11a hingegen sekundär zugewachsen ist. Hier wird erst die Identifikation des Jahwe-Engels mit dem Mann vorgenommen, indem die vorgegebene Formulierung aus dem unmittelbar vorangehenden Satz wörtlich übernommen wird.

So bleibt als letzte Möglichkeit nur die Alternative übrig, daß nicht V 10a, der Redeeinsatz des Mannes, sondern V 9b, der Redeeinsatz des Deuteengels, sekundär ist.[120] Mit dieser Annahme ließen sich die verbliebenen Problemstellungen am plausibelsten erklären: Die Anfrage des Visionärs nach der Bedeutung des Geschauten mit der Anrede אֲדֹנִי (V 9a) bezeichnet dann tatsächlich den in V 8 vorgestellten Mann; das ist die Lösung, die dem Leseablauf ohnehin am nächsten kommt. Eine nachträgliche Hinzufügung des Deuteengels erklärt am ehesten, warum der Deutengel erst in V 9b völlig unvermittelt und ohne Einführung erscheint, um mitzuteilen, daß er die Szene deuten wolle. Einsatzpunkt und Auslöser für die Einschreibung des Deuteengels an dieser Stelle ist die Frage an den himmlischen אִישׁ mit dem betonten אֲדֹנִי (vgl. Gen 18,3; 19,2.18; Jos 5,13f), das nun als Anrede für den Deuteengel aufgefaßt wird. Dies erklärt auch, warum der Deuteengel in der Vision ein wenig außen vor bleibt. Er findet sich erst in dem Verkündigungsauftrag V 14 wieder, der ebenfalls auf das Konto der Deuteengel-Erweiterung geht. Die Ruhe auf der Erde aus V 11b wird als Verheißung Jahwes für Jerusalem interpretiert, womit

---

117 S. Schöttler, Gott, 268: „Und es geschah im zweiten Jahr des Königs Darius am vierundzwanzigsten des elften Monats – im Schebat – , da erschien ein Engel, der mit mir redete, und weckte mich wie jemand, der aus seinem Schlaf geweckt wird, und er sprach zu mir: Was siehst du? Und ich sprach: Ich sehe […]".

118 S. Schöttler, Gott, 52ff.

119 S. auch die determinierte Form הָאִישׁ V 10a.

120 Vgl. Kratz, Judentum, 85.

V 14 zugleich als Bindeglied zum 3. Nachtgesicht 2,5ff überleitet, das in der Grundschicht direkt auf 1,8–11* folgte.[121] קִנְאָ bezeichnet in V 14 den Eifer Jahwes, „die leidenschaftliche Zuwendung und Anteilnahme"[122] für Jerusalem-Zion. Die eigentliche Deuteantwort, also V 10.11b, wird ohnehin von dem Mann gegeben, der Prophet kommuniziert mit einem Mittlerwesen innerhalb des visionären Geschehens, es bedarf des Deuteengels im Grunde nicht. V 9b ist für die Visionsschilderung und -deutung selbst entbehrlich. Bereits Duhm weist auf V 9b als möglichen Einschub hin:

> „Daß v. 9[b] unecht sei, will ich nicht behaupten, aber er ist vielleicht erst nachträg- lich von Sacharja hinzugesetzt, um den ihn inspirierenden Engel einzuführen; ganz gelungen ist dies Verfahren nicht, denn der Engel gibt auf die Frage v. 9[a] nur eine nichtssagende Antwort, während die passende Antwort von dem Manne auf dem roten Rosse v. 10 erfolgt, den man auch in v. 9[a] angeredet denken sollte."[123]

Die Einführung des Deuteengels (1,9b.14) geht wahrscheinlich mit auf das Konto einer umfangreichen Redaktion, die den Visionszyklus deutlich erwei- tert. Hierbei wird der Deuteengel dem Propheten als ständiger Begleiter durch die Nachtgesichte sowie als deren vollmächtiger Interpret an die Seite gestellt.

Der Grundbestand des ersten Nachtgesichts liegt also in den V 8.9a.10.11b vor:[124]

רָאִיתִי הַלַּיְלָה וְהִנֵּה־אִישׁ רֹכֵב עַל־סוּס אָדֹם וְהוּא עֹמֵד בֵּין הַהֲדַסִּים אֲשֶׁר [8] בַּמְּצֻלָה וְאַחֲרָיו סוּסִים אֲדֻמִּים שְׂרֻקִּים וּלְבָנִים [9a] וָאֹמַר מָה־אֵלֶּה אֲדֹנִי [10] וַיַּעַן הָאִישׁ הָעֹמֵד בֵּין־הַהֲדַסִּים וַיֹּאמַר אֵלֶּה אֲשֶׁר שָׁלַח יְהוָה לְהִתְהַלֵּךְ בָּאָרֶץ וְהִנֵּה כָל־הָאָרֶץ יֹשֶׁבֶת וְשֹׁקָטֶת [11b]

[8] Ich sah des Nachts, und siehe: Ein Mann ritt auf einem roten Pferd, und er stand zwischen den Myrten, die in der Tiefe sind, und hinter ihm waren rote, hellrote und weiße Pferde. [9a] Und ich sprach: „Was sind diese, mein Herr?" [10] Und der Mann, der zwischen den Myrten stand, hob an und sprach: „Diese sind die, die Jahwe ge- sandt hat, um auf der Erde umherzuziehen, [11b] und siehe, die ganze Erde liegt still und ruhig da."

Der Reiter befindet sich an der Grenze zwischen Himmel und Erde, wie die Myrten in der Tiefe signalisieren.[125] Die Myrten können als Bäume verstanden

---

121 S. 3.14.1.
122 Rudolph, KAT 13/4, 79. Vgl. Ez 39,25; Jes 9,6; Joel 2,18; Sach 8,2 (von 1,14 abhängig). Diese Bedeutung von קִנְאָ ist erst exilisch-nachexilisch belegt, vgl. Reuter, Art. קִנְאָ, 61f; Reventlow, ATD 25/2, 43.
123 Duhm, Anmerkungen, 76.
124 Vgl. im Ergebnis Uehlinger, Policy, 339f (Sach 1,8.9a.10*.11*); Kratz, Judentum, 85 (Sach 1,8.9a.10b.11b).
125 So auch etwa Horst, HAT I/14, 219; C. Jeremias, Nachtgesichte, 113ff; Reventlow, ATD 25/2, 16; Keel, Jahwe-Visionen, 296ff; ders., Geschichte, 1012; Uehlinger, Policy, 339ff;

werden, die den Eingang zum Himmelstor flankieren,[126] diese Vorstellung ist im Alten Orient, vor allem in der Ikonographie, breit belegt. Die Tiefe, מצלה, bezeichnet ebenfalls diesen Übergangsbereich, sei es, daß an den Talgrund der Himmelsberge, sei es, daß an die Meerestiefe gedacht ist, die die Welt der Lebenden begrenzt (vgl. hierzu etwa das Gilgameš-Epos, Taf. IX u. X); die Bedeutung von מצלה ist bei Sach 1,8 nicht sicher zu erschließen.[127]

Das Himmelstor, der Bereich des Übergangs, ist der qualifizierte Ort für ein Geschehen von universalen Ausmaßen,[128] das der Reiter mitteilt. Der Reiter sowie die verschiedenfarbigen Pferde[129] dürften ihr Vorbild im berühmten persischen Post- und Botenwesen haben,[130] doch dienen sie hier nicht dem persischen König, sondern Jahwe, der von ihnen die ganze Erde erforschen läßt.[131] In der Achämenidenzeit sind im gesamten Vorderen Orient Pferd-und-Reiter-Terrakotten so häufig verbreitet, daß sie den Namen „Persische Reiter" erhalten haben.[132] Angesichts der großen Bedeutung der Pferde und der Reite-

---

Hanhart, BK XIV/7.1, 71ff; Tiemeyer, Night, 195; Lux, Vision, 12ff; ders., „Herrlichkeit", 203ff.

126 Vgl. zu dieser gemeinaltorientalischen Vorstellung Keel, Jahwe-Visionen, 296ff. Keels abschließendes Urteil lautet: „Da wir bei räumlich und zeitlich so weit auseinanderliegenden Belegen, wie der akkadischen Glyptik, dem ägyptischen Totenbuch und phönizisch-israelitischen Kultständern, Siegeln und Elfenbeinen die Vorstellung bezeugt finden, das Himmelstor werde von [...] Bäumen flankiert, muß es sich dabei um eine im ganzen Orient verbreitete Vorstellung handeln. Diese Vorstellung vermag auch den Brauch zu erklären, Tempel und Palasteingänge [...] mit Bäumen oder (Pflanzen-)Säulen zu flankieren" (a.a.O., 303).

127 Die übrigen at Belege legen die Bedeutung Wassertiefe nahe, vgl. z.B. Ex 15,5; Ps 68,23; Jon 2,4; Mi 7,19; Hi 41,23. Am angemessensten erscheint es mir, die neutrale Übersetzung „Tiefe" zu verwenden. Zu den altorientalischen Vorstellungen bezüglich des Aufbaus der Welt s. z.B. Keel, Bildsymbolik, 13ff; ders., Weltbild; Berlejung, Art. Weltbild/Kosmologie.

128 Vgl. כל־הארץ V 10b/הארץ V 11b.

129 Das ikonographische Programm ist altorientalischen Ursprungs, und die Beschreibung der Formation der Pferde läßt sich etwa an assyrischen Reliefs veranschaulichen, s. Parrot, Assur, 108ff, Abb. 118ff; 269ff; Abb. 345.347. Eine darüber hinausgehende Deutung der Farben ist unnötig (so aber etwa Gese, Anfang, 215ff; vgl. auch die Darstellung dieser Versuche bei C. Jeremias, Nachtgesichte, 128ff). Nicht geboten ist eine Angleichung oder Ergänzung einer 4. Farbe nach dem 8. Nachtgesicht (so z.B. Wellhausen, Propheten, 40.178; zur Kritik an diesen Versuchen s. Rudolph, KAT 13/4, 72 Anm. 8d). Bereits die LXX bietet vier Farben, gleicht damit aber an 6,3.7 an.

130 Vgl. Hdt., III, 126; VIII, 98; Xenophon, Kyron Paideia VIII, 6.17f; vgl. auch Est 8,10.14. S.a. Schöttler, Gott, 225ff, sowie Uehlinger, Policy, 340, zur Bedeutung des Reitens in der Achämenidenzeit s. jetzt Tallis, Transport; Stronach, Riding.

131 Zu התהלך בארץ vgl. neben Sach 6,7 Hi 1,7; 2,2.

132 Zu den „persischen Reitern" und ihren Vorläufern s. Holland, Representations; ders., Figurines; Stern, Culture, 165ff; Nunn, Motivschatz, 41ff.50.78f; Keel/Uehlinger, Göttinnen, 395ff; Moorey, Iran; Cornelius, Horse; Stronach, Riding. Pferd-und-Reiter-Statuetten und -Figuren sind in Palästina in der Spätbronzezeit selten, in der Eisenzeit – im Zuge des Entstehens einer regelrechten Kavallerie in den vorderasiatischen Armeen – häufig belegt. Diese Figuren sind

rei in der Perserzeit verwundert es nicht, wenn Sacharja im 1. Nachtgesicht einen berittenen himmlischen Boten schaut.

Dieser bringt offenbar gute Nachrichten mit: כל־הארץ ישבת ושקטת. Es ist Ruhe auf der Welt eingekehrt, und der Visionär muß davon in Kenntnis gesetzt werden.[133]

3.3.3   Fazit

Im Grundbestand des ersten Nachtgesichts (1,8.9a.10.11b) schaut der Prophet einen Mann auf einem Pferd sowie weitere Pferde. An die Beschreibung der Vision (V 8) schließt ein kurzes Gespräch zwischen dem Visionär und dem Reiter an, wobei der Prophet zunächst den Mann nach der Bedeutung des Geschauten fragt (9a) und eine entsprechende Antwort erhält (10.11b): Die Pferde sind auf der ganzen Erde umhergestreift, und diese liegt still und ruhig da.

In einer ersten Ergänzung (V 9b.14) wird „der Engel, der mit mir redete" (המלאך הדבר בי) in die Vision eingeschrieben; er soll dem Propheten das Geschehen deuten. V 14 nimmt die Ruhe der Erde (11b) zum Anlaß für eine als Verkündigungsauftrag gestaltete Verheißung für Jerusalem-Zion.

Sodann wird mit dem Jahwe-Engel (V 11a.12–13) eine weitere Engelsgestalt eingeführt. Dabei sollen der Mann und der Deuteengel mit dem Jahwe-Engel identifiziert werden, um so Auftreten und Funktion des Jahwe-Engels in Sach 3 vorzubereiten. Die Ruhe auf der Erde wird nun als beklagenswerter Stillstand gesehen, so daß der Jahwe-Engel sich fürbittend an Jahwe wendet und um dessen Erbarmen für Juda und Jerusalem bittet.

In V 15–17 schließlich sind im Anschluß an V 14 weitere, an die Zion-Fortschreibungen in Jes 49–54 und ihre Ergänzungen erinnernde, Heilsworte für Jerusalem-Juda (V 16aα.aβb.17a.bα.bβ) zugewachsen, und zwar größten-

---

dem Bereich der Familienfrömmigkeit zuzuordnen und gehören zur Sphäre des Hochgottes, also Jahwes, und fungierten so als Schutzmächte und Mittler (vgl. Keel/Uehlinger, Göttinnen, 390ff; Uehlinger, Horseman, 705ff). Die Reiterstatuetten erfreuten sich „noch in der EZ III ungebrochener Beliebtheit" und lassen sich „mit den Reitern der ersten Vision Sacharjas, die als berittene Polizei des Himmelsgottes Jahwe die Erde durchstreifen [...] und dieses Amt offensichtlich [...] vom vorexilischen ‚Himmelsheer' geerbt haben", identifizieren (Keel/Uehlinger, Göttinnen, 398). Reiterdarstellungen sind in der achämenidischen Ikonographie weit verbreitet, und angesichts der großen Bedeutung der Reiterei für das Militär, für das Boten- und Kundschafterwesen sowie für die Rolle des Königs und des Adels ist die Verwendung dieser Bildsymbolik zur Beschreibung eines himmlischen Boten bei Sach folgerichtig: „That a Persian period text should produce the first literary reference to a heavenly rider and coloured horses operating at the Lord's command all over the world [...] comes as no surprise; it is noteworthy that these operate as messengers and police rather than warriors" (Uehlinger, Horseman, 706). Vgl. Uehlinger, Persianisms, 170.

133 Eine genauere Deutung der Ruhe erfolgt in den redaktionsgeschichtlichen Erwägungen zur Grundschicht des Sacharja-Buches, s.u. 3.14.1.1.

teils noch vor der Einschreibung des Jahwe-Engels, da dieser in 1,12 bereits
Stichwörter aus V 16f aufnimmt und miteinander verbindet. Zwischen V 14
und 16f wurde schließlich ein Gerichtswort gegen die Völker (V 15) eingeschoben, das auf das 2. Nachtgesicht (Sach 2,1–4) vorausblickt.

3.4   Das zweite Nachtgesicht: Die Hörner und die Handwerker
(Sach 2,1–4)

3.4.1   Erste Beobachtungen am Text

Das zweite Nachtgesicht besteht aus zwei Bildern, die nacheinander erscheinen (2,1f.3f). Zunächst setzt die Vision mit einer für die Nachtgesichte üblichen Einleitung und Beschreibung des Geschauten ein: וָאֶשָּׂא אֶת־עֵינַי וָאֵרֶא
וְהִנֵּה אַרְבַּע קְרָנוֹת.[134] Der Visionär sieht vier Hörner und bekommt in V 2 wie
üblich vom Deuteengel deren Sinn erklärt.

In V 3 folgt jedoch eine erneute Visionseinleitung mit וַיַּרְאֵנִי יהוה, die in
dieser Form nur noch in Sach 3,1 eine Entsprechung hat.[135] Der Prophet schaut
wiederum vier Objekte, diesmal hingegen nicht Hörner, sondern Handwerker
(חָרָשִׁים). In V 4 fragt der Visonär nach der Bedeutung dieses neuen Bildes: מָה
אֵלֶּה בָאִים לַעֲשׂוֹת, jedoch wird nicht mitgeteilt, an wen diese Frage geht (4a).
Wer die Erklärung V 4b (וַיֹּאמֶר, ohne Nennung eines Subjekts) liefert, ist
ebenfalls nicht sicher, es könnten der Deuteengel (s. V 2) oder Jahwe (s. V 3)
sein. Die neuerliche Deutung wiederholt in 4bα zunächst die Deutung der
Hörner aus V 2bβ, malt aber deren furchtbare Wirkung für Juda im Anschluß
daran noch weiter aus. Während V 4bβ weiterhin in der 3. Pl. wie bei der Beschreibung des Tuns der Hörner fortfährt und auch kein neues Subjekt nennt,
muß dennoch ein Subjektwechsel stattgefunden haben, denn es heißt, daß „sie"
kamen. Mit einem anschließenden Infinitiv wird das weitere Vorgehen beschrieben: um „sie" (אֹתָם) zu erschrecken (4bβ). Erst V 4bγ bringt etwas mehr
Klarheit. Mit einem weiteren Infinitiv wird die nächste Handlung eingeführt,
die sich jetzt gegen die Hörner richtet, die nun als Hörner der Völker bezeichnet werden. Demnach müssen das Subjekt von 4bβ die Handwerker sein, die
allerdings bis zum Ende der Vision nicht mehr explizit genannt werden. Ebenso können die Hörner nun mit dem Akkusativobjekt in V 4bβ identifiziert
werden. Zuletzt werden die Hörner der Völker als die charakterisiert, die ihr
Horn (ebenfalls קֶרֶן) gegen Juda erhoben haben, um es zu zerstreuen.

---

134 Vgl. Sach 2,5; 5,1.5f.9; 6,1.
135 In Sach 3,1 wird Jahwe allerdings als Subjekt nicht genannt.

Ist aufgrund dieses Befundes recht einsichtig, daß die beiden Einzelteile der Vision unterschiedlichen Textstufen entstammen,[136] ist die Frage, welches der beiden Bilder ursprünglich und welches später hinzugekommen ist, wesentlich schwieriger zu beantworten.

3.4.2   Literarhistorische Analyse

Zunächst können in V 2.4 einige Glossen ausgeschieden werden, um das komplizierte Geflecht des Endtextes schon ein wenig zu entwirren.

Die Wendung את־יהודה את־ישראל וירושלם (2,2bγ) ist in doppelter Hinsicht ungewöhnlich, zum einen durch die asyndetische Aufführung Israels, zum anderen durch die unübliche Stellung von Israel zwischen Juda und Jerusalem. Da zudem in der Wiederaufnahme in 4b, einer gegenüber 2b sekundären Glosse, nur Juda genannt ist, kann את־ישראל וירושלם als Glosse angesprochen werden.[137]

Auffällig ist die doppelte Infinitivkonstruktion in V 4bβ (להחריד und לידות), auffällig ebenso das maskuline Genus der nota accusativi. Da אתם sich auf die קרנות bezieht, wäre hier das Femininum zu erwarten gewesen. Das Maskulinum dürfte von den גוים inspiriert sein.[138] להחריד אתם ist eine „an der Bezeichnung der Völker als ‚sichere‘ (1,15) orientierte Glosse zu dem schwierigen lᵉjaddôt".[139] חרד wird oftmals in Kriegsschilderungen verwendet,[140] auch wird damit häufig die Panik der fremden Völker angesichts des Gerichtshandelns Jahwes ausgedrückt.[141] Beide Aspekte sind für die Verwendung in Sach 2,4 bedenkenswert.

Nach dem Erscheinen der vier Handwerker in V 3 und der Rückfrage des Visionärs nach deren Bedeutung wird in der Antwort V 4b zunächst die Erklä-

---

136 Vgl. Schöttler, Gott, 60ff; Uehlinger, Policy, 340, gegen Rudolph, KAT 13/4, 82; Reventlow, ATD 25/2, 45; Hanhart, BK XIV/7.1, 96ff, bes. 105; Delkurt, Nachtgesichte, 85ff.

137 Vgl. Wellhausen, Propheten, 179; Redditt, NCBC, 56; Delkurt, Nachtgesichte, 85f Anm. 1. Elliger, ATD 25, 104 Anm. 2 und App. BHS, streicht Israel, hält aber 2bγ insgesamt für „verdächtig im Blick auf V. 4bγ [sic!]" (ATD 25, a.a.O.). Duhm, Anmerkungen, 76, findet den Nachtrag nur in ישראל, eingesetzt „vermutlich wegen der vier Danielischen Weltreiche". Hanhart, BK XIV/7.1, 97f, behält dagegen den MT als „genuin sacharjanisch" bei, und zwar vor allem unter Berufung auf 8,13, der einzigen weiteren Erwähnung Israels in Sach 1–8. Jedoch gehört 8,13 einem sekundären Stück an, und außerdem sind dort nur Juda und Israel genannt – wenn nicht sogar die Formulierung בית יהודה ובית ישראל selbst noch einmal einen Nachtrag innerhalb von 8,13 darstellt. 8,13 kann daher kaum als Belegstelle dienen.

138 Vgl. Schöttler, Gott, 64; Inkongruenz der Genera ist in nachexilischer Zeit allerdings nicht ungewöhnlich, vgl. G-K²⁸ § 32n; 135o; Joüon § 149b.

139 Elliger, ATD 25, 104 Anm. 3. Vgl. Schöttler, Gott, 64; Reventlow, ATD 25/2, 45 Anm. 27.

140 S. Baumann, Art. חָרַד, 179. Vgl. z.B. Ri 8,12; 1 Sam 13,7; 14,15.

141 S. Baumann, Art. חָרַד, 180. Vgl. z.B. Jes 19,16; 41,5; Ez 26,16.18; 32,10.

rung der Hörner aus V 2b* wiederholt und in einer erweiterten Form präsentiert (כְּפִי־אִישׁ לֹא־נָשָׂא רֹאשׁוֹ). Der Fortgang der Vision ist erheblich gestört,
statt dieser Rekapitulation würde man nach V 3.4a sofort die Deutung bezüglich der Handwerker erwarten, und daher wird V 4bα häufig als Glosse ausgeschieden.[142] M.E. greift diese Abgrenzung der Glosse jedoch zu kurz. Vergleicht man Anfrage und Antwort mit dem entsprechenden Redegang (2,6) des
unmittelbar nachfolgenden Nachtgesichts, so kann man feststellen, daß in
beiden Fällen die Frage mit einer Partizipialkonstruktion – beide Male mit
einem Verb der Bewegung, בָּאִים in V 4 und הֹלֵךְ in V 6 – formuliert ist. In V
6b wird die Antwort nun direkt mit einem Infinitiv + Präposition לְ eingeleitet.[143] Daher schlage ich auch für V 4 vor, die Antwort mit einem Infinitiv + לְ
beginnen zu lassen, zumal auch die Frage 4a mit einem solchen endete
(לַעֲשׂוֹת). Wie oben ausgeführt, ist die nochmalige Deutung in V 4 ein Nachtrag. Sind jedoch erst die Hörner ausgeschieden, erweist sich die Formulierung
וַיָּבֹאוּ אֵלֶּה (4bβ) als überflüssig. Sie wird erst nötig, um von den hinzugefügten
Hörnern auf die Handwerker zurückzulenken, die ursprünglich allein Gegenstand der Deutung 4b* waren. Geschickt wird dazu das Vokabular aus der
Anfrage des Visionärs V 4a wiederaufgenommen, allerdings mit √בוא im Er-
zähltempus statt als Partizip. Will man dieser Lösung folgen, erspart man sich
zugleich, וַיָּבֹאוּdurch eine andere, textlich nicht belegte Verbform ersetzen zu
müssen, was nötig wird, wenn die ursprüngliche Antwort mit 4bβ beginnen
soll.[144] Wenn also V 4bβ(*) zur die Hörner in V 4 eintragenden Glosse gehört,
hat die ursprüngliche Antwort auf die Frage nach dem Tun der Handwerker
mit dem Infinitiv (+ Präposition לְ) לִידוֹת in 4bγ begonnen. Als Beginn der
Glosse ist das לֵאמֹר in 4bα1 anzunehmen, das anzeigt, wie bzw. daß 4bαβ V
2b* nachdoppelt. Mit der Glosse wird das Ausmaß des Schadens, den die Völker Israel zugefügt haben, weiter ausgemalt: כְּפִי־אִישׁ לֹא־נָשָׂא רֹאשׁוֹ.[145] Dabei
wird der Begriff נָשָׂא aus V 4bγ aufgenommen,[146] diesmal freilich im genau
umgekehrten Sinn verwendet und statt auf die גוֹיִם auf Juda bezogen. Die
Glosse dient zugleich dazu, die beiden recht lose zusammengefügten Bilder

---

142 Vgl. Elliger, ATD 25, 104 Anm. 3, und App. BHS; Schöttler, Gott, 63ff.70; Reventlow, ATD
     25/2, 46. Zum ursprünglichen Bestand wird 4bα von Beuken, Haggai, 254 Anm. 2; Rudolph,
     KAT 13/4, 82 und Hanhart, BK XIV/7.1, 98, gerechnet.

143 Genauso ist auch der Redegang 5,10f konstruiert: Die Frage ist mit einer Partizipialkonstruk-
     tion gebildet (5,10b), und die Antwort beginnt mit einem Infinitiv + לְ (s.u. S. 249).

144 Dies müssen die unter Anm. 142 Genannten in Kauf nehmen, vgl. Elliger, ATD 25, 104
     Anm. 3, und App. BHS; im Anschluß daran Schöttler, Gott, 65 Anm. 155: אֵלֶּה בָּאוּ.

145 Zur Konstruktion s. Rudolph, KAT 13/4, 81 Anm. 4d, und Hanhart, BK XIV/7.1, 98: „Da
     absolutes כְּפִי nur präpositional gebraucht werden kann [...], bleibt die beste Lösung die, hier
     eine – poetisch häufige – Ellipse von אֲשֶׁר anzunehmen". Wellhausens Konjektur von
     כְּפִי־אִישׁ in כְּפִי אֲשֶׁר nach Mal 2,9 (s. Wellhausen, Propheten, 179) ist unnötig.

146 Vgl. Schöttler, Gott, 70.

von den 4 Hörnern und den 4 Handwerkern besser miteinander zu verklammern:[147]

„Verba אֵלֶּה הַקְּרָנוֹת אֲשֶׁר־זֵרוּ אֶת־יְהוּדָה repetuntur e versu superiore, non modo ut explicatius dicantur, verum etiam, ut nexus, quem fabri cum cornibus istis habent, eo magis conspicuus fiat."[148]

Nach Abzug der Glossen lautet der Text wie folgt:

וָאֶשָּׂא אֶת־עֵינַי וָאֵרֶא וְהִנֵּה אַרְבַּע קְרָנוֹת ²* וָאֹמַר אֶל־הַמַּלְאָךְ הַדֹּבֵר בִּי ¹
מָה־אֵלֶּה וַיֹּאמֶר אֵלַי אֵלֶּה הַקְּרָנוֹת אֲשֶׁר זֵרוּ אֶת־יְהוּדָה ³ וַיַּרְאֵנִי יְהוָה אַרְבָּעָה
חָרָשִׁים ⁴* וָאֹמַר מָה אֵלֶּה בָאִים לַעֲשׂוֹת וַיֹּאמֶר לֵידוֹת אֶת־קַרְנוֹת הַגּוֹיִם הַנֹּשְׂאִים
קֶרֶן אֶל־אֶרֶץ יְהוּדָה לְזָרוֹתָהּ

¹ Und ich hob meine Augen auf und sah, und siehe: Vier Hörner. ²* Und ich sprach zu dem Engel, der mit mir redete: „Was sind diese?" Und er sprach zu mir: „Diese sind die Hörner, die Juda zerstreut haben." ³ Und Jahwe zeigte mir vier Handwerker. ⁴* Und ich sprach: „Was sind diese gekommen zu tun?" Und er sprach: „Um die Hörner der Völker niederzuwerfen, die das Horn gegen das Land Juda erhoben haben, um es zu zerstreuen."

Auf dieser Textstufe treten der jeweilige Aufbau sowie die Zusammenhanglosigkeit der beiden Visionsteile (V 1–2* – V 3–4*) noch deutlicher vor Augen: Nicht nur sind die beiden Einleitungen (וָאֶשָּׂא אֶת־עֵינַי וָאֵרֶא וְהִנֵּה – V 1 – וַיַּרְאֵנִי יְהוָה V 3) unterschiedlich, sondern auch die beiden Bilder stehen mehr oder weniger unverbunden nebeneinander und werden lediglich über die Stichworte אַרְבַּע, קֶרֶן[149] und זרה[150] zusammengehalten. Die Nahtstelle liegt zwischen V 2 und V 3, bereits die erneute – und ganz anders geartete – Visionseinleitung V 3 läßt vermuten, daß V 1f* und V 3f* keine ursprüngliche Einheit gebildet haben, sondern daß einer der Visionsteile sekundär zum anderen hinzugekommen sein muß.

Dies wird durch die Beobachtung untermauert, daß die Zahl Vier in beiden Visionsteilen unterschiedliche Bezugsgrößen hat und eine Perspektivverschiebung hinsichtlich der jeweiligen Intention zeigt. Die Zahl Vier drückt den Gedanken der Universalität aus.[151] In V 1f* ist von vier die feindlichen Völker repräsentierenden Hörnern die Rede. Es geht also um die Gesamtheit der Völ-

---

147 Das spricht gerade für den sekundären bzw. tertiären Charakter von 4bαβ und nicht für seine Ursprünglichkeit (gegen Rudolph, KAT 13/4, 82, usw.).

148 Rosenmüller, Scholia, 140.

149 Während die Hörner in V 1f gegenständlich-konkret dargestellt sind, wird der Ausdruck in V 4* metaphorisch gebraucht.

150 Evtl. ist זרה in V 4 ein Nachtrag, s.u. S. 174f.

151 Zur Vierzahl im protosacharjanischen Korpus außerhalb des 2. Nachtgesichts s. Sach 2,10; 6,1.5 sowie die vier Pferdegruppen des 1. Nachtgesichts. Vgl. Elliger, ATD 25, 109; C. Jeremias, Nachtgesichte, 161; Rudolph, KAT 13/4, 83; Reventlow, ATD 25/2, 45; Delkurt, Nachtgesichte, 90f.

ker, d.h. *alle* Völker sind es, die Juda feindlich gegenüberstehen. Dagegen nennt V 3f* vier Handwerker, vergleichbar den über die ganze Erde ziehenden Pferden des 1. und den Wagen des 8. Nachtgesichts. Bei der Erwähnung der feindlichen Hörner fehlt dagegen die Vierzahl, d.h. es geht hier um die Völker, die Juda zerstreut haben. Läßt sich also aufgrund der unterschiedlichen Visionseinleitungen und Perspektiven annehmen, daß in V 1f* und V 3f* unterschiedliche Hände am Werk waren, so kann vermutet werden, daß V 1f* bereits V 3f* kennt und neu interpretieren will; denn V 1f* macht aus den Völkern, „die das Horn gegen das Land Juda erhoben haben, um es zu zerstreuen", alle Völker. Hierdurch wird die Totalität des Völkergerichts neu in den Vordergrund gestellt. Dabei nimmt V 1f* die Stichwörter ארבע, קרן und זרה aus V 3f* auf und macht das in V 3f* metaphorisch gebrauchte „Hörner der Völker, die das Horn gegen das Land Juda erhoben haben" nun selbst – und damit gegenüber V 3 neu – zum Bestandteil und Ausgangspunkt des Visionsbilds.

Hinzu kommt: Die Erscheinung der vier Hörner umfaßt die Verse 1 und 2. Die Aussage der beiden Verse lautet lediglich, daß die vier vom Visionär geschauten Hörner diejenigen sind, die Juda zerstreut haben. Das Horn ist im AT und im Alten Orient seit frühester Zeit[152] ein Symbol für Macht und Stärke, die Tierwelt war der ideale Bildspender: Das „Tiergeweih verkörpert die geballte animalische Schönheit und Kraft".[153] Im AT steht das Horn für die Macht einzelner[154] und auch der Völker bzw. für politisch-militärische Gewalt.[155] Im syrisch-mesopotamischen Raum sind Hörner darüber hinaus vor allem Zeichen der Göttlichkeit, Götter werden in der Regel mit Hörnerkronen dargestellt.[156]

---

152 S. Kedar-Kopfstein, Art. קֶרֶן, 182.

153 Kedar-Kopfstein, Art. קֶרֶן, 182.

154 S. z.B. 1 Sam 2,1.10; Ps 75,5.6.11; 89,25; 92,11.

155 S. z.B. Num 23,22; Dtn 33,17; 1 Kön 22,11//2 Chr 18,10; Jer 48,25; Ez 29,21; 4,13; Ps 148,14; Klgl 2,3.17 und schließlich Dan 7f (zu Dan s. Kratz, Visionen).

156 Auch in Israel werden die Hörner mit der Göttlichkeit in Verbindung gebracht, vgl. Ex 34,29–35 (s. Jaroš, Mose) und die Hörner an den Ecken der Altäre, vgl. Keel, Bildsymbolik, 126, sowie z.B. 1 Kön 1,50; 2,28; Am 3,14; Ps 118,27. Boda, NIV AC, 214 (s.a. ders., Horns, 224ff) macht jedoch deutlich, daß es in Sach 2,1–4 um Tierhörner als Symbol militärischer Stärke und nicht um Hörner eines Altars geht, da dies zu dem Aspekt ‚Hörner, die Juda zerstreut haben' inhaltlich nicht paßt. Für eine Übersicht über Deutungsmöglichkeiten der Hörner s. Boda, NIV AC, 214; Willi-Plein, ZBK.AT 24.4, 67ff u. bes. Hanhart, BK XIV/7.1, 108ff. Boda sieht die Hörner vielmehr als „typifying the two kingdoms (two animals with two horns each) that had scattered Israel and Judah (Babylon and Assyria)" (a.a.O., 216, vgl. zum Folgenden auch Boda, Horns, 224ff). Die Hörner sind die Babylonier, die von den Handwerkern (Perser) diszipliniert werden müssen: „it was the early phase of Darius's reign that the Babylonians received significant punishment from the Persians for their support of Gaumata and rebellion against Darius" (NIV AC, 213). Bodas Reduktion der 4 Hörner auf 2 x 2 findet jedoch keinen Anhaltspunkt in der Vision. Boda muß hierzu selbst konzedieren, daß nach seiner Deutung die Vierzahl nur schwer zu erklären ist. Die Verbindung mit den

In der achämenidischen Ikonographie werden die dämonischen, kosmos-feindlichen Mächte wiederholt als Tiere oder Mischwesen abgebildet, die mit *einem* Horn bewehrt sind.[157] Die Schauung der vier Hörner greift also auf einen gängigen altorientalischen Topos zurück, wobei die Zahl Vier wiederum für den Aspekt der Universalität und Totalität steht und nicht für eine histori-sche Abfolge bestimmter politischer Größen wie im Danielbuch.[158] Die vier Hörner veranschaulichen demnach die Bedrohung Judas durch die feindlichen Mächte ringsum. Dementsprechend fällt nun auch die Deutung des *angelus interpres* in V 2b* aus. Es wird jetzt gegenüber V 3f betont, daß es *alle* Völker sind, die Juda zerstreut haben und die daher in V 3f Jahwes Gericht durch die Handwerker anheimfallen.

Dennoch wirkt der erste Teil des 2. Nachtgesichts für sich genommen in-haltsleer und farblos, da der Vision eine Fortführung und Deutung über die Rolle der Hörner fehlt, wie der Text von V 1–2* veranschaulicht:

> Und ich hob meine Augen auf und sah, und siehe: Vier Hörner. Und ich sprach zu dem Engel, der mit mir redete: „Was sind diese?" Und er sprach zu mir: „Diese sind die Hörner, die Juda zerstreut haben."

Es werden also die Völker als Feinde Judas präsentiert, und man fragt sich, zu welchem Zweck. Die beiden Verse verlangen nach einer weiteren Erklärung. Auch wenn V 1f* dem meist üblichen Visionsstil in Sach 1–6 entsprechen[159] und sich organischer als V 3f* in den Visionszyklus einfügen, können sie nicht

---

vier Himmelsrichtungen liegt für 2,1–4 wesentlich näher, vgl. die Epexegese 2,10; ferner 6,1.5. Zur Verbindung von זרה mit den Himmelsrichtungen s. übrigens die Zerstreuung Elams, Jer 49,36. Interessant ist jedoch Bodas Versuch, ein landwirtschaftliches Bild herzu-stellen (a.a.O., 214f): Die Handwerker aus V 3 übersetzt er als Pflugmänner (zur Kritik an dieser Deutung s.a. Willi-Plein, a.a.O., 70) und will damit eine Verbindung zu den Tierhör-nern (Ziegen, Kühe) schaffen. חרד kommt im AT (s. Jes 17,2; Dtn 28,26; Jer 7,33) als das Verschrecken einer Tierherde vor, und auch der Begriff ‚streuen' ist im AT teilweise land-wirtschaftlich konnotiert. Die von Boda hierzu genannten Belege (Jes 41,15 [sic! Sc. 41,16], Jer 15,7; Jer 31,10) für die „agricultural imagery" (a.a.O., 215) beziehen sich einmal aufs Worfeln, vgl. Jes 41,16; 15,7 (und sind im übrigen Qal!), Jer 31,10 steht dagegen in Verbin-dung mit dem Bild der Sammlung der Schafherde. Zwar gibt es diese Aspekte der „agricultu-ral imagery", aber wie hier das Worfeln und die Zerstreuung einer Schafherde mit der Vor-stellung von pflügenden Ochsen in Verbindung zu bringen sind, außer daß alle Motive aus der Landwirtschaft stammen, ist unklar. Diese Frage wird von Boda bezeichnenderweise nicht bedacht.

157 S. Uehlinger, Frau, 99f Abb. 4; ders., Policy, 340.331 Abb. 25f sowie S. 333 Abb. 28f; Keel, Geschichte, 1013f. Uehlinger und Keel sehen die perserzeitliche Glyptik als den Hintergrund des Hornmotivs der 2. Vision, die sie (mit einem Grundbestand von Sach 2,1.2*.4b) der Grundschicht des sacharjanischen Zyklus zurechnen.

158 Eine Engführung auf eine politisch-historische Größe, wie sie etwa Galling, Studien, 111ff, mit der Identifikation mit Babylon vornimmt, ist problematisch. Zur Kritik an Galling s. Elli-ger, ATD 25, 109 Anm. 1; Rudolph, a.a.O., mit Anm. 3.

159 Vgl. 2,5; 5,1.9; 6,1. Allerdings wird in Sach 2,1 ואשא את־עיני ואָרא zum einzigen Mal mit nota accusativi formuliert.

für sich allein stehen und sind auf V 3f* angewiesen;[160] sie setzen mithin V 3f* voraus. V 1f* sind daher als Fortschreibung von V 3f* zu identifizieren.[161]

Im Endtext wirkt dagegen V 3f wie die Fortsetzung und Fortführung (der Deutung) von V 1f, während literargeschichtlich die Verhältnisse genau umgekehrt liegen und V 1f* die Fortschreibung von V 3f* ist.

Da in V 1f* gegenüber V 3f* durch die Aufnahme der Vierzahl betont wird, daß die Völkerwelt insgesamt dem Gericht durch Jahwe anheimfällt, wäre eine Ansetzung für V 1f in die hellenistische Zeit zu überlegen, nachdem Steck plausibel gemacht hat, daß mit dem Alexanderzug und damit dem Untergang der etwa 200jährigen *pax persica* erst wieder eine politische Situation gegeben ist, in der Syrien-Palästina und die gesamte antike Welt durch Krieg und Umsturz erschüttert werden.[162]

Auch dem Hornmotiv kommt in der hellenistischen Epoche besondere Bedeutung zu.[163] Das Horn erscheint bei vielen Diadochen in zweifacher Gestalt auf Münzen, die auch in Palästina in Umlauf waren.[164] Zum einen werden auf seleukidischen Münzen verschiedene Herrscher mit Hörnerschmuck porträtiert, v.a. Alexander der Große in idealtypischer Form. „Die erste Generation

---

160 In welches Dilemma man gerät, wenn man das Hornmotiv als den Kern des 2. Nachtgesichts ansehen will, zeigt sich an der Rekonstruktion Uehlingers (Policy, 340): Um einen sinnvollen Visionsaufbau zu erhalten, rechnet er neben V 1.2* noch V 4b zum Grundbestand der Vision und kommt zu dem Schluß, „in der Grundschicht dürfte sich das *wayyābo'û 'ēlleh* noch auf die zuvor vorgestellten und immer noch anwesenden ‚Pferde' [sc. des 1. Nachtgesichts] beziehen" (a.a.O.). Ein solches argumentum e silentio ist jedoch kaum am Text zu belegen.

161 Dies entspricht im Ergebnis der Analyse Schöttlers, der ebenfalls V 1–2* als sekundär ausweist (Schöttler, Gott, 66ff). Schöttler begründet dies jedoch hauptsächlich mit der Stimmigkeit der Bilder, die im 2. Nachtgesicht gebraucht werden. Während זרה (hier metaphorisch verwendet, im Sinne von „zerstreuen") laut Schöttler, a.a.O., 66f, nicht zu den Hörnern (und zum Land Juda V 4b) passen will, tut נשא dies sehr wohl (a.a.O., 68), und daher müssen V 3–4* ursprünglich sein, während der Ergänzer das Hornmotiv aus V 4 (קרן נשא) aufgreift und etwas ungeschickt mit dem Motiv der Zerstreuung verbindet (a.a.O., 68ff). Doch warum sollte der Ergänzer einen solchen Kategorienfehler nicht bemerkt haben? Schöttlers Metaphernverständnis greift hier zu kurz. Metaphern dürfen nicht als uneigentliche Rede verstanden werden, die – wenn das *tertium comparationis* ermittelt worden ist – in eine Sachhälfte übersetzt werden muß. Metaphern sind vielmehr eine Sprachform eigenen Rechts, deren hermeneutischer Mehrwert gerade darin besteht, daß Kategorienfehler bewußt eingegangen werden (ein Volk ist kein Horn) und somit Aussagen entwickelt werden, die mit nichtbildhafter Sprache nicht ohne weiteres auszudrücken sind. So werden in V 2 zwei Metaphern kombiniert, gewissermaßen wird eine neue Metapher geschaffen, die nicht wortwörtlich zurückübersetzt werden kann und soll. Zu den hier gebrauchten metapherntheoretischen Prämissen vgl. Michel, Alieniloquium.

162 S. dazu ausführlicher o. S. 68ff.

163 Wie in der Redaktionsgeschichte gezeigt werden soll, entstammt bereits die Grundschicht des 2. Nachtgesichts der hellenistischen Zeit und bestimmt somit den *terminus post quem* für V 1–2*.

164 Die folgenden Ausführungen orientieren sich an Staub, Tier, bes. 54ff.

der Diadochen prägte ihre Münzen dabei oft noch im Namen Alexanders".[165] Auch sonst wurde Alexander, der während seines Aufenthalts in der Oase Siwa zum Sohn des (widderköpfigen) Gottes Amun proklamiert worden war, mit dem Horn verbunden. Die Münzprägungen mit hörnergeschmückten Porträts enden zu Beginn der Regierungszeit Antiochus' I. Soter (ca. 280 v. Chr.),[166] allerdings blieben die alten Münzen in Umlauf und wurden häufig nachgeprägt.[167] Zum anderen verwendeten ptolemäische Herrscher auf verschiedenen Münzprägungen das Symbol des Füllhorns, das somit wohl zur Chiffre der ptolemäischen Herrschaft in Palästina geworden ist.[168] Diese Präsenz des Hornmotivs in der Alltagswelt Palästinas könnte neben der klassischen ao mit dem Horn verbundenen Topik ein zusätzlicher Anknüpfungspunkt sein, um die universale Bedrohung Judas durch die hellenistisch-makedonischen Herrscher im Gefolge des Alexanderzugs und der Diadochen-kämpfe darzustellen.[169] Hierbei wurde die in V 4bγ vorgefundene Hornmetapher aufgegriffen und bildlich-konkret zum neuen Einleitungsteil des 2. Nachtgesichts ausgestaltet.

Als Grundbestand für das zweite Nachtgesicht (Sach 2,1–4) lassen sich nach alledem V 3.4abα^{1}γ abgrenzen. Eingangs wurde bereits festgehalten, daß die explizite Beziehung der Vision auf Jahwe innerhalb der Nachtgesichte einmalig ist,[170] aber dennoch eine Entsprechung in Sach 3,1 hat, auch wenn dort Jahwe nicht ausdrücklich genannt wird.[171] Nimmt man hinzu, daß lediglich das zweite Nachtgesicht eine völkerfeindliche Perspektive einnimmt, so kann vermutet werden, daß die Vision V 3.4abα^{1}γ nicht zum ursprünglichen Bestand des Zyklus gehört.[172]

---

165 Staub, Tier, 59.

166 S. Staub, Tier, 66.

167 „Dabei bleibt noch zu beachten, daß bei den Seleukiden das Horn nicht nur an ihren Münz-porträts [...] vorkommt, sondern tatsächlich eine Art ‚seleukidisches Hauszeichen' darstellt" (Staub, Tier, 66).

168 „Dabei muß noch berücksichtigt werden, daß in Palästina der Sinn des hellenistischen Füll-hornmotivs wohl unbekannt war, so daß für den jüdischen Betrachter der Münze der Aspekt des Hornes dominant blieb" (Staub, Tier, 69).

169 Für Staub bildet die hellenistische Ikonographie den Hintergrund für die Darstellung des 4., gehörnten Tiers in Dan 7,7f. Er hält es für wahrscheinlich, „daß die Münzen der hellenisti-schen, vor allem der seleukidischen Herrscher den möglichen historischen Grund zu deren Chiffrierung unter dem Symbol des Hornes abgaben" (Staub, Tier, 69). M. E. trifft dies be-reits für das zeitlich vor Dan liegende 2. Nachtgesicht zu.

170 S.o. S. 166. Zur Form dieser Visionseinleitung vgl. Am 7,1.4; 8,1 (die Amosvisionen stam-men mitnichten vom Propheten selbst, sondern sind erst in nachexilischer Zeit komponiert, s. Becker, Prophet; vgl. zu Am 7–9 auch Steins, Amos); Jer 24,1.

171 Auch Sach 3,1 beginnt mit וירֵאֵנִי, um die Visionsmitteilung einzuleiten. Auch hier ist Jahwe als Subjekt anzunehmen, er ist derjenige, der die Schau bewirkt. Die übrigen Visionen begin-nen dagegen mit einer Beschreibung dessen, was der Visionär sieht.

172 Vgl. Schöttler, Gott, 71; 320ff.

Der Visionär sieht vier Handwerker, die Jahwe aufgeboten hat, die die Hörner, also die Macht der Völker,[173] niederwerfen sollen. Die Zahl Vier steht auch hier wieder für Universalität,[174] diesmal allerdings nicht mit den Völkern, sondern mit den Handwerkern verknüpft.

חרש bezeichnet den Handwerker, der im AT mit vielerlei Tätigkeiten verbunden wird.[175] Die Übersetzung „Schmiede" läßt sich aus dem Text selbst nicht erschließen,[176] ist aber aufgrund von Jes 54,16 und Ez 21,36 nicht gänzlich unwahrscheinlich. In Jes 54,16 ist Jahwe der Schöpfer (בראתי, zweimal) des Schmiedes (חרש), der die Waffen bereitstellt, und des Verderbers (משחית), der das Gericht an den Feinden vollstreckt.

Ez 21,36 ist von Jes 54,16 abhängig, die beiden ursprünglich selbständigen Figuren sind zu einer verschmolzen: In Ez 21,36 bringen nun die חרשי משחית das Unheil über Ammon und zeigen damit das „Ende des Gerichtes im Gericht über das Gerichtswerkzeug selber"[177] an. Die Vorstellung von חרשים als Jahwes Gerichtswerkzeugen ist in Sach 2,3 demnach in Kenntnis von Jes 54,16 und Ez 21,36 übernommen worden und als Rückverweis auf diese beiden Stellen, besonders auf Ez 21,36, zu verstehen, wo die חרשי משחית als Gerichtswerkzeuge Jahwes gegen ein Fremdvolk innerhalb von Ez 21 gut eingeführt und verständlich sind.[178] Im Zusammenhang damit, daß Jahwe ebenfalls in Jes 54,16 und Ez 21,36 der Urheber ist, könnte auch die Nennung Jahwes in 3aα stehen.

Die Wendung נשא קרן ist im AT nur in Sach 2,4 belegt, sie entspricht dem geläufigen רום קרן.[179] נשא, erheben, korrespondiert ידה (I), (nieder-)werfen. Die Macht der feindlichen Völker wird gebrochen. Das Geschick der Völker entscheidet sich am (Fehl-)Verhalten gegenüber Juda. Schöttler hält den den Vers abschließenden Infinitiv לזרותה für einen mit den übrigen Ergänzungen in 4b zu verbindenden Nachtrag aus V 2, da זרה nicht so gut zu ארץ יהודה passe.[180] Eine derartige „metaphorologische" Schlußfolgerung ist unnötig, zumal da das Bild nicht völlig aus dem Rahmen fällt. Vielmehr paßt das Motiv der Zerstreuung sehr gut zur Vierzahl der Handwerker, die offenbar aus den

---

173 קרן ist hier metaphorisch, im Sinne von Macht, gebraucht; zur Bedeutung von קרן im AT und im Alten Orient s.o. S. 170.

174 S.o. S. 171.

175 Eine Zusammenstellung der wichtigsten Belege s. bei C. Jeremias, Nachtgesichte, 160 mit Anm. 20f.

176 Vgl. C. Jeremias, Nachtgesichte, 160; Rudolph, KAT 13/4, 81 Anm. 3a; Reventlow, ATD 25/2, 46.

177 Zimmerli, BK XIII/1, 497.

178 Vgl. dazu Pohlmann, ATD 22/2, 316ff, bes. 326. Ez 21,33–37 bildet dabei bereits einen Nachtrag zu Ez 21, vgl. Pohlmann, ebd.

179 S. Schöttler, Gott, 70. Zu רום קרן s. 1 Sam 2,1.10; 1 Chr 25,5; Ps 75,5.6.11; 89,18.25; 92,11; 112,9; 148,14; Klgl 2,17.

180 S. Schöttler, Gott, 64ff.

vier Himmelsrichtungen kommen, vgl. auch die dorthin ausfahrenden Wagen in Sach 6,1–8 mit der Ergänzung der vier Winde in 6,5b.6aα*.7b sowie das diasporaorientierte Wort 2,10b, das zwischen die Aussagen zur Flucht aus Babel eingeschoben worden ist.[181]

Während die spätere Ergänzung Sach 2,1–2 die Vierzahl auf die Hörner überträgt und damit schon die gesamte Völkerwelt im Blick hat, konzentriert sich das Gericht der vier Handwerker in Sach 2,3–4* noch auf diejenigen Völker, die ihr Horn gegen Juda erhoben, d.h. ihre Macht gegen es verwendet haben. Nimmt Sach 2,3f* dabei Bezug auf Jes 56,16 und Ez 21,36, so will auch Sach 2,3f* darauf Bezug nehmen, daß das „Ende des Gerichtes im Gericht über das Gerichtswerkzeug selber"[182] für Juda gekommen ist. Dem entspricht auch genau die Perspektive des Einschubs 1,15, der ebenfalls das Gericht über die stolzen Völker thematisiert, und zwar gegen diejenigen, die in Jahwes Zorn zum Bösen halfen. Die Zahl Vier ist, wie gesagt, in 2,3–4* noch nicht auf die Hörner, sondern auf die Handwerker bezogen. Diese kommen offenbar aus den vier Weltgegenden (vgl. Sach 2,10b; Sach 6,1–8, bes. V 5a) entsprechend der Zerstreuung des Gottesvolks (vgl. 2,10b). Das Gericht an den Feinden Judas wird also als Vorbedingung zur Heimkehr der Diaspora angesehen. Im Leseablauf des Sacharja-Buchs folgen auf 2,3–4* das dritte Nachtgesicht (Sach 2,5–9) sowie die Epexegesen 2,10–17, die zur Flucht aus Babel und zur Rückkehr zum Zion aufrufen.[183] Damit wird das in 1,15 angesagte und in 2,3f geschilderte Gericht über die Völker, die das Gericht an Juda mißbraucht haben, zur Vorbedingung für den Wiederaufbau der Stadt und die Wiederbevölkerung und Rückkehr des Gottesvolks aus allen Himmelsrichtungen. Aufgrund des einheitlichen thematischen Anliegens dürften daher 1,15; 2,3f*; 2,10b zu einer Bearbeitung zu verbinden sein, evtl. wären die Einschreibung der vier Winde in Sach 6,5b.6aα*.7b (das Ausfahren der vier Wagen nun als Schilderung der Rückführung aus der Diaspora) und die Worte gegen die ausbeuterischen Völker 2,12f* dazuzurechnen.

Die Diasporaorientierung dieser Bearbeitung sowie die Tatsache, daß Sach 2,3f* bereits Jes 54,16; Ez 21,36 voraussetzt, geben einen Anhaltspunkt für die Datierung. Die Bearbeitung ist noch perserzeitlich anzusetzen, da das universale Gericht gegen die Völker erst von der nächsten Ergänzung (Sach 2,1f*) eingetragen wird. Nach Kratz[184] gehört Jes 54,11–17a zur „Ebed-Israel-Schicht" (oder ist noch jünger), die – je nachdem, wie das diachrone Verhältnis zu Jes 60*(; 61*; 62*) zu bestimmen ist – in die erste (Zeit Xerxes' I.) oder

---

181 Zur Einordnung von 2,10b s. 3.6.2, von 6,5b.6aα*.7b s. 3.11.2.

182 Zimmerli, BK XIII/1, 497.

183 Sach 2,5–9 ist älter als Sach 2,3f, und auch die golaorientierten Stücke in 2,10–17 liegen 2,3f schon vor, während die Ausweitung auf die Diaspora und das Völkergericht in 2,10–17 in Verbindung mit 2,3f gesehen werden kann, s.u. 3.5.2, 3.6.2, 3.14.

184 S. Kratz, Kyros, bes. 206ff, sowie die Tabelle S. 217; s.a. 144ff.

zweite (ungefähr die Zeit Nehemias) Hälfte des 5. Jh.s zu datieren ist. Auch van Oorschot[185] setzt 54,11–17*, das er zu seiner „sekundären Zionsschicht" (R²) rechnet, im 5. Jh. an und hält die Zeit nach der Ermordung Xerxes' I., die von innen- und außenpolitischen Unruhen geprägt war, für wahrscheinlich.

Ez 21,36 ist noch einmal jünger. Pohlmann bestimmt Ez 21,33–37 als späte, wohl noch nach dem diasporaorientierten Stück 21,11f[186] liegende Ergänzung, die bereits das gesamte Kap. 21 im Blick hat; sie ist wohl dem 4. Jh. zuzuordnen.[187]

Eine Ansetzung ins 4. Jh. liegt damit auch für Sach 2,3f* und die dazugehörigen Stücke 1,15; 2,10b(.12f*; 6,5b.6aα*.7b?) nahe.[188]

Sach 2,1f* ist dementsprechend noch einmal jünger. Die sich daraus ergebende frühestmögliche Ansetzung im 4. Jh. ergänzt sich aufs beste mit den übrigen Vermutungen zur zeitlichen Ansetzung.

3.4.3   Fazit

In der als Jahwe-Vision gestalteten Grundschicht (2,3.4abα¹γ) sieht der Visionär vier Handwerker (חרשים), die die Hörner (קרנות), d.h. die Macht der Völker niederwerfen sollen. Die Hörner werden als die charakterisiert, die ihre Macht gegen Juda gewendet haben, um es zu zerstreuen. Die Aufnahme des Begriffs חרשים setzt voraus, daß die Rezipienten von Sach 2,3f* mit der Einführung der Handwerker als Jahwes Gerichtswerkzeuge aus Jes 54,16; Ez 21,36 vertraut sein müssen. Wie in Ez 21,36 ergeht auch in Sach 2,3f* das

---

185 S. van Oorschot, Babel, 256ff.283ff.

186 Vgl. Pohlmann, ATD 22/2, 325f. „Während man die golaorientierte Redaktion ins ausgehende 5. Jh. datieren wird, gehören die sukzessive vorgenommenen diasporaorientierten Fortschreibungen ins 4. Jh." (Pohlmann, ATD 22/1, 34).

187 Pohlmann, ATD 22/2, 326, mit Verweis auf Hölscher, Hesekiel, 116.

188 Anders als Pohlmann rechnet Kratz, Kyros, 206ff, für die „Ebed-Israel-Schicht" bei Deuterojesaja mit einer Diasporaorientierung bereits in der ersten Hälfte oder um die Mitte des 5. Jh.s. Schmid, Buchgestalten, 269ff.343f, geht von einem Einsetzen diasporaorientierter Fortschreibungen bei Jer ab dem ausgehenden 5. Jh. aus. Steck/Schmid, Heilserwartungen, 31, denken an die politisch stabilen Verhältnisse in der Zeit Artaxerxes' I. (465–425 v. Chr.). Levin, Verheißung, 167ff, setzt eine golaorientierte Bearbeitung des Jeremia-Buchs im späten 5. Jh. an, zu deren Nachgeschichte die diasporaorientierte Bearbeitung gehört. Klein, Schriftauslegung, 399ff, bes. 402f, stellt heraus, daß das Ezechielbuch bereits in seiner ursprünglichen Gestalt die Situation der Gola im Licht der Diaspora zeichnet und rechnet mit einer Entstehung der Grundfassung von Ez im ausgehenden 5. bis mittleren 4. Jh. Nach Levin, a.a.O., 207ff, gehört die Diasporaperspektive von Ez ins 4. Jh. Auch wenn im AT mit dem Beginn diasporaorientierter Fortschreibungen bereits im (späteren) 5. Jh. zu rechnen ist, wird für Sach 2,3f* aufgrund seiner Abhängigkeit von Ez 21,36, was zum Jüngsten in Ez 21 gehört und die diasporaorientierte Bearbeitung von Ez bereits voraussetzt, eher ans 4. als an das späte 5. Jh. zu denken sein.

Gericht über die Völker, die einst selbst das Gericht über Juda gebracht hatten. Dieser Gedanke findet sich ebenfalls in Sach 1,15 (vgl. Sach 2,12f*). Sach 1,15 wurde vermutlich zusammen mit 2,3f* eingeschrieben, um die Vision zwischen den Heilsworten für Zion-Jerusalem am Übergang vom ersten zum zweiten Nachtgesicht vorzubereiten. Auch 2,3f* schildert das Gericht an den feindlichen Völkern als Heil für Juda, denn es wird zur Voraussetzung für die Heimkehr der Diaspora, die von den Völkern zerstreut wurde. Damit ist auch 2,10b derselben Hand zuzuordnen, da hier die Diaspora zusammen mit den Aufrufen zur Rettung zum Zion genannt wird. Die Vierzahl der Handwerker deutet bereits die Diasporaperspektive an. Möglicherweise ist der Bearbeitung auch Sach 6,5b.6aα*.7b zuzuschreiben, die aus den vier Wagen des letzten Nachtgesichts die vier Winde des Himmels macht und Sach 6,1–8 zur Vision von der Heimführung der Diaspora ausgestaltet. Die Diasporaorientierung von 1,15; 2,3f*; 2,10b(.12f*; 6,5b.6aα*.7b?) sowie die Abhängigkeit von Jes 54,16; Ez 21,36 lassen eine Abfassung im 4. Jh. vermuten.

In einer Vorschaltung (V 1–2*), die auch den Deuteengel in das Nachtgesicht einführt, wird die Hornmetapher der Grundschicht mit Hilfe der Stichwortanknüpfungen ארבע, קרן und זרה ausgemalt, um die Bedrohung durch die Völker stärker herauszustellen. Mit der Einführung des Deuteengels wird die Vision sekundär an die übrigen Nachtgesichte angeglichen. Durch die Übertragung der Vierzahl von den Handwerkern auf die Hörner wird das Gericht gegen die feindlichen Völker in universale Dimensionen ausgedehnt. Dies legt den Schluß nahe, daß die Überarbeitung der Grundschicht erst in den Völkertumulten nach dem Untergang des persischen Reichs stattgefunden hat.

Schließlich ist der Text mehrfach glossiert (4b*.4bβ(להחריד), 2bγ(את־ישראל וירושלם).(אתם)), wobei 4b* die beiden Visionsteile V 1f und V 3f stärker miteinander verschränkt, während 4bβ den Gerichtsaspekt erweitert und 2bγ neben Juda zur Vervollständigung noch Israel und Jerusalem nachträgt.

3.5   Das dritte Nachtgesicht: Der Mann mit der Meßschnur (Sach 2,5–9)

3.5.1   Erste Beobachtungen am Text

Die Einleitung des dritten Nachtgesichts (Sach 2,5–9) entspricht mit der Formulierung ואשא עיני וארא (2,5) der auch in 2,1; 5,1; 5,5(.9); 6,1 zu findenden Form.[189] Wie im ersten Nachtgesicht (Sach 1,8–17) schaut der Prophet einen

---

189 In 2,1 findet sich allerdings ואשא את־עיני, die Einleitung des Nachtgesichts „Efa" (5,5–11) 5,5 ist imperativisch formuliert, während innerhalb der Vision in 5,9 noch einmal die ge-

Mann, und wie in 1,8 wird dessen Auftreten in 2,5a mit den Worten והנה־איש
beschrieben. Allerdings sitzt der Mann diesmal nicht auf einem Pferd, sondern
hält eine Meßschnur in seiner Hand. Wie im ersten Nachtgesicht, aber abweichend von den anderen Visionen, fragt der Prophet nicht den Deuteengel, sondern den Mann nach dem Sinn des Geschauten (V 6a). Diesmal gibt der Mann
auch unmittelbar darauf selbst die Antwort:[190] Um Jerusalem zu messen, um zu
sehen, wie seine Länge und seine Breite ist. Damit ist die Frage des Visionärs
zunächst beantwortet.

Anders als sonst üblich, tritt (יצא) nun in V 7a der Deuteengel (המלאך
הדבר בי) auf, die Schilderung setzt wie bei dem Mann mit der Meßschnur mit
והנה ein.[191] Ebenfalls vom üblichen Schema abweichend, wird in V 7b nun ein
anderer Engel (מלאך אחר) wie der Deuteengel mit יצא eingeführt, der dem
Deuteengel entgegengeht (לקראתו). Das Auftreten dieses weiteren Engels ist
innerhalb des Zyklus der Nachtgesichte singulär. Vers 8 setzt nun mit ויאמר
אלו ein, ohne mitzuteilen, wer das Subjekt und wer das Objekt dazu ist. Als
Subjekt kann nach V 7 nur einer der beiden Engel in Frage kommen. Für das
Objekt ist neben den Engeln auch noch der Visionär selbst in Betracht zu ziehen, der ja üblicherweise mit dem Deuteengel kommuniziert. Die Unsicherheit
setzt sich mit dem Redeauftrag 2,8aβ (רץ דבר אל־הנער הלז) fort, da nicht
deutlich wird, wer mit „diesem Knecht/Jungen" gemeint ist, der angeredet
werden soll. Da dem נער übermittelt wird, daß Jerusalem wegen der Menge an
Menschen und Vieh in seiner Mitte (בתוכה) als offene Landstadt (פרזות)
daliegen soll, kann erschlossen werden, daß die Botschaft an den Mann, der
Jerusalem ausmessen will, oder an den Propheten übermittelt wird, der üblicherweise der Gesprächspartner des Deuteengels ist. In diesem Fall hätte der
Visionär die Aufgabe, die von den Engeln überbrachte Mitteilung an den
Mann mit der Meßschnur weiterzureichen.

In V 9 findet nun ein plötzlicher Wechsel in die 1. Sg. statt, die sich durch
ihren Inhalt und die Gottesspruchformel in 9aα^2 als Jahwerede zu erkennen
gibt. Jahwe selbst will (אהיה) als Feuermauer um Jerusalem herum sein (9a).
Der letzte Halbvers (9b) befaßt sich noch einmal mit dem Inneren Jerusalems.
Im Unterschied bzw. in Ergänzung zu V 8 sind jetzt nicht die Menschen und
das Vieh im Blick, die inmitten Jerusalems sind (בתוכה), sondern Jahwe will
(אהיה) zum כבוד in Jerusalems Mitte (בתוכה) werden.

---

wöhnliche Form aufgegriffen wird. In Sach 5,1; 6,1 ist jeweils שוב als Formverbum
vorangestellt.

190 Damit entspricht der Visionsbeginn 2,5–6 dem Ablauf des Grundbestandes der ersten Vision
(1,8.9a.10.11b), während sich in der ersten Erweiterung des ersten Nachtgesichts der Deuteengel vor der Antwort des Mannes zu Wort meldet (1,9a).

191 Mit והנה werden üblicherweise die Visionselemente, nicht aber der Deuteengel eingeführt,
vgl. Sach 1,8; 2,1.5; 4,2; 5,1.7.9; 6,1.

Für die literarhistorische Analyse ist zu berücksichtigen, weshalb der Deuteengel so spät auftritt, und zwar erst, nachdem der Mann die Frage des Visionärs bereits beantwortet hat. Ebenso muß gefragt werden, weshalb ein weiterer Engel auftritt, der sonst nicht wieder erwähnt wird. Zudem ist im Zuge der literarhistorischen Analyse zu klären, wer mit den verschiedenen Personen in V 8 gemeint ist und wie sich die zu übermittelnde Botschaft zur Antwort des Mannes mit der Meßschnur verhält. Schließlich ist die unvermittelt einsetzende Jahwerede in V 9 auffällig. Daneben ist zu prüfen, wie die Aussagen, Jahwe wolle als Feuermauer um Jerusalem herum sein bzw. Jahwe wolle zur Herrlichkeit in seiner Mitte sein, zueinander in Beziehung stehen. Mit V 9 ist das dritte Nachtgesicht abgeschlossen. Wie die Perspektive auf die Rettung und Sammlung der Zerstreuten sowie die mit V 9 nicht verbundenen Imperative zu erkennen geben, beginnt in 2,10 ein neues Stück (2,10–17), das sich aber thematisch an die Vermessung Jerusalems (2,5–9) anlehnt.

3.5.2   Literarhistorische Analyse

Wie bereits oben bemerkt, herrscht in V 8 eine zweifache Konfusion, zum ersten bezüglich des Sprechers (und Adressaten) von V 8 und zum zweiten bezüglich der Frage, wer der נער ist. Des weiteren ist das Auftreten eines zweiten, mit dem Deuteengel kommunizierenden Engels (V 7) außergewöhnlich und innerhalb von Sach 1–8 völlig singulär. M.E. hängen beide Beobachtungen zusammen, und alle Unklarheiten lösen sich mit einem Schlag auf, wenn man den anderen Engel (מלאך אחר), d.h. V 7b aus 7f herausnimmt. 7b ist 7a nachgestaltet und mit der Kopula ו lose angeschlossen worden. Entfernt man nun 7b, so ist der Text sofort eindeutig:

⁵ ואשא עיני וארא והנה־איש ובידו חבל מדה ⁶ ואמר אנה אתה הלך ויאמר
אלי למד את־ירושלם לראות כמה־רחבה וכמה ארכה ^{7a} והנה המלאך
הדבר בי יצא ⁸ ויאמר אלו רץ דבר אל־הנער הלז לאמר פרזות תשב
ירושלם מרב אדם ובהמה בתוכה

⁵ Und ich hob meine Augen auf und sah, und siehe: Ein Mann und in seiner Hand eine Meßschnur. ⁶ Und ich sprach: „Wohin gehst du?" Und er sprach zu mir: „Jerusalem zu messen, um zu sehen, wie groß seine Breite und wie groß seine Länge ist." ^{7a} Und siehe, der Engel, der mit mir redete, ging heraus. ⁸ Und er sagte zu ihm: „Lauf, rede mit dem jungen Mann: Als offene Siedlung wird Jerusalem daliegen wegen der Menge an Mensch und Vieh in seiner Mitte.

Der Sprecher ist also der Deuteengel, der Adressat nun aber, und zwar ebenso eindeutig, der Mann mit der Meßschnur, während der נער der Prophet sein muß.[192]

Mit der späteren Ergänzung von 7b verschieben sich die Rollen. Nach dem syntaktischen Gefüge müßte der Sprecher von V 8 (ויאמר 8aα[1]) der מלאך אחר als das letztgenannte Subjekt (7b) sein.[193] Zudem wäre der andere Engel jeglicher Funktion beraubt, wenn der Deuteengel der Sprecher von V 8 wäre, denn dann könnte dieser seine Botschaft auch selbst dem Adressaten ausrichten.

Der mit נער Angeredete dürfte nun der Mann mit der Meßschnur sein,[194] da in dem späten Textstadium, in dem V 7b in Sach 1–8 ergänzt wurde, die Figur des Deuteengels ganz an die Seite des Visionärs gerückt ist:

> The "oracle that the 'official' is to deliver has been transmitted by a second angel and only indirectly by the Interpreting Angel. Since the latter always and characteristically speaks directly to the prophet, it is unlikely that in this instance a mediator, who serves in no other purpose in the vision, gives the message to the official. The Interpreting Angel and Zechariah have a relationship that is the epitome of dialogic exchange. The second angel must therefore be addressing someone other than the prophet."[195]

Die Absicht der Ergänzung von V 7b ist, die ganze Visionsszene vom Propheten zu distanzieren und ganz in die Sphäre der himmlischen Boten zu verlegen. Angesichts dieser Perspektivenverschiebung ist es wahrscheinlich, daß 7b erst nach den beiden Jahwe-Worten 9a.b in den Text gelangt ist.

Als nächstes kann die Jahwerede V 9 als ein weiterer Zusatz abgegrenzt werden. Während V 8 die deutende Antwort des Engels selbst ist, setzt V 9 noch einmal als Jahwe-Wort – freilich innerhalb der Antwort des Engels – neu ein (Gottesspruchformel 9aα) und schließt mit ו an den vorhandenen Text an. V 9 akzentuiert das Deutewort V 8 neu, indem nun – ging es im vorgefundenen V 8 um den Bevölkerungsreichtum – der Aspekt des Schutzes Jerusalems als offener Stadt wichtig wird. Explizit wird die Frage nach einer Stadtmauer

---

192 Daß נער als Bezeichnung für den Visionär nicht völlig abwegig ist, zeigen diverse Belege, bei denen נער in kultischen Kontext weist, z.B. Ri 17f; 1 Sam 1–3; vgl. auch die Verwendung von נער in Jer 1,6f oder auch die Bezeichnung der Propheten als עבדים (z.B. Sach 1,6).

193 Vgl. Rignell, Nachtgesichte, 74ff; Beuken, Haggai, 248 Anm. 1; Rudolph, KAT 13/4, 85; Meyers/Meyers, AncB 25B, 153ff, gegen die weit verbreitete Meinung, der Deuteengel sei der Sprecher von V 8, so etwa Elliger, ATD 25, 109; Schöttler, Gott, 117; Reventlow, ATD 25/2, 47.

194 Vgl. Boda, NIV AC, 223: "It seems clear from the content of the message that it is directed to the man with the measuring line, not the prophet." S.a. Willi-Plein, ZBK.AT 24.4, 75.

195 Meyers/Meyers, AncB 25B, 153. Vgl. weiter: "It clarifies the addition of the second angel, whose role would be to speak to the other person in the vision (the man with the cord) and so preserve the special link between prophet and Interpreting Angel" (a.a.O.).

beantwortet.[196] Die Heilsverheißung wird überhöht, Jahwe selbst wird Jerusalem als Feuermauer umgeben. Die Vorstellung vom Schutz durch Jahwe als Feuermauer dürfte auf das Motiv der Wolken- und Feuersäule in der Exoduserzählung (Ex 13,21f; 40,34–38; Num 9,15–23; 10,11f.34–36; vgl. Ps 78,14) rekurrieren, vgl. dazu auch Jes 4,5.[197]

V 9b dürfte seinerseits eine Ergänzung von V 9a sein.[198] Dort war Jahwes Gegenwart in Jerusalem als Feuermauer rings um die Stadt beschrieben. Hier wird unter Aufnahme der priesterschriftlichen Einwohnungs- und Kabodtheologie[199] das Gewicht auf die Gegenwart Jahwes in Jerusalems Mitte gelegt, was auf das Wohnen Jahwes in seinem Tempel weist.[200] Dabei dürfte 2,9b wahrscheinlich schon die Verheißungen Sach 2,14f voraussetzen, die das Wohnen Jahwes inmitten seines Volks ansagen. Damit knüpft V 9b an das Stichwort בתוכה aus V 8 und die Vorstellung von Jahwe als Feuermauer in 9a an und setzt in Anlehnung an P[201] die Einwohnung des כבוד in Jerusalems Mitte (בתוכה) hinzu.[202] Die Anwesenheit Jahwes in Jerusalem ist nun Grund für den Schutz der Stadt durch die Feuermauer um sie herum. Die Entsprechung der Verbindung der Präsenz Jahwes in seinem כבוד und der Wolken- und Feuersäule, die auch zum Schutz seines Volks dient,[203] liegt auf der Hand.

---

196 Vgl. Schöttler, Gott, 74f, der ebenfalls zu dem Ergebnis kommt: „Das die Vision abschließende Jahwewort ist also ergänzende und präzisierende Glosse" (a.a.O., 75).

197 S. dazu bes. jüngst Mathys, Anmerkungen, 112ff, der darin eine an die Präsenz Gottes in Jerusalem angepaßte Umprägung der Vorstellung des in der Wüste mitziehenden Jahwe erkennt. Petersen, OTL, 171, sieht eine Parallele zu der Anlage von Pasargadae, wo statt der Mauern Feueraltäre Ahura Mazdas zu finden gewesen seien, die die Unverletzlichkeit der Stadt durch die Präsenz der Gottheit symbolisierten. Dieser Deutung, die archäologisch alles andere als abgesichert ist (vgl. Marinković, Stadt, 116ff; Lux, Jerusalem, 265 m. Anm. 46), hat sich jüngst Boda, NIV AC, 224, angeschlossen. S. dazu kritisch auch Mathys, a.a.O., Anm. 41: „Wie wird aus – zerstreuten! – Altären eine Mauer?"

198 Vgl. Beuken, Haggai, 245 Anm. 1.

199 Da Feuer- und Lichterscheinungen mit dem כבוד Jahwes und der Wolken- und Feuersäule einhergehen (vgl. Ex 13,21–23; 14,20; 24,17; Ex 40,34–38 usw.), konnte sich 9b gut an 9a anlagen.

200 Jüngst hat Rudnig, „Jahwe", 277ff, klar herausgearbeitet, daß die Vorstellung vom Wohnen Jahwes inmitten seines Volkes bei P die Gegenwart Jahwes in seinem Heiligtum anzeigt, „das jeweils im unmittelbaren Kontext genannt wird" (Rudnig, a.a.O., 278). Zum Wohnen Jahwes inmitten (mit תוך konstruiert) Israels/seines Volkes etc. als Anwesenheit in seinem Heiligtum s. Ex 24,16f; 25,8; 29,45f; Lev 15,31; 1 Kön 6,13; Ez 43,7.9 u.ö. Auch nach Delkurt, Nachtgesichte, 134ff, ist der Tempel bei der Einwohnung des Kabod in der Stadt Jerusalem selbstverständlich mit eingeschlossen, gegen Marinković, Stadt, 43ff, bes. 53ff, wonach es in Sach 2,5–9 lediglich um Jahwes Präsenz in der Stadt, bei seinem Gemeinwesen, nicht aber um den Tempel geht.

201 Vgl. Rudnig, „Jahwe", 277ff.

202 S. bes. Ex 24,16f; 25,8; 29,44–46. Daneben dürfte Sach 2,9b auch mit einem Seitenblick auf Hag 1,8; 2,3.7.9 verfaßt sein.

203 Vgl. z.B. Ex 14,20.

Ist V 9 also der Vision 2,5–8 erst später hinzugewachsen, so ist diese nun selbst zu untersuchen. Formal fällt bei der Gestaltung von 2,5–8 sofort ins Auge, daß der Deuteengel erst in der Mitte der Visionsschilderung (V 7) die Szene betritt (יצא), zu einem Zeitpunkt, an dem die Frage nach dem Sinn des Geschauten (אנה אתה הלך V 6) bereits durch den איש beantwortet ist (V 6b). Schöttler begründet das späte Auftreten des Deuteengels als für die „„Dramaturgie'"[204] der Handlung notwendig. Das Erscheinen des Deuteengels markiert nach dieser Interpretation den Wendepunkt, indem der Deuteengel in V 8 dem anderen Engel den Befehl erteilt, die Botschaft dem נער mitzuteilen, der mit dem Mann mit der Meßschnur identifiziert wird. Diese Botschaft wird als Korrektur des Vorhabens des Mannes mit der Meßschnur verstanden, wobei der Visionär den Auftrag V 8 als indirektes Deutewort mithören soll.[205] Demgegenüber muß aber festgehalten werden, daß V 8 nicht die Antwort des Mannes mit der Meßschnur (V 6) korrigiert, sondern vielmehr diese aus- und weiterführt.

Auch Rignell[206] interpretiert V 8 im positiven Sinne als folgerichtige Replik und nicht als Kritik auf das Vorgehen des Mannes mit der Meßschnur und schließt ein Unverständnis oder eigenmächtiges Handeln durch den Mann mit der Meßschnur aus: „Was in 2,5 ff. berichtet wird, ist ganz gewiss als ein Ausdruck für Jahves Wohlgefallen zu verstehen".[207] So widerspricht Rignell der „vorgefassten Meinung [...], dass die Worte in V. 8 eine Kritik der Vorkehrungen des messenden Engels enthalten. In Wirklichkeit hat der Prophet, נער, nur die Botschaft Jahves von dem deutenden Engel *entgegenzunehmen*, und diese Botschaft ist unseres Erachtens alles andere als eine Kritik des Engels mit der Messschnur, da sie ja vielmehr ganz dasselbe in Worten aussagt, was der messende Engel mit seiner Handlung ausgedrückt hat".[208] Als Resultat kann daher festgehalten werden: „V 8 legt V 6 aus [...]".[209]

Das visionäre Geschehen ist also bereits mit V 6 zu einem ersten Abschluß gekommen, ohne daß der Deuteengel – wie sonst üblich – in Erscheinung getreten wäre. Die Mitteilung des Mannes mit der Meßschnur, er wolle Jerusalem seiner Länge und Breite nach vermessen, ist als Verheißung des Wiederaufbaus, der Restitution Jerusalems zu verstehen. Für den Zusammenhang von Vermessung und Wiederaufbau durch Jahwes Heilshandeln sei auf Ez 40–48; Jer 31,38f verwiesen, wo das Messen mit dem Tempelbau bzw. dem Ausbau Jerusalems verbunden ist. Dieselbe Vorstellung reflektiert auch Sach 1,16,

---

204 Schöttler, Gott, 74.
205 S. Schöttler, Gott, 74; vgl. Reventlow, ATD 25/2, 47; Boda, NIV AC, 223.
206 S. Rignell, Nachtgesichte, 75ff.
207 Rignell, Nachtgesichte, 75.
208 Rignell, Nachtgesichte, 76 (Hervorhebung im Original gesperrt).
209 Rignell, Nachtgesichte, 77.

wobei dieser Vers bereits eine Auslegung von Sach 2,5f darstellt.[210] Daß die Einführung des Deuteengels V 7a.8 demgegenüber eine sekundäre Erweiterung darstellt, ergibt sich aus verschiedenen Beobachtungen, deren Summe schließlich die Entscheidung ausmacht. Zunächst ist in formaler Hinsicht festzustellen, daß das Gespräch zwischen dem Visionär und dem Mann aus sich heraus verständlich ist und in V 6 zu einem Abschluß gebracht wird, der die Restitution Jerusalems in Aussicht stellt. Sach 2,5f kann also für sich stehen. Umgekehrt sind V 7a.8 auf die „Vorgeschichte" in V 5f angewiesen, um verständlich zu sein. Sach 2,7f kann demnach nicht älter als 2,5f sein. Daß V 7f hingegen jünger sein dürfte, zeigt neben der Beobachtung, daß die Vision 2,5f mit der Verheißung in V 6 in sich geschlossen ist, zunächst die inhaltliche Verschiebung und Neuakzentuierung, die mit dem Auftreten des Deuteengels verbunden ist. Hier sind nicht mehr nur Wiederaufbau und Restitution Jerusalems im Blick, die Verheißung im Auftrag des Deuteengels interpretiert und überbietet die bisherige Vision vielmehr: Übergroßer Reichtum an Menschen und Vieh soll Jerusalem widerfahren, wobei אדם ובהמה (V 8) als Merismus für die Wiederkehr von Leben und Wohlstand insgesamt stehen.[211] Dem Aspekt des Wiederaufbaus wird so die Ankündigung der wunderbaren Neubesiedelung der Stadt hinzugefügt. Zugleich wird eine Antwort gegeben, wie das wiederaufgebaute Jerusalem vorzustellen ist: Wegen des wunderbaren Bevölkerungsreichtums soll Jerusalem offen – פרזות[212] ist in V 8 betont vorangestellt – daliegen.[213] Läßt sich V 7f also als Neuakzentuierung und Reinterpretation von V 5f verstehen, so ist ein weiterer Hinweis die Art der Formulierung, mit der der Deuteengel in V 7 auftritt. Die Einführung des Deuteengels setzt wie bei dem Mann mit והנה ein, was darauf schließen läßt, daß die Visionsschilderung V 5 als Vorbild für V 7 dient und diese nachahmt. Als letztes kann noch das Argument der Analogie hinzugefügt werden. Der Grundbestand des ersten Nachtgesichts entspricht in seiner Gestaltung genau der Struktur von 2,5f: Der Prophet sieht innerhalb einer Vision einen איש (1,8a, vgl. 2,5a), stellt diesem eine Frage nach der Bedeutung des Gesehenen (1,9a, vgl. 2,6a) und erhält von dem איש eine entsprechende Antwort (1,10.11b, vgl. 2,6b), womit die Vision zu einem Abschluß gebracht wird. Im ersten Nachtgesicht läßt sich

---

210 Zur Bedeutung des Ausmessens in ao Bauprojekten s. z.B. Boda, Dystopia, 221ff. Zu Sach 1,16 s.o. 3.3.2.

211 Zur nachexilischen Hoffnung auf große Ausbreitung des Volkes vgl. z.B. Jes 49,19f; 54,1–4; vgl. auch Sach 8,5; zum Segen durch Mensch und Vieh vgl. auch schon die Vätergeschichte, bes. die Mehrungsverheißungen. C. Jeremias, Nachtgesichte, 171, bezeichnet אדם ובהמה als „stereotyp-formelartige Wortverbindung". Für Hag–Sach vgl. noch Hag 1,11; Sach 8,10.

212 Außer Sach 2,8 nur noch Ez 38,11; Est 9,19 (beide Male mit der Bedeutung „offene Landstadt").

213 Hierauf liegt der Akzent, nicht auf der Frage nach dem Mauerbau, vgl. Rignell, Nachtgesichte, 77; Schöttler, Gott, 233f; Rudolph, KAT 13/4, 84; Galling, Studien, 116; Boda, NIV AC, 224.

noch deutlicher sehen, daß der Deuteengel erst sekundär in die Vision eingeschrieben wurde, aber aufgrund der Kombination der Beobachtungen läßt sich
dies auch für das dritte Nachtgesicht annehmen: Der Auftrag des Deuteengels
Sach 2,8 ist Neuinterpretation und Überbietung von V 6b, und die Einführung
des *angelus interpres* mit והנה (V 7a) ahmt V 5 nach. Zudem kann Sach 2,5f
für sich stehen und stellt eine geschlossene Einheit dar, die im Aufbau exakt
dem Grundbestand des ersten Nachtgesichts (1.8.9a.10.11b) entspricht, in dem
der Deuteengel noch nicht eingeschrieben war. Aus der Summe der Beobachtungen läßt sich daher schließen, daß der Deuteengel auch dem dritten Nachtgesicht erst sekundär hinzugefügt wurde und das dritte Nachtgesicht ursprünglich nur aus Sach 2,5f bestand.[214] Sollte man davon ausgehen, daß Sach 2,7f
mit dem Verweis auf die offene Stadt sogar eine Kritik an der den Umriß der
Stadt begrenzenden Meßtätigkeit des Mannes darstellt,[215] so ist noch einmal
deutlicher, daß es sich bei 2,7f um einen Zusatz handelt, der die ursprüngliche
Intention der Vision korrigieren will. Die Einschreibung des Deuteengels in
Sach 2,7f hat dabei zweierlei im Blick. Zum einen handelt der Auftrag des
Deuteengels vom wunderbaren Bevölkerungsreichtum, d.h. von der Wiederkehr von Leben und Wohlstand in die restituierte Stadt. Daher wird Jerusalem
als offene Siedlung daliegen. Mit dem Heilsaspekt ist der wirtschaftliche Status Jerusalems verbunden. Auch wenn dies der Skopus der Erweiterung Sach
2,7f ist, stehen zum anderen mit der Bezeichnung Jerusalems als פרזות ebenfalls die realen historischen Verhältnisse im Hintergrund, da offene Siedlungs-
formen im Jerusalemer Umland in persischer Zeit charakteristisch waren[216]
und wohl auch die Stadtmauer Jerusalems bis zur Zeit Nehemias geschleift
blieb.[217] Segen und wirtschaftlicher Aufschwung werden verheißen und zugleich der gegenwärtige politische Status Jerusalems legitimiert.[218]

---

214 Auch Uehlinger, Policy, 340, nimmt lediglich die Verse 5 und 6 als Grundschicht an: „Die
     Fortsetzung V. 8–9 [sic!] setzt formal die Einführung des Deuteengels [...] voraus" (a.a.O.
     Anm. 172), ebenso Kratz, Judentum, 85.

215 Vgl. o., s. z.B. C. Jeremias, Nachtgesichte, 166ff; Schöttler, Gott, 73f; Reventlow, ATD 25/2,
     47.

216 Auf die Entsprechung von Sach 2,8 mit den realen Verhältnissen der Perserzeit weisen auch
     Meyers/Meyers, AncB 25B, 154f.160, hin. Aus gänzlich anderer Perspektive machen dage-
     gen Petersen, OTL, 171; Marinković, Stadt, 66.116ff; Lux, Jerusalem, 264ff; Mathys, An-
     merkungen, 106ff, ein perserzeitliches Vorbild für Sach 2,5–9 aus, wobei sie V 9 als ur-
     sprünglichen Bestandteil der Vision ansehen. Demnach würde das ohne Mauer daliegende
     Jerusalem der offenen Anlage von Pasargadae entsprechen. Petersen, a.a.O., vermutet, daß
     der Schutz Jerusalems durch Jahwe in Gestalt einer Feuermauer (Sach 2,9) rund um Pasarga-
     dae aufgestellten Feueraltären entspreche, die schützende Präsenz Ahura Mazdas in Pasarga-
     dae symbolisieren. Kritisch dazu Lux, Jerusalem, 265 m. Anm. 46. Vgl. o. S. 181 Anm. 197.

217 Zur sozio-ökonomischen Situation in Jerusalem und Jehud zur Perserzeit s. den Exkurs o. S.
     124ff.

218 Vgl. Wellhausen, Propheten, 180.

Ist also V 7a.8 als eine den Deuteengel einführende und V 5–6 neu interpretierende Erweiterung zu identifizieren, so soll noch einmal der Grundbestand des dritten Nachtgesichts (V 5–6) in den Blick genommen werden. Daß der Aufbau mit dem Grundbestand des ersten Nachtgesichts vergleichbar ist, wurde bereits ausgeführt, ebenso daß der Wiederaufbau Jerusalems das Thema von V 5f ist, wie die Meßschnur und die Vermessung nach Länge und Breite anzeigen.

Die Nähe von Sach 2,5f zu Ez 40–48 liegt auf der Hand. Auch hier vermißt ein Mann (in 40,3 ebenfalls mit וְהִנֵּה־אִישׁ eingeführt) mit Meßschnur und -rute ein Areal nach Länge und Breite, und das Vokabular ist naturgemäß sehr ähnlich (√מדד; אֹרֶךְ + רֹחַב Ez 40–48 passim). Bei beiden Männern handelt es sich um himmlische Boten, und „beide ‚Männer‘ künden eine von Jahwe geplante und von ihm ausgehende Erneuerung und Wiederherstellung an".[219]

Jedoch konnte Rudnig zeigen, daß der Mann in Ez 40–48 erst sekundär und sehr spät in den Verfassungsentwurf eingearbeitet wurde und bereits die Figur des Deuteengels, d.h. nach der hier vorgeschlagenen Rekonstruktion die Erweiterung von Sach 2,5f um V 7f voraussetzt.[220] Außerdem sollten bei allen Gemeinsamkeiten die Unterschiede zwischen beiden Texten nicht übersehen werden, die dafür sprechen, daß der Mann in Ez 40–48 von Sach abhängig ist – und nicht umgekehrt. Während bei Ez der Tempel detailliert vermessen wird (in späteren Textstadien auch das heilige Land; Stadt (Jerusalem) und Tempel bilden keine Einheit mehr), ist bei Sach die Stadt Jerusalem der Gegenstand des Vermessungsaktes, und im Gegensatz zu Ez spielen konkrete Maße keine Rolle. Auch die Funktion der „Mittlerengel" ist in beiden Texten ganz unterschiedlich. Der Mann bei Ez führt den Visionär durch den Tempel und mißt, um dem Propheten die genauen Maße gleichsam zu diktieren. Ganz anders bei Sach. Hier markiert das Auftreten eines Mannes mit einer Meßschnur ein Geschehen, das sich dem Visionär nicht von selbst erschließt, die Vision also für den Seher – im Gegensatz zu Ez – an sich unverständlich ist, und erst durch eine Antwort des Mannes als Vermessung Jerusalems gedeutet wird. Ziel ist hier auch nicht wie bei Ez die Mitteilung eines exakten Grundrisses, sondern das Vermessen an sich, das somit den Wiederaufbau Jerusalems ankündigt. Damit gehört der Mann aus Ez 40–48 eher in die Nachgeschichte von Sach 2,5–9 und ist nicht, wie meist angenommen, dessen Vorlage.[221]

---

219 C. Jeremias, Nachtgesichte, 164.

220 „Traditionsgeschichtlich steht der ’yš (‚Mann‘) als Jahwe-Hypostase wegen seiner erklärenden Tätigkeit in der Nähe zum *angelus interpres* (‚Deuteengel‘); er wird jedoch zusätzlich mit einer Meßtätigkeit betraut (vgl. Sach 1,16; 2,5–9), so daß er die Funktionen ‚Messen‘ und ‚Erklären‘ in sich vereinigt" (Rudnig, ATD 22/2, 538). Die Beobachtungen Rudnigs werden aufgenommen von Lux, Konditionierung, 576f Anm. 22.

221 So aber etwa C. Jeremias, Nachtgesichte, 164ff; Delkurt, Nachtgesichte, 105ff. Nach Delkurt ist der Mann aus Sach 2,5f sogar „als derjenige gedacht, der die Planungen von Ez 48,15ff ausführt" (a.a.O., 111). Für Delkurt, der die Einheitlichkeit von Sach 2,5–9 annimmt, ist mit

3.5.3   Fazit

Im Grundbestand (2,5–6) des dritten Nachtgesichts spricht der Prophet mit einem Mann, der Jerusalem ausmessen will, damit also Jerusalems Restitution ankündigt. Hinsichtlich des Aufbaus mit Visionsbeschreibung (2,5), Frage nach dem Sinn des Geschauten (2,6a) und der Erläuterung durch den Mann selbst (2,6b) entspricht der Grundbestand des dritten Nachtgesichts dem des ersten (1,8.9a.10.11b).

Mit der Einschreibung des Deuteengels (V 7a.8) wird die ursprüngliche Antwort durch die Verheißung wunderbaren (Bevölkerungs-)Reichtums noch überboten bzw. sogar korrigiert. Indem Jerusalem als offene Landstadt (פרזות) charakterisiert wird, wird zugleich den realen Verhältnissen der (frühen) Perserzeit Rechnung getragen.

Die Antwort des Deuteengels (7a.8) wird in V 9a.b zweifach ergänzt. Zunächst wird die Verheißung angefügt, daß Jahwe als Feuermauer selbst für den Schutz der offenen Stadt sorgen wird. Daran schließt sich in 9b eine weitere Reflexion über die Präsenz Jahwes an, der nun in seinem כבוד in Stadt und Tempel Wohnung nimmt. Dabei greift 9b die priesterschriftliche Konzeption von der Einwohnung des כבוד im Heiligtum der Stiftshütte auf und verbindet, P entsprechend, den Gedanken der Feuererscheinung und des Schutzes mit der Vorstellung der Präsenz Jahwes in seinem כבוד. V 9b kann an das Stichwort בתוכה aus V 8 anknüpfen. Zudem dürfte V 9b die Verheißungen vom Wohnen Gottes inmitten seines Volks in Sach 2,14f bereits voraussetzen.

Die Einfügung eines weiteren Engels (V 7b) soll schließlich das Gespräch der Engelsgestalten ganz in die himmlische Sphäre, weg vom Propheten, verlegen.

---

dem Auftreten des Deuteengels sogar eine Korrektur von Ez 40–48 vorgenommen, da der Verfassungsentwurf „bewußt die enge Verbindung von Stadt und Tempel aus früheren Zeiten aufbrechen und statt dessen eine strikte Trennung durchführen" (Delkurt, a.a.O., 139 Anm. 151) will.

3.6   Epexegetisches Zwischenstück: Verschiedene Einzelsprüche (Sach 2,10–17)

3.6.1   Erste Beobachtungen am Text

Nach dem Endtext beginnt mit V 10, mit der Interjektion הוֹי הוֹי, ein neuer Abschnitt (2,10–17),[222] dessen Einzelworte aber eng auf das dritte Nachtgesicht bezogen sind.[223] Grundsätzlich lassen sich die Worte in 2,10–17 verschiedenen Themen zuordnen.

Dabei finden sich in V 10f.14 Worte, die um das Thema Zion kreisen (vgl. 1,14.17; 8,2f) und die mit Imperativen gestaltet sind, wobei V 10f zur Flucht aus Babel aufrufen. Die Babel-Perspektive wird von V 10b insofern erweitert, als die Zerstreuung unter die vier Winde des Himmels (vgl. 6,5bα) angesprochen wird. V 14 dagegen ruft nicht zur Flucht, sondern zur Freude auf, weil Jahwes Kommen und Wohnen inmitten Zions angesagt wird. Diesen Versen läßt sich thematisch noch Vers 2,16 zuordnen, der von Juda als Erbteil Jahwes und der Erwählung Jerusalems spricht. Im Unterschied zu 2,10f.14 wird aber Zion nicht erwähnt und, anders als dort, finden sich keine Anreden an die 2. Pers., sondern über Jerusalem und Juda wird in der 3. Sg. geredet.

Des weiteren finden sich in V 12f Worte gegen die Völker, die Juda ausgebeutet haben. Anders als die Zionworte V 11.14 ist 2,12 nicht an eine 2. Sg., sondern wie 2,10 an eine 2. Pl. gerichtet.

In V 15 liegt dagegen ein Wort vor, das den Anschluß der Völker an Jahwe verheißt, bevor noch einmal wie in V 14 zugesagt wird, daß Jahwe in der Mitte Zions wohnen werde (in V 14b und V 15b jeweils mit וְשָׁכַנְתִּי בְתוֹכֵךְ).

Der Kultruf V 17 setzt dem gegenüber zum Schluß einen ganz eigenen Akzent.

In der literarhistorischen Analyse ist die Entstehung der Themenvielfalt zu klären, wobei die Personenwechsel zwischen den einzelnen Sprüchen zu berücksichtigen sind.

3.6.2   Literarhistorische Analyse

Sehr jung ist die mit dem Kultruf הַס (vgl. Ri 3,19; Am 6,10; Hab 2,20; Zef 1,7; Neh 8,11) beginnende liturgische Formel V 17, die nach Elliger aus der gottesdienstlichen, abschnittsweisen Lesung erwachsen ist.[224] Thematisch ist V

---

222 S. Schöttler, Gott, 76; Reventlow, ATD 25/2, 48.

223 Vgl. Schöttler, Gott, 76ff; Rudolph, KAT 13/4, 89; Meyers/Meyers, AncB 25B, 161; Boda, NIV AC, 221.

224 S. Elliger, ATD 25, 119, vgl. Schöttler, Gott, 84f. Anders Lux, Fleisch, 107ff, der Sach 2,10–13.14–16 für einen Einschub und 2,17 für den ursprünglichen Abschluß von 2,5–9 hält. Nach

17 auf V 14 und 16 bezogen, כל־בשׂר greift die גוים רבים aus 15a wieder auf.[225]

Ein ganz junges Thema innerhalb von Sach 1–8 ist die Ausweitung des Heils auf die Völker (V 15a), das sonst nur noch in den späten Stücken 6,15; 8,20f.22.23 begegnet,[226] und 2,15 wird mit diesen Worten zu verbinden sein.[227] Damit wird die Ansage des Gerichts gegen die Völker (V 10–13) eingeholt und in die Ansage des Heils für die Völker gewendet. Die Wiederaufnahme ושׁכנתי בתוכך (s. V 14bβ/15bα) erweist zudem V 15 als Nachtrag. V 15aβ zitiert den Anfang der Bundesformel – nun auf die Völker ausgeweitet[228] – und hat offenbar Ex 29,45 zum Vorbild.[229]

Auch das Gericht über die Völker ist in Sach 1–8 ein recht junger Topos, der offensichtlich erst mit der Vision von den Hörnern und der vier Handwerkern (Sach 2,3f) ins Sacharja-Buch gelangt ist. Als Glossen können zunächst innerhalb von 12a die Wörter אחר כבוד שׁלחני[230] und V 12b insgesamt ausgeschieden werden.[231]

V 12f* erweist sich in mehrfacher Hinsicht als Einschub zwischen V 10f.14. Anders als V 10f.14 hat V 12f nicht den Zion zum Thema, und im

---

Lux, a.a.O., 110ff, läßt sich eine Verwendung als liturgische Formel in der gottesdienstlichen Lesung nicht belegen.

225 Vgl. Rudolph, KAT 13/4, 91; Schöttler, Gott, 84; Reventlow, ATD 25/2, 50; Willi-Plein, ZBK.AT 24.4, 77.

226 Zum Begriff לוה vgl. Jes 56,3.6 (innerhalb von Jes 56,3–8), ferner Jer 50,4f. Thematisch vgl. außerdem Jes 2,2–4; 60; 66,18–21.

227 Vgl. Wöhrle, Sammlungen, 365. Ausführlicher zu den Heilsworten über die Völker s.u. 3.13.2 und 3.14.2.6.

228 Vgl. Sach 8,8, wo die Bundesformel vollständig vorliegt, hier allerdings auf Israel bezogen. שׁכן בתוך findet sich ebenfalls in 8,8, meint jedoch das Volk und nicht Jahwe wie in 2,14b.15b (vgl. auch 8,3, der wiederum zusammen mit 8,1f in Abhängigkeit von 1,14ff*; 2,10ff* formuliert zu sein scheint).

229 Vgl. Levin, Verheißung, 106, s. dazu a. S. 107 Anm. 132: „Der Vers [sc. Sach 2,15] ist Ergänzung zu V. 14, wie aus der Anbindung ביום ההוא und aus der Wiederholung ושׁכנתי בתוכך hervorgeht. Der Bezug auf Ex 29,45 beruht auf Stichwort-Assoziation."

230 Der Sinn dieser Glosse ist nicht ganz klar. Wörtlich und am einfachsten wäre der Text so zu verstehen, daß der Prophet von Jahwe zu den Völkern gesandt vorgestellt wird (vgl. dazu Petersen, OTL, 177; Meyers/Meyers, AncB 25B, 165; Hanhart, BK XIV/7.1, 118). Nach Hanhart können die drei Wörter nicht als textkritische Glosse verstanden werden, dies ist eine „für die gesamte alttestamentliche Überlieferung nicht nachweisbare und für das Verständnis im Kontext nicht weiterführende Vermutung" (a.a.O., 118). Auch Tiemeyer, Honour, plädiert für die Ursprünglichkeit des Textes und möchte כבוד als Subjekt und Jahwe als Objekt des שׁלחני interpretieren, um Sach 2,12a so zu deuten, daß Jahwe wegen seiner Ehre gegen die Völker eingreift.

231 עינו in 12b ist tiqqun soferim, und das Suffix ist mit LXX und Vulgata in die 1. Pers. zu ändern, vgl. z.B. Hanhart, BK XIV/7.1, 118. Im Zusammenhang mit Jahwes Augapfel ist bes. auf Dtn 32,10 hinzuweisen, finden sich hier doch im unmittelbaren Kontext 32,8f die Begriffe חלק und נחלה (vgl. Sach 2,16).

Gegensatz zu 2,10f.14 ist V 12f weder mit Imperativen noch wie V 11.14 mit der 2. Sg. formuliert, sondern mit der 2. Pl. (vgl. 2,10a). Ein Unterschied ist weiterhin, daß V 12f nicht nur Babel, sondern die Völker im Blick hat.

Zudem ist zu erkennen, warum V 12f zwischen V 10f und 14 eingeschoben wurden: V 10a.11 fordert zur Flucht aus dem Nordland[232] bzw. Babel und zur Heimkehr zum Zion auf. V 12a*.13(a.b) nennt den Grund für die Rettung zum Zion mit einem Wort über bzw. gegen[233] die Völker, eingeleitet mit כִּי causale und Botenformel.[234] Die Flucht des Gottesvolks wird nötig, damit das Gericht über die Völker kommen kann. V 12a und 13a spielen dabei geschickt mit der Wurzel שׁלל: Die bestehenden Verhältnisse werden auf den Kopf gestellt, die ausbeuterischen Völker werden Israel selbst zur Beute. Diese Perspektive entspricht 1,15 sowie 2,3f, die beide das Eintreffen des Gerichts über die Völker zum Thema haben, die Gerichtswerkzeug gegen Juda waren.[235] Sach 2,14 sagt nun nach dem von 2,12f angekündigten Gericht gegen die Völker das Heil für Zion an, das Folge des Völkergerichts ist.

Ein Nachtrag innerhalb von V 10–14 ist ebenfalls 10b, der, eingebettet in zwei Gottesspruchformeln und mit כִּ angeschlossen, die Flucht aus dem Land des Nordens (10a) auf die weltweite Diaspora ausdehnt.[236] Die אַרְבַּע רוּחוֹת הַשָּׁמַיִם stammen aus dem 8. Nachtgesicht (6,5b), wo sich auch das Stichwort אֶרֶץ צָפוֹן (6,6.8) fand. Das Zerstreuungsmotiv ist aus 2,3–4 (hier allerdings זרה) geschöpft. Sach 2,10b kann vermutlich mit Sach 1,15; 2,3f(.12f*; 6,5b.6aα*.7b?) zu einer Bearbeitung von Worten gegen die Völker verbunden werden.[237]

Nach Abzug aller bisherigen Erweiterungen bleiben noch Sach 2,10a.11.14.16. Dabei scheint das Zionwort V 14 der Kristallisationspunkt zu sein, an den sich die Zionworte 10a.11 einerseits und das Wort über Juda und Jerusalem (16) andererseits angelagert haben.

Nimmt man V 10a.11 heraus, zeigt sich, daß V 14 das Heilswort für Jerusalem Sach 2,8 und mithin das um die Einführung des Deuteengels erweiterte 3. Nachtgesicht fortsetzt, indem von 2,8 das Stichwort בתוך aufgenommen

---

232 Vgl. Sach 6,6.8. Das 8. Nachtgesicht lag bereits vor, s.u. 3.14.1.

233 אל ist hier wohl gleichbedeutend mit על, vgl. Elliger, ATD 25, 117; Rudolph, KAT 13/4, 88 Anm. 12b; Schöttler, Gott, 79; Reventlow, ATD 25/2, 48.

234 Der Ordnung halber sei darauf hingewiesen, daß die Botenformel 12a* יהוה צבאות gebraucht, während die Gottesspruchformel am Ende von 10a nur den Gottesnamen יהוה verwendet. Jedoch reicht diese Beobachtung *allein* für eine literarkritische Entscheidung nicht aus – so kann z.B. die Gottesspruchformel im Zusammenhang mit 10b in den Text gelangt sein –, und eine weitere Abtrennung des V 10a von V 12f* empfiehlt sich m.E. nicht, da 10a ohne die Fortsetzung in V 12f recht verloren wirkt. Zur Zusammengehörigkeit von 10a und 12f s.a. Schöttler, Gott, 81.

235 Vgl. Schöttler, Gott, 81.

236 Vgl. Elliger, ATD 25, 118; Schöttler, Gott, 77.

237 Vgl. o. S. 175f.177.

wird. Dem restituierten Jerusalem mit seiner wunderbaren Menge an Mensch
und Vieh in seiner Mitte wird nun das (Wieder-)Kommen Jahwes angesagt,
der in Zions Mitte (בתוכך) Wohnung nehmen will. Die Vorstellung vom
Wohnen Gottes inmitten seines Volks ist eines der Denkmuster, die nach der
Katastrophe von 587 und dem Untergang des Tempels darum ringen, die klassische vorexilische Tempeltheologie und die Frage der Präsenz Gottes auf dem
Zion im Licht der Krise neu zu deuten. Die Vorstellung vom Wohnen Jahwes
inmitten seines Volks ist in Sach 2,14f mit dem Verbum שׁכן + בתוך formuliert
und steht damit den priesterschriftlichen Belegen Ex 25,8; 29,45f am nächsten.[238] Beide Stellen gehören zum Gesetz über den Bau der Stiftshütte, und
deshalb muß mit Rudnig festgehalten werden,[239] daß Jahwes Wohnen auf dem
Zion und bei seinem Volk nicht gegeneinander ausgespielt werden dürfen,[240]
sondern gerade bei P mit Blick auf den Zweiten Tempel zusammengehören.[241]
Dasselbe dürfte für die Verheißung Sach 2,14 gelten, die Jahwes Kommen
zum Zion und das Wohnen in seiner Mitte zugleich ansagt. Damit müßte Sach
2,14 im Blick auf den Tempel formuliert sein,[242] d.h. bereits die Epexegesen
Sach 4,6–10 im Blick haben. Berücksichtigt man, daß Sach 3, die Vision von
der Entsündigung Josuas, eine späte Fortschreibung der Nachtgesichte ist,[243] so
wäre auf die Ankündigung 2,14 einmal die Vision „Leuchter und Ölbäume"
(Sach 4) gefolgt, die zusammen mit 4,6–10 als Tempel(bau)vision verstanden
werden soll. Dazu sagt der sekundär eingefügte Vers 2,14 nun vorwegnehmend die Rückkehr Jahwes zum Zion und die Einwohnung in seinem Tempel

---

238 Ex 25,8; 29,45f sind dabei zu P^G zu rechnen, vgl. z.B. Pola, Priesterschrift, 342 Anm. 144;
      Kratz, Komposition, 102ff.328 Anm. 30. Vgl. dazu die von P abhängigen, wesentlich jünge-
      ren Stellen 1 Kön 6,11–13 (vgl. dazu Würthwein, ATD 11/1, 65, wonach 6,13 ein spätdtr
      Nachtrag 6,11f (= DtrN) ist); Ez 43,7b–9* (vgl. dazu Rudnig, Heilig, 82ff.201ff. Ez
      43,7b–9* ist dabei bereits eine sekundäre Bearbeitung von Ez 43,1–7a. Die כבוד-Texte bei
      Ez schließen dabei an die entsprechende Konzeption bei P an und sind nach Rudnig, a.a.O.,
      83ff.337ff, erst in das 3. Jh. zu datieren); die das Wohnen Jahwes nach wie vor mit dem
      Tempel verbinden, nun aber an Bedingungen des menschlichen Verhaltens knüpfen. Damit
      unterscheiden sie sich bereits deutlich von den unbedingten Verheißungen in Sach 2,14f. Lev
      26,11–13 verwendet dagegen das Nomen משׁכן + בתוך und ist seinerseits Vorlage für Ez
      37,25–28, vgl. dazu Klein, Schriftauslegung, 179ff. Zur Vorstellung vom Wohnen Gottes
      inmitten seines Volks vgl. Janowski, Mitte; Owczarek, Vorstellung.
239 S. Rudnig, „Jahwe", 277ff.
240 Gegen Janowski, Mitte, 183ff.
241 „Denn in beiden Fällen [sc. von Ex 25,8; 29,45f] bezieht sich die Verheißung, inmitten des
      Volkes zu wohnen, auf die Gegenwart im *Heiligtum*, das jeweils im unmittelbaren Kontext
      genannt wird. Hier und nirgends sonst wird Jahwe als anwesend vorgestellt. Die Zusagen
      werden nicht eingeschränkt; Jahwes Gegenwart im neuen Heiligtum wird also nicht in Zwei-
      fel gezogen" (Rudnig, „Jahwe", 278).
242 Vgl. Reventlow, ATD 25/2, 49f; Deissler, NEB.AT 21, 276; Rudnig, „Jahwe", 278 Anm. 44.
243 S. 3.1, 3.7.2, 3.14.1.7.

an.[244] Daß 2,14 erst sekundär zwischen 2,5–8 und 4,1–14 eingeschoben wurde, zeigt, daß 2,8 und auch Sach 4 nicht vom Zion reden, daß 2,14 das Stichwort בתוך aus 2,8 aufnimmt, inhaltlich aber eine ganz andere Aussage damit verbindet, und schließlich, daß 2,14 mit dem Thema der Einwohnung Jahwes schon die sekundäre Erweiterung von Sach 4 um die Worte zum Tempelbau voraussetzt.[245] V 14 ruft zur Freude angesichts des (Wieder-)Kommens Jahwes zum Zion auf,[246] Jahwe wird wieder in seiner Stadt, in seinem Tempel präsent sein.

Nach vorn hin haben sich an V 14 die beiden mit הוי eingeleiteten Fluchtaufrufe angelagert. Zwar findet sich מלט Nif. mehrfach parallel zu נוס Qal,[247] aber der Wechsel von der 2. Pl. mask. (10a) zur 2. Sg. fem. (11) sowie die unterschiedlichen Ortsangaben ארץ צפון und בת־בבל (11) zeigen an, daß beide nicht auf derselben Ebene liegen, sich aber gegenseitig komplettieren, so daß hier über die Reihenfolge der Anlagerung an V 14 kein Urteil gefällt werden kann. V 11 übernimmt die Anrede ציון[248] aus V 14, allerdings nicht in der Constructus-Verbindung בת־ציון; statt dessen wird der Constructus בת־בבל gebraucht. V 10 übernimmt das Stichwort ארץ צפון aus 6,6.8, verwendet es nun aber für die Feindmacht Babel.[249]

Bei den Zion-Babel-Worten 2,10a.11.14 ist zu vermuten, daß diese bereits die Zion-Fortschreibungen bei DtJes[250] voraussetzen und Sach 1–6(8) – wie auch in anderen Büchern des Dodekapropheton – an den „Stimmführer" Jesaja angleichen,[251] wobei das Thema des Gerichts über Babylon mit der Hoffnung auf die Restitution des Gottesvolks und Rückkehr zum Zion verbunden ist.[252]

---

244 Vgl. zur Heimkehr Jahwes bes. Jes 40,3–5; 52,7–10, s. dazu Kratz, Kyros, 89f Anm. 332 sowie S. 103f.

245 Damit wird auch Schöttlers (Gott, 165ff.271ff) Zuordnung von 2,14 zu seiner Grundschicht, dem Fünf-Visionen-Zyklus, aus dem zweiten Jahr des Dareios hinfällig.

246 Vgl. zu Sach 2,14 neben Jes 52,7–12 noch Jes 12,6; Zef 3,14f.17; Sach 9,9.

247 Wie bei 10a.11 ist die „normale Reihenfolge dieser Termini nûs, gefolgt von mlṭ, wobei nûs den Vorgang des Fliehens [...] zum Ausdruck bringt und mlṭ den Erfolg oder die Erfolglosigkeit des Fliehens selbst mit dem Gedanken des Entrinnens/Entkommens ausdrückt" (Hasel, Art. פָּלַט, 596).

248 Mit Hanhart, BK XIV/7.1, 117, erscheint es mir sinnvoll, ציון als Vokativ und nicht als bloßen Akkusativ der Richtung zu verstehen.

249 Vgl. Jer 1,14; 3,18; 6,22; 10,22; 16,15; 23,8; 31,8 usw. Zur Bedeutung von ארץ צפון im letzten Nachtgesicht s.u. 3.11.

250 S. dazu Steck, Gottesknecht, 47ff.96ff.113ff.173ff mit Übersicht über die Texte 125.126ff; Kratz, Kyros, 216f.

251 S. Steck, Gottesknecht, 58f; ders./Schmid, Heilserwartungen, 27ff; Kratz, Kyros, 89f Anm. 332, ders., Judentum, 83; Bosshard-Nepustil, Rezeptionen, 393ff.

252 Vgl. in Sach noch die von 2,10–14 abhängigen Verheißungen 8,1–5, s.u. S. 286f. Bosshard-Nepustil, Rezeptionen, 393ff, geht dabei von einer Joel 2,12–27; Mi 4,9f.14; 5,2; 7,7–10; Nah 1,1b.2–10.12f; 2,1; Hab 1,12*; 2,5–17*; 3,12–19; Zef 2,13–15; Sach 2,10–14*; 8,1–6 umfassenden Babel-Redaktion[XII] aus, die er schon um 520 oder knapp davor ansetzen will.

Nach hinten hat sich an Sach 2,14 noch V 16 angelagert. Auch die Verbindung von V 14 und V 16 ist keine ursprüngliche. V 14 spricht von Jahwe in
der 1. Pers., und die Tochter Zion wird in der 2. Pers. angeredet. V 16 spricht
dagegen von Jahwe in der 3. Pers., nun wird *über* Juda bzw. Jerusalem geredet.
V 16 setzt die Einwohnung Jahwes in Jerusalem (V 14) voraus und formuliert
mit Perf. cons. die Einnahme Judas als Jahwes Teil infolge des (Wieder-)
Kommens Jahwes zum Zion. V 16 ist demnach jünger als V 14. V 16b kann
wohl noch einmal von 16a abgetrennt werden. Der Ausweitung des Ziels der
Heilserwartung auf Juda im Heiligen Land (16a) wird die erneute Erwählung
Jerusalems als des Mittelpunktes des Heiligen Landes an die Seite gestellt und
damit eine Inklusion zur Tochter Zion in V 14 geschaffen. Die Glosse 16b
entspricht zudem 1,17bβ und 3,2αβγ, die alle von derselben Hand stammen
dürften. Wie 1,17bβ die Wortsequenz nach dem 1. Nachtgesicht abschließt, hat
2,16b einmal die des 3. Nachtgesichts beschlossen und zum 4. Nachtgesicht
übergeleitet, in dem 3,2αβγ die Erfüllung der Verheißungen 1,17; 2,16 ansagt.
Hinter V 16a steht die Vorstellung der Verteilung der Länder und Völker.[253]
Das Verbum נחל wird außer Sach 2,16 nur noch zweimal im AT für Jahwe
gebraucht (Ex 34,9; Ps 82,8), während der Begriff אדמת הקדש innerhalb des
AT singulär ist.[254]

Dies kommt jedoch m.E. für Sach 2,10–14* zu früh, da dieses Stück nicht zum Grundbestand
der Nachtgesichte gehört und zudem, wie oben dargelegt, der Tempelbau bereits vorausgesetzt werden kann. Vielleicht muß man für die von Bosshard herausgearbeiteten Texte von
einem wesentlich länger gestaffelten Fortschreibungsprozeß ausgehen.

Boda, Hoy, richtet ebenfalls das Augenmerk auf die babelfeindliche Perspektive des gesamten Stücks Sach 2,10–17, nimmt aber gemäß Sach 1,4–6; 7,7.12 einen Rückbezug auf die
früheren Propheten Jer 25; 50f; Ez 38f; Jes 12–14 und Hab 2 an: "Finally, Zech 2:10–17
shows evidence not only of mining the books of Isaiah, Jeremiah, Ezekiel, and Habakkuk, but
also of drawing on passages that are considered among the latest redactional forms of these
Books" (Boda, Hoy, 190).

253 Ausgangspunkt dieser Vorstellung war vermutlich einmal die Verteilung des Erbteils unter
den Göttersöhnen, wovon sich Rudimente in Dtn 32,8f erhalten haben könnten. In Dtn 32,8
ist das בני ישראל des MT nach 4QDeut^j und LXX in בני אלהים oder gar בני אל zu ändern,
MT „ist dogmatische Korrektur" (Nielsen, HAT I/6, 284; vgl. ebd., 288). Die Vorstellung der
Verteilung unter den Göttern ist aus Ugarit bekannt, vgl. Lipiński, Art. נָחַל, 356. Zu Israel als
Jahwes Teil vgl. z.B. 1 Kön 8,53, ferner Ex 19,5 (סגלה). Zu Sach 2,16 und der Aufnahme der
Vorstellung von der Landverteilung s.a. Lux, Juda, 80ff.

254 Vgl. aber z.B. Sach 8,3 (הר הקדש); Ex 3,5 (אדמת־קדש). In 2 Makk 1,7 findet sich dann ἡ
ἁγία γῆ.

3.6.3   Fazit

Am Anfang steht ein Heilswort für Zion (2,14), das das 3. Nachtgesicht fortsetzt und an 2,8 anschließt. Dem restituierten und bevölkerungsreichen Jerusalem wird verkündet, daß Jahwe wieder in seiner Mitte wohnen wird. Da die Rückkehr zum Zion offenbar auch die Vorstellung der Präsenz im Tempel einschließt, leitet 2,14 zugleich sekundär zu dem bereits um die Tempelbauworte 4,6–10 erweiterten Nachtgesicht „Leuchter" über und sagt damit die Einwohnung Jahwes im neuen Tempel an. An V 14 haben sich in 2,10a.11 Worte angelagert, die zur Flucht aus Babel und zur Rettung zum Zion aufrufen. Insgesamt ist zu vermuten, daß Sach 2,10–14* die Zion-Fortschreibungen in DtJes voraussetzt und das Sacharja-Buch an Jes angleichen will. Ebenso haben sich an 2,14 mit 2,16a.b weitere Heilsworte für Juda angeschlossen, die die Einnahme Judas als Jahwes Teil und die erneute Erwählung Jerusalems zum Inhalt haben.

In 2,10b.12f* wurden in einem nächsten Schritt zwei Worte gegen die feindlichen Völker eingeschrieben, die die Babel-Perspektive im Hinblick auf die Diaspora erweitern und mit 1,15; 2,3f*; 6,5b.6f* zu einer Bearbeitung verbunden werden können. Mit der Einschreibung zwischen die Babel-Zion-Worte geben sie nun den Grund zur Flucht und zur Freude für Zion an.

Noch einmal jünger ist das Heilswort für die Völker 2,15, das das Stichwort וְשָׁכַנְתִּי בְתוֹכֵךְ aus V 14 und mit der Bundesformel Ex 29,45 aufnimmt. Dieses Heilswort für die Völker ist im Horizont von 6,15a; 8,20–23b zu sehen.

Zuletzt dürfte der Kultruf 2,17 hinzugekommen sein, der möglicherweise die Gliederung für die gottesdienstliche Lesung anzeigt.

3.7   Das vierte Nachtgesicht: Die Entsündigung des Hohenpriesters Josua (Sach 3)

3.7.1   Erste Beobachtungen am Text

Das vierte Nachtgesicht (Sach 3,1–10) weicht in Form und Inhalt deutlich von den anderen Nachtgesichten ab, es seien hier nur noch einmal knapp die Gestaltung als Jahwe-Vision, das Fehlen eines erst zu enthüllenden Visionsbildes und die Gestalt des Jahwe-Engels anstelle des Deuteengels genannt. Da es zudem den konzentrischen Aufbau der übrigen sieben Nachtgesichte stört, ist Sach 3 als sekundärer Einschub in den Siebener-Zyklus anzusprechen.[255]

Nach der ungewöhnlichen Visionseinleitung nennt V 1aα den Hohenpriester Josua als Objekt der Schauung, es wird von ihm gesagt, daß er vor dem

---

255 S. dazu ausführlicher o. S. 139ff sowie u. 3.14.1.1 und 3.14.1.6.

Jahwe-Engel stand (Part. עמד). Im Anschluß daran wird noch der Ankläger (השטן) eingeführt, von dem es heißt, daß er zu seiner (d.h. Josuas) Rechten steht (Part. עמד). In V 2 ergreift nun Jahwe das Wort,[256] um von sich in der 3. Pers. zu reden: יגער יהוה בך השטן (2aα[2]). Sofort danach werden in V 2b die drei ersten Worte der Jahwerede wiederholt, das Objekt der Schelte, der Ankläger, wird jedoch nicht noch einmal genannt. Statt dessen wird diesmal, mit Partizip verbunden, Jahwe als der charakterisiert, der Jerusalem erwählt (vgl. 1,17; 2,16). Im Anschluß daran wird bezüglich des Josua mit einem Zitat aus Am 4,11 die Frage gestellt, ob dieser nicht ein aus dem Feuer herausgerissenes Brandscheit sei. Im weiteren Verlauf der Vision begegnet der Ankläger (השטן) nicht mehr, auch Jahwe spricht nicht noch einmal selbst.

Vers 3a, und nicht schon die Einleitung V 1, schildert nun die Kleidung Josuas, die als schmutzig (צא) bezeichnet wird, während V 3b die Angabe aus der Einführung Josuas wiederholt, daß dieser neben dem Engel stand (hier המלאך statt wie in 3,1.5f מלאך יהוה). In V 4 hebt der Engel zu sprechen an.[257] Offenbar gibt es neben Josua weitere Figuren, die vor dem Engel stehen, denn es heißt, der Engel spreche zu denen, die vor ihm stehen (Part. עמד, vgl. dieselbe Aussage über Josua in 3,1aβ.3b). Die vor dem Engel Stehenden, die nicht weiter beschrieben werden, werden von dem Engel aufgefordert, Josuas schmutzige Kleider zu entfernen. Der Engel spricht Josua nun zu, er habe seine Schuld (עון) von ihm genommen und bekleide ihn mit Feierkleidern. Daraufhin ergreift in V 5 der Visionär das Wort (ואמר)[258] und sagt – offenbar zu den anderen Umherstehenden, wer genau angesprochen ist, wird nicht mitgeteilt –

---

256 Die Peschitta liest dagegen מלאך יהוה, was jedoch die lectio difficilior darstellt. Die anderen Versionen bestätigen dagegen den MT, so daß an dessen Text festzuhalten ist, so mit z.B. Meyers/Meyers, AncB 25B, 178ff; Schöttler, Gott, 87f; Reventlow, ATD 25/2, 52; Hanhart, BK XIV/7.1, 168 Anm 2a; Pola, Priestertum, 173 Anm. 1 sowie S. 180, und gegen z.B. Wellhausen, Propheten, 181; Duhm, Anmerkungen, 79; Elliger, ATD 25, 119; C. Jeremias, Nachtgesichte, 204 Anm. 4; Petersen, OTL, 186f; Delkurt, Nachtgesichte, 141f Anm. 1; Wöhrle, Sammlungen, 332 Anm. 31. In der literarhistorischen Analyse wird diese Frage noch einmal aufgegriffen.

257 ויען ויאמר, vgl. Sach 1,10–12; 3,4; 4,4–6.11f; 6,4f.

258 Die Lesart von MT ist umstritten, stellt aber wiederum wohl die ursprüngliche Lesart dar (so z.B. mit Horst, HAT I/14, 224.227; Ackroyd, Exile, 185f; Tidwell, Wā'ōmar, 344; Meyers/Meyers, AncB 25B, 190f; Reventlow, ATD 25/2, 53; Pola, Priestertum, 173 Anm. 6f; Stead, Intertextuality, 158f Anm. 91), die bereits den Versionen Schwierigkeiten bereitet hat. Die LXX setzt das Verb aus der Verheißung in 4bβ von der 2. Sg. in den Imp. 2. Pl. und läßt das Verb am Beginn von V 5 aus, so daß 4bβ.5a nun als Fortsetzung des Auftrags 4a erscheinen. Der LXX sind z.B. Wellhausen, Propheten, 174; Marti, KHC XIII, 409, gefolgt. Die Peschitta, die Vulgata und die Targume haben statt der 1. Sg. des MT die 3. Sg., so daß damit in V 5 der Engel erneut spricht. Diese Lesart nehmen z.B. Elliger, ATD 25, 120f; Hirth, Bote, 99; Rudolph, KAT 13/4, 93 Anm. 5a; C. Jeremias, Nachtgesichte, 202f Anm. 8; Petersen, OTL, 187.197; Schöttler, Gott, 91f Anm. 230; Hanhart, BK XIV/7.1, 171f Anm. 5a; Delkurt, Nachtgesichte, 143f Anm. 2 an. Auf dieses textkritische Problem wird in der literarhistorischen Analyse noch einmal zurückzukommen sein.

man möge Josua einen reinen Turban (צניף טהור) auf das Haupt setzen. Dieser Befehl wird in 5bα[1] ausgeführt. Erst jetzt (5bα[2]) wird mitgeteilt, daß Josua bekleidet wird. In V 5bβ wird der Blick wieder auf den Jahwe-Engel zurückgelenkt, von dem es diesmal heißt, er stehe da (Part. עמד).

Daraufhin richtet der Jahwe-Engel eine bedingte Verheißung an Josua (V 6f), die diesem Zutritt „zwischen diesen Dastehenden" (Part. עמד) in Aussicht stellt. Vers 8 setzt mit einem Imperativ neu ein und verheißt Josua und seinen bisher noch nicht genannten Kollegen, die vor Josua sitzen und als Männer des Vorzeichens eingeführt werden, das Kommen des עבדי צמח.[259] Vers 9 hat wieder Josua allein im Blick und spricht von einem Stein mit sieben Augen, in den eine Inschrift graviert werden soll.

Vers 10 beschließt die Vision mit einem eschatologischen Heilswort,[260] ohne einen engeren Bezug zur vorangehenden Vision herzustellen.

Für die literarhistorische Analyse lassen sich nach dieser ersten Textbeschreibung mehrere Fragen mit auf den Weg geben. So ist auffällig, daß eine Vielzahl von Aktanten in der Vision auftritt und sie oft auch schnell wieder verläßt: Der Ankläger wird allein in 1b und 2aα genannt, Jahwe spricht nur in 2aα und der Visionär ausschließlich in V 5, die עמדים haben nur in V 4f an der Handlung teil, und die Männer des Vorzeichens werden lediglich in V 8 erwähnt. Einzig der Jahwe-Engel und der Hohepriester Josua bleiben in der gesamten Vision anwesend. Dies könnte ein erster Hinweis sein, daß Figuren später nachgetragen wurden.

Die Häufung der Charakterisierung von Figuren in dieser Vision mit Part. עמד ist ebenfalls bemerkenswert, auffällig ist besonders die Doppelung der Notiz, Josua stehe neben dem Jahwe-Engel bzw. Engel (V 1/V 4). In V 2 steht der Ankläger neben Josua, in V 4 die עמדים wie Josua vor dem Engel. In V 5bβ heißt es vom Jahwe-Engel, er stehe da, in V 7 wird Josua schließlich Zutritt zwischen diesen עמדים, denen aus V 4?, verheißen.

Des weiteren ist das Verhältnis der Vision zu den an sie anschließenden Verheißungen zu prüfen. Die Verheißungen selbst machen keinen einheitlichen Eindruck. Während sich V 7.9 nur an Josua wenden, sind in V 8 noch seine Kollegen, die Männer des Vorzeichens, angesprochen. Diese wurden bisher nicht erwähnt. Scheinen V 7.8a.9 im weiteren Sinne um das Thema Tempel zu kreisen, so setzen 8b und 10 eigene Akzente. Die Verheißung des עבדי צמח erinnert innerhalb von Hag–Sach mit dem ersten Begriff an Hag 2,23 und mit dem Sproß an Sach 6,12. Das Heilswort V 10 scheint dagegen keinen direkten Bezug zu den vorangegangenen Sprüchen zu haben.

In der Endgestalt wird die eigentliche Vision von einem Jahwe-Wort (כה־אמר יהוה צבאות, V 7) abgeschlossen, das von der Einleitung in V 6 bis

---

259 Vgl. den צמח in 6,12 und die Bezeichnung עבדי für Serubbabel in Hag 2,23.
260 Vgl. Mi 4,4.

einschließlich V 10 reicht. Auch wenn mehrere Neueinsätze deutlich zu erkennen sind, beziehen sich die unterschiedlichen Teile aufeinander und wollen in *einer* logischen Abfolge gelesen werden, so daß es sinnvoll ist, das gesamte Kap. 3 zunächst als Einheit zu sehen und nicht 6–10 oder 8–10 separat zu betrachten.

„Sach 3,1–7 spielt im himmlischen Hofstaat."[261] So lautet die übliche gattungs- und traditionsgeschichtliche Einordnung der Vision.[262] Vergleicht man Sach 3 mit den biblischen Referenztexten, 1 Kön 22,19–23; Jes 6 und vor allem Hi 1,6–12; 2,1–6, so gibt es einen entscheidenden Unterschied, indem nämlich eine Einleitung als Thronratszene in Sach 3 fehlt.[263] Dies ist kein Zufall, denn wie die Analyse zeigen wird, ist die Vision erst nach und nach zu einer Thronratszene ausgestaltet worden. „Sach 3 spielt im himmlischen Hofstaat", darf daher für das 4. Nachtgesicht nicht zur formgeschichtlichen Prämisse gemacht werden, da sie den Blick für die literarische Analyse verstellt.

3.7.2   Literarhistorische Analyse

Der späteste Zusatz, Vision und Verheißungen aufnehmend und abrundend, ist das eschatologische Heilswort V 10:[264] "As is typical of such additions, it is introduced by the adverbial connector. 'On that day,' here followed by the formula ‚says Yahweh of Hosts'".[265]

Die Formel ביום ההוא hat eine eschatologische Dimension.[266] Das Stichwort יום wird vom Ende des voraufgehenden Verses aufgegriffen (ביום אחד, V9), das Stichwort רעה fand sich in V 8.[267]

---

261 Delkurt, Nachtgesichte, 148.

262 Vgl. z.B. Tidwell, Wā'ōmar, bes. 347ff; C. Jeremias, Nachtgesichte, 203ff; Kee, Council; Stead, Intertextuality, 156f; Petterson, King, 48.

263 Demgegenüber schildern die übrigen Texte in ihren Einleitungsversen das Setting, die Versammlung der himmlischen Wesen vor Jahwe: Jahwe sitzt auf seinem Thron, und das Himmelsheer steht zur Rechten und zur Linken (1 Kön 22,19); Jahwe bzw. der Herr sitzt auf einem Thron, und Serafim stehen über ihm (Jes 6,1f); die בני האלהים finden sich vor Jahwe ein, auch der Satan ist in ihrer Mitte (Hi 1,6; 2,1).

264 So mit z.B. Marti, KHC XIII, 410; Elliger, ATD 25, 125; Galling, Studien, 146 Anm. 5; Petersen, OTL, 212; Kratz, Judentum, 81, und gegen z.B. Wellhausen, Propheten, 181; Duhm, Anmerkungen, 80; Mitchell, ICC, 159; Beuken, Haggai, 287f; Tollington, Tradition, 42.

265 Petersen, OTL, 212.

266 Vgl. Hag 2,23; Sach 2,15; 8,6; 8,23; Jer 25,33; Am 9,11; Hos 2,18; Sach 9,16; 12,3ff; 13,1ff; 14,4ff.

267 Vgl. Petersen, OTL, 212.

Das Bild von Weinstock und Feigenbaum ist topisch[268] und Kennzeichen der mit dem Kommen des Sprosses (V 8) anbrechenden Heilszeit[269] als Zeit des Friedens und des Wohlstands.

Ebenfalls ein spätes Stück ist V 8, der m.E. von zwei ihrerseits späten Texten abhängig ist und diese kombiniert, nämlich Sach 6,9–15 und Hag 2,20–23. Beide Texte sind der hellenistischen Zeit zuzuordnen.[270] Vergleicht man die Verheißung des צמח in Sach 3,8 mit der in 6,12f, so wird deutlich, daß die erstere der zweiten nachgetragen worden ist. 6,12f erweckt den Eindruck, als werde die Gestalt des bisher in Sach unbekannten צמח angekündigt. Er wird nach Person (הנה־איש צמח שמו usw.) und Funktion als Tempelbauer und Herrscher eingeführt. In 3,8 dagegen fehlt eine solche Einführung, die bei der ersten Nennung (liest man das Sacharja-Buch von vorn nach hinten) viel eher zu erwarten gewesen wäre. In 3,8 wird das Kommen des Sprosses nur knapp mitgeteilt, der Nachtrag 3,8 dient nun als Vorverweis auf 6,12f. Wie in Sach 6,12 stehen in Sach 3,8 die Herrscherverheißungen Jer 23,5; 33,14–26 im Hintergrund, die die Restitution und ewige Nachkommenschaft der davidischen Linie in Aussicht stellen.

Über 6,12f hinausgehend, wird der צמח in Sach 3,8 nun mit einem weiteren davidischen Ehrentitel belegt und als „mein Knecht", עבדי,[271] bezeichnet. Als עבדי war Serubbabel in Hag 2,23 bezeichnet worden, dem letzten Vers des Wortes 2,20–23, das das Haggai-Buch beschließt. Dort wird mit der Bezeichnung Serubbabels als Jahwes Knecht und Siegel die Verwerfung Jojachins (Jer 22,24) zurückgenommen und mit Serubbabel die Hoffnung auf eine Rückkehr der Davididen verbunden.[272] Somit werden in Sach 3,8 die vorliegenden eschatologischen Herrscherverheißungen aus Hag und Sach miteinander ver-

---

268 Vgl. Mi 4,4; 1 Kön 5,5; 2 Kön 18,31//Jes 36,18. In Sach 3 „ist die Formel leicht abgewandelt: es fehlen die Suffixe, und der Gedanke, daß man sich gegenseitig einladen wird, ist hinzugefügt" (Reventlow, ATD 25/2, 56).

269 Vgl. Schöttler, Gott, 101, ferner Petersen, OTL, 213.

270 Die Erwähnung des צמח setzt in Sach 6,12f wegen der klaren Stichwortverbindungen bereits die späte Verheißung Jer 33,14–26 voraus, die schon in die hellenistische Zeit gehört. Dabei ist der צמח in Sach 6,12.13b.14 erst sekundär hinzugefügt worden, um die königliche Würde wieder für die Davididen zu sichern. Der Grundtext (6,9.10a.11) hatte die Herrscherrolle mit dem Aufsetzen der Krone dagegen für Josua reklamieren wollen. Zu Sach 6,9–15 und zur Datierung vgl. 3.12.2. Da Hag 2,20–23 das jüngste Stück innerhalb von Hag darstellt, ist schon aufgrund der relativen Chronologie an ein spätes Abfassungsdatum zu denken. Weil Hag 2,20–23 jedoch die Vorstellung eines universalen Völkergerichts mit kosmischen Erschütterungen aufweist, ist nach Stecks Überlegungen zum Umbruch von der persischen zur hellenistischen Zeit an eine Abfassung erst in der hellenistischen Epoche zu denken, s.o. S. 68ff.117ff.

271 In Ez 34,23f; 37,24f wird der neue David עבדי genannt (zu David s. auch 2 Sam 7,5//1 Chr 17,4; 1 Kön 11,32.38). Zu den Herrscherverheißungen bei Ez und ihrem Verhältnis zu Jer s. jetzt Klein, Schriftauslegung, bes. 211ff.

272 S. dazu o. 2.4.

knüpft.[273] War in Sach 6,12 mit dem deutlichen Rückverweis auf Jer 33,14–26 nicht Serubbabel als צמח im Blick, so wird in 3,8 offenbar zusätzlich auf die mit ihm nach Hag 2,20–23 verbundenen Hoffnungen angespielt.[274]

V 8 ist zwischen V 7 und 9 eingeschoben worden, die beide Verheißungen an Josua zum Thema hatten: dieser Zusammenhang wird von V 8 unterbrochen.[275] Dabei ist V 8 mit Bedacht an dieser Stelle eingesetzt worden. Nachdem in V 7 die Themen Tempel, Tempeldienst und Aufsicht über den Tempel angeklungen waren, schließt nun die Verheißung des צמח als Wort an Josua und seine Priesterkollegen an,[276] bevor die Verheißung des gravierten Grundsteins (V 9) folgt, die bisher nur Josua nannte.

V 8 will damit die starke Betonung des Hohenpriesters zugunsten des צמח korrigieren.[277] Das Priesterkollegium erscheint nunmehr als אנשי מופת, d.h. „dass das gegenwärtig schon wieder hergestellte Priestertum die Bürgschaft sei für die Herstellung des eng damit zusammenhängenden Königtums".[278] Dies entspricht der Vorgabe der צמח-Überarbeitung von Sach 6,9–15, die die Krone von Josuas Kopf (6,11) im Tempel als Andenken (זכרון) für das Kommen des künftigen Sprosses bewahren will. Die אנשי מופת (3,8) sind demnach die, die die Krone bewahren (6,14).

Die nächste Ergänzung (V 1b.2aαb.9bβ) wird in der Szene von Satan und Jahwe greifbar. Der Auftritt beider bleibt innerhalb der Vision auf V 1b.2 beschränkt. Beide haben mit dem eigentlichen visionären Geschehen nichts zu

---

273 Auch Lux geht von einer Kombination von Hag 2,23 und Sach 6,12 in Sach 3,8 aus: „Die Serubbabelweissagung Haggais wird auf den künftigen ‚Sproß' übertragen" (Lux, Zweiprophetenbuch, 201 Anm. 33). Allerdings führt Lux alle diese Belege auf den Propheten des 6. Jh.s zurück.

274 In der Literatur werden Sach 3 und 6,9–15 in der Regel auf derselben Ebene angesetzt und daher auch die Identität des צמח an beiden Stellen gleich beurteilt. Da der צמח aber nach der hier vorgelegten Hypothese zuerst in Sach 6,12 ins Buch gelangt ist, kann dort erst die Frage nach der Identität des Sprosses diskutiert werden, s.u. 3.12 und 3.14.1.8.

275 Vgl. Petersen, OTL, 211.

276 Ich schließe mich hier der üblichen Interpretation von רעיך הישבים לפניך an, vgl. z.B. Wellhausen, Propheten, 181; Beuken, Haggai, 289; Rudolph, KAT 13/4, 99; Meyers/Meyers, AncB 25B, 198f; Reventlow, ATD 25/2, 55; Rose, Zemah, 150; Tiemeyer, Rites, 33; Boda, NIV AV, 255; Stead, Intertextuality, 166f; Petterson, King, 93f. Petersen, OTL, 209, hält dagegen für möglich, daß damit die Notablen der Gola gemeint sind.

277 Vgl. z.B. Petersen, OTL, 202.211.214. V 8 "appears designed to balance the prior emphasis on Joshua by pointing to the importance of the Davidic branch in the forthcoming restoration" (Petersen, a.a.O., 214).

278 Wellhausen, Propheten, 181, vgl. Ackroyd, Exile, 189f; Elliger, ATD 25, 124; Beuken, Haggai, 275; Meyers/Meyers, AncB 25B, 200; Reventlow, ATD 25/2, 55; Hanhart, BK XIV/7.1, 194. Da Tiemeyer, Priesthood, 1f; dies., Rites, 30ff, die Verheißung des צמח (3,8b) für sekundär hält, sind nach ihrer Auffassung die Priester ursprünglich אנשי מופת für die Entsündigung des Landes: „as priests, in their function as carriers of sin, they would have guaranteed the atonement" (Tiemeyer, Rites, 240, vgl. dies., Priesthood, 4).

tun; die Szene will denn auch das Geschehen in einen neuen Deutungshorizont stellen.

Besonders wird der Nachtragscharakter an der Erwähnung Jahwes[279] deutlich, die mit einem abrupten יהוה ויאמר einsetzt. Besser in den Gang der Vision eingebunden ist die Figur des Satans, eingeführt in 1b als zur Rechten stehend, um Josua zu verklagen. עמד על־ימינו soll wohl als Hinweis auf die gerichtliche, anklagende Funktion des שטן verstanden werden.[280] Der שטן ist hier noch nicht als eigenständige, verselbständigte Person und als Gegenspieler anzusehen.[281] Der determinierte Gebrauch weist vielmehr darauf hin, daß hier (noch) an die Funktion des himmlischen Anklägers gedacht ist.[282] Allerdings ist der Nachweis eines solchen Amtes im himmlischen Hofstaat nicht sicher zu führen:

> "However, it should be noted that no analogous office has been convincingly identified in the legal system of ancient Israel, nor do the divine councils of the surrounding cultures include a deity whose specific assignment is to be an accuser".[283]

Zudem ist die Funktion des Anklägers offenbar nicht mit einer bestimmten Person verbunden, "it is consistent with known Israelite (and Mesopotamian) legal practice that 'accuser' was a legal status that various people temporarily acquired in the appropriate circumstances, and not a post or office".[284]

---

279 Eine Änderung nach der syrischen Textfassung, die gegen alle anderen hier den Jahwe-Engel bietet, kommt hier weder wegen der zu schlechten Bezeugung noch wegen innerer Kriterien in Betracht: Die Version der Peschitta ist wohl darauf zurückzuführen, daß Jahwe in V 1 nicht eingeführt wurde und außerhalb von V 2 nicht mehr in der Vision vorkommt. Hinzu kommt, daß Jahwe von sich in der 3. Person redet, doch von „Jahwe in 3. Person wird nicht selten in Jahwerede gesprochen, deshalb ist hier nichts zu ändern" (Reventlow, ATD 25/2, 52). Insgesamt ist also von der Peschitta an dieser Stelle eine Texterleichterung intendiert, daher ist der MT als ursprünglich beizubehalten, vgl. o. S. 194 Anm. 256. Die Schwierigkeiten von V 2 sind nicht textkritisch, sondern literarkritisch zu lösen, vgl. Schöttler, Gott, 87ff.

280 Vgl. Ps 109,6; vgl. Reventlow, ATD 25/2, 52; Nielsen, Art. שָׂטָן, 748ff; Petersen, OTL, 188ff; Meyers/Meyers, AncB 25B,183ff, bes. 186; Delkurt, Nachtgesichte, 148.

281 Gegen Hanhart, BK XIV/7.1, 181ff, der von einer bestimmten Gestalt des personifizierten Anklägers und Widersachers ausgeht und השטן in Hi 1f und Sach 3 wegen des Artikels als Eigennamen auffassen will. Der Artikel in Hi 1f; Sach 3 zeigt jedoch eher einen Gattungsbegriff an, vgl. G-K[28] § 126 g. Wahrscheinlich ist in 1 Chr 21,1 eine bestimmte Person gemeint; hier wird שטן ohne Artikel verwendet, s. Nielsen, Art. שָׂטָן, 750, anders Breytenbach/Day, Art. Satan, 729f.

282 Vgl. Day, Adversary, 33ff.107ff; Nielsen, Art. שָׂטָן, 748ff, bes. 750; Breytenbach/Day, Art. Satan, 727ff, zu Sach 3 a.a.O., 728f; Tiemeyer, Rites, 241 m. Anm. 81. So ist auch die Rolle des Satans (ebenfalls השטן) in Hi 1–2 zu verstehen, vgl. z.B. Day, Adversary, 33ff.69ff. 147ff; Rohde, Knecht, 41ff. Zum Verhältnis von Sach 3 zu Hi 1f s. gleich.

283 Breytenbach/Day, Art. Satan, 728. Vgl. Nielsen, Art. שָׂטָן, 748: „Wir haben im AT keine von einem profanen Rechtsverfahren redenden Texte, die die Wurzel śṭn/śṭm gebrauchen." S. aber Ps 109, der jedoch keinem profanen Kontext angehört.

284 Breytenbach/Day, Art. Satan, 728, vgl. Dell, Adversary, 33ff.147ff; Rohde, Knecht, 41ff.

Dennoch scheinen die Höfe der altorientalischen (Groß-) Könige im Hintergrund der at שָׂטָן-Vorstellung zu stehen, „*haśśāṭān* ist als Agent der göttlichen Polizei tätig, wirkt aber gelegentlich auch als Ankläger".[285] So kann als Fazit gelten: „Daß *haśśāṭān* die Rolle des Anklägers spielt, bedeutet natürlich nicht, daß er damit als himmlischer Staatsanwalt anzusehen ist; eher möchte man annehmen, daß er gelegentlich als Ankläger wie auch als Versucher tätig ist."[286]

Welcher Art die Anklage des שָׂטָן in Sach 3,2 ist, wird nicht mitgeteilt und muß aus dem Kontext erschlossen werden, besonders aber aus der Zurückweisung des שָׂטָן durch Jahwe.

Die engsten Parallelen zur Satan-Szene in Sach 3 sind die beiden Himmelsszenen des Hiob-Prologs (Hi 1,6–12; 2,1–10).[287] Wie bei Sach 3 tritt in ihnen der Satan in der Rolle des Anklägers des Gerechten auf; Gott selbst, der souverän über das Geschehen bestimmt, soll entlastet werden.[288]

Auch Hi 1,6–12; 2,1–10 sind wie die Satan-Ergänzung in Sach 3 innerhalb des Hiob-Rahmens (Hi 1,1–5*.13–22*; 42,(11.)12–17*) nachgetragen:[289] Die Erzählung des Rahmens bleibt ohne die Himmelsszenen gut verständlich, die nur locker mit dem Kontext verbunden sind. Hi 1,6–12 und 2,1–10 lassen sich ohne Schwierigkeiten aus dem Handlungsstrang herauslösen: So kann 1,13ff nahtlos an 1,3(.4.5) angeschlossen werden, und der Epilog weiß nichts vom Satan oder von Hiobs Krankheit (2,7f), deren Schilderung auf die 2. Satanszene angewiesen ist. Die zweite Prüfung Hiobs (2,1–10) erweist sich als sekundäre Steigerung zu 1,13ff: Hi 2,1–10 spielt wie 1,6–12 im himmlischen Thronrat und kann mit 1,6–12 derselben Hand zugewiesen werden kann. Die geringen Unterschiede zwischen 1,6–12 und 2,1–10 sind dadurch zu erklären, daß die

---

285 Nielsen, Art. שָׂטָן, 749, vgl. Syring, Hiob, 91ff, ferner Tiemeyer, Night, 203f; dies., Spies, 122ff. Zum königlichen persischen Informantenwesen s.a. Oppenheim, Eyes.

286 Nielsen, Art. שָׂטָן, 750.

287 Vgl. z.B. Day, Adversary, 33ff.107ff; Strauß, Traditionen; Veijola, Abraham, 139; Rudman, Zechariah; Tiemeyer, Spies, 122ff; Stead, Intertextuality, 72f.156f.

288 Vgl. z.B. Spieckermann, Satanisierung; Syring, Hiob, 93f; Rohde, Knecht, 47f.

289 In der Forschung ist eine deutliche Tendenz hin zu der Annahme auszumachen, daß beide Himmelsszenen sekundär im Prolog nachgetragen sind, vgl. z.B. Kaiser, Einleitung, 385ff; Berges, Ijobrahmen, 231ff; Köhlmoos, Auge, 54f.88ff; Syring, Hiob, 69ff.159ff; Rohde, Knecht, 53ff.102ff.151ff; Levin, Testament, 107f; van Oorschot, Entstehung, 171ff, s.a. die Übersicht über die literarkritischen Optionen bei Müller, Hiobproblem, 41ff.183ff; Köhlmoos, Auge, 48ff; van Oorschot, Entstehung, 166ff. Anders z.B. Müller, Lehrerzählung; Fohrer, Studien, 19ff; Smend, Entstehung, 207f; Spieckermann, Satanisierung, bes. 433 Anm. 5; ders., Art. Hiob, 1778f; Strauß, Hiobrahmen, bes. 565; Veijola, Abraham, 133f, die davon ausgehen, daß die beiden Himmelsszenen von Anfang an konstitutiver Bestandteil der Hiob-novelle sind.

zweite Szene als Steigerung der ersten angelegt ist, so daß kompliziertere literarkritische Modelle unnötig sind.[290]

Aufgrund des späten Sprachgebrauchs,[291] der innerbiblischen Bezüge, etwa zu Ez 14,12–23 und zur Endgestalt von Gen 22,[292] des theologischen Profils und der Einordnung in die relative Chronologie des Hiobbuchs[293] sind die Himmelsszenen frühestens in die Zeit des Übergangs von der persischen zur hellenistischen Zeit anzusetzen.[294] M.E. ist die Satan-Einfügung in Sach 3 theologiegeschichtlich in der Nähe der Satan-Ergänzungen in Hi 1–2 anzusetzen. In Hi 1f wird der שׂטן als Teil der himmlischen Ratsversammlung eingeführt, als solcher ist er dagegen bei Sach 3 bereits vorausgesetzt. Da zudem die Rolle des Satans bei Sach von vornherein äußerst negativ besetzt ist und der Satan sofort von Jahwe abgestraft wird, anstatt mit diesem ins Gespräch zu kommen oder ein Abkommen auszuhandeln, ist zu vermuten, daß Sach 3 jünger ist als der Prolog im Himmel in Hi 1–2 und diesen voraussetzt.[295] So wird dann nach Hi 1–2 der Thronrat in Sach 3 (die Vision wird seit der 1. Ergänzung sukzessive zur Thronratszene ausgestaltet, s.u.) durch die Einfügung Jahwes und des Satans komplettiert, die Restitution des Hohenpriesters Josua wird entsprechend der Restitution Hiobs geschildert.

Zur präzisen Bestimmung soll zunächst noch eine Glosse innerhalb der Jahwerede ausgeschieden werden, und zwar V 2aβγ. Dieser in die Mitte der ursprünglichen Rede eingeschobene Versteil verdoppelt die erste Hälfte der Zurechtweisung, durch erneute Verwendung des Verbums גער angeschlossen, hier mit waw explicativum. Indem das Thema der Erwählung Jerusalems aus

---

290 Gegen z.B. Schmidt, „De Deo",165ff, bes. 168.176: Hi 2,1–8, und davon noch einmal abhängig 2,9f, sind jünger als die erste Ergänzung des Prologs durch 1,6–12. Weimar, Ijobnovelle, 73f, rechnet mit ursprünglich nur einer, zum Grundbestand der Hiobnovelle gehörenden, Himmelsszene, die aus 1,6–9; 2,5f bestand und sekundär durch 1,10–2,4 erweitert wurde.

291 Vgl. Hurvitz, Date.

292 Vgl. dazu Veijola, Abraham, 129ff, daß Gen 22 ein später Text ist, hat bereits Veijola, Opfer, bes. 155, gezeigt, zu den vielfältigen Schriftbezügen s.a. Schmid, Schriftdiskussion, 244ff.

293 Vgl. bes. Witte, Leiden, 192.205ff.215ff.220, vgl. Syring, Hiob, 69ff.159ff; Rohde, Knecht, 151ff; van Oorschot, Entstehung, 171ff, in Aufnahme und Weiterführung von Witte.

294 Vgl. etwa Dell, Book, 166–168.213–217 (spätes 4. Jh.); Tollington, Tradition, 89 Anm. 1 sowie 116 Anm. 2 (um 300 v. Chr.); Witte, Leiden, 192.220 (spätes 3. bis frühes 2. Jh., vgl. Kaiser, Grundriß Bd. 3, 73ff); Levin, Testament, 105.107ff (spätnachexilisch); Veijola, Abraham, 142 (4. oder 3. Jh.); Schmid, Authors, 148f m. Anm. 24 (Übergang vom persischen zum hellenistischen Zeitalter).

295 Vgl. z.B. Strauß, Traditionen; Stead, Intertextuality, 72f, der allerdings mit einer frühnachexilischen Abfassung von Hi 1f und Sach 3 rechnet. Nach Strauß, a.a.O., stammt der Titel שׂטן als Ankläger bzw. Oppositor aus der volksetymologischen Verbindung mit שׂוט (Hi 1,7), und auch die von vornherein negativ konnotierte Rolle des שׂטן in Sach 3 ergibt sich erst aus der Funktion des שׂטן in Hi 1f als Ankläger und Versucher Hiobs. Im Unterschied zu Hi findet sich in Sach 3 die Verbindung mit שׂוט nicht. Gegen z.B. Tollington 115f; Hanhart, BK XIV/7.1, 180f, die Sach 3 für älter als Hi 1f halten.

1,17; 2,16 aufgegegriffen wird, erhält auch 3,2b eine Näherbestimmung und einen neuen Grund.

Scharf wird der שֶׁטֶן von Jahwe wegen der Anklage Josuas in Sach 3,2aα.b zurechtgewiesen.[296] Wenn auf Jahwe bezogen, meint גער „fast immer eine bedrohliche Manifestation des Zornes Gottes. Wenn man von Gott sagt, daß er ‚schreit', so bezeichnet man damit sicher nicht sein sanftes richterliches Vorgehen bei einer Verurteilung. Vielmehr sieht man in solchen Belegen einen wilden Kämpfer, der in seinem Zorn ‚schreit'".[297] Eine geprägte Fluchformel liegt allerdings in Sach 3,2 noch nicht vor.[298]

Begründet wird die Zurechtweisung mit der (rhetorischen) Frage V 2b, die aus Am 4,11 zitiert.[299] Wird Am 4,11 nun in Sach 3 zitiert, so ist auch hier der Gedanke der Errettung aus dem Gericht des Exils im Blick.[300] Mit der Restitu-

---

296 גער ist hier am besten als Jussiv aufzufassen, s. Hanhart, BK XIV/7.1, 168.

297 Caquot, Art. גָּעַר, 53. Pola, Priestertum, 194ff; Rudman, Zechariah, 197, heben die Verwendung von גער mit Jahwe als Subjekt im Zusammenhang mit der Begrenzung der Chaosmächte hervor (vgl. z.B. Ps 9,6; Ps 68,31;106,9; Jes 17,13; Nah 1,4; Mal 3,11) und finden einen Anklang daran auch in Sach 3,2, so daß sich die Satan-Szene nicht im forensischen Aspekt erschöpft.

298 S. Caquot, Art. גָּעַר, 55.

299 Vgl. z.B. Mitchell, ICC, 150; C. Jeremias, Nachtgesichte, 207; Petersen, OTL, 192; Hanhart, BK XIV/7.1, 178.180; Sweeney, Targum, 276. Allerdings ist שְׂרֵפָה (Am 4,11) in Sach 3,2 durch אֵשׁ ersetzt. Am 4,11 gehört nach J. Jeremias, ATD 24/2, 47ff, zum geschichtstheologischen, exilisch-frühnachexilischen Stück 4,6–13, das von Israels Weigerung umzukehren handelt, trotz aller Plagen, trotz des Strafhandelns Jahwes. Die Wendung „wie Gott Sodom und Gomorra umstürzte" (vgl. Dtn 29,22; Jes 13,19; 49,18; 50,40) ist erst ab dem Exil belegt und setzt offensichtlich die Zerstörung Jerusalems voraus, vgl. J. Jeremias, a.a.O., 52f. Am 4,11 rekurriert auf die Katastrophe von 587/6, auf die Zerstörung Jerusalems und des Tempels, als der letzten Aufstufung der Plagenreihe V 6–10: „Eine Steigerung dieser Erfahrung ist alttestamentlich schlechterdings undenkbar" (a.a.O., 53). Die gerade noch der Katastrophe, dem Gericht, Entronnenen sind wie ein aus dem Feuer gerissenes Holzscheit, „sie können und sollen ihr Leben als unverdientes Wunder begreifen, das Konsequenzen fordert" (ebd.). Etwa gegen Sellin, KAT XII/2, 495; Rudolph, KAT 13/4, 96; Day, Adversary, 122f; VanderKam, High Priest, 555f; Tollington, Tradition, 155, die in den Worten vom aus dem Feuer gezogenen Brandscheit lediglich eine allgemeine Redensart und kein Zitat erkennen wollen, hat Pola zurecht eingewandt: „אוּד ist im Alten Testament nur in Jes 7₄ Am 4₁₁ und Sach 3₂ belegt, נצל ho. einschließlich der konkreten Form מֻצָּל nur für Am 4₁₁ und Sach 3₂. Daß in Sach 3₂ אֵשׁ statt שְׂרֵפָה verwendet wird, widerlegt nicht den Zitatcharakter" (Pola, Priestertum, 194 Anm. 173).

300 Vgl. z.B. Rothstein, Nachtgesichte, 114; Sellin, KAT XII/2, 495; Elliger, ATD 25, 121; Ackroyd, Exile, 184; C. Jeremias, Nachtgesichte, 208; Schöttler, Gott, 99; VanderKam, High Priest, 555f; ders., Joshua, 25; Tollington, Tradition, 155; Reventlow, ATD 25/2, 53; Redditt, NCBC, 63; Delkurt, Nachtgesichte, 155ff; Rooke, Heirs, 140; Pola, Priestertum, 194. Anders Rudolph, KAT 13/4, 96, der das Bild auf die Bewahrung der hohenpriesterlichen Linie in der Person Josuas deutet. Tiemeyer, Priesthood, 5ff, deutet den Rückbezug auf Am 4,11 als Anspielung auf illegitime Opfer oder Idolatrie (vgl. Am 4,4f), derer sich Josua und die übrigen Priester schuldig gemacht hätten. Ähnlich Rudman, Zechariah, 194f, mit Verweis auf Ez 8,

tion des Hohenpriesters Josua (und dem Bau des nächsten Tempels, s. das nächste Nachtgesicht), der der Exilsgeneration zugerechnet ist,[301] ist das Strafgericht zum Ende gekommen, der Wechsel der schmutzigen Kleider wird zugleich zum Zeichen für den Übergang vom Gericht zum Heil.[302] Berücksichtigt man den Hintergrund des Amostexts, der sich an die exilisch-nachexilische Gemeinschaft wandte, steht in der Sicht dieser Ergänzungsschicht die Entsündigung und Restitution des Hohenpriesters Josua stellvertretend für das ganze Volk,[303] die nachexilische Tempelgemeinde. Das Heil des Volkes wird mit dem Heil, überhaupt dem Vorhandensein des Hohenpriesteramtes ab initio, nämlich der Tempelneugründung (vgl. 3,9; Kap. 4), verknüpft.

Dem entspricht V 9bβ, der m.E. dieser Schicht zuzurechnen ist. 9abα, der vom Grundstein handelt, und 9bβ, der die Entfernung der Sünde des Landes zum Thema hat, bilden ursprünglich keinen Zusammenhang,[304] sondern 9bβ wurde an die vorliegenden Jahwe-Worte V 7–9abα* angeschlossen und bildete einmal den Schluß und zugleich (die im Perf. cons. formulierte) conclusio des Kap. 3: Mit dem Akt der Entsündigung wird das Land von der Sünde an *einem* Tag befreit (vgl. Lev 16).[305] Damit verweist Sach 3,9bβ zugleich deutlich auf Sach 5,1–4, den durch das ganze Land (כל־הארץ) gehenden Fluch, der Diebe und Meineidige trifft, und vor allem auf Sach 5,5–11, die Fortschaffung des עון des Landes (כל־הארץ) und dessen Verbringung in das Land Schinar. Die Entsündigung Josuas wird zur Vorbedingung für die Entsündigung des Landes. Mit der Entsündigung des Landes hat auch die Anklage, der Zweifel an der Integrität von Hohepriester und Volk, die Forderung der Fortführung von Gericht und Strafe für die Verfehlungen – so ist wohl לשטנו (V 1b) zu deuten – ein Ende gefunden, השטן wird abgeschmettert.[306]

---

wonach die schmutzige Kleidung Josuas für das in der Vergangenheit verunreinigte Priesteramt steht, während die Kollektivschuld des Volks in Sach 5,5–11 thematisiert wird.

301 Nach Esr-Neh sowie dem Haggai-Rahmen, die die Filiation Jozadak nennen (s. Esr 3,2.8; 5,2; 10,8; Neh 12,26; Hag 1,1.12.14; 2,2) gehört Josua zur Exilsgeneration (zu Jozadak s. 1 Chr 5,40f). Esr 2,2//Neh 7,7 u. Neh 12,1 verzeichnen Josua unter den Heimkehrern.

302 Vgl. z.B. Sellin, KAT XII/2, 496; Reventlow, ATD 25/2, 53; Pola, Priestertum, 196f.

303 So auch Schöttler, Gott, 294. Vgl. für die nachexilische Zeit Lev 16. Allerdings ist in Sach 3,2 an einen grundsätzlicheren, einmaligen Vorgang gedacht.

304 Vgl. Schöttler, Gott, 97f, der V 9bβ allerdings mit 4b verbinden möchte und damit zur Grundschicht von Sach 3 rechnet (s. a.a.O., 98f).

305 An eine Verbindung zum großen Versöhnungstag denken z.B. Rothstein, Nachtgesichte, 101.135; Sellin, KAT XII/2, 500f; Rudolph, KAT 13/4, 100; Deissler, NEB.AT 21, 279; Hanhart, BK XIV/7.1, 189 u.ö.; Reventlow, ATD 25/2, 56; Pola, Priestertum, 213ff; ders., Form, 166f; Tiemeyer, Priesthood, 8ff; dies., Rites, 249ff; Stead, Intertextuality, 170.172, generell an eine Zeit der Sühne dagegen z.B. Elliger, ATD 25, 124; Ackroyd, Exile, 190f. Zur nachexilischen Sühnetheologie s. grundlegend Janowski, Sühne, zu Lev 16 vgl. z.B. Milgrom, AncB 3, 1009ff; Körting, Gegenwart.

306 Vgl. Schöttler, Gott, 293; Delkurt, Nachtgesichte, 158.

Durch die Hinzufügung von V 2aβγ wird dieser Gedanke intensiviert. Die
Wendung ובחר עוד בירושלם begegnete in 1,17bβ und 2,16b, jeweils am Ende
von Jahwe-Verheißungs-Einheiten, angeschlossen an die Verheißung des Trostes für Zion (1,17) und die Erbbesitznahme Jerusalems durch Jahwe (2,16).[307]
In 3,2aβγ wird nun ohne עוד formuliert. M.E. gehen die drei Zusätze 1,17bβ;
2,16b und 3,2aβγ auf dieselbe Hand zurück, und das Fehlen des עוד in 3,2 ist
bewußt: Was zunächst Ankündigung war, ist mit der Person Josuas, dem Amt
des Hohenpriesters, erfüllt. Die (erneute und bleibende[308]) heilvolle Erwählung
Jerusalems als der heiligen Stadt Jahwes manifestiert sich im Hohenpriester
des Jerusalemer Tempels.[309]

Auch V 7 und V 9abα bilden keine ursprüngliche Einheit. Handelt es sich
bei V 7 (vgl. bereits die Einleitung V 6) um ein Wort *an* Josua, so ist V 9* ein
Wort *über* Josua; der Personenwechsel von der 2. zur 3. Pers. Sg. und das כי
affirmativum zeigen den Neueinsatz deutlich an. Als Glosse ist zunächst V 9aβ
auszuscheiden.[310] Die Formulierung על־אבן אחת שבעה עינים stört den Zusammenhang und greift das Stichwort האבן aus 9aα auf. Dieses wird nun im
Sinne des bereits um die Epexegesen erweiterten 5. Nachtgesichts interpretiert.
Wie nicht nur die mask. Form שבעה עינים zeigt,[311] ist die Glosse eindeutig von
dieser späten Textstufe in Sach 4 abhängig. Das Wort an Serubbabel (4,6aβ–
10a*) über האבן הראשה (V 7b) bzw. האבן הבדיל (V 10a) wird mit der
Visionsdeutung der 7 Lampen als Augen Jahwes (V 10b) zusammen gelesen
als sieben Augen auf einem Stein.[312]

Das ursprüngliche Wort (3,9aαbα) handelte von einem Stein, den Jahwe
vor Josua gelegt hat (נתתי) und in den[313] er eine Inschrift eingraviert (הנני
מפתח פתחה). Umstritten ist, was mit dem Stein gemeint ist. Eine beliebte

---

307　Zu Sach 1,17bβ und 2,16b s.o. S. 153f.192.

308　Texte wie Dtn 12 sollen sicherlich beim Leser anklingen.

309　Vgl. Petersen, OTL, 192: "The indictment of Joshua is, at least indirectly, viewed as some-
　　　thing of a challenge to Jerusalem and the God who chose it. He—the satan—is apparently
　　　viewed as challenging the wisdom of a human agent necessitated by Yahweh's residence in
　　　Jerusalem."

310　Vgl. bereits Duhm, Anmerkungen, 79, ebenso Schöttler, Gott, 97; Reventlow, ATD 25/2, 56.

311　Sie ist im AT nur hier und in 4,10 belegt, vgl. Schöttler, Gott, 97.

312　Nach Beuken, Haggai, 288; Rudolph, KAT 13/4, 102; Sweeney, Berit Olam, 603, sollen sie
　　　als Zeichen der Präsenz Jahwes auch in Sach 3,9 die über die Erde schweifenden Augen
　　　Jahwes aus Sach 4,10 symbolisieren, die auf den Stein gerichtet sind; vgl. Deissler, NEB.AT
　　　21, 280; Hanhart, BK XIV/7.1, 227f. An aus dem Stein hervorsprießende Quellen denkt Li-
　　　piński, Recherches, 25f.29. Die Deutung der sieben Augen wird häufig mit der in Ex 28 ge-
　　　schilderten Kleidung Aarons verbunden (s. dazu gleich), so daß sie etwa als Facetten eines
　　　Edelsteins (so z.B. Wellhausen, Propheten, 181 (der aber an das Diadem des Königs denkt);
　　　Mitchell, ICC, 157; Sellin, KAT XII/2, 500) oder – den sieben Augen*paaren* entsprechend –
　　　als die vierzehn Steine des priesterlichen Ornats (so VanderKam, High Priest, 567ff; ders.,
　　　Joshua, 33f) interpretiert werden.

313　Das fem. Suffix von פתחה bezieht sich auf האבן.

Deutung ist die, den Stein unter Verweis auf Ex 28(; 39) mit dem Schmuck der hohepriesterlichen Kleidung, vor allem dem Stirnblatt des Turbans, in Verbindung zu sehen.[314] Die Vertreter dieser Interpretation bringen folgende Parallelen in Anschlag: Beide Male geht es um die Bekleidung des Hohenpriesters, beide Male wird eine Inschrift eingraviert (פתח פתוח) Ex 28,36 (vgl. 28,(9.)11(.21)); Sach 3,9), beide Male soll עון getilgt werden (Ex 28,38; Sach 3,4b.9bβ[315]). Zudem wird der Turban in Sach 3 aus der Kleidung herausgehoben. Selbst die Inschrift in Sach 3,9 soll mit Ex 28,36 übereinstimmen: Die „sieben Augen" auf dem Stein stehen für קדש ליהו.[316] Jedoch erschöpft sich die Parallele bereits in der Erwähnung der Bekleidung, wobei der Turban eine besondere Rolle spielt. Doch während in Ex 28,9.11.21 für das Efod bzw. die Brusttasche tatsächlich zwei bzw. zwölf אבנים graviert werden sollen, soll in Ex 28,36 für den Turban ein ציץ זהב טהור, also eine Rosette aus Gold und kein Stein, mit einer Siegelgravur[317] versehen werden. Im Bericht über die Ausführung findet sich schon nicht mehr die figura etymologica פתח פתוח, sondern כתב (מכתב) פתוח (Ex 39,30). Die Inschrift auf dem Stirnblatt lautet nach Ex 28,36; 39,30 jeweils קדש ליהוה, die Kurzform findet sich dagegen nicht. Weil diese beiden Stellen der einzige zur Verfügung stehende Nachweis für diese Inschrift sind, ist das Postulat der Verwendung der Kurzform יהו mindestens problematisch, weil sie in diesem Zusammenhang nicht zu belegen ist. Schließlich ist auch die Art des עון jeweils eine ganz andere. In Ex 28,38 soll durch das Stirnblatt ein möglicher עון הקדשים abgewehrt werden, d.h. es schützt den Hohenpriester „vor den mit dem kultischen Handeln verbundenen Gefahren, wie in dem recht schwülstig formulierten V. 38 ausgeführt wird. [...] Sollten aus irgendeinem Grunde einmal die Opfer nicht ‚wohlgefällig' sein, so entstünde dadurch gefährliche ‚Verschuldung', für die der Hohenpriester einzustehen hätte".[318] In Sach 3,4 soll der עון des Hohenpriesters selbst (hierin

---

314 Vgl. (mit kleinen Varianten) Mitchell, ICC, 157ff; Rignell, Nachtgesichte, 132ff; Ackroyd, Exile, 190f; Elliger, ATD 25, 123f; Galling, Studien, 147; Gese, Anfang, 210 Anm. 38; C. Jeremias, Nachtgesichte, 210; Petersen, OTL, 211f; Schöttler, Gott, 376ff; Delkurt, Nachtgesichte, 192; Redditt, NCBC, 65; VanderKam, High Priest, 567ff; ders., Joshua, 33f; Tiemeyer, Rites, 249ff; Stead, Intertextuality, 169f; Petterson, King, 96ff.

315 V 9 wird dabei meist als einheitlich betrachtet.

316 S. z.B. Sellin, KAT XII/2, 500; Rignell, Nachtgesichte, 132ff; Elliger, ATD 25, 124; Ackroyd, Exile, 191; Petersen, OTL, 212. Vgl. Sweeney, Targum, 278, der an die Anzahl der sieben unterschiedlichen Konsonanten von קדש ליהוה denkt. Allerdings lassen sich die acht Buchstaben nur schlecht mit den (nach dieser Interpretation) lediglich sieben Augen der Inschrift in Einklang bringen. In dieser Interpretation wird 9aβ folgerichtig zum Grundbestand gezählt. Weitere Deutungen der Inschrift sind z.B. der Name Serubbabels am Diadem für den König (s. Wellhausen, Propheten, 181), das Tetragramm auf der Kapporaet (s. Rudolph, KAT 13/4, 101f), der Name Josuas auf dem Fundamentstein des Tempels (s. Reventlow, ATD 25/2, 56); eine Inschrift am Giebelstein des Tempels (s. Duhm, Anmerkungen, 80).

317 Der Ausdruck in Ex 28,11.21.36 lautet פתוחי ח(ו)תם, in Sach 3,9 lediglich פתוח.

318 Noth, Exodus, 184.

kann man noch am ehesten den Vergleich in der Befähigung zum Kultus finden), in 3,9b[319] der עון des ganzen Volkes getilgt werden.

Eine andere Lösung bietet sich daher an, nämlich die Identifikation des Steins mit dem Fundamentstein des Tempels.[320] Die Verwendung solcher mit Inschriften versehener Fundamentsteine ist in Mesopotamien reich belegt und wichtiger Bestandteil beim Tempelbau bzw. der Renovierung.[321] Auch der nähere Kontext von Sach 3,9* spricht für diese Interpretation, wird doch im darauffolgenden Nachtgesicht (epexegetisch) zweimal im Zusammenhang des Tempelbaus von האבן gesprochen (4,7b.10a). So hat bereits der Ergänzer der Glosse 3,9aβ den Stein in diesem Sinne verstanden, indem er ihn mit einem Stein mit sieben Augen von Sach 4,10 identifizierte. M.E. setzt V 9* bereits die Worte an Serubbabel in 4,6aβ–10a voraus und interpretiert sie neu im Sinne einer Vorrangstellung des Hohenpriesters, nun ist „Josua als Tempelbauer im Blick".[322] Nachdem in V 7 bereits das Thema „Tempel" angeklungen war,[323] wird der Tempel noch grundsätzlicher mit dem Hohenpriester verbunden, nämlich schon mit dem Bau. Dieser ist jetzt nicht mehr, wie im Alten Orient üblich, ureigenste Sache des politischen Führers – in der Regel des Königs –,[324] sondern dessen, der in ihm den Dienst versieht. War der Hohepriester durch die Entsündigung (s. v.a. V 4) zur Ausübung des Kultes befähigt und ihm bei gehorsamer Verwaltung seiner Aufgaben der Zugang zum himmlischen Rat verheißen worden (V 7), so wird nun der Tempel selbst mit seiner Person verknüpft, dem Mittler Jahwes, der sich in seinem Tempel in Jerusalem manifestiert.

Als ein weiterer Zusatz lassen sich V 5bα[2]β.6–7 ausgrenzen. Mit diesen Versen wird die Sequenz von Worten aus dem Mund des Jahwe-Engels eröffnet.[325] Die Rolle des Jahwe-Engels unterscheidet sich dabei von der in V 1–4.

---

319 Falls man diesen späteren Zusatz überhaupt an dieser Stelle heranziehen will.

320 Vgl. Beuken, Haggai, 285ff; Petitjean, Oracles, 173ff; Reventlow, ATD 25/2, 56; Jauhiainen, Turban, 508 Anm. 34. Vgl. Duhm, Anmerkungen, 80; Marti, KHC XIII, 411, mit Verweis auf Sach 4,7.10, die den Giebelstein annehmen. Unentschieden, ob es sich um den Grundstein oder den priesterlichen Ornat handelt, sind Meyers/Meyers, AncB 25B, 204ff; Willi-Plein, ZBK.AT 24.4, 89.

321 S. Ellis, Foundation Deposits; Ambos, Baurituale, ders., Rituals.

322 Reventlow, ATD 25/2, 56. Zur Einschreibung von Sach 4,6–10* s.u. 3.8.2.

323 Hier sind die Begriffe בית und חצר zu nennen, darüber hinaus könnten auch die Ausdrücke משמרת und מהלכים Assoziationen zum Tempel wecken.

324 Vgl. o. S. 134 Anm. 777.

325 Die Verheißungen insgesamt halten ebenfalls Petersen, OTL, 187ff.202ff (ab V 6); Schöttler, Gott, 91ff (ab V 5, allerdings gehört V 9bβ zur Grundschicht); Kratz, 81 (ab V 5) für sekundär, lediglich V 8–10 dagegen z.B. Galling, Studien, 146 Anm. 3; Day, Adversary, 112f; Reventlow, ATD 25/2, 52; Delkurt, Nachtgesichte, 145f Anm. 1 sowie S. 190f; Wöhrle, Sammlungen, 334. Neben zahlreichen weiteren Varianten (vgl. z.B. Beuken, 282ff: nur 3,6f als Ergänzung; Redditt, NCBC, 62ff: 3,8.10 als Zusatz, ähnlich Elliger, ATD 25, 123 Anm. 1 sowie S. 125; Rudolph, KAT 13/4, 99f.102f; Tiemeyer, Priesthood, 1f; dies., Rites, 30ff:

Dort handelte er als Stellvertreter Jahwes innerhalb der Vision. Nun fügt er eine Verheißung hinzu, wobei er sich sogar der Botenformel bedient. Eröffnet wird die Ergänzung mit dem Überleitungsteil V 5bα^{2}β (ab וילבשהו), der als Scharnier zwischen der Einkleidungsszene, bes. V 5bα^1 (bis על־ראשו), und der Rede des Jahwe-Engels (V 6f) fungiert. Wohl veranlaßt durch den Bericht von der Ausführung des Befehls, den Turban aufzusetzen, wird nun das Anziehen der Kleider (בגדים[326]) nachgeholt, auffälligerweise nach dem Aufsetzen des Turbans.[327] Des weiteren läßt sich der gegenüber V 5* zu unterscheidende Verfasser daran erkennen, daß – anders als beim Turban – ein die Kleider als rein qualifizierendes Attribut fehlt. Statt בגדים טהורים findet sich bloß בגדים. Schließlich lenkt V 5 durch die Formulierung ומלאך יהוה עמד auf den Jahwe-Engel zurück und zu dessen Rede (V 6f) über. Zugleich wird die fortdauernde Präsenz und Autorität des Jahwe-Engels im ganzen Geschehen betont.[328] Sobald der Jahwe-Engel in den Blick gerückt ist, richtet er eine Ermahnung an Josua,[329] und es wird ein Jahwe-Wort in Form einer bedingten Heilsverheißung mitgeteilt. Dabei umfaßt die Protasis V 7a, also auch die beiden mit וגם eingeleiteten Untersätze, was sich aus folgenden Argumenten ergibt: Alle vier Glieder in 7a stehen in Verbindung mit Aufgaben, die den Tempel betreffen. Nachdem der Halbvers zunächst allgemein mit der dtn-dtr Gehorsamsforderung הלך בדרכי einsetzt[330] und mit שמר משמרתי entsprechend dem priesterschriftlichen, ezechielischen und chronistischen

---

3,8b.10 sind sekundär) wird Sach 3,1–10 für einheitlich gehalten von z.B. Wellhausen, Propheten, 180f; van der Woude, Serubbabel; Dörfel, Engel, 110ff; Hanhart, BK XIV/7.1, 176ff.205ff; Rose, Zemah, 149ff; Pola, Priestertum, 175ff, bes. 178ff; ders., Form, 160.166f (lediglich 3,5a.bα als Nachtrag). Zur Übersicht über die literarkritischen Varianten s.a. Pola, a.a.O., 178ff.

326 Es wird der Begriff aus 4a (vgl. הבגדים הצאים) aufgenommen statt der מחלצות aus 4b. Möglicherweise spielt dabei eine Rolle, daß בגדים der (bei P) geläufige Begriff zur Bezeichnung des Priesterornats ist, vgl. Gamberoni, Art. לָבֵשׁ, 480ff.

327 Die übliche Reihenfolge ist: erst Gewänder, dann Kopfbedeckung (vgl. Ex 29,5f; Lev 8,7–9; 16,4). Insofern ist V 5, wie er jetzt vorliegt, ungewöhnlich (vgl. Meyers/Meyers, AncB 25B, 192; Reventlow, ATD 25/2, 54; Delkurt, Nachtgesichte, 160), m.E. ein Indiz für das Werk verschiedener Hände.

328 Vgl. u. Anm. 344.

329 עוד ist nach Simian-Yofre/Ringgren, Art. עוד, 1123f, in Sach 3,6 am besten mit „ermahnen' (autoritativ verkünden – beschwören – ein Gesetz, dessen Befolgung für die Hörer schwer sein wird und an dessen Erfüllung der Gesetzgeber besonderes Interesse hat)" (a.a.O., 1123) wiederzugeben.

330 Vgl. Dtn 5,33; 8,6; 10,12; 11,22; 13,6; 19,9; 26,17; 28,9; 30,16; Jos 22,5; Ri 2,22; 1 Kön 2,3; 3,14; 8,58; 11.33.38; 2 Kön 21,22, ferner Jer 7,23; Hos 14,10; Ps 81,14. Während die Phrase in Sach 3,7 meist allgemein verstanden wird (vgl. z.B. C. Jeremias, Nachtgesichte, 213; Petersen, OTL, 204; Hanhart, BK XIV/7.1, 192; Pola, Priestertum, 198; Segal, Responsibilities, 719; Stead, Intertextuality, 162), sieht Tiemeyer, Priesthood, 12; dies., Rites, 252, hier Josuas Rechtgläubigkeit im Gegensatz zum Götzendienst eingefordert und verweist auf 1 Kön 11,33; 2 Kön 21,21f; Ri 2,17; 2 Chr 17,3f.

Gebrauch den priesterlichen Dienst im Blick hat,[331] sind mit der Anspielung
auf die Kombination beider Begriffe in 1 Kön 2,3[332] und der Rechtssprechung
am oder über den Tempel,[333] anders als juridisch ist דין את־ביתי angesichts der
Parallelstellen des Verbs nicht zu verstehen,[334] ehemals königliche Aufgaben

---

331 S. z.B. Lev 8,35; 18,30; 22,9; Num 3,7.8.25.28.31.32.36.38; 18,3.4.5.8; Ez 40,45.46;
     44,8.14.15.16; 48,11; Neh 12,45; 1 Chr 23,32; 2 Chr 13,11; 23,6, ferner Dtn 11,1; Jos 22,3; 1
     Kön 2,3. So auch z.B. C. Jeremias, Nachtgesichte, 213f; Petersen, OTL, 204; Mey-
     ers/Meyers, AncB 25B, 195; Pola, Priestertum, 199; VanderKam, Joshua, 28; Tiemeyer,
     Priesthood, 13; dies., Rites, 252f; Segal, Responsibilities, 720.

332 Die Verbindung von הלך בדרך und שמר משמרת findet sich im AT neben Sach 3,7 nur noch
     in 1 Kön 2,3, am Übergang der Herrschaft von David auf den Tempelbauer Salomo: „Im
     Licht dieser deuteronomistischen Tradition wäre dann die sacharjanische Wesensbestimmung
     des Hohenpriestertums hinsichtlich seines irdischen Auftrags so zu verstehen, daß die Rechte
     des Königtums auf den Hohenpriester übergehen, das hohepriesterliche Amt zu einem könig-
     lichen wird" (Hanhart, BK XIV/7.1, 193). Vgl. neben Hanhart, BK XIV/7.1, 193f noch z.B.
     Delkurt, Nachtgesichte, 173ff.189; Pola, Priestertum, 199, gegen z.B. Tiemeyer, Rites, 252f;
     Stead, Intertextuality, 162, die der Kombination beider Begriffe in 1 Kön 2,3 keine besondere
     Bedeutung beimessen und diese statt dessen auf die kultische Observanz des Hohenpriesters
     beschränkt verstehen wollen.
         Würthwein, ATD 11/1, 5.20, weist V 3 der späteren von „zwei DtrN-Hände[n]" (Würth-
     wein, a.a.O., 20) zu, die 2,1–4 gestaltet haben.
333 Vgl. Hanhart, BK XIV/7.1, 190.
334 Vgl. Gen 15,14; 30,6; 49,16; Dtn 32,36; 1 Sam 2,10; Hi 36,31; Ps 7,9; 9,9; 50,4; 54,3; 72,2;
     96,10; 110,6; 135,14; Spr 31,9; Koh 6,10; Jes 3,13; Jer 5,28; 21,12; 22,16; 30,13, vgl. ferner
     2 Sam 19,10 (Nif.). Zur Interpretation von דין im rechtlichen Sinne vgl., mit unterschiedli-
     chen Akzenten, etwa Rignell, Nachtgesichte, 120; Baldwin, TOTC, 115; Petersen, OTL,
     205f; Meyers/Meyers, AncB 25B, 195; Day, Adversary, 111f; Hanhart, BK XIV/7.1, 190f;
     Tiemeyer, Priesthood, 13; dies., Rites, 253f; Boda, NIV AC, 255; Willi-Plein, ZBK.AT 24.4,
     87; Stead, Intertextuality, 162f. Gegen diese Interpretation wurde eingewandt, daß דין im AT
     stets nur mit Personen als Objekt gebraucht werde, und daher wurde eine weiter gefaßte Be-
     deutung im Sinne von „verwalten" angenommen, vgl. z.B. Wellhausen, Propheten, 181;
     Rothstein, Nachtgesichte, 101; Sellin, KAT XII/2, 498; Elliger, ATD 25, 120ff; Ackroyd,
     Exile, 187; Beuken, Haggai, 293; Rudolph, KAT 13/4, 97; C. Jeremias, Nachtgesichte, 214ff;
     Schöttler, Gott, 334 Anm. 141; Reventlow, ATD 25/2, 54; Pola, Priestertum, 174.200; Rose,
     Zemah, 72f; VanderKam, Joshua, 28f. Dieses Verständnis ist aber mit dem Problem konfron-
     tiert, daß דין im AT stets juristisch konnotiert ist und nie „verwalten" bedeutet, vgl. z.B. Se-
     gal, Responsibilities, 721: "[T]his interpretation, while contextually appropriate, creates an
     unattested meaning for the verb דין, without any evidence for such a root in any other Semitic
     language". Belegt ist hingegen mit 1 Sam 2,10 die Verwendung von דין in metaphorischer
     Redeweise, hier werden nämlich die Enden der Erde gerichtet. Eine solche Deutung ist auch
     für Sach 3,7 anzunehmen, vgl. Tiemeyer, Rites, 253. Damit wird auch die Erklärung von Se-
     gal, Responsibilities, unnötig, der ebenfalls den Bezug von דין auf Personen betont (obwohl
     er 1 Sam 2,10 als Ausnahme von der Regel benennt, s. a.a.O., 720 Anm. 9) und daher die
     nicht belegte Bedeutung „to strengthen/reinforce" annimmt (s. a.a.O., 722ff). Segal leitet dies
     vom D-Stamm des akkadischen danānu her, das häufig im Zusammenhang mit Bauberichten
     gebraucht wird. Danach meint דין את־ביתי die Instandhaltung des Tempels als priesterliche
     Aufgabe in Entsprechung zur vorexilischen Zeit (vgl. 2 Kön 12,5–17; 22,3–7). Alles Weitere,
     die Umvokalisierung von הָעֹמְדִים in הָעַמְּדִים (= Säulen des Tempels, s. a.a.O., 727ff) sowie

auf den Hohenpriester übertragen,[335] vgl. auch den parallel gebrauchten Ausdruck שָׁמַר אֶת־חֲצֵרִי, der die Verwaltung und Beachtung des rechten (Opfer-) Kults und der rechten Jahweverehrung in diesem Bereich fordert.[336] Für die Verheißung von מַהְלְכִים בֵּין הָעֹמְדִים הָאֵלֶּה in V 7b dürfte die klassische Interpretation zutreffen, daß unmittelbarer Zugang zur himmlischen Versammlung in Aussicht gestellt wird.[337] Außer dem Themenwechsel spricht der damit

---

das Verständnis von מַהְלְכִים als dynastische Zusage von Nachkommen Josuas, die zwischen den Säulen umherlaufen (s. a.a.O., 729ff, mit Lesung von מַהְלְכִים als Part. Pi.), hängt wesentlich davon ab, ob man Segals Auffassung von דִין folgen will.

335 So mit z.B. Wellhausen, Propheten, 181; Marti, KHC XIII, 410; Sellin, KAT XII/2, 498; Horst, HAT I/14, 228; Rudolph, KAT 13/4, 97; C. Jeremias, Nachtgesichte, 216; Meyers/Meyers, AncB 25B, 195; Deissler, NEB.AT 21, 278f; VanderKam, High Priest, 559; ders., Joshua, 28f; Reventlow, ATD 25/2, 53f; Schöttler, Gott, 335; Hanhart, BK XIV/7.1,189ff; Rose, Zemah, 81ff; Pola, Priestertum, 198ff. Gegen z.B. van der Woude, Serubbabel, 153; Tollington, Tradition, 159ff; Boda, Oil, 385ff; Stead, Intertextuality, 161ff; Petterson, King, 52ff, bes. 62, die lediglich die Bestätigung und Erneuerung der vorexilischen priesterlichen Aufgaben finden.

336 S. C. Jeremias, Nachtgesichte, 215f; Delkurt, Nachtgesichte, 177f.

337 הָעֹמְדִים הָאֵלֶּה greift dabei die עֹמְדִים aus V 4a wieder auf und setzt mithin die Erweiterung zur Hofstaatszene voraus. מַהְלְכִים ist als Plural (der räumlichen Ausdehnung, vgl. G-K[28] § 124 b) von מַהְלֵךְ (vgl. bes. Ez 42,4, ferner Jon 3,3f; Neh 2,6) zu verstehen. So mit z.B. Wellhausen, Propheten, 181; Marti, KHC XIII, 410; Sellin, KAT XII/2, 498; Elliger, ATD 25, 120f; Rudolph, KAT 13/4, 93 Anm. 7d) sowie S. 97f; C. Jeremias, Nachtgesichte, 217f; Petersen, OTL, 207f; Meyers/Meyers, AncB 25B, 196f; Reventlow, ATD 25/2, 54; Tollington, Tradition, 160 m. Anm. 2; Mason, Tradition, 207; Hanhart, BK XIV/7.1, 173 Anm. 7b sowie S. 191f; Delkurt, Nachtgesichte, 179ff; Pola, Priestertum, 174 Anm. 12 sowie S. 201ff; Tiemeyer, Priesthood, 14; dies., Rites, 254; Willi-Plein, ZBK.AT 24.4, 84.87. Daß damit, wie meist angenommen, prophetische (Jes 6; Jer 23,18.22; 1 Kön 22,19–22) oder königliche (vgl. Jer 30,21) Privilegien auf den Hohenpriester übertragen werden, ist wahrscheinlicher als die Deutung, daß mit dem Zugang lediglich die Möglichkeit der Fürbitte für das Volk bzw. der priesterliche Dienst gemeint ist (so etwa Tollington, Tradition, 160f; Sweeney, Berit Olam, 599f, ders., Targum, 277; Stead, Intertextuality, 164; Petterson, King, 60ff, zur Kritik vgl. bereits C. Jeremias, a.a.O., 217). Auch wenn die Rückführung von מַהְלְכִים auf das Nomen מַהְלֵךְ umstritten ist, ist das Verständnis מַהְלְכִים als Part. Pi. von הלך nicht weniger problematisch. Danach sind die מַהְלְכִים Mittlergestalten zwischen dem Hohenpriester und dem Thronrat (vgl. VanderKam, High Priest, 560), d.h. solche, die zwischen den עֹמְדִים umhergehen, sei es, daß darunter Engel (so Beuken, Haggai, 293ff; Schöttler, Gott, 337ff) oder Propheten (so Rose, Zemah, 73ff, bes. 82; Boda, Oil, 385ff; ders., NIV AC, 255) verstanden werden. So muß Rose, a.a.O., 77, selbst einräumen, daß die Vokalisierung in Sach 3,7 nicht der sonstigen masoretischen Praxis entspricht (vgl. Ps 104,3; Spr 6,11; Koh 4,15), noch stärker aber fällt das Urteil von Petterson, King, 61, ins Gewicht: "Further, Rose seems to overlook the obvious fact that in this vision at least, Joshua is already in the heavenly court. Rose's view that Joshua was never given the privilege of access to the heavenly court because this was the privilege of prophets alone is not supported by the evidence of the vision itself. The context must be taken into account when determining meaning." Neben der Kritik an dieser Theorie von Petterson, a.a.O., 60f, vgl. noch C. Jeremias, a.a.O., 217 m. Anm. 62; Tiemeyer, Rites, 254.

einhergehende Subjektwechsel von der 2. (7a) zur 1. Person (7b) für den Einsatz der Apodosis mit 7b. וגם ist somit als Beifügungspartikel zu verstehen.[338]

Es sei noch einmal knapp der Sinn der bedingten Verheißung zusammen-
gefaßt: Der Hohepriester soll königliche Privilegien in der Oberaufsicht über
den Tempel übernehmen, und dafür wird ihm Zugang zum himmlischen
Thronrat zugesagt. Durch dieses Vorrecht der Anwesenheit beim himmlischen
Ratschluß wird die Autorität des Hohenpriesters noch weiter gesteigert. Seine
Position innerhalb der nachexilischen Gemeinde wird beträchtlich gestärkt:

> "The first oracular response [...] serves to highlight the notion of the priesthood. In
> particular it indicates the arena of responsibility in which the high priest should be
> active, and it indicates the special prerogative which will be his if he accepts that
> responsibility".[339]

Für die Beurteilung der nächsten Ergänzung muß zunächst die textkritische
Frage aufgegriffen werden, wer in V 5 der Sprechende ist: der Visionär[340] oder
der Jahwe-Engel.[341] Trotz der schlechteren Bezeugung ist der MT beizubehalten, denn die Änderung in die 3. Pers. ist eindeutig als Textangleichung zu
verstehen; MT bietet dagegen die lectio difficilior.[342] Beispielhaft sei an Hanhart gezeigt, daß gerade das Argument, das für eine Änderung in die 3. Pers.
ins Feld geführt wird, der beste Beleg für eine nachträgliche Glättung ist, nämlich das Argument, daß der Prophet aus seiner üblichen Rolle fällt: „Was der
Seher im Angesicht der Gesichte tun kann, ist [...] allein das Fragen nach der
Bedeutung [...]; es kann nirgends [...] ein selbstmächtiges Eingreifen in das
Geschehen sein".[343] Diese unmögliche Möglichkeit, daß der Visionär in das
Geschehen eingreife, und dazu noch gleich im himmlischen Hofstaat, war
genau der Grund dafür, den Propheten aus dem Geschehen heraushalten zu

---

338 Daß der ganze Halbvers Sach 3,7a als Protasis zu verstehen ist, wird vom MT durch die
     Setzung des Atnach und durch die LXX durch die Wiederholung von ἐάν vor der vierten Be-
     dingung unterstützt. Daß die Apodosis erst mit V 7b beginnt, vertreten z.B. Rignell, Nachtge-
     sichte, 119ff; Beuken, Haggai, 291ff; Chary, SB, 78; C. Jeremias, Nachtgesichte, 212; Peter-
     sen, OTL, 206f; Schöttler, Gott, 335 Anm. 145; Tollington, Tradition, 158ff; Reventlow,
     ATD 25/2, 54; Redditt, NCBC, 64f; Rose, Zemah, 68ff; Boda, Oil, 385 m. Anm. 21; Segal,
     Responsibilities, 718ff. Daß die Protasis nur auf V 7aα begrenzt ist, befürworten z.B. Marti,
     KHC XIII, 410; Mitchell, ICC, 154; Elliger, ATD 25, 120; Ackroyd, Exile, 186f; Rudolph,
     KAT 13/4, 93 Anm. 7a); Meyers/Meyers, AncB 25B, 178.194; VanderKam, Joshua, 558f;
     Hanhart, BK XIV/7.1, 167.172f; Pola, Priestertum, 174.198f; Tiemeyer, Priesthood, 12; dies.,
     Rites, 251ff; Jauhiainen, Turban, 507 Anm. 30. Für die Deutung von Sach 3,7 ist die Auftei-
     lung von Protasis und Apodosis aber nicht allzu entscheidend, vgl. VanderKam, Joshua, 28:
     "Either interpretation is grammatically acceptable, and, in the final analysis, the results are
     nearly the same".
339 Petersen, OTL, 208.
340 1. Sg., so der MT.
341 3. Sg., so die LXX, Vulgata, Peschitta u. mehrheitlich die Targumim.
342 Zur textkritischen Diskussion s.o. S. 194 Anm. 258.
343 Hanhart, BK XIV/7.1, 171.

wollen und die ursprüngliche 1. Pers. durch die 3., den Visionär durch den
Jahwe-Engel, zu ersetzen. Das plötzliche Eingreifen des Visionärs ist in der
Tat auffällig, jedoch aus der Literargeschichte einsichtig zu machen, da es sich
bei V 5abα[1] (bis עַל־רֹאשׁ) um einen Nachtrag handeln dürfte:[344] Nachdem in
V4 nach der Neueinkleidung und der Verheißung der Entsühnung die Handlung bereits zum Abschluß gekommen war, ergänzt V 5 die Einkleidung durch
die ausdrückliche Erwähnung der Kopfbedeckung, die anscheinend vermißt
wurde. Daß der Befehl[345] aus dem Mund des Propheten erfolgte, könnte seinen
Grund in den Wortmeldungen Jesajas im himmlischen Thronrat (Jes 6,5.8)
haben. Vielleicht soll dadurch auch die Bedeutung des Turbans hervorgehoben
werden.[346] Vor allem aber entspricht die Wortmeldung des Visionärs den Dia-
logen zwischen dem Deuteengel und dem Propheten in den übrigen Nachtgesichten. Im Unterschied zu den übrigen Nachtgesichten muß der Visionär hier
aber nicht nach dem Sinn des Geschauten fragen, sondern kann in das Geschehen eingreifen.

Beim Turban wird nicht der priesterliche Terminus מִצְנֶפֶת (s. Ex
28,4.37.39; 29,6; 39,28.31; Lev 8,9; 16,4, anders aber Ez 21,31) gebraucht,
sondern צָנִיף (außer Sach 3,5 nur noch Jes 3,23; 62,3; Hi 29,14).[347] Die Verwendung dieses Begriffs ist vermutlich nicht unabhängig von den (vorgefundenen) מַחֲלָצוֹת in V 4b zu verstehen. Denn wie מַחֲלָצוֹת, das im AT neben
Sach 3,4 nur noch in Jes 3,22 zu finden ist, wird צָנִיף im modischen Exkurs Jes
3,16–24 bei der Aufzählung der *haute couture* verwendet (s. Jes 3,23), und der
Verfasser von V 5 dürfte in Analogie zu V 4b aus derselben Quelle geschöpft
haben.[348] Der Grund für den Gebrauch von צָנִיף scheint ein doppelter zu sein.
In bewußter Anspielung auf Jes 3 (Sach 3,4 muß bei der Interpretation von V 5
mitgelesen werden) soll gezeigt werden, daß das Gericht zurückliegt und die

---

344 Vgl. Schöttler, Gott, 91ff, ähnlich Pola, Priestertum, 182ff; ders., Form, 160.166f. Die literarkritische Option ist jedoch nicht von der textkritischen Entscheidung abhängig, so daß
kein Zirkelschluß vorliegt. Dementsprechend kommen Schöttler und Pola zu einem ähnlichen
literarkritischen Ergebnis, obwohl sich Schöttler gegen den MT ausspricht und Pola dafür.
Nochmaliges וַיֹּאמֶר als ursprünglicher Text nach dem וַיֹּאמֶר in 4b wäre als doppelte
Redeeinleitung mindestens ebenso verdächtig. Die später nachgetragene Erwähnung des
dabeistehenden Jahwe-Engels spricht m.E. ebenfalls für die Ursprünglichkeit der 1. Pers. in
V 5*. Denn dieser Nachtrag soll einerseits vom Propheten auf den Deuteengel zurücklenken
und damit dessen Rede in V 6 vorbereiten, andererseits wird klargestellt, daß auch das durch
das Eingreifen des Visionärs ausgelöste Geschehen nicht ohne die Bevollmächtigung des
Jahwe-Engels als Jahwes Stellvertreter denkbar ist.

345 יָשִׂימוּ ist jussivisch aufzufassen, s. Reventlow, ATD 25/2, 51 Anm. 46.

346 S. Reventlow, ATD 25/2, 53.

347 Überhaupt zeichnet sich das 4. Nachtgesicht dadurch aus, daß spezifisch priesterliche Terminologie weitgehend vermieden wird (zu צֵא s.u. S. 213. Auch מַחֲלָצוֹת ist kein priesterlicher
Begriff, P verwendet בְּגָדִים).

348 Zur Verwendung von Jes 3,16ff in Sach 3 und zur Einordnung von Jes 3 s.u. S. 214 m. Anm.
366.

Zeit des Wohlergehens und der Freude – sicher aber nicht die Zeit des Hoch-
muts, der Eitelkeit und der Prunksucht – gekommen ist.[349] Des weiteren soll
durch die Vermeidung des Begriffs מצנפת eine Interpretation des Nachtgesichts als Investiturszene ausgeschlossen werden.[350] Mit טהור wird der einzige
„echte" priesterliche Terminus im 4. Nachtgesicht benutzt, und die Verwendung dieses Attributes dürfte von הבגדים הצאים (V 4a) veranlaßt sein,[351] die
מחלצות (4b) waren dagegen ohne qualifizierenden Zusatz genannt worden.[352]

Als eine letzte Ergänzung läßt sich die Ausgestaltung der Vision durch V
3.4a zu einer Thronratszene abheben: V 3 ist eine Nachholung und beschreibt
nach der Vorstellung des Hohenpriesters (in V 1) dessen schmutzige, unreine
Kleidung. Der gegenüber V 1a nachträgliche Charakter von V 3 wird an der
Wiederaufnahme von 1aβ am Ende von 3 deutlich,[353] die die nochmalige,
zusätzliche Beschreibung Josuas abrundet und damit rahmt sowie vor allem
die Worte des Engels in V 4 vorbereitet; deutlich wird der sekundäre Charakter
nicht zuletzt an der Bezeichnung des Engels als מלאך statt als מלאך יהוה wie
in V 1a. Auch der mit V 3 zusammengehörige V 4a[354] gibt sich durch die ur-
plötzlich auftretenden עמדים als nicht ursprünglich zu erkennen. Die Visionseinleitung V 1a und auch V 4b kennen nur Josua und den מלאך יהוה, die
עמדים müssen ohne Einführung auskommen.[355] Anscheinend stellte sich der
Ergänzer von 3.4a die Entsühnung Josuas als Szene in der himmlischen Versammlung vor und gab dem Jahwe-Engel mit den עמדים ein paar himmlische

---

349 S. Petersen, OTL, 198: "Writing from the perspective of the defeat and exile, the author of
      Zechariah could maintain that such a day [i.e., the day of Yahweh] has already occurred (cf.
      Isa. 3:25–26). People had fallen in battle; lamentation and mourning have overtaken Israel.
      Our writer appears to maintain that it is, at least for Joshua, time to revert to the period of
      luxury and finery. It is time to move from sackcloth to gowns. The issue is therefore more
      than just a return to priestly regalia, though that is of course included." S.a. Boda, NIV AC,
      253f.

350 "Clearly Joshua was already high priest. The use of ṣānîp indicates that we have here a scene
      of postexilic cleansing and restitution, not an ordination of the high priest" (Petersen, OTL,
      199). Darüber hinaus vermutet Petersen, a.a.O., 198f, hinter der Verwendung von צניך das
      Anklingen königlicher Konnotationen und verweist dafür auf Jes 62,3. Wie Ez 21,31 zeigt,
      könnte dieser Gedanke jedoch auch mit מצנפת verbunden sein.

351 צאי ist kein spezifisch priesterlicher Begriff für (kultische) Unreinheit (s.u. S. 213). Sollten 4a
      und 5a von derselben Hand stammen, wäre eher das Gegensatzpaar טהור – טמא zu erwarten
      gewesen, vgl. Ringgren, Art. טָהַר, 310ff.

352 V 4b repräsentiert ein älteres Stratum als V 5 und auch 4a, und zwar die Grundschicht.

353 Vgl. עמד לפני מלאך יהוה (1aβ) mit ועמד לפני המלאך (3b).

354 An V 3 könnte auch unmittelbar 4b anschließen: die Wiederaufnahme 3b würde dann zu
      diesem Versteil überleiten. In diesem Fall wäre V 3 noch einmal älter als 4a. Jedoch halte ich
      es für wahrscheinlicher, daß die Erwähnung und Einführung der בגדים צואים bereits die
      Mitteilung der Entfernung derselben zum Ziel hat und mithin 3 und 4a auf derselben Ebene
      liegen.

355 Zur fehlenden Einführung des himmlischen Hofstaates und zu den Vergleichstexten s.o. S.
      196 m. Anm. 263.

Dienstboten zur Seite.[356] Die Einführung von הַעֹמְדִים (4a) dürfte sich an Sach 3,1a (עמד, mit dem vor dem Jahwe-Engel stehenden Josua als Subjekt) und 4,14 (הַעֹמְדִים, mit den vor dem Herrn der Erde stehenden Ölsöhnen als Subjekt) entzündet haben. Mit ihrer Hilfe wird die Tilgung des עָוֹן (4b) als Symbolhandlung interpretiert. Aus der Neueinkleidung des entsühnten Hohenpriesters mit מַחֲלָצוֹת (4bβ) wird gefolgert, daß der noch mit עָוֹן behaftete Josua auch schmutzige, unreine Kleidung getragen haben muß, בְּגָדִים צוֹאִים (3a.4a). Die Entsühnung wird jetzt bildhaft durch den Kleiderwechsel von הַבְּגָדִים הַצֹּאִים zu מַחֲלָצוֹת dargestellt. צא‎א ist ebenfalls kein priesterlich-kultischer Begriff, sondern steht „im metaphorischen Sinn für ethisch-moralische oder kultische Verfehlungen".[357] Mit צא‎א wurde vermutlich bewußt „ein möglichst weiter Begriff"[358] verwendet, um den עָוֹן des Hohenpriesters zu charakterisieren, so daß er sowohl die Schuld des Gerichts als auch die (damit verbundene) kultische Unreinheit umfassen soll.

Will man so weit gehen, daß man auch das Abnehmen der schmutzigen Kleider durch die עמדים für einen Zusatz hält, so bleiben nach Abzug aller Erweiterungen V 1a.4b als Grundbestand der Vision übrig. Fraglich ist, wer das Subjekt zu וָאֶרְאֵנִי am Beginn von V 1 ist, wobei zwei Möglichkeiten in Betracht kommen. Zum einen könnte damit der Deuteengel gemeint sein, der auch sonst die Mittler-Rolle innehat.[359] Die Hif.-Form אַרְאֶךָ aus dem 1. Nachtgesicht (1,9b) könnte als Beleg für diese Verwendung gelten.[360] Jedoch ist es die Funktion des Deuteengels an besagter Stelle und auch sonst, das Geschaute und Unverstandene für den Visionär zu interpretieren und nicht, die Vision selbst hervorzurufen. Daher ist es wahrscheinlicher, daß Jahwe selbst das Subjekt zu וָאֶרְאֵנִי ist.[361] Damit greift Sach 3,1a die Form der Visionseinleitung aus 2,3 auf und dürfte diese bereits voraussetzen. Von 2,3 her ist dann nämlich deutlich, daß Jahwe auch der Urheber der Schau in 3,1a ist.[362] Die Nennung Jahwes könnte bewußt vermieden sein, führt doch der Jahwe-Engel die Entsühnung stellvertretend für Jahwe aus, während dieser verborgen bleibt.[363] Die Rolle des Jahwe-Engels weicht von der des Deuteengels der übrigen Visionen ab.

---

356 Erst mit dieser Ergänzung beginnt die sukzessive Ausgestaltung der Vision zur Hofstaat-Szene, später werden in diesem Sinne noch der Visionär (vgl. V 5*), der Satan und Jahwe selbst (V 1b.2*) hinzugefügt.

357 Beyse, Art. צָאָה, 857.

358 Delkurt, Nachtgesichte, 162.

359 Dafür plädieren Rignell, Nachtgesichte, 100; Petersen, OTL, 187f.

360 S. Rignell, Nachtgesichte, 100.

361 Vgl. Rudolph, KAT 13/4, 92 Anm 1a; Schöttler, Gott, 86; Reventlow, ATD 25/2, 52; Hanhart, BK XIV/7.1, 167f.

362 Vgl. zu diesem Visionstypus noch z.B. Jer 24,1; Am 7,1.4.7; 8,1.

363 Diese Verborgenheit Jahwes ist mit Ausnahme des späten V 2 auch für die weiteren Wachstumsstufen des 4. Nachtgesichts charakteristisch und entspricht damit der Tendenz des ge-

Der Jahwe-Engel ist hier nicht in der Funktion als Interpret der Vision tätig,[364] sondern Stellvertreter Jahwes. An Jahwes Statt entfernt er den עון Josuas. Ziel der Tilgung des עון ist es, die Kultfähigkeit des Hohenpriesters her- und festzustellen, im Hintergrund könnte die Vorstellung stehen, daß Josua zur Gola gehört und sich durch das Exil verunreinigt hat.[365] Zum anderen ist der Aspekt des Gerichts zu nennen, den Juda mit der Katastrophe von 587 getroffen hatte. Die Entsühnung Josuas ist dann Folge der Aufhebung des Gerichts. Hierauf könnte der Begriff מחלצות hinweisen. מחלצות findet sich im AT nur noch in Jes 3,22, das Teil der Gerichtsworte Jes 3,1–4,1 ist. Wohl schon in der Grundschicht (und nicht erst in der Einfügung des צניף V 5*) soll damit angezeigt werden, daß das Gericht zum Ende gekommen und die Zeit angebrochen ist, מחלצות zu tragen. Da es sich bei Jes 3,22 um einen recht späten Vers handelt,[366] ist dies ein Indiz dafür, daß bereits die Grundschicht des 4. Nachtgesichts nicht allzu alt ist.[367]

M.E. sind hinsichtlich des עון beide genannten Aspekte zu berücksichtigen. Wird der Hohepriester vom עון in diesem umfassenden Sinn befreit, ist er in der Lage, die priesterlichen Aufgaben zu erfüllen. Auch im Hinblick auf den Grundbestand des vierten Nachtgesichts (V 1a.4b) ist schon anzunehmen, daß

---

samten Visionszyklus (abgesehen von Sach 2,3f), daß Jahwe selbst in den Visionen verborgen bleibt. Vgl. Petersen, OTL, 191: "He [i.e., the *mal'āk yhwh*] acts in place of the normal supreme authority, Yahweh. Such a role for the *mal'āk* is consistent with the remarkable absence of Yahweh in the other visions. Whereas the visions appear to depict the working out of Yahweh's will, they do not function to display immediately the divine presence. The visions are at a distance of one removed from the deity itself." Damit wird auch Schöttlers (Gott, 86ff) Argumentation hinfällig, es könne sich in der Vision (v.a. bei V 4b) ursprünglich nur um Jahwe selbst und nicht den Jahwe-Engel gehandelt haben.

364 S. Petersen, OTL, 190: "He [i.e., the *mal'āk yhwh*] does not have the role of interlocutor or interpreter for Zechariah. He is not there to act as a bridge between the visionary and the 'real' world. Rather, in the fourth vision the *mal'āk* works exclusively within the visionary world."

365 Vgl. z.B. Reventlow, ATD 25/2, 53; Willi-Plein, ZBK.AT 24.4, 86. S.a.. Petersen, OTL, 195: "Here is an individual born in an unclean land, who has lived in an unclean land, has become priest in an unclean land".

366 Nach der Beurteilung Kaisers, ATD 17, 77ff, ist Jes 3,1–4,1* als eine „nachexilische redaktionelle Arbeit" (a.a.O., 78) aufzufassen. Die für Sach 3 entscheidenden V 18–23 sind nochmals ein Zusatz innerhalb des Stückes über die Erniedrigung der stolzen Töchter Zions, Jes 3,16–24. Die detailverliebte Schilderung der Jerusalemer Damenmode inklusive Accessoires (V 18–23) unterbricht den Zusammenhang von V 17–24, ביום ההוא markiert dazu den Neueinsatz. Auch Becker, Jesaja, der die Entstehungsgeschichte des durch und durch redaktionellen Kap. 3 noch weiter differenziert (s. v.a. a.a.O., 162ff), beurteilt V 18–23 als spätes Glied einer langen „Fortschreibungskette" (a.a.O., 162), nämlich als Einschub innerhalb des Nachtrags V 16–17.24. Die Grundschicht (3,1–3*.5–6.7*.14f, vgl. a.a.O., 166) ist auch nach Becker bereits in nachexilischer Zeit, wahrscheinlich am Beginn des 5. Jh.s anzusetzen (s. bes. 168).

367 Zur zeitlichen Einordnung des 4. Nachtgesichts s.u. S. 215ff.

die Entfernung des עון bereits die Beseitigung der Verfehlungen im Land in Sach 5,1–4.5–11 im Blick hat,[368] so daß die Reinigung des Hohenpriesters auch schon hier als Vorbedingung für die Reinigung des Landes angesehen werden muß. Zudem dürfte sich Sach 3 auch mit Hag 2,10–14 und dem Vorwurf der Unreinheit des Volkes und seiner Opfer auseinandersetzen. Beides wird durch die Reinigung des Hohenpriesters aufgehoben.

Die Grundschicht stellt wohl keine Investiturszene dar.[369] Dazu sind die Gemeinsamkeiten, die sich bereits im Kleiderwechsel erschöpfen, zu gering.[370] Ein weiteres Argument könnte sein, daß Josua in V 1 bereits – wie selbstverständlich – als הכהן הגדול vorgestellt wird, also offensichtlich schon Hoherpriester ist.[371]

Die Szene beschreibt vielmehr die Restitution des Hohenpriesters[372] angesichts der neuen Zeit. Das nächste Nachtgesicht wird vom Tempelbau berichten. Um den für das Heil des Volkes so notwendigen Tempelkult rechtmäßig zu verwalten und auch die Reinheit von Volk und Land zu ermöglichen, muß der Hohepriester frei von עון sein. Die Vision beantwortet im besonderen die Frage, wie das Hohepriesteramt nach der Katastrophe von 587 angemessen versehen werden kann und welche Vollmacht und Bedeutung das Amt des obersten kultischen Beamten beanspruchen darf. Die Position des Hohenpriesters wird gestärkt.[373] Die Restitution erfolgt nicht von Menschenhand.[374]

Zum Schluß soll noch die theologiegeschichtliche Einordnung der Vision von der Restitution Josuas sowie der Zusätze bedacht werden. Einen Anhaltspunkt gibt die relative Chronologie. Das vierte Nachtgesicht ist wahrscheinlich als letztes in den Zyklus eingeschrieben worden[375] und setzt mit der Visionseinleitung ויראני die Vision von den Hörnern und den vier Handwerkern (Sach

---

368 Vgl. besonders die Erwähnung des עון in Sach 5,6, der außer Landes geschafft wird (V 9–11).

369 Gegen z.B. Beuken, Haggai, 284; Seybold, Bilder, 96; Day, Adversary, 118f.126; Hanhart, BK XIV/7.1, 176ff; Meyers/Meyers, AncB 25B, 178ff; Redditt, NCBC, 64; Sweeney, Targum, 276f.

370 Eine Auflistung der Unterschiede s. bei Delkurt, Nachtgesichte, 159ff, vgl. Petersen, OTL, 198ff; Tiemeyer, Priesthood, 8ff; dies., Rites, 249.

371 S. C. Jeremias, Nachtgesichte, 211; Petersen, OTL, 188.

372 Vgl. z.B. Petersen, OTL, 188ff, bes. 198ff; Reventlow, ATD 25/2, 54; Delkurt, Nachtgesichte, 158ff; Pola, Priestertum, 197f.221f.

373 Vgl. Petersen, OTL, 202: "This vision stresses the importance of the high priest in the polity of the restored priesthood". S.a. Boda, NIV AC, 253.

374 Feinsinnig bemerkt dazu Petersen, OTL, 196: "And yet, because of the radical character of this 'āwôn—it results in part from a destroyed and desecrated temple—the high priest is unable to rid himself of it as he might have been able to do if the temple purification system were in order. Hence a special act of purification was necessary".

375 Vgl. o. S. 139ff sowie u. 3.14.1.1 und 3.14.1.6.

2,3f), wahrscheinlich noch ohne die Überarbeitung durch 2,1f, voraus.[376] Für Sach 2,3f war bereits eine Ansetzung in das 4. Jh. vorgeschlagen worden.

Es geht im vierten Nachtgesicht um die Frage, wie der Kult wiederherge-stellt werden, wie Entsühnung stattfinden kann, wenn der irdische Garant des Kults selbst unrein geworden, in עוֹן verstrickt ist. Daher sind die gebräuchli-chen Reinigungsriten nicht wirksam, sondern nur durch ein Geschehen in der göttlichen Sphäre selbst kann Entsühnung erfolgen, der irdische Mittler bedarf der Mittlerschaft des Jahwe-Engels.

So ist es kein Zufall, daß diese Vision in der Nähe des 5. Nachtgesichts – das bereits um die Serubbabel-Worte vom Tempelbau erweitert wurde[377] – zu finden ist: Aufmerksamkeit verlangt jedoch die Tatsache, daß es genau *vor* diesem zu finden ist. Damit geschieht zweierlei. Zum einen werden nun wohl die beiden Ölsöhne (Sach 4,14), von Sach 3 herkommend, mit dem Hohenprie-ster Josua und dem Statthalter Serubbabel identifiziert. Kannte das Nachtge-sicht „Leuchter" (Sach 4) zunächst nur die auf den Bau des Tempels bezoge-nen epexegetischen Worte über Serubbabel (Sach 4,6–10), so wird implizit mit dem Hohenpriester Josua in Sach 3 eine zweite Figur genannt, so daß nun auch die Worte für Serubbabel als Deutung der zweiten Gestalt der Ölsöhne inten-diert sind. Zum anderen wird, damit zusammenhängend, der Hohepriester dem Statthalter vorgeordnet. Erst muß die Frage des rechten Kults (Kap. 3) geklärt sein, dann kann der Statthalter an den Tempelbau gehen (Kap. 4). Dem Statt-halter wird nicht nur ein Priester zur Seite gestellt, sondern er wird ihm auch noch vorgeordnet.[378]

Somit weist die Bearbeitung auf einen erheblichen Anspruch des Hohen-priesters innerhalb Judas hin, der für die Zeit um 520 so nicht anzunehmen ist.

Fragt man nach der Beurteilung der Rolle des Hohenpriesters in der Per-serzeit und einer möglichen Übernahme auch der weltlich-politischen Funktio-nen, so muß die external evidence in den Blick genommen werden.[379] Dabei ist

---

376 S.o. 3.4.2 sowie u. 3.14.1.

377 S.u. 3.8.2, 3.14.1.

378 Auch in Esr–Neh, bes. Esr 7–8 läßt sich die Tendenz finden, „Esra, den Priester, [...] dem Statthalter Nehemia gleichzustellen", (Kratz, Komposition, 80, s. a.a.O., 79ff.94ff) nach dem Vorbild des Paares Serubbabel/Josua. Josua spielt in Esr–Neh eine prominente Rolle, s. Esr 2,2; 3,2.8.9; 4,3; 5,2; 10,18; Neh 7,7; 12,1.7.10.16. Rangiert er in der Liste Esr 2/Neh 7 nach Serubbabel an zweiter Stelle, ist Josua in der Erzählung über den Altarbau Serubbabel sogar vorgeordnet (s. Esr 3,2).

379 Aus methodischen Gründen ist für die Frage nach der Rolle des Hohenpriesters vom außerbi-blischen Material auszugehen. Aber selbst für einen Text wie P, der am ehesten als Ätiologie des Zweiten Tempels zu verstehen und wahrscheinlich in die Zeit um 500 (für P^G) anzusetzen ist (vgl. Kratz, Komposition, 247f.327ff; Gertz, Tora, 243f, zur Diskussion um die Datierung vgl. Zenger, Einleitung, 166f), hat Rooke, Heirs, 11ff, zeigen können, daß die in Aaron und seinen Nachkommen repräsentierte Figur des Hohenpriesters der Gestalt des Mose (und sei-nes Nachfolgers Josua) als Anführer der Gemeinschaft stets bei- und untergeordnet ist und seine Funktion auf den kultischen Bereich beschränkt bleibt.

zunächst auf die Korrespondenz aus Elephantine zu verweisen.[380] Aus dem in zwei Fassungen (A4.7; A4.8[381]) erhaltenen Bittgesuch an den judäischen Statthalter Bagohi bezüglich des Aufbaus des von den Chnum-Anhängern zerstörten Tempels wird ersichtlich, daß man sich an die judäischen und samaritanischen Verantwortlichen wendet,[382] um die Genehmigung zum Wiederaufbau des Tempels zu erwirken. Dabei wird ein früheres Schreiben an die Jerusalemer Nobilitäten erwähnt, in dem auch der Hohepriester Jehochanan[383] und seine Kollegen genannt werden. Dieses Schreiben blieb jedoch unbeantwortet. Die Gründe für das Schweigen der Priester sind unklar.[384] Aus dem (erneuten[385]) Schreiben an Bagohi wird jedoch deutlich, daß man die eigentliche Entscheidung von den persischen Behörden in Jerusalem und Samaria erwartet.[386] Auch die entsprechende Antwort läßt an deren Rolle keine Zweifel, daß nämlich die Autorität letztlich allein bei der persischen Administration liegt.[387] Aus dem die Antwort des judäischen Statthalters Bagohi und des Delaja, des Sohnes des samaritanischen Statthalters Sanballat, festhaltenden Memorandum geht hervor,[388] daß diese dem Satrapen in Ägypten, Arsames, schließlich mitteilen, der Tempel könne wieder aufgebaut werden.[389]

In der Frage der Münzen von Jaddua und Jochanan, dem Priester, ist schwer zu sicheren Ergebnissen zu kommen.[390] Da bei der Jaddua-Münze

---

380 Zu den Umständen und zur Bewertung der entsprechenden Dokumente s. Rooke, Heirs, 175ff; Kottsieper, Religionspolitik, 158ff; Knauf, Elephantine, 186f; Kratz, Judentum, 65ff.

381 Dabei ist A4.7 als die Vorlage und A4.8 als die Reinschrift anzusehen, vgl. Kottsieper, Religionspolitik, 161.

382 Vermutlich auch an die persischen Behörden in Ägypten, vgl. A4.10.

383 יהוחנן כהנא רבא (A4.7,18, in A4.8,17 zu ergänzen).

384 So wird etwa die Kultzentralisation (Dtn 12) ins Feld geführt (so z.B. Rooke, Heirs, 181), das Interesse der Priester, einen Konflikt mit dem Statthalter zu vermeiden (so z.B. Kottsieper, Religionspolitik, 16f.171f Anm. 78) oder aber einfach das „Gestrüpp der Bürokratie" (Kratz, Judentum, 67).

385 Zur Frage, wer „unser Herr" (A4.7,18; A4.8,17) ist, vgl. Kottsieper, Religionspolitik, 163; Kratz, Judentum, 66.

386 Vgl. Rooke, Heirs, 182.

387 Vgl. Fried, Priest, 92ff; Keel, Geschichte, 984.

388 S. A9.

389 Dabei ist jedoch „möglich oder sogar wahrscheinlich, daß dem schließlich erteilten *nihil obstat* der Statthalter von Juda und Samaria eine Befragung der Jerusalemer Priester und Nobilitäten vorausgegangen ist, die offenbar keine ernstzunehmenden Einwände hatten" (Kratz, Judentum, 67).

390 "There is simply not enough evidence to conclude that by the end of the Persian period, the high priesthood had eclipsed the authority of the civil government or to determine the precise function of the seal impressions" (Carter, Emergence, 285). Generell skeptisch bis ablehnend Carter, a.a.O., 273ff; Rooke, Heirs, 226ff; Keel, Geschichte 984ff, generell befürwortend Schaper, Priester, 155ff.194ff; ders., Numismatik, 155ff.

(YDU', frühes 4. Jh.[391]) eine Beischrift fehlt, die einen Titel angibt, ist fraglich, ob sie überhaupt dem Hohenpriester Jaddua (vgl. Neh 12,11f.22;
Flav.Jos.Ant. XI, 302f) zugeordnet werden kann[392] oder wesentlich später,
nämlich erst um 332–323, unter einem Jaddua II. geprägt wurde, und somit
den Umbruch von der persischen zur hellenistischen Zeit dokumentieren würde.[393] Bei der Münze von Jochanan, dem Priester, (YWḤNN HKWHN, ca.
350–330[394]) ist umstritten, ob damit ein Hoherpriester gemeint ist[395] oder lediglich eine Person priesterlicher Herkunft.[396] Nimmt man einmal an, daß
beide Münzen tatsächlich den entsprechenden Hohenpriestern zugeordnet
werden können, „so deutet sich in dem Nebeneinander der Jechezkia- und der
Jochanan-Münze eine Art Dyarchie und mit ihr die Entwicklung zur Hierokra-
tie an, die das judäische Gemeinwesen in der hellenistischen Zeit genommen
hat."[397]

Da sich aber die Existenz der Statthalter bis in die Perserzeit nachweisen
läßt[398] und auch die external evidence keine Vormachtstellung der Hohenpriester nahelegt, ist davon auszugehen, daß die politische und weltliche Macht bis
zum Ende der Perserherrschaft in den Händen der Statthalter lag und erst in der
hellenistischen Zeit auf die Hohenpriester überging.[399]

Falls die Jaddua- und die Jochanan-Münze tatsächlich darauf hinweisen,
daß Hohepriester das Münzprägerecht hatten, würde dies einen Machtzuwachs
der Hohenpriester gegenüber den Statthaltern in der spätpersischen Zeit inten-
dieren, auch wenn die Hohenpriester bis zum Beginn der hellenistischen Zeit

---

391 S. Spaer, Jaddua; Carter, Emergence, 274f.
392 S. Rooke, Heirs, 231ff.
393 So Carter, Emergence, 275f.
394 S. Barag, Notes; ders., Coin; Mildenberg, Yehud-Münzen, 725.
395 So Barag, Notes; ders., Coin, 11ff. Nach VanderKam, High Priests, 88f; Kratz, Judentum,
     108f, ist dabei an Onias I. = Jochanan II. (vgl. Sir 50,1; Flav.Jos.Ant., XI, 347) zu denken.
     Zur Diskussion der von Cross, Reconstruction, vorgelegten und VanderKam, a.a.O., kritisier-
     ten Liste der perserzeitlichen Hohenpriester s. Kratz, a.a.O., 107ff.
396 So Mildenberg, Yehud-Münzen, 725. Mildenberg rechnet damit, daß der Hohepriester ein
     „dem Statthalter untergeordneter Beamter" (a.a.O., 726) war.
397 Kratz, Judentum, 107f. S. Kratz, ebd., weiterhin: „Das Prägerecht bedeutete eine Aufwertung
     des Hohenpriesters und des Priesterkollegiums gegenüber dem Statthalter, dem weiterhin die
     Leitung des Laienkollegiums (die Ältesten, Noblen und Beamten) und die staatliche Aufsicht
     oblag." Mit einer regelrechten Dyarchie rechnen z.B. Lemaire, Juda, 216f; Schaper, Priester,
     158ff.194ff; ders., Numismatik, 155ff; Meinhold, Serubbabel, 199f; Pola, Priestertum,
     81ff.223. Mit einem baldigen Aufstieg des Hohenpriesters innerhalb der Dyarchie rechnen
     Meyers/Meyers, AncB 25B, 50.
398 Zur Diskussion um die Statthalter s. jetzt Kratz, Judentum, 93ff.
399 Vgl. etwa Laperrousaz, Régime; ders., Jérusalem, 61ff; Williamson, Art. Palestine, 85;
     Rooke, Heirs, 125ff, bes. 238f; Rose, Zemah, 15ff.250f; Fried, Priest, 156ff, mit ausführli-
     chem Vergleich der perserzeitlichen Verhältnisse in Babylonien (a.a.O., 8ff), Ägypten
     (a.a.O., 49ff) und Kleinasien (a.a.O., 108ff).

dem persischen Statthalter, der auch in Fragen des Tempelbaus die letzte Instanz war, nachgeordnet blieben.

Die Vorordnung des Hohenpriesters Josua vor den Statthalter Serubbabel
ist m.E. daher nicht vor der späten Perserzeit vorstellbar. In der späten Perserzeit würde dann Sach 3 einen durch den gewissen Machtzuwachs gestiegenen
Machtanspruch der Hohenpriester dokumentieren, der allerdings noch über die
Realität hinausging. Auch von der relativen Chronologie her liegt eine Ansetzung nicht vor der späten Perserzeit nahe. Eine solch späte Datierung wird
zudem von der Beobachtung unterstützt, daß 3,1a.4b bereits Jes 3,22 voraussetzt.[400]

Ebenso gut ist jedoch auch eine Datierung in die hellenistische Epoche zu
vertreten, da sich hier erst nach dem Abtreten der persischen Administration
die Frage nach der Übernahme der Funktionen auch der Statthalter ernsthaft
stellt.

3.7.3   Fazit

Die Grundschicht (3,1a.4b) zeigt den Jahwe-Engel, der den Hohenpriester
Josua vom עון befreit, um ihn wieder kultfähig zu machen. Dies wird symbo-
lisch durch das Bekleiden mit Feierkleidern (vgl. Jes 3,22) zum Ausdruck
gebracht. Die Zeit des Gerichts ist vorüber. Da die Vision „Josua" als letzte in
den Zyklus der Nachtgesichte eingeschrieben worden ist und einen Vorrang
des Hohenpriesters vor dem Statthalter fordert, kommen als mögliche Datierungen bereits für den Grundbestand frühestens die spätpersische, möglicherweise auch erst die hellenistische Zeit in Betracht. Ein Hinweis hierauf ist
ebenfalls die Kenntnis des späten Verses Jes 3,22.

Der Einschreibung der Vision „Josua" kann die Ergänzung des Jahwe-
Engels (Sach 1,11a.12–13) im ersten Nachtgesicht zugeordnet werden, mit der
Gestalt und Funktion des Jahwe-Engels am Beginn des Zyklus eingeführt
werden.[401] Mit Blick auf Sach 3 wäre die mit dem Ende der 70 Jahre angezeig-
te Heilswende (1,12) eng mit der Restitution Josuas verbunden. Sollte Sach
1,13 auf Jer 29,10 und das dort spät ergänzte Adjektiv הטוב anspielen, wäre
auch von dieser Seite aus noch einmal das späte Abfassungsdatum von Sach
1,11a.12–13; 3,1a.4b bestätigt.

Nach und nach wird das Nachtgesicht zur himmlischen Hofratvision ausgestaltet. Zunächst (V 3.4a) werden dem Jahwe-Engel die עמדים hinzugesellt
und der עון Josuas durch schmutzige Kleider versinnbildlicht. Mit der Entsündigung geht nun ein Kleiderwechsel einher. Mit einem Einwand des Propheten

---

400 Zur Datierung von Jes 3,22 s.o. S. 214 Anm. 366.
401 S. 3.2.2 und 3.2.3.

(V 5abα[1]) wird dem Hohenpriester noch ein Turban auf den Kopf gesetzt, Jes 3,22–23 steht im Hintergrund.

Sodann folgen Worte an Josua, zunächst (V 5bα[2]β.6–7) eine bedingte Heilsverheißung, die das Privileg des Zugangs zum himmlischen Thronrat in Aussicht stellt und damit die עמדים (V 4) wieder aufgreift.

Hieran wird V 9aαbα angehängt, der Josua mit dem Tempelbau verbindet. Der Stein mit der Inschrift, der vor Josua gelegt wird, ist der Fundament- oder Schlußstein aus Sach 4,7b bzw. 4,10a (jeweils האבן). Der Vers wird mit V 9aβ nach Sach 4,10 glossiert.

Als nächstes wird die Satan-Ergänzung (V 1b.2aαb.9bβ) eingeschrieben, die über das Zitat von Am 4,11 die Exilsschuld ins Zentrum rückt und dementsprechend in V 9bβ die Entfernung der Schuld des Landes ansagt. Hiermit wird bereits auf Sach 5,1–4.5–11 vorausgewiesen. V 2* wird noch einmal glossiert durch die Verheißung der Erwählung Jerusalems (V 2aβγ).

Noch später wird V 8 eingeschrieben, der Sach 6,9–15 und Hag 2,20–23 aufgreift und die Hoffnung auf einen künftigen Davididen gemäß der überarbeiteten Verheißung an Josua 6,9–15 in Sach 3 nachträgt. Das Priesterkollegium wird zu „Männern des Vorzeichens" (אנשי מופת), da sie gemäß 6,14 die für den künftigen Sproß im Tempel hinterlegte Krone als זכרון zu bewahren haben.

Schließlich wird V 10 ergänzt, der die Einheit mit einem Wort über die eschatologische Heilszeit abrundet.

3.8   Das fünfte Nachtgesicht: Der Leuchter und die Ölbäume (Sach 4,1–14)

3.8.1   Erste Beobachtungen am Text

Das fünfte Nachtgesicht (Sach 4,1–14) beginnt mit einer außergewöhnlich ausführlichen Visionseinleitung. Ähnlich wie im siebten Nachtgesicht (Sach 5,5–11) beginnt der Bericht nicht mit der Schau eines Visionsbildes (vgl. dagegen die Visionen 1–3 sowie 6 und 8 bzw. Sach 1,8; 2,1.5; 5,1; 6,1), sondern mit einer Handlung des Deuteengels, der den Propheten weckt „wie einen Mann, der aus seinem Schlaf geweckt wird" (V 1) und ihn dann befragt, was er sehe (מה אתה ראה, V 2a; diese Frage findet sich ebenfalls im sechsten Nachtgesicht, vgl. Sach 5,2).

Daraufhin berichtet der Visionär mit Hilfe der Formulierung ראיתי והנה, die an den Beginn des 1. Nachtgesichts erinnert (vgl. Sach 1,8), sehr detailliert von der Schau eines mit einer Schale und sieben Lampen mit je sieben Dochtschnauzen ausgestatteten goldenen Leuchters (מנורה), der zur Rechten und zur

Linken von zwei Ölbäumen flankiert wird (V 2b.3).[402] Auf die Frage nach der Bedeutung des Geschauten: מָה־אֵלֶּה אֲדֹנִי (V 4), die sich so noch im ersten sowie im letzten Nachtgesicht findet (vgl. Sach 1,9; 6,4) folgt die Rüge des Deuteengels, der die Worte des Visionärs aufgreift: „Weißt Du nicht, was diese sind?" (הֲלוֹא יָדַעְתָּ מָה־הֵמָּה אֵלֶּה, V 5a), um auf die Mitteilung des Visionärs, daß er dies nicht tue (V 5b), in V 6aα anzuheben und erstaunlicherweise nicht das Gesehene zu deuten, wie es von den anderen Visionen her zu erwarten gewesen wäre, sondern um ein Jahwe-Wort über Serubbabel und dessen Rolle beim Tempelbau mitzuteilen (V 6aβ–10a). Diese Worte über Serubbabel setzen in V 8 dann noch einmal mit einer Wortereignisformel mit Nennung des Adressaten in der 1. Sg. zu einem weiteren Durchgang ein.

Recht unvermittelt und ohne jeglichen Übergang wird am Ende von V 10a mit der Erklärung der sieben Lampen als den Augen Jahwes die Deutung des Visionsbildes eingeführt (שִׁבְעָה־אֵלֶּה usw., vgl. אֵלֶּה V 4b sowie 5aβ), die in V 11–12 durch eine Frage des Propheten nach den beiden Ölbäumen (V 11) und eine direkt daran anschließende erneute Frage des Propheten nach einem Detail weitergeführt wird, das in der Beschreibung der Vision (V 2f) nicht vorkam, nämlich nach den beiden Rispen der Ölbäume, die durch die zwei Röhren aus Gold das Gold aus sich ausgießen (V 12). Die Fragen V 11 und 12 sind dabei gleich formuliert: וָאַעַן וָאֹמַר אֵלָיו מַה־שְּׁנֵי הַזֵּיתִים הָאֵלֶּה usw. (V 11) bzw. וָאַעַן שֵׁנִית וָאֹמַר אֵלָיו מַה־שְּׁתֵּי שִׁבֲּלֵי הַזֵּיתִים usw. (V 12).

In V 13 wiederholt sich noch einmal fast wörtlich das Frage-Antwort-Spiel aus V 5: „Weißt du nicht, was diese sind?" – „Nein, mein Herr.", bevor in V 14 eine weitere Deutung entweder der Ölbäume aus V 11 oder aber der Ölbaumrispen aus V 12 folgt: „Diese sind die zwei Söhne des Glanzöls, die vor dem Herrn der ganzen Erde stehen."

Für die literarhistorische Analyse ist zu beachten, daß das Bild des Leuchters bzw. Details daraus mehrfach ausgedeutet werden. Zwar schildern auch die anderen Nachtgesichte die Visionen detailreich, s. z.B. die Pferdefarben im ersten und im letzten Nachtgesicht, aber es folgt sonst eine Gesamtdeutung und nicht eine Erklärung von Einzelzügen. Im Zusammenhang damit ist auffällig, daß sich einige Sequenzen des Deutedialogs exakt wiederholen, so die Gegenfrage des Deuteengels und die Antwort des Visionärs, er wisse nicht, was er sehe, in V 5 und V 13. Auch die beiden Nachfragen V 11 und 12 sind gleich gestaltet, zudem fällt auf, daß die zweite Frage (וָאַעַן שֵׁנִית וָאֹמַר אֵלָיו) in V 12 keine Deutung der Frage V 11 abwartet. Schließlich ist deutlich zu erkennen, daß der Zusammenhang zwischen der ersten Frage nach der Bedeutung der Vision (V 5) und der Antwort darauf, V 10aβ*(nur שִׁבְעָה־אֵלֶּה)–14, von den Worten für Serubbabel unterbrochen werden. Da es sich bei V 6–10*

---

402 Zur Rekonstruktion des Leuchters s. bes. Möhlenbrink, Leuchter; Galling, Lampe; North, Lampstand; Voß, Menora. Allerdings muß der visionär geschaute Leuchter keineswegs mit einem realen deckungsgleich sein, vgl. Lux, Vision, 12ff; Willi-Plein, ZBK.AT 24.4, 94.

um einen offensichtlich sekundären Einschub in die Vision handelt, muß die literarhistorische Analyse damit einsetzen.

3.8.2   Literarhistorische Analyse

Die Verse 6aβ–10a sind von Wellhausen als Einschub in das 5. Nachtgesicht erkannt worden,[403] und diese Erkenntnis ist bis heute von den wenigsten bestritten worden.[404]

Der Befund ist eindeutig: Die Worte an und über Serubbabel unterbrechen den Zusammenhang zwischen der Frage nach dem Sinn des Geschauten und der Antwort des Deuteengels, genauer, die Worte sind der Antwort vorgelagert worden, gerade nachdem der Deuteengel zu antworten angehoben hatte. Zudem nehmen die Worte an Serubbabel auf das Visionsbild offenbar keinen Bezug.[405] Wie am Beginn des Einschubs ist auch am Ende die Naht deutlich zu erkennen. Im Endtext setzt nun die Antwort mit שבעה־אלה ohne Beziehung zu den vorangehenden V 6aβ–10a ein.

Formal sind die Serubbabel-Worte in zwei Einheiten gegliedert; die erste umfaßt V 6aβ–7, die zweite, V 8–10a, setzt mit einer Wortereignisformel neu ein, bei der nun der Prophet als Adressat ausdrücklich in der 1. Sg. genannt ist.

Nach der Überschrift (6aβ) folgt ein Wort, das menschliche Möglichkeiten, d.h. militärische Macht (חיל)[406] und menschliche Kraft (כח)[407] – die gedoppelten Begriffe stehen für menschliche Macht insgesamt –, ablehnt und mit der Wirkmächtigkeit der רוח יהוה kontrastiert. Die Formel אמר יהוה צבאות markiert möglicherweise das Ende einer Erweiterung.[408] Auf jeden Fall ist V 6b auf V 7 hin konzipiert und zeigt an, auf welche Weise der große Berg zur Ebene werden und der Tempelbau vonstatten gehen soll.[409]

Es „läßt sich eine Dialektik zwischen dem ‚Nicht durch Kraft‘ und der Aussage in V. 7 a erkennen, welche die Überwindung der durch den ‚großen Berg‘ sich in den Weg stellenden Hindernisse ankündigt".[410] Der Tempelbau

---

403 S. Wellhausen, Propheten, 182f.

404 Zu den Ausnahmen zählt Beuken, Haggai, s.u. S. 235 Anm. 485.

405 Vgl. Wöhrle, Sammlungen, 338.

406 S. Eising, Art. חַיִל, 907f, sowie Hanhart, BK XIV/7.1, 280f.

407 S. Ringgren, Art. כֹּחַ, 131ff, sowie Hanhart, BK XIV/7.1, 280f.

408 Vgl. Schöttler, 121; Kratz, Judentum, 80, die 4,6aβ als Erweiterung ansehen.

409 Vgl. Laato, Zachariah, 66: "The best way to interpret the enigmatic phrase in 6b is to connect it with 7a."

410 Reventlow, ATD 25/2, 61.

soll also nicht im Vertrauen auf die menschlichen Fähigkeiten, sondern allein auf Jahwes Geist in Angriff genommen werden.[411]

Berlejung hat die Bedeutung des göttlichen Geistes im Zusammenhang mit kultischer Handwerks- und Bautätigkeit herausgearbeitet.[412] Die Gabe des Geistes ist danach konstitutiver Bestandteil für das Gelingen des Tempelbaus: „Aus mesopotamischen und alttestamentlichen Herstellungsberichten kultischer Objekte wurde deutlich, daß die Übertragung des göttlichen Geistes die Befähigung der Menschen ausmacht, für Gott tätig zu werden."[413]

Eine deutliche Verbindung von Tempelbau und Geistbegabung wird in Hag 2,4f hergestellt, wo den Tempelbauern (Serubbabel ist in V 4 vor dem Hohenpriester und dem עם הארץ und wie in Sach 4,7.9f ohne Filiation und Statthaltertitel genannt) verheißen wird: Mein Geist (רוחי) bleibt in eurer Mitte bestehen. Sach 6,8 handelt von der Geistbegabung der Gola: „Siehe, die zum Land des Nordens ausziehen, lassen meinen Geist (רוחי) im Land des Nordens ruhen."

Hag 1,14 berichtet, daß Jahwe den Geist der Bauleute erweckt, woraufhin sich diese ans Werk machen (vgl. Esr 1,1f.5). Bei חיל und כח wäre möglicherweise auch an den Umsturz und die Vernichtung des חזק der Königreiche der Völker sowie der Pferde und ihrer Reiter angesichts der Erwählung Serubbabels durch Jahwe (Hag 2,22f) zu denken, vgl. hierzu die Verbindung des חיל des Pharaos mit Pferd und Reitern in den Meerwunderschilderungen Ex 14f (bes. Ex 14,4.9.17.28; 15,5.14) sowie Dtn 11,4.

Wofür der große Berg (הר־הגדול) steht, ist rätselhaft und hat zu zahlreichen Vermutungen Anlaß gegeben. In Frage kommen allgemeine Schwierigkeiten aller Art,[414] die bei Esr geschilderten Interventionen gegen den Tempelbau,[415] der Hohepriester Josua, so daß eine mögliche Kompetenzüberschreitung des Hohenpriesters beim Tempelbau abgewehrt werden soll,[416] der

---

411 Laato, Zachariah, 66, sieht V 6b in Verbindung mit der traditionellen Königsideologie, wobei der König ermahnt wird, sich nicht auf seine Macht bzw. sein Heer zu verlassen, sondern auf Jahwe, vgl. z.B. Ps 33,16.

412 S. Berlejung, Theologie, passim.

413 Berlejung, Theologie, 336 Anm. 1647.

414 So z.B. Hanhart, BK XIV/7.1, 282f; Reventlow, ATD 25/2, 61; Wöhrle, Sammlungen, 339f Anm. 62; O'Kennedy, Meaning, 406ff; Petterson, King, 70.

415 So etwa Rudolph, KAT 13/4, 113; vgl. Elliger, ATD 25, 126 (unter Hinweis auf Hag 2): die Samaritaner.

416 So Petersen, OTL, 239f.

Schuttberg des alten Tempels[417] oder auch die Übersetzung des akk. Götterepithetons šadû rabû.[418]

Im folgenden sollen die verschiedenen Vorschläge geprüft werden: Die Verzögerungen durch Tattenai oder die Samarier sind aus der Geschichtsprojektion des Esra-Buchs zu erklären, das den späten Bau des Tempels rechtfertigen will, und nicht als historisch anzusehen.[419] Ähnliches gilt für die Theorie, הר־הגדול sei Verschleierung für oder ein Wortspiel („deft play"[420]) mit הכהן הגדול; eine Konkurrenz oder gar ein Konflikt ist den Texten nicht zu entnehmen, abgesehen davon, daß die behauptete Dyarchie Serubbabels und Josuas auf spätere theologische Interpretation zurückgeht, die ihren Ausgang in den sehr späten Stücken Sach 3 und 6,9–15 hat.[421] Die Deutung als Götterepitheton hätte den Vorteil, daß sich šadû rabû und הר־הגדול genau entsprechen. Šadû rabû, großer Berg, ist eines der Epitheta Enlils.[422] Nach Petitjean wird dieses Epitheton nun auf Marduk übertragen und soll dann in Sach 4,7 das Ende der Vormacht Babylons veranschaulichen, wäre also das Zeichen, daß der Wiederaufbau unter Serubbabel Erfolg haben wird.[423] In der Tat wird Marduk in Babylonien, der Enlils Würde sowie dessen Titel Bēl annimmt, „mehr oder weniger mit Enlil identifiziert"[424]. Der Titel Šadû rabû wird jedoch nicht für Marduk übernommen, sondern bleibt weiterhin Enlil vorbehalten. Somit hat die Identifikation des großen Bergs mit der durch Marduk repräsentierten Macht der Babylonier wenig Wahrscheinlichkeit für sich. Selbst Petitjean, der diese Erklärung ins Spiel gebracht hat, sieht sie nur als der Deutung auf den Schuttberg komplementäre Identifikation.

Als Interpretationsvorschläge bleiben demnach allgemeine Schwierigkeiten sowie der Schutt- bzw. Tempelberg übrig. Die Frage läßt sich am ehesten beantworten, wenn man auch V 7b in die Betrachtungen einbezieht: Wie das Perf. cons. am Beginn der zweiten Vershälfte anzeigt, ist diese als zeitliche bzw. logische Folge von 7a anzusehen. V 7b ist ein Wort zur Grundsteinle

---

417 So z.B. Galling, Studien, 137ff; Petitjean, Oracles, 257ff. Eine Variante dazu schlagen Meyers/Meyers, AncB 25B, 244ff.269f vor. Danach ist der große Berg der Tempelberg, der für das neue Fundament planiert wird.

418 So Petitjean, Oracles, 258ff, der diese Interpretation mit der Deutung auf den Schuttberg verknüpft.

419 Die Frage der Historizität eines Konflikts zwischen Judäern und „Samaritanern" wurde bereits im Zusammenhang mit Rothsteins Samaritaner-Hypothese, die auch für die Interpretation von Sach 4,7 herangezogen wird, im Zusammenhang mit Hag 2,15–19 besprochen.

420 Petersen, OTL, 240.

421 Vgl. dazu auch Rose, Zemah, bes. 251, der die Existenz einer Dyarchie in der Zeit Serubbabels und Josuas ablehnt. Zu Sach 3 s. 3.7.2, zu Sach 6,9–15 s. 3.12.2.

422 S. Tallqvist, Götterepitheta, 221.296; Petitjean, Oracles, 258ff, sowie Black/Green, Gods, 76.

423 S. Petitjean, Oracles, 258ff.

424 Ringgren, Religionen, 129. Vgl. Nötscher, Art. Enlil, 384, und Sommerfeld, Art. Marduk, 364.368.

gung. הָאֶבֶן הָרֹאשָׁה ist „der erste Stein" oder „der Anfangsstein",[425] nicht der Schlußstein.[426] V 7b enthält dabei wesentliche Elemente, wie sie aus mesopotamischen Tempelgründungen, namentlich dem *kalû*-Ritual bekannt sind:[427] Der König, dessen Rolle in Sach 4 Serubbabel als der politische Führer übernimmt,[428] sucht und entfernt einen als *libittu maḫrītu* bezeichneten Ziegel (vgl. הָאֶבֶן הָרֹאשָׁה) aus dem Schutt bzw. den Ruinen des alten Tempels, um ihn später im neuen Bauwerk wiederzuverwenden. Dies soll die Kontinuität zwischen beiden Bauwerken sicherstellen, verbunden mit der Hoffnung auf Segen und Wohlstand für den Tempel, den Tempelgründer, die Dynastie, die Stadt, das Land und seine Bewohner, der offensichtlich auch von der Kultgemeinde in Form von Gebetsrufen Ausdruck gegeben wurde (vgl. תְּשֻׁאוֹת חֵן חֵן לָהּ, vgl. auch die – sicher nicht historische, aber eine Anschauung der Sache gebende – Schilderung in Esr 3,10–13). Dürfte Sach 4,7b also im Hinblick auf ein Tempelgründungsritual verfaßt sein, so gilt dasselbe für 7a, der die Vorbedingung für die Hervorbringung des „ersten Steins" schildert, nämlich die Wegschaffung der Ruinen des alten Tempels. In den mesopotamischen Texten wird häufig von den besonderen Anstrengungen der Könige berichtet, den Ruinenschutt abzutragen, um den Baugrund zu planieren und die möglichst ältesten Fundamente der Vorgängerbauten freizulegen. Analog dazu dürfte mit dem großen Berg, der zur Ebene werden soll, am ehesten der Schuttberg oder Ruinenhügel des ersten Jerusalemer Tempels gemeint sein.[429]

Bei der Erkenntnisformel 9b, mit der das prophetische Wirken Sacharjas beglaubigt werden soll, dürfte es sich nach Meinung zahlreicher Ausleger um eine sekundäre Ergänzung handeln, wie sie sich auch in 2,13.15; 6,15 findet.[430]

---

425 Vgl. Petersen, OTL, 240f; Meyers/Meyers, AncB 25B, 246ff; Hanhart, BK XIV/7.1, 248f.252; Laato, Zachariah, 59.63ff; ders., Temple Building, 385f. רֹאשָׁה ist ein hapax legomenon. Die Semantik kann jedoch von רֵאשִׁה (Ez 36,11) erhellt werden, das die Bedeutung „Anfangszeit, Anfänge" (s. HALAT, s.v., 1089; Gesenius, s.v., 738) trägt. Als akk. Parallele läßt sich *libittu maḫrītu*, „the first or former brick" (s. Ellis, Foundation Deposits, bes. 26ff; Laato, Zachariah, 59), heranziehen, ein *terminus technicus* für den Fundamentstein. Auch die Komposition der Worte 6b–10a weist auf diese Bedeutung. V 9a handelt von Gründung und Vollendung des Tempels durch Serubbabel, der darauffolgende V 10 verheißt die Vollendung, demnach rekurriert V 7 auf die Gründung.

426 So aber etwa Marti, KHC XIII, 415; Elliger, ATD 25, 127; Rudolph, KAT 13/4, 113f.

427 S. zum Ganzen mit weiteren Einzelheiten Ellis, Foundation Deposits; Ambos, Baurituale, 10.171ff; ders., Rituals; Laato, Zachariah, 57ff.

428 Vgl. z.B. Redditt, King, 61.

429 Vgl. z.B. Laato, Zachariah, 57ff; ders., Temple Building, 384f; Pola, Priestertum, 122, sowie die o. S. 224 Anm. 417 genannte Literatur. רוּחַ (V 6b) wird in diesem Zusammenhang auch im Sinne von „Wind" interpretiert, so daß das Abtragen des Schuttbergs auf Jahwes wunderbares Handeln zurückgeht, so Galling, Studien, 141f; vgl. Kratz, Judentum, 80.

430 Vgl. Wöhrle, Sammlungen, 340; Marti, KHC 13, 415; Elliger, ATD 25, 125; Reventlow, ATD 25,2, 62; Pola, Priestertum, 111.

Die Wortereignisformel V 8 markiert einen Neueinsatz gegenüber dem Spruch V 6aβ.7, der nach 6aβ bereits als דבר־יהוה charakterisiert war. Während dieses erste Jahwe-Wort aber Teil der Rede des Deuteengels war, scheint das zweite direkt von Jahwe an den Propheten ergangen zu sein, vgl. Sach 6,9; 7,4; 8,18, wo die Formel ebenfalls verwendet wird. M.E. trägt dieses zweite Jahwe-Wort einen Gedanken im Sacharja-Buch nach, den der Ergänzer nicht nur innerhalb von Sacharja, sondern auch bei Haggai vermißt haben dürfte, eine Aussage, die auch in Esr 5–6 fehlt, nämlich daß Serubbabel den Tempelbau nicht nur begonnen hat, sondern daß ihm auch dessen Vollendung zugesprochen wird (vgl. V 9a). Das erste Kolon von 9a nimmt dabei das Thema der Tempelgründung bzw. Grundsteinlegung aus V 7 auf, das zweite schafft mit der Aufnahme des Begriffs הבית הזה für den bisher zumindest noch nicht explizit genannten Tempel einen deutlichen Rückbezug zum Haggai-Buch, wo der Begriff הבית הזה im Gegensatz zum übrigen Sacharja-Buch viermal begegnet: Hag 1,4; 2,3.7.9.

Auch V 10a mit der Entgegensetzung des Tages von Kleinigkeiten und der Freude beim Abschluß des Baus dürfte auf Hag rekurrieren, vgl. Hag 1,15b–2,9, s. bes. 2,3.9;[431] auch V 10a ist offenbar am Haggai-Buch als weiterem Kontext sowie an Sach 4,7.9a als näherem Kontext orientiert. Das Motiv des אבן stammt aus V 7. האבן הבדיל ist wahrscheinlich ein aus Zinn hergestellter, metallener Grundstein oder eine (beschriftete) Metallplatte für das Fundament[432] bzw. ein mit einer Widmungsinschrift versehener Schlußstein oder Wandnagel.[433] Nach dem Schema Gründung – Vollendung fügt V 10 vermittels der Partikel כי in Analogie zu V 7 ein Wort über die Vollendung des Tempelbaus an, wenn das Entsetzen über die Dürftigkeit des Bauwerks (מי בז ליום קטנות) der Freude weichen wird (vgl. Hag 1,15b–2,9). Dies erinnert nicht nur an Hag 1,15b–2,9, sondern auch an das wohl von Hag abhängige Kap. Esr 3, wo berichtet wird, daß die Alten, die den vorigen Tempel noch gesehen hatten, weinten, während viele in freudigen Jubel ausbrechen (Esr 3,10–13, vgl. hier die Stichworte יסד und שמחה mit Sach 4,9f).

Der Rekurs von Sach 4,6–10 auf Tempelbaurituale sagt nichts über die Historizität dieser Worte aus; die Sprüche können ebenso gut auch in Nachahmung des im Alten Orient Üblichen erst für ihren jetzigen Ort im Sacharja-Buch konzipiert worden sein. Will man die beiden Sprüche V 6–7 und V 8–10 nicht zwingend für historische Splitter aus der Zeit des Tempelbaus halten, läßt sich am ehesten vermuten, daß diese „[a]ngesichts fehlender inhaltlicher oder terminologischer Zusammenhänge mit den Nachtgesichten"[434] in Kenntnis des

---

431   Reventlow, ATD 25/2, 62f; Laato, Temple Building, 388f, verweisen lediglich auf dieselbe Situation bzw. denselben Hintergrund wie bei Haggai.

432   Vgl. Meyers/Meyers, AncB 25B, 253f; Laato, Temple Building, 387ff.

433   Vgl. Reventlow, ATD 25/2, 63; Laato, Zachariah, 66f.

434   Wöhrle, Sammlungen, 340.

Haggai-Buches formuliert wurden.[435] Für den zweiten Spruch Sach 4,8–10*
dürften die inhaltlichen Bezüge zu Hag deutlich genug sein, aber auch für den
ersten Spruch Sach 4,6f läßt sich eine Abhängigkeit von Hag vermuten: So
spielt der Tempelbau in den Nachtgesichten selbst keine Rolle, sondern wird
erst mit dem Einschub Sach 4,6–10 nachgetragen. In Haggai ist der Tempelbau
dagegen das Thema des Buchs. Mit der Einschreibung des narrativen Rahmens
wird Serubbabel im Haggai-Buch fest mit dem Tempelbau verbunden.[436] Für
den Leser des Sacharja-Buchs kommt der Bezug auf Serubbabel jedoch völlig
unvorbereitet und ohne jede Einführung dieser Figur. In Sach 4 wird Serubbabel ohne Filiation und Titel genannt.[437] Wer Serubbabel ist und welche Rolle
er beim Tempelbau spielt, läßt sich Sach 4,6f.8–10 kaum entnehmen, wohl
aber dem Haggai-Buch. Damit dürfte die Einführung Serubbabels ins Haggai-
Buch auch schon für Sach 4,6f vorausgesetzt sein; denn der Leser, der von Hag
herkommt, kann ohne weiteres Serubbabel und die Tempelbauthematik in 4,6f
im Anschluß an die Darstellung des Leuchters identifizieren.

Wie Wöhrle zu Recht bemerkt hat,[438] wird der Grund für die Einschreibung von Sach 4,6aβ–10a zumeist vernachlässigt. Allerdings ist Wöhrle nicht
zuzustimmen, daß damit die Deutung der beiden Ölsöhne vorbereitet werden
soll.[439] Soll die Unterbrechung der Vision nicht ein bloßes Versehen sein, wie
in der älteren Literatur gelegentlich zu lesen,[440] so läßt die Voranstellung vor
die eigentliche Deutung vermuten, daß die Ergänzung in erster Linie durch die
Beschreibung der Menora als Repräsentationssymbol Jahwes motiviert ist, die
offenbar mit dem Leuchter des Tempels identifiziert werden soll. Der Rekurs
auf den Tempelbau wird also durch die Vision des Leuchters ausgelöst.[441] Die
Epexegesen in 4,6aβ–10a holen innerhalb von Sach den bisher noch nicht
berichteten Tempelbau nach, um der Menora ihren Ort im Heiligtum zu geben,
und nennen Serubbabel als den, der nach Hag als Davidide der legitime Erbauer und Hoffnungsträger ist. Die Ergänzungen stellen dagegen keine direkte
Verbindung zwischen Serubbabel und den Ölsöhnen aus V 14 her. Sollte dies
das primäre Interesse der Fortschreibungen gewesen sein, so wäre eine Anfü-

---

435 So auch Kratz, Judentum, 80f.

436 Vgl. Hag 1,1; 12a.14; 1,15b–2,2. Später kommen im Haggai-Buch noch die Bezüge auf
     Serubbabel in 2,4.20–23 hinzu.

437 Vgl. auch Hag 2,4.

438 S. Wöhrle, Sammlungen, 339 Anm. 60.

439 Gegen Wöhrle, Sammlungen, 338f.

440 Vgl. Marti, KHC 13, 412.

441 So auch Lux, Himmelsleuchter, 70.74. Nach Lux, a.a.O., 81ff, soll mit den Tempelbauworten
     Sach 4,6–10 nach Sach 2,5–9.10–17 der Wiederaufbau des Tempels als Ort der Präsenz Jah-
     wes angezeigt werden.

gung vor oder an V 14 zu erwarten gewesen.[442] Zudem wäre bei der Deutung
auf die Ölsöhne verwunderlich, daß nur eine der beiden Figuren benannt worden wäre. Erst mit der späteren Einschreibung der Josua-Vision Sach 3 ist im
Zyklus der Nachtgesichte ein Textstadium erreicht, in dem mit der Nennung
Josuas und Serubbabels beide Ölsöhne identifiziert werden können.[443]

Nach der Behandlung der epexegetischen Stücke in 4,6aβ–10a soll nun die
Vision vom Leuchter und den beiden Ölbäumen selbst in den Blick genommen
werden.

Auch wenn die Bedeutung von V 12 schwierig zu erschließen ist, gibt sich
der Vers doch leicht als sekundär zu erkennen. Es handelt sich um eine Nachholung; die Vision wird weiter ausgeschmückt. Ein Detail, das in der Beschreibung des Leuchters und der Ölbäume (V 2) nicht enthalten war, wird neu
eingeführt.[444] Auch die Antwort V 14 nimmt auf diese Details keinen Bezug, V
12 erscheint wie eine Verdoppelung und Präzisierung der Frage V 11. Aus den
שני הזיתים האלה sind שתי שבלי הזיתים geworden, die wohl jetzt mit den שני
בני-היצהר (V14) zu identifizieren sein sollen.

Eine nächste Ergänzung liegt mit V 2bα²β.10b.11.13.14aα¹ vor, wie folgende Beobachtungen zeigen:[445] In V 3 wird die Position der זיתים relativ zur
גלה bestimmt, in V 11 wird dagegen die מנורה als Bezugsgröße angegeben.
Die Konstruktionen zur Angabe von rechts und links differieren zwischen V 3
(על-ימין ... ועל-שמאולה) und V 11 (אחד מימין ... ואחד על-שמאלה).[446] Die

---

442 So mit Recht auch Lux, Himmelsleuchter, 73f: „Da diese Fortschreibung [sc. 4,6aβ–10a*] in
    den Abschnitt über die Deutung des Leuchters (V. 4–10) eingebaut wurde, ist sie wohl zu-
    nächst auch nur auf diesen zu beziehen und nicht auf die beiden Ölsöhne (V. 11–14)."

443 S. 3.7.2, 3.14.

444 „Auffällig ist, daß hier, das einzigemal in allen Nachtgesichten, der Prophet zum zweitenmal
    das Wort ergreift und nach einer im Bild überhaupt nicht erwähnten Einzelheit fragt" (Re-
    ventlow, ATD 25/2, 60).

445 Vgl. Schöttler, Gott, 113ff; Kratz, Judentum, 85.

446 Aufgrund der unregelmäßigen Konstruktion מימין ... על-שמאולה meint Schöttler, Gott, V 3b
    als sekundär bestimmen zu können (s. a.a.O., 114ff.125). Jedoch ist hier eine grammatikali-
    sche Ungewöhnlichkeit nicht das Resultat einer Erweiterung des Textes, die unterschiedli-
    chen Präpositionen gehören nicht unterschiedlichen Bearbeitungen an, sondern entstammen
    auf jeden Fall, und das steht auch für Schöttler außer Frage, derselben Hand. Anders liegt der
    Fall freilich in dem von Schöttler angeführten Beispiel Ez 16,46, denn hier indizieren die un-
    terschiedlichen Präpositionen eine literarische Nahtstelle: eine Präposition gehört zu der ei-
    nen, die andere zur anderen Schicht (s. Schöttlers Analyse a.a.O., 114f). So wird von Schött-
    ler auch nicht erklärt, warum ein Ergänzer verschiedene Präpositionen verwendet, außer daß
    Ergänzer dies gelegentlich tun. In einer Gegenprobe wäre sicherlich zu zeigen, daß Spätere
    sich durchaus zweimal derselben Präposition bedienen.
    Wie die Analyse der Grundschicht zeigen wird (s.u. S. 231f), muß die Angabe, daß die Öl-
    bäume rechts der גלה und links von ihr stehen, ursprünglich sein, da sie durch die zugrunde
    liegende Bildkomposition vorgegeben ist.
    So kann lediglich festgehalten werden: Der Verfasser der Grundschicht des 5. Nachtgesichts
    gebraucht die Präpositionen etwas ungewöhnlich, der Nachtrag ergänzt nach der Konvention.

Anfrage des Visionärs in V 4b lautet מה־אלה, da sie ursprünglich das Ganze des Geschauten im Blick hatte,[447] während die zweite Anfrage V 11b sogleich das Objekt nennt: מה־שני הזיתים האלה על־ימין המנורה ועל־שמאולה. Schließlich fällt auf, daß die Beschreibung des Leuchters in V 2b sehr differenziert gestaltet ist und stark aufgefüllt wirkt. Auch hier läßt sich vermuten, daß mit dem zweimaligen על־ראשה in 2b eine weitere Wiederaufnahme vorliegt, wobei das zweite על־ראשה zu den Ölbäumen V 3 zurücklenkt, damit ihre Position im Verhältnis zum Leuchter bestimmt werden kann. Demnach sind die sieben Lampen mit den je sieben Schnauzen[448] in V 2bα^{2}β ebenso mit einer Wiederaufnahme nachgetragen worden wie die Deutung der sieben Lampen in V 10b. Beides ist demnach sekundär und bedingt zudem einander. Die sieben Lampen verweisen auf V 10b vor, und 10b ist selbstverständlich auf die Nennung der Lampen V 2bα^{2}β angewiesen. Somit ist auch V 2bα^{2}β der Ergänzung 10b.11.13.14aα^1 hinzuzurechnen.

In dem hier erreichten Teststratum wird das Visionsbild in zwei Teilaspekten gedeutet, den sieben Lampen als den Augen Jahwes (V 4–6aα.10b) und den beiden Ölbäumen als den בני־היצהר, die vor dem Herrn der ganzen Erde stehen. Beide Deutungen sind gleich aufgebaut: Auf die Frage nach dem Sinn des Geschauten (V 4//V 11) folgt die Gegenfrage des Deuteengels (V 5a//V 13a) sowie die Mitteilung des Propheten, daß er das Bild nicht verstehe (V 5b//V 13b). Schließlich folgt eine Deutung des Geschauten durch den *angelus interpres* (V 6aα.10b//V 14). Der parallele Aufbau ist jedoch nicht die ursprüngliche Gestaltung der Vision, sondern Nachgestaltung durch eine zweite Hand, die V 2bα^{2}β.10b.11.13.14aα^1 zur ursprünglichen Vision hinzugefügt hat.

Betrachtet man V 14, so liegt hier eine Gesamtdeutung des Visionsbildes vor. Die beiden בני־היצהר sind die beiden Ölbäume, die vor/neben (על) dem אדון כל־הארץ, das ist der Leuchter, stehen. Wertet man V 13(.14aα^1) als Wiederaufnahme,[449] so kann man die Antwort V 14 (ohne ויאמר) direkt an 6aα anschließen, ohne daß man bei der Deutung der Vision etwas vermissen würde. Ölbäume und Leuchter sind identifiziert. So ist denn auch V 14 die ursprüngliche und alleinige Gesamtdeutung des Visionsbildes,[450] und ohne V 10b.11.13.14aα^1 entspricht der ursprüngliche Aufbau der Leuchtervision dann auch den übrigen Visionen, deren Schilderungen jeweils eine Gesamtdeutung erfahren.

447　Daß im 1. Redegang ursprünglich die Gesamtdeutung gemeint war, darauf weist auch das מה־המה אלה in der Gegenfrage des Engels (5a) hin, vgl. 1,9b! S.a. Schöttler, Gott, 119.

448　שבעה ושבעה ist hier partitiv zu verstehen, vgl. Rudolph, KAT 13/4, 104 Anm. 2e.

449　S. Kuhl, „Wiederaufnahme".

450　Diese These vertritt auch Schöttler, Gott, 104ff, vgl. Kratz, Judentum, 85. Unter dem Vorbehalt, daß Ergänzer sich nicht unbedingt den Intentionen und dem Stil der Vorgänger unterwerfen, sei darauf hingewiesen, daß auch die übrigen Visionsschilderungen eine Gesamtdeutung erfahren.

Da mit V 14 die Identifikation des Leuchters mit dem אֲדוֹן כָּל־הָאָרֶץ vorgegeben war, konnte mit den sieben Lampen als den Augen Jahwes[451] ein Teilaspekt ausgedeutet werden. Die Sieben, die Anzahl der Lampen, ist im Alten Orient und im AT Zahlensymbol für Vollkommenheit;[452] die Potenzierung der Sieben in den Flammen des Leuchters steht für höchste Fülle und Vollkommenheit des Glanzes, der im Licht präsenten Gottheit, der Majestät Jahwes. Die Sieben als Zahl der Vollkommenheit entspricht dabei כָּל־הָאָרֶץ (10b.14). Jahwe, der Herr der ganzen Erde, läßt seine Augen über die ganze Erde schweifen,[453] um sie zu durchforschen. Das Wachen über die Geschehnisse auf Erden impliziert wohl auch das Eingreifen in ihre Zeitläufte, das Regieren über die Erde. Dieses Stratum will die Omniscienz, Omnipräsenz und Omnipotenz Jahwes herausstellen, „dem die ganze Erde selbstverständlicher Herrschaftsbereich ist".[454]

Nach Abzug aller Erweiterungen bleiben als Grundbestand V 1.2abα¹.3–6aα.14* (ohne וַיֹּאמֶר). Die Einleitung der Vision modifiziert das sonst gebräuchliche Schema und ist erheblich ausführlicher als die der anderen Visionen gestaltet. V 1 berichtet, daß der Deuteengel den Visionär wiederum[455] wie aus dem Schlaf weckt. Vor der Beschreibung des Geschauten folgt retardierend eine Frage des Deuteengels, was zu sehen sei.[456] Die Antwort des Propheten[457] nimmt in der Formulierung die Einleitung des 1. Nachtgesichts auf (Sach 1,8).

---

451 S.u. S. 232 Anm. 468.

452 S. Otto, Art. שֶׁבַע, zu Sach 4 bes. 1015.

453 Auch wenn Jahwe im 5. Nachtgesicht im Kultsymbol des Leuchters geschaut wird und nicht anthropomorph wie etwa in Jes 6, dringt mit den Augen Jahwes wieder ein anthropomorpher Einzelzug in die Visionsdeutung ein. Zu √שׁוּט vgl. Hi 1,7; 2,2 (hier allerdings Qal, zusammen mit הלך Hit.), vgl. damit auch die Aufgabe der Pferde im 1. und später der Wagen im 8. Nachtgesicht. Jedoch können die Augen Jahwes nicht einfach mit den „Ohren und Augen des Königs" im persischen Reich verglichen werden, da Jahwes Blick auf die Welt mehr und anderes bedeutet als Spionagetätigkeit (vgl. Keel, Jahwe-Visionen, 315f, bes. Anm. 134, gegen Oppenheim, Eyes, bes. 175ff). Zu Jahwes Augen s. Delkurt, Nachtgesichte, 211ff. Sach 4,10b wird im AT von 2 Chr 16,9 und von Esr 5,5 zitiert.

454 Schöttler, Gott, 306. Vgl. Keel, Jahwe-Visionen, 316; Hanhart, BK XIV/7.1, 286f; Delkurt, Nachtgesichte, 212f; Boda, NIV AC, 274.

455 וישׁב ist adverbial zu verstehen, zu שׁוב als Formverbum zur „Näherbestimmung des Modus der Handlung" (G-K²⁸, 403) s. G-K²⁸ § 120 d); vgl. z.B. Rudolph, KAT 13/4, 104 Anm. 1a); Hanhart, BK XIV/7.1, 243. Der in 4,1 geschilderte Zustand des Visionärs wurde jedoch früher noch nicht berichtet; ich vermute, daß das „wiederum" aus der Einleitung 1,8 ראיתי הלילה והנה, die in 4,2b aufgenommen wird (ohne הלילה), erschlossen ist.

456 Sach 4,2a ist mit 5,2a identisch. Zur Frage des Engels vgl. Jer 24,3; Am 7,8; 8,2, ferner Jer 1,11.13.

457 In V 2b ist mit dem Qere, vielen masoretischen Handschriften und den Versionen ואמר zu lesen.

Das Visionsbild selbst schildert einen Leuchter, der aus einem Lampenständer (מנורה) und einer Schale (גלה[458]) besteht. Die Vision des 5. Nachtgesichts bezieht sich wohl auf „ein Kultsymbol bzw. eben einen Leuchter, wie er 519 in Jerusalem(?) tatsächlich gestanden haben dürfte".[459] Neben dem Leuchter befinden sich zwei Ölbäume. Auch der Dialog bezüglich der Bedeutung des Geschauten wird durch eine Gegenfrage des Deuteengels und die entsprechende Antwort des Visionärs erweitert, um die Spannung zu erhöhen bzw. die Wichtigkeit des zu Deutenden hervorzuheben.

In V 14 erklärt der Deuteengel die Ölbäume als die beiden בני־היצהר, die vor/neben (על) dem אדון כל־הארץ stehen,[460] dieser ist demnach mit dem Leuchter zu identifizieren.

Keel hat die Bildkomposition von Sach 4 mit Hilfe der mesopotamischen und syro-palästinischen Glyptik einsichtig machen können. Danach ist das Bildprogramm der Sichelmondstandarte des Sîn von Harran, die zur Rechten und zur Linken von zwei Bäumen flankiert wird, in Sach 4 verarbeitet worden.[461] Dabei ist bemerkenswert, daß statt der Bäume ein Adorant oder gar zwei abgebildet sein können, so daß die Identifikation der Ölbäume mit zwei Personen hierin ihren Anhalt haben könnte.[462] Die Bildkonstellation ist in Palästina seit dem Beginn des 1. Jtsd.s belegt – die Verbreitung erreichte ihren Höhepunkt im 7. Jh. –, ist aber nach der neuassyrischen Zeit nicht mehr nachzuweisen, trotz der Intensivierung des Sîn-von-Harran-Kults während der Herrschaft Nabonids.[463] Auch wenn bei aller Übereinstimmung zwischen dem Mondsichelemblem und Sach 4 bei allzu übereifriger Identifikation Vorsicht

---

458 Der Mappiq ist ein Schreibfehler in Analogie zu כלה und ראשה, vgl. die masoretischen Manuskripte und die alten Übersetzungen.

459 Uehlinger, Policy, 343; vgl. a.a.O., 343f Anm. 185: „Ob vorexilisch […], wissen wir nicht".

460 Vgl. 6,5. Im AT findet sich die Wendung אדון כל־הארץ außerdem noch Jos 3,11.13; Mi 4,13; Ps 97,5. In der Inschrift A aus Ḫirbet Bēt Layy (um 700, s. Renz/Röllig, HAE I, 245f) trägt Jahwe das Epitheton אדון כל־הארץ (Z.1, vgl. Jes 54,5), „nicht ohne gleichzeitig seine besondere Beziehung zu (Juda und) Jerusalem hervorzuheben" (Keel/Uehlinger, Göttinnen, 356), und weist damit eine erstaunliche Nähe zu Sach 4,14 auf. Bereits in Ugarit trägt Ba'al den Titel „Fürst, Herr der Erde" (zbl b'l 'arṣ), s. dazu Rahmouni, Epithets, 162ff.

461 S. Keel, Jahwe-Visionen, 274ff, bes. 284ff; vgl. Keel/Uehlinger, Göttinnen, 348f; Uehlinger, Policy, 343f.

462 Das AT kennt auch sonst den Baum als Symbol für den Menschen, vgl. Ps 1,3; 52,10; 128,3; Jer 11,16; Hos 14,7 (Menschen als זית). Weitere Belege s. bei C. Jeremias, Nachtgesichte, 183f Anm. 46.
Auch der Mondgott kann auf den Siegeln statt als Sichel in Menschengestalt erscheinen, vgl. Keel, Jahwe-Visionen, 307.

463 S. Keel/Uehlinger, Göttinnen, 349; Uehlinger, Policy, 343; Keel, Geschichte, 1018f. Zur Aufnahme des älteren Motivs bei Sach s.a. Keel/Uehlinger, Göttinnen, 466: „Nicht nur hier kann man die Beobachtung machen, daß in Palästina belegte Bilder erst nach einer längeren Inkubationszeit von der hebräischen Literatur assimiliert werden."

geboten ist,[464] erhellt der Vergleich das Verständnis der 5. Vision. Jahwe wird im Kultsymbol des Leuchters epiphan.[465] Er wird hier nicht anthropomorph vorgestellt,[466] sondern im Kultsymbol präsent gedacht.[467] Die Verbindung Jahwes mit dem Licht und auch der Lampe ist aus dem AT bekannt.[468] Eine Identifikation Jahwes mit dem Leuchter lag also nahe.

Es bleibt noch zu klären, wer die בְנֵי־הַיִּצְהָר sind. Von den 23 at Belegen von יצהר ist Sach 4,14 der einzige, in dem יצהר nicht in Verbindung mit anderen Ernteerzeugnissen genannt wird.[469] Auch wenn יצהר und שׁמן nicht einfach äquivok sind,[470] scheint es wahrscheinlich, בְנֵי־הַיִּצְהָר, die Söhne des Glanzöls, als „die Gesalbten" zu verstehen.[471] Die betonte Erwähnung der beiden Ölsöhne am Beginn der Deutung sowie die Formulierung עֹמֵד עַל־, womit signalisiert wird, daß die Ölsöhne nach dem Komment des altorientalischen Hofes in unmittelbarer Präsenz des sitzenden Herrschers stehen, sprächen dafür. Vermutlich soll bei יצהר der in den übrigen Belegen vorhandene Aspekt der Fruchtbarkeit und des Segens mit anklingen. Einen Hinweis hierauf könnte auch die LXX geben, die יצהר in Sach 4,14 mit πιότης „Fett/Fettigkeit" wiedergibt, und zwar nur hier.[472]

---

464 Zur Kritik und Modifikation von Keels ursprünglicher Deutung (in: Jahwe-Visionen) s. H. Weippert, Siegel (s. dazu Keels Replik, ders., Grundsätzliches), bzw. Uehlinger, Policy, 343f.

465 Zum Leuchter des Zweiten Tempels als Symbol der Präsenz Jahwes, und zwar vermutlich als Ersatz für den ikonischen Kult des ersten Tempels, s. z.B. Niehr, Search, 90.91ff.

466 Es sei aber hier noch einmal darauf hingewiesen, daß mit den Augen Jahwes (V 10b) der 1. Bearbeitungsschicht eine anthropomorphe Vorstellung Jahwes durchscheint (s.o. Anm. 453).

467 Auch archäologisch läßt sich in der späteren Eisenzeit eine Tendenz weg von der anthropomorphen Darstellung hin zum Symbol beobachten, s. Uehlinger, Art. Bilderkult, 1567, sowie die entsprechenden Abschnitte in Keel/Uehlinger, Göttinnen.

468 S. z.B. 2 Sam 22,29//Ps 18,29. Weitere Belege zur Verbindung Jahwes mit dem Licht s. bei Keel, Jahwe-Visionen, 312f; Schöttler, Gott, 236; Delkurt, Nachtgesichte, 211. Wird Jahwe in Sach 4 in einem *Leuchter* geschaut, steht der Aspekt einer „nächtlich verborgenen, also wohl lunar-epiphanisch gedachten" Gottesvorstellung (Uehlinger, Policy, 342; vgl. Keel, a.a.O., 311ff) im Vordergrund.

469 In 19 Fällen findet sich die Trias דָּגָן; תִּירוֹשׁ; יִצְהָר, in den beiden anderen (Joel 2,24; Neh 10,38) ist דָּגָן durch andere Begriffe ersetzt.

470 Gegen Ringgren, Art. יִצְהָר, 825, im Anschluß an Koehler, Archäologisches. Nach allen übrigen Belegen außer Sach 4 ist mit יצהר das noch unverarbeitete Ernteprodukt des Ölbaums gemeint, שׁמן ist dagegen das gereinigte Endprodukt. Im Gegensatz zu שׁמן wird der Ausdruck יצהר im AT auch nie für Lampen- oder Salböl gebraucht.

471 Anders Rose, Zemah, 177ff, und Willi-Plein, ZBK.AT 24.4, 94, die den Ausdruck im Sinne der Semantik von יצהר allein auf den Aspekt der Segensfülle und Fruchtbarkeit bzw. der frischen Kraft verstehen wollen. Vgl. auch Boda, Oil, 392ff; ders., NIV AC 274f.

472 Bis auf eine weitere Ausnahme (Jer 31,12 = 38,12 LXX mit „καρπός") wird יצהר von der LXX mit „ἔλαιον" wiedergegeben, also mit dem Ausdruck, mit dem in aller Regel (d.h. in 141 von 176 Fällen) auch שׁמן übersetzt wird.

Wer ist nun mit den beiden Ölsöhnen gemeint? Offenbar ist hier an zwei ganz bestimmte Figuren gedacht, wie die Betonung der Zweizahl zu Beginn der Deutung zeigt: אלה שני בני־היצהר. Serubbabel und der Hohepriester Josua ist die klassische Interpretation,[473] die auch vom Endtext durch die Abfolge Sach 3; 4,6aβ–10a; 6,9–15 her nahe liegt. In diese Richtung könnte ebenfalls der narrative Haggai-Rahmen weisen, der Serubbabel und Josua nennt.

Die Deutung auf Serubbabel und Josua entstammt mit Sach 3; 4,6aβ–10a; 6,9–15 erst sekundären Bearbeitungen, wobei die Nennung Serubbabels in der Ergänzung 4,6–10* älter ist als die Einführung Josuas.[474]

Dennoch kann die Deutung auf Serubbabel und Josua nicht ausgeschlossen werden und bleibt eine Option. Ein Hinweis auf die beiden findet sich im Sacharja-Buch jedoch nicht, und innerhalb von Haggai sind sie erst sekundär eingeschrieben worden.[475]

Eine Variante ist es, in den Ölsöhnen statt Serubbabel und Josua deren messianische Äquivalente einer künftigen Heilszeit anzusehen.[476] Boda vermutet in den beiden genannten Individuen zwei Propheten, höchstwahrscheinlich Haggai und Sacharja und verweist auf Texte wie 1 Kön 22; Jes 6; Jer 23,16–22 usw., wonach Propheten die Teilnahme am Thronrat gestattet ist.[477] Zu Bodas These sind jedoch zwei Aspekte kritisch anzumerken: Eine direkte Verbindung des Propheten mit dem Thronrat läßt sich zwar bei Jes 6 feststellen, aber nicht bei 1 Kön 22, wo dieser nur visionär geschaut wird. In den von Boda genannten Texten (er nennt z.B. noch zum Vergleich Ps 89,6–7) ist es charakteristisch, daß das Stehen (עמד) im Thronrat dem Himmelsheer vorbehalten bleibt und nicht auf den Propheten ausgeweitet wird. Näher liegt da die Deutung von Rose.[478] Auch er geht davon aus, daß es in der Perserzeit keine Dyarchie in Jehud gab. Da Rose יצהר strikt von der Vorstellung der Salbung trennen will, sind nach seiner Interpretation die beiden Ölsöhne himmlische Mitglieder aus Jahwes Thronrat. Diese Deutung hat jedoch eine große Schwierigkeit, wie Rose selbst konzedieren muß,[479] nämlich daß die Zweizahl in V 14 betont wird, so daß an zwei konkrete Gestalten gedacht ist. Daher wird Sach 4,14 kaum auf irgendwelche, nicht näher bestimmte Himmelswesen verweisen. Das zu Rose Gesagte gilt ebenfalls für die von Bosshard-

---

473   Vgl. z.B. Marti, KHC XIII, 414; Rudolph, KAT 13/4, 108; C. Jeremias, Nachtgesichte, 183f; Petersen, OTL, 231ff; Meyers/Meyers, AncB 25B, 259.275f; Reventlow, ATD 25/2, 59f; Pola, Priestertum, 78ff; Wöhrle, Sammlungen, 338; Willi-Plein, ZBK.AT 24.4, 95f; Stead, Intertextuality, 184f.

474   Zur redaktionsgeschichtlichen Einordnung der Stellen s.u. 3.14.1.

475   Vgl. dazu o. 2.5.3 und 2.5.6.

476   S. z.B. Beyse, Serubbabel, 76f; van der Woude, Serubbabel, 154f.

477   S. Boda, Oil, 392ff; ders., NIV AC, 275, vgl. Petterson, King, 81ff, zur Kritik an Boda s.a. Stead, Intertextuality, 183f.

478   S. Rose, Zemah, 177ff.

479   S. Rose, Zemah, 205f.

Nepustil aufgestellte und von Lux übernommene These, בני־היצהר sei eine Anspielung
auf die Jizhariter, die nach Num 3,27–32 u.a. den Dienst am Leuchter versehen (Num
3,31).[480] Auch hier ist schlecht zu erklären, warum bei einer Menschengruppe die
Zweizahl so stark betont ist.[481]

Bleibt die Deutung auf Serubbabel und Josua eine Möglichkeit, so muß noch
einmal nach der historischen Wahrscheinlichkeit gefragt werden. Wie in der
literarhistorischen Analyse zum vierten Nachtgesicht bereits besprochen, ist
für Juda in der Perserzeit aufgrund der external evidence keine Dyarchie von
Statthalter und Hohenpriester anzunehmen. Sie kann auch nicht aus Sach 4
konstruiert werden, denn dann würde der Text selbst zum Beweis dessen, was
in ihm zu finden sein soll.[482]

Nach Beuken[483] ist eine derartig exponierte Rolle des Hohenpriesters zur
Zeit des Tempelbaus nicht denkbar. Dabei verweist Beuken auch auf die in
Sach 4 intendierte Salbung des Hohenpriesters, die nach Beuken erst später
anzusetzen ist:[484]

> „Für Josua aber erscheint der Titel Gesalbter als ein Anachronismus. Es ist be-
> kannt, daß vor dem Exil jeder Hinweis dafür, daß der Hohepriester durch eine Sal-
> bung geweiht wurde, fehlt. Unser Text wird stets als die älteste Anspielung auf
> dieses nachexilische Ritual angesehen. [...] Es kommt uns sehr unwahrscheinlich
> vor, daß ein derartiger, neuer kultischer Gebrauch während des Exils entstehen
> könnte, als kein Tempel existierte und nur höchstens ein verkümmerter Gottes-
> dienst. Die hohepriesterliche Funktion scheint ihrerseits in jenen siebzig Jahren

---

480 S. Bosshard-Nepustil, Rezeptionen, 383 Anm. 3; Lux, Himmelsleuchter, 78 Anm. 49; ders.,
     „Herrlichkeit“, 214 Anm. 109.

481 Daß die Zweizahl im Vordergrund steht und nicht nur auf der Vorgabe der Motivkonstellati-
     on beruht, zeigt der Vergleich der Formulierungen von Sach 4,14 (אלה שני בני־היצהר) und
     4,10 (שבעה־אלה עיני יהוה), selbst wenn 4,10 erst zu einer sekundären Erweiterung der
     Vision gehören sollte.

482 Gern wird die Bedeutung des Hohenpriesters am Beginn der nachexilischen Zeit mit Hag–
     Sach begründet, s. z.B. Schaper, Art. Hohepriester, 1835; Numismatik, 161ff. Doch ist die
     Argumentation zirkulär, und das biblische Geschichtsbild wird in die Historie hineinproji-
     ziert, zumal Sach (Kap. 3; 6) den einzigen Beleg für eine solch herausragende Rolle des Ho-
     henpriesters in frühnachexilischer Zeit liefern würde. Nur sind die in Frage kommenden
     Textstellen wesentlich späteren Datums. Treffen die Ergebnisse dieser Arbeit zu, dann kön-
     nen Sach 3 oder Sach 6,9–15 nicht derselben Textstufe wie das 5. Nachtgesicht oder gar der
     Grundschicht des Zyklus angehören, mithin „authentisch sacharjanisch“ sein, sondern sie
     stammen nach der in dieser Arbeit vorgenommenen Analyse allerfrühestens aus der späten
     Perserzeit. Zur Frage eines möglichen Aufstiegs des Hohenpriestertums s.o. S. 215ff.

483 S. Beuken, Haggai, 258ff, bes.272ff; vgl. 294ff.303ff.

484 Vgl. de Vaux, Lebensordnungen, 240, wonach der Hohepriester erst seit Ende der Perserzeit
     gesalbt wurde.

ohne Bedeutung gewesen zu sein. [...] Der Ausbau der hohepriesterlichen Funktion geschah später."[485]

Da eine Gleichstellung des Hohenpriesters mit dem Statthalter in frühnachexilischer Zeit unwahrscheinlich ist[486] und sich in erster Linie aus dem Endtext ergibt, soll hier die Möglichkeit durchgespielt werden, daß in Sach 4 ursprünglich zwei politische Anführer gemeint waren. Hierbei greife ich den „verwegenen Gedanken" Uehlingers auf,[487] ob die Ölsöhne mit Dareios und Serubbabel zu identifizieren seien. Leider hat Uehlinger diese Möglichkeit aufgrund ihrer Verwegenheit nicht weiter verfolgt,[488] darum soll die Idee hier einmal ausgesponnen und auf ihre Plausibilität hin überprüft werden. Ich möchte auf die konkrete Namensnennung allerdings verzichten und lieber neutraler von Führungsämtern sprechen, wie sie etwa mit dem Statthalter und dem persischen König gegeben wären. In der Grundschicht des 5. Nachtgesichts erscheinen keine namentlichen Identifikationen. Der Autor und auch wohl die Adressaten müssen selbst ohne Namensnennung gewußt haben, wer gemeint ist.

Der Statthalter als einer der beiden Ölsöhne entspräche der klassischen Deutung und wohl auch seiner Führungsrolle in Jehud.

Der andere Ölsohn wäre dann mit dem persischen König zu identifizieren. Diese Möglichkeit wäre gerade auch dann aufrecht zu erhalten, wenn die בני־היצהר als Gesalbte verstanden werden sollten; denn daß ein Perserkönig in der frühnachexilischen Zeit aus jüdischer Perspektive als Gesalbter bezeichnet werden konnte, ist mit Jes 45,1 belegt.[489] Untermauert wird die Deutung

---

485 Beuken, Haggai, 272. Statt jedoch die traditionelle Identifikation der beiden Ölsöhne aufzugeben, sucht Beuken die Lösung in einer unnötig komplizierten, umständlichen und wenig überzeugenden Literarkritik, vgl. Beuken, Haggai, 258ff, s.a. das redaktionsgeschichtliche Schema auf S. 264: Die Grundschicht, 4,1–6aα.10b.6aββ.7 (wobei 6aββ.7 die „Pointe des Nachtgesichts" darstellt), wurde um das ursprünglich selbständige Stück (s. 261) V 8–10 erweitert. Schließlich kam die „Nachinterpretation" (270) V 11.13.14 + 12 hinzu, und 10b wurde an seinen jetzigen Ort umgestellt. Den kritischen Anfragen Rudolphs ist nichts hinzuzufügen: „1. Wann und warum hat 10b seine ursprüngliche Stelle hinter 6aα verlassen? 2. Wenn Sacharja in der Vision [...] *zwei* Ölbäume schaut, warum begnügt sich dann der Dolmetscherengel mit der Deutung des einen, so daß erst eine spätere barmherzige Hand die Wissenslücke schließt?" (Rudolph, KAT 13/4, 105).

486 Vgl. o. S. 215ff. Zur zeitlichen Ansetzung der Grundschicht des 5. Nachtgesichts s.u. 3.14.1.2.

487 S. Uehlinger, Policy, 344.

488 Vgl. Uehlinger, Policy, 344.

489 In Jes 45,1, der Redeeinleitung (s. Kratz, Kyros, 20) des Kyrosorakels 45,1–7, wird Kyros als Jahwes משיח bezeichnet. Nach Kratz (a.a.O., 19ff, bes. 30) lassen sich für Jes 45,1 und das Kyrosorakel insgesamt zwei Textstadien unterscheiden: War Kyros im Grundbestand des Spruchs (45,1aα*(bis למשיחו).2.3*(ohne למען תדע).4.6.7), der Teil der Grundschicht von DtJes ist (s. Kratz, a.a.O., 50ff.148ff. Die Grundschicht wurde nach Kratz wahrscheinlich bald nach 539 abgefaßt, die kampflose Einnahme Babylons ist wohl schon vorausgesetzt, s. a.a.O., 170), der „Befreier vom babylonischen Joch", der „Völkerbezwinger in Jhwhs geschichtsmächtiger Hand", (a.a.O., 185) noch namenlos geblieben – seine Identität ist trotz-

auf König und Statthalter durch die Betrachtung des Bildprogramms, das nach
Uehlinger folgendermaßen zu interpretieren ist:

> „Bild und Deutung perpetuieren [...] die von Stelen wie Siegeln bekannte syrisch-
> palästinische, auch noch im 6. Jh. belegte Konstellation der ein Kultsymbol flan-
> kierenden Vertragspartner [...]. Der Sinn der Konstellation besteht darin, daß sie
> eine Art Dreiecksverhältnis gegenseitiger Loyalität skizziert: der Loyalität der ‚Öl-
> söhne' unter der Garantie des zentralen Symbols, hier eben des Leuchters bzw. des
> dadurch präsent gesetzten Gottes."[490]

Nach der hier versuchten Lösung wäre das Bild dann folgendermaßen zu über-
setzen: der persische Großkönig und der Statthalter als Vasall sichern sich
gegenseitig Loyalität zu. Dieser Vertrag ebenso wie die Vertragspartner werden durch Jahwe, den Herrn der ganzen Erde, garantiert und legitimiert.

Ist der Bildspender von Sach 4 die Kultstandarte des Sîn von Harran zwischen zwei
Bäumen, so lassen sich in einem zweiten Schritt – bei aller gebotenen Vorsicht bei
solchen Vergleichen – bei dieser Deutung Beziehungen zu Funktionen Sîns herstellen.
So war Sîn von Harran, dessen Licht während des Mondlaufs alle Winkel der Erde
erhellt, seit dem 2. Jtsd. als Wächter von Verträgen bekannt, besonders von Staatsver-
trägen.[491] Sîn von Harran, dessen Kult sich in der neuassyrischen Zeit und unter Nabonid bis in den syro-palästinischen Raum ausgebreitet hatte,[492] galt seit der neuassyrischen Zeit als der höchste Gott des Westens[493] und wird regelmäßig als Garant der
Verträge mit den westlichen Vasallen angeführt.[494] Zahlreiche Grenzsteine der spät-
hethitisch-aramäischen Vasallenreiche zeigen das Kultsymbol des Sîn von Harran, teilweise flankiert von zwei Personen, vermutlich den Vertragspartnern.[495] Die Parallelen
liegen nahe: Gottheit als Garant des (Staats-)Vertrages – Großkönig – Vasall (im Westen). Will man die neoassyrischen und -babylonischen Verhältnisse auf die frühe
Perserzeit übertragen, bewegt man sich zumindest an der Grenze zum Reich der – wenn

---

dem offensichtlich –, so fällt der Name des Kyros in der Ergänzung (45,1*(ab לכורש).3b*
(למען תדע).5). Diese ist Teil einer durchgängigen Ergänzungsschicht, der „Kyros-
Ergänzungsschicht" (s. Kratz, a.a.O., 175ff), in deren Zentrum Person und Mission des Kyros
stehen; die theologischen Hauptlinien handeln von der „Erschaffung und Einrichtung der
Welt als Lebensraum für alle Menschen, Völker und Israel, und die schöpfungsgemäße Be-
herrschung der Menschen durch Kyros, den Ebed aus 42,1 ff.; 49,1 ff." (a.a.O., 177). Kyros
fungiert als „Statthalter des göttlichen Königs Jhwh auf Erden" (a.a.O., 179). Die „Kyros-
Ergänzungsschicht" wird von Kratz in der Dareioszeit verortet (s. a.a.O., 185f). M.E. liegt Jes
45,1 nicht nur in zeitlicher, sondern auch in geistiger Nähe der Grundschicht von Sach 4.

490 Uehlinger, Policy, 344; vgl. Theuer, Mondgott, 542. Zum Bildprogramm s.a. C. Jeremias,
    Nachtgesichte, 180ff.
491 S. Seidl, Kultbilder, 90ff; Green, City, 21.35f; Theuer, Mondgott, 324ff.367f.387f.
492 S. Uehlinger, Policy, 315ff; Keel, Mondemblem, 135ff; Theuer, Mondgott, 329.364ff.388ff.
493 S. Uehlinger, Policy, 315ff; Seidl, Kultbilder, 90ff, bes. 96; Theuer, Mondgott,
    327ff.365.389f.
494 S. Seidl, Kultbilder, 90ff; Theuer, Mondgott, 367.
495 S. Seidl, Kultbilder, 91; vgl. Uehlinger, Policy, 316.344.

wohl auch „kontrollierten"[496] – Spekulation, doch lassen sich die Bedeutung Sîns und Harrans auch in persischer Zeit nachweisen: „Über den Fall des assyrischen Reiches hinaus blieb Harran bis in die Perserzeit das wichtigste Kultzentrum Nordsyriens. Von dieser Voraussetzung her verwundern weder die Kontinuität der einschlägigen Symbolik bis in die frühnachexilische Zeit noch die bekannte nachexilische Ur-Harran-Verbindung."[497] Auch die Gottesbezeichnung אדון כל־הארץ (V 14), die die Formulierung כל־הארץ (1,11b) und die weltpolitische Perspektive aus dem 1. Nachtgesicht aufgreift, scheint mir eher auf die Einbeziehung des Weltreichs als auf eine rein Jerusalemer Variante – sprich: Serubbabel und Josua – hinzuweisen: Der Herr der ganzen Erde ist der Herr über den „König der Könige", den „König der Länder"[498] ebenso wie über den politischen Vertreter in Jerusalem.[499]

Nach der hier vorgeführten alternativen Interpretation zielt das 5. Nachtgesicht in seiner Grundschicht auf die Frage nach der Herrschaft über Jerusalem-Juda und die Rolle Judas im Achämenidenreich. Großkönig und Statthalter befinden sich in der Präsenz und unter dem Schutz Jahwes, der die Herrschaft des Großkönigs und des lokalen Machthabers in Jerusalem und diese Organisation der Herrschaft in Jerusalem sanktioniert, legitimiert und garantiert. Großkönig und Statthalter garantieren als die von Jahwe erwählten שני בני־היצהר (V 14) Segen und Prosperität Judas und Jerusalems.

3.8.3   Fazit

Der Grundbestand des fünften Nachtgesichts, Sach 4,1.2abα¹.3–6aα.14* (ohne ויאמר), verarbeitet die Bildkomposition des Neumondemblems zwischen zwei Bäumen. Jahwe wird im Leuchter als Herr der ganzen Erde geschaut. In seiner Machtsphäre stehen die beiden Ölsöhne, möglicherweise Serubbabel und Josua oder aber der Großkönig und sein Statthalter in Jerusalem.

Mittels Wiederaufnahme von V 5 in V 13 wird die Vision um die Deutung des Einzelzuges der sieben Lampen als die Augen Jahwes ergänzt (V 2bα²β.10b.11.13.14aα¹), um Jahwes Allmacht und Allwissenheit zu betonen. Die Deutung des Bildes wird zudem später um die vorher nicht erwähnten Ölbaumrispen erweitert (V 12).

---

496 S. Donner, Geschichte, 131ff.

497 Uehlinger, Policy, 323. S.a. Theuer, Mondgott, 330, u.o. S. 231 Anm. 463.

498 S. DB § 1; vgl. § 6.

499 Nach Keel, Jahwe-Visionen, 317ff, sind die beiden Ölsöhne als hohe Beamte Jahwes dargestellt, was er nicht zuletzt aus der Formulierung עמד על (V 14) folgert. Freilich denkt Keel an Serubbabel und Josua, doch könnte man die hohen Beamten vielleicht auch als Statthalter Jahwes – der eine in Persepolis, der andere in Jerusalem – bezeichnen?

Schließlich wurden zuletzt in die Mitte des Nachtgesichts Tempelbauworte für Serubbabel sukzessive eingeschrieben, die offenbar die Kenntnis dieser Figur aus dem Rahmen des Haggai-Buchs voraussetzen. Die Worte wollen nicht erklären, wer die beiden Ölsöhne sind, sondern daß der Tempel gebaut wird, damit Jahwe dort im Kultsymbol des Leuchters präsent sein kann. Wahrscheinlich kam zuerst das Wort vom großen Berg und dem Grundstein (V 6aβ.7) in den Text. Hieran lagert sich nach hinten in V 8.9a.10 ein Wort an, das Serubbabel, hierin über Haggai hinausgehend und ergänzend, auch mit der Vollendung des Tempels in Verbindung bringt und zudem, hierbei Hag 2,3–9 aufnehmend, die künftige Freude dem Tag von Kleinigkeiten gegenüberstellt.

3.9   Das sechste Nachtgesicht: Die Schriftrolle (Sach 5,1–4)

3.9.1   Erste Beobachtungen am Text

Die Einleitung des sechsten Nachtgesichts (Sach 5,1–4) entspricht genau der der letzten Vision (ואשוב ואשא עיני וארא והנה vgl. Sach 5,1 mit 6,1). Mit den Visionen „Leuchter" (4,1–14*) und „Wagen" (6,1–8) teilt Sach 5,1–4 den Einsatz mit dem Formverbum שוב. In V 1b wird beschrieben, daß der Prophet eine fliegende Schriftrolle (מגלה עפה) sieht. Obwohl somit bereits bekannt ist, was der Visionär geschaut hat, wird er in 5,2a mit einer Frage, die der Formulierung Sach 4,2a entspricht, gefragt, was er sieht. Wer den Seher fragt, wird in 5,2a jedoch nicht mitgeteilt. Da die Frage so nur noch in 4,2a begegnet, ist davon auszugehen, daß auch in 5,2a an den Deuteengel gedacht ist. Der Visionär teilt nun noch einmal mit, was er sieht, nämlich die fliegende Schriftrolle (מגלה עפה), worauf diesmal aber, über V 1 hinausgehend, die gewaltigen Maße der Schriftrolle mitgeteilt werden: Ihre Länge wird mit 20 Ellen, ihre Breite mit 10 Ellen angegeben.[500] Die Vision weicht noch einmal vom Schema ab, da Sacharja nun nicht – wie üblich – nach der Bedeutung des Geschauten fragt. Statt dessen antwortet in V 3 der immer noch nicht explizit genannte Deuteengel und erklärt, daß die Schriftrolle der Fluch ist, der über das ganze Land (כל־הארץ)[501] ausgeht, um im Anschluß daran zu nennen, wer von dem Fluch getroffen wird. V 3 hat den Exegeten stets Mühe bereitet und immer wieder zu Konjekturen verleitet. Umstritten ist die Wiedergabe der doppelten Wendung מזה כמוה und die Frage, wozu diese Wendung einen Bezug herstellen will. Häufig wird מזה כמוה temporal aufgefaßt oder auf die Fluchrolle V 1f zurückbezogen, jedoch ist das doppelte מזה am einfachsten lokal-distributiv

---

500 Die Schriftrolle hat damit eine Größe von ca. 10 x 5 m! Zu ארכה und רחבה vgl. Sach 2,6,
        dort allerdings in umgekehrter Reihenfolge und ohne Maßangaben.
501 Zu כל־הארץ vgl. noch Sach 1,11; 4,10.14; 5,6; 6,5.

zu interpretieren, und zwar als von כָל־הָאָרֶץ abhängig.[502] Obwohl נקה Nif. in allen anderen Fällen im AT „straflos sein" bedeutet,[503] haben die Versionen[504] das Verb im gegenteiligen Sinn verstanden, um es mit dem Gedanken des Fluchs zusammenbringen zu können. Diese Sonderbedeutung hat aber den klaren Befund der übrigen Belege gegen sich, und die Wiedergabe der Versionen ist außerdem deshalb zu verwerfen, weil sie eine Texterleichterung gegenüber dem MT bedeutet.[505] נקה Nif. ist daher regulär mit „„unbestraft, frei von Strafe (bleiben)'"[506] wiederzugeben. Diebe und Meineidige wurden nicht bestraft bzw. konnten nicht bestraft werden. Mit dem Ausgehen der Fluchrolle[507] wird nun Gerechtigkeit erhofft. Schließlich besteht Unsicherheit darüber, wie das gegenüber V 4 verkürzte, für sich stehende הנשבע zu bewerten ist, doch ist הנשבע auch ohne den Zusatz לשקר (vgl. V 4a) verständlich: Da „mit *šbʿ* offenkundig der magisch-religiöse Aspekt der Selbstverfluchung beim Schwur verbunden ist",[508] ist mit הנשבע der Falschschwörende gemeint, über den der Fluch ergeht. Es geht also in V 3 um die Stehlenden und die falsch Schwörenden hier und dort im Land,[509] die ungestraft waren und die nun der Fluch ereilt.

Gegenüber dem schwierig zu verstehenden V3 ist V 4 viel klarer. War V 3 die Deutung der Vision durch den Engel, ist V 4 explizit als Gerichtswort Jahwes gestaltet.[510] Damit geht einher, daß יצא in V 4 mit dem Hif. gebraucht

---

502 So mit Reventlow, ATD 25/2, 64. Der Rückbezug von מזה ... מזה auf die מגלה aus V 1 (und 2) ist aus syntaktischen Gründen sehr unwahrscheinlich (gegen Junker, HSAT VIII/2, 142, und Schöttler, Gott, 131), denn in sämtlichen Belegen geht das Bezugswort entweder direkt voran (Ex 17,12; 25,19; 26,13; 32,15; 37,8; Num 22,24; Jos 8,22; 1 Sam 14,4; 17,3; 23,26; 2 Sam 2,13; 1 Kön 10,20//2 Chr 9,19; Ez 47,7.12) oder ist mit der Präposition ל bzw. על/אל direkt nachgestellt (Ex 38,15; Jos 8,33; 1 Kön 10,19//2 Chr 9,18; Ez 45,7; 48,21). Eine temporale Übersetzung (als zweimaliges „wie lange noch") läßt sich nicht erschließen, da מזה nur im lokalen Gebrauch belegt ist und zudem ein Bezugspunkt fehlt (so mit Schöttler, Gott, 128 Anm. 360, gegen Rudolph, KAT 13/4, 116 Anm. 3e; Willi-Plein, ZBK.AT 24.4, 103). So können auch nicht die Versuche, eine Sach 7,3.5 analoge Konstruktion aufzuzeigen (so Hanhart, BK XIV/7.1, 325f, übernommen von Delkurt, Nachtgesichte, 226f Anm. 1) oder gar Textverderbnis anzunehmen (so Wellhausen, Propheten, 183, anders Horst, HAT I/14, 232), überzeugen.

503 Insgesamt 25 Belege, vgl. außer Sach 5,3(bis) noch Gen 24,8.41; Ex 21,19; Num 5,19.28.31; Ri 15,3; 1 Sam 26,9; Ps 19,14; Spr 6,29; 11,21; 16,5; 17,5; 19,5.9; 28,20; Jes 3,26; Jer 2,35; 25,29(tris); 49,12(bis).

504 Sowohl LXX, Vulgata, Peschitta als auch die Targume.

505 Gegen z.B. Rothstein, Nachtgesichte, 143ff; Sellin, KAT XII/2, 512; Elliger, ATD 25, 106; Bič, Nachtgesichte, 50.

506 Warmuth, Art. נָקָה, 593.

507 Zum niedergeschriebenen Fluch vgl. Dtn 29,19f.

508 Kottsieper, Art. שָׁבַע, 977.

509 Vgl. Reventlow, ATD 25/2, 64.

510 S. Schöttler, Gott, 129. Reventlow, ATD 25/2, 64, weist darauf hin, daß es sich bei V 4 – im Anschluß an die Vision und ihre Deutung – um eine Gerichtsankündigung handelt, vgl. auch C. Jeremias, Nachtgesichte, 77.

und Jahwe mit der 1. Sg. ausdrücklich als Ursprung des Fluches benannt wird. Zudem scheint die Vorstellung von der Wirkursache des Fluches zu differieren. In V 3 stand יצא im Qal, der Fluch wirkt quasi selbständig, anscheinend ist die Tat-Folge-Einheit von Vergehen und Fluch stärker betont.

Der Schwörende wird in V 4 jetzt eindeutig als der Falschschwörende angesprochen, als הנשבע בשמי לשקר. Ebenso teilt V 4 auch die Wirkung des Fluchs mit, Diebe und Meineidige werden nach V 4 nun so bestraft, daß der Fluch in das Haus von Dieb und Meineidigem kommt und Verwüstung anrichtet.[511]

Für die literarhistorische Analyse ist zu beachten, daß V 2 die Aussage von 1 noch einmal wiederholt, obwohl der Inhalt der Vision bereits mitgeteilt war. Zudem erweitert V 2 die Aussage von V 1. Die nächsten beiden Verse, V 3–4, bieten ebenfalls eine Variation desselben Themas, unterscheiden sich aber darin, daß V 3 nur knappe Aussagen trifft und dadurch schwer verständlich ist. V 4 dagegen entfaltet, wie der Fluch wirkt, und verdeutlicht, wie הנשבע richtig zu verstehen ist.

3.9.2   Literarhistorische Analyse

Nach diesen Beobachtungen kann zunächst V 2 als Zusatz ausgegrenzt werden, was schon an der Wiederholung der aus V 1 bereits bekannten Fluchrolle deutlich wird. Dadurch soll die Antwort aus V 1 um die überdimensionalen Maße der Schriftrolle erweitert werden. V 2 hat also gegenüber V 1 eindeutig nachholenden Charakter. Ein weiteres Indiz dafür, daß V 2 nicht zum ursprünglichen Bestand der Vision gehört, ist, daß die Maße im folgenden keine Rolle mehr spielen.[512] Die Intention des Ergänzers dürfte gewesen sein, den übernatürlichen Charakter der Rolle sowie die gewaltigen Auswirkungen des Fluches herauszustellen.

Auch V 4 bietet im Grunde eine Wiederholung und Variation von V 3 und ist ebenfalls Zusatz zu V 3, da er die Aussagen von V 3 verdeutlichen will. Schöttler hat dagegen vorgeschlagen, daß V 3b aufgrund seiner Unverständlichkeit und offenen Formulierung ein Zusatz sein muß.[513] Doch ist V 3 durchaus verständlich. Gerade die Interpretationsschwierigkeiten sprechen für die Ursprünglichkeit von V 3 und zeigen zugleich die Motivation für die Anfü-

---

511 Es ist gut möglich, daß V 4b seinerseits noch einmal eine von באה אל־בית (4a) angeregte Glosse ist, die die Verheerungen des Fluches ausmalt. Zur Zerstörung von Häusern als Strafe im Alten Orient s. C. Jeremias, Nachtgesichte, 192ff.

512 Vgl. Schöttler, Gott, 126.

513 S. Schöttler, Gott, 129ff.

gung von V 4 an,[514] denn hier wird eindeutig gemacht, was in V 3 noch offen-
blieb: Es wird gesagt, wo der Ursprung des Fluches liegt, welche Art von
Schwur gemeint ist und wie sich der Fluch gegen Diebe und Schwörende aus-
wirkt. Der Nennung Jahwes in V 4 als Subjekt und Ursprung des Fluches entspricht, daß der (Falsch-)Schwörer jetzt als הנשבע בשמי לשקר bezeichnet
wird. Damit wird betont, daß die Taten der Diebe und Meineidigen nicht nur
gegen das Gemeinwohl, sondern zugleich gegen Jahwes Souveränität gerichtet
sind.[515] Die Strafe des Fluchs wird nun gezeigt: die Diebe und Meineidigen
können nach V 3 nicht mehr ungeschoren davonkommen. Die Häuser der
Übeltäter werden völlig zerstört.

Meist wird eine Nähe von V 3f zum Dekalog (vgl. Ex 20,15; 20,7) festgestellt,[516] allerdings muß man sagen, daß dies bestenfalls für V 4, durch die
Ergänzung um שם und לשקר gelten kann. Der Ergänzer von V 4 wird den
Dekalog (und bes. das zweite Gebot) wohl im Blick gehabt haben,[517] allerdings
ist zu berücksichtigen, daß die Reihenfolge gegenüber dem Dekalog vertauscht
ist.[518] Diese Tatsache erklärt sich natürlich aus der in Sach 5,3 vorgegebenen
Abfolge.

---

514 Auch die weitere Analyse von V 3f will bei Schöttler, Gott, 129ff, nicht überzeugen. Ausgehend davon, daß V 3 Rede des Engels, V 4 aber Gottesrede ist, findet Schöttler nicht nur im
ausgehenden Fluch in V 3a die Vorstellung des selbständig wirkenden Fluchs „im Sinne eines Tat-Ergehen-Zusammenhangs" (a.a.O., 129, mit Berufung auf K. Koch, Vergeltungsdogma), sondern auch noch über die Nennung Jahwes (4aα) hinweg in 4aβb. Demnach ist
nicht nur der schwer verständliche V 3b ein Zusatz, sondern auch der Einsatz der Jahwe-
Rede V 4aα. Zu 3 ist bereits das Hinreichende weiter oben gesagt worden, womit V 4 als
sekundär angesehen werden kann. Doch soll Schöttlers Vorschlag genauer geprüft werden,
denn er hat neben der Ausscheidung von 3b zwei weitere Schwierigkeiten. Erstens muß auf
Schöttlers Hinweis eingegangen werden, ab 4aβ sei die Vorstellung von der Selbstwirksamkeit des Fluches wieder zu finden und somit die Grundschicht der Vision. V 4aβb ist jedoch
einfach als Konsekutivsatz und damit als mit 4aα gleichrangig aufzufassen. Die Betonung des
Urhebers Jahwe und die Wirkmächtigkeit des Fluches schließen einander selbstverständlich
nicht aus, nur sollte eben gegenüber V 3 diese Urheberschaft herausgestrichen werden: Jahwe
hat den Fluch ausgehen lassen, auf daß er in die Häuser komme. Natürlich steht auch hinter V
3 die Vorstellung, daß Jahwe der Garant der Tat-Folge-Einheit und damit letztlich der Urheber der Wirkung des Fluches ist. Vgl. Batto, Art. Curse, 214: "[T]he curse [does not] operate
independently of the agency of the deity, even in passages which have the most semblance of
magic. [...] Rather, a valid curse was always conditional [...] upon the complicity of the deity in effecting the curse". Zweitens führt die von Schöttler postulierte Selbstwirksamkeit des
Fluchs vor das Problem, daß in 4bβ vom Falschschwören in Jahwes Namen die Rede ist. So
streicht Schöttler, a.a.O., 130, kurzerhand das בשמי, ohne daß dafür ein literarkritischer Anhalt – außer der von vornherein für V 4aβb vorausgesetzten Auffassung von der Selbstwirksamkeit des Fluchs – vorhanden ist.

515 Vgl. Seebass/Beyerle/Grünwaldt, Art. שקר, 469.

516 So etwa Reventlow, ATD 25/2, 64 (bereits zu V 3!), und C. Jeremias, Nachtgesichte, 190.

517 Zur literargeschichtlichen Einordnung des Dekalogs vgl. Kratz, Dekalog.

518 Darauf weist mit Recht Rudolph, KAT 13/4, 117, hin.

Können also V 2.4 als interpretierende und verdeutlichende Zusätze angesehen werden, so hat der Grundbestand des sechsten Nachtgesichts einmal aus V 1.3 bestanden. Nach der Beschreibung des Geschauten[519] erfolgt sofort die Deutung (V 3), eine Anfrage des Visionärs nach dem Sinn fehlt.[520] Ebenso wie bei dem Zusatz V 2 wird das Subjekt von V 3 nicht genannt, es muß dem Kontext und der an Sach 6,1 angelehnten Formulierung nach aber der Deuteengel sein. Mit dem ausgehenden Fluch gegen Diebe und Meineidige können nun wieder Recht und Ordnung hergestellt und bisher ungesühnte Vergehen bestraft werden.

3.9.3   Fazit

Der Visionär schaut in der Grundschicht (5,1.3) eine fliegende Schriftrolle, die laut Deutung einen Fluch über die Diebe und Meineidigen transportiert. Damit ist die Wiederherstellung der sozialen Ordnung im Land im Blick. Die Gestaltung der Visionseinleitung in Sach 5,1 lehnt sich an 6,1 an, allerdings wird der Deuteengel in V 3 nicht als Subjekt genannt.

Der Deutung wird mit V 4 ein Jahwe-Wort hinzugesetzt, das die Deutung V 3 erweitert und präzisiert: Der Fluch wird nun ausdrücklich auf Jahwe zurückgeführt, das Schwören als Falschschwören im Namen Jahwes charakterisiert. Ebenso werden die Folgen des Fluchs für Diebe und Meineidige mitgeteilt, ihre Häuser sollen zerstört werden.

V 2 schließlich trägt für die Schriftrolle überdimensionale Maße ein, um auf ihren göttlichen Ursprung hinzuweisen. Es wäre daher zu überlegen, ob V 2 und 4 zu einer Bearbeitung zu verbinden sind.

3.10 Das siebte Nachtgesicht: Die Frau im Efa (Sach 5,5–11)

3.10.1   Erste Beobachtungen am Text

Das Deutegeschehen des siebten Nachtgesichts (Sach 5,5–11) verteilt sich in der Endgestalt dieser Vision auf drei Durchgänge (V 5–6.7–8.9–11).

Das erste Deutegespräch (V 5–6) weicht von der (meist) üblichen Form ab.[521] Zwar benutzt auch die Einleitung 5,5 das geläufige נשא + עין, aber dies-

---

519 Abgesehen vom Unterschied zwischen Plene- (5,1) und Defektivschreibung (6,1) von שוב 1.
     Pers. Sg. ET Qal (zu שוב als Formverbum s.o. S. 230 Anm. 455) entsprechen sich die
     Einleitungen des 6. und des 8. Nachtgesichts genau. Vgl. ansonsten Sach 2,1.5; 5,9.
520 Sie wird auch von den Ergänzern nicht nachgetragen.
521 Vgl. Behrens, Visionsschilderungen, 285f.

mal nicht im Rahmen der Beschreibung des Geschauten durch den Propheten, sondern als Imperativ aus dem Mund des Deuteengels.[522]

Eine gewisse Entsprechung findet sich in den Fragen des Deuteengels 4,2; 5,2, allerdings teilt der Visionär daraufhin das von ihm Gesehene mit. In Sach 5,6a wird dagegen nicht berichtet, was Sacharja sieht. Statt dessen stellt der Prophet eine Gegenfrage an den Deuteengel, da er offenbar das Gesehene nicht richtig erkennen kann (V 6a),[523] wobei die Frage מה־היא eigentlich den sonst üblichen Fragen nach der Bedeutung des Geschauten entspricht.[524] So kommt es, daß die eigentliche Visionsschilderung (V 6b) diesmal aus dem Mund des Deuteengels stammt: זאת האיפה היוצאת.[525]

Unmittelbar darauf setzt der Engel mit einer weiteren Redeeinleitung noch einmal ein und erklärt das Efa als עונם.[526]

Das Pronominalsuffix 1. Pers. Pl. m. von עון findet in Sach 5,5–11 selbst keine vorangehende Bezugsgröße und ist daher auf die Diebe und Meineidigen (5,3) aus der zurückliegenden Vision von der Fluchrolle zu beziehen.[527] Dies wird durch die Formulierung בכל־הארץ bestätigt, die ebenfalls auf Sach 5,3 zurückverweist.[528]

Ist mit V 6 die Schauung des Efa erklärt, so wird die Vision in V 7–8 mit einem neuen Motiv fortgeführt. Dabei setzt V 7 mit והנה neu ein und nennt einen Bleideckel, der sich hebt und den Blick auf eine Frau freigibt, die sich im Efa befindet. Mit derselben Formulierung, mit der er in V 6bα das Efa be-

---

522 Vgl. gegenüber Sach 5,5f die Verse Sach 2,1.5;5,1.9;6,1.

523 Vgl. Körting, Unrechtmäßigkeit, 478.

524 Vgl. Sach 1,9; 2,2.4; 4,4f.11–13; 6,4.

525 In der Vision wird ausschließlich האיפה verwendet, mit dem Artikel der Bekanntheit, vgl. G-K[28] § 126 q.r. Gemeint ist „das gewöhnliche Kornmaß" (Rudolph, KAT 13/4, 119). „Für Sach 5 haben wir an einen sackförmigen, vierhenkligen Pithos zu denken [...], wie sie im perserzeitlichen Juda gebräuchlich waren. Ihr Fassungsvermögen betrug ca. 32 l, und sie dürften, worauf die vier Henkel hinweisen, gefüllt in der Regel von zwei Personen getragen bzw. hochgehoben worden sein" (Uehlinger, Frau, 94f).

526 עינם des MT ist in V 6bβ zu ändern (vgl. Wellhausen, Propheten, 184; Elliger, ATD 25, 106; Galling, Studien, 119 Anm. 1; Seybold, Bilder; Rudolph, KAT 13/4, 118; Reventlow, ATD 25/2, 65; Delkurt, Nachtgesichte, 246f Anm. 3; Behrens, Visionsschilderungen, 285; Körting, Unrechtmäßigkeit). Zwar bietet MT hier die lectio difficilior, doch wird der Text nahezu unverständlich (s. aber z.B. Schöttler, Gott, 134f, Meyers/Meyers, AncB 25B, 293.297; Uehlinger, Frau, 95, die MT beibehalten); vor allem spricht die Bezeugung der „beiden voneinander nahezu unabhängigen" Überlieferungszweige (Hanhart, BK XIV/7.1, 353) von LXX und Peschitta sowie einer hebräischen Handschrift für die Lesart עונם. Die Verwechslung von Jod und Waw ist aufgrund der Ähnlichkeit der Buchstaben wahrscheinlich. S. ausführlich dazu Hanhart, a.a.O., 353ff.

527 Vgl. Bič, Nachtgesichte, 56; Schöttler, Gott, 135; Hanhart, BK XIV/7.1, 354. Anders dagegen Rudolph, KAT 13/4, 118 Anm. 6c, was aber grammatikalisch schwerlich möglich ist, vgl. dazu Schöttler, Gott, 135 Anm. 384.

528 Vgl. Schöttler, Gott, 135; Körting, Unrechtmäßigkeit, 483.

schrieb[529] und dieses in 6bβ als die Schuld deutete,[530] wird in 8aα nun vom Deuteengel über die Frau erklärt: זאת הרשעה.[531] Die Frau scheint eine Gefahr darzustellen, denn der Engel wirft (שלך) sie zurück in das Efa. V 8b nimmt noch einmal das Verb שלך auf und teilt mit, daß der Engel den Deckel wieder auf das Efa wirft. Der Deckel heißt diesmal aber nicht ככר עפרת wie in V 7, sondern אבן העפרת.

Der dritte Durchgang (V 9–11) beginnt mit einem Visionselement. Formal entspricht V 9 den normalen Visionseinleitungen, jedoch setzt mit V 9–11 keine eigenständige Vision ein: Da V 9–11 ohne das zuvor Geschilderte unverständlich bliebe, setzt dieses Stück die bisherige Vision fort.[532] In diesem Stück schildert der Visionär zwei geflügelte Frauen, V 9aβ präzisiert, daß die Flügel wie Storchenflügel sind. Unter diesen Flügeln hat sich Wind (רוח) gefangen, und die Frauen heben das Efa zwischen Himmel und Erde empor (נשא). In V 10 fragt der Visionär den Deuteengel, wohin die Frauen das Efa bringen. Auffällig ist in V 9f, daß für die שתים נשים in bezug auf die Flügel in V 9 ein mask. Suffix (כנפיהם) und in V 10 ein mask. Personalpronomen beigegeben ist (המה), während ansonsten fem. Formen in Verbindung mit den Frauen gebraucht sind (vgl. nur המה מולכות V 10). In V 11 teilt der Engel das Ziel der Reise mit: Dem Efa soll im Land Schinar ein Haus (בית) gebaut werden (V 11a), die Fortsetzung macht deutlich, daß es sich bei diesem Haus um einen Tempel handelt,[533] in dem das Efa auf einem Podest (מכונה) aufgestellt werden soll.[534]

Für die literarhistorische Analyse ist zu berücksichtigen, daß die Einleitung der Vision V 5 vom gängigen Typ abweicht und erst in V 9 eine reguläre Visionsschilderung vorliegt. Jedoch kann man nicht einfach V 5 mit V 9–11 verbinden, da sonst das Efa nicht eingeführt würde und auch seine Bedeutung nicht verständlich wäre.[535] Die auf V 9–11 hinführende Fortsetzung von V 5 ist also in V 6–8 zu suchen. Dabei ist davon auszugehen, daß auf jeden Fall V 6abα zur Vision dazugehören muß, da über diesen Versteil das Efa in die Vision eingeführt wird. Zudem ist zu berücksichtigen, daß die Frau, die im Efa sitzt, im Text nur in V 7 und 8aβ sicher zu finden ist. Da sie ab V 9 nicht mehr

---

529 זאת האיפה.

530 זאת עונם בכל־הארץ.

531 Vgl. noch וזאת אשה אחת יושבת בתוך האיפה (V 7b).

532 Vgl. Delkurt, Nachtgesichte, 248f.

533 Vgl. Sellin, KAT XII/2, 514; Galling, Studien, 120; Reventlow, ATD 25/2, 66f; Schöttler, Gott, 139; vgl. z.B. Hag 1,2.8; Sach 1,16; 4,9. Gegen eine (generelle) Deutung des Begriffs בית bei Sach als Tempel hat sich Marinković, Tempel; ders., Stadt, ausgesprochen, der unter בית die (Tempel-)Gemeinschaft verstehen will, damit aber über das Ziel hinausschießt.

534 Bereits Sellin, KAT XII/2, 514, hat darauf hingewiesen, daß מכונה im AT jeweils kultisch konnotiert ist, s. 1 Kön 7,27ff; 2 Kön 16,17; 25,13.16//Jer 52,17.20; Jer 27,19; 2 Chr 4,14; Esr 3,3.

535 Vgl. Körting, Unrechtmäßigkeit, 478.

erwähnt wird, ist zu vermuten, daß es sich bei ihr um einen Nachtrag handelt. In diesem Fall bleiben für die Deutung des Efa in V 6bβ (עון) und 8aα (רשעה) zwei Möglichkeiten übrig, die aber beide nur mit einer doppelten Redeeinleitung an V 6bα angeschlossen werden können. So kann in dieser Hinsicht noch nicht entschieden werden, welche der beiden Fortsetzungen ursprünglich ist. Andererseits dürften auch nicht beide Fortsetzungen sekundär sein, da sonst für den Fortgang der Vision nicht einsichtig wäre, warum das Efa außer Landes geschafft werden müßte. So läßt sich die literarkritische Frage zunächst auf die Entscheidung zuspitzen, ob die Deutung des Efa ursprünglich den עון oder die רשעה zur Fortsetzung hatte. Der andere der beiden Begriffe ist entsprechend der Ergänzung der Frau zuzuordnen.

3.10.2   Literarhistorische Analyse

Um zu bestimmen, ob עון oder רשעה der Frau V 7f* zuzuordnen ist, muß geprüft werden, welcher der beiden Begriffe die ursprüngliche Fortsetzung von V 6bα gebildet hat. Da beide gleich gut bzw. gleich schlecht anschließen, müssen inhaltliche Überlegungen den Ausschlag geben. Kratz und Körting favorisieren רשעה.[536]

Körting nennt für ihre Enstscheidung mehrere Gründe. So entspricht nach Körting das fem. Genus der רשעה wegen der zahlreichen Femininformen in Sach 5,5–11 eher der Grundschicht des siebten Nachtgesichts als das mask. Genus von עון.[537] Demgegenüber ist jedoch einzuwenden, daß auch bei den geflügelten Frauen mask. Formen verwendet werden, s. das Pronominalsuffix כנפיהם sowie das Personalpronomen המה in direkter Verbindung mit dem Part. fem. מולכות.[538]

Körting entfaltet sehr differenziert die Semantik von רשעה und עון. Dabei läßt die Verwendung von רשעה, von Körting mit „Unrechtmäßigkeit" übersetzt, in Sach 5,5–11 „ein Spektrum an Deutungen zu, die von der konkreten Anklage des Efa bis zur Versinnbildlichung allgemeiner Mißstände im Efa reichen".[539] Konkret wird also der Mißbrauch von Maßen angeklagt.[540] Damit

---

536 S. Kratz, Judentum, 86; Körting, Unrechtmäßigkeit, 479ff.

537 S. Körting, Unrechtmäßigkeit, 479. Vgl. 481f: „Der Text ist von zahlreichen Femininformen durchzogen. Nicht nur die Frauen, auch die Störche, mit deren Flügeln die Flügel der Mischwesen verglichen werden, das Land, das Efa und die Unrechtmäßigkeit (רשעה) sind Feminina. [...] Die Maskulinformen gelten Sacharja und dem Deuteengel."

538 Die Inkongruenz der Genera kommt im Hebräischen ja durchaus vor, vgl. G-K²⁸ § 32n; 135o; Joüon § 149b. Auch für עון wäre darauf hinzuweisen, daß das Genus nicht immer eindeutig mask. ist. So wird der Pl. in der Regel mit einer fem. Endung gebildet.

539 Körting, Unrechtmäßigkeit, 480.

540 So Körting, Unrechtmäßigkeit, 480 m. Anm. 8 und Verweis auf Mi 6,11; Lev 19,36; Dtn 25,13–15; Ez 45,10; Am 8,5; Spr 20,10.

schließt Sach 5,5–11 an die Beispiele von Dieben und Meineidigen an, die in Sach 5,1–4 verflucht werden. Andererseits umfaßt רשעה „grundsätzlich mehr Mißstände als den falschen Gebrauch von Maßen", da רשעה „in den Bereich der Existenz wider die göttliche Ordnung" gehört.[541] Zwar nimmt Sach 5,5–11 Sach 5,1–4 auf, erweitert jedoch zugleich die Perspektive: „Während jedoch in der sechsten Vision einzelne bestraft werden, geht die siebte Vision weit darüber hinaus. Mit dem Fortbringen der Unrechtmäßigkeit werden grundsätzlich neue Verhältnisse im Land geschaffen." Um diese Verhältnisse herzustellen, wird das Efa nach Schinar geschafft, das Übel wird aus dem Land entfernt. Mit Recht vermutet hier Körting Eliminationsriten im Hintergrund,[542] „wie sie auch im Sühnekult Israels durchgeführt werden".[543]

Daß jedoch auch der Begriff עון das sechste Nachtgesicht aufgreift, ist mit dem Rückverweis des Suffixes עונם sowie der Übernahme der Wendung כל־הארץ deutlich.[544] Da die Verbringung des Efa nach Schinar als Eliminationsritus aufzufassen ist, entspricht m.E. in diesem Punkt עון noch eher diesem Sachverhalt, hier sei auch auf Körtings differenzierte Gegenüberstellung von רשעה und עון hingewiesen: „עון bezeichnet eine Schuldsphäre. Schuld betrifft das Gottesverhältnis, bedarf der Befreiung und Reinigung. Anders als unrechtmäßiges Handeln, bezeichnet mit רשע und רשעה, das der Umkehr bedarf, ist עון eine durch den Kult zu bewältigende Größe".[545]

Muß עון durch den Kult beseitigt werden, so findet dies gerade sein Gegenstück im Eliminationsritus V 11a. Darüber hinaus könnte man hier V 9 einbeziehen. Hier setzt die Elimination des Efa damit ein, daß die geflügelten Frauen das Efa zwischen Himmel und Erde emporheben (נשא). Vorausgesetzt, das Efa wäre ursprünglich mit dem עון in Verbindung gesetzt worden, so fände man eine Entsprechung in Lev 16, wo es über den Sündenbock in V 22a heißt: ונשא השעיר עליו את־כל־עונתם אל־ארץ גזרה.

Körting weist nach, daß das Land, in das das Efa gebracht wird, bewußt Schinar und nicht Babel genannt wird, da hier auf die Urgeschichte und den Turmbau angespielt wird, „auf grundlegende Ereignisse der Menschheitsge-

---

541 Körting, Unrechtmäßigkeit, 480.
542 Vgl. Körting, Unrechtmäßigkeit, 481.485ff mit Verweis auf Lev 14; 16. Hinter der Vorstellung von der Bannung des עון in einem Tongefäß scheinen altorientalische Eliminationsriten zu stehen, deren Traditionslinie wohl bis zur Büchse der Pandora führt, s. Uehlinger, Frau, 98; ders., Policy, 334; Delcor, Vision; Haas, Blutritus. Mit Körting, 486, ist daher der Behauptung von Delkurt, Kult, zu widersprechen, Sach habe nichts mit dem priesterlichen Kult zu tun. Auch wenn das Vokabular oftmals nicht die priesterschriftliche Terminologie verwendet (dies ist eins von Delkurts Hauptargumenten), so sind doch die Vorstellungen in Sach 3 und 5,5–11 kultisch geprägt, vgl. Körting, a.a.O., 485ff.
543 Körting, Unrechtmäßigkeit, 481.
544 Vgl. Körting, Unrechtmäßigkeit, 483.
545 Körting, Unrechtmäßigkeit, 483.

schichte".[546] Schinar ist als Paradigma zu verstehen, als „Wiege menschlicher
Überheblichkeit und mangelnder Gottesfurcht".[547] Damit kann neben רשעה
aber auch עון verbunden werden.[548]

Da sich sowohl רשעה als auch עון als Bestandteil der Grundschicht des
siebten Nachtgesichts verstehen lassen, kann man nicht mit Sicherheit sagen,
welcher der beiden Begriffe ursprünglich auf das Efa gedeutet wurde. Da bereits die Grundschicht mit V 9–11a einen Eliminationsritus vor Augen hat,
könnte die Deutung auf den עון (V 6bα) als ursprüngliche Fortsetzung von 6a
ein kleines Plus haben. Dementsprechend soll nun die Frage der Einschreibung
der אשה (V 7f) in den Blick genommen werden.

Wie bereits erwähnt, fällt auf, daß die Frau im Efa, die in V 7 geschickt
durch das Öffnen eines Bleideckels eingeführt wird, außer in den Versen 7 und
8 keine weitere Bedeutung für die Vision hat bzw. keine Erwähnung mehr
findet, so daß die Vision sehr gut auch ohne diese beiden Verse in sich sinnvoll
ist. Zudem variiert die personifizierte רשעה das Thema des עון (V 6).
Demgemäß ist V 7f als Nachtrag anzusprechen.[549]

Der Ergänzer hatte offensichtlich keine gewöhnliche Frau vor Augen, die
im Efa Platz finden sollte, sondern eine Göttin bzw. eine Götterdarstellung,
worauf das Bauen des Tempels und das Aufstellen auf einem Postament (V
11) hinweisen.[550] Der kultischen Verehrung einer Göttin neben Jahwe wird

---

546 Körting, Unrechtmäßigkeit, 481. Vgl. 485ff.

547 Körting, Unrechtmäßigkeit, 481.

548 Vgl. dazu K. Koch, Art. עָוֹן, 1160: „Das [...] Nomen *āwon* wird ab der exil./nachexil. Zeit im
      prophetischen und kultischen Schrifttum zum zentralen Begriff für menschliche Schuld und
      Verhängnis" (Koch).

549 Vgl. Schöttler, Gott, 136ff; Uehlinger, Policy, 344f, ähnlich Kratz, Judentum, 86; Körting,
      Unrechtmäßigkeit, 479.

550 Galling, Exilswende, 120, dachte an die Ištar von Babylon. Uehlinger, Frau; ders., Policy,
      345f, vermutet aufgrund der Größe des Efa, der Aufstellung auf einem Postament und der
      „Praxis [...], Kultfigurinen in Tonkrügen aufzubewahren bzw. auszurangieren" (Policy, 345),
      eine Götterfigurine oder ein Kultbild, das er der Himmelskönigin als „ištarisierte[r] Form der
      alten Aschera" (ebd.) zuordnet. Auch Frevel, Aschera, 523.530, nimmt die Darstellung einer
      Göttin bzw. eines Kultbildes an, mahnt aber zur Zurückhaltung in bezug auf die Identifizie-
      rung: „Der Text selbst gibt keine Hinweise, welche Göttin gemeint sein könnte. Vielleicht ist
      überhaupt keine bestimmte Göttin im Blick, weder die Himmelskönigin, noch Ištar, noch
      Aschera" (a.a.O., 530). Vgl. auch z.B. C. Jeremias, Nachtgesichte, 196ff; Meyers/Meyers,
      AncB 25B, 301ff.312ff; Boda, NIV AC, 306; ders., Horns, 28; Edelman, Yahweh; Keel, Ge-
      schichte, 1021f, gegen Baldwin, TOTC, 129; Willi-Plein, ZBK.AT 24.4, 107f; Schnocks,
      Verbindung; ders., Ephah, 259ff, die lediglich an die personifizierte רשעה denken, wobei
      Schnocks mit einer Abhängigkeit von Ez 8,5 rechnet. Angesichts der Verwendung von בנה
      בית (vgl. Sach 1,16, ferner das Thema Tempelbau in Sach 4,6–10; 6,12–15; 8,9) und der
      Verbindung mit מכונה ist Sach 5,11 am ehesten als Aufstellung eines Kultbilds in einem
      Tempel zu verstehen. Nach Körting, Unrechtmäßigkeit, 485, könnte eine Göttin, aber auch
      das personifizierte Schlechte gemeint sein. Die jüngst von Assis, Vision, 21ff, aufgestellte
      These, Sach 5,5–11 stelle die Rückkehr der Samaritaner nach Babylonien in Aussicht, wo sie

hier also eine Absage erteilt.[551] Zur Schicht V 7f*, die die Vision in die Abschiebung einer Göttin umgestaltet, gehört zweifelsohne V 11b, in dem die
Aufstellung auf dem Postament berichtet wird.[552]

V 8 allerdings kann literarkritisch noch weiter differenziert werden. Während der Verschluß des Efa in V 7 mit ככר עפרת bezeichnet wird, findet sich
in V 8 אבן העפרת. Auffällig ist weiterhin das zweimalige וישלך Somit läßt
sich das Zuwerfen des Verschlusses V 8b noch einmal als Glosse abgrenzen,[553]
die die Szene dramatischer gestaltet und wohl die Gefahr betont, die אשה
könne entweichen.

Als Ergebnis läßt sich also festhalten, daß die Bearbeitung der Vision
durch eine Göttin-Schicht die Verse 7.8a.11b umfaßt und ihrerseits durch V 8b
glossiert ist.

Ohne V 7.8a.11b und die Glosse 8b kann V 5–6.9–11a als Grundschicht
des siebten Nachtgesichts bestimmt werden.Wie bereits erwähnt, ist der Beginn der Vision untypisch. So fordert hier der Deuteengel den Propheten auf,
die Augen aufzuheben und zu sehen (vgl. demgegenüber 2,1.5; 5,1.9; 6,1),
woran sich die Frage des Deuteengels und sofort die Gegenfrage des Visionärs
nach der Bedeutung des Geschauten anschließen. Dem Propheten wird enthüllt: „Das ist ihre Sünde (עונם) im ganzen Land" (6bβ). Diese Deutung ist
unerläßlich, um zu verstehen, was im folgenden mit dem Efa geschehen soll.
Mit V 9 wird die Visionsschilderung mit Formulierungen der meist üblichen
Visionseinleitung fortgeführt.

V 9aβ läßt sich sehr gut als Glosse interpretieren: בכנפיהם wird aufgenommen und nachholend als Flügel des Storchs ausgelegt, eines Vogels mit

---

sich einen Tempel bauen werden, und die Frau stehe für die Samaritaner (s. a.a.O., 27ff),
trägt nicht nur das Geschichtsbild von Esr 4 in das Sacharja-Buch ein (vgl. die Kritik an der
Samaritaner-Hypothese zu Hag 2,10–14 o. S. 79ff), in dem ich an keiner Stelle einen Bezug
auf die Samaritaner erkennen kann, sondern verkennt auch die Beutung von Schinar. Sach
5,11 schildert kein „happy ending" für die Bosheit (a.a.O., 24), auch weist die Anspielung auf
den Turmbau zu Babel (Gen 11,1–9) nicht darauf hin „that one must not alter what was fixed
in the original division of the nations" (a.a.O., 30), sondern Schinar steht paradigmatisch für
die Schuld der Menschen, vgl. Rudolph, KAT 13/4, 120f; Delkurt, Nachtgesichte, 265ff;
Körting, a.a.O., 481.485ff. Die Schuld wird an ihren Ursprungsort zurückgeschickt, um dort
zu bleiben, so daß Juda dauerhaft befreit ist, vgl. Delkurt, a.a.O., 269; Körting, a.a.O., 487ff.

551 Sollte der (bisher) für das perserzeitliche Juda zu beobachtende Fundausfall von Göttinnen-
darstellungen damit in Zusammenhang stehen (s. Uehlinger, Frau, 101f, kritisch zu Uehlingers Identifikation mit perserzeitlichen Terrakotten, die eine Schwangere darstellen (s. a.a.O.,
97f) hat Frevel, Aschera, 529ff, eingewandt, daß es sich dabei eher um Votivgaben von
Schwangeren handeln dürfte, vgl. Keel/Schroer, Eva, 218ff; Keel, Geschichte, 1022)? Zur
Frage des Fundausfalls vgl. etwa Stern, Religion, bes. 254f; ders., Archaeology, 490ff; Revolution, 201f. Die von Schmitt, Bildersturm, gegen die Beobachtung eines Fundausfalls genannten Beispiele liegen nicht mehr im Bereich der eigentlichen Provinz Jehud.

552 V 11a hingegen, der die Frage אנה המה מולכות את־האיפה (10b) beantwortet, gehört
notwendigerweise zum Grundbestand, s.u.

553 Ähnlich Uehlinger, Frau, 97 Anm. 17.

großen Schwingen, der als Zugvogel regelmäßige Wanderungszeiten hat (vgl. Jer 8,7):[554] „Die storchgeflügelten Frauen [...] werden das Efa mit Sicherheit sehr weit wegbringen".[555]

Abgesehen von dieser Glosse, zeigt V 9 also die zwei geflügelten Frauen, deren Flügel mit Wind (רוח) gefüllt sind[556] und die das Efa in die Luft[557] emporheben. Die Anfrage des Visionärs an den Deuteengel (אנה המה מולכות את־האיפה, V 10b) entspricht der Anfrage an den Mann mit der Meßschnur (אנה אתה הלך, 2,6a), ebenso entsprechen sich die beiden Antworten, jeweils mit Inf. cs. + ל und Ortsangabe formuliert (vgl. V 11a mit 2,6b). Als Ziel für die Verbringung des Efa wird ארץ שנער genannt. Der Name Schinar (anstelle von בבל[558] oder ארץ צפון[559] dürfte aus symbolischen Gründen gewählt sein, als Entsprechung zum עון (V 6).[560] Die Sünde soll aus Juda endgültig verbannt werden an den Ort menschlicher Verfehlung, Schinar.

3.10.3 Fazit

In der Grundschicht (5,5–6.9*–11a) wird dem Visionär die Ausschaffung des עון in einem Efa durch geflügelte Mischwesen mitgeteilt. Dabei ist Sach 5,5–11a* von der Vision „Schriftrolle" (5,1.3) abhängig: עונם (5,6b) bezieht sich ebenso wie die Formulierung בכל־הארץ auf die Diebe und Meineidigen (5,3) aus der vorangegangenen Vision zurück. Der עון wird an den Ort des Turmbaus (Gen 11,1–9) nach Schinar gebracht. Mit diesem Eliminationsritus wer-

---

554 „Daß er [sc. der Storch] zu den unreinen Tieren gehört (Lev 11, 19; Dt 14, 18), spielt hier keine Rolle" (Rudolph, KAT 13/4, 120 Anm. 5).

555 Uehlinger, Frau, 97. Zur Deutung des Storchs vgl. Körting, Unrechtmäßigkeit, 482f.

556 Nach Rudolph, KAT 13/4, 120, werden die נשׁים von der רוח regelrecht vorangetrieben. Duhm sieht „die Bemerkung ‚und Geist war in ihren Flügeln'" von Ez 1,12.20 „angeregt" (Duhm, Anmerkungen, 82), hält sie aber für einen Zusatz. Überhaupt wird immer wieder auf Parallelitäten zwischen den Visionen des Ez und dem 7. Nachtgesicht hingewiesen, s. v.a. die Aufstellung bei C. Jeremias, Nachtgesichte, 198f, u. Frevel, 523f Anm. 1757, vgl. Schnocks, Verbindung; ders., Ephah: In beiden Fällen sind geflügelte Mischwesen mit dem Transport numinoser Größen betraut. Andere Parallelen, etwa Ez 8,3, erschließen sich aber nur aufgrund von Wortübereinstimmungen, sind aber auf der Sachebene nicht haltbar. So sind z.B. in Ez 8,3 die Formulierungen נשׂא und בין הארץ ובין השׁמים auf den Visionär selbst bezogen, in Sach 5,9 dagegen auf das vom Visionär Geschaute, d.h. das Efa (vgl. dazu bereits kritisch C. Jeremias, Nachtgesichte, 198 Anm. 15).

557 בין הארץ ובין השׁמים. Die „Hebräer haben kein Wort für Luft" (Wellhausen, Propheten, 184). Die Formulierung findet sich im AT noch 2 Sam 18,9; Ez 8,3 (s. Anm. 556); 1 Chr 21,16.

558 Sach 2,11; 6,10.

559 Sach 2,10; 6,6; 6,8.

560 Vgl. Rudolph, KAT 13/4, 120f; Hanhart, BK XIV/7.1, 358; Reventlow, ATD 25/2, 66; Boda, NIV AC, 308; Körting, Unrechtmäßigkeit. שׁנער erscheint in Gen 11,2; Dan 1,2 in negativem Kontext, als eher neutrale Landschaftsbezeichnung in Gen 10,10; 14,1.9; Jos 7,21; Jes 11,11.

den das Land Juda und seine Bewohner gereinigt. Damit wird die Vision der Fluchrolle (Sach 5,1–4) deutlich überboten, und die dort geschilderten Einzelfälle werden ins Grundsätzliche gewendet.

Eine Glosse (V 9aβ) qualifiziert die Flügel der Mischwesen als Storchenflügel – die Gewährleistung, daß das Efa weit weggeschafft wird.

Eine Erweiterung (7–8.11b) setzt eine mit der רשעה identifizierte Göttin in das Efa, die damit für immer aus Juda verbannt wird und ihr Postament im Tempel in Schinar bekommt. Eine Glosse (V 8b) dramatisiert das Geschehen, indem sie einen möglichen Ausbruchsversuch der Göttin durch das Schließen des Deckels verhindert.

3.11 Das achte Nachtgesicht: Die Wagen (Sach 6,1–8)

3.11.1 Erste Beobachtungen am Text

Die Einleitung des achten Nachtgesichts (Sach 6,1–8) in 6,1 entspricht wörtlich 5,1. Die Beschreibung der Vision setzt in V 1aβγ mit der Nennung von vier מרכבות ein, die zwischen zwei Bergen herauskommen. Die Berge sind bereits determiniert, offenbar ist bekannt, was darunter vorzustellen ist.[561] So berichtet V 1b, daß die Berge aus Bronze sind. Die Verse 2–3 setzen die Beschreibung der Szenerie fort, die an das erste Nachtgesicht erinnert (vgl. 1,8). Der Visionär berichtet, daß an den vier Wagen, die nacheinander aufgezählt werden, Pferde mit unterschiedlichen Farben sind, nämlich rote, schwarze, weiße und gescheckte Pferde. Nach dieser Zuordnung folgt asyndetisch ein weiteres Attribut, אמצים, das die Pferde abschließend als stark charakterisiert. In V 4 setzt das Deutegespräch ein, wobei die Frage des Propheten nach dem Sinn des Geschauten wörtlich Sach 4,4 entspricht.[562] In V 5a hebt der *angelus interpres* wie üblich zu antworten an, heißt aber nicht wie in V 4 und wie sonst üblich המלאך הדבר בי, sondern schlicht המלאך. Die vier Wagengespanne werden vom Engel als die vier Winde des Himmels gedeutet, die ausziehen (יצא Part. fem. Pl.), nachdem sie vor dem Herrn der ganzen Erde (אדון כל־הארץ, vgl. 4,14) gestanden haben.[563] Syntaktisch schwierig ist V 6, der Einsatz mit אשר־בה „ist ungewöhnlich und schwerfällig".[564] Offenbar ist eine Entsprechung von אשר־בה mit der Beschreibung von V 2f intendiert, denn wie dort die Pferde an den Wagen (במרכבה) waren, wird auch im Fortgang von V 6 das Ausziehen der Pferde beschrieben. Hierbei fällt auf, daß nur von

---

561 Vgl. Schöttler, Gott, 141.

562 Die eigentliche Anfrage 6,4b//4,4b (מה־אלה אדני) entspricht dabei zugleich wörtlich der Anfrage Sacharjas an den Reiter im ersten Nachtgesicht (1,9a).

563 Zu יצב Hit. vgl. Hi 1,6; 2,1!

564 Schöttler, Gott, 143.

drei Pferdegespannen die Rede ist, die ausziehen. Diese ziehen dann auch nur in zwei Richtungen aus, nämlich die schwarzen Pferde (יצא Part. m. Pl.), gefolgt von den weißen (יצא 3. Pl. m. Perf.), ins Nordland (ארץ צפון),[565] danach die gescheckten (יצא 3. Pl. m. Perf.) in das Land des Südens (ארץ התימן). Was es mit den in V 2 zuerst genannten roten Pferden auf sich hat, wird nicht gesagt.

Nachdem die Pferde in V 6 eigentlich schon ausgezogen sind, wird in V 7 der Auszug der Pferde noch einmal aufgegriffen, nun sind sie wieder die starken (האמצים). Jetzt erst wird von ihnen berichtet, daß sie danach trachten zu gehen, um auf der Erde umherzuziehen. Dabei wird mit להתהלך בארץ wörtlich das Umherschweifen der Pferde aus 1,10 wiederholt. Entsprechend erteilt der Engel den Auftrag zum Auszug. In V 7b wird nun noch einmal festgestellt, daß sie auszogen, allerdings nun in der 3. Pl. fem., so daß sich 7b offenbar nicht mehr auf die Pferde, sondern auf die Wagen bezieht.[566]

Der abschließende V 8 bildet die Klimax der Vision und setzt dementsprechend „mit einer gewichtigen Einleitung ein".[567] Darin meldet sich der Deuteengel ein letztes Mal zu Wort, ruft dem Visionär zu (זעק Hif.) und teilt ihm mit, daß die Pferde, die ins Nordland ausziehen (jetzt wieder יצא Part. m. Pl.), Jahwes Geist[568] dort ruhen lassen.

Zwei Motive konkurrieren im 8. Nachtgesicht. Zum einen steht das Motiv der vier Wagen (V 1) im Vordergrund. Ihm lassen sich die Identifikation mit den vier Winden des Himmels (= den Himmelsrichtungen), fem. Verbformen (יצאות V 1.5; ותתהלכנה V 7) und wohl auch der Ausdruck אדון כל־הארץ zuordnen. Zum anderen beherrscht das Motiv der verschiedenfarbigen Pferde (V 2f) die Deutung des Geschauten, wobei nur drei Farben aufgegriffen und auf zwei Himmelsrichtungen verteilt werden,[569] in V 8 spielt sogar nur noch der Norden eine Rolle. Hierzu gehören die mask. Verbformen (יצאים V 6.8; לכו התהלכו V 7). Daneben gibt es Textteile, die sich mit beiden Motiven verbinden lassen.

Offensichtlich sind die Deutungen auf die vier Wagen/Windrichtungen bzw. auf die drei Pferde und zwei Windrichtungen nicht gleichursprünglich,

---

565 Vgl. Sach 2,10; 6,8.

566 Vgl. Schöttler, Gott, 146.

567 Schöttler, Gott, 147.

568 רוחי ist eindeutig auf Jahwe zu beziehen, s. auch Sach 4,6. Der Änderungsvorschlag der BHS ist unnötig, vgl. Willi-Plein, ZBK.AT 24.4, 114 m. Anm. 82.

569 Es ist textgeschichtlich nicht geboten, die Farben oder die Himmelsrichtungen zu einer Vierzahl zu ergänzen, um so den Befund zu harmonisieren, gegen Rudolph, KAT 13/4, 122 Anm. 6b; Elliger, ATD 25, 106 Anm. 6, und mit Hanhart, BK XIV/7.1, 385: „Die syntaktische Konstruktion berechtigt nicht zur Annahme von Textverderbnis bzw. eines Textausfalls, dessen Rekonstruktion zu einer Aussage über den Auszug der vier die vier Winde darstellenden Gespanne in die vier Himmelsrichtungen bzw. über die Zuordnung der vier Farben zu vier den Gespannen zugeteilten Wegen führen würde".

also lautet die Frage für die literarhistorische Analyse: Wurde die Vorstellung
von den vier Wagen (die Betonung der Universalität) nachträglich einge-
schränkt oder wurde die Interpretation der drei Pferdefarben (die Zuspitzung
auf das Nordland) nachträglich ausgeweitet?

3.11.2 Literarhistorische Analyse

Die Ursprünglichkeit der vier Wagen vertritt Schöttler,[570] dessen Lösung darum kurz als Gegenprobe skizziert werden soll.[571] Nach Schöttler hatte die
Grundschicht[572] folgende Gestalt: Der Visionär sieht zwischen zwei Bergen
vier Wagen ausziehen, die von Pferden mit unterschiedlichen Farben gezogen
werden. Auf die Anfrage des Propheten folgt die Antwort (V 5*.7*): „Diese
ziehen aus, nachdem sie sich aufgestellt haben vor dem Herr [sic!] der ganzen
Erde, um die Erde zu durchstreifen. Und sie durchstreiften die Erde".[573]

Der Skopos der Vision läuft danach auf die Deutung der vier Wagen hinaus: „Ursprünglich ist also nur die Vierzahl der Wagengespanne als Symbol
der universalen Macht und Stärke Jahwes".[574]

Alles weitere – Schöttlers wichtigste literarkritischen Argumente sind
mask. Verbformen[575] und schwierige Syntax[576] – gehört zu einer Ergänzungsschicht, „die mehr die Pferde als die Wagen im Blick hat".[577] Für diese Erweiterung werden folglich die Identifikation mit den vier Winden, der Auszug der
drei verschiedenfarbigen Pferde – durch den „mechanischen Eintrag des Ge-
dankens der vier Winde" wurde „die vierte Farbe [...] regelrecht vergessen
nachzuholen"[578] – in die zwei Himmelsrichtungen und die genauere Deutung
der Nordrichtung veranschlagt. Die „Botschaft, daß vier Jahwes universale
Macht symbolisierende Pferdewagen ausziehen, um die Erde zu durchstreifen,

---

570 S. Schöttler, Gott, 141ff.

571 An dieser Stelle soll die Schöttlersche Argumentation nicht en detail vorgeführt werden, da
     von der Gesamtschau bereits nach der Plausibilität dieser Rekonstruktion gefragt werden
     kann. Eine genauere Auseinandersetzung mit verschiedenen Einzelaspekten erfolgt im Gang
     der hier vorgelegten Textanalyse.

572 Diese umfaßt bei Schöttler „vv1a.2.3⁺ (ohne: אמצים).4aβb.5aβb⁺ (ohne: ארבע רחות השמים).
     7aα⁺ (nur: להתהלך בארץ) b" (Schöttler, Gott, 149).

573 Schöttler, Gott, 261; vgl. 270.

574 Schöttler, Gott, 145. Im Grunde hätte Schöttler in seiner Grundschicht auf die Schilderung
     der verschiedenfarbigen Pferde (V 2–3*) auch verzichten können.

575 S. z.B. Schöttler, Gott, 146.

576 S. z.B. Schöttler, Gott, 143.147.

577 Schöttler, Gott, 146.

578 Schöttler, Gott, 144. Eine solche Argumentation spricht für sich selbst.

d.h. seine Königsherrschaft aufzurichten",[579] wird also nach Schöttler nachträglich auf die Deutung der Nordrichtung eingeengt.

Bei Schöttlers Rekonstruktion einer Grundschicht, die die vier über die Erde streifenden (Kriegs-[580])Wagengespanne zum Thema hat, stellt sich unweigerlich die Frage, was das letzte Nachtgesicht über das erste[581] Hinausgehendes bietet, und die Antwort kann nur lauten: Nichts, die Aussage der ersten Vision wird lediglich wiederholt.[582] Die Wende zum Guten für Jerusalem/Juda ist bereits im 1. Nachtgesicht erreicht, und am universellen Machtanspruch dessen, der seine Boten auf der Erde umherstreifen läßt, konnte ebenfalls kein Zweifel bestehen.

M.E. nimmt Schöttlers Analyse dem letzten Nachtgesicht seine eigentliche Pointe und das wirklich Neue, das Zur-Ruhe-Bringen der רוח Jahwes im Norden.

Nach diesen allgemeinen inhaltlichen Überlegungen soll nun am Text selbst gezeigt werden, daß die literarischen Verhältnisse genau umgekehrt sind und daß die Annahme, die Grundschicht habe zunächst die drei Pferdefarben (und die zugehörigen Himmelsrichtungen) gedeutet und sei später ausgeweitet worden, die plausiblere ist.

Der oben dargelegte Gegensatz in den Deutungen des Visionsbildes mit dem Schwerpunkt der Interpretation entweder auf den vier Wagen oder auf drei[583] der vier Pferdefarben läßt sich am besten an der Nahtstelle zwischen V 5 und 6 fassen.

V 5 bietet die Deutung des Auszugs der vier Wagen als die vier Winde des Himmels (יצא Part. fem.); im direkt anschließenden V 6 dagegen wird der Auszug der farbigen Pferde(-gespanne) gedeutet (יצא Part. u. Perf. mask.).

Nun ist die einfachste Lösung für V 6 nicht, daß eine Farbe von einem Ergänzer „regelrecht vergessen"[584] wurde, sondern daß das 8. Nachtgesicht ur-

---

579 Schöttler, Gott, 148.

580 Schöttler, Gott, 261f, interpretiert die מרכבות als Kriegswagen, die in Theophanie- und Visionsschilderungen vielfach belegt seien: „Die vier pferdebespannten Wagen symbolisieren also Jahwes himmlische Streitmacht gegen die Welt" (a.a.O., 261). Diese Interpretation ist zudem abhängig von der Deutung der רוח als Zorn. S. dagegen aber u. S. 256ff.

581 Für das erste Nachtgesicht sind hier die Grundschicht sowie die erste Ergänzung zu berücksichtigen.

582 Gegen Schöttler, Gott, bes. 148.266f. Nach Schöttler ist die Ruhe in 1,11b (zu Schöttlers Grundschicht gehören in der 1. Vision 1,8*.9abα.10b.11b sowie das Jahwe-Wort V 14, s. a.a.O., 50ff) negativ gemeint, hier sei „resignierend festgestellt worden, daß sich nichts auf der Erde an Veränderung tue" (a.a.O., 148). Die 8. Vision soll nun die Heilswende, „das Ende der Verborgenheit Gottes" anzeigen. Wie oben (s. 3.3) ausgeführt, ist die Ruhe auf der Erde mitnichten negativ gemeint. Dieser Gedanke gelangt erst mit der Einfügung des Klagemotivs in den Text. Jedoch hält auch Schöttler, a.a.O., 52ff.58, das Klagemotiv für sekundär.

583 אמצים ist keine Farbe mehr, sondern Zusammenfassung der verschiedenen Pferde, s. Gese, Anfang, 213 Anm. 52; Hanhart, BK XIV/7.1, 387; Reventlow, ATD 25/2, 69.

584 Schöttler, Gott, 144.

sprünglich nur die Deutung der drei *ausziehenden* Gespanne im Sinn hatte. Für eine solche Beobachtung spricht die große Ähnlichkeit mit dem 1. Nachtgesicht. Hier wie dort wird von einer Vierzahl berichtet, die sich jeweils an einem Himmelstor befindet, im 8. Nachtgesicht die Wagen, im 1. Nachtgesicht ein Reiter auf einem Pferd sowie drei weitere Pferdegruppen.[585] Ebenso wie im 1. Nachtgesicht auch nur die drei Pferdegruppen umhergezogen waren (s. die Antwort des Reiters 1,10.11b), liegt es auch für das 8. Nachtgesicht nahe, daß nur drei Gruppen ausziehen und beschrieben werden, während das vierte Gespann (ebenfalls rot wie das Pferd des Reiters in der 1. Vision, s. 1,8) nicht mitzieht.[586]

Auch wenn die Vierzahl der Wagen wohl ein Vollkommenheitssymbol ist,[587] interessieren V 6 nur zwei Himmelsrichtungen.[588] Da ein Ergänzer nun wohl kaum zwei Himmelsrichtungen vergessen haben wird und da auch die Deutung von nur drei der vier Farben vom 1. Nachtgesicht her einsichtig ist, scheint es mir – neben einer wenig tragfähigen Lösung einer von V 5 ausgehenden Grundschicht – wahrscheinlicher, daß in V 5 die Betonung der (in V 1 vorgefundenen) Zahl Vier als Symbol für Universalität zusammen mit dem in V 6 vorgefundenen Motiv der Himmelsrichtungen sekundär gegenüber der ursprünglichen Deutung (V 6–8*) ist.

Der Umfang dieses Nachtrags soll nun noch genauer eingegrenzt werden: Die Ergänzung ist in 5b greifbar, da 5a, die Einleitung der Antwort des Engels[589] im Rahmen des Deutegesprächs, für den Gang der Vision unverzichtbar ist und darum der Ergänzung schon vorgelegen haben muß. Von der Beobachtung ausgehend, daß das Part. fem. יוצאות ohne Artikel Verwendung findet[590] und daß in 5bα „Bild durch Bild"[591] erklärt werde, scheidet Schöttler in 5b die

---

585 Vgl. Hanhart, BK XIV/7.1, 393: „Der Dreiheit der Farben dort [sc. im 1. Nachtgesicht] steht hier [sc. im 8. Nachtgesicht] eine Vierheit gegenüber; aber auch dort sind es, da sowohl das Pferd des Reiters zwischen den Myrten als auch eine Schar hinter ihm ausziehender Pferde rot sind, vier Instanzen".

586 Vgl. Hanhart, BK XIV/7.1, 394: „Das von den roten Pferden angeführte Gespann zieht – das wird e silentio zu schließen sein – nicht aus; es bleibt – wie der Reiter auf dem roten Pferd im ersten Gesicht ‚zwischen den Myrten in der Tiefe' (1,8) – ‚zwischen den beiden Bergen von Erz' (6,1) stehen".

587 Vgl. Hanhart, BK XIV/7.1, 392.

588 Daß zwei Farben nach Norden ziehen, hat seinen Grund in der Bedeutung dieser Himmelsrichtung, s. V 8.

589 Zu V 5a s.u. S. 257.

590 Nach אלה ארבע רחות השמים wäre die Determination des Partizips zu erwarten, vgl. G-K[28] § 126 u, aber die Erklärung der vorliegenden Form als Apposition ist nicht ausgeschlossen, vgl. Rudolph, KAT 13/4, 122 Anm. 5a und die Übersetzung von Hanhart, BK XIV/7.1, 383.

591 Schöttler, Gott, 144. S. dagegen schon mit Recht Duhm: „Warum in v. 5 die vier Wagen nicht die vier Winde sein können, verstehe ich nicht; von der Erklärung des einen Bildes, des Wagens, durch ein anderes, den Wind, kann nicht die Rede sein" (Duhm, Anmerkungen, 82).

Worte ארבע רחות השמים aus.[592] Jedoch ist diese Ausscheidung unnötig. Die Satzkonstruktion von 5b läßt sich am besten als aus zwei Sätzen bestehend lesen, wobei das Partizip יוצאות als Prädikat eines elliptischen Verbalsatzes aufzufassen ist.[593] Inhaltlich ist 5b in sich völlig kohärent. Den vier Windrichtungen entspricht der Titel אדון כל־הארץ, den der Ergänzer mitsamt der Vorstellung, daß die Visionselemente vor dem Herrn der ganzen Erde stehen, aus 4,14 übernommen hat.[594]

Die Antwort V 6 beginnt mit אשר־בה „etwas ungelenk, so wie ein Mann aus dem Volk berichten würde: woran die schwarzen Rosse sind, die ziehen hinaus".[595] Setzt die ursprüngliche Antwort des Engels mit V 6 ein, ist das holprige אשר־בה im Grunde nicht nötig. Es dient als Scharnier zwischen V 5b und V 6 und gehört zu dieser Ergänzung. Der Ergänzung dürfte noch V 7b zuzurechnen sein. Nach den mask. Verbformen von V 6.7a findet sich nun mit ותתהלכנה ein Femininum. Inhaltlich klappt 7b etwas nach, er berichtet lediglich die Ausführung des Befehls, nachdem das Trachten der Pferde und der Befehl zum Umherstreifen bereits beschrieben waren (7a). Anscheinend wollte der Ergänzer von 5b hier Pferde und Winde bzw. Maskulinum und Femininum harmonisieren. Ähnlich harmonisierende Funktion kommt אשר־בה am Beginn von V 6 zu, das als Bindeglied wahrscheinlich ebenfalls zu dieser Schicht zu rechnen ist. Die Erweiterung mit der Betonung des Universalitätsgedankens umfaßt also V 5b.6aα[1] (אשר־בה).7b.

Als nächstes kann V 7a ausgegrenzt werden. V 7 gehört nicht mehr zur Antwort des Engels, sondern ist die Fortführung der Visionsschilderung[596] und zeigt das ungeduldige Warten der Pferde (mask. Formen). Dabei unterbricht V 7 jedoch den Gedankengang von V 6 nach V 8, und V 8 läßt sich sehr gut mit 6 verbinden. Es dürfte sich bei V 7a (7b war bereits als Zusatz identifiziert worden, s.o.) also um eine Glosse handeln, wobei האמצים, die Starken,[597] die verschiedenfarbigen Pferdegruppen zusammenfaßt. Die Glosse ist vom Streifzug der Pferde im 1. Nachtgesicht inspiriert (vgl. הלך Hif. + בארץ 1,10 u. 6,7a(bis)) und will die Dramatik des Geschehens veranschaulichen. Zugleich wird dadurch das letzte Nachtgesicht noch stärker mit dem ersten zusammen-

---

592 S. Schöttler, Gott, 142ff. Nach Schöttler lautet die ursprüngliche Antwort: אלה יוצאות מהתיצב על־אדון כל־הארץ (a.a.O., 147).

593 S. Reventlow, ATD 25/2, 67 Anm. 115, mit dem Hinweis auf W. Richter, Grundlagen, 47.

594 In 4,14 wird dies allerdings mit der Formulierung עמד על ausgedrückt. Zu יצב Hit. s.a. Hi 1,6; 2,1.

595 Duhm, Anmerkungen, 82f.

596 S. Rudolph, KAT 13/4, 122 Anm. 6b; 124; Reventlow, ATD 25/2, 69; Hanhart, BK XIV/7.1, 395.

597 האמצים ist keinesfalls als Farbe zu verstehen (vgl. Hanhart, BK XIV/7.1, 383), auch die Konjektur in האדמים verbietet sich (gegen Wellhausen, Propheten, 184; vgl. Rudolph, a.a.O., 123 Anm. 7a), denn die rote Farbe wäre als erste und nicht als letzte zu erwarten, zudem fehlt eine Himmelsrichtung, wie sie den übrigen Farben beigegeben war.

gekoppelt. In Verbindung mit V 7a steht das asyndetische האמצים in V 3, das nach den vier zuvor beschriebenen Farben nachklappt. So wird האמצים, auch hier die Farben zusammenfassend, von 7a her in 3 ebenfalls nachgetragen sein,[598] entweder von derselben Hand, auf die 7a zurückgeht, oder von einer noch späteren.

Als Grundbestand des letzten Nachtgesichts lassen sich demnach V 1–3* (ohne אמצים).4.5a.6* (ohne אשר־בה).8 bestimmen. Das Thema dieser Grundschicht ist die Geisterweckung im Nordland. Die Visionseinleitung (V 1aα) entspricht genau der des 6. Nachtgesichts. Zunächst wird die Schau von vier Wagen (ארבע מרכבות) beschrieben, die zwischen zwei Bergen hervorkommen. Daß dies besondere Berge sind, verdeutlicht zunächst der Artikel (vgl. ההדסים 1,8) und schließlich der Nachsatz, daß die Berge aus Bronze (נחשת) bestehen. Die Vorstellung, daß das Himmelstor von zwei Bergen oder Berggipfeln gebildet wird, war im Alten Orient geläufig.[599] Die מרכבות (V 1) werden meist für Streitwagen (des Himmelsheers) gehalten, die zum Gericht gegen die Feinde Israels auszuziehen.[600] Dem hat mit Recht Rudolph widersprochen:

> „Da מרכבה durchaus nicht nur den Streitwagen bedeutet, sondern auch der Name für Reise-, Prunk- und Kultwagen ist, ist die bloße Nennung des Wagens noch kein Zeichen dafür, daß im folgenden von Krieg und Kampf, also von Unheil die Rede sein muß."[601]

Wie sich zeigen wird, ist im letzten Nachtgesicht ein Gericht gegen die Völker nicht im Blick; eine solche Auslegung ist durch die Nachinterpretation der Ruhe des 1. Nachtgesichts als eines beklagenswerten Zustands,[602] der רוח in 6,8 als Zorn oder von der Deutung des 8. Nachtgesichts durch die Völkerthematik des 2. Nachtgesichts beeinflußt.[603]

In V 2f wechselt der Blick von den Wagen hin zu den Pferdegespannen, die sie ziehen. Durch die Nennung der Farben werden die Gespanne unterscheidbar und können den verschiedenen Richtungen zugeordnet werden (s. V 6).

---

598 Vgl. Gese, Anfang, 213 Anm. 52.
599 Vgl. das Gilgameš-Epos, Taf. IX,2,1–9. Zur Ikonographie s. Keel, Bildsymbolik, 18ff. Vgl. Sach 1,8.
600 Vgl. C. Jeremias, Nachtgesichte, 123ff; Schöttler, Gott, 261ff; Reventlow, ATD 25/2, 68; Boda, NIV AC, 323f.
601 Rudolph, KAT 13/4, 123. S.a. Willi-Plein, ZBK.AT 24.4, 113. Zur Funktion der Wagen in der Achämenidenzeit s. Tallis, Transport, 211ff.
602 Die Klage Sach 1,12 ist eine späte Ergänzung im ersten Nachtgesicht, s. 3.3.2.
603 Das 2. Nachtgesicht ist jedoch jünger als das 8., s. 3.4.2 und 3.14.1.5.

Die Farben entsprechen den natürlichen Pferdefarben,[604] nur die roten (אדמים) und die weißen (לבנים) Pferde entsprechen denen des ersten Nachtgesichts, die schwarzen (שחרים) und die gescheckten (ברדים) finden sich dagegen nur in der letzten Vision.[605]

An der Einleitung der Antwort des Engels ist bemerkenswert, daß er schlicht mit המלאך bezeichnet wird gegenüber dem üblichen המלאך הדבר בי,[606] das in der Frageeinleitung V 4 gerade noch verwendet wurde. Ob המלאך nachträglich in V 5 eingefügt wurde,[607] ist schwer zu sagen.[608]

Die Deutung durch den Engel (V 6*) orientiert sich an den am Schluß der Visionsbeschreibung genannten verschiedenfarbigen Pferden.[609]

Die ungleiche Verteilung – zwei Gespanne nach Norden, nur eines nach Süden – liegt in der Klimax der Vision begründet, nämlich in V 8. Das Nordland meint, wie so häufig, Babel.[610] Als solches ist es auch in Sach 2,10 verstanden, als Ort der Gola (vgl. insgesamt 2,10–16).[611] Zwei Gespanne brechen im 8. Nachtgesicht also zur Gola auf. ארץ צפון wird ohne Artikel, also wie ein Eigenname verwendet, im Gegensatz zum determinierten ארץ התימן.[612] Das Südland könnte Ägypten meinen,[613] das seit Kambyses zum persischen Reich gehörte und darüber hinaus ebenfalls die Heimat von Exilisraeliten/-judäern war.

---

604 S. Hanhart, BK XIV/7.1, 390; Schöttler, Gott, 145. Eine darüber hinausgehende Deutung ist weder möglich noch empfehlenswert, vgl. Rudolph, KAT 13/4, 124; Galling, Exilswende, 120 Anm. 1.

605 Im 1. Nachtgesicht gibt es statt dessen die Farbe rot noch einmal sowie außerdem hellrote Pferde (שרקים).

606 Sach 1,9.13.14; 2,2.7; 4,1.4.5; 5,5.10; 6,4. Die LXX ergänzt auch in 6,5 ὁ ἄγγελος ὁ λαλῶν ἐν ἐμοί, was aber als Ergänzung und als lectio difficilior zu bewerten ist.

607 So Schöttler, Gott, 145.

608 Will man die abweichende Bezeichnung des Engels als literarkritisches Indiz werten, könnten V 5a.6* aus dem Text ausgeschieden werden. Dies wäre möglich, da V 8 direkt an V 4 anschließen könnte, allerdings um den Preis, daß die Farben in der Deutung keine Rolle mehr spielen würden. Ich lasse deswegen die Frage, ob V 5a.6* zur Grundschicht gehören oder bereits eine erste Ergänzung darstellen, hier offen; sie kann offen bleiben, da in beiden Fällen die Pointe, die Konzentration auf das Nordland, gleich bleibt.

609 „Die Näherbestimmung des ersten Subjekts der drei parataktisch nebeneinander geordneten Aussagen – die anakoluthische Formulierung ist in allen alten Übersetzungen bewahrt – gilt auch für die beiden folgenden Subjekte: Die Pferde stehen als bewegende Kraft pars pro toto für das ganze Gespann" (Hanhart, BK XIV/7.1, 385).

610 Vgl. Lipiński, Art. צָפוֹן, 1099ff.

611 Sach 2,10 ist jünger als das 8. Nachtgesicht, 2,10b setzt bereits die Erweiterung um die ארבע רחות השמים (6,5b; vgl. 2,10b) voraus, s.o. 3.6.2.

612 S. Schöttler, Gott, 149; Hanhart, BK XIV/7.1, 394. Die Constructus-Verbindung ארץ צפון findet sich außer bei Sach (2,10; 6,6; 6,8 (bis)) nur noch bei Jer (3,18; 6,22; 10,22; 16,15; 23,8; 31,8; 46,10; 50,9) und bezeichnet das Land der Feinde bzw. der Heimkehrenden. Die Constructus-Verbindung ארץ התימן ist hingegen im AT singulär.

613 Vgl. Hanhart, BK XIV/7.1, 394.

V 8 bildet schließlich den Höhepunkt und Abschluß des 8. Nachtgesichts und damit zugleich den Abschluß des ganzen Zyklus. Diese besondere Bedeutung des Schlußverses wird durch die Einleitung ויזעק אתי וידבר אלי לאמר (8a) betont.[614] Im nun erfolgenden Wort wird der Focus auf die Gespanne verengt, die in das Land des Nordens fahren. Diese führen eine wertvolle Fracht mit sich, die רוח Jahwes:

> „Die *letzte* Vision schließlich […] weiß, daß in der Achämenidenzeit die Wagen nicht mehr nur gefürchtete Kriegsgespanne sind, sondern ebenso und immer mehr von königlichen Beamten und Notablen als prestigiöse Transportmittel verwendet werden. So stellt sie sich denn auch den Transport der […] *rûah* [sic!] in den ‚Norden‘, d.h. die Gola, in dieser Weise vor".[615]

Was ist aber unter dem Ausdruck הניחו את־רוחי zu verstehen? Die LXX übersetzt mit ἀνέπαυσαν τὸν θυμόν μου, „neuere Exegeten setzen dafür sogar ‚Zorn‘ ein, das ist nicht einmal sprachlich möglich, da רוח ohne weiteren Zusatz niemals Zorn bedeutet".[616] Statt dessen dürfte הניחו את־רוחי die Geistesgabe bzw. Geistvermittlung bedeuten.[617] Der Geist soll auf der Gola ruhen und sie erwecken: „Der Wagen eilt, Yahwes *rûah* auf den Norden zu legen – nur so wird die Reorganisation gelingen können".[618]

Daß V 8 als die Ruhe des Geistes Jahwes im Nordland zu verstehen ist und auch so verstanden wurde, zeigt die Rolle der Gola im (später[619]) direkt angefügten Stück von der Krönung Josuas (6,9–15).[620]

---

614 „Das hier auffällig gebrauchte *z'q* hi. kann offenbar die terminologische Bedeutung der Proklamation haben" (Gese, Anfang, 214 Anm. 55).

615 Uehlinger, Policy, 341f (Hervorhebung original), vgl. Keel, Geschichte, 1016. Zur abnehmenden militärischen Bedeutung der Streitwagen in der Achämenidenzeit s. Tallis, Transport, 212; Wright, Art. Chariots (in Vorbereitung).

616 Duhm, Anmerkungen, 83. Seit Ewald, Propheten, 204f, interpretieren die meisten הניחו את־רוחי folgerichtig als Niederlegen des Geistes, s. z.B. Duhm, a.a.O.; Galling, Exilswende, 121; Rudolph, KAT 13/4, 125f; Hanhart, BK XIV/7.1, 387f.396.400; Uehlinger, Policy, 341f.347. C. Jeremias, Nachtgesichte, 26ff; Schöttler, Gott, 360f, wollen allerdings wieder die Bedeutung „Zorn" finden. Als Parallele geben beide (C. Jeremias, a.a.O., 34 m. Anm. 48; Schöttler, a.a.O., 361 Anm. 250, mit Verweis auf C. Jeremias) den ez Ausdruck נוח Hif. + חמה + Suffix 1. Sg. an (Ez 5,13; 16,42; 21,22; 24,13); nur steht dort eben חמה und nicht רוח.

617 Vgl. Num 11,25f; 2 Kön 2,15; Jes 11,2 (alle Belege mit נוח Qal); Ez 37,14 (mit Hif.) Vielleicht ist auch ein Bezug zur Vorstellung von der Ruhe Jahwes im Tempel und dem Tempel als Ruheort Jahwes gegeben, vgl. Dtn 12,9; 1 Kön 8,18.56; 1 Chr 6,16; 22,9; 23,25; 28,2; 2 Chr 6,41; Ps 132,8.14; Jes 11,10; 66,1. Vgl. v.a. auch die Aufstellung der Frau im Efa auf ihrem Podest im Tempel: והניחה (Sach 5,11 ist jünger als 6,8 und mit Blick auf das 8. Nachtgesicht formuliert, s. 3.10.2. Ist dieser Bezug zutreffend, so wäre die Präsenz Jahwes besonders mit der Gola verbunden und würde mit dieser nach Jerusalem/Juda zurückkehren (vgl. Ez 40–48).

618 Uehlinger, Policy, 347.

619 Zu Sach 6,9–15 s.u. 3.12.2 und 3.14.1.7.

620 Vgl. Lux, „Herrlichkeit", 220f m. Anm. 142.

3.11.3   Fazit

Die Grundschicht (6,1–3* (ohne אמצים).4.5a.6* (ohne אשר־בה).8) orientiert sich an den Motiven des ersten Nachtgesichts und berichtet von vier Gespannen, die zwischen zwei Himmelstorbergen ausziehen. Der Geist Jahwes wird nach Norden zur Gola gebracht, um sie zu erwecken.

Eine kleine Ergänzung (V 7a) schildert die Ungeduld der Pferde mit Hilfe der aus dem ersten Nachtgesicht entlehnten Formulierung להתהלך בארץ, wodurch die letzte Vision noch stärker an die erste angeglichen wird, und ist wahrscheinlich auch für den Sammelbegriff אמצים in V 3 verantwortlich.

Schließlich wird das letzte Nachtgesicht um V 5b.6aα[1] (אשר־בה).7b erweitert und will den Aspekt der Universalität herausstreichen, indem sie die vier Wagen mit den vier Himmelsrichtungen identifiziert, während vorher nur der Norden und der Süden genannt waren. Dem Universalitätsgedanken entsprechend, wird auch die Gottesbezeichnung אדון כל־הארץ aus Sach 4,14 übernommen. Ähnlich wie die beiden Ölsöhne im fünften Nachtgesicht werden die vier Winde/Wagen Jahwes unmittelbarer Präsenz zugeordnet (יצא Hif., vgl. Hi 1,6; 2,1). Damit wird ihre besondere Aufgabe betont. Das Ausschwärmen der vier Wagen in alle Himmelsrichtungen wäre dann wahrscheinlich in Erweiterung der Gola-Betonung des Grundbestands als Ausfahrt zur Heimbringung der Diaspora zu verstehen. Wenn diese Deutung zutrifft, dann läge die Erweiterung 6,5b.6aα[1] (אשר־בה).7b im literarischen Horizont von 1,15; 2,3f; 2,10b(.12f*).

3.12   Eine Krone für den Hohenpriester Josua (Sach 6,9–15)

3.12.1   Erste Beobachtungen am Text

Der Abschnitt über die Krönung des Hohenpriesters Josua setzt nach dem letzten Nachtgesicht (Sach 6,1–8) mit einer Wortereignisformel neu ein, die das Folgende durch die Kennzeichnung des Adressaten mit אלי als Eigenbericht ausweist.[621] Die Wortereignisformel zeigt damit den Beginn eines neuen Abschnitts an, um das in 6,9–15 Dargestellte von den Nachtgesichten einerseits abzusetzen. Da andererseits aber keine neue Datierung mitgeteilt wird, ist 6,9–15 als Abschluß der mit den Nachtgesichten verbundenen Verheißungen zu verstehen. Der Text selbst ist als Aufforderung zu einer prophetischen Zeichenhandlung gestaltet.[622]

---

621 Dieselbe Gestalt der Wortereignisformel (ויהי דבר־יהוה אלי לאמר) liegt noch in Sach 4,8 sowie 7,4 (mit צבאות יהוה־דבר); 8,18 (mit דבר־יהוה צבאות) vor.

622 Vgl. etwa Reventlow, ATD 25/2, 71; Viberg, Crown.

Der Auftrag zur Durchführung der Zeichenhandlung setzt in V 10 mit dem Inf. abs. לָקוֹחַ ein, dessen Wiedergabe jedoch Schwierigkeiten bereitet. Am ehesten ist er in Verbindung mit der Aufnahme des Verbs לקח am Anfang von V 11 zu sehen (וְלָקַחְתָּ). Demnach würde der Inf. abs. לָקוֹחַ den Imperativ vertreten.[623] Dagegen hat Rudolph jedoch eingewandt,[624] daß diese Deutung durch den dazwischenstehenden V 10b und die dort beschriebene Handlung (וּבָאתָ) erschwert wird, weil durch die Abfolgen der Handlung „sonst ein Hysteronpropteron entstünde",[625] weshalb 10a eigenständige Bedeutung habe.[626] In diesem Fall würde aber nicht mitgeteilt, was genommen werden soll, so daß wohl doch eine Verbindung zu dem וְלָקַחְתָּ V 11 hergestellt werden muß.[627]

Von wem etwas genommen werden soll, wird dagegen berichtet, nämlich von der Gola. Im Anschluß an diese allgemeine Mitteilung werden schließlich die Namen von drei Personen genannt, die die Gola repräsentieren. Die Benennung dieser Vertreter erinnert an Sach 7,2. Mit der Erwähnung der Gola wird ein Rückbezug auf Sach 6,8 hergestellt, der von der Geistbegabung im Land des Nordens berichtet.[628] In V 10b fällt auf, daß das Verb בוא gleich dreimal vorkommt, davon zweimal in der 2. Sg. Perf. cons. (V 10bαβ), einmal mit der Angabe der Zeit, wann Sacharja gehen soll,[629] und einmal mit der Angabe des Ortes, wohin er gehen soll,[630] wobei der Eigentümer wie im Fall der Gola-Angehörigen namentlich genannt ist. Anscheinend ist auch er aus Babel gekommen, denn das dritte Mal wird mit בוא 3. Pl. Perf. notiert, woher die Männer kamen.[631] Dabei ist die Position des Relativsatzes ungewöhnlich, da die 3. Pl. nicht in Kongruenz mit dem zuletzt genannten Josia ben Zefanja steht.

Vers 11 teilt nun mit, was genommen werden soll, nämlich Gold und Silber, um eine Krone (עֲטָרוֹת) herzustellen, die auf das Haupt des Hohenpriesters Josua gesetzt werden soll. Schwierig ist die Deutung des Nomens עֲטָרוֹת, da die masoretische Vokalisierung den Plural voraussetzt,[632] dem Sinn von V 11b nach aber ein Singular gemeint sein muß. So ist עֲטָרוֹת wie in Hi 31,36 als

---

623 S. G-K[28] § 113, vgl. z.B. Reventlow, ATD 25/2, 71; Hanhart, BK XIV/7.1, 406 Anm. 10a. Auch die Versionen geben den Anfang von 10a mit dem Imp. wieder.

624 S. Rudolph, KAT 13/4, 127 Anm. 10.

625 Rudolph, KAT 13/4, 127 Anm. 10.

626 Vgl. neben Rudolph noch etwa Horst, HAT I/14, 236 Anm. 10a.

627 So mit Recht Schöttler, Gott, 150; vgl. Hanhart, BK XIV/7.1, 406 Anm. 10a.

628 So auch Rudolph, KAT 13/4, 128; Lux, „Herrlichkeit", 221 Anm. 142. Vgl. auch 2,10a.12.

629 וּבָאתָ אַתָּה בַּיּוֹם הַהוּא (V 10bα).

630 וּבָאתָ בֵית יֹאשִׁיָּה בֶן־צְפַנְיָה (V 10bβ).

631 אֲשֶׁר־בָּאוּ מִבָּבֶל (10bγ). Vgl. Sach 2,10a.12.

632 Die verschiedenen Überlieferungen der Versionen lesen meist ebenfalls den Plural. Der Plural könnte daraus resultieren, daß bei V 11 und 14 an unterschiedliche Kronen, die bereits in 11a hergestellt werden sollen, und an eine doppelte Krönung von Sproß und Priester (vgl. V 13) gedacht ist, vgl. Galling, Studien, 147 Anm. 3.

Singular aufzufassen.[633] Im Sacharja-Buch wird Josua nur hier mit der Filiation בֶּן־יְהוֹצָדָק הַכֹּהֵן הַגָּדוֹל genannt.[634]

Durch einen neuen Wortauftrag (V 12a) soll Sacharja nun Josua eine Deutung der Zeichenhandlung mitteilen.[635] In V 12b–13 wird aber nicht die Krone auf dem Kopf des Josua gedeutet,[636] sondern ein Wort über den צֶמַח gesprochen,[637] unter dem es sprossen (יִצְמָח) wird. Auffällig ist die Dublette in V 12bβ und 13aα, womit zweimal angesagt wird, daß er, also der Sproß, den Tempel bauen wird.[638] Die Formulierung von V 13aα (וְהוּא יִבְנֶה אֶת־הֵיכַל) kann als Anspielung auf die Natanweissagung verstanden werden, genauer, auf die Ansage, daß Davids Nachkomme den Tempel, hier allerdings mit בַּיִת bezeichnet, bauen wird (2 Sam 7,13: הוּא יִבְנֶה־בַּיִת לִשְׁמִי).[639] Auch die nächste Aussage, er werde Hoheit (הוֹד) tragen, weist auf königliche Würde, die fast immer mit dem Begriff הוֹד verbunden ist.[640] Dasselbe gilt auch für die nächste Wendung, daß er auf seinem Thron sitzen und herrschen werde.[641] In 13b wird

---

633 Vgl. z.B. Kellermann, Art. עָטַר, 29; Rignell, Nachtgesichte, 223; Beuken, Haggai, 275; Lipiński, Recherches, 34f; Rudolph, KAT 13/4, 128 Anm. 11a; Reventlow, ATD 25/2, 72; Hanhart, BK XIV/7.1, 407f; Rose, Zemah, 46ff. In V 14 wird mit עֲטֶרֶת das Verb הִיה in der 3. f. Sg. Imperf. gebraucht, was auch hier auf eine singularische Auffassung von עֲטֶרֶת schließen läßt. Da das Verb aber auch kollektives Verständnis ausdrücken kann (vgl. Joüon § 150g), ist V 11 für die Bestimmung des Singulars bedeutender. Daß in V 11 ursprünglich noch Serubbabel neben Josua genannt war und die Form עֲטָרוֹת so zu erklären ist (so z.B. Beyse, Serubbabel, 39f), hat jedoch keinen Anhalt an der Textgeschichte.

634 So aber dagegen immer im Haggai-Buch, vgl. Hag 1,1.12.14; 2,2.4.

635 Vgl. z.B. Reventlow, ATD 25/2, 72.

636 Vgl. Schöttler, Gott, 154.

637 Die Anspielung auf Jer 23,5; 33,15 ist deutlich, vgl. etwa Duhm, KHC XI, 181; Marti, KHC XIII, 420; Elliger, ATD 25, 129; Rudolph, KAT 13/4, 130; Reventlow, ATD 25/2; Boda, NIV AC, 340. Sellin, KAT XII/2, 522; Lemaire, Zorobabel; Uehlinger, Policy, 335 mit Anm. 147 u.a., wollen darunter eine Anspielung auf Serubbabels akkadischen Namen (= Zēr-Bābili) sehen, der „Sproß/Same Babels" bedeutet.

638 Vgl. וּבָנָה אֶת־הֵיכַל יְהוָה (12bβ) mit וְהוּא יִבְנֶה אֶת־הֵיכַל יְהוָה (13aα). Für eine Streichung einer der beiden Stellen plädieren daher z.B. Wellhausen, Propheten, 185; Horst, HAT I/14, 236 Anm. 12; Krit. App. BHS. Zur Bezeichnung des Tempels mit הֵיכָל s. Sach 6,12–15; 8,9 (ebenfalls mit בָּנָה); vgl. Hag 2,15.18, zum Bauen des Tempels mit בַּיִת + בָּנָה vgl. noch Sach 1,16; Hag 1,2.8.

639 So mit Beuken, Haggai, 278ff; Schöttler, Gott, 394f.

640 Vgl. z.B. Beuken, Haggai, 280; Schöttler, Gott, 396. Neben dem König Jahwe (s. Jes 30,30; Hab 3,3; Ps 8,2; 96,6 u.ö.) wird der menschliche König damit in Jer 22,18; Ps 21,6; 45,4; Dan 11,21; 1 Chr 29,25; Sir 10,5 bezeichnet. Auch andere Menschen (s. Num 27,20; Hos 14,7; Spr 5,9; Dan 10,8) sowie Pferde (s. Sach 10,3; Hi 39,20) können mit הוֹד ausgezeichnet sein: „In diesen Texten [...] klingt ein Vergleich mit der königlichen Herrlichkeit durch" (Beuken, Haggai, 280 Anm. 1).

641 וְיָשַׁב וּמָשַׁל עַל־כִּסְאוֹ. Zum Sitzen des Königs und seines Nachkommen auf seinem Thron vgl. z.B. 1 Kön 1,13.17.20.24.27.30.35.46.48.
Für Sach 6,12f soll besonders darauf hingewiesen werden, daß in Verbindung mit der צֶמַח-Verheißung Jer 33,14–26 angesagt wird, es solle David nie an einem אִישׁ יֹשֵׁב עַל־כִּסֵּא

nun auch vom Priester gesagt, er werde auf seinem Thron (עַל־כִּסְאוֹ) sein.[642] Von diesem heißt es aber nun nicht mehr, daß er herrschen werde. Zwischen Sproß und Priester (בֵּין שְׁנֵיהֶם) wird ein Rat des Friedens sein.

Nach V 14 soll die Krone nicht mehr auf dem Haupt des Hohenpriesters sein, sondern im Tempel deponiert werden, wo sie zum Andenken (זִכָּרוֹן) für die in V 10 genannten Personen aufbewahrt werden soll. Daß der erstgenannte der Gola-Mitglieder in V 14 nicht mehr wie in V 10 חֶלְדַּי, sondern חֵלֶם heißt, ist wahrscheinlich als Schreibfehler zu verstehen.[643] Bei dem Zefanja-Sohn Josia ist der Eigenname jedoch durch חֵן ersetzt worden, was in etwa mit „und für die Freundlichkeit des Sohnes Zefanjas" wiederzugeben ist.[644]

Mit V 15 geht ein Themenwechsel einher. Bei den רְחוֹקִים dürfte es sich am ehesten um die auch in 2,15; 8,20–23 erwähnten Fremdvölker handeln, die nun ebenfalls kommen, um den Tempel zu bauen.[645] Diese Aussage wird von der Erkenntnisformel begleitet, bevor Sach 6,15b zur Anrede in die 2. Pl. übergeht und Dtn 28,1aα zitiert und somit wohl unausgesprochen auf den dort in Aussicht gestellten Segen hinweisen will.[646]

In der literarhistorischen Analyse ist nach den ersten Textbeobachtungen zu fragen, wie der Inf. abs. לָקוֹחַ am Beginn von V 10 und der unvermeidliche Rückbezug auf das Perf. cons. desselben Verbs in V 11 zu deuten sind. Zudem muß geprüft werden, wie sich die Verheißung des צֶמַח (V 12f) zu der Zeichenhandlung in 6,11 verhält, da die Deutung V 12f auf die Zeichenhandlung gar nicht mehr eingeht. Erst V 14 kommt wieder auf die Krone zu sprechen, die diesmal aber im Tempel aufbewahrt werden soll. Auch dies steht in Spannung zu V 11. Schließlich ist auch noch einmal der Themenwechsel V 15 in den Blick zu nehmen.

בֵית־יִשְׂרָאֵל fehlen (Jer 33,17). Die Kombination כִּסֵּא + מָשַׁל + יָשַׁב + findet sich im AT nur noch in der Ansage der Verwerfung Jojachins und der Dynastie (Jer 22,24–30). In Jer 22,30 wird Jojachin angekündigt, daß von seinen Nachkommen keiner mehr auf dem Thron Davids sitzen und herrschen solle (לֹא יִצְלַח מִזַּרְעוֹ אִישׁ יֹשֵׁב עַל־כִּסֵּא דָוִד וּמֹשֵׁל עוֹד בִּיהוּדָה).

642 Diesmal mit עַל־כִּסֵּא + הָיָה statt mit יָשַׁב.

643 Vgl. z.B. Rudolph, KAT 13/4, 127 Anm. 10c; Schöttler, Gott, 160 Anm. 164; Hanhart, BK XIV/7.1, 411f Anm. 14a; Willi-Plein, ZBK.AT 24.4, 116 Anm. 83.

644 Vgl. z.B. Rudolph, KAT 13/4, 128 Anm. 10c; Schöttler, Gott, 160 Anm. 164; Willi-Plein, ZBK.AT 24.4, 116 Anm. 84. Daß auch in V 14 ursprünglich einmal יֹאשִׁיָּה gestanden habe, ist textkritisch nicht nachzuvollziehen, so aber wieder einmal Hanhart, BK XIV/7.1, 411f Anm. 14a. Für beide Textveränderungen in V 14 trifft aber letztlich das Urteil von Ackroyd, Exile, 195 Anm. 81 zu: "Evidently there is some disorder; and no completely satisfying solution can be found."

645 Vgl. Schöttler, Gott, 162. Eine Deutung auf die Diasporajuden (vgl. Sach 2,10–13) ist aber ebenfalls denkbar, so z.B. Wöhrle, Sammlungen, 346; Willi-Plein, ZBK.AT 24.4, 120, doch mag die mit 2,15 ebenfalls verbundene Erkenntnisformel eher auf die Völker verweisen, vgl. schon V 13.

646 Vgl. z.B. Marti, KHC XIII, 421; Duhm, Anmerkungen, 85; Pola, Priestertum, 233f.

3.12.2   Literarhistorische Analyse

Aufgrund des Themenwechsels in V 15a und des Personenwechsels in 15b kann V 15 insgesamt als sekundärer Zusatz zur Zeichenhandlung 6,9–14 betrachtet werden.[647] Dabei kann das Zitat aus Dtn 28,1 in Sach 6,15b noch einmal als ein Nachtrag zu V 15a ausgegrenzt werden,[648] wie nicht zuletzt der Personenwechsel in die 2. Pl. zeigt. V 15b erinnert an die Paränesen Sach 1,1–6; 7,7–14; 8,14–17.19b einerseits,[649] andererseits aber auch an die Bundesthematik des Haggai-Buchs und die damit verbundenen Segensverheißungen, die auch in Sach 8,9–19 ihren Widerhall haben.[650] Das Dtn-Zitat ist am ehesten als kurze Glosse anzusprechen, während V 15a wohl mit den Völkerworten in 2,15; 8,20–23 zu verbinden ist.[651]

Als nächstes ist die doppelte Diskrepanz zwischen Zeichenhandlung (V 11) und Deutung (V 12–14) in den Blick zu nehmen, nämlich daß die Ankündigung des צמח (V 12f) keinen Bezug zu Josua und der Krone auf seinem Haupt nimmt und die Krone nach V 14 nicht mehr von Josua getragen, sondern statt dessen im Tempel deponiert wird. Will man nicht einfach über die Spannungen hinwegsehen und den Text für einheitlich halten,[652] bleiben grundsätzlich zwei Alternativen übrig:[653] Entweder Josua ist sekundär zum צמח, oder der צמח ist sekundär zu Josua hinzugekommen. Der erste Vorschlag wurde von Wellhausen begründet.[654] Danach ist V 11b als sekundär zu streichen, „das Diadem ist von Zacharia für Zerubbabel als künftigen König bestimmt, erst von einem späteren Diaskeuasten für den Hohenpriester Josua.“[655] Da sich nun aber nicht mehr das אליו in 12aα anschließen läßt, weil mit 11b die Person fehlt, auf die es bezogen werden kann, muß Wellhausen auch den Text in V 12 ändern und liest statt אליו nun אליהם, das die vier Männer aus V

---

647 Vgl. z.B. Elliger, ATD 25, 131f; Schöttler, Gott, 161f; Tollington, Tradition, 46f; Wöhrle, Sammlungen, 346.

648 Vgl. Schöttler, Gott, 161f. Pola, Priestertum, 233f.247ff, hält 6,15b ebenfalls für einen Nachtrag, 6,15a jedoch für ursprünglich.

649 So Schöttler, Gott, 162.

650 So Pola, Priestertum, 234.

651 Vgl. Kratz, Kyros, 90 Anm. 332; Bosshard-Nepustil, Rezeptionen, 418.

652 So z.B. Meyers/Meyers, AncB 25B, 336ff, bes. 366ff; van der Woude, Serubbabel; Reventlow, ATD 25/2, 71ff; Hanhart, BK XIV/7.1, 405ff; Rose, Zemah, 151ff, bes. 162f.171ff.174f; Pola, Priestertum, 228ff, bes. 246ff; Willi-Plein, ZBK.AT 24.4, 116ff.

653 Eine ausführliche Sichtung der verschiedensten Varianten für die Rekonstruktion eines älteren Texts in Sach 6,9–15 bieten Rose, Zemah, 151ff.163ff; Pola, Priestertum, 230ff.

654 S. Wellhausen, Propheten, 185. Wellhausen folgen z.B. Marti, KHC XIII, 420f; Mitchell, ICC, 183ff, bes. 190; Horst, HAT I/14, 237f.

655 Wellhausen, Propheten, 185. Für die spätere Bearbeitung nennt Wellhausen, ebd., folgenden Grund: „Der Diaskeuast trug den Verhältnissen Rechnung, wie sie sich tatsächlich gestalteten: der Priester wurde das Haupt der Theokratie, nicht der Davidide.“

10 meint. Zudem ist eine der beiden Doppelungen V 12bβ oder 13aα[1] zu streichen.[656] Duhm hat Wellhausens Hypothese modifiziert.[657] So kann 11b nicht
einfach gestrichen werden, da sonst für spätere Ergänzer kein Anhaltspunkt
gegeben gewesen wäre, Josua die Krone zuzuschreiben. Im ursprünglichen
Wortlaut von 11b muß statt dessen Serubbabel der Träger der Krone gewesen
sein.[658] Mit dieser Änderung kann dann aber an dem auch von den Versionen
bezeugten ואמרת אליו (12aα) festgehalten werden. Weil das צמח-Wort jedoch
nach der Vorlage Jer 23,5; 33,15 auf den künftigen Messias und nicht auf
Serubbabel verweist, muß es ein älteres Wort an diesen sekundär ersetzt haben,
von dem sich lediglich die beiden ersten Worte in V 12b erhalten haben.[659]
Dadurch, daß aber das Wort einmal Serubbabel gegolten hat, muß איש ursprünglich determiniert gewesen sein, so daß הנה־האיש zu lesen ist.[660] Duhms
Rekonstruktion ist problematisch, weil sie mit starken Eingriffen in den Text
rechnet, die sich an der Textgeschichte nicht mehr verifizieren lassen.[661] Ist der
Vorschlag Duhms also nicht zu halten, so offenbart er doch zugleich auch die
Schwächen der Lösung Wellhausens. Denn zum einen zieht die Streichung von
V 11b das Folgeproblem nach sich, daß in V 12 gegen die Überlieferung
אליהם statt אליו gelesen werden muß. Zum anderen ist auch die Deutung von
12a auf Serubbabel schwierig, denn mit dem indeterminierten הנה־האיש und
dem Rückbezug auf Jer 23,5; 33,15 wird eine unbekannte Person erwartet, die
in Zukunft herrschen soll.[662] Nach der Vorgabe der Nachtgesichte kann dies
nicht der bestens eingeführte Serubbabel sein.[663]

---

656 S. Wellhausen, Propheten, 185. Darüber hinaus möchte Wellhausen, ebd., hinter והיה (V
13bα) den Namen Josuas ergänzen und mit der LXX מימינו statt על־כסאו lesen.

657 S. Duhm, Anmerkungen, 83ff. Duhm folgen Sellin, KAT XII/2, 520ff; Elliger, ATD 25,
128ff; Galling, Studien, 147; Amsler, CAT XIc, 105ff (Amsler übernimmt jedoch nicht die
Änderung in האיש); Niehr, Aspects, 232.

658 „Von v. 11^b muß man ושמת בראש festhalten, weil sonst nicht zu erklären wäre, warum
spätere Korrektur die Krone dem Hohenpriester Josua ben Jozadak [...] wider alle Sitte aufs
Haupt setzen läßt. Die Krone hat natürlich der Engel [sc. der Nachtgesichte] dem Serubbabel
zugedacht, dem Josua hat er ja den Turban verliehen 3,5" (Duhm, Anmerkungen, 84).

659 Die sekundäre Ersetzung von V 12 hatte schon Marti, KHC XIII, 410f.420, vorgeschlagen;
denn der jetzige Text bezieht sich eindeutig auf den zukünftigen „Messias", der von den späten Versen Jer 23,5; 33,15 abhängt: „Zu erklären: ich bringe den schon anwesenden Serubbabel als zemaḥ, ist äusserst gezwungen" (Marti, a.a.O., 411). Elliger, ATD 25, 128ff, der ansonsten in allen genannten Punkten Duhm übernimmt, hält dagegen Jer 23,5; 33,15 für alt
und nimmt Textausfall nach 12bβ an.

660 So auch Horst, HAT I/14, 236 Anm. 12a, der sich im übrigen an Wellhausen hält.

661 Die Versionen zu Sach 6,9–15 bestätigen dabei den MT, vgl. Hanhart, BK XIV/7.1, 405ff;
Rose, Zemah, 172f.

662 Vgl. Schöttler, Gott, 155; Rose, Zemah, 168ff; Pola, Priestertum, 246.

663 Dabei ist es unerheblich, ob man Sach 6,9–15 auf Sacharja selbst zurückführen will oder
nicht.

Die Spannungen zwischen V 11 und 12–14 sind daher mit Schöttler in der umgekehrten Richtung aufzulösen.[664] Läßt sich also, wie auch die Lösungsversuche von Wellhausen und Duhm zeigen, V 12b nicht gut als Deutung zu V 11 lesen, und ist der Text von 11b und 12 in seiner überlieferten Form beizubehalten, so ist die Fortsetzung von 11b in 13 zu suchen.[665] Werden der Tempelbau sowie die ebenfalls royal konnotierten Stichwörter הוד sowie ישב ומשל על־כסאו nach V 11b.13 auf den Hohenpriester übertragen, so wird die neue Rolle des Hohenpriesters durch das betonte doppelte והוא in V 13a hervorgehoben.[666] Über Schöttler hinausgehend wäre in Erwägung zu ziehen, ob in Sach 6,13 nicht tatsächlich bewußt auf Jer 22,30 angespielt wird, den einzigen anderen Text im AT, der wie Sach 6,13 die Stichwörter ישב, משל und על־כסאו miteinander in Verbindung bringt.[667] Dann würde die hohepriesterliche Herrschaft mit dem Abbruch der davidischen Dynastie begründet: Deren Erbe hat der Hohepriester angetreten.

Hatte Sach 6,9–14 also in seiner ursprünglichen Gestalt das Ziel, königliche Funktionen für das Hohepriesteramt zu reklamieren,[668] so ist deutlich, daß die Ergänzung V 12 diese Sicht korrigieren will, denn mit der Einführung des צמח werden Tempelbau und Herrschaft (wieder) an einen künftigen Davididen übertragen, wie die Anspielung auf Jer 23,5; 33,15 deutlich erkennen läßt.[669] Da V 13a nun als Fortsetzung von V 12 zu lesen ist, ist der צמח zum neuen Subjekt von V 13a geworden. Korrigiert V 12 also entscheidend die Rolle des

664 S. Schöttler, Gott, 152ff. Schöttlers Deutung wird ebenfalls aufgenommen von Kratz, Judentum, 82.

665 Vgl. Schöttler, Gott, 156ff. Dabei bringt Schöttler zusätzlich in Anschlag, daß V 12bβ eine Dublette von 13aα¹ ist, die zusammen mit 12bα in den Text gelangt ist. Nun könnte man 12bβ für eine Glosse halten, doch ist Schöttlers Lösung von der Bewertung von 12bβ letztlich nicht abhängig. Das Entscheidende ist, daß 11b über die Verheißung des Sprosses hinweg eine Verbindung haben muß.

666 „Dies, daß nämlich der Hohepriester in die dem Königtum angestammte Funktion (Tempelbau *und* Herrschaft) tritt, ist der Grund für die betonte Position von ... והוא ... והוא. So gesehen ist v13a die Zusage, die als Deutung nahtlos zu dem in v11 gegebenen Auftrag der Krönung des Hohenpriesters paßt" (Schöttler, Gott, 157, Hervorhebung im Original gesperrt).

667 כה אמר יהוה כתבו את־האיש הזה ערירי גבר לא־יצלח בימיו כי לא יצלח מזרעו איש ישב על־כסא דוד ומשל עוד ביהודה (Jer 22,30).

668 Auch der Begriff עטרות kann hier mit Einschränkungen genannt werden, der auch – aber nicht ausschließlich – für den König bzw. die königliche Familie verwendet wird, s. 2 Sam 12,30//2 Chr 20,2; Jer 13,18 (für König und Königinmutter); Ez 21,31; Ps 21,4, für das Brautpaar von der Königswürde abgeleitet in Hld 3,11 (vgl. dazu ferner Ez 16,12). Für den Hohenpriester findet sich עטרה (außer Sach 6,11) erst bei Sir 45,12 im Lob der Väter, vgl. 1 Makk 10,20 (Überreichung eines στέφανος bei der Einsetzung Jonatans zum Hohenpriester).

669 Die Bezeichnung in Jer 23,5 als צמח צדיק meint offenbar legitimer Sproß/Erbe (vgl. z.B. Fishbane, Interpretation, 472 m. Anm. 36; Schmid, Buchgestalten, 62; Klein, Schriftauslegung, 255). Diese wird in Jer 33,15 zu צמח צדקה uminterpretiert (vgl. aber auch schon den Thronnamen Jer 23,6 יהוה צדקנו), so daß nun die gerechte Herrschaft des צמח im Vordergrund steht, vgl. Schmid, Buchgestalten, 62; Klein, Schriftauslegung, 256.

Hohenpriesters zugunsten des צמח, so ist dieselbe Tendenz auch in V 13b und 14 zu beobachten.[670] Der Hohepriester wird dem königlichen Sproß bei- und wohl auch untergeordnet, indem der Priester in 13bα neben dem König plaziert und dabei die Wendung על־כסאו aus 13aβ wiederholt wird, diesmal allerdings nicht mit ישב und משל, sondern mit היה.[671] Zwar hat der Priester seinen eigenen Thron,[672] aber er wird erst nach dem königlichen Herrscher genannt.[673] Zudem heißt er schlicht כהן und nicht wie in 6,11 הכהן הגדול.[674] Daß zwischen צמח und Priester Einvernehmen herrscht, wird schließlich in 13bβ betont, womit noch einmal das Idealbild der künftigen צמח-Herrschaft unterstrichen wird.

In einer Linie mit 12.13b steht schließlich auch V 14, der dem Hohenpriester die Krone vom Kopf nimmt und als Angeld und Zeichen (זכרון) für den künftigen Davididen im Tempel aufbewahrt. Somit ist V 14 der Ergänzung V 12.13b zuzuordnen.[675]

Zur Einführung des צמח, die den Herrschaftsanspruch des Hohenpriestertums zugunsten des davidischen königlichen Herrschers korrigieren will, gehören also V 12.13b.14. Daß V 12f auf Jer 23,5f rekurriert, ist allgemein anerkannt, doch hat die neue Leseabfolge Sach 6,12.13a.13b.14 mit Sicherheit bereits Jer 33,14–26 im Blick.[676] Die Bezüge liegen klar auf der Hand:[677] Sowohl in Jer 33,15 als auch in Sach 6,12 wird das für eine Person stehende Nomen צמח[678] mit dem Verb צמח verbunden.[679] Mit beiden Sprossen ist die

---

670 So mit Schöttler, Gott, 158ff.

671 Nach Schöttler, Gott, 159, ist diese „neue Aussage über den Priester dürftiger als die ursprüngliche Aussage in v13aβ ausgefallen, wenn dessen Funktion nicht mehr mit וישב, sondern bewußt unbestimmt mit והיה כהן beschrieben und das Verb משל gar nicht mehr aufgenommen ist."

672 Die zweimal unmittelbar aufeinander folgende Wendung על־כסאו muß beide Male dieselbe Bedeutung haben, so mit z.B. Reventlow, ATD 25/2, 72; Schöttler, Gott, 461; Hanhart, BK XIV/7.1, 410 Anm. 13b. Die LXX gibt den Thron für den Priester entweder bewußt nicht wieder (so Rignell, Nachtgesichte, 231) oder umschreibt einfach על־כסאו mit ἐκ δεξιῶν αὐτοῦ, möglicherweise unter Einfluß von Ψ 109,4f (vgl. Mastin, Note; Meyers/Meyers, AncB 25B, 360f).

673 Damit ist im Gegensatz zu Sach 3; 4 wieder die „alte Abfolge" des Haggai-Buchs (vgl. 1,1.12.14; 2,2.4) hergestellt.

674 Vgl. auch Sach 3,1.8.

675 Vgl. Schöttler, Gott, 160f.

676 Vgl. z.B. Meyers/Meyers, AncB 25B, 355f; Hanhart, BK XIV/7.1, 195; Nurmela, Prophets, 64f; Rose, Zemah, 121ff.134f.140f; Lux, Zweiprophetenbuch, 201; Boda, Oil, 399; ders., NIV AC, 340; Stead, Intertextuality, 59f.138ff, die aber von der Einheitlichkeit von Sach 6,9–15 ausgehen. Dies spielt jedoch für die Frage der Abhängigkeit von Jer 33 keine Rolle.

677 Vgl. z.B. Meyers/Meyers, AncB 25B, 355f; Boda, NIV AC, 340; Stead, Intertextuality, 59f.138ff, bes. Nurmela, Prophets, 64f.

678 In diesem Sinn wird צמח im AT nur in Jer 23,5; 33,15; Sach 3,8; 6,12 gebraucht. Jer 33,15; Sach 6,12 sind wiederum die einzigen Stellen im AT, an denen diese Vorstellung auch mit dem Verb צמח verbunden wird, s. dazu gleich.

Vorstellung des Sitzens auf einem Thron verbunden (ישב על־כסא, Jer 33,17; Sach 6,12.13a).[680] Sollte sogar schon die spätere Ergänzung Jer 33,18 im Blick sein,[681] dann wäre mit der Ankündigung Sach 6,13bα, daß auch der Priester auf seinem Thron ist, eine weitere mögliche Querverbindung gegeben.[682] Während Jer 33,14–26 den Spruch Jer 23,5f aufnimmt und die Verheißung der neuerlichen Beständigkeit der Dynastie anhand der צמח-Metapher erst neu eingeführt und entfaltet wird, wird in Sach 6,12 zwar ein bisher nicht näher bekannter Mann verheißen (הנה־איש), aber dabei ist mit dem knappen Hinweis צמח שמו zugleich vorausgesetzt, daß seine Rolle bekannt ist.[683] Zudem hat etwa Schmid zeigen können, daß die צמח-Verheißung Jer 33,14–26 eine von Jer 23,5f abhängige, sekundäre Ergänzung und Neudeutung ist, die sich aus buchinternen Bezügen des Jeremia-Buchs speist und für ihren jetzigen Ort im Jeremia-Buch neu geschaffen wurde.[684] Die Argumente Schmids seien hier knapp zusammengefaßt: Jer 33,14–26 setzt Jer 29–33 voraus, und aus dem Fehlen in der LXX ergibt sich, „daß es sich bei 33,14–26 mit einiger Wahrscheinlichkeit um den jüngsten zusammenhängenden Textabschnitt in Jer 30–33 handelt".[685] Auch die wörtlichen Übereinstimmungen weisen auf eine direkte Abhängigkeit von Jer 23 hin: „Daß 33,14–16 die ihr vorgegebene Davidsverheißung 23,5f aufgreift, ist evident; von 42 Wörtern hat 33,14–16 deren 22 ablaufgerecht mit 23,5f gemeinsam".[686] Jer 33,14ff ist einer späteren Hand zuzuweisen, da die Verheißung Jer 23,5f in charakteristischer Weise abgewandelt wird: So

---

679 In Sach 6,12 wird der Sproß verheißen, unter dem es sprossen wird (הנה־איש צמח שמו ומתחתיו יצמח), während Jahwe in Jer 33,15 ansagt, daß er dem David einen Sproß sprießen lassen will (אצמיח לדוד צמח צדקה). Daß der Sproß in Sach 6,12 vom Objekt zum Subjekt des Sprossens geworden ist, zeigt dabei noch einmal deutlich an, daß die Heilsverheißung Jer 33,15, Jahwe werde den Sproß hervorsprießen lassen, mit Sach 6,12 erfüllt ist.

680 Bei Jer 33,17 steht dabei die Verheißung der Beständigkeit der Dynastie im Vordergrund, so daß das Sitzen auf dem Thron nicht nur dem צמח zukommt: כי־כה אמר יהוה לא־יכרת לדוד איש ישב על־כסא בית־ישראל (Jer 33,17). Nach dem durch die Ergänzung Sach 6,12.13b.14 neu hergestellten Leseablauf ist das Sitzen und Herrschen auf dem Thron (V 13a) ja jetzt auf den צמח bezogen.

681 Die Levitenaussagen Jer 33,18.21b.22bβ sind in Jer 33,14–26 offensichtlich nachgetragen, vgl. Veijola, Verheißung, 84f; Levin, Verheißung, 173 Anm. 80; Schmid, Buchgestalten, 59.

682 So Nurmela, Prophets, 64f.

683 Dabei kommt nicht Sach 3,8 als Vorlage in Frage, da diese Stelle selbst von Sach 6,12 abhängig ist, s.o. S. 197f. Zur Begründung der Abhängigkeit von Sach 6,12f von Jer 33 vgl. Nurmela, Prophets, 64f, der herausstellt, daß die Bedeutung des צמח von Sach 3,8; 6,12f als bekannt vorausgesetzt wird, während צמח „in Je functions as a metaphor which needs its particular context lest it be incomprehensible" (Nurmela, a.a.O., 64). Der צמח in Jer 33 muß folglich Sach bereits vorliegen, da bei Jer die Vorstellungen zur Art und Zukunft der davidischen Herrschaft entwickelt werden, auf die Sach rekurriert.

684 S. Schmid, Buchgestalten, 60ff, vgl. z.B. Fishbane, Interpretation, 471ff; Nurmela, Prophets, 64f; Kaiser, Gott, 199; Klein, Schriftauslegung, 256ff.

685 Schmid, Buchgestalten, 61.

686 Schmid, Buchgestalten, 61.

setzt Jer 33,14f die Verheißungen 23,5 und 29,10 voraus, zitiert und kombiniert beide, um der צמח-Verheißung eine neue heilsgeschichtliche Deutung zu geben. Dabei wird vermutlich im Zuge der Einschreibung von 33,14ff in Jer 29,10 das Adjektiv הטוב ergänzt, das in der LXX (noch) fehlt. Somit wird Jer 29,10 (mit 31,27–34) zum Vorverweis auf Jer 33,14 bzw. zur Vorbedingung für die Zeit, wenn sich die Verheißung Jer 33,14–26 erfüllen wird. Hinsichtlich der Bedeutung des צמח-Titels kann Schmid ebenfalls eine Akzentverschiebung aufzeigen: Aus צמח צדיק (Jer 23,5) wird צמח צדקה (Jer 33,15), betont wird nicht wie in Jer 23,5 die Legitimität des Nachkommen, sondern daß seine Herrschaft gerecht sein wird. Des weiteren wird der Thronname des צמח, יהוה צדקנו (23,6), in 33,16 nun Jerusalem zugesprochen, und es „werden partiell messianische Züge auch auf die Stadt Jerusalem bezogen".[687]

Da sich die Entstehung von Jer 33,14–26 als innerjeremianische Neubildung erklären läßt, deren Entwicklung im Kontext von Jer nachvollzogen werden kann, und Sach 6,12 die צמח-Vorstellung als bekannt voraussetzt, ist Sach 6,12 von Jer 33,15–17(.18) abhängig.[688]

Der klare Rückverweis auf Jer 23,5f; 33,15–17(.18) zeigt noch einmal, daß Sach 6,12 nicht Serubbabel, sondern einen künftigen davidischen Herrscher im Blick hat.[689] Da Sach 6,12 von Jer 33,14–17(.18) abhängig ist, ist der *terminus*

---

687 Schmid, Buchgestalten, 62.

688 "Thus it is obvious that Zc is dependent on Je and not the other way around" (Nurmela, Prophets, 65). Pola, Priestertum, 97f, bestimmt jedoch das Abhängigkeitsverhältnis von Jer 33 und Sach 6 genau andersherum, wonach Jer 33 eine Verbindung zwischen Jer 23,5; Ps 132,17 und Sach 6,12 herstellt. Allerdings wird dabei von vornherein die späte Abfassungszeit von Jer 33 gegen das a priori vorausgesetzte höhere Alter von Sach in Anschlag gebracht, so daß nicht sein kann, was nicht sein darf: „Jer 33,14ff.17ff wird [...] in der Forschung überwiegend später als frühnachexilisch datiert und *kann nicht als traditionsgeschichtliche Voraussetzung oder zeitgenössische Parallele zur dyarchischen Konzeption Protosacharjas (Sach 4,14) angesehen werden*" (Pola, ebd., Hervorhebung original). Statt mit der Datierung der Texte zu argumentieren, muß jedoch die Abhängigkeit der Texte in ihrem jeweiligen Verhältnis zueinander und unter der Berücksichtigung der Einbettung in den eigenen Buchkontext bestimmt werden. Danach liegt die Priorität eindeutig bei Jer 33,14–26.

689 So jüngst auch etwa Meyers/Meyers, AncB 25B, 202ff.355ff; van der Woude, Serubbabel, 150f; Reventlow, ATD 25/2, 72; Rose, Zemah, passim, bes. 136ff.140f; Pola, Priestertum, 212.252ff; VanderKam, Joshua, 41; Jauhiainen, Turban, 506ff; Petterson, King, 114ff.120ff, die Sach 6,9–15 allerdings für einheitlich halten. Die Priester und der gekrönte Josua sind dabei das Zeichen, daß die Verheißung des Sprosses sich erfüllen wird (so Rose, a.a.O., 83 u.ö.), bzw. das Priesterkollegium mit Josua an der Spitze dient als „Provisorium bis zum Kommen des ‚Sprosses'" (Pola, a.a.O., 216, vgl. 212.254.263). Nach 6,12bβ.13aα baut der Sproß dann den Tempel weiter bzw. baut den zukünftigen, vgl. z.B. Reventlow, ATD 25/2, 72; Meyers/Meyers, AncB 25B, 356ff; van der Woude, Serubbabel, 151ff; Nurmela, Prophets, 65; Rose, Zemah, 137ff. Die Deutung des Sprosses auf Serubbabel wurde zuletzt etwa von Petersen, OTL, 273.276; Tollington, Tradition, 168ff; Tiemeyer, Rites, 31f; Willi-Plein, ZBK.AT 24.4, 119f; Sweeney, Targum, 278, sowie von Boda, Oil, 402f; ders., NIV AC, 341f; Stead, Intertextuality, 144ff (Ankündigung Serubbabels, der noch nicht aus Baby-

a quo festgelegt. Folgt man Schmid bei der Datierung von Jer 33,14–26 in die erste Hälfte des 3. Jh.s ,[690] so käme für die Erweiterung Sach 6,12.13b.14 die Zeit ab der ersten Hälfte des 3. Jh.s in Frage.

Sind nach Abzug der Erweiterung Sach 6,12.13b.14 die Verse 11.13a als ein Teil des Grundbestands in V 11–14 zu ermitteln, so muß noch das Verhältnis von V 10 zu V 11 untersucht werden. In V 10 bestand die Schwierigkeit, daß dem Inf. abs. לָקוֹחַ das Akkusativ-Objekt fehlt und der Bezug zum finiten Verb וְלָקַחְתָּ und damit zum Akkusativ-Objekt (כֶּסֶף־וְזָהָב) in V 11 eigentlich nicht hergestellt werden kann, da sonst mit 10b ein Hysteronproteron entstünde. Schöttler löst dieses Problem, indem er V 10a zum vorwegnehmenden Zusatz erklärt, der die Spender einführen will.[691] Dadurch fehlt jedoch nach wie vor die Verbindung des לָקַח in V 10a mit dem לָקַח V 11. Statt dessen ist vielmehr V 10b als sekundärer Einschub zu betrachten, der den Hausbesuch bei Josia ben Zefanja ergänzen will,[692] damit den Zusammenhang zwischen V

---

lon zurückgekehrt ist) oder Wöhrle, Sammlungen, 343ff, vertreten, der wieder einmal annimmt, die Hinweise auf Serubbabel wären sekundär aus dem Text getilgt worden. Dazu ist bereits weiter oben das Nötige gesagt worden. Einen ganz eigenen Weg beschreitet Jauhiainen, Turban, 509ff. Danach ist כֹּהֵן nicht Subjekt, sondern Prädikat von Sach 6,13b, Subjekt soll wie in 6,12bβ–13a der צֶמַח sein, so daß der צֶמַח nicht nur mit königlichen, sondern auch mit priesterlichen Eigenschaften ausgestattet ist. Die zweite Person, zwischen denen Einvernehmen herrscht, soll dann Jahwe sein,: „who is not only mentioned twice in the list of things that Zemah will do but also is the only other person mentioned in vv. 12b–13 and therefore the nearest possible candidate for the second party of שְׁנֵיהֶם" (a.a.O., 509). Hierzu ist jedoch kritisch anzumerken, daß die Aufnahme von Jer 33 in Sach 6,9–15 und die Rolle Josuas in der Zeichenhandlung doch wohl eher an ein Nebeneinander von König und Priester denken läßt. Zudem ist Jahwe in 6,12bβ.13aα lediglich in der Konstruktus-Verbindung הֵיכַל יְהוָה genannt. Wäre an so einer entscheidenden Stelle, die nach Jauhiainen die Aufhebung des in Ez 21,29–32 angekündigten Gerichts durch den zwischen dem Priester-König und Jahwe herrschenden עֲצַת שָׁלוֹם verheißt, nicht ein deutlicherer Rückbezug auf Jahwe zu erwarten gewesen?

690 Vgl. Schmid, Buchgestalten, 56ff.323ff, bes. 326. Zur Bandbreite der Datierungsvorschläge für Jer 33,14–26 s. Schmid, a.a.O., 60f Anm. 39; Pola, Priestertum, 97f, der ebenfalls mit einer Abfassung von Jer 33,14ff in hellenistischer Zeit rechnet. Da Jer 33,14–26 noch in der LXX fehlt, kann der Text erst nach der Gabelung der Vorlagen von JerLXX und JerMT entstanden sein, die nach Schmid, a.a.O., 60.311ff, mit der Wende von der persischen zur hellenistischen Zeit anzusetzen ist, vgl. Levin, Verheißung, 70.256, der sogar ins 2. Jh. hinaufgeht. Die Textbezüge von Jer 33,14–26 (etwa zu 23,5f; 29,10–14, vgl. Schmid, a.a.O., 61ff) sowie die Stellung innerhalb von Jer 29–33 zeigen, daß 33,14–26 von vornherein für seinen jetzigen Kontext verfaßt wurde, so daß mit Jer 33,14–26 kein älterer, erst später hinzugefügter Text vorliegen kann.

691 Schöttler, Gott, 150f: „Hier haben offensichtlich einflußreiche nachexilische Familien (berechtigter- oder unberechtigterweise?) sich ein ‚Denkmal' gesetzt." Bereits Duhm, Anmerkungen, 84, hatte V 10a zusammen mit V 9 getilgt und V 10bff an 6,8 angeschlossen.

692 Nach der Deutung von Schöttler, Gott, 399f, verbirgt sich hinter Josia ben Zefanja eine Priesterfamilie, die sich auf den letzten am vorexilischen Tempel amtierenden Zweitpriester Zefanja (vgl. Jer 21,1; 29,25.29; 37,3; 52,24; 2 Kön 25,18) zurückführt. Damit soll die Legitimität des zadokidischen Priestertums abgesichert werden. Möglich ist auch, daß hier ledig-

10a und 11 unterbricht und so erst das Problem des fehlenden Akkusativob-
jekts sowie des Hysteronproteron schafft. Macht bereits der Inhalt von 6,9–15
die Positionierung hinter den Nachtgesichten verständlich, wäre mit dem
Rückbezug auf 6,8 noch ein weiteres Motiv für die Einschreibung an dieser
Stelle, zumindest aber für die bereits ursprüngliche Nennung der Gola gegeben. Dabei dürfte zunächst nur V 10bβ eingeschrieben und später um die das
Stichwort בוא aufnehmenden Glossen 10bγ und 10bα erweitert worden sein.[693]

Folglich wäre der Grundbestand in 10a zu suchen,[694] woran dann einmal V
11.13a angeschlossen hätten. Die Wortereignisformel V 9 ist ebenfalls als
Einleitung hinzuzurechnen, die 6,9–15* von den Visionen 1,8–6,8 absetzt und
so die Besonderheit des Stückes am Schluß der Nachtgesichte unterstreicht.[695]

In bezug auf die relative und absolute Chronologie ist zunächst davon auszugehen, daß Sach 6,9.10a.11.13a keinesfalls älter als Sach 3 ist, sondern die
Szene im Zentrum der Nachtgesichte bereits voraussetzt und ihr mit der Krönung Josuas als neuen Abschluß der Nachtgesichte ein Pendant schafft. Die
Entsündigung Josuas (Sach 3) erscheint nun als Vorbedingung für seine Krönung. Offenbar ist Sach 3 schon in einer erweiterten Gestalt im Blick, denn die
Krone überbietet noch einmal den Turban, der Josua im vierten Nachtgesicht
aufs Haupt gesetzt wurde (Sach 3,5).[696] Ist in Sach 3 das hohepriesterliche Amt
Josuas im Blick, so werden ihm in 6,9.10a.11.13a königliche Funktionen zugedacht.

Mit der relativen Chronologie steht bereits ein spätes Datum für Sach
6,9.10a.11.13a fest, da Sach 6,9.10a.11.13a keinesfalls älter, wahrscheinlich
aber sogar noch einmal jünger als Sach 3 ist.[697] Damit kommt für Sach
6,9.10a.11.13a frühestens die späte Perserzeit in Frage. Man wird wohl für
Sach 6,9.10a.11.13a besser in die hellenistische Zeit hinaufgehen müssen.
Noch einmal ist mit Schöttler darauf zu verweisen,[698] daß עטרה in bezug auf
den Hohenpriester erst wieder in Sir 45,12 begegnet. Sach 6,9.10a.11.13a steht
dem 2. Jh. näher als dem 6. Jh. Als *terminus ad quem* ist jedoch in etwa das
Ende des 3. Jh.s anzusetzen, „insofern die Binnenfortschreibung der Prophe-

---

lich die Nachfahren des letzten Oberpriesters und Zweitpriesters (vgl. dazu 2 Kön 25,18) zu-
sammengebracht werden sollen, nämlich Josua, der Sohn Jozadaks (vgl. Sach 6,11) und Enkel Serajas, und Josia, der Sohn Zefanjas.

693　V 10bγ, der Josia nun der Gola zurechnet, ist dabei wohl nicht jünger als V 14, während 10bα
　　　mit der Nennung des eschatologischen Datums ביום ההוא schon die Einfügung des צמח
　　　voraussetzen dürfte (vgl. Jer 33,14, evtl. in Kombination mit Hag 2,23?).

694　Dabei mögen die in 10aβ genannten Namen noch einmal eine Glosse im Sinne Schöttlers
　　　(s.o. Anm. 691) oder aber ursprünglich sein.

695　Vgl. Schöttler, Gott, 163; Wöhrle, Sammlungen, 342.

696　Zur Ergänzung von Sach 3,5 s.o. 3.7.2.

697　Sach 3 ist nach der hier vorgelegten Analyse nicht älter als die späte Perserzeit, s. 3.7 und
　　　3.14.1.6.

698　Vgl. Schöttler, Gott, 382ff.

tenbücher ausgangs des 3. Jhdt.s zum Stehen kommt".[699] Berücksichtigt man, daß mit der צמח-Erweiterung sowie den Ergänzungen in V 10 und 15 der Text noch fortgeschrieben wird, so ist zeitlich von dieser Obergrenze noch einmal herunterzugehen. Die untere Grenze wird von der Frage bestimmt, ab wann ein in der Krönung Josuas sichtbar werdender Anspruch auf die politische Führerschaft des Hohenpriestertums denkbar wird. Hier muß noch einmal auf die Ausführungen zu dieser Frage im Rahmen des vierten Nachtgesichts (Sach 3) hingewiesen werden.[700]

Da bis zum Ende der persischen Provinz die Statthalter die politisch-administrative Macht und damit auch die letzte Entscheidungsgewalt in Fragen des Tempelbaus in ihrer Hand hatten und da auch die external evidence gegen eine mögliche Vormachtstellung oder auch nur Gleichstellung der Hohenpriester spricht, ist davon auszugehen, daß erst in der hellenistischen Zeit mit einer allmählichen Übernahme auch der weltlich-politischen Macht durch die Hohenpriester zu rechnen ist.

So ist wahrscheinlich, daß Sach 6,9.10a.11.13a ab dem Beginn der hellenistischen Zeit zu datieren ist. Die Reklamation königlicher Würden und Herrschaft für den Hohenpriester ist in der Zeit nach dem Ende der persischen Administration und dem allmählichen Aufstieg des Hohenpriestertums auch in weltliche Führerschaft in der hellenistischen Zeit gut vorstellbar.[701]

Will man der hier vorgestellten redaktionsgeschichtlichen Rekonstruktion nicht folgen und den Text für einheitlich halten und die Krone als Zeichen für Serubbabel bewahren, so muß man Sach 6,9–15 jedoch aufgrund der dann schon von vornherein im Text bestehenden Abhängigkeit von Jer 33,14–26 ähnlich spät datieren. Auf den Propheten Sacharja wird man Sach 6,9–15 jedenfalls nicht mehr zurückführen können.

---

699 Steck, Abschluß, 121. Zur Frage s. ingesamt Steck, Abschluß, bes. 112ff; ders., Prophetenbücher, 127ff, zur Endredaktion des Dodekapropheton am Ende des 3. Jh.s s.a. Schart, Zwölfprophetenbuch, 241ff.

700 S.o. S. 215ff.

701 Zur politischen Situation in der Ptolemäer- und Seleukidenzeit und der Rolle der Hohenpriester vgl. Hengel, Judentum, bes. 36ff. Die Nennung Tobijas (Sach 6,10) dürfte die zahlreichen Einflußnahmen von verschiedenen Mitgliedern der Tobijadenfamilie (eine genaue Identifikation ist hier nicht möglich; zur Rolle der Tobijaden in der hellenistischen Epoche s. Donner, Geschichte, 479ff; Hübner, Ammoniter, 218ff; Schäfer, Geschichte, 33ff.48ff; Maier, NEB.AT.E 3, 147f) bei der Besetzung des Hohenpriesteramtes in Jerusalem in der hellenistischen Zeit reflektieren, gegen Mazar, Tobiads.

3.12.3   Fazit

Als ältester Bestand von 6,9–15 sind V 9.10a$^{(*)}$.11.13a abzugrenzen, die von dem Auftrag an Sacharja berichten, den Hohenpriester Josua zu krönen und königliche Attribute für ihn zu reklamieren (Tempelbau, הוד, Sitzen und Herrschen auf dem Thron). Möglicherweise wird dabei auf das Ende der davidischen Dynastie nach Jer 22,30 angespielt, was impliziert, daß die Hohenpriester das Erbe der Davididen antreten. Sach 6,10a.11.13a setzt Sach 3* mit der Nennung des Turbans bereits voraus und erweitert die Reinigung Josuas um dessen Krönung. Steht mit Sach 3 der Hohepriester im Zentrum der Nachtgesichte, so wird seine Bedeutung am Ende des Zyklus noch einmal betont, als krönender Abschluß der Nachtgesichte. Sach 6,10a.11.13a ist wahrscheinlich bereits in die hellenistische Zeit zu datieren.

Der Grundbestand wird durch kleinere Ergänzungen in V 10 erweitert, zunächst um 10bβ, der den Jozadak-Sohn (vgl. V 11) und Seraja-Enkel mit der Linie des Zweitpriesters Zefanja verbindet.

Der Herrschaftsanspruch des Hohenpriesters wird durch 6,12.13b.14 zugunsten der Ansage des königlich-davidischen צמח korrigiert,[702] der nun das Subjekt für 13a ist. Sach 6,12 spielt dabei in Aufnahme des vorgegebenen V 13a auf Jer 23,5f und vor allem auf die Verheißung Jer 33,14–26 an, die sich mit Sach 6,9–15 nun erfüllen wird. Der Priester wird dem königlichen Herrscher nachgeordnet. Dem Priester wird zwar ebenfalls ein Thron (כסא) zugesprochen, aber er erhält in Korrektur der Grundschicht nicht mehr die königlichen Attribute aus 13a. Ganz im Sinne dieser Bearbeitung heißt der künftige Priester auch lediglich כהן und nicht wie Josua הכהן הגדול. Dem gemeinsamen Thronen entsprechend, herrscht zwischen beiden ein Rat des Friedens (עצת שלום). Vers 14 schließlich nimmt dem Hohenpriester die Krone vom Kopf und verstaut sie im Tempel, wo sie nun als Erinnerungs- und Hoffnungszeichen (זכרון) aufbewahrt wird.

Ein später Nachtrag läßt in V 15a die Völker zum Tempelbau zu und dürfte in Verbindung mit 2,15; 8,20–23 stehen. Hieran schließt sich mit V 15b das Zitat aus Dtn 28,1 an, das den paränetischen Ton aus 1,1–6 und 7,7–14; 8,14–17–19b ebenso wie die Segensverheißungen Hag 1,12a + 2,15–19; Sach 8,9–13 aufnimmt.

---

702 Die Erwähnung des צמח in 6,12 ist älter als in 3,8, wo sie in Aufnahme von Hag 2,23 nachgetragen wird, s. 3.7.2.

3.13 Der Epilog: Mahnungen und Verheißungen (Sach 7–8)

3.13.1   Erste Beobachtungen am Text

Die Kapitel 7–8 setzen mit einer mit der Wortereignisformel verbundenen Datierung (7,1) neu ein. Die Datierung nennt in 7,1 das vierte Jahr des Königs Dareios und setzt so das in Sach 7f Mitgeteilte von den beiden anderen Datierungen des Sacharja-Buchs (1,1.7), aber auch von denen der Haggai-Schrift (Hag 1,1; 1,15b–2,1.10.20) chronologisch ab. Die Formulierung Sach 7,1 steht dabei den Einleitungen Hag 1,1; 1,15b–2,1 näher als Sach 1,1.7, da hier wie bei Hag 1,1; 1,15b–2,1 das Jahr zuerst genannt wird, und vor allem, weil Dareios in 7,1 ebenfalls den Titel הַמֶּלֶךְ trägt.[703] Die Wortereignisformel steht in 7,1 zwar zwischen der Jahresangabe und dem genauen Datum, ist deswegen aber nicht zu streichen.[704]

Die Szene Sach 7,2ff erinnert an die Toraeinholung in Hag 2,10–14.[705] In 7,2 wird eine Gesandtschaft beauftragt, um die Priester und Propheten nach dem Fasten zu fragen.[706] Die Frage, ob שַׂר־אֶצֶר בֵּית־אֵל als Eigenname zu lesen ist[707] oder ob der Text so verstanden werden muß, daß die Stadt בֵּית־אֵל den שַׂר־אֶצֶר sowie רֶגֶם מֶלֶךְ entsendet,[708] ist kaum zu entscheiden.[709] Das

---

703 Sach 1,1.7 stehen wiederum Hag 2,10.20 näher. Im Unterschied zu Sach 1,1.7 fehlen in 7,1 die Filiation und der Prophetentitel für Sacharja, vgl. auch Hag 2,20.

704 So mit Petersen, OTL, 282; Meyers/Meyers, AncB 25B, 382; Hanhart, BK XIV/7.1, 463 Anm. 1a; Boda, NIV AC, 355; Wöhrle, Sammlungen, 348 Anm. 96, und gegen z.B. Marti, KHC XIII, 421; Horst, HAT I/14, 238; Beuken, Haggai, 138f.

705 Vgl. Beuken, Haggai, 145f.

706 Das Fasten im 5. Monat bezieht sich auf die Zerstörung Jerusalems (vgl. 2 Kön 25,8; Jer 52,12). Zum Fasten in exilischer und nachexilischer Zeit vgl. etwa Gerstenberger, ATD 6, 392: „Seit dem Exil müssen im antiken Israel in gesteigertem Maß Bußgottesdienste gehalten worden sein. Beweise dafür sind die zahlreichen erhaltenen Gemeindegebete, welche die eigene und die Schuld der Vorväter darstellen (vgl. Ps 78; 106; Esra 9; Neh 9; Dan 9), aber auch die häufigen kollektiven Klagen, die Jahwe zur Hilfe anspornen wollen (vgl. Kgl 1 f.; 4 f.). Schon kurz nach der Zerstörung des Tempels wollten Jahweglaubige in Mizpa oder auf den Trümmern des Tempels Opfer bringen. Sie tun es mit allen Zeichen der Trauer und der Bußbereitschaft (Jer 41,5). 100 Jahre später ist es fraglich, ob man ‚immer noch' die Fastentage und -riten für den zerstörten Tempel einhalten müsse (Sach 7,2–6)." Zum Fasten (s. noch Sach 7,5f; 8,18f) vgl. noch Podella, Ṣôm-Fasten; Kratz, Art. Buße, 126f; ders., Art. Trauer, 397f; Hoffman, Fasts. Zu Klage- und Fastenriten infolge einer Zerstörung von Tempel und Stadt im AO s. Berlejung, Notlösungen.

707 So etwa Wellhausen, Propheten, 186; Marti, KHC XIII, 422; Chary; SB, 119ff; Amsler, CAT XIc, 113; Hanhart, BK XIV/7.1, 463ff Anm. 2a; Präckel, Beobachtungen, 324.

708 Vgl. z.B. Horst, HAT I/14, 238f; Rudolph, KAT 13/4, 136ff; Meyers/Meyers, AncB 25B, 382f.

709 Für die redaktionsgeschichtliche Fragestellung ist die Entscheidung nebensächlich, so mit Beuken, Haggai, 144f; Wöhrle, Sammlungen, 347 Anm. 95. Wer die Stadt Bethel lesen will, muß jedoch – etwa im Hinblick auf die Datierung – damit zurecht kommen, daß Bethel in der

Fasten des fünften Monats (Sach 7,3) bezieht sich auf die Zerstörung des Tempels und der Stadt Jerusalem (vgl. 2 Kön 25,8f; Jer 52,12f) und gibt damit das wichtigste Datum der Katastrophe von 587/6 an.[710]

Während die Frage V 3 an die Priester des Tempels sowie an die Propheten gerichtet ist, antwortet in V 4–6 Sacharja, der offenbar als einer von ihnen gedacht ist. Nach der mit der 1. Pers. des Adressaten Sacharja einleitenden Wortereignisformel antworten V 5f mit einer in der 2. Pl. gehaltenen Anklage, die einen gängigen Topos der prophetischen Kultkritik aufgreift, nämlich daß der Kult für die eigenen Bedürfnisse mißbraucht wird.[711] Die rhetorische Frage V 5 impliziert deren negative Beantwortung.[712] Mit der Wendung זה שבעים שנה verweist 7,5b auf die auch in 1,12 genannten 70 Jahre als Leidenszeit des Volkes zurück. Die Redeaufforderung an Sacharja in 7,5a (אמר אל־כל־עם הארץ ואל־הכהנים לאמר) erinnert dagegen an Hag 2,4.11–14. Neben der Erwähnung des Fastens im 5. Monat wie in 7,3 wird in 7,5 noch der 7. Monat hinzugefügt, der der Ermordung Gedaljas gedenkt.[713]

Die Wendung הלוא את־הדברים אשר קרא יהוה ביד הנביאים הראשנים (Sach 7,7) kann als Abschluß und Rückbezug von 7,6f verstanden werden, so daß die dort mitgeteilte Kultkritik die Worte der früheren Propheten wiedergibt.[714] Allerdings sprechen Grammatik und Inhalt dafür, daß V 7 vielmehr den bis V 14 reichenden Bogen einleitet und die nach der Wortereignisformel V 8 mitgeteilten Worte 9–10 als die der früheren Propheten anführt.[715] V 11–14 berichten daraufhin die Ablehnung der Propheten durch die halsstarrigen Väter. In Sprache und Inhalt entspricht 7,7–14 dem Prolog Sach 1,1–6, vgl. die Stichwörter קצף (1,2; 7,12), שוב (1,3f.6; 7,14), הנביאים הראשנים (1,4; 7,7.12, vgl. 1,5f), קרא (1,4; 7,7.13bis), שמע (1,4; 7,11–13), קשב (1,4; 7,11) sowie die Worte Jahwes (1,6; 7,7.12).

Mit einer erneuten Wortereignisformel in 8,1 setzt eine Reihe von unbedingten Heilsorakeln ein. Die erste Gruppe, die in 8,2–8 unbedingte Verheißungen enthält, konzentriert sich zunächst auf das Heil Jerusalems sowie seiner Bevölkerung und nimmt dabei auf die Epexegesen in 1,16; 2,14 sowie die wunderbare Wiederbevölkerung Jerusalems nach Sach 2,5–8 Bezug, um dann

---

Perserzeit praktisch unbewohnt war, wie Finkelstein/Singer-Avitz, Bethel, zeigen konnten: "Evidence for activity at Bethel in the Babylonian, Persian and early Hellenistic period is very meager, if it exists at all" (a.a.O., 45). Damit wird auch die These hinfällig, zwischen Zerstörung und Wiederaufbau des Jerusalemer Tempels habe Bethel als Ersatz mit einer bedeutenden Priesterschaft fungiert, so etwa Blenkinsopp, Priesthood; ders., Bethel.

710 Vgl. 7,5; 8,19.
711 S. bes. Jes 58, vgl. ferner Hos 8,13; Am 4,4f; 5,25f; Jes 1,10–17; Jer 7,21.
712 Vgl. nur Beuken, Haggai, 147ff; Petersen, OTL, 285; Reventlow, ATD 25/2, 76.
713 Vgl. 2 Kön 25,25; Jer 41,1–3, s. Sach 8,18.
714 So Petersen, OTL, 287f; Nogalski, Precursors, 260f.
715 So mit Beuken, Haggai, 120ff; Petitjean, Oracles, 316ff; Rudolph, KAT 13/4, 142 Anm. 7a; Redditt, NCBC, 82; Hanhart, BK XIV/7.1, 467 Anm. 7a sowie S. 489.

nach der kritischen Frage 8,6, ob dies alles zu wunderbar in den Augen des Überrests des Volkes sei,[716] in 8,7f die Rückführung des Volks nach Jerusalem anzusprechen.

Mit 8,9–13 finden sich weitere, durch die Ermutigungsformel תחזקנה ידיכם (V9.13) gerahmte und damit noch einmal gegenüber 8,2–8 als eigener Block abgegrenzte, unbedingte Heilsworte, die in Sprache und Inhalt vielfältige Bezüge zum Haggai-Buch und zu DtJes herstellen.[717] Dabei werden die Hörer aufgefordert, in der Gegenwart – also nach 7,1 im vierten Jahr des Dareios – die Worte der Propheten aus der Zeit, als der Tempel gegründet wurde, zu hören.[718] Dementsprechend lenkt 8,10 den Blick zurück auf die wie in Hag als Notlage charakterisierte Zeit vor dem Tempelbau, bevor die eigene Zeit (ועתה, Sach 8,11, vgl. bes. Hag 2,15) in V 12 als Zeit des neuen Segens beschrieben wird. Der inneren Bewegung von 8,9–12 entsprechend, folgt nun die Pointe in 8,13, die über Haggai hinausgeht und verheißt, daß Israel dereinst nicht mehr ein Fluch (קללה) unter den Nationen, sondern ein Segen sein wird (ברכה, vgl. Gen 12,1–3). Das Heilsorakel אל־תיראו und die Rahmung durch die Wiederholung der Ermutigungsformel תחזקנה ידיכם führen die Sprucheinheit 8,9–13 zu ihrem Abschluß.

Die daran anschließenden Verse 14–17 knüpfen zunächst in V 14 wie 7,7–14 an die Väterthematik aus 1,1–6 an, um ebenso im Stil von 7,9f Paränesen damit zu verbinden.

In 8,18–19 findet sich eine erneute Antwort auf die Fastenfrage 7,2f, die wie in 7,4–6 von einer Wortereignisformel mit Nennung des Adressaten in der 1. Sg. eingeleitet wird.[719]

Die in der zweiten Antwort auf die Fastenfrage (8,19a) angegebenen Fastenzeiten beziehen sich nach allgemeiner Auffassung auf die wichtigsten Grunddaten der Belagerung und Zerstörung Jerusalems,[720] nämlich den Durchbruch der Babylonier durch die Mauern Jerusalems (vgl. 2 Kön 25,3f; Jer 39,2) im vierten, auf die Zerstörung des Tempels und der ganzen Stadt (2 Kön 25,8f; Jer 52,12f) im fünften,[721] die Ermordung Gedaljas (2 Kön 25,25; Jer 41,1–3) im siebten[722] sowie den Beginn der Belagerung Jerusalems (2 Kön 25,1f; Jer 39,1) im zehnten Monat. Im Unterschied zu Sach 7,5f wird in 8,19a

---

716 Zu שארית העם הזה vgl. Sach 8,6; ferner Hag 1,12.14; 2,2.

717 Auf die Verbindungen von Sach 8,9–13 zu den ziontheologischen Fortschreibungen in Jes 49–55, die in Sach 8,9–13 im Lichte von Hag auf den Tempel bezogen werden, hat Kratz, Kyros, 89f Anm. 332; ders., Judentum, 83, hingewiesen.

718 Mit diesen Propheten sind Haggai und Sacharja zu identifizieren, vgl. z.B. Marti, KHC XIII, 425; Rudolph, KAT 13/4, 148; Petersen, OTL, 305; Wöhrle, Sammlungen, 382.

719 Vgl. innerhalb von Sach 7–8 noch 8,18, innerhalb von Sach 1–6 noch Sach 4,8; 6,9.

720 So etwa von Wellhausen, Propheten, 187, bis Boda, Zechariah, 64 Anm. 56, und Hoffman, Fasts.

721 Vgl. Sach 7,3.5.

722 Vgl. Sach 7,5.

das Fasten jedoch nicht kritisiert, sondern die Verwandlung der Trauer in Freude verheißen. Sach 8,19b nimmt danach noch einmal die Ermahnungen von 7,7–14; 8,14–17 auf und faßt sie zusammen: והאמת והשלום אהבו.

Nochmals einen neuen Akzent setzen nun die Heilsworte 8,20–23, die das Sacharja-Buch beschließen. Hier wird zunächst die Bekehrung der Völker in Aussicht gestellt, die Jahwe mild stimmen[723] und ihn aufsuchen (בקש) wollen (8,21f).

Für die literarhistorische Analyse wird nach diesem ersten Durchgang zu fragen sein, wie sich die in Sach 7–8 enthaltenen, für sich selbst genommen, unbedingten Heilsverheißungen (8,1–13) zu den paränetischen Stücken (7,7–14; 8,14–17.19b) verhalten, die auch auf die Väterthematik des Prologs 1,1–6 zurückkommen. Zudem muß im Blick bleiben, wie die verschiedenen Abschnitte von Sach 7f zu den unbedingten Heilsankündigungen der Nachtgesichte und Epexegesen in Beziehung stehen. Des weiteren wird zu erklären sein, warum die beiden Antworten auf die Fastenfrage, Sach 7,4–6 und 8,18–19a durch die Mahnungen und Warnungen 7,7–8,17 unterbrochen sind. Für die Fastenfrage (7,2f) selbst bleibt zu untersuchen, wie sich die beiden Antworten darauf, die Kultkritik 7,4–6 und die Ansage der Freude 8,18–19a, zueinander verhalten.

3.13.2   Literarhistorische Analyse

Als später und vermutlich auch jüngster Zusatz in Sach 7–8 kann Sach 8,20–23 abgegrenzt werden,[724] der das Kapitel nach der Paränese 8,19b mit einem heilvollen Ausblick auf die Völkerwallfahrt zum Zion beschließt[725] und damit auch das in 1,15; 2,1–4.12f beschriebene Gericht an den Völkern aufhebt.[726] Dabei zitiert 8,21f das Anliegen der Fastendelegation 7,2, nämlich Jahwe mild stimmen zu wollen,[727] und überbietet damit noch einmal 7,2–6; 8,19a durch die Einbeziehung der Völker. Sach 8,23 ist demgegenüber noch einmal ein Nachtrag.[728] Der Gewandzipfel spielt wohl auf Hag 2,12 an, die Mitseinsformel dann dementsprechend auf Hag 1,13; 2,4. Zu den עשרה אנשים מכל לשנות הגוים vgl. Jes 66,18.

---

723 לחלות את־פני יהוה (8,20.21), vgl. 7,2.

724 Vgl. Wöhrle, Sammlungen, 356.365.

725 Vgl. Sach 2,15f; 6,15. Möglicherweise sind die vorgenannten Stellen mit Sach 8,20–22(.23) zu einer Bearbeitung zu verbinden, vgl. Kratz, Kyros, 90 Anm. 332; Bosshard-Nepustil, Rezeptionen, 418; Wöhrle, Sammlungen, 365.

726 Vgl. noch Hag 2,21b–22. Hag 2,6–8 könnte als Völkerwallfahrt oder auch Völkergericht verstanden worden sein.

727 Vgl. לחלות את־פני יהוה in 7,2; 8,21.22.

728 Vgl. z.B. Reventlow, ATD 25/2, 85.

Schon aufgrund der relativen Chronologie gehört die Völkerverheißung Sach 8,20–22.23 wahrscheinlich zu den Völkerwallfahrttexten der hellenistischen Zeit. Das fromme Verhalten der Völker, das zugleich 7,2ff aufnimmt und überbietet, scheint mir denn auch Jes 56,1–8; 66,19–21.23[729] näher zu stehen als Jes 60f; Jes 2,2–4//Mi 4,1–4.[730]

Nach den späten Völkerworten 8,20–22.23 sind der Rückbezug auf die Vätergeneration (vgl. 1,1–6) und die damit verbundenen Paränesen zu untersuchen (7,7–14; 8,14–17.19b). Zwischen 7,4–6 und V 7–14 ist ein literarischer Bruch anzunehmen, der mit einem Themenwechsel verbunden ist. Das Thema setzt mit 7,7 neu ein und stellt nun nicht mehr das Verhalten der gegenwärtigen Generation in den Mittelpunkt, sondern greift wie 1,1–6 auf die Generation der Väter zurück. Deren Geschick, das exemplarisch für die Geschichte Israels steht, soll sich in der Gegenwart nicht wiederholen. Sach 7,7–14 nimmt den anklagenden Ton von 7,5f auf und schreibt den Text im Sinne von 1,1–6 ergänzend fort.[731]

Die Wortereignisformel 7,8 unterbricht den Zusammenhang zwischen der Einleitung und der Mitteilung der Worte der früheren Propheten und ist eine spätere Ergänzung,[732] die noch einmal die Worte V 9ff als Gottesbotschaft für

---

729 Vgl. dazu Steck/Schmid, Heilserwartungen, 34, s. schon Steck, Abschluß, 29.91. Zwar wird eine innerjüdische Scheidung zwischen Frevlern und Frommen nicht explizit ausgesagt, die Paränesen, die Anweisungen zum rechten Fasten und der Verweis auf die halsstarrige Generation der Väter können aber durchaus so interpretiert worden sein. Als Gegensatz zu Sach 8,21f vgl. Mal 1,9. Eine Ansetzung von Sacharja 8,20–23 in der hellenistischen Zeit wurde jüngst von Wöhrle, Sammlungen, 365, vertreten, der von einem hellenistischen „Heil-für-die-Völker-Korpus" ausgeht, das neben Sach 2,15f; 8,20–23 noch Joel 3,1–4.5*; Obd 17a; Mi 4,1–4; 5,6; 7,17aβb; Zef 3,9.10*; Sach 14,16–19 umfaßte, vgl. Wöhrle, Abschluss, 335ff.

730 So aber Bosshard-Nepustil, Rezeptionen, 415ff, im Anschluß an Kratz, Kyros, 89f Anm. 332. Eine Datierung auch von Mi 4,1–4 in die hellenistische Zeit nimmt jetzt Wöhrle, Sammlungen, 195f; ders., Abschluss, 335ff, an.

731 Vgl. Lux, Zweiprophetenbuch, 211f; Kratz, Kyros, 90 Anm. 332; Wöhrle, Sammlungen, 351, ferner Beuken, Haggai, 119ff, der allerdings Sach 7,9f für vorgegebenes Traditionsgut hält, das auf Sacharja zurückgeht.

732 Vgl. Beuken, Haggai, 119; Rudolph, KAT 13/4, 142 Anm. 8a; Reventlow, ATD 25/2, 76; Boda, Fasts, 401f; Wöhrle, Sammlungen, 351. Gegen Nogalski, Precursors, 260f, der 7,8 als Neueinsatz für eine Fortschreibung bis V 14 ansieht. Doch dann macht die Wortereignisformel in 7,8 nicht weniger Probleme, da auch Nogalski einen klaren Rückbezug von 7,8–14 auf 7,4–7 zugesteht. Vielmehr schlagen V 7,7.8–14 einen einheitlichen Ton an, der an 1,1–6 anknüpft und in den Paränesen 8,16f.19b seine Fortsetzung findet. Zu den grammatikalischen Problemen, die sich ergeben, wenn man 7,7a als Rückbezug auf 7,5f verstehen will, vgl. Beuken, Haggai, 120ff; Petitjean, Oracles, 316ff; Rudolph, KAT 13/4, 142 Anm. 7a; Hanhart, BK XIV/7.1, 467 Anm. 7a. Die Formulierung der Wortereignisformel mit אֶל־זְכַרְיָה entspricht der Datierung 7,1 und dürfte diese schon voraussetzen. In 7,4; 8,18 findet sich אֵלַי, 8,1 nennt dagegen gar keinen Adressaten.

Sacharja herausstellen will.[733] V 11–14 berichten die Ablehnung dieser Worte durch die früheren Propheten.

Nicht nur die Thematik von 7,7–14 entspricht 1,1–6, sondern es bestehen auch zahlreiche Stichwortverbindungen zwischen 7,7–14 und 1,1–6,[734] vgl. הנביאים הראשנים (7,7.12; 1,4, vgl. 1,5.6), דבר (7,7.12; 1,6), קרא (7,7.13bis; 1,4), קשב (7,11; 1,4), שמע (7,11–13; 1,4), קצף (7,12; 1,2). קשב kommt innerhalb von Sach nur in 1,4; 7,11,[735] הנביאים הראשנים im gesamten AT nur in 1,4; 7,7.12 vor.

Die Stichwörter, das gemeinsame Anliegen sowie die Positionierung als Rahmen um die Nachtgesichte legen den Schluß nahe, daß Sach 1,1–6 zu derselben Schicht wie 7,7–14 gehört, die nun Anfang und Ende des Buchzusammenhangs Sach 1–8 prägt.[736]

Neben den direkten Querverbindungen von 7,7–14 und 1,1–6 gibt es noch weitere Bezüge zu Hag–Sach. Für das Stichwort תורה (Sach 7,12) ist an Hag 2,11, für הדברים אשר שלח יהוה צבאות ברוחו ביד הנביאים ist v.a. an Hag 1,1.3.12–14; 2,1.4 sowie Sach 4,6; 6,8 zu denken. קצף גדול (Sach 7,12) nimmt Sach 1,15 auf, was auch schon die Vorlage für 1,4 war (קצף mit figura etymologica). Sach 7,7 nennt neben Jerusalem noch die Städte ringsum und greift damit auf Sach 1,12.17 zurück.[737] Die Zerstreuung unter die unbekannten Völker 7,14aα nimmt dtr Sprachgebrauch auf,[738] stellt aber wohl einen Bezug zu 2,10b her.

Nun sind für Sach 7,7–14 nicht nur Bezüge innerhalb von Sach, sondern auch besonders zu dtr Texten, insbesondere zum dtr Jer, daneben aber etwa auch zu Jes und Ez festzustellen.[739] In den Worten der früheren Propheten (V 9f) gibt es tatsächlich klare Anspielungen auf diese, vor allem auf das Jeremia-Buch.[740]

---

733 Vgl. Boda, Fasts, 402: "[T]he insertion of the messenger formula in 7:8 may have been designed to remind the readers of Zechariah's role as prophet. His quotation of the earlier prophets was not just a history lesson, but was a prophetic moment in which these words were being proclaimed anew for a new generation."

734 S. hierzu bes. Wöhrle, Sammlungen, 351ff.

735 Die Kombination von מאן und קשב findet sich im AT nur noch in Spr 1,24, dort aber im parallelismus membrorum. In Spr 1,24 fällt dazu noch das Stichwort קרא, vgl. Sach 1,4; 7,7.13.

736 So mit Beuken, Haggai, 84ff.119ff, bes. 136f; Kratz, Kyros, 90 Anm. 332; vgl. ders., Judentum, 84; Lux, Zweiprophetenbuch, 211f; Wöhrle, Sammlungen, 351.

737 Vgl. noch Jes 40,9; 44,26.

738 Vgl. bes. Dtn 28,36; Jer 9,15 mit derselben Thematik, ferner noch Dtn 13,3; 28,33.64; Jer 7,9; 16,13 usw.

739 S. dazu bes. Beuken, Haggai, 119ff; Petersen, OTL, 288ff; Tollington, Tradition, 207ff; Nurmela, Prophets, 69ff; Boda, Zechariah; ders., Fasts.

740 Vgl. auch schon das Zitat von Jer 25,5 in Sach 1,4 als Zusammenfassung der Botschaft der früheren Propheten.

Zwar ist die Trias גר – יתום – אלמנה im Dtn gut belegt,[741] die Kombination mit עשק findet sich dort aber nicht, sondern neben Sach 7,10 nur noch in
Jer 7,6; 22,3; Ez 22,7; Mal 3,5. Zwar teilt Mal 3,5 mit Sach 7,10 die sonst nicht
mehr begegnende Reihenfolge אלמנה, יתום, גר, jedoch ist davon auszugehen,
daß Mal 3,5 von Sach 7,10 abhängt.[742] Umgekehrt dürfte Sach 7,9f die Stellen
Jer 7,5f; 22,3; Ez 22,7 voraussetzen und diese gemäß Sach 7,7 als Worte der
früheren Propheten zitieren.[743] Dies paßt zum einen zur Tendenz, daß Sach
1,1–6; 7,7–14 insgesamt starke Anspielungen auf Ez und besonders auf Jer
enthalten, zum anderen kann als Indiz für die Richtung der Abhängigkeit ge-
wertet werden, daß nur Sach 7,10 die dtr Trias um ein viertes Glied erweitert,
den עני.[744] Möglicherweise orientiert sich Sach 7,10 mit der Aufnahme des
„Armen" an Ex 22,20–24.[745]

Insgesamt steht Sach 7,9f den Stellen Jer 7,6; 22,3 näher als Ez 22,7.[746] So
teilt Sach 7,9f mit Jer 7,5f; 22,3 nicht nur den paränetischen Stil, sondern hat
auch die Aufforderung, משפט zu üben, als inhaltliche Gemeinsamkeit.[747]
Hierbei erweist sich wiederum Jer 7 als nächste und wichtigste Parallele, denn
neben der weiteren Stichwortverbindung איש את־אחיו (Sach 7,9, vgl. 7,10bα)
bzw. בין איש ובין רעהו (Jer 7,5f)[748] entspricht im Nahkontext Sach 7,13 noch

---

741   S. Dtn 10,18; 14,29; 16,11.14; 24,17.19–21; 26,12f; 27,19; ferner Ps 94,6; 146,9; Jer 7,6;
      22,3; Ez 22,7; Mal 3,5.
742   Bosshard/Kratz, Maleachi, 41ff, haben aufgrund der zahlreichen Aufnahmen von Sach 1–8
      (hier bes. 7f); 9–14 in Mal 2,17–3,5.13–21 zeigen können, daß Mal 2,17–3,5.13–21 eine Sach
      1–8; 9–14 fortschreibende, noch nicht vom Sacharja-Buch abgetrennte, Schicht ist. Im Rah-
      men dieses Rezeptionsprozesses ist auch das Verhältnis von Sach 7,10 und Mal 3,5 zu
      bestimmen. Vgl. Weyde, Prophecy, 308f, der ebenfalls Sach 7,10 als Vorlage für Mal 3,5 an-
      nimmt. Darüber hinaus sind die Verbindungen von Jer 7,5f.13; 22,3; Ez 22,7 zu Sach
      7,9.10.13 untereinander jeweils enger als zu Mal 3,5 (vgl. Nurmela, Prophets, 71), so daß
      man davon ausgehen kann, daß sich Sach 7,10 dem Kontext von 7,7–14 gemäß auf Jer und
      Ez als die „früheren Propheten" zurückbezieht, während Mal 3,5 die Vorlage Sach 7,10 dem
      eigenen Kontext anpaßt.
743   So mit Nurmela, Prophets, 71f. Vgl. Boda, Zechariah, 56, der eine Abhängigkeit von Jer
      vertritt (mit Verweis auf Jer 5,28; 7,5f; 9,23; 22,3; 32,18).
744   Dem entspräche der שכיר (vgl. Hag 1,6) als Erweiterung in Mal 3,5.
745   In Ex 22,20–24 finden sich alle vier Schutzbefohlenen, allerdings in der Reihenfolge גר
      (22,20), אלמנה (22,21), יתום (22,21), עני (22,24). Zu möglichen Beziehungen von Sach 7,10
      und Mal 3,5 zu Ex 22 s. Zobel, Recht, 33ff; Weyde, Prophecy, 305ff, ferner Fishbane, Inter-
      pretation, 294.
746   Vgl. Nurmela, Prophets, 71. Mit Nurmela, 71f, ist jedoch anzunehmen, daß Sach 7,10 hier Jer
      und Ez als הנביאים הראשנים im Blick hat.
747   Vgl. שפט משפט (Sach 7,9, vgl. עשה חסד ורחמים) mit משפט עשה (Jer 7,5f; 22,3).
748   Vgl. אם־עשו תעשו משפט בין (Sach 7,9b) mit משפט אמת שפטו וחסד ורחמים עשו איש את־אחיו
      איש ובין רעהו (Jer 7,5b).

Jer 7,13 – sowohl im Hinblick auf den Inhalt als auch auf die Stichwortverbindungen קרא und לא שמע.[749]

Das in Sach 7,13 beschriebene reziproke Verhältnis von göttlichem und menschlichem Handeln korrespondiert wiederum mit Sach 1,3. Sach 7,11a hat seine nächste Parallele im Bußgebet Neh 9, nämlich V 29,[750] Sach 7,11b (ואזניהם הכבידו) zitiert Jes 6,10. Sach 7,14aα ist eben schon erwähnt worden, ansonsten rezipiert V 14 v.a. Jer und Ez.[751]

Beuken hat Sach 7,7–14 dem levitisch-chronistischen Milieu zuordnen wollen.[752] Ihm ist jedoch von vielen Seiten widersprochen worden, und so wird der Text meist wegen seiner dtr Bezüge der dtr Tradition zugeordnet.[753] Vielleicht ist auf eine solche Zuordnung am besten zu verzichten. Insgesamt läßt sich zu Sach 7,7–14 jedenfalls sagen, daß die früheren Propheten, allen voran Jer, dann aber auch Jes und Ez,[754] nicht nur in 7,9f, sondern in dem ganzen Abschnitt 7,7–14 zu Wort kommen.

Zu der Schicht Sach 1,1–6 + 7,7.9–14 lassen sich in Sach 8 noch zwei weitere Stücke zuordnen, die denselben paränetischen Duktus haben wie 7,7–14, nämlich 8,14–17 und 8,19b.[755] Bezüglich des Kapitelaufbaus läßt sich beobachten, daß die Verheißungen 8,2–13, eingeleitet durch die Wortereignisformel in 8,1, sowie die zweite, heilvolle Antwort auf die Fastenfrage 8,19a, eingeleitet durch die Wortereignisformel in 8,18, jeweils von paränetischen

---

749 Vgl. ויהי כאשר־קרא ולא שמעו כן יקראו ולא אשמע אמר יהוה צבאות (Sach 7,13) mit ואדבר אליכם השכם ודבר ולא שמעתם ואקרא אתכם ולא עניתם (Jer 7,13b). Vgl. Nurmela, Prophets, 68ff, s. auch die vergleichende Übersicht zwischen Sach 7,9f.13 und Jer 7,5f.13 a.a.O., 70. Neben Jer 7,13b wäre etwa noch Jer 7,27 zu nennen, vgl. dazu auch Tollington, Tradtion, 209, mit weiteren Beispielen.

750 ויתנו כתף סוררת וערפם הקשו ולא שמעו (Neh 9,29b, vgl. noch 9,16f). Boda, Zechariah, 61ff, nimmt sogar an, daß Sach 7f Neh 9 voraussetzt.

751 Zu 7,14aβ vgl. Jer 6,8; 12,11; 25,12; 32,43; Ez 6,14; 12,20; 14,15f; 15,8; 29,9f.12; 30,7.12; 32,15; 33,28f; 35,7.14; 36,34f (ferner Lev 26,32–34.43; Jes 1,7; 49,8.19; 61,4 usw.), zu Sach 7,14aγ vgl. Jer 2,6; 9,9.11; 51,43; Ez 14,15; 29,11; 33,28; 35,7; 36,34 (vgl. ferner Jes 33,8; 34,10). Zur Verbindung beider Themen s. bes. Ez 14,15; 29,9–12; 33,28f; 35,7; 36,34f. Zu שׂים לשׁמה Sach 7,14b hat Beuken, Haggai, 135, auf die entsprechenden Parallelen hingewiesen: Jer 4,7; 18,16; 19,8; 25,9; 51,29 (vgl. ferner Jes 13,9; Joel 1,7). ארץ־חמדה ist außer in Sach 7,14b nur noch in Jer 3,19; Ps 106,24 belegt.

752 S. Beuken, Haggai, 119ff.153ff. In 7,9f nimmt Beuken allerdings die Aufnahme sacharjanischen Traditionsguts an.

753 Vgl. Rudolph, KAT 13/4, 145; Schöttler, Gott, 441ff; Lescow, Sacharja, 98f; Hanhart, BK XIV/7.1, 473ff; Albertz, Religionsgeschichte, 484 m. Anm. 16; Lux, Zweiprophetenbuch, 212; Wöhrle, 364.

754 Vgl. auch die Nähe zu Neh 9.

755 Vgl. Boda, Zechariah; ders., Fasts; Wöhrle, Sammlungen, 351ff, der 7,7.9–14; 8,14–17.19b allerdings noch die Heilsworte 8,1–5.7f zuordnen will. Diese dürften jedoch bereits älter und erst nachträglich paränetisch gerahmt worden sein, s. dazu gleich. Vgl. Kratz, Kyros, 89f Anm. 332; ders., Judentum, 83f; Albertz, Religionsgeschichte, 484 m. Anm. 16; Lux, Zweiprophetenbuch, 210ff.

Stücken abgeschlossen werden, die die an sich unbedingten Heilsverheißungen 8,2–13.19a unter die Bedingung und den Imperativ des rechten ethischen Verhaltens stellen. Auch die erste Antwort Sacharjas auf die Fastenfrage, 7,5f, eingeleitet durch die Wortereignisformel in 7,4,[756] wird nun mit einer Paränese abgeschlossen, die zu Anfang des Kapitels das Grundsätzliche sagt und zudem mit dem Verweis auf die Väterzeit den Bogen zurück nach 1,1–6 schlägt. Was für den Prolog 1,1–6 im Hinblick auf die Nachtgesichte gilt, nämlich daß deren unbedingte Verheißungen durch die Umkehrforderung konditioniert werden, gilt nun ebenso für den Epilog. Das Heil wird sekundär an Bedingungen geknüpft.[757]

Sach 8,14–17 greift mit זמם (8,14f) auf 1,6, mit קצף Hif. (8,14) auf 1,2; 7,12 und mit אבתיכם auf 1,2.4–6 zurück.[758] Die Abfolge 8,14f entspricht der inneren Bewegung von 1,3–6. Dabei dürfte das שבתי זממתי bewußt auf das שובו אלי נאם יהוה צבאות ואשוב אליכם aus 1,3 rekurrieren: Mit der Umkehr der Hörer Sacharjas (1,6b) wendet sich auch Jahwe seinem Volk gemäß 1,3 wieder zu,[759] dem כאשר זמם יהוה צבאות לעשות לנו כדרכינו וכמעלילינו כן עשה אתנו (1,6b) entspricht folglich für die gegenwärtige Generation nicht mehr שבתי זממתי להרע לכם בהקציף אבתיכם אתי (8,14),[760] sondern זממתי להיטיב בימים האלה (8,15).[761] Sach 8,16 nimmt wiederum 7,7.9–10 in den Blick. Die דברים, die man tun soll (עשה), beziehen sich auf die דברים der früheren Propheten zurück, sprachlich in 8,16a,[762] sprachlich und inhaltlich in 8,16b–17.[763] Hier wird das paränetische Anliegen von 7,9f aufgegriffen und variiert. משפט שלום (8,16) könnte von אין־שלום (8,10) und זרע השלום (8,12) inspiriert sein, die nun ethisch interpretiert werden.[764] Sach 8,17aβ spielt möglicherweise auf 5,4 an.

In Sach 8,19b melden sich die Imperative ein letztes Mal zurück. Die knappe Aussage ist dabei auf das Wesentlichste konzentriert und damit die

---

756 Wie bereits gesagt, ist die Wortereignisformel V 8 erst später in den Text gelangt.

757 Vgl. die Anm. 755 genannte Literatur.

758 Vgl. bes. 1,2 mit אבתיכם + קצף.

759 S.o. 3.2.

760 Mit זמם als Ausdruck für das Gerichtshandeln ist neben Sach 8,14 im AT noch Jer 4,28; Klgl 2,17 zu vergleichen.

761 Mit בימים האלה könnte 8,15 auch bewußt 8,9–13 und den dort beschriebenen Wandel vom Unheil zum Heil aufnehmen.

762 Vgl. הלוא את־הדברים אשר קרא יהוה ביד הנביאים (8,16a) mit אלה הדברים אשר תעשׂו (7,7).

763 Zu משפט אמת שפטו. vgl. (8,16b) דברו אמת איש את־רעהו אמת ומשפט שלום שפטו בשעריכם und ואיש את־רעת רעהו אל־תחשבו בלבבכם (7,9b), zu (8,17aα) וחסד ורחמים עשׂו איש את־אחיו vgl. ורעת איש אחיו אל־תחשבו בלבבכם (7,10b).

764 Vgl. aber auch die עצת שלום, die zwischen צמח und Priester herrschen soll (6,13).

kürzeste und zugleich allgemeinste.[765] אמת und שלום sind die Begriffe, die in
7,9 (משפט אמת) und 8,16 (משפט שלום) mit משפט kombiniert werden. אהבו
nimmt, nun ins Positive gewendet, אל־תאהבו aus 8,17aβ wieder auf.[766] Man
mag Sach 8,19b als eine Glosse ansehen.[767] Ich halte es jedoch für wahrscheinlicher, daß die Redaktion, die sich das erste Wort im Sacharja-Buch genommen hat, auch das letzte vorbehalten hat, um ihr Anliegen am Schluß – und in
Einfassung der Heilsankündigung 8,19a – noch einmal deutlich werden zu
lassen: die Bedingtheit des Heils.

Im Bezug auf die Fastenfrage ist auffällig, daß die zweite, positive Antwort (8,18–19a) von der eigentlichen Frage (7,2f) und der ersten Antwort (7,4–
6) durch einen Block von Heilsworten (8,1–13) getrennt ist, die das Fastenthema nicht weiter verfolgen. Der Zusammenhang von 8,18–19a mit
7,2f.4–6 legt nahe, daß Sach 7,2f.4–6; 8,18–19a nachträglich von 8,1–13 unterbrochen wurde.[768] Da 8,1–13 keinen direkten Bezug zur Fastenfrage aufweist, wäre zumindest zu überlegen, ob diese Heilsworte nicht sogar älter als
das Fastenthema sind. Sie hätten dann einmal mit 8,1 oder 8,2 an 6,1–8 oder
6,9–15 angeschlossen, ohne jedoch auch dort eine sonderlich organische Fortsetzung herzustellen. Hinzu kommt, daß sich bei dieser Möglichkeit schwieriger erklären läßt, warum die Fastenfrage in der jetzt vorliegenden Form um
8,1–13 herum gruppiert wurde, zumal 8,18–19a im jetzigen Leseablauf etwas
verloren wirkt. So ist es wahrscheinlicher, daß 8,1–13 den heilvollen Bescheid
über das Fasten 8,18–19a neu, und d.h. sekundär, vorbereiten will und daher
zwischen 7,2f.4–6 und 8,18–19a eingeschoben wurde. Auch machen die Sprüche in 8,1–13 selbst nicht den Eindruck, besonders alt zu sein. So setzt 8,2
schon die Verbindung von 1,14.15 und damit die Völkerthematik von Sach
2,1–4 voraus. 8,3bα nimmt auf Jes 1,26 Bezug.[769] Die Wortverbindung הר

---

765 „Die Begriffsinhalte von האמת und השלום umfassen den gesamten sozialen Bereich [...]
     Beide Worte bilden, nebeneinander und durch den Artikel bestimmt, auf jeden Fall ein Paar,
     das nirgendwo anders vorkommt und wozu der Kontext eine Funktion muß anzeigen können"
     (Beuken, Haggai, 142). Beuken, ebd., vermutet in 8,19b allerdings eine Glosse.

766 Vgl. zu Sach 8,19b etwa auch Am 5,15.

767 So etwa Horst, HAT I/14, 244 Anm. 19; Beuken, Haggai, 142.

768 Vgl. z.B. Elliger, ATD 25, 133ff; Tollington, Tradition, 24ff; Lescow, Sacharja, 89ff, bes. 98;
     Lux, Zweiprophetenbuch, 210; Boda, Fasts; ders., NIV AC, 379; Wöhrle, Sammlungen,
     349ff.359ff.

769 So mit Nurmela, Prophets, 77f, der darauf hinweist, daß Jes 1,26 aufgrund der besseren
     Einbindung in den Kontext die gebende Stelle ist und Sach 8,3 die nehmende. Vgl. ונקראה
     ירושלם עיר־האמת (Sach 8,3bα) mit יקרא לך עיר הצדק קריה נאמנה (Jes 1,26b). Kaiser, ATD
     17, 57, nimmt an, daß Jes 1,26 mit den gerechten Richtern und Räten bereits die Herrscher-
     verheißungen 9,1ff; 11,1ff im Blick hat (vgl. bes. Jes 9,5 11,2).

הקדש (Sach 8,3bβ) findet sich im AT nur noch in Jes 27,13; Jer 31,23. [770] Sach 8,10b greift offenbar schon auf Hag 2,22 zurück. [771]

Innerhalb von 8,1–13 kann man dabei noch einmal V 9–13 von V 1–8 separieren, wobei 8,9–13 als der jüngere Teil einzustufen ist. [772] Während 8,1–8 im wesentlichen die Nachtgesichte und deren Epexegesen in 1,15–17; 2,10–17 im Blick hat, erweitert 8,9–13 den literarischen Horizont auf das Haggai-Buch. Die Querverweise auf diverse Stellen bei Hag zeigen dabei deutlich, daß das Haggai-Buch der gebende und Sach 8,9–13 der nehmende Teil ist. [773] So stehen auch in 8,9–13 nicht mehr der Zion und seine Bevölkerung im Zentrum, sondern der Tempelbau und die damit verbundene Wende zum Segen. Die äußeren Grenzen der Einheit 8,9–13 werden durch die Inklusion תחזקנה ידיכם (V 9.13) markiert. [774] Vers 9 setzt in der Gegenwart ein, בימים האלה, und fordert die Hörer auf, *nun* aus den Worten der Propheten aus der Zeit, als der Tempel gebaut wurde, Mut zu fassen. Mit הנביאים אשר ביום יסד בית־יהוה צבאות ההיכל להבנות sind dabei keine anderen gemeint als Haggai und Sacharja. [775] Der in 8,9 genannte Tag der Tempelgründung bezieht sich auf den Tag des „Stein-auf-Stein-Legens" Hag 2,15–19 zurück. Ebenso dürfte die Aufnahme des Begriffs היכל auf Hag 2,15 zurückverweisen. [776] Der Infinitiv להבנות spielt auf Hag 1,2 an, also auf den Beginn der Haggai-Schrift. Die Kombinati-

---

770 Vgl. dazu aber הר קדשי Jes 65,11.25; 66,20, ferner Jes 11,9; 56,7; 57,13. Des weiteren wäre an die Berge Israels in Ez zu denken, vgl. bes. Ez 20,40; 28,14; 43,12. S. zu den Bergen Israels bei Ez jetzt Klein, Schriftauslegung, 329ff. Vgl. zu הר הקדש (Sach 8,3bβ) auch noch אדמת הקדש Sach 2,16 (so mit Petitjean, Oracles, 148ff; Meyers/Meyers, AncB 25B, 414).

771 Vgl. ויוצא ולבא אין־שלום מן־הצר ואשלח את־כל־האדם איש ברעהו (Sach 8,10b) mit der Niederwerfung der Völker (והפכתי כסא ממלכות והשמדתי חזק ממלכות הגוים והפכתי מרכבה ורכביה וירדו סוסים ורכביהם איש בחרב אחיו, Hag 2,22), die nun zurückliegt. Dabei wird Hag 2,22 in Sach 8,10b offenbar auch mit Hag 2,6–9 und der Verheißung des שלום (Hag 2,9b) kombiniert.

772 Vgl. Ackroyd, Book, 155f; Beuken, Haggai, 157ff, bes. 171; Rudolph, KAT 13/4, 63.148ff; Mason, Echoes, 231; ders. Tradition, 228ff; Reventlow, ATD 25/2, 81; Lux, Zweiprophetenbuch, 210f; Kratz, Judentum, 83f; Wöhrle, Sammlungen, 353.380ff.

773 Die Bezüge zu Hag sind längst notiert worden, vgl. etwa Beuken, Haggai, 157ff; Rudolph, KAT 13/4, 148ff; Petersen, OTL, 304ff; Meyers/Meyers, AncB 25B, 419ff, bes. 430f; Mason, Tradition, 228ff; Reventlow, ATD 25/2, 81f; Nurmela, Prophets, 178ff; Wöhrle, Sammlungen, 353.380ff. Aufgrund dieser Hag einbeziehenden Perspektive ist mit den in Anm. 772 genannten Autoren davon auszugehen, daß Sach 8,9–13 ein für den Zusammenhang der beiden Bücher verfaßter, späterer redaktioneller Text ist, der nicht mehr auf den Propheten Sacharja zurückgeführt werden kann, gegen z.B. Meyers/Meyers, AncB 25B, bes. 419f.430f; Hanhart, BK XIV/7.1, 518ff.

774 Vgl. u.a. Beuken, Haggai, 156; Meyers/Meyers, AncB 25B, 424; Nogalski, Precursors, 263. Zu תחזקנה ידיכם 8,9.13 vgl. Hag 2,4.

775 Vgl. z.B. Marti, KHC XIII, 425; Ackroyd, Book, 154; Beuken, 156ff; Rudolph, KAT 13/4, 148f; Petersen, OTL, 305; Reventlow, ATD 25/2, 81; Lux, Zweiprophetenbuch, 211; Wöhrle, Sammlungen, 382.

776 Vgl. aber auch Sach 6,12–15.

on von בית und היכל findet sich innerhalb von Hag–Sach nur in diesem Vers. Die Verbindung von בית und יסד kommt in Hag–Sach nur noch in Sach 4,9 vor, und dies dürfte die spendende Stelle für 8,9 sein, da in Sach 4,6–10 ebenfalls die Tempelgründung thematisiert ist.[777] Somit will Sach 8,9 offenbar bewußt auf beide Sprüche zur Tempelgründung, Hag 2,15–19 und Sach 4,6–10, zugleich verweisen, Haggai *und* Sacharja erscheinen hier gemäß Sach 8,9b als Tempelbaupropheten. Sach lenkt den Blick zurück auf die Unheilszeit „vor jenen Tagen", d.h. bevor der Tempel gegründet wurde. Sach 8,10a kombiniert Hag 1,6 (vgl. שכר Sach 8,10/משתכר Hag 1,6) mit Hag 1,11 (האדם + הבהמה[778]). In Sach 8,10b ist der שלום wegen eines Bedrängers außer Kraft gesetzt.[779] Es wird dabei auf einen Konflikt „jeder gegen jeden" Bezug genommen, der כל־האדם betraf.[780] Vers 11 markiert wie Hag 2,15 mit ועתה die Wende zum Heil,[781] das nun in der Gegenwart anbricht bzw. für diese erwartet wird.[782] Der Ausdruck שארית העם הזה (Sach 8,11f, vgl. V 6) kombiniert offenbar (כל)שארית העם (Hag 1,12.14; 2,2) mit העם הזה (Hag 1,2, vgl. 2,14). In Sach 8,12 werden mit זרע השלום הגפן תתן פריה die Segensverheißung Hag 2,19,[783] die Ankündigung des שלום Hag 2,9b sowie Hag 1,10 mit den Stichwörtern ארץ, יבול, שמים und טל aufgenommen. Der in Hag 1,10 beschriebene Fluch ist nun als Segen formuliert.[784] Zur Erbverheißung 8,12b (נחל Hif.) vgl. Sach 2,12 (נחל Qal).[785] Die Formel אל־תיראו findet sich neben Sach 8,13 noch in Hag 2,5b und wie in Hag 2,4–5* im Zusammenhang mit חזק.[786] Sach 8,13 verweist mit der Einleitung והיה jetzt auf die Zukunft. Dabei geht Sach 8,13 in bezug auf die Anspielungen und den Inhalt über den bisherigen Zusammenhang von 8,9–13 hinaus. Wohl noch von Hag 2,19 ausgehend,[787] aber anders als in Sach 8,10–12, werden nun nicht mehr die in Segen

---

777   Vermutlich liegt Hag 2,18b wiederum Sach 8,9 vor, wobei nun die Begriffe יסד und היכל zusammengezogen werden. היכל יסד ist im AT sonst nur noch Jes 44,28; Esr 3,6.10 belegt. Zum Problem der gegenseitigen Abhängigkeit der Stellen untereinander s. auch Kratz, Kyros, 88ff.

778   Vgl. daneben noch Sach 2,8.

779   Vgl. dazu Hag 2,9b, wo die Gabe des שלום mit dem Tempelbau in Aussicht gestellt wird.

780   Zu ואשלח את־כל־האדם איש ברעהו (Sach 8,10) vgl. איש בחרב אחיו (Hag 2, 22).

781   Vgl. noch Hag 1,4; 2,4.

782   M.E. dürfte beides enthalten sein, so daß auch die Diskussion um V 12, ob hier noch die Gegenwart (so z.B. Beuken, Haggai, 165f; Nogalsi, Precursors, 263f; Wöhrle, Sammlungen, 382) oder schon die Zukunft (so z.B Ackroyd, Exile, 214; Petersen, OTL, 304.307) angesprochen ist, nur die beiden Seiten derselben Medaille repräsentiert.

783   Zu זרע vgl. noch Hag 1,6.

784   Vgl. zu Sach 8,12a auch Lev 26,3–6. Nurmela, Prophets, 179, macht darauf aufmerksam, daß יבול und טל innerhalb des AT nur in Hag 1,10 und Sach 8,12 zusammen genannt werden.

785   In beiden Fällen ist Jahwe Subjekt.

786   Zu חזק vgl. noch Sach 8,9.

787   Hag 2,19 ist neben Sach 8,13 die einzige andere Stelle innerhalb von Hag–Sach, in der das Stichwort ברך fällt.

verwandelten agrarischen Flüche angesprochen, die das Volk getroffen hatten, sondern seine Vergangenheit wird hier so beschrieben, daß das Volk selbst ein Fluch (קללה) unter den גוים war. In der Zukunft aber soll es ein Segen werden: והייתם ברכה. Damit nimmt Sach 8,13 Gen 12,2–3 auf.[788] Die den Zusammenhang unterbrechende Formulierung בית יהודה ובית ישראל ist möglicherweise eine Glosse,[789] die von Jer 31,27 inspiriert sein dürfte.[790] Sach 8,13b rundet die Sprucheinheit mit einem Heilsorakel und der Wiederholung der Beistandsformel ab.[791]

Da die nachfolgende Erzählung 7,2f nur schlecht an die Einleitung 7,1 anschließt und zudem die Wortereignisformeln in 7,4 und 8,18 in der 1. Sg. formuliert sind, ist anzunehmen, daß die Einleitung 7,1 jünger als 7,2ff ist.[792] M.E. kann die Überschrift 7,1 ebenfalls noch dem Stück Sach 8,9–13 zugeordnet werden, weil auch sie wieder eine deutliche Verbindung zum Haggai-Buch aufweist. Wie Hag 1,1; 1,15b–2,1, aber als einzige Überschrift im Sacharja-Buch,[793] benennt Sach 7,1 Dareios mit dem Titel המלך und beginnt mit der Nennung des Jahres. Darüber hinaus ist Sach 7,1 die einzige mit Datum versehene Überschrift bei Sach, in der der Prophet ohne Filiation genannt wird,[794] was wiederum der Erwähnung Haggais in Hag entspricht.[795] Die Datierung von 7,1 in das vierte Jahr des Dareios würde zudem gut zu dem Anliegen von 8,9–13 passen, eine Zeit zu schildern, die schon mit einigem Abstand auf den Tempelbau zurückblickt.[796] Nach der Fiktion des Textes sind dies lediglich zwei Jahre, doch ist die Reflexion über die Tempelbauworte Haggais und Sacharjas in wesentlich späterer Zeit entstanden, Sach 8,9–13 ist vielmehr transparent für die Fragen der eigenen Zeit (הימים האלה).[797] Es wird erwartet, daß sich nun

---

788 Vgl. z.B. Rudolph, KAT 13/4, 148; Levin, Verheißung, 222 Anm. 94; Scoralick, Quelle, 335 Anm. 55.

789 Vgl. Elliger, ATD 25, 138 Anm. 3, anders Reventlow, ATD 25/2, 82.

790 Vgl. Levin, Verheißung, 28 Anm. 16.

791 Vgl. zu beidem Hag 2,4f.

792 Vgl. z.B. Rudolph, KAT 13/4, 135f; Petersen, OTL, 282; Reventlow, ATD 25/2, 74; Tollington, Tradition, 24; Lux, Zweiprophetenbuch, 210; Wöhrle, Sammlungen, 348.

793 Vgl. Sach 1,1.7.

794 Vgl. daneben noch die Wortereignisformel Sach 7,8.

795 Vgl. Hag 1,1.3.12f; 2,1.10.13f.20.

796 Lescow, Sacharja, 92, schließt in Kombination mit Esr 6,15, daß die Datierung in das vierte Jahr des Dareios „bewußt auf die ‚Halbzeit' zwischen Grundsteinlegung und Einweihung gelegt" (ebd.) wurde.

797 So zutreffend Ackroyd, Book, 154: "Anyone reading such a phrase apart from its present context and without prejudice, would get the impression that a much longer space of time had elapsed between the period of the prophets mentioned and that of the hearers of the words. A mere two years such as is envisaged by the dates in Haggai and that in Zech. vii. 1 (520–518) is insufficient for such a contrast. It would be much more natural to see a reference here to a later period, and to see the application of the words of both Haggai and Zechariah to the

die (wirtschaftliche) Lage wirklich bessert. Allerdings zeigen V 10b und dann
vor allem V 13, daß noch eine Situation der Bedrängnis durch die anderen
Völker gegeben ist.[798] Die Legitimität der Verheißungen Haggais und Sacharjas wird demgegenüber in den Anspielungen auf sie bekräftigt, und über sie
hinausgehend – und damit die eigentliche Pointe formulierend – wird mit der
unbedingten Verheißung 8,13 erhofft, daß Jahwes Volk einmal aus seinem
Fluch erlöst und zum Segen für die גוים wird.

Wie bereits erwähnt, ist der Bezugsrahmen der Verheißungen 8,1–8 in der
Hauptsache das Sacharja-Buch selbst. Daneben dürfte sich Sach 8,1–8 aber
auch besonders an DtJes orientieren, und zwar Sach 8,1–5.6 an Jes 44,26b;
49,19f; 54,2f sowie Sach 8,7f an Jes 43,1–7; 49,9–13.[799] Nach der Wortereignisformel Sach 8,1 zitiert 8,2a Sach 1,14b; die חמה גדולה 8,2b entspricht dem
קצף גדול 1,15a und dürfte ebenso wie dort auf die Völker bezogen sein.[800]
Sach 8,3aα rekurriert auf die in 1,16aα angesagte Zuwendung Jahwes, während
8,3aβ Sach 2,14 aufgreift.[801] Dabei werden die Bezugsgrößen der Verben vertauscht, in 8,3a ist nun שוב mit dem Zion und שכנת בתוך mit Jerusalem
verknüpft. Sach 8,3b gibt sich dagegen als Anspielung auf das Jesaja-Buch zu
erkennen.[802] Eine Auslegung von Sach 2,5–8 ist in 8,4f zu finden. Die Menge
an Mensch und Vieh (מרב אדם ובהמה בתוכה, 2,8) wird zum einen als Menge
der Tage (מרב ימים, 8,4) für die Alten[803] und zum anderen mit dem zahlreichen Nachwuchs interpretiert, womit die Plätze der Stadt gefüllt sind (מלא
Nif.). Alter und Jugend stehen einerseits für das Leben insgesamt,[804] aber auch

---

problems and needs of their own day." Vgl. ebenso z.B. Beuken, 156ff; Rudolph, KAT 13/4,
63.148f; Lux, Zweiprophetenbuch, 211; Wöhrle, Sammlungen, 382.

798 So mit Wöhrle, Sammlungen, 382 Anm. 38, der gegen Elliger, ATD 25, 140; Petersen, OTL,
307f; Reventlow, ATD 25/2, 82, hervorhebt, daß Sach 8,13 nicht eine allgemeine Aufhebung
des Fluchs über das Volk meint, sondern „daß die von Jhwh erwartete Rettung eben als Rettung vor der Bedrückung durch die Völker zu verstehen ist. Daß der Fluch im allgemeinen
aufgehoben ist, wird nämlich schon durch die zuvor in 8,11–12 dargestellte, bereits gegenwärtige Besserung der agrarischen Situation des Volkes deutlich, und somit würde Sach 8,13
bei der beschriebenen Deutung auf den allgemeinen Fluchstatus des Volkes gegenüber dem
Vorangehenden keinen inhaltlichen Mehrwert einbringen."

799 S. dazu Kratz, Kyros, 89f Anm. 332; ders., Judentum, 83.

800 So mit Reventlow, ATD 25/2, 78; Wöhrle, Sammlungen, 352. Petersen, OTL, 298, weist
dazu auf Ez 36,6 als Parallele hin.

801 Vgl. z.B. Petersen, OTL, 298f; Reventlow, ATD 25/2, 79; Wöhrle, Sammlungen, 352.

802 Vgl. bes. Jes 1,26 (vgl. 1,21); Jes 27,13.

803 איש משענתו בידו (8,4bα) könnte in der Formulierung zudem מדה חבל ובידו איש (2,5)
aufnehmen. In den ברחבות ירושלם (8,4, vgl. V 5) darf man vielleicht eine Anspielung auf
den auszumessenden רחב Jerusalems (2,6) erkennen. Petitjean, Oracles, 372f, hat darauf
hingewiesen, daß die (Wieder-)Bevölkerung der Plätze ein Gegenbild zu Wehklagen und
Leid auf den Plätzen und Straßen nach dem Fall Jerusalems (Jer 9,20; Klgl 2,11f; 4,18; Am
5,16) ist. Vgl. dazu auch Lux, Kinder.

804 Vgl. Petersen, OTL, 300; Meyers/Meyers, AncB 25B, 415ff; Lux, Kinder, 214.

für die schwächsten Glieder der Gesellschaft,[805] die hier am künftigen Heil besonders partizipieren.[806] Die nächste Parallele zu Sach 8,4f ist Jes 65,20.[807] Da Sach 8,1–5 die Zion-Verheißungen der Epexegesen 1,16; 2,10–14*, die Ankündigung des Heils für Jerusalem in Verbindung mit dem Zorn gegen die Völker (1,14b.15a) und die Ankündigung des Bevölkerungsreichtums Jerusalems im dritten Nachtgesicht 2,5–8 zusammenzieht und miteinander verbindet, haben die genannten Texte Sach 8,1–5 vermutlich bereits vorgelegen. Sach 8,1–5 verdichtet noch einmal deren ziontheologische Ausrichtung und trägt sie am Buchende nach. Das Ende des Fastens und die Freude Judas (8,19a) wird mit der Restitution des Zion (8,1–5) verbunden. Zudem wird das Sacharja-Buch, die Tendenz von Sach 1,15–17; 2,10a.11.14 fortsetzend, noch einmal enger mit dem Jesaja-Buch (vgl. Jes 49–54) verbunden.[808]

Sach 8,6–8 dürfte gegenüber 8,2–5 ein Nachtrag sein.[809] Dies läßt sich für 8,6 schon durch die Aufnahme der Stichwörter שארית העם הזה (vgl. 8,11f) und הימים ההם (vgl. 8,10) vermuten, die aus 8,9–13 stammen und die von Sach 8,6 wohl schon vorausgesetzt sind.[810] Die Verheißung 8,7f setzt auch inhaltlich einen anderen Akzent, denn nun geht es nicht mehr um die Bewohner Jerusalems, die die Plätze der Stadt füllen sollen, sondern um die Heimführung der Diaspora,[811] die in der Stadt angesiedelt werden soll. In Aufnahme von 8,3aγ wird nun von den Zurückgebrachten gesagt, daß sie inmitten Jerusa-

---

805 Vgl. Meyers/Meyers, AncB 25B, 415; Lux, Kinder, 214.

806 „Daß weder Alte noch Kinder arbeiten müssen – damals wie heute in armen Ländern üblich – ist Zeichen besonderer wirtschaftlicher Blüte" (Reventlow, ATD 25/2, 79).

807 Zu Jes 65f s. Steck, Studien, 217ff; ders., Abschluß, 29f.91ff.

808 Vgl. o. Anm. 799, zu Sach 2,10–14 und den Zion-Fortschreibungen in DtJes s.o. S. 191.

809 Vgl. Kratz, Judentum, 83, der 8,6.7–8 als Zusatz zu 8,1–5 bestimmt.

810 הימים ההם sind in 8,6 nicht wie in 8,10 die vergangenen Tage vor der Zeit der Tempelgründung, sondern die Zukunft, womit die Pointe der chronologischen Entfaltung des Heils in 8,9–13 vorweggenommen wird. Zudem findet der mahnende Ton von 8,6 in den Heilsverheißungen 8,9–13 keinen Anklang mehr. Auch das Verhältnis zu den Völkern ist in dem zu 8,6 gehörigen Spruch V 7f (s. dazu gleich) anders bestimmt als in 8,13. Ging es dort um die Rolle Israels *unter* den Völkern, so steht in 8,7f die Sammlung *aus* den Völkern im Mittelpunkt. Auch wenn man mit Reventlow, ATD 25/2, 80, in Sach 8,6 eine Anspielung auf die in Hag 2,3 (vgl. בעיניכם Hag 2,3 mit שארית העם הזה בעיני Sach 8,6) zu Tage tretende Skepsis gegenüber dem Tempelbau erkennen kann, scheint es aufgrund der Unterschiede von 8,6 zu 8,9–13 wahrscheinlicher, 8,6 nicht zur selben, auf das Haggai-Buch rekurrierenden Redaktion wie 8,9–13 zu rechnen, gegen Wöhrle, Sammlungen, 353.380ff (die mögliche Querverbindung von 8,6 zu Hag 2,3; Sach 4,10 wird dabei von Wöhrle sogar nicht berücksichtigt). Auch der Rückbezug auf Hag 2,3 würde noch einmal dafür sprechen, daß Sach 8,6 bereits den Rekurs auf Hag in Sach 8,9–13 voraussetzt. Anders Kratz, Judentum, 83, der 8,6.7–8 als Erweiterung „einer ziontheologischen Bearbeitung im Stil von Jes 49–54" (ebd.) bestimmt. Dagegen gehört Sach 8,9–13 nach Kratz zu der „Welle der Ergänzungen, die die Restitution auf den Tempel und seine Erbauer fokussiert" (ebd.), und jünger als als die ziontheologische Bearbeitung ist.

811 Der Merismus ארץ מזרח וארץ מבוא השמש (8,7) steht für die ganze Erde.

lems wohnen werden.[812] Damit steht Sach 8,6–8 in einem Zusammenhang mit den diasporaorientierten Stücken 1,15; 2,3f.10b(.12f*; 6,5b.6aα*.7b?).[813] Wie Sach 2,10b(.12f*) im Anschluß an 2,8 fügt 8,6–8 an 8,4f den Gedanken an, daß der Bevölkerungsreichtum Jerusalems seinen Grund in der Heimkehr der Diaspora hat. Sach 8,6 dürfte mit V 7f zusammengehören, denn alle drei Verse sind von Jer 32 abhängig, wie Nurmela gezeigt hat.[814] Daß im AT eine Sach 8,6 vergleichbare Frage nur noch in Gen 18,14[815] und Jer 32,27[816] begegnet, ist selbstverständlich Konsens. Doch hat Nurmela wahrscheinlich machen können, daß Sach 8,6 hierbei Jer 32,(17.)27 näher steht, da in beiden Stellen eine Verbindung mit einer Verheißung der Sammlung des Gottesvolks besteht (vgl. Sach 8,7f mit Jer 32,37), die in Sach 8,8b bzw. Jer 32,38 jeweils von einer identisch formulierten Bundesformel[817] abgeschlossen wird. Da Sach 8,6–8 zwei (oder sogar drei) Stellen aus Jer 32 zusammenzieht, nämlich V (17.)27.37f, die dort fest mit dem Kontext verwoben sind, kommt die literarische Priorität eindeutig Jer 32 zu.[818] Mit dem klaren Rückbezug auf Jer wäre zu überlegen, ob Sach 8,6–8 sogar schon die Einschreibung von Sach 7,7–14*; 8,14–17.19b mit den vielfältigen Querverbindungen zum Jeremia-Buch und auch den mahnenden Ton dieser Bearbeitung kennt.

Zum Schluß bleibt die Fastenfrage (7,2f.4–6; 8,18–19a) zu untersuchen. Hierbei muß der auffällige Befund bewertet werden, daß die Frage 7,2f in 7,4–6 und 8,18–19a gleich zwei Antworten erhält, die in sich abgeschlossen sind und jeweils mit der gleichlautenden Wortereignisformel ויהי דבר־יהוה צבאות אלי לאמר (7,4; 8,18) eingeleitet werden. Beide Antworten haben zudem eine völlig unterschiedliche inhaltliche Zielsetzung, nämlich harsche Kultkritik in 7,5f einerseits[819] und Verheißung der Verwandlung der Fasten- in Fest- und Freudentage andererseits. Auch nennt 7,5 nur zwei, 8,19a dagegen vier Fastentage, die als Entfaltung des in 7,3 genannten wichtigsten Datums für das Fasten anzusehen sind.[820] Daher ist zu vermuten, daß nur eine der Antworten die

---

812 Jetzt wird mit שכנו בתוך ירושלם (8,8) vom Volk gesagt, was bisher nur für Jahwe galt (ושכנתי בתוך ירושלם, 8,3, vgl. 2,9.14f), nämlich das Wohnen inmitten Jerusalems.

813 S. dazu o. S. 174ff.177.189.193.

814 S. Nurmela, Prophets, 78ff.

815 היפלא מיהוה דבר למועד (Gen 18,14a). Mit Gen 18,4 ließe sich sogar auf den Nachwuchs Sach 8,5 verweisen.

816 הממני יפלא כל־דבר (Jer 32,27b). Vgl. daneben noch Jer 32,17, hier allerdings mit פלא Nif. innerhalb einer Aussage und nicht als Frage.

817 והיו לי לעם ואני אהיה להם לאלהים. Grundlegend zur Bundesformel s. Smend, Bundesformel.

818 Vgl. Nurmela, Prophets, 79f.

819 Vgl. die o. S. 274 Anm. 711 genannten vergleichbaren Aussagen im AT.

820 Mit Wöhrle, Sammlungen, 348f, ist festzuhalten, daß aus der Anzahl der in 7,5; 8,19a erwähnten Fastentage nicht über die Priorität der beiden Antworten entschieden werden kann, wie dies etwa Elliger, ATD 25, 133, und Reventlow, ATD 25/2, 83, tun. Für beide Möglich-

ursprüngliche ist.[821] Die sekundäre der beiden Antworten dürfte die erste (7,4–6) sein.[822] Wieder kommen mehrere Gründe zusammen. So stimmen die in 7,5 genannten Adressaten (כל־עם הארץ und הכהנים) nicht mit den in 7,2 (oder auch 7,3) aufgeführten Personen überein, sondern erweitern den Kreis im Sinne einer grundsätzlichen Vermahnung an das ganze Volk (vgl. Hag 2,4) und die Priester (vgl. Sach 7,3; Hag 2,11–14). Dem entspricht auch der allgemein formulierte Inhalt der Kultkritik (Sach 7,5f). [823] Die Frage 7,3 zielt eigentlich darauf ab, ob man im 5. Monat überhaupt noch weinen muß. Die Antwort hierauf gibt 8,19a, nämlich daß die Trauer zur Freude werden soll.[824] Die Frage nach der Abwendung der Trauer wird in 7,5f jedoch gar nicht weiter verfolgt, vielmehr wird statt dessen die Aufrichtigkeit des Klage-Fastens in Frage gestellt. Es läßt sich außerdem gut erklären, daß V 4–6 nachträglich vor 8,18–19a, wahrscheinlich sogar schon vor 8,1–13.18–19a gesetzt wurde, nämlich um der unbedingten Heilsverheißung die neue Leseanweisung voraus zu schicken, daß das Heil nur erreicht werden kann, wenn der Jahwekult und die Klage über die Katastrophe nicht zum Selbstzweck dienen.[825] Im Hintergrund dürfte das Problem der Heilsverzögerung stehen, so daß die Heilsverheißungen von Bedingungen abhängig gemacht werden, die in der Bußpredigt entfaltet

---

keiten lassen sich plausible Gründe anführen, vgl. nur Elliger, ebd., gegenüber Reventlow, ebd., der übrigens die höhere Zahl der Daten als einziges Kriterium dafür nennt, warum 8,18f nicht mehr zur Fastenfrage gehört. Gegen Wöhrle, ebd., sollte man aber auch die Unterschiede zwischen 7,5; 8,19a, nicht nur in bezug auf die Daten, sondern auch auf den Inhalt, nicht nivellieren.

821 So mit z.B. Elliger, ATD 25, 133; Mason, CNEB, 66f; ders., Tradition, 212f; Petersen, OTL, 312; Reventlow, ATD 25/2, 83; Tollington, Tradition, 25, und gegen z.B. Beuken, Haggai, 140ff; Rudolph, KAT 13/4, 151; Lux, Zweiprophetenbuch, 210; Boda, Fasts, 402; Wöhrle, Sammlungen, 348ff; Präckel, Beobachtungen.

822 Gegen Reventlow, ATD 25/2, 83 und mit der Mehrheit der Ausleger, vgl. z.B. Horst, HAT I/14, 239ff.245; Elliger, ATD 25, 133; Mason, CNEB, 66f; ders., Echoes, 229; ders., Tradition, 212f; Petersen, OTL, 312; Podella, Ṣôm-Fasten, 208; Tollington, Tradition, 25; Redditt, NCBC, 87; Kratz, Judentum, 84.

823 Vgl. dazu bes. Horst, HAT I/14, 239ff.245; Elliger, ATD 25, 133; Mason, CNEB, 66f; ders., Echoes, 229; ders., Tradition, 212f. "The more general reference and application of the words introduced in 7:4 is shown both by the description of those addressed and the nature of the material itself" (Mason, Tradition, 213).

824 Mit Lescow, Sacharja, 92, kann sogar vermutet werden, daß die Worte הנזר כאשר עשיתי זה כמה שנים (7,3bβγ) ein sekundärer Einschub sind, der 7,5b vorbereiten will. Denn damit wird in 7,3bβγ „mit dem betont eingeschobenen הַנָּזֵר das Fasten als *gottesdienstliche* Handlung bezeichnet. Dadurch kommt es zu signifikanten Akzentverschiebungen der Schwerpunkte: vgl. הַנָּזֵר אָבְכֶה וְהִסָּפוֹר v.3b mit סָפוֹר [sic!] v.5b" (ebd.). Wenn diese Beobachtung Lescows, die viel für sich hat, da auch in 8,19a für das Fasten צום verwendet wird, zutrifft, würde das noch einmal bestärken, daß in Frage und Antwort die Abwendung der Trauer im Mittelpunkt gestanden hat.

825 Im umgekehrten Fall, daß 7,4–6 die ursprüngliche Antwort der Fastenfrage gewesen wäre, hätte das Sacharja-Buch einmal mit der Kultkritik 7,4–6 geendet. Ob dies zum Buchabschluß taugt, sei dahingestellt.

werden.[826] Die Bezeichnung des Volks als כל־עם הארץ in Sach 7,5 dürfte aus Hag 2,4 übernommen sein.[827] Auch die Kultkritik des Sacharja hat in der – freilich ganz anders gearteten – Kultkritik des Haggai ihr Gegenstück,[828] so daß sie vielleicht als spätere Ergänzung hierzu in Sach 7 eingefügt wurde.

Als Grundbestand von Sach 7–8 bleibt demnach die Fastenfrage 7,2f mit ihrer Beantwortung in 8,18–19a übrig. Da die Datierung 7,1 jünger ist, war die Erzählung 7,2f; 8,18–19a einmal an die Nachtgesichte angeschlossen. Sach 6,9–15* könnte sogar in Nachahmung von 7,2f; 8,18–19a entstanden sein, da die Datierung 7,1 nur die Erzählung 7,2f; 8,18–19a aus den Nachtgesichten ausgrenzt, nicht aber 6,9–15*. Das könnte dafür sprechen, daß die Erzählung 6,9–15* jünger ist als die Datierung 7,1, die wiederum jünger als 7,2f; 8,18–19a ist. Auf jeden Fall lassen sich zwischen den Erzählungen 6,9–15* und 7,2f; 8,18–19a Parallelen feststellen: Hier wie dort tritt eine namentlich genannte Delegation dem Propheten gegenüber, und in beiden Fällen wird das Heil angesagt. Auch die Formulierung der Wortereignisformel in 6,9 entspricht 8,18.

Die Antwort auf die Fastenfrage, 8,19a, drückt die Verwandlung des Fastens in Freude mit drei Begriffen aus: שׂשׂון, שׂמחה und מעדים טובים. Während der letzte Begriff nur in Sach 8,19 zu finden ist, ist der Parallelismus שׂמחה + שׂשׂון innerhalb des *corpus propheticum* bei Jes und Jer wohlbekannt.[829] Bei Jer begegnet שׂמחה + שׂשׂון hauptsächlich in Gerichtsworten (Jer 7,34; 16,9; 25,10) und einmal in einer Heilsverheißung (Jer 33,10), jeweils in der Wendung קול שׂשׂון וקול שׂמחה.[830] Damit liest sich Sach 8,19a wie Jer 33,10 als eine Aufhebung der jeremianischen Unheilsankündigungen – oder aber wie eine Entsprechung zu den späten jesajanischen Verheißungen Jes 35,10; 51,3.11.[831]

---

826 Vgl. Kratz, Judentum, 84. Kratz geht davon aus, daß Sach 7,4–6 zusammen mit 7,7–14 egänzt wurde.

827 Zwar kommt der Begriff bei Hag und Sach jeweils nur einmal vor, aber in Hag läßt sich plausibler erklären, wie die Wendung gebildet wurde, nämlich durch die Neuformulierung der sonst im Rahmen genannten Adressaten (1,12–14; 2,2) in 2,4. Dabei wurde in Hag 2,4 aus כל שׁארית העם der Ausdruck כל־עם הארץ.

828 Vgl. Mason, Tradition, 213.

829 Außerhalb der Propheten noch Ps 51,10; Est 8,16f.

830 Daneben שׂמחה + שׂשׂון nur noch in Jer 15,6 in anderem Kontext.

831 Hier wird שׂשׂון ושׂמחה stets absolut gebraucht, vgl. daneben nur noch Jes 22,13 in anderem Kontext. Zur redaktionsgeschichtlichen Einordnung von Jes 35,10; 51,3.11 s. Steck, Heimkehr, passim; ders., Tröstung; Abschluß, 27f.83ff.

3.13.3   Fazit

Als Grundbestand von Sach 7–8 können die Fastenfrage und ihre ursprüngliche Beantwortung (7,2f; 8,18–19a) ausgegrenzt werden. Hiermit liegt eine kleine Erzählung vor, die ohne eigene Datierung einfach an den Zyklus der Nachtgesichte angehängt wurde. Ziel der Erzählung ist es, das Ende der Trauer über die Zerstörung Jerusalems und des Tempels, und damit zugleich des Gerichts, sowie den Beginn der Zeit der Freude anzusagen. Sach 8,19a entspricht darin der Aufhebung der Gerichtsansagen Jer 7,34; 16,9; 25,10 in Jer 33,10 bzw. den Heilsverheißungen Jes 35,10; 51,3.11.

Als nächstes dürfte Sach 7,2f; 8,18–19a durch die ebenfalls unbedingten Heilsverheißungen Sach 8,1–5.6–8.9–13 fortgeschrieben worden sein, die nun die krönende Abschlußverheißung 8,19a präludieren. Hierbei wird die ursprüngliche Antwort von der Fastenfrage räumlich abgetrennt, so daß die Frage nach dem Ende der Trauer (7,2f) und ihre endgültige Beantwortung (8,18–19a) nun einen Rahmen um die Heilsworte 8,1–5.6–8.9–13 bilden. Bei den Verheißungen 8,1–13 lassen sich drei verschiedene Fortschreibungen unterscheiden. Als erste Ergänzung wurde 8,1–5 in den Text eingeschrieben. Das Thema dieses Einschubs ist das Heil für Zion-Jerusalem und seine Bevölkerung gemäß Sach 1,14f (vgl. 8,2); Sach 1,16; 2,14; Jes 1,26 (vgl. Sach 8,3) sowie Sach 2,5–8 (vgl. 8,4f). Die Verheißung der Restitution Zions wird mit Blick auf das dritte Nachtgesicht und die epexegetischen Stücke sowie auf Jes 49–54 am Buchschluß von Sach ergänzt und somit mit dem Ende des Fastens und der Freude Judas (Sach 8,19a) verbunden.

An Sach 8,1–5 werden nun die ebenfalls unbedingten Heilsworte 8,9–13 angeschrieben, deren Zusammengehörigkeit durch die Perspektive Rückblick in die Vergangenheit – Reflexion über die Gegenwart – Ausblick auf die Zukunft sowie die Rahmung 8,9.13 (תחזקנה ידיכם) angezeigt wird. 8,9–13 enthält gemäß dem Verweis auf die Propheten der Tempelgründung zahlreiche Anspielungen auf das Haggai-Buch und rezipiert dessen Beschreibung von Fluch und Segen. Die eigentliche Pointe von Sach 8,9–13 geht dabei aber über die Querbeziehungen zu Hag hinaus und orientiert sich statt dessen an Gen 12,1–3. Im Hintergrund scheint eine Bedrückung des Volkes zu stehen, das als Fluch (קללה) unter den גוים bezeichnet wird. Demgegenüber wird der Anbruch des Segens verheißen (הייתם ברכה). Sach 8,9–13 kann noch die Überschrift 7,1 zugeordnet werden, da sie mit der Nennung des Königstitels für Dareios und der Voranstellung der Jahresangabe die Form der Worteinleitungen Hag 1,1; 1,15b–2,1 aufgreift. Zum anderen schafft die Datierung ins vierte Jahr des Königs Dareios (Sach 7,1) den von der Reflexion über die frühere Zeit des Tempelbaus (Sach 8,9–13) benötigten zeitlichen Abstand zur Tempelgründung, der textimmanent mit zwei Jahren bestimmt wird. Durch die neue

Einleitung 7,1 wird Sach 7–8 nun zu einem gegenüber den Nachtgesichten eigenständigen Buchteil.

Zwischen 8,1–5 und V 9–13 schiebt sich später der Zusatz V 6–8, der sich als einheitliches Mischzitat aus Jer 32 (vgl. V 17.27.37f) zu erkennen gibt. Dem Orakel über den Zion und seine Bewohner (Sach 8,1–5) wird die Frage nach der Diaspora hinzugefügt,[832] die nun ebenfalls in Jerusalem ihre Heimat finden soll und wie in 2,8.10b(.12f*) für den Bevölkerungsreichtum Jerusalems verantwortlich ist. Daneben setzt Sach 8,6–8 mindestens 8,9–13,[833] möglicherweise aber auch schon die paränetische Färbung und die zahlreichen Rückbezüge auf Jer in Sach 7,7–14; 8,14–17.19b voraus. Hierauf deuten die Verknüpfungen von Sach 8,6–8 mit Jer 32 sowie der tadelnde Ton von Sach 8,6 hin.

Wahrscheinlich nach den unbedingten Heilsorakeln 8,1–13* wurde der Fastenfrage 7,2f mit 7,4–6 eine neue Antwort hinzugefügt. Sach 7,4–6 bringt das Thema der Kultkritik in Kap. 7–8 ein, wohl in Entsprechung zur Kultkritik des Haggai (vgl. Hag 2,10–14). Allerdings geht es in Sach 7,4–6 nicht um die Frage der Unreinheit des Volks, sondern darum, daß Klagen und Fasten kein Selbstzweck sind. Die Beachtung eines auf Jahwe ausgerichteten Kults wird damit zur Prämisse für die Heilsverheißungen 8,1–13.18–19a.

Sach 7–8 wird im Anschluß an 7,4–6 um die mit Sach 1,1–6 zu einer Redaktionsschicht zu verbindenden Paränesen 7,7.9–14; 8,14–17.19b erweitert.[834] Sach 7,7–14 nimmt das Thema der früheren Propheten aus 1,1–6 auf (vgl. 7,7.12 mit 1,4–6). Dieses wird nun mit stark ethisch orientierten Ermahnungen (V 9f) verwoben, die als Worte der früheren Propheten zitiert werden und diese in der Tat auch voraussetzen.[835] Insgesamt läßt Sach 7,7–14 zahlreiche Anspielungen besonders auf Jer, aber auch auf Jes und Ez erkennen. Sach

---

832 Vgl. dazu die diasporaorientierten Stücke 1,15; 2,3f*; 2,10b(.12f*; 6,5b.6aα*.7b?), s.o. S. 174ff.177.189.193.

833 Von dort werden die Stichwörter שְׁאֵרִית הָעָם הַזֶּה (vgl. 8,11f) und הָהֵם הַיָּמִים (8,10) übernommen, zur Begründung vgl. o. S. 287 Anm. 810.

834 Mit Kratz, Judentum, 84, wäre zu erwägen, ob Sach 7,4–6.7–14 zu derselben Bußpredigt gehören. Dies ist aufgrund des gemeinsamen paränetischen Tons gut möglich, allerdings schlägt 7,4–6 mit dem Beachten des rechten Fastens einen anderen Ton an als die auf soziale Gerechtigkeit abzielende Umkehrforderung von Sach 1,1–6; 7,7–14; 8,14–17.19b. Zudem ist der Blickwinkel ein anderer. Während in 7,4–6 die Anklage der gegenwärtigen Generation gilt, wird in 1,1–6; 7,7–14; 8,14–17.19b das Gericht an der Vätergeneration als Paradigma für die Geschichte Israels und Mahnung zur Umkehr für die gegenwärtige Generation entfaltet. Die für Sach 1,1–6; 7,7–14; 8,14–17.19b prägenden Stichworte קֶצֶף (1,2; 7,12; 8,14), אֲבוֹתֵיכֶם (1,2.4–6; 8,14), שׁוּב (1,3f.6; 7,14; 8,15), דבר (1,6; 7,7.12), קרא (1,4; 7,7.13bis), קשׁב (1,4; 7,11), שׁמע (1,4; 7,11–13) und הַנְּבִיאִים הָרִאשֹׁנִים (1,4; 7,7.12, vgl. 1,5f) spielen in 7,4–6 dagegen keine Rolle. Allzu groß ist der Unterschied ohnehin nicht, ob man 7,4–6 und 1,1–6; 7,7–14; 8,14–17.19b zwei unmittelbar aufeinanderfolgenden Händen oder einer Redaktion zuordnet.

835 Vgl. zu Sach 8,9–10 v.a. Jer 7,5f; 22,3; Ez 22,7.

8,14–17 knüpft in V 14f an die Väterthematik aus 1,1–6 und in V 16f an die Worte in 7,9f an. Vers 19b faßt die Ermahnungen noch einmal konzentriert mit den Stichwörtern אמת und שלום zusammen. Die Heilsaussagen 8,1–13.18–19a sind nun durch die Paränesen gerahmt und werden damit unter die Bedingung der Befolgung des göttlich gesetzten Ethos gestellt.

Zuletzt sind die Völkerwallfahrtorakel 8,20–22.23 als neuer, heilvoller Abschluß hinzugekommen. Vers 23 ist dabei noch einmal jünger als V 20–22. Laut der Neuinterpretation 8,20–22.23 folgt die Bekehrung der Völker und ihre Wallfahrt nach Jerusalem auf das in 1,15; 2,1–4.12f; 8,2b mitgeteilte Völkergericht. Mit 8,20–22 können die ebenfalls den Anschluß der Völker erwartenden Stücke 2,15f; 6,15a zu einer das Heil für die Völker in den Blick nehmenden Bearbeitung verbunden werden.

3.14 Ertrag: Die Redaktionsgeschichte des Sacharja-Buchs

Vorbemerkung: Aus Gründen der Übersichtlichkeit soll die Abfassung des Buchrahmens erst nach dem Durchgang durch die Nachtgesichte beschrieben werden, auch wenn Teile des Buchrahmens älter sind als die späten Passagen der Nachtgesichte.

3.14.1 Der Zyklus der Nachtgesichte und die Zeichenhandlung von der Krönung Josuas (Sach 1,7–6,15)

Im Anschluß an die Analyse der Nachtgesichte[836] läßt sich folgendes Ergebnis skizzieren, das Aufschluß über das sukzessive Wachstum des Zyklus gibt: Die Vision des Hohenpriesters Josua (Sach 3) weicht von allen anderen Visionen – zumindest in deren Endgestalt[837] – in charakteristischen Punkten ab, stellvertretend sei das Fehlen des Deuteengels genannt. Da Sach 3 zudem die Symmetrie des Zyklus der übrigen sieben Visionen stört, der konzentrisch um die Vision „Leuchter" (Sach 4) gruppiert ist, ist anzunehmen, daß Sach 3 nachträglich in den Siebener-Zyklus integriert wurde, d.h. als letzte Vision in die Nachtgesichte gekommen ist.[838] Da die an die Nachtgesichte angehängte Zeichenhandlung Sach 6,9–15 die Einführung des Hohenpriesters Josua in Sach 3 voraussetzt und die Einkleidung Josuas in Sach 3 mit dessen Krönung noch

---

836 S. 3.3–3.12.

837 Für die Visionen „Reiter" (Sach 1,8–17), „Handwerker" (2,1–4) sowie „Meßschnur" (2,5–9) konnte jeweils ein Grundbestand ermittelt werden, in dem die Figur des Deuteengels fehlt, s. 3.3.2, 3.4.2, 3.5.2.

838 Zu den Unterschieden, die für eine Ausscheidung von Sach 3 als jüngster Vision der Nachtgesichte sprechen, s.o. S. 139ff.

einmal überbietet, kann Sach 6,9–15 als noch jünger als der Grundbestand von Sach 3 eingestuft werden.[839] Die Epexegesen Sach 1,15–17; 2,10–17; 4,6–10* stellen Anhänge an bzw. einen Einschub in die Nachtgesichte „Reiter" (1,8–14); „Meßschnur" (2,5–9) und Leuchter (4,1–14*) dar.[840]

Bei den übrigen Visionen ergibt sich für die ursprünglichen Texte ein uneinheitliches Bild: In der Vision „Handwerker" (Sach 2,3.4abα¹γ) fehlt im ursprünglichen Text der Deuteengel.[841] Statt dessen ist dieses Nachtgesicht als Jahwe-Vision gestaltet (vgl. וראני יהוה, 2,3aα), und der Deuteengel wird in Angleichung an die übrigen Nachtgesichte erst mit der Vorschaltung des Hörnermotivs Sach 2,1f* nachgetragen. Auch in den Visionen „Reiter" (1,8–14) sowie Meßschnur (2,5–9) ließ sich eine erste Textstufe ermitteln, in der der Deuteengel noch nicht vorkommt (1,8.9a.10.11b; 2,5–6), sondern erst nachträglich ergänzt wird (1,9b.14; 2,7a.8).[842] Allerdings tritt im Grundtext der beiden Visionen jeweils ein Mann (איש) auf, der dem Propheten das Gesehene erläutert, ganz dem Deuteengel entsprechend. Die ursprünglichen Textstufen der übrigen Visionen „Leuchter" (4,1.2abα¹.3–6aα.14*), „Schriftrolle" (5,1.3), „Efa" (5,5–6.9*–11a) und „Wagen" (6,1–3*.4.5a.6*.8) setzen dagegen den Deuteengel bereits im Grundbestand voraus. Ohne dessen Figur könnte in diesen Visionen kein Deutegespräch stattfinden, die Bilder blieben damit ohne Interpretation unverständlich. In der Vision „Schriftrolle" wird der Deuteengel zwar nicht explizit genannt, das Nachtgesicht geht aber von dessen Figur als ständigem Begleiter aus. Das Subjekt von 5,3 ist nach dem Kontext (vgl. Sach 4,1–14*) der Deuteengel, und es wird anstelle des *angelus interpres* in 5,1–4 auch kein anderer Visionsmittler eingeführt.

Von den verbleibenden sieben Visionen kann zunächst die Vision „Handwerker" (2,3.4abα¹γ) als sekundärer Zusatz ausgeschieden werden. Sie unterscheidet sich von den anderen sechs Nachtgesichten dadurch, daß sie als Jahwe-Vision gestaltet ist.[843] Nur in dieser Vision kommuniziert der Prophet mit Jahwe, ansonsten immer mit einer Mittlergestalt, seien es die Männer in den Visionen „Reiter" und „Meßschnur", sei es der Deuteengel in den Visionen „Leuchter", „Schriftrolle", „Efa" und „Wagen". Als unterstützendes Argument

---

839 Zum Grundbestand von Sach 3 sind nur 3,1a.4b, von Sach 6,9–15 nur 6,9.10a.11.13a zu rechnen, s.o. 3.7.2 und 3.12.2.

840 S.o. 3.3.2, 3.6.2, 3.8.2.

841 S.o. 3.4.2.

842 S.o. 3.3.2 und 3.5.2.

843 Damit entspricht Sach 2,3f* dem auch in Jer 24,1–10; Am 7,1–3.4–6.7–9; 8,1–3 zu findenden Visionstyp. Sach 3 ist ebenfalls als Jahwe-Vision zu verstehen, auch wenn zu וראני kein Subjekt genannt wird. Sach 3 dürfte die Einfügung der Jahwe-Vision Sach 2,3f voraussetzen, so daß von dort her das Subjekt für 3,1a kenntlich ist. Ein weiterer Unterschied zu Sach 2,3f ist, daß in Sach 3 kein Deutegespräch stattfindet. Dies bestätigt noch einmal, daß die Vision „Josua" als letzte in den Zyklus der Nachtgesichte integriert worden ist und nicht von derselben Hand wie 2,3f ergänzt wurde (so aber Schöttler, s.o. S. 140 Anm. 2).

neben der Gestaltung der Visionen kann für die Ausscheidung der Vision „Handwerker" genannt werden, daß diese das Fremdvölkerthema in den Zyklus einführt und bereits eine diasporaorientierte Perspektive einnimmt, während sich in Sach 6,8 noch die Konzentration auf die Gola findet. Da Sach 2,3f zudem die jungen Verse Jes 54,16 und Ez 21,36 voraussetzt, ist für die Vision „Handwerker" ohnehin ein spätes, und gegenüber der Golaorientierung in Sach 6,8 ein späteres Abfassungsdatum als für die Vision „Wagen" anzunehmen.[844]

Bei den nach Abzug der Visionen „Josua" und „Handwerker" verbleibenden Visionen fällt bei der Gruppe der Nachtgesichte, die bereits den Deuteengel im Grundtext enthalten,[845] die Einleitung der Vision „Efa" heraus, die als einzige nicht mit שוב als Formverbum einsetzt.[846] Diese Beobachtung läßt bereits vermuten, daß die Vision „Efa" nachträglich zwischen die Nachtgesichte „Leuchter", „Schriftrolle" und „Wagen" gesetzt wurde. Bestätigt wird dies durch die Tatsache, daß die Vision „Efa" von der Vision „Schriftrolle" abhängig ist, aber aufgrund der thematischen Verschiebungen nicht von derselben Hand wie die Vision „Schriftrolle" stammt.[847] Der Bezug von עונם (5,6b) ist nicht in der Vision „Efa" zu finden, sondern verweist ebenso wie die Formulierung בכל־הארץ auf die Diebe und Meineidigen (5,3) aus der vorangegangenen Vision „Schriftrolle" zurück. Mit der Verbringung des עון in das Land Schinar und der Reinigung des Landes Juda gibt die Intention der Einschreibung von der Vision „Efa" zu erkennen: Die mit den Dieben und Meineidigen geschilderten Einzelfälle werden ins Grundsätzliche gewendet. An die Stelle der Verfolgung der Missetäter durch den Fluch (5,3) tritt die kultische Reinigung des ganzen Landes von עון durch einen Eliminationsritus.

Kann auch die Vision „Efa" ausgeschieden werden, so verbleiben die fünf Visionen „Reiter" (1.8.9a.10.11b), „Meßschnur" (2,5–6), „Leuchter" (4,1.2abα[1].3–6aα.14*), „Schriftrolle" (5,1.3) und „Wagen" (6,1–3*.4.5a.6*.8), die sich darin unterscheiden, daß die ersten beiden in ihrem Grundbestand jeweils einen Mann und die letzten drei jeweils den Deuteengel aufweisen, die dem Propheten die Visionen erläutern. So läßt sich vermuten, daß zwischen den Visionen „Reiter" und „Meßschnur" einerseits und den Visionen „Leuchter", „Schriftrolle" und „Wagen" andererseits ein literarischer Bruch besteht. Dabei ist anzunehmen, daß die Nachtgesichte „Leuchter", „Schriftrolle" und

---

844 Zur Einordnung von Sach 2,3f s.o. S. 175f, zur Gola-Perspektive von 6,8 s.o. S. 256ff.

845 Dies sind die Visionen „Leuchter" (4,1.2abα[1].3–6aα.14*), „Schriftrolle" (5,1.3), „Efa" (5,5–6.9*–11a) und „Wagen" (6,1–3*.4.5a.6*.8).

846 Vgl. Sach 5,5 mit 4,1; 5,1; 6,1. Auch sonst weicht die Visionseinleitung 5,5f vom üblichen Schema ab: Das Nachtgesicht setzt nicht mit einer Beschreibung der Vision durch den Propheten ein, sondern mit einer Aufforderung des Deuteengels, die Augen aufzuheben und zu sehen (vgl. noch 4,1f). Auch die eigentliche Visionsschilderung in 5,6 erfolgt nicht wie sonst durch den Propheten, sondern durch den Deuteengel.

847 S.o. 3.10.2. Auch nach den Analysen von Uehlinger, Policy, 338ff, Kratz, Judentum, 86, und Keel, Geschichte, 1010ff, ist die Vision „Efa" gegenüber der Vision „Schriftrolle" sekundär.

„Wagen", die den Deuteengel enthalten, jünger als die Visionen „Reiter" und „Meßschnur" sind. Das Indiz hierfür ist die Gestalt des Deuteengels:

In den Grundtexten der Visionen „Reiter" (1,8.9a.10.11b) und „Meßschnur" (2,5–6) fehlt der Deuteengel noch und ist auch nicht nötig, denn der Prophet kommuniziert jeweils mit einem אִישׁ, der selbst Teil des Geschauten ist und als *angelus interpres* fungiert.[848] Der Deuteengel wird in beiden Visionen jeweils erst in der darauf folgenden Textstufe ergänzt (vgl. Sach 1,9b.14; 2,7a.8).[849] Anhand der Ergänzung des Deuteengels in diesen beiden Nachtgesichten läßt sich beobachten, daß und wie die Gestalt des Deuteengels aus der Figur des „Mannes" entwickelt worden ist. Indem der Deuteengel nun den Sinn des Geschauten erklärt, übernimmt er zu einem wesentlichen Teil die Funktionen der Männer. Während die Männer selbst Teil des Visionsgeschehens waren, tritt der Deuteengel eher aus diesem heraus und erläutert dessen Sinn, ist aber selbst nicht Teil des eigentlichen Visionsbildes. Dies zeigt besonders die Ergänzung des Deuteengels im ersten Nachtgesicht: Hier tritt der Deuteengel nur am Beginn der Schauung mit der Ankündigung auf, *er* wolle die Vision interpretieren (1,9b), und dann erst wieder am Ende, nach Abschluß des eigentlichen Visionsgeschehens, um die Verheißung für Jerusalem an den Propheten weiterzugeben (1,14). Der Deuteengel wird zum ständigen Begleiter des Visionärs – entsprechend ist er stets determiniert (הַמַּלְאָךְ הַדֹּבֵר בִּי, vgl. 1,9b.14a; 2,7a), während im Grundtext der Visionen „Reiter" und „Meßschnur" zwei unterschiedliche Männer auftreten, wie ihre unterschiedlichen Attribute und Funktionen sowie die Tatsache zeigen, daß beide nicht determiniert sind, sondern jeweils neu mit וְהִנֵּה־אִישׁ (vgl. 1,8; 2,5) eingeführt werden.

Dieselbe Aufgabe, den Propheten durch die Nachtgesichte zu begleiten und ihm die Visionsbilder zu erklären, hat der Deuteengel ebenfalls in den Visionen „Leuchter", „Schriftrolle" und „Wagen".[850] Hinzu kommt, daß die Kommunikation zwischen Deuteengel und Prophet in diesen drei Nachtgesichten – und ebenso in den Visionen „Hörner und Handwerker" (2,1–4) sowie „Efa" (5,5–11) – dem Frage-Antwort-Schema des Deutegesprächs zwischen den Männern und dem Propheten in den Visionen „Reiter" und „Meßschnur" entspricht: So wird die Frage an den Reiter מַה־אֵלֶּה אֲדֹנִי (1,9a) in Sach 4,4f.13; 6,4 wörtlich wieder aufgenommen und ist als Vorbild für Sach 2,2.4;

---

848 Daß es sich bei den beiden Männern um himmlische Boten handelt, zeigt im Nachtgesicht „Reiter" bereits die Situierung am Himmelstor. Weiterhin machen dies die Tätigkeiten der beiden Männer deutlich: Der erste führt eine Patrouille an, die über die ganze Erde zieht (vgl. 1,10.11b), während der zweite die Aufgabe hat, ganz Jerusalem nach seiner Länge und Breite zu vermessen (vgl. 2,6b). Daß himmlische Wesen schlicht als אִישׁ (1,8.10; 2,5) bezeichnet werden, ist im AT nicht ungewöhnlich, s. z.B. die drei Männer in Mamre (Gen 18), auch die Anrede mit אֲדֹנִי ist dabei zu finden (vgl. Sach 1,9a mit Gen 18,3; 19,2.18; Jos 5,13f).

849 S.o. 3.3.2 und 3.5.2.

850 Entsprechend dann auch in den jüngeren Visionen „Efa" (5,5–11) und „Hörner und Handwerker" (2,1–4).

4,11f zu erkennen. Die Visionseinleitung 2,5 wird von Sach 2,1; 5,1.5.9; 6,1 rezipiert. Die Frage an den Mann mit der Meßschnur (אנה אתה הלך) wird von 5,10 wieder aufgegriffen.[851] Da also der Deuteengel in den Visionen „Reiter" und „Meßschnur" erst sekundär hinzugekommen ist und dort die Deutefunktion der beiden Männer als Begleiter des Visionärs übernimmt, und da sich die Nachtgesichte, in denen der Deuteengel bereits zum Grundtext gehört, bis in die Formulierungen hinein an dem visionären Gespräch zwischen dem Propheten und den beiden Männern im Grundbestand der Visionen „Reiter" und „Meßschnur" orientieren, läßt sich folgern, daß die Figur des Deuteengels insgesamt von der Figur der Männer in Sach 1,8.9a.10.11b; 2,5–6 literarisch abhängig und sekundär in den Visionszyklus gekommen ist.

Die Funktion des Deuteengels zeigt zudem eine Verschiebung gegenüber der Rolle der beiden Männer in Sach 1,8.9a.10.11b; 2,5–6, was weiterhin dafür spricht, daß das Auftreten des Deuteengels sekundär gegenüber den beiden Männern ist: Diese müssen bereits die Visionen „Reiter" und „Meßschnur" für den Propheten interpretieren, womit deutlich wird, daß das Geschaute für den Visionär nicht unmittelbar verständlich ist. Aber die Männer sind selbst Teil der vom Propheten beschriebenen Visionsbilder und der darin geschilderten Handlung. Mit dem Deuteengel wird nun eine einzige, feste Instanz geschaffen, die von nun an die Visionen erläutert, und der Deuteengel wird damit den Männern gemäß 1,9b vorgeordnet: אני אראך מה־המה אלה.

Mit der Einführung des Deuteengels wird das eigentliche Visionsgeschehen stärker vom Propheten abgesetzt und durch seine Figur deutlicher betont, daß die Visionen aus sich selbst nicht mehr verständlich sind – die Erklärungen der beiden Männer sind nicht mehr ausreichend –, sondern auf die Erläuterung des Deuteengels angewiesen sind. Die Transzendenz des himmlischen Geschehens wird betont. Daher wird dieser innerhalb des Visionszyklus ständiger Begleiter und Gesprächspartner des Visionärs.[852] Vielleicht soll damit nach der Erfahrung der Exilskatastrophe die Transzendenz Gottes stärker hervorgehoben werden.[853] Gottes Wille ist ohne himmlische Vermittlung für den Menschen nicht zu begreifen, nicht einmal für die Propheten.[854]

---

851 Neben den die beiden ursprünglichen Visionen bestimmenden Formeln, die den anderen Nachtgesichten zum Vorbild wurden, soll hier noch auf das Stichwort כל־הארץ (Sach 1,11b, vgl. 1,10b.11a) hingewiesen werden, das von 4,10.14; 5,3.6; 6,5 aufgenommen wird. Auch das Motiv der verschiedenfarbigen Pferde, die über die Erde ausziehen, dient als Vorlage für das letzte Nachtgesicht (6,1–8).

852 Vgl. K. Koch, Monotheismus, 569.

853 Dies trifft bereits für die Funktion der beiden Männer zu. Im Vergleich etwa mit Jes 6; Jer 1 und Am 7–9 fällt auf, daß es in den Nachtgesichten zunächst keine direkte Kommunikation zwischen Jahwe und dem Propheten gibt. Es soll hiermit für die genannten Visionen kein hohes Alter behauptet werden, vgl. zu Jes 6 z.B. Becker, Jesaja, 61ff; Barthel, Prophetenwort, zu Jer 1 Levin, Verheißung, 147ff; ders., Wort, 258ff; Fischer, HThKAT, 132ff, und zu Am 7–9 Becker, Prophet; Steins, Amos. Es läßt sich bei den Nachtgesichten lediglich eine andere

Ist die Figur des Deuteengels gegenüber den mit אִישׁ bezeichneten Mittlerwesen und den mit ihnen verbundenen Visionen „Reiter" und „Meßschnur" sekundär, so bedeutet dies, daß auch die Visionen, die den Deuteengel bereits in ihrem Grundbestand voraussetzen, weil sonst kein Deutegespräch zustande kommen kann, jünger sind und gegenüber den Visionen „Reiter" und „Meßschnur" sekundär in den Zyklus eingeschrieben wurden. Berücksichtigt man noch einmal, daß die Visionen „Leuchter" (4,1.2abα[1].3–6aα.14*), „Schriftrolle" (5,1.3) und „Wagen" (6,1–3*.4.5a.6*.8) die Sprache und Kommunikationsstruktur der Grundtexte der Nachtgesichte „Reiter" (1,8.9a.10.11b) und „Meßschnur" (2,5–6) aufnehmen und die Figur des Deuteengels gemäß den Zusätzen Sach 1,9b.14; 2,7a.8 bereits in ihrem Grundbestand voraussetzen, so müssen die Visionen „Leuchter", „Schriftrolle" und „Wagen" jünger sein als die älteste Gestalt der Visionen „Reiter" und „Meßschnur". Anders herum ausgedrückt, sind die beiden Visionen „Reiter" und „Meßschnur", die den Deuteengel zunächst noch nicht enthalten, die ältesten Visionen innerhalb der Nachtgesichte.[855] Daß Sach 1,8.9a.10.11b; 2,5–6 einmal gemeinsam den Ausgangspunkt für das Wachstum der Nachtgesichte bildeten, läßt sich daran zeigen, daß die beiden Visionen „Reiter" und „Meßschnur" in ihrem Grundbestand so klare Parallelen hinsichtlich Aufbau, Inhalt und Anliegen haben, daß sie als Einheit verstanden werden können.[856] Da der Deuteengel aus den beiden Männern in Sach 1,8–11* und 2,5–6 hervorgeht und diesen in den Visionen „Reiter" und „Meßschnur" vorgeordnet wird, ist zu vermuten, daß seine Einfügung dort nicht jünger ist als die Hinzufügung der Visionen „Leuchter", „Schriftrolle" und „Wagen".[857]

Tendenz feststellen. Gerade das erst spät hinzugekommene Nachtgesicht „Handwerker" (Sach 2,3f) ist zunächst als Jahwe-Vision gestaltet, bevor der Deuteengel in 2,1f auch dort hinzugefügt wird. Trotz der starken Betonung der Transzendenz Jahwes und der Einführung von Mittlergestalten ist Sach 1–8 nicht apokalyptisch, so mit z.B. Hanson, Dawn, 250ff; Tollington, Tradition, 86, und gegen z.B. Gese, Anfang.

854 Ab der Perserzeit nimmt die Bedeutung von Engelsgestalten in den at und deuterokanonischen Texten zu. Ein Grund mag der Einfluß der persischen Religion sein, etwa mit dem Konzept der *ameša spentas*, vgl. Gerstenberger, Boten.

855 So im Ergebnis auch Kratz, Judentum, 85f (Sach 1,8.9a.10b.11b; 2,5–6). Kratz rechnet damit, daß danach die Visionen „Leuchter" (4,2b*.3f.14) und „Wagen" (6,1–5*.7*) hinzugekommen sind, die den Deuteengel einführen. Uehlinger, Policy, 338ff rekonstruiert eine lineare Abfolge von „fünf Visionen, besser, eine fünfteilige Vision" (a.a.O., 338), die die Figur des Deuteengels vermutlich noch nicht kennt (vgl. a.a.O., 343 Anm. 183) und sich aus den Bildern „Reiter" (1,8.9a.10*.11*), „Hörner" (2,1.2*.4b) „Meßleine" (2,5–6), „Schriftrolle" (5,1–3a[.b?]) sowie „Wagen" (6,1–3* ... [sic!] 5*.7–8) zusammensetzt. Allerdings teilt Uehlinger keine literarkritischen Argumente für die Ausscheidung des Deuteengels mit, auch bleibt offen, wie man sich das visionäre Geschehen ohne Deuteengel in Sach 2,1–4*; 5,1–3 und 6,1–8* vorzustellen hat.

856 S. dazu 3.14.1.1.

857 Dieser Frage wird im Abschnitt 3.14.1.2 weiter nachgegangen.

Bevor die einzelnen Wachstumsstufen des Zyklus der Nachtgesichte genauer beschrieben werden, soll folgendes Ergebnis festgehalten werden: Den Grundbestand bilden die Visionen „Reiter" und „Meßschnur" (1,8.9a.10.11b; 2,5–6), die den Deuteengel noch nicht kennen, bei denen aber jeweils ein mit איש bezeichnetes Mittlerwesen Teil des Visionsbildes ist. Danach kommen die Nachtgesichte „Leuchter" (4,1.2abα¹.3–6aα.14*), „Schriftrolle" (5,1.3) und „Wagen" (6,1–3*.4.5a.6*.8), und der Deuteengel wird in die Visionen „Reiter" und „Meßschnur" eingeschrieben (1,9b.14; 2,7a.8). Als nächstes wird die Vision „Efa" (5,5–6.9*–11a), die sich auf die Diebe und Meineidigen (5,3) zurückbezieht, zwischen die Visionen „Schriftrolle" und „Wagen" eingefügt. Hierauf folgt das Nachtgesicht „Handwerker" (2,3.4abα¹γ), das die Form der Jahwe-Vision hat. Als letzte Vision komplettiert das Nachtgesicht „Josua" (3,1a.4b), von dem die Zeichenhandlung von der Krönung Josuas (6,10a. 11.13a) noch einmal abhängig ist, den Zyklus von acht Nachtgesichten.

3.14.1.1 Der Grundbestand des Sacharja-Buchs: Neuanfang und Restitution Jerusalems (Sach 1,8.9a.10.11b; 2,5–6)

Die Entstehung des Zyklus der Nachtgesichte hat ihren Ausgangspunkt in den Visionen „Reiter" (1,8.9a.10.11b) und „Meßschnur" (2,5–6), die sich dadurch von den anderen Nachtgesichten abheben, daß sie den Deuteengel noch nicht kennen. Es handelt sich bei den beiden Grundworten der ursprünglichen Nachtgesichte (Sach 1,8.9a.10.11b; 2,5–6) um zwei kurze, ganz parallel aufgebaute Szenen. Beide Male führt der Visionär ein Gespräch mit einem איש. Jeweils ist der איש indeterminiert und wird mit והנה־איש eingeführt (1,8//2,5). Der Aufbau der Visionen ist identisch: Die Nachtgesichte werden mit der Beschreibung des Geschauten durch den Visionär eröffnet (1,8//2,5), woraufhin der Prophet einen Mann, der Teil der Schauung ist, nach dem Sinn der Vision fragt (1,9a//2,6a). Die Nachtgesichte werden dann jeweils mit der Antwort der Männer abgeschlossen (1,10.11b//2,6b).

Die beiden Visionen wollen offensichtlich als eine Abfolge gelesen werden, wobei das 1. Nachtgesicht die Vorbedingung bzw. das Signal dafür ist, was mit dem 3. Nachtgesicht verheißen wird. Die Ruhe auf der Erde (1,11b), die neue geopolitische Lage, ist Voraussetzung und Hoffnung für den Wiederaufbau Jerusalems (2,6b).

Die Deutung des Zustands auf der Erde durch den Reiter כל־הארץ ישבת ושקטת (V 11b) läßt sich gut mit der politischen Situation nach dem Regierungsantritt Dareios' I. korrelieren. Nach der Niederschlagung verschiedener, im Zuge seines Amtsantritts entstandener lokaler Aufstände gelang es Dareios, das Reich zu befrieden. Im zweiten Jahr (vgl. Sach 1,7) ist die Hauptwelle der Aufstände vorbei. Damit stimmt die in Sach 1,11b beschriebene Situation auf

der Erde zumindest mit der offiziellen Version des Dareios überein, wie er sie
auf der Behistun-Inschrift hat verewigen lassen.[858] Im Anschluß und unter dem
Eindruck der Ereignisse rund um seine Machtergreifung setzt es sich Dareios
zur Aufgabe, die Verwaltungsstruktur seines Großreichs neu zu ordnen, um so
das Reich zu stabilisieren.

Insofern kann das Datum 1,7, das ist der 15. Februar 519 v. Chr., eine gewisse historische Zuverlässigkeit für sich beanspruchen, es entspricht zumindest der offiziellen persischen Darstellung, die in Abschriften im ganzen Reich
verbreitet wurde.[859] Dieses in Sach 1,7 genannte Datum und vielleicht auch der
Prophetenname wurden möglicherweise zusammen mit den beiden Visionen
überliefert. In seiner jetzigen Form geht Sach 1,7 jedoch auf die Verknüpfung
von Hag und Sach zurück, wodurch Hag–Sach zu einer Tempelbauchronik
gestaltet wird.[860]

In diese Zeit der Konsolidierung (Sach 1,8.9a.10.11b) wird eine Verheißung für Jerusalem gesprochen: Es soll wieder aufgebaut werden (2,5f). Der
Tempel wird hierbei nicht explizit genannt, dürfte aber nach gängiger ao Vorstellung in die Restitution der Stadt mit eingeschlossen sein.[861]

3.14.1.2   Die erste Bearbeitung: Reorganisation (Sach 1,9b.14; 2,7a.8; 4,1.2abα[1].3–6aα.14* (ohne ויאמר); 5,1.3; 6,1–3* (ohne אמצים).4.5a.6* (ohne אשר־בה).8)

Die erste greifbare Bearbeitung führt den Deuteengel in die Visionsberichte
des ersten und dritten Nachtgesichts ein (1,9b.14; 2,7a.8). Durch die Figur des
Deuteengels wird betont, daß die Visionen aus sich selbst heraus nicht mehr
verständlich, sondern auf die Erläuterung des Deuteengels angewiesen sind.[862]

---

858 Zu den politischen Geschehnissen s.o. S. 68 Anm. 367 sowie S. 123ff.

859 Vgl. DB § 60f u. § 70. Fragmente der Behistun-Inschrift wurden in Babylon und Elephantine
     gefunden. In Nachträgen berichtet die Behistun-Inschrift später dann noch von einzelnen
     Aufständen im 2. und 3. Jahr des Dareios (vgl. DB §§ 71.73). S. dazu Borger, Chronologie.
     Vgl. Uehlinger, Policy, 340: „Die Meldung ‚die ganze Erde ist ruhig' (i 11b) entspricht viel-
     leicht der realpolitischen Situation nach Februar 519, sicher aber der in Bisotun inschriftlich
     gesicherten Behauptung des Großkönigs, die beim Thronwechsel ausgebrochenen Revolten
     seien niedergeschlagen." Vgl. z.B. zuletzt Lux, „Herrlichkeit", 204f. Gegen Wolters, Earth,
     132ff, wonach Sach 1,11b nicht die Situation nach der Niederschlagung der Aufstände mei-
     nen kann, da die Revolten der Skythen und Elamiter bald folgten. Statt dessen interpretiert
     Wolters, a.a.O., 137ff, die Ruhe auf der Erde als Anspielung auf Jes 14,7 und die Unterwer-
     fung der Babylonier durch Kyros und Dareios. Die Aufstände des 2. und 3. Jahrs des Dareios
     liegen aber noch dem in Sach 1,7 mitgeteilten Datum voraus, so daß Sach 1,11b tatsächlich
     der in der Behistun-Inschrift geschilderten Weltlage entspricht.

860 S.u. 3.14.1.3 und 4.2.1.

861 Vgl. Lux, „Herrlichkeit", 211ff.

862 Vgl. C. Jeremias, Nachtgesichte, 54ff; Görg, Art. Engel, 1280.

Brauchten schon die Visionen des Grundbestands die Erklärungen der jeweiligen Männer, so wird der Deuteengel aus den Visionen herausgerückt und begleitet statt dessen den Propheten von Vision zu Vision.[863] Er wird ständiger Begleiter und Gesprächspartner des Visionärs.

Dem 1. Nachtgesicht wird die Gestalt des Deuteengels eingeschrieben, die nun recht plötzlich auftritt (1,9b), sowie der Verkündigungsauftrag (V 14) zugefügt, der im Nahkontext zum 3. Nachtgesicht überleitet, darüber hinaus aber ein Heilswort formuliert, das programmatisch über dem ganzen Zyklus steht: Jahwe eifert leidenschaftlich für Jerusalem-Zion.[864]

Die Ergänzungen am 3. Nachtgesicht (V 7a.8) weisen neben der Heilsverheißung des wunderbaren Bevölkerungsreichtums Jerusalems zugleich auf das Interesse der Bearbeitungsschicht hin: Die Reorganisation. Die Bearbeitung trägt dabei den realen Verhältnissen Rechnung, indem Jerusalem als offene Landstadt geschildert wird.

Mit der Einschreibung des Deuteengels oder erst danach werden weitere Visionen an das erste und dritte Nachtgesicht angeschrieben. Es dürften dies zunächst das fünfte und das achte Nachtgesicht in ihrem jeweiligen Grundbestand gewesen sein: Sach 4,1.2abα^1.3–6aα.14* (ohne ויאמר); 6,1–3* (ohne אמצים).4.5a.6* (ohne אשר־בה).8.[865] Sach 4* und 6,1–8* stehen den beiden ersten Nachtgesichten formal sehr nahe. Die ausführliche Einleitung Sach 4,1 nimmt mit dem Motiv des Weckens das Motiv der Nacht aus 1,8 auf, und die Formulierung 4,2bα^1 (ראיתי והנה) greift ebenfalls auf den Beginn von 1,8 (ראיתי הלילה והנה) zurück. Die Frage des Visionärs 4,5 zitiert Sach 1,9a. So wie sich das fünfte Nachtgesicht an dem ersten orientiert, übernimmt das letzte die Visionseinleitung des zweiten (vgl. 6,1 mit 2,5). Die Verschränkungen gehen noch weiter:

Die Vision „Leuchter" übernimmt das Stichwort כל־הארץ aus 1,11b. Jahwe wird im Kultsymbol des Leuchters als אדון כל־הארץ (4,14) geschaut. Er wird von zwei Ölsöhnen flankiert, die aufgrund des betonten אלה שני בני־היצהר als besondere Gestalten herausgehoben werden, die in einem Loyalitätsverhältnis untereinander und Jahwe gegenüber stehen. Hier ist an zwei Führungsgestalten zu denken, seien es Serubbabel und Josua oder der persische König und der Statthalter.[866]

Mit der Vision des Leuchters verdichtet sich der Blick von der Weltperspektive über die Stadt Jerusalem hin zum Kultsymbol des Leuchters, das den im Tempel präsenten Jahwe darstellt.

---

863 Im Unterschied zu den Männern ist der Deuteengel seit seinem Auftreten in 1,9b stets determiniert. Man hat hier also tatsächlich nur an eine Figur für alle Nachtgesichte zu denken.

864 S.o. 3.3.2.

865 Auch Kratz, Judentum, 85f, nimmt an, daß zunächst diese beiden Visionen an das vierte Nachtgesicht angeschlossen wurden.

866 S. dazu o. S. 233ff.

Das letzte Nachtgesicht nimmt das Thema der Erkundung der Erde durch die verschiedenfarbigen Pferde auf und läßt nun Wagen ausfahren. So wie die Pferde dem Reiter des ersten Nachtgesichts am Himmelstor Report erteilen, so fahren die Wagen im letzten Nachtgesicht am Himmelstor wieder aus. Als Abschluß des Zyklus wird schließlich in 6,8 die Geistbegabung der Gola verheißen.[867] Nach der Konzentration geht der Weg wieder zurück zur Weltperspektive.

Mit den Themen Ruhe auf der Erde und Ansage des Heils und Wohlstands für Jerusalem, das wiederbevölkert werden und als offene Landstadt daliegen soll, sowie dem Blick auf zwei Führungsgestalten und dem exklusiven Anspruch der Gola auf die Geistverleihung läßt sich ein Themenkreis erkennen, der als eine Art Konstitution für Juda-Jerusalem zu verstehen ist. Aufgrund dieser Thematik schlage ich vor, noch ein weiteres Nachtgesicht in Betracht zu ziehen, das den ersten vier bald (oder schon gleich?) hinzugefügt wurde, und zwar die Vision „Schriftrolle" (Sach 5,1.3). Zwar weicht der Aufbau von den anderen vier Nachtgesichten ab, da die Frage nach der Deutung des Geschauten fehlt und der Deuteengel auch nicht explizit genannt ist. Dennoch teilt die Vision „Schriftrolle" mit Sach 4* und 6,1–8* die Gemeinsamkeit, daß alle drei mit dem Formverbum שוב einsetzen. Thematisch fügt sich Sach 5,1.3 ebenfalls gut ein, denn es behandelt die Frage der sozialen Stabilität im Land. Das Unrecht wird vom Fluch getroffen, das Recht kommt wieder zur Geltung.[868] Mit der Hinzunahme der Vision „Schriftrolle" wäre zugleich ein symmetrisch aufgebauter Fünfer-Zyklus geschaffen, in dem die Vision „Leuchter" die Zentralposition einnimmt. Die Themen würden sich in konzentrischem Aufbau entsprechen: Außen die Weltperspektive (Sach 1,8–14*; 6,1–8*), dann die Binnenperspektive mit Jerusalem und dem Land (Sach 2,5–8*; 5,1.3) und in der Mitte der von den beiden Ölsöhnen flankierte Leuchter (Sach 4,1–14*). Zugleich wird in Sach 4 der Schauplatz des Tempels in Richtung auf die ganze Welt transzendiert. Dies zeigt sich in der Bezeichnung Jahwes als אדון כל־הארץ am Ende des Nachtgesichts (4,14). Der in Jerusalem präsente Gott ist zugleich der Herr der ganzen Welt, die Herrscher des Weltreichs und in Jerusalem sind ihm untertan, sie empfangen ihre Macht aus seiner Machtsphäre. Der Aufbau würde des weiteren der strengen Symmetrie der Zentralvision

---

867 S.o. S. 256ff.

868 Daß in 5,3 Diebe und Meineidige genannt werden, hat offenbar die konkreten Zustände zum Anlaß: „Offenbar ist Diebstahl und Meineid vor Gericht, mit dem sich ein Beschuldigter der Strafe entziehen kann, in der von Armut geprägten frühnachexilischen Periode besonders charakteristisch und am schwersten nachzuweisen" (Reventlow, ATD 25/2, 64). Hinter V 3(f) Konflikte zwischen der heimgekehrten Gola und der im Land verbliebenen Bevölkerung anzunehmen, ist jedoch nicht zu vermuten. Offensichtlich ist diese Interpretation von der Zerstörung der Häuser der Übeltäter (V 4) inspiriert, vgl. Elliger, ATD 25, 111f; Galling, Exilswende, 118f; C. Jeremias, Nachtgesichte, 190f. Gegen diese Deutung sprechen sich mit Recht Rudolph, KAT 13/4, 117 Anm. 2, und Reventlow, ATD 25/2, 64, aus.

entsprechen und könnte zudem die ausführliche Einleitung 4,1–2a erklären. Diese weist auf die Bedeutung von Sach 4,1–14* als Zentralvision hin. Mag man diesen Vorschlag eines Fünfer-Zyklus plausibel finden oder nicht, in jedem Fall ist Sach 5,1.3 noch vor den übrigen drei Nachtgesichten „Handwerker", „Josua" und „Efa" eingeschrieben worden.[869]

Der Vierer- oder Fünfer-Zyklus ist wahrscheinlich nicht allzu lange nach dem Grundbestand des Buchs entstanden, er könnte aufgrund der Einbindung der ersten beiden Visionen in ein größeres Gesamtkonzept vielleicht als die Grundschrift des Buchs bezeichnet werden.[870] Die Darstellung Jahwes im Leuchter läßt vermuten, daß der Zweite Tempel bereits wieder steht. Das Thema der Reorganisation ist aktuell, vielleicht angestoßen durch die Maßnahmen des Dareios. Damit käme eine Datierung um 500 in Betracht.

3.14.1.3 Die Einfügung der Überschrift Sach 1,7 im Hinblick auf das Haggai-Buch

Mit der Vision des Leuchters (Sach 4) wird nun auch der Bezug auf den Tempel zumindest implizit in den Nachtgesichten hergestellt. In das Nachtgesicht Leuchter werden daraufhin die Worte für Serubbabel (4,6aβ–10a) eingeschrieben, vermutlich auch die Epexegesen 1,16f zwischen der Reiter- und der Meßschnur-Vision. Eindeutig ist dies für 2,10–14*: Sie werden zwischen die Vision „Meßschnur" (2,5–8), die das Heil für Jerusalem thematisiert, und die Vision „Leuchter" (Sach 4*) gesetzt und bereiten damit die Rückkehr Jahwes zum Zion und seinen Einzug in den Tempel vor. Die Worte für Serubbabel (4,6aβ–10a) setzen dabei bereits die Verbindung mit Haggai voraus, denn hier wird Serubbabel in das Sacharja-Buch als Tempelbauer eingeführt und in Sach 4,6aβ–10a als bekannt vorausgesetzt.

Mit oder nach dem Fünf-Visionen-Zyklus, genauer, mit oder nach der Hinzufügung der Leuchter-Vision und vor der Einschreibung von Sach 4,6aβ–10a ist daher mit der Verbindung des Sacharja-Buchs mit dem bereits um den narrativen Rahmen erweiterten Haggai-Buch zu rechnen, der Serubbabel und Josua einführt,[871] und im Zuge der Verknüpfung von Hag und Sach ist auch die Überschrift Sach 1,7 verfaßt worden. Sie setzt die Datierungen des Haggai-

---

869 S.o. 3.14.1.

870 Schöttler, Gott, 164ff.169ff.223ff, und Uehlinger, Policy, 338ff, nehmen mit jeweils unterschiedlicher Textabgrenzung (s. dazu o. S. 140 Anm. 2 sowie S. 142.298 Anm. 855) einen Fünfer-Zyklus als ältesten Textbestand der Nachtgesichte an. Auch nach Uehlinger wollen die Nachtgesichte „die (Re-)Organisation des judäisch-jerusalemischen Gemeinwesens [...] mantisch legitimieren und tun dies im Blick auf die mit Darius' Königsherrschaft gegebene besondere weltpolitische Konjunktur" (a.a.O., 338).

871 S.o. 2.5.3.

Buchs voraus, an die sie sich chronologisch anschließt. Die unterschiedliche Reihenfolge der Daten, das Fehlen der Bezeichnung des Dareios als הַמֶּלֶךְ sowie die Anbindung an das chronologische Gerüst von Hag lassen vermuten, daß Sach 1,7 nicht schon zusammen mit den Haggai-Datierungen entstanden ist.[872] Wahrscheinlich schloß Sach 1,7 einmal an die Datierung Hag 1,15b–2,1 an und setzt den narrativen Rahmen und damit Hag 1,1–12.14a; 1,15b–2,9*.15–19* voraus.[873] Der Abstand von etwa vier Monaten dürfte bewußt gewählt worden sein, um zum Ausdruck zu bringen, daß seit dem Beginn der Bauarbeiten der Segen (2,15–19) erst langsam um sich greifen konnte und es eine Zeit brauchte, bis die Situation der Ruhe auf der Erde eintreten konnte.[874]

3.14.1.4   Die Ausschaffung des עָוֹן (Sach 5,5–6.9*–11a)

Als nächstes ist das siebte Nachtgesicht (Sach 5,5–6.9*–11a) in den Zyklus eingeschaltet worden. Es unterbricht die Folge der drei mit שׁוּב als Formverbum gebildeten Visionseinleitungen 4,1; 5,1; 6,1. Die Einleitung des 7. Nachtgesichts weicht deutlich ab, da der eigentlichen Visionsschilderung ein Vorspann vorgeschaltet ist, der das Geschaute mit dem עָוֹן identifiziert. Die Aufforderung des Vorspanns שָׂא נָא עֵינֶיךָ וּרְאֵה (5,5bβ) ist den Visionseinleitungen 2,5; 5,1; 6,1 nachgestaltet, ebenso die Einleitung der eigentlichen Visionsschilderung (5,9). Das Auftreten (יצא) des Deuteengels in 5,5 greift auf 2,7 zurück.

Inhaltlich nimmt das 7. Nachtgesicht verschiedene Themen der bereits vorliegenden Nachtgesichte auf, ganz eindeutig ist das 7. Nachtgesicht vom 6. abhängig; d.h. es setzt dieses und somit die erste Bearbeitungsschicht voraus.

Handelte das 6. Nachtgesicht vom Fluch gegen Diebe und Meineidige im Land, wird das Thema der Verfehlungen im 7. Nachtgesicht ganz grundsätzlich, und damit das 6. überbietend, behandelt. Der עָוֹן, die Schuld insgesamt, wird aus dem Land beseitigt. Zwei Rückbezüge betonen dabei die enge Beziehung zwischen dem 6. und 7. Nachtgesicht: Die Formulierung כָּל־הָאָרֶץ wird

---

872 Auch Wöhrle, Sammlungen, 362ff.367ff, rechnet damit, daß die Sacharja-Datierungen, die bei ihm allerdings zu einer umfangreichen „Wortredaktion" (mit Sach 1,1–7.14aβ–17aα; 2,10–14; 4,9b; 6,15; 7,1.7.9–14; 8,1–5.7–8.14–17.19b) gehören, aufgrund der unterschiedlichen Formulierungen nicht schon zusammen mit den Haggai-Datierungen verfaßt wurden, sondern den Haggai-Rahmen bereits voraussetzen und sich chronologisch mit ihm verschränken. Dabei wird von Wöhrle jedoch nicht bedacht, daß auch die Datierungen Sach 1,1.7; 7,1 unterschiedlich formuliert sind und die Datierungen 1,1; 7,1 erst später entstanden sein dürften, s.u. 3.14.2.3 und 3.14.2.5.

873 S. 2.5 und 4.1.1.

874 Vgl. Lux, Zweiprophetenbuch, 199, der den Abstand von zwei Monaten zwischen Hag 2,10.18.20 und Sach 1,7 als Reflex auf eine Verzögerung des mit der Grundsteinlegung erwarteten Heils interpretiert.

in 5,6 aus 5,3 aufgenommen,[875] und das Suffix von עון bezieht sich auf die Diebe und Meineidigen aus 5,3(f)[876] zurück.

Ebenso bewußt wie nach der sechsten Vision ist das 7. Nachtgesicht vor das letzte plaziert worden, denn es zeigt die Bedingung an, unter der die Gola heimkehren kann.[877] Erst wenn der עון außer Landes ist, wird die Gola mit Jahwes Geist begabt und kehrt zum Wiederaufbau zurück. Der Name ארץ שנער als Ort der Lagerstätte des עון (5,11a) dürfte dabei in bewußter Abgrenzung zu ארץ צפון als Ort der Gola (6,8) verwendet worden sein.[878]

Mit Erwähnung des Tempelbaus für das Efa (5,11a) steht die Vision zudem in Verbindung mit dem 5. Nachtgesicht. Vermutlich ist die Vision des Leuchters nun schon um Worte vom Tempelbau erweitert (4,6aβ–10a), auch das Stichwort בית (5,11a vgl. 4,9a) könnte ein Hinweis darauf sein.

3.14.1.5   Die Hörner und die vier Handwerker (Sach 2,3.4abα¹γ)

Der Grundbestand der Vision „Handwerker" (2,3.4abα¹γ) folgt als nächste Einschreibung. Mit dem zweiten Nachtgesicht wird die Fremdvölkerthematik in den Zyklus der Nachtgesichte eingeführt. Wie die vier Handwerker und das Zerstreuungsmotiv anzeigen, hat Sach 2,3.4abα¹γ bereits die Diaspora im Blick. Das Gericht ergeht über die Völker, die das Gericht über Juda gebracht hatten. Die Aufnahme des Begriffs חרשים setzt voraus, daß die Rezipienten von Sach 2,3f* mit der Einführung der Handwerker als Jahwes Gerichtswerkzeuge aus Jes 54,16; Ez 21,36 vertraut sein müssen. Aufgrund des einheitlichen thematischen Anliegens dürften Sach 1,15; 2,3f*; 2,10b zu einer Bearbeitung zu verbinden sein, evtl. wären die Einschreibung der vier Winde in Sach 6,5b.6aα*.7b (das Ausfahren der vier Wagen nun als Schilderung der Rückführung aus der Diaspora) und die Worte gegen die ausbeuterischen Völker 2,12f* dazuzurechnen. Die Diasporaorientierung von 1,15; 2,3f*; 2,10b(.12f*; 6,5b.6aα*.7b?) sowie die Abhängigkeit von Jes 54,16; Ez 21,36 lassen eine Abfassung im 4. Jh. vermuten.[879]

In einer Vorschaltung (V 1–2*), die auch den Deuteengel in das Nachtsicht einführt, wird die Vierzahl der Handwerker auf die Hörner übertragen. Nun ist die gesamte Völkerwelt im Blick, die dem Gericht der Handwerker

---

875 Hier ist כל־הארץ im Gegensatz zu den anderen Belegen in thematisch ähnlichem Kontext gebraucht.

876 Ob das 6. Nachtgesicht bereits um 5,4 erweitert wurde, ist nicht zu entscheiden.

877 Vgl. Rost, Erwägungen, bes. 71.

878 Zu Schinar und dessen negativer Konnotation s.o. S. 246f.249.

879 Zu dieser Datierung s.o. S. 175f.

anheim fällt. Die Perspektive eines universalen Völkergerichts legt eine Datierung in die hellenistische Zeit nach dem Ende der *pax persica* nahe.[880]

3.14.1.6   Die Restitution des Hohenpriesters Josua (Sach 3,1a.4b)

Die Grundschicht des 4. Nachtgesichts (3,1a.4b) unterscheidet sich von den vorliegenden Visionen beträchtlich. Die Gestalt des Deuteengels fehlt, ebenso die Schau von Bildern, deren Bedeutung dem Visionär in einem Gespräch erklärt wird.

Statt des Deuteengels tritt nun der Jahwe-Engel auf, ein Gespräch zwischen Engel und Visionär findet gar nicht statt. Dem Visionär wird gezeigt,[881] wie der Jahwe-Engel stellvertretend für Jahwe den עון Josuas entfernt.

Der Begriff עון ist hier vom Aspekt des Kultischen und des Exilgerichts her verstanden. Es geht um die Frage, wie der Kult wiederhergestellt werden, wie Entsühnung stattfinden kann, wenn der irdische Garant des Kults selbst unrein geworden, in עון verstrickt ist. Daher sind die gebräuchlichen Reinigungsriten nicht wirksam. Nur durch ein Geschehen in der göttlichen Sphäre selbst kann Entsühnung erfolgen. Der irdische Mittler bedarf der Mittlerschaft des Jahwe-Engels.

Sach 3 reagiert vermutlich auf Hag 2,10–2,14 und den dort implizit geäußerten Vorwurf gegen die Priesterschaft, sie ließe unreine Opfer des unreinen Volks zu.[882] Ein Hinweis, daß sich Sach 3 an Hag orientiert, könnte sein, daß in beiden Büchern dieselbe thematische Abfolge vorliegt: Das mit den Priestern verbundene Thema der Unreinheit und deren Beseitigung wird zur Vorbedingung der Tempelgründung, vgl. Hag 2,10–14.15–19 mit Sach 3; 4, bes. 4,6–10. Anders als Hag konzentriert sich Sach 3 auf den Hohenpriester, der von seiner Unreinheit befreit wird. Hierzu wird der Begriff עון aus dem bereits vorliegenden siebten Nachtgesicht (Sach 5,5–11) aufgegriffen, meint hier aber nicht mehr wie in Sach 5,5–11 die Schuld des Landes und seiner Bewohner insgesamt, wofür die Diebe und Meineidigen in 5,1–4 nach dem Leseablauf *ein* Beispiel sind, sondern im Mittelpunkt steht eben die Schuld des Hohenpriesters, die ihre Ursache im Exilsgericht und – daraus resultierend – in kultischer Unreinheit hat. Nach dem neuen Leseablauf wird die Reinigung des Hohenpriesters von עון durch den Jahwe-Engel (Sach 3,1a.4b) zur Vorbedingung dafür, daß durch die kultische Vermittlung des Hohenpriesters der עון des Landes fortgeschafft werden kann (vgl. Sach 5,5–11). Der Bezug zur Tilgung

---

880 S.o. S. 172f, vgl. S. 68ff.
881 Die Vision wird von Jahwe evoziert, der ansonsten ungenannt und verborgen bleibt.
882 Vgl. Kratz, Judentum, 81.

der Schuld des Landes an *einem* Tag (vgl. Lev 16) wird später von der Satan-Ergänzung (V 1b.2aαb.9bβ) in Sach 3 selbst nachgetragen.[883]

Dabei wurde die Entsündigung des Hohenpriesters Josua bewußt direkt vor die um die Serubbabel-Worte zum Tempelbau (4,6–10) erweiterte Leuchtervision Sach 4 gestellt; denn damit geschieht zweierlei: Einerseits werden die beiden Ölsöhne nun mit dem Hohenpriester Josua und mit dem Statthalter Serubbabel identifiziert. Andererseits wird der Hohepriester dem Statthalter vorgeordnet. Erst muß die Frage des rechten Kults (Kap. 3) geklärt sein, dann kann der Statthalter an den Tempelbau gehen (Kap. 4). Dem Statthalter wird nicht nur ein Priester zur Seite gestellt, sondern er wird ihm sogar vorangestellt.[884]

Somit weist die Bearbeitung auf einen erheblichen Anspruch des Hohenpriesters innerhalb Judas hin, der frühestens ab der späten Perserzeit oder sogar erst in der hellenistischen Epoche anzunehmen ist und der mit Sach 3 eingefordert werden soll. Eine solch späte Datierung wird von der Beobachtung unterstützt, daß Sach 3,1a.4b mit dem Stichwort מחלצות bereits Jes 3,22 voraussetzt und das Ende des in Jes 3 angekündigten Gerichts mitteilt. Die Ergänzung Sach 1,11a.12–13, die den Jahwe-Engel im 1. Nachtgesicht und damit zu Beginn des Zyklus einführt, ist 3,1a.4b zuzuordnen. Beklagt wird mit den 70 Jahren aus Jer 25,11f; 29,10 in Sach 1,12 die Heilsverzögerung, die man in der eigenen Zeit wohl selbst empfand.[885] Mit den Verheißungen der Visionen, nicht zuletzt der über den Hohenpriester, wird der Anbruch des Heils erwartet. Die verschiedenen Ergänzungen im 4. Nachtgesicht reichen in jedem Fall bis in die hellenistische Zeit, spätestens mit der Satan-Szene ist der Übergang zur hellenistischen Epoche erreicht.

3.14.1.7   Die Krönung des Hohenpriesters Josua (Sach 6,9–15)

Die Krönung des Hohenpriesters Josua ist als Abschluß und Anhang zu den Nachtgesichten verfaßt worden. 6,10 nimmt mit dem Verweis auf die Gola dabei den Schluß des letzten Nachtgesichts, Sach 6,8 auf, das die Geistbegabung der Gola verheißt. Deren Vertreter kommen nun, um Josua zu krönen. Zunächst formuliert Sach 6,9.10a⁽*⁾.11.13a einen Auftrag an Sacharja, den

---

883 Nach Körting, Unrechtmäßigkeit, 483, „ist עון eine durch den Kult zu bewältigende Größe". Zum nachexilischen Sühnekult vgl. grundlegend Janowski, Sühne, zur Rolle des Hohenpriesters in Lev 16 in redaktionsgeschichtlicher Perspektive ferner Körting, Gegenwart. Zur Satan-Ergänzung s.o. S. 198ff.

884 Zu derselben Tendenz bei Esr-Neh s.o. S. 216 Anm. 378.

885 Sollte Sach 1,13 zudem Jer 29,10MT voraussetzen (s. dazu und zur Datierung von Jer 29,10MT o. S. 160), so spräche auch dies noch einmal für eine späte Abfassung von Sach 1,11a.12–13; 3,1a.4b.

Hohenpriester Josua zu krönen und königliche Attribute für ihn zu reklamieren (Tempelbau, הוד, Sitzen und Herrschen auf dem Thron). Sach 6,10a.11.13a setzt Sach 3* mit der Nennung des Turbans bereits voraus und erweitert die Reinigung Josuas um dessen Krönung.[886] Steht mit Sach 3 der Hohepriester im Zentrum der Nachtgesichte, so wird seine Bedeutung am Ende des Zyklus noch einmal betont. Aufgrund der Reklamation königlicher Ansprüche für den Hohenpriester ist Sach 6,10a.11.13a wahrscheinlich bereits in die hellenistische Zeit zu datieren.

Der Herrschaftsanspruch des Hohenpriesters wird durch 6,12.13b.14 zugunsten der Ansage des königlich-davidischen צמח korrigiert. Sach 6,12 zitiert dabei Jer 33,14–26 und sagt einen künftigen davidischen Herrscher an.[887] Der Priester wird dem königlichen Herrscher wieder untergeordnet. Zwar erhält der Priester auch einen Thron, aber nicht mehr die königlichen Attribute. Sach 6,14 nimmt dem Hohenpriester die Krone vom Kopf und verstaut sie im Tempel, wo sie nun als Erinnerungs- und Hoffnungszeichen (זכרון) aufbewahrt wird.

Ein später Nachtrag läßt in V 15a die Völker zum Tempelbau zu und dürfte in Verbindung mit 2,15; 8,20–23 stehen.

3.14.1.8   Das Wort über den עבדי צמח (Sach 3,8)

Eine späte Ergänzung innerhalb der Vision „Josua" ist das Wort über den עבדי צמח, das das späte צמח-Wort aus Sach 6,9–15 und die Verheißung an Serubbabel Hag 2,20–23 aufgreift. Damit wird die Hoffnung auf einen künftigen Davididen analog zu Sach 6,9–15 in Sach 3 nachgetragen. Das Priesterkollegium wird zu „Männern des Vorzeichens" (אנשי מופת), da sie gemäß 6,14 die für den künftigen Sproß im Tempel hinterlegte Krone als זכרון zu bewahren haben. Mit der Kombination von Sach 6,12 und Hag 2,23 dürfte eines der spätesten Worte im Sacharja-Buch vorliegen, das ganz am Ende der Buchwerdung von Sach noch einmal die innere Einheit beider Schriften veranschaulicht.

3.14.2   Die Entstehung von Prolog und Epilog (Sach 1,1–6; 7,1–8,23)

Die Buchrahmung des Sacharja-Buchs setzt mit dem Epilog ein. Wann genau die Fortschreibungen dort im Verhältnis zum Zyklus der Nachtgesichte beginnen, läßt sich nicht sicher sagen. Ein Anhaltspunkt ist mit Sach 8,2 gegeben,

---

886 Zu Sach 3 s.o. 3.7.2 und 3.14.1.6.

887 Die צמח-Verheißung Jer 33,14–26 wurde selbst erst in der hellenistischen Zeit verfaßt, s. dazu o. S. 267ff.

der schon die Verbindung von Sach 1,14 mit dem Wort gegen die feindlichen Völker 1,15 voraussetzt. Konnte Sach 1,15 einer den Grundbestand der Vision „Handwerker" (Sach 2,3f*) sowie Sach 2,10b enthaltenden Schicht zugeordnet werden, ergibt sich für die Heilsworte Sach 8,1–5 ein Fixpunkt etwa im 4. Jh.[888] Demnach muß die Fastenfrage Sach 7,2f; 8,18–19a älter sein, da sie durch Sach 8,1–5 unterbrochen wird. Da Sach 8,1–5 zugleich die erste Fortschreibung der Fastenfrage darstellt, muß alles Weitere in Sach 7–8 jünger sein.

3.14.2.1 Die Fastenfrage (Sach 7,2f; 8,18–19a)

Die Fastenfrage Sach 7,2f; 8,18–19a wurde einmal an den Zyklus der Nachtgesichte angehängt. Wahrscheinlich ist die kleine Erzählung älter als Sach 6,9–15, da sie bei der Abtrennung des Epilogs durch die Datierung 7,1 aus den Nachtgesichten ausgegrenzt wird.[889] Da Sach 6,9–15 jedoch noch vor der Datierung 7,1 zu stehen kommt, ist zu vermuten, daß die Datierung 7,1 Sach 6,9–15 noch nicht kannte bzw. Sach 6,9–15 umgekehrt die Datierung von 7,1 bereits voraussetzt. Die Krönung Josuas wäre dann bewußt als Teil der Nachtgesichte vor die Datierung des Epilogs gesetzt worden. Beweisen läßt sich dies freilich nicht, ein Hinweis darauf wäre aber der Befund, daß Sach 8,2 in Analogie zu Sach 2,3f* noch in die Perserzeit, die Beanspruchung königlicher Würden in Sach 6,10a.11.13a schon in die Zeit nach dem Untergang der persischen Administration gehört. Die Fastenfrage 7,2f; 8,18–19a sagt im Anschluß an die Nachtgesichte das Ende der Trauer über die Zerstörung des Tempels und Jerusalems an. Damit wird nicht nur die heilvolle Perspektive der Nachtgesichte aufgenommen, sondern mit der charakteristischen Stichwortkombination שָׂשׂוֹן + שִׂמְחָה orientiert sich die Fastenfrage an den „großen" Propheten Jes und Jer: Sach 8,19a hebt wie Jer 33,10 die Gerichtsansagen Jer 7,34; 16,9; 25,10 auf bzw. erfüllt die Heilsverheißungen Jes 35,10; 51,3.11.

3.14.2.2 Fortschreibung durch Heilsworte (Sach 8,1–5)

Zwischen die Frage 7,2f und ihre Beantwortung 8,18–19a werden sukzessive die Heilsworte 8,1–13 eingeschrieben, die ebenfalls als unbedingte Heilsverheißungen die Ansage des Endes der Trauer vorbereiten.

Als erste Ergänzung wurde 8,1–5 in den Text eingeschrieben. Einerseits dient Sach 8,1–5 der stärkeren Verschränkung des aus der Fastenfrage 7,2f;

---

888 Zur Datierung von Sach 2,3f* s.o. 3.4.2 und 3.14.1.5.
889 S. dazu u. 3.14.2.3.

8,18–19a bestehenden Epilogs mit dem Zyklus der Nachtgesichte und den
darin enthaltenen Epexegesen: Das Thema dieses Einschubs ist das Heil für
Zion-Jerusalem und seine Bevölkerung gemäß Sach 1,14f (vgl. 8,2), Sach
1,16f; 2,14; Jes 1,26 (vgl. Sach 8,3) sowie Sach 2,5–8 (vgl. 8,4f). Sach 8,1–5
konzentriert dabei die verschiedenen, und wohl schon vorliegenden, Zion-
Jerusalem betreffenden Verheißungen und fügt sie am Buchende ein.[890] Die
Verwandlung des Fastens in die Freude Judas (8,19a) wird mit der Restitution
des Zion (8,1–5) neu begründet. Andererseits hat die Ergänzung der Heilsworte – wie schon die Fastenfrage selbst – eine stärkere Verknüpfung mit dem
corpus propheticum, näherhin mit dem Jesaja-Buch, zum Ziel, und mit Kratz
und Bosshard-Nepustil läßt sich vermuten, daß Sach an die Zion-Texte in Jes
49–54 angeglichen werden soll, die das erneute Heil für Zion-Jerusalem, die
Wiederbevölkerung der Stadt und das Gericht über die Feinde ankündigen.[891]

3.14.2.3   Die Abtrennung des Epilogs von den Nachtgesichten und Reflexionen über das Prophetenamt Haggais und Sacharjas (Sach 7,1; 8,9–13)

An Sach 8,1–5 werden die ebenfalls unbedingten Heilsworte 8,9–13 angeschrieben, deren Zusammengehörigkeit durch die Perspektive *Rückblick in die
Vergangenheit – Reflexion über die Gegenwart – Ausblick auf die Zukunft*
sowie die Rahmung 8,9.13 (תחזקנה ידיכם) angezeigt wird. Sach 8,9–13 enthält gemäß dem Verweis auf die Propheten der Tempelgründung zahlreiche
Anspielungen auf das Haggai-Buch und rezipiert dessen Beschreibung von
Fluch und Segen.[892] Damit betont Sach 8,9–13 die enge Verbindung von Hag
und Sach. Zudem zeigt sich in Sach 8,9 ein deutlicher Abstand zur Zeit des
Tempelbaus.[893] Die Worte der Propheten Haggai und Sacharja sind nun im
Buch selbst bereits Gegenstand der Reflexion geworden. Sach 8,9–13 betont
die bleibende Geltung der Worte dieser Propheten und reagiert vermutlich auf
das Problem der Heilsverzögerung:[894] Zwar ist der Tempel erbaut, aber Bedrängnis durch die Völker besteht weiterhin (vgl. 8,13). Sach 8,9–13 kann
noch die Überschrift 7,1 zugeordnet werden, da sie mit der Nennung des Kö-

---

890 Vgl. o. S. 286f.

891 Vgl. Kratz, Kyros, 89f Anm. 332; ders., Judentum, 83; Bosshard-Nepustil, Rezeptionen,
     393ff, ferner Steck, Gottesknecht, 58f; ders./Schmid, Heilserwartungen, 27ff. Allerdings
     rechnen die vorgenannten Autoren damit, daß Sach 2,10–14* und 8,1–5 zusammengehören.
     Zu den Texten der Zion-Fortschreibungen bei DtJes s. Steck, Gottesknecht, 47ff.92ff,
     bes.113ff,126ff.173ff, bes.188ff; ders./Schmid, Heilserwartungen, 27ff; Kratz, Kyros, 216f.

892 S.o. S. 283ff.

893 S.o. S. 285 m. Anm. 797.

894 Vgl. Wöhrle, Sammlungen, 380ff.

nigstitels für Dareios und der Voranstellung der Jahresangabe die Form der Worteinleitungen Hag 1,1; 1,15b–2,1 aufgreift und so ihrerseits den engen Zusammenhang beider Schriften betont. Zum anderen schafft die Datierung ins vierte Jahr des Königs Dareios (Sach 7,1) den von der Reflexion über die frühere Zeit des Tempelbaus (Sach 8,9–13) benötigten zeitlichen Abstand zur Tempelgründung. Mit der Datierung 7,1 wird Sach 7–8 von den Nachtgesichten abgegrenzt und nun ein eigener Buchteil.

3.14.2.4   Spätere Zusätze zu den Heilsworten (Sach 8,6–8) und zur Fastenfrage (Sach 7,4–6)

Zwischen die Heilsworte 8,1–5 und 8,9–13 wird der Zusatz 8,6–8 eingeschoben, der den Verheißungen für Zion und seine Bevölkerung (8,1–5) eine Heilsankündigung an die Diaspora hinzufügt, die nach Jerusalem zurückkehren soll. Damit trägt Sach 8,6–8 den diasporaorientierten Stücken 1,15; 2,3f.10b(.12f*; 6,5b.6aα*.7b?) Rechnung und trägt in Analogie zur Leseabfolge Sach 2,8.10b(.12f*) im Epilog nach, daß die Wiederbevölkerung Jerusalems in der Heimführung der Diaspora begründet ist.[895] Sach 8,6–8 zitiert dabei Jer 32 (vgl. V 17.27.37f).[896] Sach 8,6–8 setzt mindestens 8,1–5.9–13,[897] möglicherweise aber mit der Aufnahme von Jer und dem mahnenden Ton von 8,6 auch schon die paränetische Färbung und die zahlreichen Rückbezüge auf das Jeremia-Buch in 7,7–14; 8,14–17.19b voraus.

Wahrscheinlich nach den unbedingten Heilsorakeln 8,1–13* wurde der Fastenfrage 7,2f mit 7,4–6 eine neue Antwort hinzugefügt. Sach 7,4–6 bringt das Thema der Kultkritik in Kap. 7–8 ein, wohl in Entsprechung zur Kultkritik des Haggai (vgl. Hag 2,10–14). Kritisiert wird allerdings nicht die Unreinheit des Volks, sondern der Mißbrauch des Fastens als Selbstzweck.

3.14.2.5   Der paränetische Buchrahmen (Sach 1,1–6; 7,7.9–14; 8,14–17.19b)

Als nächstes wird das Sacharja-Buch nach vorn um den Prolog 1,1–6 und im Teil des Epilogs um die zur Redaktion des Prologs gehörigen Stücke 7,7.9–14; 8,14–17.19b erweitert. Kennzeichen dieser Redaktion ist der paränetische Ton, der zur Umkehr von den bösen Wegen der Väter aufruft und im Epilog ethische Mahnungen hinzufügt. Der Verweis auf die früheren Propheten, auf die

---

895 Zu Sach 1,15; 2,3f.10b(.12f*; 6,5b.6aα*.7b?) vgl. o. S. 153f.174ff.177.189.193.

896 Zu den diasporaorientierten Texten des Jeremia-Buchs, zu denen Jer 32,37–41 gehört, vgl. Levin, Verheißung, 167ff; Kratz, Kyros, 104f; Schmid, Buchgestalten, 269ff.

897 Auf die Abhängigkeit von 8,9–13 weist die Übernahme der Stichwörter הזה העם שארית (vgl. 8,11f) und ההם הימים (8,10) hin, zur weiteren Begründung s.o. S. 287 Anm. 810.

die Väter nicht hörten (1,4; 7,7.12), findet seine Entsprechung in der Tatsache, daß zahlreiche Anspielungen auf Jes, Ez und vor allem Jer zu finden sind.[898] Mit dem Verweis auf die Väter und die früheren Propheten wird die Geschichte Israels insgesamt zum Paradigma für die eigene Zeit.[899] Das Heil, die erneute Zuwendung Jahwes, wird durch die Umkehr der eigenen Generation möglich, und das bedeutet nach 7,7–14*; 8,14–17.19b: durch soziale Gerechtigkeit. Dabei eröffnet die Umkehrforderung nun bewußt das Sacharja-Buch, so daß die Umkehr des Volks zur Vorbedingung für die bisher unbedingten Verheißungen der Nachtgesichte und der Epexegesen wird. Die Verknüpfung mit den Nachtgesichten wird durch verschiedene Stichwortverbindungen hergestellt, die besonders im Prolog zu finden sind:[900] קָצַף (1,2; 7,12; 8,14) nimmt 1,15 auf, קָרָא (1,4; 7,7.13bis) hat seine Parallele im Verkündigungsauftrag an Sacharja (1,14.17), die an die Umkehr des Volks gebundene Umkehr Jahwes (שׁוּב, 1,3f.6, vgl. 8,15) greift auf die erneute Zuwendung Jahwes und seine Rückkehr zum Zion zurück (שׁוּב, 1,16; 8,3). Sach 1,1–6 dient somit als Leseanleitung für das Sacharja-Buch. Daneben ist aber auch das Haggai-Buch im Blick, da das Datum Sach 1,1 hinter das Datum der Grundsteinlegung Hag 2,10(.18.20) zurückgreift, das bei Hag mit der Wende zum Segen verbunden ist (vgl. Hag 2,15–19). Mit Sach 1,1 werden nicht nur die Wirkungsphasen der Propheten Haggai und Sacharja miteinander verschränkt, sondern auch die mit der Grundsteinlegung verbundene Segenverheißung Haggais steht unter der Bedingung von Sach 1,1–6; 7,7.9–14; 8,14–17.19b: Nach Sach 1,1–6 wird die Tempelgründung Hag 2,10ff durch die Umkehrpredigt Sacharjas initiiert. Im Hintergrund steht die Erfahrung der Heilsverzögerung. Der Tempelbau allein gilt nicht mehr als Heilsgarant, sondern das Heil steht unter der Bedingung der Umkehr des Volks, das soziale Gerechtigkeit üben soll.

---

898 Vgl. bes. Jer 25,4–7 zu Sach 1,1–6.

899 Vgl. bes. Lux, Zweiprophetenbuch; ders., Konditionierung; Kratz, Judentum, 84; Wöhrle, Sammlungen, 324ff.362ff.375ff.

900 Vgl. bes. Boda, Zechariah, 67f.

3.14.2.6 Heil für die Völker (Sach 2,15f; 6,15a; 8,20–22.23)

Zuletzt sind die Völkerwallfahrtorakel 8,20–22.23 als neuer, heilvoller Abschluß hinzugekommen. Das in 1,15; 2,1–4.12f mitgeteilte Völkergericht wird aufgehoben. Mit 8,20–22.23 können die ebenfalls den Anschluß der Völker erwartenden Stücke 2,15f; 6,15a zu einer das Heil für die Völker in den Blick nehmenden Bearbeitung verbunden werden.[901]

---

901 Wöhrle, Sammlungen, 365; ders., Abschluss, 335ff, rechnet Sach 2,15f; 8,20–23 zu einem hellenistischen „Heil-für-die-Völker-Korpus", das außerdem noch Joel 3,1–4.5*; Obd 17a; Mi 4,1–4; 5,6; 7,17aβb; Zef 3,9.10*; Sach 14,16–19 umfaßte.

4 Zusammenschau: Die Entstehung des chronologischen Rahmens der Bücher Haggai und Sacharja 1–8

Das literarische Wachstum von Haggai und Sacharja 1–8 erstreckt sich vom ausgehenden 6. Jh. bis in die hellenistische Zeit. Die beiden Schriften sind getrennt entstanden. In einem zweiten Schritt wurden sie über ein System von Datierungen miteinander verknüpft, so daß sie als ein Buch gelesen werden konnten. Zuletzt wurde das Sacharja-Buch durch den paränetischen Buchrahmen Sach 1,1–6; 7,7–14; 8,14–17.19b vom Haggai-Buch wieder abgetrennt: Doch bleiben beide Bücher durch das gemeinsame Datierungssystem verbunden. Indem die Datierung des Sacharjaprologs (Sach 1,1) hinter das letzte Datum des Haggai-Buchs (Hag 2,10.18.20) zurückgriff, wurde die Wirksamkeit der beiden Propheten sogar verschränkt.

Die in der Analyse der Einzelbücher besprochenen Wechselbeziehungen zwischen Hag und Sach müssen hier nicht wiederholt werden. Statt dessen soll in einer Zusammenschau, ausgehend von der separaten Entstehung der Bücher, die sukzessive Entwicklung des Datierungssystems in den Blick genommen werden, das Hag und Sach zusammenbindet.[1]

4.1 Die getrennte Entstehung beider Bücher

Für beide Bücher läßt sich zunächst eine Entstehungsphase ermitteln, in denen die Schriften noch keinen Bezug zueinander aufweisen. Dabei erwachsen beide Bücher aus einem kleinen Bestand an Grundworten (Hag 1,1abα*.4.8; 1,15b–2,1.3.9a; Sach 1,8.9a.10.11b; 2,5–6).

Der Reihenfolge der in den Büchern vorgegeben Datierungen entsprechend, soll Haggai den Vortritt erhalten.

---

1   S.a. die Übersicht über die Datierungen bei Hag und Sach, u. S. 323.

4.1.1   Die separate Wachstumsphase des Haggai-Buchs

Der Grundbestand des Haggai-Buchs besteht aus zwei Worten (Hag 1,4.8; 2,3.9a), die den Tempel zum Thema haben. Beide sind ähnlich aufgebaut: Einer rhetorischen Frage an eine nicht näher bestimmte Gruppe (1,4; 2,3, jeweils 2. Pers. Pl.) folgt jeweils eine Entgegnung, die mit einer Verheißung für den Tempel beschlossen wird (1,8; 2,9a). Das erste Wort ruft zum Bau des Tempels auf, das zweite verheißt trotz der bescheidenen Gestalt des entstehenden (?) Bauwerks, daß die künftige Herrlichkeit des Tempels größer sein werde als die frühere. Zahlreiche Stichwortverknüpfungen verbinden beide Worte: הבית הזה (1,4; 2,3.9a, vgl. הבית 1,8), כבד Nif. bzw. כבוד (1,8; 2,3.9a), Anrede der 2. Pers. Pl. mit betontem אתם (1,4; 2,3), עתה/עת (1,4; 2,3). Trotzdem können beide Orakel je für sich stehen.

Eine erste Verbindung wird spätestens durch zwei mit Datierungen verbundene Wortereignisformeln hergestellt (1,1abα*; 1,15b–2,1). Sie bringen beide Worte in eine chronologische Abfolge. Der Aufruf zum Tempelbau und die Verheißung, daß Jahwe sich dort in seiner Herrlichkeit zeigen werde (1,4.8), münden in die Ankündigung, daß der Tempel künftig größere Herrlichkeit haben wird (2,3.9a). Die Sprüche selbst geben keinen Hinweis zu ihrer Datierung. Wahrscheinlich gehören sie in die Zeit rund um den Bau des Zweiten Tempels. Ein Tempelbau in Jehud an der Grenze nach Ägypten könnte im Interesse Dareios' I. gewesen sein, um sein Reich in dieser Region zu stabilisieren.

Der Grundbestand wird von einer Fluch-und-Segen-Bearbeitung (1,5–7; 2,15–16.18a.19) fortgeschrieben, die mit Hilfe von Vertragsflüchen eine Notlage schildert und mit dem Baubeginn des Tempels die Wende zum Segen verheißt (2,15–19*). Die Fluch-und-Segen-Bearbeitung wird nicht allzu lange nach den Grundworten eingeschrieben worden sein. Das mit dem Tempelbau verbundene Heil wird nun an Bedingungen geknüpft, die auf eine Heilsverzögerung schließen lassen. Wahrscheinlich steht der Tempel schon, doch die mit ihm verknüpften Hoffnungen sind noch nicht eingetroffen. Immerhin ist der Tempel aber ein Zeichen dafür, daß die Zeit des Segens kommt.

Bald danach wird der narrative Rahmen eingeschrieben (1,1–3.12a.14–15a; 1,15b–2,2), der die Fluch- und Segensthematik im Sinne der dtr Bundestheologie weiterführt. Dabei wird eine kurze Erzählung eingefügt, die den Beginn der Bauarbeiten als Bundesgehorsam des Volks darstellt, woraufhin Jahwe den Geist der Bauleute erweckt. Von dieser Bearbeitung werden ebenfalls Serubbabel und Josua sowie das Volk ins Buch eingeführt. Die Bearbeitung durch den narrativen Rahmen gibt dem Buch einen stark historisierenden Zug. Die Einschreibung des narrativen Rahmens dürfte bald nach der Fluch-und-Segen-Bearbeitung anzusetzen sein, d.h. etwa im beginnenden bis mittleren 5. Jh.

4.1.2 Die separate Wachstumsphase des Sacharja-Buchs

Am Beginn des Sacharja-Buchs stehen zwei kurze Visionen (Sach 1,8.9a.10.11b; 2,5–6). Dabei schaut der Prophet des Nachts in zwei aufeinanderfolgenden Bildern zunächst einen Mann auf einem Pferd, der mit weiteren Pferden am Himmelstor steht (1,8.9a.10.11b). In einem kurzen, aus der Frage des Visionärs und der Antwort des Mannes bestehenden Deutegespräch wird dem Propheten mitgeteilt, daß die Erde still und ruhig daliege.

Hierauf folgt eine zweite Vision, in der der Prophet wiederum einen Mann sieht, der eine Meßschnur in der Hand hält (2,5f). Es folgt ein der ersten Vision entsprechendes Deutegespräch, in dem der Visionär erfährt, daß der Mann Jerusalem ausmessen will und damit den Wiederaufbau der Stadt ankündigt.

Die beiden Visionen wollen als Abfolge gelesen werden, die Ruhe auf der Erde (1,11b) wird zur Vorbedingung für die Restitution Jerusalems (2,6b). Auch der Grundbestand des Sacharja-Buchs dürfte in die Zeit um den Tempelbau gehören, die verheißene Ruhe auf der Erde entspricht jedenfalls genau der Propaganda der Behistun-Inschrift.

Bald danach wird aus den Figuren der beiden Männer und aus den Deutegesprächen die Figur des „Engels, der mit mir redete" entwickelt, der die Rolle der Männer übernimmt und zum ständigen Begleiter und Interpreten für den Visionär wird. Mit der Einführung des Deuteengels wird betont, daß die Visionen nicht aus sich heraus verständlich sind.

Gleichzeitig mit der Einschreibung des Deuteengels oder im Anschluß daran werden die Visionen möglicherweise sukzessive zu einem konzentrischen Zyklus von fünf Visionen ausgebaut. Das Thema dieser Bearbeitung ist die Reorganisation Jerusalems und Judas (1,9b.14; 2,7a.8; 4,1.2abα[1].3–6aα.14*; 5,1.3; 6,1–3*.4.5a.6*.8). Ziel dieser Bearbeitung ist es, eine Art Konstitution aufzustellen, die sich an den realen Begebenheiten der frühen Perserzeit orientiert. So soll z.B. Jerusalem als offene Landstadt daliegen, was mit dem Gedanken überreichen Bevölkerungswachtums und Wohlstands verbunden wird (2,5f.7f). Recht und Ordnung sollen im Land wieder hergestellt werden, weil nun endlich ein Fluch die Diebe und Meineidigen trifft (5,1.3). Im Zentrum des Fünf-Visionen-Zyklus steht die Epiphanie Jahwes, des Herrn der ganzen Erde, im Kultsymbol des Leuchters, in dessen unmittelbarer Nähe zwei Führungsgestalten stehen (4,1.2abα[1].3–6aα.14*). Die letzte Vision (6,1–6*.8) reklamiert für die Gola die Geistbegabung durch Jahwe. Die Repräsentation Jahwes im Leuchter dürfte ein Hinweis darauf sein, daß der Zweite Tempel bereits erbaut ist. Das Thema der Reorganisation ist möglicherweise mit den Konsolidierungsmaßnahmen des Dareios zu verbinden. Somit ist eine Datierung um 500 wahrscheinlich.

4.2   Haggai und Sacharja verknüpfende Fortschreibungen

4.2.1   Erste Haggai und Sacharja verknüpfende Fortschreibungen
(Sach 1,7; 1,16f; 2,10–14*; 4,6aβ–10a)

Mit der Leuchtervision klingt das Thema „Tempel" im Sacharja-Buch an. Dies zeigen epexegetische Fortschreibungen, die nun auf die Leuchtervision hin das Kommen Jahwes zum Zion und die Einwohnung in seinem Tempel ansagen (1,16f; 2,10–14*). Über die Tempelthematik erfolgt auch der Zusammenschluß mit dem Haggai-Buch, den die Epexegesen Sach 4,6aβ–10a voraussetzen: Sie übernehmen die Figur Serubbabels aus dem Haggai-Buch ins Sacharja-Buch und greifen von Hag das Motiv der Tempelgründung auf.

Zusammengebunden wird das Sacharja-Buch mit dem Haggai-Buch über die Datierung Sach 1,7. Da die Datierung von den Haggai-Datierungen abweicht (Hag 1,1; 1,15b–2,1: Reihenfolge der Daten = Jahr, Monat, Tag, Königstitel für Dareios, Formulierung der Wortereignisformel mit בִּיַד – Sach 1,7: Reihenfolge der Daten = Tag, Monat, Jahr, kein Königstitel für Dareios, Formulierung der Wortereignisformel mit אֶל), ist nicht von einem von vornherein beide Bücher umfassenden redaktionellen Rahmen auszugehen. Vielmehr ist Sach 1,7 auf das Haggai-Buch hin verfaßt.[2] Nach dem bisher skizzierten Wachstum beider Bücher ist das letzte in Hag vorliegende Datum das in 1,15b–2,1 (= der 21.07. des 2. Jahres), der letzte in Hag vorliegende Text das Stück über die Wende zum Segen (Hag 2,15–19*). Wenn nun Sach 1,7 (= der 24.11.02) an die Segensverheißung 2,19 anschließt, läßt sich daraus folgern, daß der Visionszyklus als eine den Tempelbau fortsetzende Verheißung verstanden werden soll. Der mit der Tempelgründung verbundene Segen ist der Ermöglichungsgrund für das größere Ganze des Visionszyklus. Der Abstand von fast vier Monaten zeigt an, daß es Zeit braucht, bis Ruhe auf der Erde eingekehrt ist. Hier dürfte im Hintergrund das Problem der Heilsverzögerung stehen. Im Anschluß an die zeitlichen Ansetzungen des narrativen Rahmens des Haggai-Buchs und des Fünf-Visionen-Zyklus „Reorganisation" des Sacharja-Buchs, die beide von Sach 1,7 vorausgesetzt werden, ist wahrscheinlich, daß Hag und Sach 1–8 über die Datierung Sach 1,7 ab dem beginnenden bis mittleren 5. Jh. miteinander verknüpft wurden.[3]

---

2   Auch Wöhrle, Sammlungen, 362ff.367ff, geht davon aus, daß die Verknüpfung von Hag und Sach nicht durch eine die Datierungen beider Bücher umfassende Redaktion erfolgt, sondern daß die Sacharja-Datierungen von Hag abhängig sind. Allerdings weist Wöhrle alle drei Datierungen Sach 1,1.7; 7,1 einer umfänglichen Wort-Redaktion zu (1,1–7.14aβ–17aα; 2,10–14; 4,9b; 6,15; 7,1.7.9–14; 8,1–5.7f.14–17.19b), ohne die Unterschiede zwischen 1,1.7; 7,1 weiter zu berücksichtigen, vgl. o. S. 10ff.304 Anm. 872.

3   Vgl. Wöhrle, Sammlungen, 364.380, der für die Verknüpfung von Haggai und Sacharja durch die „Wort-Redaktion" die erste Hälfte des 5. Jh.s annimmt.

4.2.2 Die Propheten der Tempelgründung (Sach 7,1; 8,9–13)

Sach 8,9–13 setzt die Heilsworte 8,1–5 fort, wobei für 8,2, dem Wort gegen die Völker, das bereits die Abfolge 1,14.15 voraussetzt, im Anschluß an Sach 1,15; 2,3f*; 2,10b die Datierung ins 4. Jh. naheliegt.[4] Auch Sach 8,9–13 kann ungefähr in dieser Zeit angesetzt werden. Gemäß dem Leitsatz Sach 8,9, in diesen Tagen auf die Worte der Propheten der Tempelgründungszeit zu hören, d.h. auf die Worte Haggais und Sacharjas, greift Sach 8,9–13 auf die Worte und Formulierungen des Haggai-Buchs zurück und kombiniert sie mit den Tempelbauworten Sach 4,6–10.[5] Zu Sach 8,9–13 ist auch die Datierung 7,1 zu rechnen, denn durch sie wird mit dem vierten Jahr des Dareios für die Buchfiktion der zeitliche Abstand zur Zeit der Tempelgründung geschaffen. Zudem nimmt die Datierung 7,1 wie Sach 8,9–13 die Formulierungen des Haggai-Buchs auf. Die Jahresangabe zu Beginn, die Nennung des Dareios mit dem Königstitel und das Fehlen der Filiation beim Namen des Propheten entspricht Hag 1,1; 1,15b–2,1 und unterscheidet Sach 7,1 von Sach 1,1.7.

4.2.3 Die Unreinheit des Volks (Hag 2,10–14)

Die zur Zeichenhandlung wegen der Unreinheit des Volks gehörende Datierung 2,10 ist dagegen im Hinblick auf Sach 1,7 formuliert. Sie entspricht mit der Reihenfolge Tag, Monat, Jahr, der Formulierung der Wortereignisformel mit אֶל und der Auslassung des Königstitels für Dareios genau Sach 1,7 und unterscheidet sich in allen diesen Punkten von Hag 1,1; 1,15b–2,1. Zudem füllt Hag 2,10 mit der Datierung auf den 24.09. genau die Mitte der Lücke zwischen Hag 1,15b–2,1 (21.07.) und Sach 1,7 (24.11.). Damit blickt Hag 2,10–14 auf das Sacharja-Buch voraus. Die Beseitigung der Unreinheit des Volks ist nicht nur die Vorbedingung für den mit dem Tempelbau verheißenen Segen, sondern auch für die Verheißungen der Nachtgesichte. Zugleich wird mit der Einschreibung von 2,10–14 in den ursprünglichen Zusammenhang von 2,3–9.15–19 die Verbindung zwischen der Ansage der größeren künftigen Herrlichkeit und dem Segen aufgesprengt. Die Wende zum Heil wird nun von der Frage der Unreinheit des Volks und der von den Priestern zugelassenen Opfer abhängig gemacht. Hag 2,10–14 reflektiert ähnliche Probleme wie Mal und dürfte daher ähnlich anzusetzen sein, d.h. noch perserzeitlich.[6]

---

4 S.o. 3.13.2 und 3.14.2. Die Heilsworte Sach 8,1–5 stellen die erste Erweiterung der Fastenfrage 7,2f; 8,18–19a dar, mit der die Fortschreibungen des Epilogs einsetzen.

5 S.o. S. 283ff.

6 Zur theologiegeschichtlichen Nähe von Hag 2,10–14 und Mal s.o. 2.3.2.

4.2.4   Die Verheißung für Serubbabel (Hag 2,20–23)

Die Datierung 2,20 schließt ein zweites Wort an das Datum von 2,10 an, welches daher in 2,20 nur verkürzt wiederholt wird. Indem das Wort für Serubbabel auf denselben Tag wie 2,10 gelegt wird, wird die besondere Bedeutung dieses Tags unterstrichen. Es ist der Tag des „Stein-auf-Stein-Legens", der Tag der Verheißung der Wende zum Segen (2,15–19). Im Anschluß an Hag 2,10 ist die Wortereignisformel wieder mit אֶל verbunden. Die Formulierungen von Hag 2,20–23 sind neben Jer 22,24 sowohl dem Haggai-Buch als auch dem Sacharja-Buch verpflichtet. Hag 2,21b zitiert Hag 2,6bα. Hag 2,22 stellt dagegen Stichwortverknüpfungen zu Sach 1 und 6 her.[7] Die Stichwörter סוּס, רכב, אִישׁ verbinden Hag 2,22 mit Sach 1,8, die גוים sind in Hag 2,22 und Sach 1,15 erwähnt. Zu סוּס und מרכבה vgl. Hag 2,22 mit Sach 6,1.2.3.6. Damit bilden die in Hag 2,22 Genannten eine Klammer um den Zyklus der Nachtgesichte. Nimmt man עבדי (Hag 2,23) und כסא (Hag 2,22) hinzu, ist eventuell der Rahmen der Nachtgesichte (Sach 1,1–6: עֲבָדָי; 6,13: כִּסֵּא) im Blick. Vor allem läßt sich Hag 2,20–23 als Vorspann zum ersten Nachtgesicht lesen. Die Ruhe auf der Erde kann einkehren, wenn die Nationen dem universalen Gericht anheimgefallen sind. Doch Hag 2,20–23 nimmt nicht nur Stichwörter aus Sach auf, sondern wird später selbst neben Sach 6,12 zu einem der beiden Stichwortgeber für die Verheißung des צמח עבדי in Sach 3,8. Am Ende des literarischen Wachstums von Hag–Sach werden in Sach 3,8 die beiden eschatologischen Verheißungen einer Anknüpfung an die davidische Linie (s. Hag 2,23; Sach 6,12) kombiniert. Aufgrund der Vorstellung eines Völkergerichts mit kosmischen Dimensionen und im Hinblick auf die relative Chronologie des Haggai-Buchs gehört Hag 2,20–23 bereits der hellenistischen Zeit an.[8]

4.3   Buchabtrennung: Der Prolog (Sach 1,1–6)

Als letzte Datierung bleibt Sach 1,1. Sie fällt schon dadurch auf, daß sie nur Monat und Jahr nennt. Durch die Datierung in den 8. Monat des zweiten Jahrs des Dareios wird die Umkehrpredigt vor das „Stein-auf-Stein-Legen" und die damit verbundene Wende zum Segen (2,10 = 24.09.02) datiert. Somit wird die Umkehr der gegenwärtigen Generation aufgrund der Predigt Sacharjas zum eigentlichen Auslöser des Tempelbaus und der Wende zum Segen.[9] Mit der Datierung Sach 1,1 wird die chronologische Abfolge der Datierungen Hag 1,1–Sach 7,1 unterbrochen. Sach 1,1–6 wird so zum Buchanfang des Sacharja-

---

Buchs, ganz dem programmatischen Charakter von Sach 1,1–6 entsprechend. Zugleich wird die Verbindung zwischen Haggai und Sacharja verstärkt, indem beide nun nicht mehr nacheinander, sondern nebeneinander auftreten. Der Prolog hat sein Gegenstück in den Paränesen des Epilogs (Sach 7,7–14; 8,14–17.19b) und gehört mit diesen zu einer Redaktion, die das Sacharja-Buch mit der Mahnung rahmt, umzukehren und Gerechtigkeit zu üben.[10]

4.4   Schlußbemerkung

Die Entstehung des die beiden Prophetenbücher Haggai und Sacharja 1–8 umfassenden und zusammenschließenden Datierungssystems umfaßt – wie die gesamte Redaktionsgeschichte der beiden Schriften – eine Zeitspanne vom 6. Jh. bis in die hellenistische Zeit. Es hat sich gezeigt, daß der chronologische Rahmen nicht einer einzigen Redaktion zu verdanken ist, sondern seinen Anfangspunkt in den die ältesten Worte des Haggai-Buchs rahmenden Datierungen Hag 1,1*; 1,15b–2,1 hat und sukzessive ergänzt wurde, um zunächst über die Datierung Sach 1,7 das Haggai-Buch mit den Nachtgesichten des Sacharja zu verknüpfen und anschließend weitere Texte mit Blick auf den Zusammenhang von Hag und Sach 1–8 einzuschreiben: Sach 7,1 mit 8,9–13; Hag 2,10 mit 2,11–14; Hag 2,20 mit 2,21–23 und Sach 1,1 mit 1,2–6; 7,7–14; 8,14–17.19b. Der Rahmen spiegelt damit den Prozeß der literarischen Genese der beiden Bücher in nuce wieder. Nicht zuletzt über den Rahmen werden Hag und Sach zu einer Chronik des Tempelbaus zusammengebunden. Der sich in der literarischen Genese beider Schriften widerspiegelnde Reflexions- und Rezeptionsprozeß ist dabei im Sacharja-Buch bereits treffend zusammengefaßt:

„Stärkt eure Hände, die ihr in diesen Tagen diese Worte aus dem Munde der Propheten hört, die an dem Tag waren, als das Haus Jahwe Zebaots gegründet wurde, damit der Tempel erbaut werde!"

(Sach 8,9)

---

10   S.o. 3.14.2.5.

Übersichten

Die Schichtentabellen zu Hag und Sach 1–8 geben nur die jeweiligen Grundbestände der Textstufen sowie wichtige Einzelzusätze an.

Schichtentabelle zu Hag

I	II	III	IV	V
1,1* + 1,4.8		1,1–3*		
	1,5–7			
		1,12a.14(.15a)		
1,15b–2,1 +				
		2,2		
2,3.9a				
			2,10–14	
	2,15–19*			
				2,20–23

I Sprüche zum Tempelbau als Grundworte des Haggai-Buchs (um 520)
II Fluch-und-Segen-Bearbeitung (um 500)
III Narrativer Rahmen (um 500)
IV Priestertora und unreines Volk, Datierungsformel 2,10 orientiert sich an Sach 1,7 (noch perserzeitlich, vgl. Mal)
V Eschatologische Verheißung für Serubbabel (hellenistisch)

Schichtentabelle zu Sach 1–8

I	II	III	IV	V	VI	VII	VIII	IX
							1,1–6	
		1,7						
1,8.9a.10.11b	1,9b.					1,11a.12.13		
	14				1,15			
		1,16f						
					2,3f*			
2,5–6								
	2,7a.8							
		2,10a.11.14			2,10b(.12f*)			
								2,15f
						3,1a.4b		
						nach		
						6,12.13b.14:		
						3,8		
	4,1–6.10–14*	4,6–10*						
	5,1.3							
			5,5–11*					
	6,1–8*				6,5b.6f*			
						6,9–15*		
								6,15a
					7,1			
				7,2f				
							7,7–14*	
					8,1–5			
					8,6–8			
					8,9–13			
							8,14–17	
				8,18–19a			8,19b	
							8,20–22.	
							23	

Die Beschreibung der Stufen der Schichtentabelle befindet sich auf der nächsten Seite

I Neuanfang und Restitution Jerusalems: Visionen „Reiter" und „Meß-schnur" als Grundbestand der Nachtgesichte (um 519)

II 1. Bearbeitung der Nachtgesichte: Reorganisation, Visionen „Leuchter", „Schriftrolle" und „Wagen", Einschreibung des Deuteengels in die Visionen „Reiter" und „Meßschnur" (um 500)

III Verknüpfung der Nachtgesichte mit Hag durch Sach 1,7, davon abhängig sind Worte zum Thema Tempel(bau), 1,16f; 2,10a.11.14; 4,6–10* (beginnendes bis mittleres 5. Jh.)

IV Ergänzung des Nachtgesichts „Efa" (5.–4. Jh.)

V Fastenfrage, Nukleus des Epilogs, vor der Fortschreibung 8,1–5

VI Vision „Handwerker" und diasporaorientierte Fortschreibungen 1,15; 2,10b.12f*; 6,5b.6f*, davon abhängig 8,1–5, weitere Heilsworte nach 8,1–5: 7,1 + 8,9–13, dann 8,6–8 (ab dem 4. Jh.)

VII Nachtgesicht „Josua" und Einschreibung des Jahwe-Engels in Sach 1, davon abhängig 6,9–15, davon wiederum abhängig Sach 3,8 (spätpersisch bis hellenistisch)

VIII Paränetischer Rahmen, vor oder nach Hag 2,20–23 (dementsprechend spätpersisch oder hellenistisch)

IX Heil für die Völker (hellenistisch)

Übersicht über die rahmenden Datierungen bei Hag–Sach

	Datum	entspricht	Reihenfolge	המלך	אל	ביד	Filiation
Hag 1,1	01.06.02	29.08.520	J/M/T	x	x		
Hag 1,15b-2,1	21.07.02	17.10.520	J/M/T	x	x		
Hag 2,10	24.09.02	18.12.520	T/M/J		x		
Hag 2,20	24.09.02	18.12.520	T/(M)		x		
Sach 1,1	–.08.02	–.10./11.520	M/J		x		x
Sach 1,7	24.11.02	15.02.519	T/M/J (+MN)		x		x
Sach 7,1	04.09.04	07.12.518	J/T/M (+MN)		x	x	

Die Umrechnung der bei Haggai und Sacharja 1–8 genannten Daten erfolgt nach Parker/Dubberstein, Chronology.

Reihenfolge:	Reihenfolge der Datumsangaben
	T = Tag, M = Monat, J = Jahr, MN = Monatsname
ביד:	Wortereignisformel mit ביד formuliert
אל:	Wortereignisformel mit אל formuliert
המלך:	Dareios wird mit dem Königstitel bezeichnet
Filiation:	Bei der Nennung des Propheten ist die Filiation angegeben

Literaturverzeichnis

Die Abkürzungen in der vorliegenden Arbeit erfolgen nach: Redaktion der RGG[4] (Hg.), Abkürzungen Theologie und Religionswissenschaft nach RGG[4], UTB 2868, Tübingen 2007. Darin nicht enthaltene Abkürzungen entsprechen IATG[2] bzw. allgemeinem Brauch. Darüber hinaus wurde verwendet: NIV AC = The NIV Application Commentary, Grand Rapids. In der Arbeit wird die zitierte Literatur mit Kurztiteln angegeben, bei Kommentaren wird nach Möglichkeit nur die Kommentarreihe sowie, falls vorhanden, die entsprechende Bandnummer genannt.

Achtemeier, E.R., Nahum–Malachi, Int., Atlanta 1986

Ackroyd, P.R., Studies in the Book of Haggai (1. Teil), in: JJS 2 (1950–1951), 163–176

–   Studies in the Book of Haggai (2. Teil), in: JJS 3 (1952), 1–13

–   The Book of Haggai and Zechariah i-viii, in: JJS 3 (1952), 151–156

–   Some Interpretative Glosses in the Book of Haggai, in: JJS 7 (1956), 163–167

–   Exile and Restoration: A Study of Hebrew Thought of the Sixth Century B C, London 1968

Albani, M., Die 70-Jahr-Dauer des babylonischen Exils (Jer 25,11f; 29,10) und die Babylon-Inschrift Asarhaddons, in: Mitteilungen und Beiträge der Forschungsstelle Judentum an der Theologischen Fakultät Leipzig 17 (1999), 4–20

Albertz, R., Religionsgeschichte Israels in alttestamentlicher Zeit. Teil 2: Vom Exil bis zu den Makkabäern, GAT 8/2, Göttingen 1992

–   Die Exilszeit. 6. Jahrhundert v. Chr., BE 7, Stuttgart 2001

Albertz, R./Becking, B. (Hrsg.), Yahwism after the Exile. Perspectives on Israelite Religion in the Persian Era, Papers Read at the First Meeting of the European Association for Biblical Studies, Utrecht, 6–9 August 2000, STAR 5, Assen 2003

Alt, A., Die Rolle Samarias bei der Entstehung des Judentums, in: ders., Kleine Schriften zur Geschichte des Volkes Israel II, München [3]1964, 316–337

Ambos, C., Mesopotamische Baurituale aus dem 1. Jahrtausend v. Chr. Mit einem Beitrag von Aaron Schmitt, Dresden 2004

–   Building Rituals from the First Millennium BC: The Evidence from the Ritual Texts, in: M.J. Boda/J. Novotny, From the Foundations to the

Crenellations: Essays on Temple Building in the Ancient Near East and Hebrew Bible, AOAT 366, Münster 2010, 221–237

Amsler, S., Aggée, Zacharie 1–8, in: ders./A. Lacoque/R. Vuilleumier, Aggée, Zacharie, Malachie, CAT XIc, Genf [2]1988, 7–125

Assis, E., Haggai: Structure and Meaning, in: Bib. 87 (2006), 531–541

– Composition, Rhetoric and Theology in Haggai 1:1–11, in: JHS 7 (2007), Art. 11, http://www.jhsonline.org

– To Build or Not to Build: A Dispute between Haggai and His People, in: ZAW 119 (2007), 514–527

– A Disputed Temple (Haggai 2,1–9), in: ZAW 120 (2008), 582–596

– The Temple in the Book of Haggai, in: JHS 8, No. 19 (2008), http://www.jhsonline.org

– Psalm 127 and the Polemic of the Rebuilding of the Temple in the Post Exilic Period, in: ZAW 121 (2009), 256–272

– Zechariah's Vision of the Ephah (Zech. 5:5–11), in: VT 60 (2010), 15–32

Avigad, N., Bullae and Seals from a Post-exilic Judean Archive, Qedem 4, Jerusalem 1976

Aynard, J.-M., Le prisme du Louvre AO 19.939, Paris 1957

Baldwin, J.G., Haggai, Zechariah, Malachi, TOTC, Leicester 1972

Barag, D., Some Notes on a Silver Coin of Johanan the High Priest, in: BA 48, 1985, 166–168

– A Silver Coin of Yohanan the High Priest of the Coinage of Judea in the Fourth Century BC, in: INJ 9, 1987, 4–21

Barthel, J., Prophetenwort und Geschichte. Die Jesajaüberlieferung in Jes 6–8 und 28–31, FAT 19, Tübingen 1997

Barthélemy, D./Rickenbacher, O. (Hrsg.), Konkordanz zum hebräischen Sirach. Mit syrisch-hebräischem Index, Göttingen 1973

Batto, B.F., Art. Curse, in: DDD, [2]1999, 211–214

Baumann, A., Art. חָרַד, in: ThWAT 3, 1982, 176–182

Beaulieu, P.-A., The Reign of Nabonidus. King of Babylon 556–539 B.C., YNER, 10, New Haven/London 1989

Becker, J., Gottesfurcht im Alten Testament, AnBib 25, Rom 1965

Becker, U., Jesaja – von der Botschaft zum Buch, FRLANT 178, Göttingen 1997

– Der Prophet als Fürbitter: Zum literarhistorischen Ort der Amos-Visionen, in: VT 51 (2001), 141–165

– Die Wiederentdeckung des Prophetenbuches. Tendenzen und Aufgaben der gegenwärtigen Prophetenforschung, BThZ 21 (2004), 30–60

– Exegese des Alten Testaments. Ein Methoden- und Arbeitsbuch, UTB 2664, Tübingen 2005

– Der Messias in Jes 7–11. Zur „Theopolitik" prophetischer Heilserwartungen, in: S. Gillmayr-Bucher u.a. (Hrsg.), Ein Herz so weit wie der Sand am Ufer des Meeres (FS G. Hentschel), EThSt 90, Würzburg 2006, 235–254

Bedford, P.R., Discerning the Time: Haggai, Zechariah and the 'Delay' in the Rebuilding of the Jerusalem Temple, in: S.W: Holloway/L.K. Handy (Hrsg.), The Pitcher is Broken: Memorial Essays for Gösta W. Ahlström, JSOT.S 190, Sheffield 1995, 71–94

– Temple Restoration in Early Achaemenid Judah, JSJ.S 65, Leiden usw. 2001

Beentjes, P.C., The Book of Ben Sira in Hebrew. A Text Edition of all Extant Hebrew Manuscripts and a Synopsis of all Parallel Hebrew Ben Sira Texts, VT.S 68, Leiden 1997

Begrich, J., Das priesterliche Heilsorakel, in: Gesammelte Studien zum Alten Testament, TB 21, München 1964, 217–231

– Die priesterliche Tora, in: Gesammelte Studien zum Alten Testament, TB 21, München 1964, 232–260

Behrens, A., Prophetische Visionsschilderungen im Alten Testament. Sprachliche Eigenarten, Funktion und Geschichte einer Gattung, AOAT 292, Münster 2002

Ben Zvi, E. (Hrsg.), Utopia and Dystopia in Prophetic Literature, Publications of the Finnish Exegetical Society 92, Göttingen 2006

Ben Zvi, E./Floyd, M.H. (eds.), Writings and Speech in Israelite and Ancient Near Eastern Prophecy, SBL.SS 10, Atlanta 2002

Bengtson, H., Das Perserreich und die Griechen um 520 v. Chr., in: ders. (Hrsg.), Griechen und Perser. Die Mittelmeerwelt im Altertum I, Fischer Weltgeschichte 5, Frankfurt a.M./Hamburg 1965, 11–33

Benoit, P./Milik, J.T./de Vaux, R. (Hrsg.), Les Grottes de Murabba'ât, DJD 2, Oxford 1961

Berges, Der Ijobrahmen (Ijob 1,1–2,10; 42,7–17). Theologische Versuche angesichts unschuldigen Leidens, in: BZ NF 39 (1995), 225–245

Berlejung, A., Die Theologie der Bilder. Herstellung und Einweihung von Kultbildern in Mesopotamien und die alttestamentliche Bilderpolemik, OBO 162, Göttingen/Fribourg 1998

– Notlösungen – Altorientalische Nachrichten über den Tempelkult in Nachkriegszeiten, in: U. Hübner/E.A. Knauf (Hrsg.), Kein Land für sich allein. Studien zum Kulturkontakt in Kanaan, Israel/Palästina und Ebirnâ-ri (FS M. Weippert), OBO 186, Göttingen/Fribourg 2002, 197–230

– „Götter, die im Verborgenen wohnen". Problemfälle der altorientalischen Tempeltheologie, in: A. Meinhold/A. Berlejung (Hrsg.), Der Freund des Menschen (FS G.C. Macholz), Neukirchen-Vluyn 2003, 109–123

– Art. Weltbild/Kosmologie, in: HGANT, 2006, 65–72

– Geschichte und Religionsgeschichte des antiken Israel, in: J.C. Gertz (Hrsg.), Grundinformation Altes Testament. Eine Einführung in Literatur, Religion und Geschichte des Alten Testaments, Göttingen [3]2009, 59–192

– Innovation als Restauration in Uruk und Jehud. Überlegungen zu Transformationsprozessen in vorderorientalischen Gesellschaften, in: E.-J. Waschke (Hrsg.), Reformen im Alten Orient und der Antike. Programme, Darstellungen und Deutungen, ORA 2, Tübingen 2009, 71–111

Berquist, J.L., Judaism in Persia's Shadow. A Social and Historical Approach, Minneapolis 1995

Beuken, W.A.M., Haggai–Sacharja 1–8. Studien zur Überlieferungsgeschichte der frühnachexilischen Prophetie, SSN 10, Assen 1967

– A Review, in: M.J. Boda/M.H. Floyd (Hrsg.), Tradition in Transition. Haggai and Zechariah 1–8 in the Trajectory of Hebrew Theology, LHBOTS 475, New York/London 2008, 301–309

Beuken, W.A.M./van Grol, H.W.M., Jeremiah 14,1–15,9. A Situation of Distress and its Hermeneutics. Unity and Diversity of Form – Dramatic Development, in: P.-M. Bogaert (Hrsg.), Le livre de Jérémie. Le prophète et son milieu. Les oracles et leur transmission, BEThL 54, Leuven 1981, 297–342

Beyse, K.-M., Serubbabel und die Königserwartungen der Propheten Haggai und Sacharja. Eine historische und traditionsgeschichtliche Untersuchung, AzTh 1/48, Stuttgart 1972

– Art. צָאָה, in: ThWAT 6, 1989, 856–858

Bezzel, H., Die Konfessionen Jeremias. Eine redaktionsgeschichtliche Studie, BZAW 378, Berlin/New York 2007

Biblia Hebraica Stuttgartensia, ed. K. Elliger/W. Rudolph, Stuttgart [4]1990

Bič, M., Die Nachtgesichte des Sacharja. Eine Auslegung von Sach 1–6, BSt 42, Neukirchen-Vluyn 1964

Black, J./George, A./Postgate, N. (Hrsg.), A Concise Dictionary of Akkadian, SANTAG 5, Wiesbaden [2]2000

Black, J./Green, A., Gods, Demons and Symbols of Ancient Mesopotamia. An illustrated Dictionary, London [2]1998

Blenkinsopp, J., The Judaean Priesthood during the Neo-Babylonian and Achaemenid Periods: A Hypothetical Reconstruction, in: CBQ 60 (1998), 25–43

– Bethel in the Neo-Babylonian Period, in: O. Lipschits/J. Blenkinsopp (Hrsg.), Judah and the Judeans in the Neo-Babylonian Period, Winona Lake 2003, 93–107

Bloomhardt, P.F., The Poems of Haggai, in: HUCA 5 (1928), 153–195

Boda, M.J., Haggai: Master Rhetorician, in: TynB 51 (2000), 295–304

– From Fasts to Feasts: The Literary Function of Zechariah 7–8, in: CBQ 65 (2003), 390–407

– Zechariah: Master Mason or Penitential Prophet?, in: R. Albertz/B. Becking, (Hrsg.), Yahwism after the Exile. Perspectives on Israelite Religion in the Persian Era, Papers Read at the First Meeting of the European Association for Biblical Studies, Utrecht, 6–9 August 2000, STAR 5, Assen 2003, 49–69
– Haggai, Zechariah, NIV AC, Grand Rapids 2004
– Terrifying the Horns: Persia and Babylon in Zechariah 1:7–6:15, in: CBQ 67, 2005, 22–41
– From Dystopia to Myopia: Utopian (Re)Visions in Haggai and Zechariah 1–8, in: E. Ben Zvi (Hrsg.), Utopia and Dystopia in Prophetic Literature, Publications of the Finnish Exegetical Society 92, Göttingen 2006, 210–248
– Oil, Crowns and Thrones: Prophet, Priest and King in Zechariah 1:7–6:15, in: E. Ben Zvi (Hrsg.), Perspectives on Biblical Hebrew: Comprising the Contents of Journal of Hebrew Scriptures, Volumes 1–4, Piscataway 2006, 379–404 (= JHS 3 (2001), Art. 10, http://www.jhsonline.org)
– Messengers of Hope in Haggai–Malachi, in: JSOT 32 (2007), 113–131
– Hoy, Hoy: The Prophetic Origins of the Babylonian Tradition in Zechariah 2:10–17, in: ders./M.H. Floyd (Hrsg.), Tradition in Transition. Haggai and Zechariah 1–8 in the Trajectory of Hebrew Theology, LHBOTS 475, New York/London 2008, 171–190
Boda, M.J./Novotny, J., From the Foundations to the Crenellations: Essays on Temple Building in the Ancient Near East and Hebrew Bible, AOAT 366, Münster 2010
Böhme, W., Zu Maleachi und Haggai, in: ZAW 7 (1887), 210–217
Borger, R., An Additional Remark on P. R. Ackroyd, JNES, XVII, 23–27, in: JNES XVIII (1959), 74
– Die Inschriften Asarhaddons Königs von Assyrien, AfO.B 9, Osnabrück 1967 (= Nachdruck der Ausgabe 1956)
– Die Chronologie des Darius-Denkmals am Behistun-Felsen, NAWG.PH 1982/3, 103–132
– Babylonisch-assyrische Lesestücke, 2 Bde., AnOr 54, Rom ³2006
Borger, R./Hinz, W., Die Behistun-Inschrift Darius' des Großen, in: TUAT I, 1982–1985, 419–450
Bosshard, E., Beobachtungen zum Zwölfprophetenbuch, in: BN 40 (1987), 30–62
Bosshard-Nepustil, E., Rezeptionen von Jesaja 1–39 im Zwölfprophetenbuch. Untersuchungen zur literarischen Verbindung von Prophetenbüchern in babylonischer und persischer Zeit, OBO 154, Göttingen/Fribourg 1997
Bosshard, E./Kratz, R.G., Maleachi im Zwölfprophetenbuch, in: BN 52 (1990), 27–46
Braulik, G., Deuteronomium II. 16,18–34,12, NEB.AT 28, Würzburg 1992

Breytenbach, C./Day, P.L., Art. Satan, in: DDD, [2]1999, 726–732

Briant, P., From Cyrus to Alexander. A History of the Persian Empire, Winona Lake 2002

Brongers, H.A., Bemerkungen zum Gebrauch des adverbialen w^e ʿattāh im Alten Testament, in: VT 15 (1965), 289–299

Budde, K., Zum Text der drei letzten kleinen Propheten, in: ZAW 26 (1906), 1–28

Cagni, L., L'epopea di Erra, Studi semitici 34, Rom 1969

Caquot, A., Art. גָּעַר, in: ThWAT 2, 1977, 51–56

Carroll, R.P., Jeremiah. A Commentary, OTL, Philadelphia 1986

Carter, C.E., The Emergence of Yehud in the Persian Period. A Social and Demographic Study, JSOT.S 294, Sheffield 1999

Cassin, E., La splendeur divine. Introduction à l'étude de la mentalité mésopotamienne, CeS 8, Paris 1968

Chary, T., Aggée–Zacharie–Malachie, SB, Paris 1969

Cholewiński, A., Heiligkeitsgesetz und Deuteronomium. Eine vergleichende Studie, AnBib 66, Rom 1976

Clark, D.J., Problems in Haggai 2:15–19, in: BiTr 34 (1983), 432–439

Clements, R.E., Art. שָׁאַר, in: ThWAT 7, 1993, 933–950

Cody, A., When is the chosen people called a gôy?, in: VT 14 (1964), 1–7

Cornelius, I., A Terracotta Horse in Stellenbosch and the Iconography and Function of Palestinian Horse Figurines, in: ZDPV 123 (2007), 28–36

Crawford, T.G., Blessing and Curse in Syro-Palestinian Inscriptions of the Iron Age, AmUSt.TR, 120, New York usw. 1992

Cross, F.M., A Reconstruction of the Judean Restoration, in: JBL 94 (1975), 4–18

Curtis, B.G., Up the Steep and Stony Road. The Book of Zechariah in Social Location Trajectory Analysis, SBLAcBib 25, Atlanta 2006

Dalman, G., Arbeit und Sitte in Palästina, Bd. 1. Jahreslauf und Tageslauf, Schriften des Deutschen Palästina-Instituts 3, Gütersloh 1928

– Arbeit und Sitte in Palästina, Bd. 2. Der Ackerbau, Schriften des Deutschen Palästina-Instituts 5, Gütersloh 1932

Day, P.L., An Adversary in Heaven. śāṭān in the Hebrew Bible, HSM 43, Atlanta 1988

de Vaux, R., Das Alte Testament und seine Lebensordnungen, Bd. 2, Freiburg usw. [2]1966

Deissler, A., Zwölf Propheten III. Zefanja, Haggai, Sacharja, Maleachi, NEB.AT 21, Würzburg 1988

Delcor, M., La vision de la femme dans l'épha de Zach., 5,5–11 à la lumière de la littérature hittite, in: RHR 187 (1975), 137–145

Delkurt, H., Die Engelwesen in Sach 1,8–15, in: BN 99 (1999), 20–41
– Sacharjas Nachtgesichte. Zur Aufnahme und Abwandlung prophetischer Traditionen, BZAW 302, Berlin/New York 2000
– Sacharja und der Kult, in: A. Graupner/H. Delkurt/A.B. Ernst (Hrsg.), Verbindungslinien (FS W.H. Schmidt), Neukirchen-Vluyn 2000, 27–39
– Sin and Atonement in Zechariah's Night Visions, in: M.J. Boda/M.H. Floyd (Hrsg.), Tradition in Transition. Haggai and Zechariah 1–8 in the Trajectory of Hebrew Theology, LHBOTS 475, New York/London 2008, 235–251
Dell, K.L., The Book of Job as Sceptical Literature, BZAW 197, Berlin/New York 1991
Dequeker, L., Darius the Persian and the Reconstruction of the Jewish Temple in Jerusalem (Ezra 4,24), in: J. Quegebeur (Hrsg.), Ritual and Sacrifice in the Ancient Near East (OLA 55), Leuven 1993, 67–92
Derousseaux, L., Le crainte de Dieu dans l'Ancien Testament. Royauté, alliance, sagesse dans les royaumes d'Israel et de Juda; recherches d'exégèse et d'histoire sur la racine yârê, LeDiv 63, Paris 1970
Dietrich, W., Prophetie und Geschichte. Eine redaktionsgeschichtliche Untersuchung zum deuteronomistischen Geschichtswerk, FRLANT 108, Göttingen 1972
Dietrich, W./Naumann, T., Die Samuelbücher, EdF 287, Darmstadt 1995
Donner, H., Geschichte des Volkes Israel und seiner Nachbarn in Grundzügen, Teil 2: Von der Königszeit bis zu Alexander dem Großen. Mit einem Ausblick auf die Geschichte des Judentums bis Bar Kochba, GAT 4/2, Göttingen ²1995
Donner, H./Röllig, W., Kanaanäische und aramäische Inschriften, Bd. 1, Wiesbaden 1962
Dörfel, D., Engel in der apokalyptischen Literatur und ihre theologische Relevanz am Beispiel von Ezechiel, Sacharja, Daniel und Erstem Henoch, Aachen 1998
Duhm, B., Das Buch Jeremia, KHC XI, Freiburg 1901
– Anmerkungen zu den Zwölf Propheten, Gießen 1911

Edelman, D., Proving Yahweh killed his wife, in: Bibl.Interpr. 11, 2003, 335–344
– The Origins of the 'Second Temple': Persian Imperial Policy and the Rebuilding of Jerusalem, Bible World, London/Oakville, 2005
Eising, H., Art. חַיִל, in: ThWAT 2, 1977, 902–911
Eißfeldt, O., Einleitung in das Alte Testament unter Einschluß der Apokryphen und Pseudepigraphen. Entstehungsgeschichte des Alten Testaments, Tübingen 1934

– Einleitung in das Alte Testament unter Einschluß der Apokryphen und Pseudepigraphen sowie der apokryphen- und pseudepigraphenartigen Qumrān-Schriften. Entstehungsgeschichte des Alten Testaments, Tübingen ³1964

Elliger, K., Das Buch der zwölf Kleinen Propheten. Die Propheten Nahum, Habakuk, Zephanja, Haggai, Sacharja, Maleachi, ATD 25/2, Göttingen ⁵1964

– Leviticus, HAT I/4, Tübingen 1966 150f

Ellis, R.S. Foundation Deposits in Ancient Mesopotamia, Yale Near Eastern Researches 2, New Haven/London 1968

Even-Shoshan, A., קונקורדנציה חדשה לתורה נביאים וכתובים, Jerusalem 1996

Ewald, H., Die Propheten des Alten Bundes, Bd. 3. Die jüngsten Propheten des Alten Bundes mit den Büchern Barukh und Daniel, Göttingen ²1868

Fantalkin, A./Tal, O., Redating Lachish Level I: Identifying Achaemenid Imperial Policy at the Southern Frontier of the Fifth Satrapy, in: O. Lipschits/M. Oeming (Hrsg.), Judah and the Judeans in the Persian Period, Winona Lake 2006, 167–197

Fenz, A.K., Auf Jahwes Stimme hören. Eine biblische Begriffsuntersuchung, WBTh 6, Wien 1964

Finkelstein, I., Jerusalem in the Persian (and Early Hellenistic) Period and the Wall of Nehemiah, in: JSOT 32 (2008), 501–520

Finkelstein, I./Singer-Avitz, L., Reevaluating Bethel, in: ZDPV 125 (2009), 33–48

Fischer, G., Jeremia 1–25, HThKAT, Freiburg 2005

– Zur Relativierung des Tempels im Jeremiabuch, in: D. Böhler/I. Himbaza/P. Hugo (Hrsg.), L'écrit et l'esprit: études d'histoire du texte et de théologie biblique en hommage à Adrian Schenker, OBO 214, Göttingen/Fribourg 2005, 87–99

Fishbane, M., Biblical Interpretation in Ancient Israel, Oxford 1985

Floyd, M.H., The Nature of the Narrative and the Evidence of Redaction in Haggai, in: VT 45 (1995), 470–490

– Minor Prophets. Part 2, FOTL XXII, Grand Rapids 2000

– Traces of Tradition in Zechariah 1–8: A Case-Study, in: M.J. Boda/M.H. Floyd (Hrsg.), Tradition in Transition. Haggai and Zechariah 1–8 in the Trajectory of Hebrew Theology, LHBOTS 475, New York/London 2008, 210–234

Fohrer, G., Die symbolischen Handlungen der Propheten, AThANT 54, Zürich ²1968

– Studien zum Buche Hiob (1956–1979), BZAW 159, Berlin/New York ²1983

Fox, M.V., The Song of songs and the ancient Egyptian love songs, Madison 1985

Frei, P./Koch, K., Reichsidee und Reichsorganisation im Perserreich, OBO 55, Göttingen/Fribourg [2]1996

Frevel, C., Aschera und der Ausschließlichkeitsanspruch YHWHs, Beiträge zu literarischen, religionsgeschichtlichen und ikonographischen Aspekten der Ascheradiskussion, Bd. 1, BBB 94/1, Weinheim 1995

Fried, L.S., The Priest and the Great King. Temple-Palace Relations in the Persian Empire, Biblical and Judaic Studies From the University of California, San Diego, Vol. 10, Winona Lake 2004

Fritz, V., Die Entstehung Israels im 12. und 11. Jahrhundert v. Chr., BE 2, Stuttgart usw. 1996

Gadd, C.J., The Harran Inscriptions of Nabonidus, in: AnSt 8 (1958), 35–92

Galling, K., Art. Lampe, in: ders., BRL[1], HAT 1,1, Tübingen 1937, 347–350

– Studien zur Geschichte Israels im persischen Zeitalter, Tübingen 1964

Gamberoni, J., Art. לָבַשׁ, in: ThWAT 4, 1984, 471–483

Gelb, I.J. et al. (Hrsg.), Assyrian Dictionary of the Oriental Institute of the University of Chicago, Chicago/Glückstadt 1956ff

Gerstenberger, E.S., Das dritte Buch Mose. Leviticus, ATD 6, Göttingen 1993

– Boten, Engel, Hypostasen. Die Kommunikation Gottes mit den Menschen, in: M. Witte (Hrsg.), Gott und Mensch im Dialog (FS O. Kaiser, Bd. I), BZAW 345/I, Berlin/New York 2004, 139–154

– Israel in der Perserzeit. 5. und 4. Jahrhundert v. Chr., BE 8, Stuttgart usw. 2005

Gertz, J.C. (Hrsg.), Grundinformation Altes Testament. Eine Einführung in Literatur, Religion und Geschichte des Alten Testaments, Göttingen [3]2009

– Tora und vordere Propheten, in: ders. (Hrsg.), Grundinformation Altes Testament. Eine Einführung in Literatur, Religion und Geschichte des Alten Testaments, Göttingen [3]2009, 193–311

Gese, H., Anfang und Ende der Apokalyptik, dargestellt am Sacharjabuch, in: ders., Vom Sinai zum Zion. Alttestamentliche Beiträge zur biblischen Theologie, BEvTh 64, 1974, 202–230

Gesenius, W./Buhl, F., Hebräisches und aramäisches Handwörterbuch über das Alte Testament, Berlin/Göttingen/Heidelberg 1962 (=[17]1915)

Gesenius, W./Kautzsch, E., Hebräische Grammatik, Darmstadt [7]1995 (= [28]1909)

Görg, M., Art. Engel II. Altes Testament, in: RGG[4] 2, 1999, 1279f

Grabbe, L.L., A History of the Jews and Judaism in the Second Temple Period, Vol. 1. Yehud: A History of the Persian Province of Judah, LSTS 47, London 2004

Grätz, S., Der strafende Wettergott. Erwägungen zur Traditionsgeschichte des Adad-Fluchs im Alten Orient und im Alten Testament, BBB 114, Bodenheim 1998

– Die Aramäische Chronik des Esrabuches und die Rolle der Ältesten in Esr 5–6, in: ZAW 118 (2006), 405–422

Grayson, A.K., Assyrian and Babylonian Chronicles, TCS 5, Locust Valley/Glückstadt 1975

Green, T.M., The City of the Moon God. Religious Traditions of Harran, Religions in the Graeco-Roman World 114, Leiden 1992

Greenfield, J.C./A. Shaffer, Notes on the Akkadian-Aramaic Bilingual Statue from Tell Fekherye, in: Iraq 45 (1983), 109–116

Grünwaldt, K., Das Heiligkeitsgesetz Levitikus 17–26, BZAW 271, Berlin/New York 1999

Gunneweg, A.H.J., Esra. Mit einer Zeittafel von Alfred Jepsen, KAT XIX/1, Gütersloh 1985

Haas, V., Ein hurritischer Blutritus und die Deponierung der Ritualrückstände nach hethitischen Quellen, in: B. Janowski/K. Koch/G. Wilhelm (Hrsg.), Religionsgeschichtliche Beziehungen zwischen Kleinasien, Nordsyrien und dem Alten Testament. Internationales Symposion Hamburg, 17.–21. März 1990, OBO 129, Göttingen/Fribourg 1993, 67–85

– Geschichte der hethitischen Religion, HdO I/15, Leiden usw. 1994

Hanhart, R., Dodekapropheton 7.1. Sacharja 1–8, BK XIV/7.1, Neukirchen-Vluyn 1998

Hanson, P.D., The Dawn of Apocalyptic, Philadelphia 1975

Hartenstein, F., Tempelgründung als „fremdes Werk". Beobachtungen zum „Ecksteinwort" Jesaja 28,16–17, in: M. Witte (Hrsg.), Gott und Mensch im Dialog (FS O. Kaiser, Bd. I), BZAW 345/I, Berlin/New York 2004, 491–516

Hasel, G.F., The Remnant. The History and Theology of the Remnant Idea from Genesis to Isaiah, Andrews University Monographs. Studies in Religion 5, Berrien Springs 1974

– Art. פָּלַט, in: ThWAT 6, 1989, 589–606

Hecker, K., Das akkadische Gilgamesch-Epos, in: TUAT III/4, 1994, 646–744

Hengel, M., Judentum und Hellenismus. Studien zu ihrer Begegnung unter besonderer Berücksichtigung Palästinas bis zur Mitte des 2. Jh.s v. Chr., WUNT 10, Tübingen ²1973

Herdner, A., Corpus des tablettes en cunéiformes alphabétiques découvertes à Ras Shamra-Ugarit de 1929 à 1939, Paris 1963

Hildebrand, D.R., Temple Ritual: A Paradigm for Moral Holiness in Haggai II 10–19, in: VT 39 (1989), 154–168

Hillers, D.R., Treaty-Curses and the Old Testament Prophets, BibOr 16, Rom 1964

Hirth, V. Gottes Boten im Alten Testament. Die alttestamentliche Mal'ak-Vorstellung unter besonderer Berücksichtigung des Mal'ak-Jahwe-Problems, ThA 32, Berlin 1975

Hoffman, Y., The Fasts in the Book of Zechariah and the Fashioning of National Remembrance, in: O. Lipschits/J. Blenkinsopp (Hrsg.), Judah and the Judeans in the Neo-Babylonian Period, Winona Lake 2003, 169–218

Holland, T.A., A Typological and Archaeological Study of Human and Animal Representations in the Plastic Art of Palestine during the Iron Age, 2 Bde., Diss. Oxford 1975

– A Study of Palestinian Iron Age Baked Clay Figurines, with Special Reference to Jerusalem: Cave 1, in: Levant 9 (1977), 121–155

Hölscher, G., Hesekiel. Der Prophet und das Buch, BZAW 39, Giessen 1924

Horst, F., Die Zwölf Kleinen Propheten. Nahum bis Maleachi, HAT I/14, Tübingen [2]1954

Hossfeld, F.L./Zenger, E., Psalmen 51–100, HThKAT, Freiburg 2000

Hübner, U., Die Ammoniter. Untersuchungen zur Geschichte, Kultur und Religion eines transjordanischen Volkes im 1. Jahrtausend v. Chr., ADPV 16, Wiesbaden 1992

Hurowitz, V.A., I Have Built You an Exalted House: Temple Building in the Bible in Light of Mesopotamian and Northwest Semitic Writings, JSOT.S 115, Sheffield 1992

– Temporary Temples, in: A.F. Rainey (Hrsg.), Kinattūtu ša dārâti. Raphael Kutscher Memorial Volume, Tel Aviv Occasional Publication 1, Tel Aviv 1993, 37–50

– Restoring the Temple – Why and When?, in: JQR 93 (2003), 581–591

Hurvitz, A., The Date of the Prose-Tale of Job Linguistically Reconsidered, in: HThR 67 (1974), 17–34

Hutter, M., Widerspiegelungen religiöser Vorstellungen der Luwier im Alten Testament, in: Die Außenwirkung des späthethitischen Kulturraumes. Güteraustausch – Kulturkontakt – Kulturtransfer, AOAT 323, Münster 2004, 425–442

Janowski, B., Tempel und Schöpfung. Schöpfungstheologische Aspekte der priesterschriftlichen Heiligtumskonzeption, in: JBTh 5, Neukirchen-Vluyn 1990, 37–69 (= ders., Gottes Gegenwart in Israel. Beiträge zur Theologie des Alten Testaments, Bd. 1, Neukirchen-Vluyn 1994, 214–246)

– „Ich will in eurer Mitte wohnen". Struktur und Genese der exilischen Schekina-Theologie, in: ders., Gottes Gegenwart in Israel. Beiträge zur

Theologie des Alten Testaments, Bd. 1, Neukirchen-Vluyn 1994, 165–193
– Sühne als Heilsgeschehen. Traditions- und religionsgeschichtliche Studien zur Sühnetheologie der Priesterschrift, WMANT 55, Neukirchen-Vluyn ²2000
– Der Himmel auf Erden. Zur kosmologischen Bedeutung des Tempels in der Umwelt Israels, in: ders./B. Ego (Hrsg.), Das biblische Weltbild und seine altorientalischen Kontexte, FAT 32, Tübingen 2001, 229–259
– Die heilige Wohnung des Höchsten. Kosmologische Implikationen der Jerusalemer Tempeltheologie, in: ders., Der Gott des Lebens. Beiträge zur Theologie des Alten Testaments 3, Neukirchen-Vluyn 2003, 27–71
– Der Mensch im alten Israel. Grundfragen alttestamentlicher Anthropologie, in: ZThK 102 (2005), 143–175
Japhet, S., Sheshbazzar and Zerubbabel – Against the Background of the Historical and Religious Tendencies of Ezra-Nehemiah, in: ZAW 94 (1982), 66–98; ZAW 95 (1983), 218–229
Jaroš, K, Des Mose „strahlende Haut". Eine Notiz zu Ex 34, 29.30.35, in: ZAW 88 (1976), 275–280
Jauhiainen, M., Turban and Crown Lost and Regained: Ezekiel 21:29–32 and Zechariah's Zemah, in: JBL 127 (2008), 501–511
Jenni, E., Art. עֵת, in: E. Jenni/C. Westermann (Hrsg.), THAT 2, ⁶2004, 370–385
Jenson, P.P., Graded Holiness. A Key to the Priestly Conception of the World, JSOT.S 106, Sheffield 1992
Jeremias, A., Das Alte Testament im Lichte des Alten Orients, Leipzig ⁴1930
Jeremias, C., Die Nachtgesichte des Sacharja. Untersuchungen zu ihrer Stellung im Zusammenhang der Visionsberichte im Alten Testament und zu ihrem Bildmaterial, FRLANT 117, Göttingen 1977
Jeremias, J., Theophanie. Die Geschichte einer alttestamentlichen Gattung, WMANT 10, Neukirchen-Vluyn 1965
– Der Prophet Amos, ATD 24/2, Göttingen 1995
– Amos 3-6. Beobachtungen zur Entstehungsgeschichte eines Prophetenbuches, in: ders., Hosea und Amos. Studien zu den Anfängen des Dodekapropheton, FAT 13, Tübingen 1996, 142–156
– Prophetenwort und Prophetenbuch. Zur Rekonstruktion mündlicher Verkündigung der Propheten, in: JBTh 14 (1999), 19–35
– Die Propheten Joel, Obadja, Jona, Micha, ATD 24/3, Göttingen 2007
Joüon, P./Muraoka, T., A Grammar of Biblical Hebrew, 2 Bde., SubBi 14, Rom 1991
Junker, H., Die Zwölf Kleinen Propheten. Nahum, Habakuk, Sophonias, Aggäus, Zacharias, Malachias, HSAT VIII/2, Bonn 1938

Kaiser, O., Das Buch des Propheten Jesaja. Kapitel 1–12, ATD 17, Göttingen [5]1981

– Einleitung in das Alte Testament. Eine Einführung in ihre Ergebnisse und Probleme, Gütersloh [5]1984

– Grundriß der Einleitung in die kanonischen und deuterokanonischen Schriften des Alten Testaments, Bd. 1. Die erzählenden Werke, Gütersloh 1992

– Grundriß der Einleitung in die kanonischen und deuterokanonischen Schriften des Alten Testaments. Mit einem Beitrag von Karl-Friedrich Pohlmann, Bd. 2, Die Prophetischen Werke, Gütersloh 1994

– Grundriß der Einleitung in die kanonischen und deuterokanonischen Schriften des Alten Testaments, Bd. 3, Die poetischen und weisheitlichen Werke, Gütersloh 1994

– Der Gott des alten Testaments. Wesen und Wirken. Theologie des Alten Testaments 3: Jahwes Gerechtigkeit, Göttingen 2003

Kapelrud, A.S., Temple Building, a task for Gods and kings, in: Or. NS 32 (1963), 56–62

Kartveit, M., The Origin of the Samaritans, VT.S 128, Leiden 2009

Kedar-Kopfstein, B., Art. קֶרֶן, in: ThWAT 7, 1993, 181–189

Kee, M.S., The Heavenly Council and its Type-Scene, in: JSOT 31 (2007), 259–273

Keel, O., Jahwe-Visionen und Siegelkunst. Eine neue Deutung der Majestäts-schilderungen in Jes 6, Ez 1 und 10 und Sach 4, SBS 84/85, Stuttgart 1977

– Grundsätzliches und das Neumondemblem zwischen den Bäumen, in: BN 6 (1978), 40–55

– Das sogenannte altorientalische Weltbild, in: BiKi 40 (1985), 157-161

– Das Mondemblem von Harran auf Stelen und Siegelamuletten und der Kult der nächtlichen Gestirne bei den Aramäern, in: Studien zu den Stempelsiegeln aus Palästina/Israel, Bd. 4, OBO 135, Göttingen/Fribourg 1994, 135–202

– Die Welt der altorientalischen Bildsymbolik und das Alte Testament. Am Beispiel der Psalmen, Göttingen [5]1996

– Die Geschichte Jerusalems und die Entstehung des Monotheismus. Teil 2, OLB IV,1, Göttingen 2007

Keel, O./Schroer, O., Eva – Mutter alles Lebendigen. Frauen- und Göttinnen-idole aus dem Alten Orient, Fribourg 2004

Keel, O./Uehlinger, C., Göttinnen, Götter und Gottessymbole. Neue Erkennt-nisse zur Religionsgeschichte Kanaans und Israels aufgrund bislang uner-schlossener ikonographischer Quellen, QD 134, Göttingen/Fribourg [4]1998

Kellermann, D., Art. עָטַר, in: ThWAT 6, 1989, 21–31

Kessler, J., The Shaking of the Nations: An Eschatological View, in JETS 30 (1987), 159–166

– 't (le temps) en Aggée I ₂₋₄: conflit théologique ou „sagesse mondaine"?, in: VT 48 (1998), 555–559

– Building the Second Temple: Questions of Time, Text, and History in Haggai 1.1–15, in: JSOT 27 (2002), 243–256

– The Book of Haggai. Prophecy and Society in Early Persian Yehud, VT.S 91, Leiden/Boston/Köln 2002

– Tradition, Continuity and Covenant in the Book of Haggai: An Alternative Voice from Early Persian Yehud, in: M.J. Boda/M.H. Floyd (Hrsg.), Tradition in Transition. Haggai and Zechariah 1–8 in the Trajectory of Hebrew Theology, LHBOTS 475, New York/London 2008, 1–39

– Temple Building in Haggai. Variations on a Theme, in: M.J. Boda/J. Novotny (Hrsg.), From the Foundations to the Crenellations: Essays on Temple Building in the Ancient Near East and Hebrew Bible, AOAT 366, Münster 2010, 357-379

Klein, A., Schriftauslegung im Ezechielbuch. Redaktionsgeschichtliche Untersuchungen zu Ez 34–39, BZAW 391, Berlin/New York 2008

Klein, R.W., Were Joshua, Zerubbabel, and Nehemiah Contemporaries? A Response to Diana Edelman's Proposed Late Date for the Second Temple, in: JBL 127 (2008), 697–701

Klinkott, H., Der Großkönig und seine Satrapen. Zur Verwaltung im Achämenidenreich, in: Pracht und Prunk der Großkönige. Das persische Weltreich, hrsg. vom Historischen Museum der Pfalz Speyer, Stuttgart 2006, 56–67

Klostermann, A., Geschichte des Volkes Israel. Bis zur Restauration unter Esra und Nehemia, München 1896

Knauf, E.A., Elephantine und das vor-biblische Judentum, in: R.G. Kratz (Hrsg.), Religion und Religionskontakte im Zeitalter der Achämeniden, VWGTh 22, Gütersloh 2002, 179–188

Knoppers, G.N., Revisiting the Samarian Question in the Persian Period, in: O. Lipschits/M. Oeming (Hrsg.), Judah and the Judeans in the Persian Period, Winona Lake 2006, 265–289

Koch, C., Zwischen Hatti und Assur: Traditionsgeschichtliche Beobachtungen zu den aramäischen Inschriften von Sfire, in: M. Witte/K. Schmid./D. Prechel/J.C. Gertz (Hrsg.), Die deuteronomistischen Geschichtswerke. Redaktions- und religionsgeschichtliche Perspektiven zur „Deuteronomismus"-Diskussion in Tora und Vorderen Propheten, BZAW 365, Berlin/New York 2006, 379–406

– Vertrag, Treueeid und Bund. Studien zur Rezeption des altorientalischen Vertragsrechts im Deuteronomium und zur Ausbildung der Bundestheologie im Alten Testament, BZAW 383, Berlin/New York 2008

Koch, H., Es kündet Dareios der König ... Vom Leben im persischen Groß-reich, Kulturgeschichte der antiken Welt 55, Mainz ³2000

Koch, K., Art. עָוֹן, in: ThWAT 5, 1986, 1160–1177

– Gibt es ein Vergeltungsdogma im Alten Testament?, in: ders., Spuren des hebräischen Denkens. Beiträge zur alttestamentlichen Theologie, Ge-sammelte Aufsätze Bd. 1, hrsg. v. B. Janowski und M. Krause, Neukir-chen-Vluyn 1991, 65–103

– Haggais unreines Volk, in: ders., Spuren des hebräischen Denkens. Bei-träge zur alttestamentlichen Theologie, Gesammelte Aufsätze Bd. 1, hrsg. v. B. Janowski und M. Krause, Neukirchen-Vluyn 1991, 206–219 (= ZAW 79 (1967), 52–66)

– Monotheismus und Angelologie, in: Dietrich, W./Klopfenstein, M.A. (Hrsg.), Ein Gott allein? JHWH-Verehrung und biblischer Monotheismus im Kontext der israelitischen und altorientalischen Religionsgeschichte, OBO 139, Göttingen/Fribourg 1994, 565–581

Köckert, M./Nissinen, M. (Hrsg.), Propheten in Mari, Assyrien und Israel, FRLANT 201, Göttingen 2003

Koehler, L., Archäologisches. Nr. 23. Eine archaistische Wortgruppe, in: ZAW 46, 1928, 218–220

Koehler, L./Baumgartner, W., Hebräisches und Aramäisches Lexikon zum Alten Testament, 2 Bde., Leiden/Boston 2004 (= ³1967–1995)

Köhlmoos, M., Das Auge Gottes. Textstrategie im Hiobbuch, FAT 25, Tübin-gen 1999

Körting, C., Sach 5,5–11 – Die Unrechtmäßigkeit wird an ihren Ort verwiesen, in: Bib. 87 (2006), 477–492

– כִּי בֶעָנָן אֵרָאֶה עַל־הַכַּפֹּרֶת – Gottes Gegenwart am Jom Kippur, in: E. Blum/R. Lux (Hrsg.), Festtraditionen in Israel und im Alten Orient, Gü-tersloh 2006, 221–246

Kottsieper, I., Art. שָׁבַע, in: ThWAT 7, 1993, 974–1000

– Die Religionspolitik der Achämeniden und die Juden von Elephantine, in: R.G. Kratz (Hrsg.), Religion und Religionskontakte im Zeitalter der Achämeniden, VWGTh 22, Gütersloh 2002, 150–178

Kratz, R.G., Kyros im Deuterojesaja-Buch. Redaktionsgeschichtliche Untersu-chungen zu Entstehung und Theologie von Jes 40–55, FAT 1, Tübingen 1991

– Translatio imperii. Untersuchungen zu den aramäischen Danielerzählun-gen und ihrem theologiegeschichtlichen Umfeld, WMANT 63, Neukir-chen-Vluyn 1991

– Der Dekalog im Exodusbuch, in: VT 44 (1994), 205–238

– Art. Perserreich und Israel, in: TRE 26, 1996, 211–217

– Die Redaktion der Prophetenbücher, in: ders./T. Krüger (Hrsg.), Rezeption und Auslegung im Alten Testament und in seinem Umfeld, OBO 153, Göttingen/Fribourg 1997, 9–27
– Art. Redaktionsgeschichte/Redaktionskritik. I. Altes Testament, in: TRE 28, 1997, 367–378
– Die Komposition der erzählenden Bücher des Alten Testaments. Grundwissen der Bibelkritik, Göttingen 2000
– Der Mythos vom Königtum Gottes in Kanaan und Israel, in: ZThK 100 (2003), 147–162
– Das Judentum im Zeitalter des Zweiten Tempels, FAT 42, Tübingen 2004
– Reste hebräischen Heidentums am Beispiel der Psalmen, NAWG.PH 2004/2, Göttingen 2004, 27–65
– Serubbabel und Joschua, in: ders., Das Judentum im Zeitalter des Zweiten Tempels, FAT 42, Tübingen 2004, 79–92
– Gottesräume. Ein Beitrag zur Frage des biblischen Weltbildes, in: ZThK 102 (2005), 419–434
– Art. Buße, in: HGANT, 2006, 126f
– Art. Trauer, in: HGANT, 2006, 396-398
Kuhl, C., Die „Wiederaufnahme" – ein literarkritisches Prinzip?, in: ZAW 64 (1952), 1–11
Kutsch, E., Salbung als Rechtsakt im Alten Testament und im alten Orient, BZAW 87, Berlin 1963

Laato, A., Zachariah 4,6b–10a and the Akkadian Royal Building Inscriptions, in: ZAW 106 (1994), 53–69
– Second Samuel 7 and Ancient Near Eastern Royal Ideology, in: CBQ 59 (1997), 244–269
– Temple Building and the Book of Zechariah, in: M.J. Boda/J. Novotny (Hrsg.), From the Foundations to the Crenellations: Essays on Temple Building in the Ancient Near East and Hebrew Bible, AOAT 366, Münster 2010, 381–398
Langdon, S., Die neubabylonischen Königsinschriften, VAB 4, Leipzig 1912
Laperrousaz, E.-M., Le régime théocratique juif a-t-il commencé à l'époque perse ou seulement à l'époque hellénistique?, in: Sem. 32 (1982), 93–96
– Jérusalem à l'époque perse (étendu et statut), in: Transeuphratène 1 (1989), 55–66
Laperrousaz, E.-M./Lemaire, A., (Hrsg.), La Palestine à l'époque perse, Paris 1994
Lemaire, A., Zorobabel et la Judée à la lumière de l'épigraphie, in: RB 103 (1996), 48–57

- Das Achämenidische Juda und seine Nachbarn im Lichte der Epigraphie, in: R.G. Kratz (Hrsg.), Religion und Religionskontakte im Zeitalter der Achämeniden, VWGTh 22, Gütersloh 2002, 210–230

Lemche, N.P., Die Vorgeschichte Israels. Von den Anfängen bis zum Ausgang des 13. Jahrhunderts v. Chr., BE 1, Stuttgart usw. 1996

Lescow, T., Sacharja 1–8: Verkündigung und Komposition, in: BN 68 (1993), 75–99

Levin, C., Die Verheißung des neuen Bundes in ihrem theologiegeschichtlichen Zusammenhang ausgelegt, FRLANT 137, Göttingen 1985
- Das Alte Testament, C.H. Beck Wissen, München 2001
- Das Wort Jahwes an Jeremia. Zur ältesten Redaktion der jeremianischen Sammlung, in: ZThK 101 (2004), 257–280
- Die Entstehung der Bundestheologie im Alten Testament, NAWG.PH, 2004/4, 89–104

Lipiński, E., Recherches sur le livre de Zacharie, in: VT 20 (1970), 25–55
- Art. נָחַל, in: ThWAT 5, 1986, 342–360
- Art. צָפוֹן, in: ThWAT 6, 1989, 1093–1102

Lipschits, O., Demographic Changes in Judah between the Seventh and the Fifth Centuries B.C.E., in: ders./J. Blenkinsopp (Hrsg.), Judah and the Judeans in the Neo-Babylonian Period, Winona Lake 2003, 323–376
- The Fall and Rise of Jerusalem. Judah under Babylonian Rule, Winona Lake 2005
- Achaemenid Imperial Policy, Settlement Processes in Palestine, and the Status of Jerusalem in the Middle of the Fifth Century B.C.E., in: Lipschits, O./Oeming, M. (Hrsg.), Judah and the Judeans in the Persian Period, Winona Lake 2006

Lisowsky, G., Konkordanz zum hebräischen Alten Testament, Stuttgart 1958

Lohfink, N., Die deuteronomistische Darstellung des Übergangs der Führung Israels von Moses auf Josue. Ein Beitrag zur alttestamentlichen Theologie des Amtes, in: Scholastik, 37 (1962), 32–44
- Das Hauptgebot. Eine Untersuchung literarischer Einleitungsfragen zu Dtn 5–11, AnBib 20, Rom 1963
- Art. שָׁמַד, in: ThWAT 8, 1995, 176–198

Lux, R., „Wir wollen mit euch gehen ...“. Überlegungen zur Völkertheologie Haggais und Sacharjas, in: C. Kähler/M. Böhm/C. Böttrich (Hrsg.), Gedenkt an das Wort (FS W. Vogler), Leipzig 1999, 107–133 (= ders., Prophetie und Zweiter Tempel. Studien zu Haggai und Sacharja, FAT 65, Tübingen 2009, 241–265)
- Das Zweiprophetenbuch. Beobachtungen zu Aufbau und Struktur von Haggai und Sacharja 1–8, in: Zenger, E. (Hrsg.), „Wort JHWHs, das geschah ...“ (Hos 1,1). Studien zum Zwölfprophetenbuch, HBS 35, Freiburg

usw. 2002 (= ders., Prophetie und Zweiter Tempel. Studien zu Haggai und Sacharja, FAT 65, Tübingen 2009, 3–26)

– Der König als Tempelbauer. Anmerkungen zur sakralen Legitimation von Herrschaft im Alten Testament, in: F.-R. Erkens (Hrsg.), Die Sakralität von Herrschaft. Herrschaftslegitimierung im Wechsel der Zeiten und Räume, Berlin 2002, 99–122

– Himmelsleuchter und Tempel. Beobachtungen zu Sacharja 4 im Kontext der Nachtgesichte, in: A. Meinhold/A. Berlejung (Hrsg.), Der Freund des Menschen (FS G.C. Macholz), Neukirchen-Vluyn, 69–92 (= ders., Prophetie und Zweiter Tempel. Studien zu Haggai und Sacharja, FAT 65, Tübingen 2009, 144–164)

– Die doppelte Konditionierung des Heils. Theologische Anmerkungen zum chronologischen und literarischen Ort des Sacharjaprologs (Sach 1,1–6), in: M. Witte (Hrsg.), Gott und Mensch im Dialog (FS O. Kaiser, Bd. I), BZAW 345/I, Berlin/New York 2004, 569–587 (= ders., Prophetie und Zweiter Tempel. Studien zu Haggai und Sacharja, FAT 65, Tübingen 2009, 223–240)

– Wer spricht mit wem? Anmerkungen zur Angelologie in Sach 1,7–17, in: Leqach 4 (2004), 71–83 (= ders., Prophetie und Zweiter Tempel. Studien zu Haggai und Sacharja, FAT 65, Tübingen 2009, 283–292)

– Der Zweite Tempel von Jerusalem – ein persisches oder prophetisches Projekt, in: U.Becker/J. van Oorschot (Hrsg.), Das Alte Testament – Ein Geschichtsbuch?!, ABG 17, Leipzig 2005, 145–172 (= ders., Prophetie und Zweiter Tempel. Studien zu Haggai und Sacharja, FAT 65, Tübingen 2009, 122–143)

– „Still alles Fleisch vor JHWH ...". Das Schweigegebot im Dodekapropheton und sein besonderer Ort im Zyklus der Nachtgesichte des Sacharja, in: Leqach 6 (2005), 99–113 (= ders., Prophetie und Zweiter Tempel. Studien zu Haggai und Sacharja, FAT 65, Tübingen 2009, 180–190)

– Das neue und das ewige Jerusalem. Planungen zum Wiederaufbau in frühnachexilischer Zeit, in: S. Gillmayr-Bucher u.a. (Hrsg.), Ein Herz so weit wie der Sand am Ufer des Meeres (FS G. Hentschel), EThSt 90, Würzburg 2006, 255–271 (= ders., Prophetie und Zweiter Tempel. Studien zu Haggai und Sacharja, FAT 65, Tübingen 2009, 86–101)

– Die Kinder auf der Gasse. Ein Kindheitsmotiv in der prophetischen Gerichts- und Heilsverkündigung, in: Kunz-Lübcke, A./Lux, R. (Hrsg.), „Schaffe mir Kinder ...". Beiträge zur Kindheit im alten Israel und in seinen Nachbarkulturen, ABG 21, Leipzig 2006, 197–221 (= ders., Prophetie und Zweiter Tempel. Studien zu Haggai und Sacharja, FAT 65, Tübingen 2009, 102–121)

– „Mir gehört das Silber und mir das Gold – Spruch JHWH Zebaots" (Hag 2,8). Überlegungen zur Geschichte eines Motivs, in: J. Männchen

(Hrsg.), Mein Haus wird ein Bethaus für alle Völker genannt werden (Jes 56,7). Judentum seit der Zeit des Zweiten Tempels in Geschichte, Literatur und Kult (FS T. Willi), Neukirchen-Vluyn 2007, 87–101 (= ders., Prophetie und Zweiter Tempel. Studien zu Haggai und Sacharja, FAT 65, Tübingen 2009, 165–179)

– Was ist eine prophetische Vision? Vom langen Weg der Bilder in den Nachtgesichten des Sacharja, SSAW.PH, 140.2, Leipzig 2007 (= ders., Prophetie und Zweiter Tempel. Studien zu Haggai und Sacharja, FAT 65, Tübingen 2009, 29–53)

– JHWHs „Herrlichkeit" und „Geist". Die „Rückkehr JHWHs" in den Nachtgesichten des Sacharja, in: ders., Prophetie und Zweiter Tempel. Studien zu Haggai und Sacharja, FAT 65, Tübingen 2009, 193–222

– Juda – Erbteil JHWHs. Zur Theologie des Heiligen Landes in Sach 2,14–16, in: ders., Prophetie und Zweiter Tempel. Studien zu Haggai und Sacharja, FAT 65, Tübingen 2009, 73–85

Magen, Y., Mt. Gerizim – A Temple City, in: Qad. 33 (2000), 74–118

– The Dating of the First Phase of the Samaritan Temple on Mount Gerizim in Light of the Archaeological Evidence, in: O. Lipschits/G.N. Knoppers/R. Albertz (Hrsg.), Judah and the Judeans in the Fourth Century B.C.E., Winona Lake, Lake 2007, 157–211

– Mount Gerizim Excavations II. A Temple City, JSP 8, Jerusalem 2008

– The Temple of YHWH at Mount Gerizim, in: ErIs 29 (Ephraim Stern Volume), 277–297; 291*

Magen, Y./Misgav, H./Tsfania, L., Mount Gerizim Excavations I. The Aramaic, Hebrew and Samaritan Inscriptions, JSP 2, Jerusalem 2004

Magen, Y./Tsfania, L./Misgav, H., The Hebrew and Aramaic Inscriptions from Mt. Gerizim, in: Qad. 33 (2000), 125–132

Maier, J., Zwischen den Testamenten. Geschichte und Religion in der Zeit des zweiten Tempels, NEB.AT.E 3, Würzburg 1990

Marinković, P., Was wissen wir über den zweiten Tempel aus Sach 1–8?, in: R. Bartelmus/T. Krüger/H. Utzschneider, Konsequente Traditionsgeschichte (FS K. Baltzer), OBO 126, Göttingen/Fribourg 1993, 281–295

– Stadt ohne Mauern. Die Neukonstitution Jerusalems nach Sacharja 1–8, Diss. theol. München 1996

Marti, K., Das Dodekapropheton, KHC XIII, Freiburg 1904

Mason, R.A., The Books of Haggai, Zechariah and Malachi, CNEB, Cambridge 1977

– The Purpose of the 'Editorial Framework' of the Book of Haggai, in: VT 27 (1977), 413–421

– Some Echoes of the Preaching in the Second Temple? Tradition Elements in Zechariah 1–8, in: ZAW 96 (1984), 221–235

– Preaching the tradition. Homily and hermeneutics after the exile, Cambridge usw. 1990

Mastin, B.A., A Note on Zechariah VI 13, in: VT 26 (1976), 113–116

Mathys, H.-P., Anmerkungen zur dritten Vision des Sacharja (Sacharja 2,5–9), in: ThZ 66 (2010), 103–118

May, H.G., 'This People' and 'This Nation' in Haggai, in: VT 18 (1968), 190–197

Mazar, B., The Tobiads, in: IEJ 7 (1957), 137–145.229–238

McCarthy, D., Treaty and Covenant. A Study in Form in the Ancient Oriental Documents and in the Old Testament, AnBib 21 a, Rom [2]1978

McKane, W., A critical and exegetical commentary on Jeremiah, Vol. 1: Introduction and commentary on Jeremiah I-XXV, ICC, Edinburgh 1986

Meadowcroft, T., Haggai, Readings: A New Biblical Commentary, Sheffield 2006

Meier, S.A., Art. Angel I, in: DDD, [2]1999, 45–50

– Art. Angel of Yahweh, in: DDD, [2]1999, 53–59

Meinhold, A., Serubbabel, der Tempel und die Provinz Jehud, in: C. Hardmeier (Hrsg.), Steine – Bilder – Texte. Historische Evidenz außerbiblischer und biblischer Quellen, ABG 5, Leipzig 2001, 193–217

Meyers, C.L./Meyers, E.M., Haggai, Zechariah 1–8, AncB 25B, New York 1987

Meyers, E.M., The Use of *tôrâ* in Haggai 2:11 and the Role of the Prophet in the Restoration Community, in: C.L. Meyers/M. O'Connor (Hrsg.), The Word of the Lord Shall Go Forth (FS D.N. Freedman), Winona Lake 1983, 69–76

– The Shelomith Seal and Aspects of the Judean Restoration: Some Additional Considerations, in: ErIs 17 (1985), 33–38

Michel, P., Alieniloquium. Elemente einer Grammatik der Bildrede, Zürcher germanistische Studien 3, Bern 1987

Mildenberg, Yehud-Münzen, in: H. Weippert, Palästina in vorhellenistischer Zeit, HdA, Vorderasien II/1, München 1988, 719–728

Milgrom, J., Leviticus 1–16, AncB 3, New York 1991

Millard, A.R., La prophétie et l'écriture. Israël, Aram, Assyrie, in: RHR 202 (1985), 125–144

Mitchell, H.G.T., A Critical and Exegetical Commentary on Haggai and Zechariah, in: ders./J.M.P. Smith /J.A. Brewer, A Critical and Exegetical Commentary on Haggai, Zechariah, Malachi and Jonah, ICC, Edinburgh [3]1951, 1–362

Mittmann, S., Tobia, Sanballat und die persische Provinz Juda, in: JNWSL 26 (2000), 1–50

Möhlenbrink, K., Der Leuchter im fünften Nachtgesicht des Propheten Sacharja. Eine archäologische Untersuchung, in: ZDPV 52 (1929), 257–286

Moorey, P.R.S., Iran and the West: the Case of the terracotta 'Persian' Riders in the Achaemenid Empire, in: R. Dittmann et al. (Hrsg.), Variatio Delectat. Iran und der Westen, Gedenkschrift für Peter Calmeyer, AOAT 272, Münster 2000, 469–483

Müller, H.-P., Die weisheitliche Lehrerzählung im Alten Testament und seiner Umwelt, in: WO 9 (1977), 77–98

– Das Hiobproblem. Seine Stellung und Entstehung im Alten Orient und im Alten Testament, EDF 84, Darmstadt ³1995

Müller, R., Jahwe als Wettergott. Studien zur althebräischen Kultlyrik anhand ausgewählter Psalmen, BZAW 387, Berlin/New York 2008

Munch, P.A., The Expression bajjôm hāhū': Is it an Eschatological Terminus Technicus?, ANVAO II. Hist.-Filos. Klasse, 2, Oslo 1936

Nelson, R.D., Deuteronomy. A Commentary, OTL, Louisville/London 2002/2004

Neusner, J., The Idea of Purity in Ancient Judaism: The Haskell Lectures, 1972–1973. With a Critique and a Commentary by Mary Douglas, SJLA 1, Leiden 1973

Niehr, H., In Search of YHWH's Cult Statue, in K. van der Toorn (Hrsg.), The Image and the Book. Iconic Cults, Aniconism, and the Rise of Book Religion in Israel and the Ancient Near East, CBET 21, Leuven 1997, 73–95

– Religio-Historical Aspects of the 'Early Post-Exilic' Period, in: B. Becking/M.C.A. Korpel (Hrsg.), The Crisis of Israelite Religion. Transformation of Religious Tradition in Exilic and Post-Exilic Times, OTS 42, Leiden usw. 1999, 228–244

– Auswirkungen der späthethitischen Kultur auf die Religion der Aramäer in Südanatolien und Nordsyrien, in: Die Außenwirkung des späthethitischen Kulturraumes. Güteraustausch – Kulturkontakt – Kulturtransfer, AOAT 323, Münster 2004, 405–424

Nielsen, K., Art. שֵׁן, in: ThWAT 7, 1993, 745–751

Nielsen, E., Deuteronomium, HAT I/6, Tübingen 1995

Niese, B. (Hrsg.), Flavius Josephus, Opera Vol. 3. Antiquitatum Iudaicarum libri XI-XV, Berlin 1892

Nissinen, M., Die Relevanz der neuassyrischen Prophetie für die alttestamentliche Forschung, in M. Dietrich/O. Loretz (Hrsg.), Mesopotamica – Ugaritica – Biblica (FS K. Bergerhof), AOAT 232, Kevelaer/Neukirchen-Vluyn 1993, 217–258

– Prophecy in Its Ancient Near Eastern Context. Mesopotamian, Biblical and Arabian Perspectives, SBL.SS 13, Atlanta 2000

– Prophets and Prophecy in the Ancient Near East, Writings from the Ancient World 12, Atlanta/Leiden 2003

– How Prophecy became Literature, in: SJOT 19 (2005), 153–172
– Das Problem der Prophetenschüler, in: J. Pakkala/M. Nissinen (Hrsg.), Houses Full of All Good Things. Essays in Memory of Timo Veijola, Publications of the Finnish Exegetical Society 95, Helsinki/Göttingen 2008, 337–353

Nogalski, J., Literary Precursors to the Book of the Twelve, BZAW 217, Berlin/New York 1993
– Redactional Processes in the Book of the Twelve, BZAW 218, Berlin/New York 1993

North, R., Zechariah's Seven-Spout Lampstand, in: Bib. 51 (1970), 183–206

Noth, M., Überlieferungsgeschichte des Pentateuch, Darmstadt ²1960
– Das zweite Buch Mose. Exodus, ATD 5, Göttingen ²1961
– Überlieferungsgeschichtliche Studien. Die sammelnden und bearbeitenden Geschichtswerke im Alten Testament, Darmstadt ³1967

Nötscher, F., Art. Enlil, in: RlA 2, Berlin/Leipzig 1938, 382–387

Nunn, A., Der figürliche Motivschatz Phöniziens, Syriens und Transjordaniens vom 6. bis zum 4. Jahrhundert v. Chr., OBO.A 18, Göttingen/Fribourg 2000

Nurmela, R., Prophets in Dialogue. Inner-Biblical Allusions in Zechariah 1–8 and 9–14, Åbo 1996

O'Kennedy, D.F., The Meaning of 'Great Mountain' in Zechariah 4:7, in: OTE 21 (2008), 404–421

Oppenheim, A.L., Akkadian *pul(u)ḫ(t)u* and *melammu*, in: JAOS 63 (1943), 31–34
– "The Eyes of the Lord", in: W.W. Hallo (Hrsg.), Essays in Memory E.A. Speiser, JAOS 88, New Haven 1968, 173–180

Otto, E., Art. שָׁבַע, in: ThWAT 7, 1993, 1000–1027
– Das Deuteronomium. Politische Theologie und Rechtsreform in Juda und Assyrien, BZAW 284, Berlin/New York 1999
– Art. Heiligkeitsgesetz, in: RGG⁴ 3, Tübingen 2000, 1570f

Owczarek, S., Die Vorstellung vom *Wohnen Gottes inmitten seines Volkes* in der Priesterschrift, EHS XXIII/625, Frankfurt/M. 1998

Pakkala, J., Intolerant Monolatry in the Deuteronomistic History, SESJ 76, 1999

Parker, R.A./Dubberstein, W.H., Babylonian Chronology 626 B.C.–A.D. 75, Brown University Studies 19, Providence 1956

Parpola, S., The Correspondence of Sargon II, Part I. Letters from Assyria and the West, SAA 1, Helsinki 1987

Parpola, S., Assyrian Prophecies, SAA 9, Helsinki 1997

Parpola, S./Watanabe, K., Neo-Assyrian Treaties and Loyalty Oaths, SAA 2, Helsinki 1988

Parrot, A., Assur. Die Mesopotamische Kunst vom XIII. vorchristlichen Jahrhundert bis zum Tode Alexanders des Großen, München 1961

Patrick, F.Y., Time and Tradition in the Book of Haggai, in: M.J. Boda/M.H. Floyd (Hrsg.), Tradition in Transition. Haggai and Zechariah 1–8 in the Trajectory of Hebrew Theology, LHBOTS 475, New York/London 2008, 40–55

Peter, F., Haggai 1,9, in: ThZ 7 (1951), 150f

Petersen, D.L., Zerubbabel and Jerusalem Temple Reconstruction, in: CBQ 36 (1974), 366–372

– Haggai and Zechariah. A Commentary, OTL, Philadelphia 1984

Petitjean, A., Les oracles du Proto-Zacharie. Une programme de restauration pour la communauté juive après l'exil, EtB, Paris/Leuven 1969

Petterson, A.R., Behold Your King. The Hope for the House of David in the Book of Zechariah, LHBOTS 513, New York/London 2009

Pfeiffer, H., Jahwes Kommen von Süden. Jdc 5, Hab 3, Dtn 33 und Ps 68 in ihrem literatur- und theologiegeschichtlichen Umfeld, FRLANT 211, Göttingen 2005

Pietsch, M., „Dieser ist der Sproß Davids …". Studien zur Rezeptionsgeschichte der Nathanverheißung im alttestamentlichen, zwischentestamentlichen und neutestamentlichen Schrifttum, WMANT 100, Neukirchen-Vluyn 2003

Podella, T., Ṣôm-Fasten. Kollektive Trauer um den verborgenen Gott im Alten Testament, AOAT 224, Kevelaer/Neukirchen-Vluyn 1989

– Notzeit-Mythologem und Nichtigkeitsfluch, in: B. Janowski/K. Koch./G. Wilhelm (Hrsg.), Religionsgeschichtliche Beziehungen zwischen Kleinasien, Nordsyrien und dem Alten Testament. Internationales Symposion Hamburg, 17.–21. März 1990, OBO 129, Fribourg/Göttingen 1993, 427–454

– Das Lichtkleid Jahwes. Untersuchungen zur Gestalthaftigkeit Gottes im Alten Testament und in seiner altorientalischen Umwelt, FAT 15, Tübingen 1996

Pohlmann, K.-F., Studien zum Jeremiabuch. Ein Beitrag zur Frage nach der Entstehung des Jeremiabuches, FRLANT 118, Göttingen 1978

– Der Prophet Hesekiel/Ezechiel. Kapitel 1–19, ATD 22/1, Göttingen 1996

– Der Prophet Hesekiel/Ezechiel. Kapitel 20–48, ATD 22/2, Göttingen 2001

Pola, T., Das Priestertum bei Sacharja. Historische und traditionsgeschichtliche Untersuchungen zur frühnachexilischen Herrschererwartung, FAT 35, Tübingen 2003

– Form and Meaning in Zechariah 3, in: R. Albertz/B. Becking, (Hrsg.), Yahwism after the Exile. Perspectives on Israelite Religion in the Persian Era, Papers Read at the First Meeting of the European Association for Biblical Studies, Utrecht, 6–9 August 2000, STAR 5, Assen 2003, 156–167

Porten, B., Art. Elephantine Papyri, in: ABD 2, 1992, 445–455

Porten, B./Yardeni, A., Textbook of Aramaic Documents from Ancient Egypt, Vol. I. Letters, Appendix: Aramaic Letters from the Bible, Jerusalem/Winona Lake 1986

– Textbook of Aramaic Documents from Ancient Egypt, Vol. III. Literature – Accounts – Lists, Jerusalem/Winona Lake 1993

Präckel, T., Alles wird gut!? Beobachtungen zu Sacharja 7, in: F. Hartenstein/M. Pietsch (Hrsg.), „Sieben Augen auf einem Stein" (Sach 3,9). Studien zur Literatur des Zweiten Tempels (FS I. Willi-Plein), Neukirchen-Vluyn 2007, 309–325

Preuß, H.D., „...ich will mit dir sein!", in: ZAW 80 (1968), 139–173

Prinsloo, W.S., The Cohesion of Haggai 1:4–11, in: M. Augustin/K.-D. Schunck, „Wünschet Jerusalem Frieden". Collected Communications to the XIIth Congress of the International Organization for the Study of the Old Testament (Jerusalem 1986), BEAT 13, Frankfurt/M. usw. 1988, 337–343

Puech, E., Les traités araméens de Sfiré, in: J. Briend/R. Lebrun/E. Puech (Hrsg.), Traités et serments dans le Proche-Orient ancien, Cahiers Évangile. Supplément 81, Paris 1992, 88–107

Radner, K., Assyrische *ṭuppi adê* als Vorbild für Deuteronomium 28,20–44?, in: M. Witte/K. Schmid./D. Prechel/J.C. Gertz (Hrsg.), Die deuteronomistischen Geschichtswerke. Redaktions- und religionsgeschichtliche Perspektiven zur „Deuteronomismus"-Diskussion in Tora und Vorderen Propheten, BZAW 365, Berlin/New York 2006, 351–378

Rahmouni, Aicha, Divine Epithets in the Ugaritic Alphabetic Texts, HdO I/93, Leiden 2008

Redditt, P.L., Haggai, Zechariah, Malachi, NCBC, Grand Rapids 1995

– Recent Research on the Book of the Twelve as one Book, in: CRBS 9 (2001), 47–80

– The Formation of the Book of the Twelve: A Review of Research, in: ders./A. Schart (Hrsg.), Thematic Threads in the Book of the Twelve, BZAW 325, Berlin/New York 2003, 1–26

– The King in Haggai–Zechariah 1–8 and the Book of the Twelve, in: M.J. Boda/M.H. Floyd (Hrsg.), Tradition in Transition. Haggai and Zechariah 1–8 in the Trajectory of Hebrew Theology, LHBOTS 475, New York/London 2008, 56–82

Rendtorff, R., Die Gesetze in der Priesterschrift. Eine gattungsgeschichtliche Untersuchung, FRLANT 44, Göttingen 1954

Renz, J./Röllig, W., Handbuch der althebräischen Epigraphik, Bd. 1, Darmstadt 1995

Reuter, E., Art. קנא, in: ThWAT 7, 1993, 51–62

Reventlow, H. Graf, Die Propheten Haggai, Sacharja und Maleachi, ATD 25/2, Göttingen 1993

Richter, W., Grundlagen einer althebräischen Grammatik 2. B. Die Beschreibungsformen. II. Die Wortfügung (Morphosyntax), ATSAT 10, St. Ottilien 1979

Rignell, L.G., Die Nachtgesichte des Sacharja. Eine exegetische Studie, Lund 1950

Ringgren, H., Die Religionen des Alten Orients, ATD.E Sonderband, Göttingen 1979

– Art. טהר, in: ThWAT 3, 1982, 306–315

– Art. יצהר, in: ThWAT 3, 1982, 825–826

– Art. כֹּחַ, in: ThWAT 4, 1984, 130–137

Robinson, D.F., A Suggested Analysis of Zechariah 1–8, in: AThR 33 (1951), 65–70

Rogland, M., Text and Temple in Haggai 2,5, in: ZAW 119 (2007), 410–415

Rohde, M., Der Knecht Hiob im Gespräch mit Mose. Eine traditions- und redaktionsgeschichtliche Studie zum Hiobbuch, ABG 26, Leipzig 2007

Rooke, D.W., Zadok's Heirs. The Role and Development of the High Priesthood in Ancient Israel, OTM, Oxford 2000

Rose, W.H., Zemah and Zerubbabel. Messianic Expectations in the Early Postexilic Period, JSOT.S 304, Sheffield 2000

– Messianic Expectations in the Early Postexilic Period, in: R. Albertz/B. Becking (Hrsg.), Yahwism after the Exile. Perspectives on Israelite Religion in the Persian Era, Papers Read at the First Meeting of the European Association for Biblical Studies, Utrecht, 6–9 August 2000, STAR 5, Assen 2003, 168–185

Rosenmüller, E.F.K., Scholia in Vetus Testamentum. VII. Prophetae Minores, Vol. IV, Zephania, Haggai, Zacharias, Maleachi, Leipzig 1816

Rost, L., Erwägungen zu Sacharjas 7. Nachtgesicht, in: ders., Das kleine Credo und andere Studien zum Alten Testament, Heidelberg 1965, 70–76

Rothstein, J.W., Juden und Samaritaner. Die grundlegende Scheidung von Judentum und Heidentum, BWAT 3, Leipzig 1908

– Die Nachtgesichte des Sacharja. Studien zur Sacharjaprophetie und zur jüdischen Geschichte im ersten nachexilischen Jahrhundert, BWAT 8, Leipzig 1910

Röttger, H., Mal'ak Jahwe – Bote von Gott. Die Vorstellung von Gottes Boten im hebräischen Alten Testament, RSTh 13, Frankfurt/M. 1978

– Art. Engel, in: NBL 1, 1991, 537–539
– Art. Engel Jahwes, in: NBL 1, 1991, 539–541

Rudnig, T.A., Heilig und Profan. Redaktionskritische Studien zu Ez 40–48, BZAW 287, Berlin/New York 2000
– Ezechiel 40–48. Die Vision vom neuen Tempel und von der neuen Ordnung im Land, in: K.-F. Pohlmann, Der Prophet Hesekiel/Ezechiel. Kapitel 20–48, ATD 22/2, Göttingen 2001, S. 527–631
– Davids Thron. Redaktionskritische Studien zur Geschichte von der Thronnachfolge Davids, BZAW 358, Berlin/New York 2006
– „Ist denn Jahwe nicht auf dem Zion?" (Jer 8,19). Gottes Gegenwart im Heiligtum, in: ZThK 104 (2007), 267–286

Rudolph, W., Joel – Amos – Obadja – Jona. Nebst einer Zeittafel von Alfred Jepsen, KAT 13/2, Gütersloh 1971
– Haggai – Sacharja 1–8 – Sacharja 9–14 – Maleachi. Mit einer Zeittafel von Alfred Jepsen, KAT 13/4, Gütersloh 1976

Rudman, D., Zechariah and the Satan Tradition in the Hebrew Bible, in: M.J. Boda/M.H. Floyd (Hrsg.), Tradition in Transition. Haggai and Zechariah 1–8 in the Trajectory of Hebrew Theology, LHBOTS 475, New York/London 2008, 191–209

Rüterswörden, U., Art. שָׁמַע, in: ThWAT 8, 1995, 255–279

Ruwe, A., „Heiligkeitsgesetz" und „Priesterschrift", FAT 26, Tübingen 1999

Sasse, M., Geschichte Israels in der Zeit des Zweiten Tempels. Historische Ereignisse – Archäologie – Sozialgeschichte – Religions- und Geistesgeschichte, Neukirchen-Vluyn 2004

Sauer, G., Serubbabel in der Sicht Haggais und Sacharjas, in: F. Maas (Hrsg.), Das ferne und nahe Wort (FS L. Rost), BZAW 105, Berlin 1967, 199–207

Schäfer, P., Geschichte der Juden in der Antike. Die Juden Palästinas von Alexander dem Großen bis zur arabischen Eroberung, Stuttgart/Neukirchen-Vluyn 1983

Schaper, J., Art. Hohepriester I. Altes Testament, in: RGG⁴ 3, 2000, 1835f
– Priester und Leviten im achämenidischen Juda. Studien zur Kult- und Sozialgeschichte Israels in persischer Zeit, FAT 31, Tübingen 2000
– Numismatik, Epigraphik, alttestamentliche Exegese und die Frage nach der politischen Verfassung des achämenidischen Juda, in: ZDPV 118 (2002), 150–168

Schart, A., Die Entstehung des Zwölfprophetenbuchs, BZAW 260, Berlin/New York 1998
– Das Zwölfprophetenbuch als redaktionelle Großeinheit, in: ThLZ 133 (2008), 227–246

Schaudig, H., Die Inschriften Nabonids von Babylon und Kyros' des Großen samt den in ihrem Umfeld entstandenen Tendenzschriften. Textausgabe und Grammatik, AOAT 256, Münster 2001

– The Restoration of Temples in the Neo- and Late Babylonian Periods. A Royal Prerogative as the Setting for Political Argument, in: M.J. Boda/J. Novotny, From the Foundations to the Crenellations: Essays on Temple Building in the Ancient Near East and Hebrew Bible, AOAT 366, Münster 2010, 141–164

Schenker, A., Gibt es eine *graeca veritas* für die hebräische Bibel? Die „Siebzig" als Textzeugen im Buch Haggai als Testfall, in: H.-J. Fabry/D. Böhler (Hrsg.), Im Brennpunkt: Die Septuaginta. Bd. 3: Studien zur Theologie, Anthropologie, Ekklesiologie, Eschatologie und Liturgie der Griechischen Bibel, BWANT 174, Stuttgart 2007, 57–77

Schmid, H.H., Art. לקח nehmen, in: E. Jenni/C. Westermann (Hrsg.), THAT 1, [6]2004, 875–879

Schmid, K., Buchgestalten des Jeremiabuches. Untersuchungen zur Redaktions- und Rezeptionsgeschichte von Jer 30–33 im Kontext des Buches, WMANT 72, Neukirchen-Vluyn 1996

– Klassische und nachklassische Deutungen der alttestamentlichen Prophetie, in: ZNThG 3 (1996), 225–250

– Prophetische Heils- und Herrschererwartungen, SBS 194, Stuttgart 2005

– Innerbiblische Schriftdiskussion im Hiobbuch, in: T. Krüger/M. Oeming/K. Schmid/C. Uehlinger (Hrsg.) Das Buch Hiob und seine Interpretationen. Beiträge zum Hiob-Symposium auf dem Monte Verità vom 14.–19. August 2005, AThANT 88, Zürich 2007, 241–261

– The Authors of Job and Their Historical and Social Setting, in: L. Perdue (Hrsg.), Scribes, Sages, and Seers. The Sage in the Eastern Mediterranean World, FRLANT 219, Göttingen 2008, 145–153

– Hintere Propheten (Nebiim), in: J.C. Gertz (Hrsg.), Grundinformation Altes Testament. Eine Einführung in Literatur, Religion und Geschichte des Alten Testaments, Göttingen [3]2009, 313–412

Schmidt, L., „De Deo". Studien zur Literarkritik und Theologie des Buches Jona, des Gesprächs zwischen Abraham und Jahwe in Gen 18,22ff. und von Hi 1, BZAW 143, Berlin/New York 1976

– Studien zur Priesterschrift, BZAW 214, Berlin/New York 1993

– Das 4. Buch Mose. Numeri 10,11–36,13, ATD 7/2, Göttingen 2004

Schmitt, R., Gab es einen Bildersturm nach dem Exil? – Einige Bemerkungen zur Verwendung von Terrakottafiguren im nachexilischen Israel, in: R. Albertz/B. Becking (Hrsg.), Yahwism after the Exile. Perspectives on Israelite Religion in the Persian Era, Papers Read at the First Meeting of the European Association for Biblical Studies, Utrecht, 6–9 August 2000, STAR 5, Assen 2003, 186–198

Schmoldt, H., Art. רָעַשׁ, in: ThWAT 7, 1993, 612–616

Schniedewind, W.M., Society and the Promise to David. The Reception History of 2 Samuel 7:1–17, New York/Oxford 1999

Schnocks, J., Eine intertextuelle Verbindung zwischen Ezechiels Eifersuchtsbild und Sacharjas Frau im Efa, in: BN 84 (1996), 59–63

Schnocks, J., An Ephah between Earth and Heaven: Reading Zechariah 5:5–11, in: M.J. Boda/M.H. Floyd (Hrsg.), Tradition in Transition. Haggai and Zechariah 1–8 in the Trajectory of Hebrew Theology, LHBOTS 475, New York/London 2008, 252–270

Schöttler, H.-G., Gott inmitten seines Volkes. Die Neuordnung des Gottesvolkes nach Sacharja 1–6, TThSt 43, 1987

Schottroff, W., Der altisraelitische Fluchspruch, WMANT 30, Neukirchen 1969

Schuler, E. von, Art. Notzeit, in: WM 1, 1965, 188f

Schwiderski, D., Handbuch des nordwestsemitischen Briefformulars. Ein Beitrag zur Echtheitsfrage der aramäischen Briefe des Esrabuches, BZAW 295, Berlin/New York 2000

–   Die alt- und reichsaramäischen Inschriften, Bd. 2: Texte und Bibliographie, FoSub 2, Berlin/New York 2004

Schwienhorst-Schönberger, L./Steins, G., Zur Entstehung, Gestalt und Bedeutung der Ijob-Erzählung (Ijob 1f; 42), in: BZ NF 33 (1989), 1–24

Scoralik, R., JHWH als Quelle der Fruchtbarkeit und das Motiv vom Gottesgarten in der Prophetie. Beobachtungen anhand des Zwölfprophetenbuches, in: Irsigler, H. (Hrsg.), Mythisches in biblischer Bildsprache. Gestalt und Verwandlung in Prophetie und Psalmen, QD 209, Freiburg usw. 2004

Scriba, A., Die Geschichte des Motivkomplexes Theophanie. Seine Elemente, Einbindung in Geschehensabläufe und Verwendungsweisen in altisraelitischer, frühjüdischer und frühchristlicher Literatur, FRLANT 167, Göttingen 1995

Seebass, H./Beyerle, S./Grünwaldt, K., Art. שֶׁקֶר, in: ThWAT 8, 1995, 466–472

Segal, M., The Responsibilities and Rewards of Joshua the High Priest according to Zechariah 3:7, in: JBL 126 (2007), 717–734

Seidl, U., Babylonische und assyrische Kultbilder in den Massenmedien des 1. Jahrtausends v. Chr., in: C. Uehlinger (Hrsg.), Images as media. Sources for the cultural history of the Near East and the Eastern Mediterranean (1st millenium BCE), OBO 175, Göttingen/Fribourg 2000, 89–114

Seitz, G., Redaktionsgeschichtliche Studien zum Deuteronomium, BWANT 93, Stuttgart usw. 1971

Sellin, E., Das Zwölfprophetenbuch übersetzt und erklärt. Zweite Hälfte. Nahum–Maleachi, KAT XII/2, Leipzig [2-3]1930

– Studien zur Entstehungsgeschichte der jüdischen Gemeinde nach dem babylonischen Exil, Bd. 2. Die Restauration der jüdischen Gemeinde in den Jahren 538–516, Leipzig 1901

Septuaginta, ed. A. Rahlfs, Bd. 2. Libri poetici et prophetici, Stuttgart [7]1962

Septuaginta. Editio altera, ed. A. Rahlfs/R. Hanhart, Stuttgart 2006

Seybold, K., Bilder zum Tempelbau. Die Visionen des Propheten Sacharja, SBS 70, Stuttgart 1974

– Art. הָפַךְ, in: ThWAT 2, 1977, 454–459

Simian-Yofre, H./Ringgren, H., Art. עוּד, in: ThWAT 5, 1986, 1107–1130

Smend, R., Die Entstehung des Alten Testaments, ThW 1, Stuttgart usw. [4]1989

– Die Bundesformel, in: ders., Die Mitte des Alten Testaments. Exegetische Aufsätze, Tübingen 2002, 1–29

Soden, W. von, Akkadisches Handwörterbuch. Unter Benutzung des lexikalischen Nachlasses von Bruno Meissner (1866–1947), 3 Bde., Wiesbaden 1965–1981

– Grundriß der akkadischen Grammatik, AnOr 33, Rom [3]1995

Soden, W. von/Bergmann, J./Sæbø, M., Art. יוֹם, in: ThWAT 3, 1982, 559–586

Soggin, J.A., An Introduction to the History of Israel and Juda, London [2]1993

Sollamo, R., Panegyric on Redaction Criticism, in: J. Pakkala/M. Nissinen (Hrsg.), Houses Full of All Good Things. Essays in Memory of Timo Veijola, Publications of the Finnish Exegetical Society 95, Helsinki/Göttingen 2008, 684–696

Sommerfeld, W., Art. Marduk. A. Philologisch I. In Mesopotamien, in: RlA 7, Berlin/New York 1987–1990, 360–370

Spaer, A., Jaddua the High Priest?, in: INJ 9 (1986/87), 1–3; Plate 2

Spieckermann, H., Heilsgegenwart. Eine Theologie der Psalmen, FRLANT 148, Göttingen 1989

– Stadtgott und Gottesstadt. Beobachtungen im Alten Orient und im Alten Testament, in: Bib. 73 (1992), 1–31

– Die Satanisierung Gottes. Zur inneren Konkordanz von Novelle, Dialog und Gottesreden im Hiobbuch, in: I. Kottsieper/J. van Oorschot/D. Römheld/H.M. Wahl (Hrsg.), „Wer ist wie du, HERR, unter den Göttern?" Studien zur Theologie und Religionsgeschichte Israels (FS O. Kaiser), Göttingen 1994, 431–444

– Art. Hiob/Hiobbuch, in: RGG[4] 3, 2000, 1777–1781

– „Die ganze Erde ist seiner Herrlichkeit voll". Pantheismus im Alten Testament?, in: ders., Gottes Liebe zu Israel. Studien zur Theologie des Alten Testaments, FAT 33, Tübingen 2001, 62–83

Staub, U., Das Tier mit den Hörnern. Ein Beitrag zu Dan 7,7f, in O. Keel/ders., Hellenismus und Judentum. Vier Studien zu Daniel 7 und zur Religionsnot unter Antiochus IV., OBO 178, Fribourg/Göttingen 2000, S. 37–85

Stead, M.R., Sustained Allusion in Zechariah 1–2, in: M.J. Boda/M.H. Floyd (Hrsg.), Tradition in Transition. Haggai and Zechariah 1–8 in the Trajectory of Hebrew Theology, LHBOTS 475, New York/London 2008, 144–170

– The Intertextuality of Zechariah 1–8, LHBOTS 506, New York/London 2009

Steck, O.H., Zu Haggai 1,2–11, in: ZAW 83 (1971), 355–379

– Bereitete Heimkehr. Jesaja 35 als redaktionelle Brücke zwischen dem Ersten und dem Zweiten Jesaja, SBS 121, 1985

– Der Abschluß der Prophetie im Alten Testament. Ein Versuch zur Frage der Vorgeschichte des Kanons, BThSt 17, Neukirchen-Vluyn 1991

– Studien zu Tritojesaja, BZAW 203, Berlin/New York 1991

– Gottesknecht und Zion. Gesammelte Aufsätze zu Deuterojesaja, FAT 4, Tübingen 1992

– Exegese des Alten Testaments. Leitfaden der Methodik. Ein Arbeitsbuch für Proseminare, Seminare und Vorlesungen, Neukirchen-Vluyn [13]1993

– Die Prophetenbücher und ihr theologisches Zeugnis. Wege der Nachfrage und Fährten zur Antwort, Tübingen 1996

Steck, O.H./Schmid, K., Heilserwartungen in den Prophetenbüchern des Alten Testaments, in: K. Schmid (Hrsg.), Prophetische Heils- und Herrschererwartungen, SBS 194, Stuttgart 2005, 1–36

Steins, G., Die Chronik als kanonisches Abschlußphänomen. Studien zur Entstehung und Theologie von 1/2 Chronik, BBB 93, Weinheim 1995

– Amos 7–9 – das Geburtsprotokoll der alttestamentlichen Gerichtsprophetie?, in: F.L. Hossfeld (Hrsg.), Das Manna fällt auch heute noch. Beiträge zur Geschichte und Theologie des Alten, Ersten Tesaments (FS E. Zenger), Freiburg 2004, 585–608 (= ders., Kanonisch-intertextuelle Studien zum Alten Testament, SBAB 48, Stuttgart 2009, 263–284)

– Die Bücher Esra und Nehemia, in: E. Zenger u.a., Einleitung in das Alte Testament, KStTh 1,1, Stuttgart [6]2006, 263–277

Stern, E., Material Culture of the Land of the Bible in the Persian Period 538–332 B.C, Warminster 1982

– Religion in Palestine in the Assyrian and Persian Periods, in: B. Becking/M.C.A. Korpel (Hrsg.), The Crisis of Israelite Religion. Transformation of Religious Tradition in Exilic and Post-Exilic Times, OTS 42, Leiden usw. 1999, 245–255

– Archaeology of the Land of the Bible 2. The Assyrian, Babylonian, and Persian Periods 732–332 BCE, ABRL, New York 2001

– The Religious Revolution in Persian-Period Judah, in: O. Lipschits/M. Oeming (Hrsg.), Judah and the Judeans in the Persian Period, Winona Lake 2006, 199–205

Stern, E./Magen, Y., Archaeological Evidence for the First Stage of the Samaritan Temple on Mount Gerizim, in: IEJ 52 (2002), 49–57

Steymans, H.U., Deuteronomium 28 und die *adê* zur Thronfolgeregelung Asarhaddons. Segen und Fluch im Alten Orient und in Israel, OBO 145, Fribourg/Göttingen 1995

– Die neuassyrische Vertragsrhetorik der „Vassal Treaties of Esarhaddon" und das Deuteronomium, in: G. Braulik (Hrsg.), Das Deuteronomium, ÖBS 23, Frankfurt/Main usw. 2003, 89–152

Strauß, H., ‏(ה)שטן‎ in den Traditionen des hebräischen Kanons, in: ZAW 111 (1999), 256–258

– Theologische, form- und traditionsgeschichtliche Bemerkungen zur Literargeschichte des (vorderen) Hiobrahmens. Hiob1–2, in: ZAW 113 (2001), 553–565

Streck, M., Assurbanipal und die letzten assyrischen Könige bis zum Untergange Niniveh's, Bd. II: Texte. Die Inschriften Assurbanipals und der letzten assyrischen Könige, VAB 7,2, Leipzig 1916

– Assurbanipal und die letzten assyrischen Könige bis zum Untergange Niniveh's, Bd. III: Register. Glossar, Verzeichnis der Eigennamen, Schlußnachträge und kleinere Berichtigungen, VAB 7,3, Leipzig 1916

Stronach, D., Riding in Achaemenid Iran: New Perspectives, in: ErIs 29 (Ephraim Stern Volume), 217–237

Sweeney, M.A., The Twelve Prophets, Vol. 2, Berit Olam, Collegeville 2000

– Targum Jonathan's Reading of Zechariah 3: A Gateway for the Palace, in: M.J. Boda/M.H. Floyd (Hrsg.), Tradition in Transition. Haggai and Zechariah 1–8 in the Trajectory of Hebrew Theology, LHBOTS 475, New York/London 2008, 271–290

Syring, W.-D., Hiob und sein Anwalt. Die Prosatexte des Hiobbuches und ihre Rolle in seiner Redaktions- und Rezeptionsgeschichte, BZAW 336, Berlin/New York 2004

Tadmor, H., "The Appointed Time Has Not Yet Arrived": The Historical Background of Haggai 1:2, in: R. Chazan/W.W. Hallo/L.H. Schiffman (Hrsg.), Ki Baruch Hu. Ancient Near Eastern, Biblical, and Judaic Studies in Honor of Baruch A. Levine, Winona Lake 1999, 401–408

Tallis, N., Transport and Warfare, in: Curtis, J./Tallis, N. (Hrsg.), Forgotten Empire. The World of Ancient Persia, London 2005 210–235

Tallqvist, K.L., Akkadische Götterepitheta, StOr 7, Hildesheim/New York 1974 (= Helsinki 1938)

Theuer, G., Der Mondgott in den Religionen Syrien-Palästinas. Unter besonderer Berücksichtigung von KTU 1.24, OBO 173, Göttingen/Fribourg 2000

Thiel, W., Die deuteronomistische Redaktion von Jeremia 1–25, WMANT 41, Neukirchen-Vluyn 1973

– Das „Werk der Hände", in: J. Pakkala/M. Nissinen (Hrsg.), Houses Full of All Good Things. Essays in Memory of Timo Veijola, Publications of the Finnish Exegetical Society 95, Helsinki/Göttingen 2008, 201–223

Tidwell, N.L.A., Wā'ōmar (Zech 3:5) and the Genre of Zechariah's Fourth Vision, in: JBL 94 (1975), 343–355

Tiemeyer, L.-S., The Guilty Priesthood (Zech 3), in: C.M. Tuckett (Hrsg.), The Book of Zechariah and its Influence, Aldershot 2003, 1–19

– Compelled by Honour–A New Interpretation of Zechariah II 12a (8a), in: VT 54 (2004), 352–372

– A Busy Night at the Heavenly Court, in: SEÅ 71 (2006), 187–207

– Priestly Rites and Prophetic Rage. Post-Exilic Prophetic Critique of the Priesthood, FAT II/19, Tübingen 2006

– The Question of Indirect Touch: Lam 4,14; Ezek 44,19 and Hag 2,12–13, in: Bib. 87 (2006), 64–74

– Zechariah's Spies and Ezekiel's Cherubim, in: M.J. Boda/M.H. Floyd (Hrsg.), Tradition in Transition. Haggai and Zechariah 1–8 in the Trajectory of Hebrew Theology, LHBOTS 475, New York/London 2008, 104–127

Tollington, J.E., Tradition and Innovation in Haggai and Zechariah 1–8, JSOT.S 150, Sheffield 1993

– Readings in Haggai: From the Prophet to the Completed Book, a Changing Message in Changing Times, in: B. Becking/M.C.A. Korpel (Hrsg.), The Crisis of Israelite Religion. Transformation of Religious Tradition in Exilic and Post-Exilic Times, OTS 42, Leiden usw. 1999, 194–208

Townsend, T.N., Additional Comments on Haggai II 10–19, in: VT 18 (1968), 559f

Trotter, J.M., Was the Second Jerusalem Temple a Primarily Persian Project?, in: SJOT 15 (2001), 276–293

Uehlinger, C., Die Frau im Efa (Sach 5,5–11). Eine Programmvision von der Abschiebung einer Göttin, in: BiKi 49 (1994), 93–103

– Figurative Policy, Propaganda und Prophetie, in: J.A. Emerton (Hrsg.), Congress Volume Cambridge 1995, VT.S 66, Leiden usw. 1997, 297–349

– Art. Bilderkult. III. Bibel, in: RGG[4] 1, 1998, 1565–1570

– Riding Horseman, in: DDD, [2]1999, 705–707

– 'Powerful Persianisms' in Glyptic Iconography of Persian Period Palestine, in: B. Becking/M.C.A. Korpel (Hrsg.), The Crisis of Israelite Religion. Transformation of Religious Tradition in Exilic and Post-Exilic Times, OTS 42, Leiden usw. 1999, S. 134–182

Unger, T., Noch einmal: Haggais unreines Volk, in: ZAW 103 (1991), 210–225

Ussishkin, The Borders and *De Facto* Size of Jerusalem in the Persian Period, in: O. Lipschits/M. Oeming (Hrsg.), Judah and the Judeans in the Persian Period, Winona Lake 2006, 147–166

van der Woude, A.S., Seid nicht wie eure Väter! Bemerkungen zu Sacharja 1,5 und seinem Kontext, in: J.A. Emerton (Hrsg.), Prophecy (FS G. Fohrer), BZAW 150, Berlin/New York 1980, 163–173
– Serubbabel und die messianischen Erwartungen des Propheten Sacharja, in: ZAW 100 (1988), Suppl., 138–156
van Oorschot, J., Vom Babel zum Zion. Eine literarkritische und redaktionsge- schichtliche Untersuchung, BZAW 206, Berlin/New York 1993
– Die Entstehung des Hiobbuches, in: T. Krüger/M. Oeming/K. Schmid/C. Uehlinger (Hrsg.) Das Buch Hiob und seine Interpretationen. Beiträge zum Hiob-Symposium auf dem Monte Verità vom 14.–19. August 2005, AThANT 88, Zürich 2007, 165–184
VanderKam, J.C., Jewish High Priests of the Persian Period: Is the List Com- plete?, in: G.A. Anderson/S.M. Olyan (Hrsg.), Priesthood and Cult in Ancient Israel, JSOT.S 125, Sheffield 1991, 67–91
– Joshua the High Priest and the Interpretation of Zechariah 3, in: CBQ 53 (1991), 553–570
– From Joshua to Caiaphas. High Priests after the Exile, Minneapo- lis/Assen 2004
Veenhof, K.R., Geschichte des Alten Orients bis zur Zeit Alexanders des Gro- ßen, GAT 11, Göttingen 2001
Veijola, T., Die ewige Dynastie. David und die Entstehung seiner Dynastie nach der deuteronomistischen Darstellung, AASF.B 193, Helsinki 1975
– Das Königtum in der Beurteilung der deuteronomistischen Historiogra- phie. Eine redaktionsgeschichtliche Untersuchung, AASF. B 198, Hel- sinki 1977
– Verheißung in der Krise. Studien zur Literatur und Theologie der Exils- zeit anhand des 89. Psalms, AASF.B 220, Helsinki 1982
– Das Opfer des Abraham – Paradigma des Glaubens aus dem nachexili- schen Zeitalter, in: ZThK 85 (1988), 129–164 (= ders., Offenbarung und Anfechtung. Hermeneutisch-Theologische Studien zum Alten Testament, BThSt 89, Neukirchen-Vluyn 2007, 88–133)
– Bundestheologische Redaktion im Deuteronomium, in: ders., Moses Erben. Studien zum Dekalog, zum Deuteronomismus und zum Schriftge- lehrtentum, BWANT 149, Stuttgart usw. 2000, 153–175
– Abraham und Hiob. Das literarische Verhältnis von Gen 22 und der Hi- ob-Novelle, in: C. Bultmann/W. Dietrich/C. Levin (Hrsg.), Vergegenwär- tigung des Alten Testaments. Beiträge zur biblischen Hermeneutik (FS R. Smend), Göttingen 2002, 127–144

– Deuteronomismusforschung zwischen Tradition und Innovation (I), in: ThR 67 (2002), 273–327

– Das 5. Buch Mose. Deuteronomium, Kapitel 1,1–16,17, ATD 8/1, Göttingen 2004

Verhoef, P.A., The Books of Haggai and Malachi, NIC.OT, Grand Rapids 1987

Viberg, Å., An Elusive Crown: An Analysis of the Performance of a Prophetic Symbolic Act (Zech 6:9–15), in: SEÅ 65 (2000), 161–169

Voß, J., Die Menora. Gestalt und Funktion des Leuchters im Tempel zu Jerusalem, OBO 128, Göttingen/Fribourg 1993

Waltke, B.K./O'Connor, M., An Introduction to Biblical Hebrew Syntax, Winona Lake 1990

Wanke, G., Jeremia. Teilbd. 1. Jeremia 1,1–25,14, ZBK.AT 20, Zürich 1995

Warmuth, G., Art. נָקָה, in: ThWAT 5, 1986, 591–602

Waschke, E.-J., Wurzeln und Ausprägung messianischer Vorstellungen im Alten Testament. Eine Traditionsgeschichtliche Untersuchung, in: ders., Der Gesalbte. Studien zur alttestamentlichen Theologie, BZAW 306, Berlin/New York 2001, 3–104

Weimar, P., Literarkritisches zur Ijobnovelle, in: BN 12 (1980), 62–80

Weinfeld, M., Deuteronomy and the Deuteronomic School, Oxford 1972

Weippert, H., Siegel mit Mondsichelstandarten aus Palästina, in: BN 5 (1978), 43–58

Weippert, M., Die Kämpfe des assyrischen Königs Assurbanipal gegen die Araber. Redaktionskritische Untersuchung des Berichts in Prisma A, in: WO 7 (1973/4), 39–85

– Assyrische Prophetien der Zeit Asarhaddons und Assurbanipals, in: F.M. Fales (ed.), Assyrian Royal Inscriptions: New Horizons in literary, ideological, and historical analysis, OAC 17, Rom 1981, 71–115

– Aspekte israelitischer Prophetie im Lichte verwandter Erscheinungen des Alten Orients, in: G. Mauer/U. Magen, Ad bene et fideliter seminandum (FS K. Deller), AOAT 220, Kevelaer/Neukirchen-Vluyn 1988, 287–319

– Die Herkunft des Heilsorakels für Israel bei Deuterojesaja, in: D. Trobisch (Hrsg.), In Dubio Pro Deo. Heidelberger Resonanzen auf den 50. Geburtstag von Gerd Theißen, Heidelberg 1993, 335–350

– Prophetie im Alten Orient, in: NBL 3, 2001, 196–200

– „Ich bin Jahwe" – „Ich bin Ištar von Arbela". Deuterojesaja im Lichte der neuassyrischen Prophetie, in: B. Huwyler/H.-P. Mathys/B. Weber (Hrsg.), Prophetie und Psalmen (FS K. Seybold), AOAT 280, Münster 2001, 31–59

– „König, fürchte dich nicht!". Assyrische Prophetie im 7. Jahrhundert v.Chr., in: Or. 71 (2002), 1–54

Wellhausen, J., Die Kleinen Propheten. Übersetzt und erklärt, Berlin [4]1963

Werner, W., Das Buch Jeremia. 1. Kapitel 1–25, NSK.AT 19, Stuttgart 1997

Westermann, C., Art. אָדָם, in: E. Jenni/C. Westermann (Hrsg.), THAT 1, [6]2004, 41–57

– Art. כבד, in: E. Jenni/C. Westermann (Hrsg.), THAT 1, [6]2004, 794–812

Weyde, K.W., Prophecy and Teaching. Prophetic Authority, Form Problems, and the Use of Traditions in the Book of Malachi, BZAW 288, Berlin/New York 2000

Whedbee, J.W., A Question-Answer Schema in Haggai 1: The Form and Function of Haggai 1:9–11, in: G.A. Tuttle (Hrsg.), Biblical and Near Eastern Studies. Essays in Honor of William Sanford LaSor, Grand Rapids 1978, 184–194

Wiesehöfer, J. Der Aufstand Gaumātas und die Anfänge Dareios' I, Habelts Dissertationsdrucke, Reihe alte Geschichte 13, Bonn 1978

– Das antike Persien. Von 550 v. Chr. bis 650 n. Chr., Düsseldorf/Zürich 1998 (= Zürich/München 1993)

Williamson, H.G.M., The Accession of Solomon in the Books of Chronicles, in: VT 26 (1976), 351–361

– Art. Palestine, Administration. Persian Administration, in: ABD 5, 1992, 81–86

Willi-Plein, I., Art. Sacharja/Sacharjabuch, in: TRE 29, 1998, 539–547

– Das Zwölfprophetenbuch, in: ThR 64 (1999), 351–395

– Warum mußte der Zweite Tempel gebaut werden?, in: B. Ego/A. Lange/P. Pilhofer (Hrsg.), Gemeinde ohne Tempel. Community without Temple. Zur Substituierung und Transformation des Jerusalemer Kultes in der Zeit des Zweiten Tempels, WUNT 118, 1999, 57–73

– Haggai, Sacharja, Maleachi, ZBK.AT 24.4, Zürich 2007

Witte, M., Vom Leiden zur Lehre. Der dritte Redegang (Hiob 21–27) und die Redaktionsgeschichte des Hiobbuches, Berlin/New York 1994

Wöhrle, J., Die frühen Sammlungen des Zwölfprophetenbuches. Entstehung und Komposition, BZAW 360, Berlin/New York 2006

– Der Abschluss des Zwölfprophetenbuches. Buchübergreifende Redaktionsprozesse in den späten Sammlungen, BZAW 389, Berlin/New York 2008

Wolff, H.W., Dodekapropheton 1. Hosea, BK XIV/1, Neukirchen-Vluyn 1961

– Dodekapropheton 2. Joel und Amos, BK XIV/2, Neukirchen-Vluyn 1969

– Dodekapropheton 4. Micha, BK XIV/4, Neukirchen-Vluyn 1982

– Haggai literarhistorisch untersucht, in: ders., Studien zur Prophetie. Probleme und Erträge, ThB 76, München 1987, 129–142

– Dodekapropheton 6. Haggai, BK XIV 6, Neukirchen-Vluyn [2]1991

Wolters, A., "The Whole Earth Remains at Peace" (Zechariah 1:11): The Problem and an Intertextual Clue, in: M.J. Boda/M.H. Floyd (Hrsg.), Tradition in Transition. Haggai and Zechariah 1–8 in the Trajectory of Hebrew Theology, LHBOTS 475, New York/London 2008, 128–143

Wright, J.L., Rebuilding Identity. The Nehemiah-Memoir and its Earliest Readers, BZAW 348, Berlin/New York 2004

– Art. Chariots, in: A. Berlejung u.a., Encyclopedia of Material Culture of the Biblical World (in Vorbereitung)

Würthwein, E., Der 'amm ha'arez im Alten Testament, BWANT 69, Stuttgart 1936

– Die Bücher der Könige. 1. Könige 1–16, ATD 11/1, Göttingen [2]1985

Zenger, E. u.a., Einleitung in das Alte Testament, KStTh 1,1, Stuttgart [6]2006

Ziegler, J. (ed.), Duodecim prophetae, Septuaginta Gottingensis XIII, Göttingen [2]1967

Zimmerli, W., Ezechiel, Bd. 1, Ezechiel 1–24, BK XIII/1, Neukirchen-Vluyn [2]1979

– Das Phänomen der „Fortschreibung" im Buche Ezechiel, in: J.A. Emerton (Hrsg.), Prophecy (FS G. Fohrer), Berlin/New York 1980, 174–191

Zobel, H.-J., Das Recht der Witwen und Waisen, in: P. Mommer/W.H. Schmidt/H. Strauß (Hrsg.), Gottes Recht als Lebensraum (FS H.J. Boecker), Neukirchen-Vluyn 1993, 33–38

Zwickel, W., Die Tempelquelle Ezechiel 47. Eine traditionsgeschichtliche Untersuchung, in: EvTh 55 (1995), 140–154

Register der Bibelstellen (in Auswahl)

.